원리 학습을 기반으로 하는 중학 과학의 새로운 패러다임

중학 과학 2·2

교재 내용 문의	교재 내용 문의는 EBS 중학사이트 (mid.ebs.co.kr)의 교재 Q&A 서비스를 활용하시기 바랍니다.	교 재 정오표 공 지	발행 이후 발견된 정오 사항을 EBS 중학사이트 정오표 코너에서 알려 드립니다. 교재학습자료 → 교재 → 교재 정오표	교 재 정정 신청	공지된 정오 내용 외에 발견된 정오 사항이 있다면 EBS 중학사이트를 통해 알려 주세요. 교재학습자료 → 교재 → 교재 선택 → 교재 Q&A

사뿐

중학 사회
중학 역사

사회를 한 권으로
가뿐하게!

중학 사회

①-1　　②-1　　①-2　　②-2

중학 역사

①-1　　②-1　　①-2　　②-2

원리 학습을 기반으로 하는 중학 과학의 새로운 패러다임

비욘드

중학 과학 2·2

구성과 특징

제목으로 미리보기

단원에서 학습해야 할 내용을 쉽고 흥미로운 이야기로 도입하였습니다.

그림을 떠올려! 기억하기

단원에서 학습할 내용의 기초가 되는 이전 개념을 대표적인 그림을 떠올려 기억할 수 있도록 구성하였습니다.

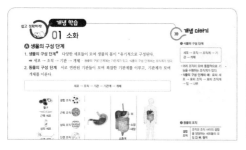

쉽고 정확하게! 개념 학습

교과서를 철저하게 분석하고, 중학생 눈높이에 맞는 설명과 예시, 생생한 사진과 삽화, 다양한 코너를 이용하여 개념을 정확하고 쉽게 이해할 수 있도록 구성하였습니다.

- **개념 더하기**: 개념 이해를 돕기 위한 다양한 코너들
  핵심 Tip / 원리 Tip /
  암기 Tip / 적용 Tip

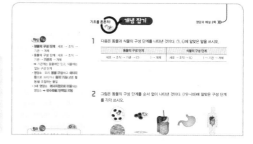

기초를 튼튼히! 개념 잡기

학습한 개념을 확실하게 잡을 수 있도록 간단하지만 날카로운 확인 문제로 구성하였습니다. 개념 학습과 실전을 연결시켜 주기 위한 중요한 단계입니다.

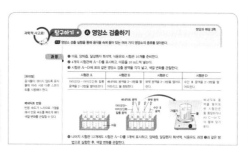

- **실험 Tip**: 실험 분석을 돕기 위한 자료
- **Plus 탐구**: 같은 목표의 다른 실험 자료

과학적 사고로! 탐구하기

교육과정에서 필수적으로 제시한 탐구 실험/자료를 [과정–결과–정리–문제] 단계로 구성하였습니다. 과학적 사고로 문제를 해결할 수 있는 능력을 키울 수 있습니다.

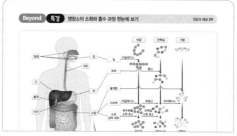

Beyond 특강

단원에 따라 다양한 내용의 특강으로 구성하여 학습의 효율을 극대화할 수 있도록 하였습니다.

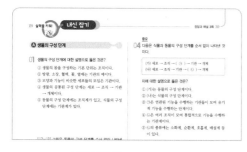

실력을 키워! 내신 잡기

학교 시험 족보를 꼼꼼하게 분석하여 실제 출제되는 핵심 유형의 문제들로 구성하였습니다. 실력을 키워 학교 내신에 철저하게 대비할 수 있습니다.

- **서술형 Tip**: 서술형 문제의 답안 작성을 위한 팁
- **Plus 문제**: 한 문제에서 다른 관점으로 물어 볼 수 있는 또 다른 문제

실력의 완성! 서술형 문제

실제 학교 시험에서 출제되는 다양한 유형의 서술형 문제를 구성하여 실력을 완성할 수 있도록 하였습니다.

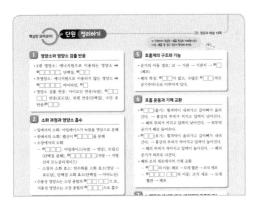

핵심만 모아모아! 단원 정리하기

각 중단원에서 학습한 개념 중 핵심 내용만 모아서 짧은 시간에 전체 단원을 복습할 수 있도록 구성하였습니다.

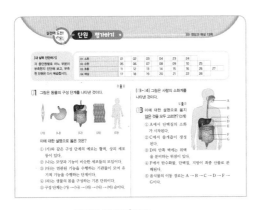

실전에 도전! 단원 평가하기

대단원 내용에 대한 개념, 응용, 통합 등 다양한 관점의 문제들로 구성하여 실전 실력을 평가할 수 있도록 구성하였습니다.

- **내 실력 진단하기**: 각 문제마다 맞았는지 틀렸는지 표시하여 어느 중단원 부분이 부족한지 한 눈에 볼 수 있는 코너

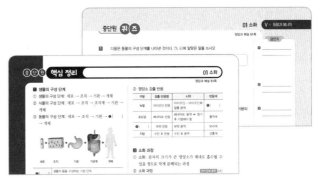

중단원 핵심 정리 / 중단원 퀴즈

학교 시험에 대비하여 개념을 빠르게 복습할 수 있도록 개념 정리와 퀴즈 문제로 구성하였습니다. 시험 직전에 효과적으로 이용할 수 있습니다.

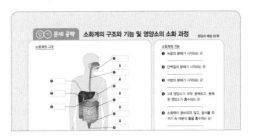

○○ 문제 공략

시험에 자주 출제되는 문제를 공략하기 위한 코너로 구성하였습니다. 암기 문제 / 계산 문제 / 개념 이해 문제 / 모형 문제 / 그림 문제 등 단원별 빈출 유형을 집중 훈련할 수 있습니다.

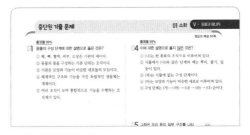

중단원 기출 문제

실제 학교 기출 문제 중 출제 비중이 높은 문제들로 구성하였습니다. 고난도 문제, 서술형 문제를 통하여 학교 시험 100점을 향해 완벽한 대비를 할 수 있습니다.

정답과 해설

문제의 전반적인 해설과, 옳은 선지와 옳지 않은 선지에 대한 친절한 해설로 구성하였습니다.

- **자료 분석**: 고난도 문제를 쉽게 해결할 수 있는 자료 분석 및 재해석 코너

중학 과학 교과서 들여다보기

Ⅴ 동물과 에너지

중단원명	비욘드 중학 과학	동아출판	미래엔	비상교육	천재교과서	와이비엠
01 소화	10~23	151~159	158~167	150~163	155~167	158~169
02 순환	24~33	160~165	168~173	164~171	168~173	170~175
03 호흡	34~43	169~173	174~177	176~179	177~181	178~181
04 배설	44~51	174~179	178~185	180~191	182~188	182~189

Ⅵ 물질의 특성

중단원명	비욘드 중학 과학	동아출판	미래엔	비상교육	천재교과서	와이비엠
01 물질의 특성(1)	60~67	191~193, 200~201	196~203	200~201, 210~213	197~203	202~204, 210~211
02 물질의 특성(2)	68~79	194~199	204~212	202~209	204~211	206~209
03 혼합물의 분리(1)	80~89	205~209	214~219	218~222	215~219	214~219
04 혼합물의 분리(2)	90~97	210~213	220~227	224~229	220~225	220~225

VII 수권과 해수의 순환

VIII 열과 우리 생활

IX 재해·재난과 안전

차례

비욘드 중학 과학 2-1 내용 다시 보기

V

동물과 에너지 〉〉〉

**제목으로
미리보기**

그림을 떠올려!

기억하기 이 단원을 학습하기 전에, 이전에 배운 내용 중 꼭 알아야 할 개념들을 그림과 함께 떠올려 봅시다.

1 | 우리 몸속 기관의 생김새와 하는 일

》》 초등학교 6학년 우리 몸의 구조와 기능

• 소화와 소화 기관
– (❶   ): 음식물을 잘게 쪼개는 과정
– (❶   ) 기관: 입, 식도, 위, 작은창자, 큰창자, 항문, 간, 쓸개, 이자 등
– 우리 몸속에 들어간 음식물은 입 → 식도 → 위 → 작은창자 → 큰창자 → 항문 순으로 이동한다.

• 호흡과 호흡 기관
– (❷   ): 숨을 들이쉬고 내쉬는 활동
– (❷   ) 기관: 코, 기관, 기관지, 폐 등
– 숨을 들이쉴 때 코로 들어온 공기는 기관 → 기관지 → 폐를 거쳐 우리 몸에 필요한 (❸   )를 제공한다.

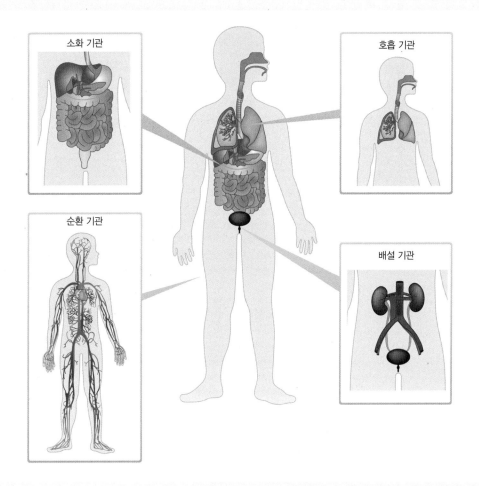

• 순환과 순환 기관
– (❹   ): 혈액을 이동시키는 과정
– (❹   ) 기관: 심장과 혈관
– (❺   )은 펌프 작용으로 혈액을 온몸으로 보낸다.

• 배설과 배설 기관
– (❻   ): 혈액에 있는 노폐물을 몸 밖으로 내보내는 과정
– (❻   ) 기관: 콩팥, 방광 등
– (❼   )은 혈액에 있는 노폐물을 걸러 낸다.

정답 ❶ 소화 ❷ 호흡 ❸ 산소 ❹ 순환 ❺ 심장 ❻ 배설 ❼ 콩팥

01 소화

A 생물의 구성 단계

1. 생물의 구성 단계❶ 다양한 세포들이 모여 생물의 몸이 *유기적으로 구성된다.

➡ 세포 → 조직 → 기관 → 개체 – 동물의 구성 단계에는 기관계가 있고, 식물의 구성 단계에는 조직계가 있다.

2. 동물의 구성 단계 서로 연관된 기관들이 모여 복잡한 기관계를 이루고, 기관계가 모여 개체를 이룬다.

> 세포 → 조직 → 기관 → 기관계 → 개체

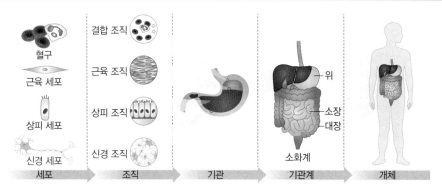

세포	생물의 몸을 구성하는 기본 단위 **예** 혈구, 근육 세포, 상피 세포, 신경 세포		
조직❷	모양과 기능이 비슷한 세포들의 모임 **예** 결합 조직, 근육 조직, 상피 조직, 신경 조직		
기관	조직들이 모여 일정한 형태를 이루고 특정 기능을 수행하는 단계 **예** 위, 소장, 대장, 심장, 폐, 콩팥, 방광		
기관계	연관된 기능을 수행하는 기관들이 모여 유기적 기능을 수행하는 단계		
	소화계	음식물의 소화와 영양소의 흡수를 담당	
	순환계	산소, 이산화 탄소, 영양소, 노폐물 운반	
	호흡계	산소와 이산화 탄소의 교환을 담당	
	배설계	체내에서 발생한 노폐물을 걸러 몸 밖으로 내보냄	
개체	체계적인 구조와 기능을 가진 독립된 생물체 **예** 사람		

B 영양소

1. 영양소 우리 몸을 구성하고 에너지원으로 쓰이거나 몸의 기능(생명 활동)을 조절하는 물질
➡ 사람을 포함한 동물은 스스로 양분을 만들 수 없으므로 음식물을 섭취하여 영양소를 얻어야 한다. ❸

2. 3대 영양소 에너지원으로 이용되는 영양소 _{탄수화물과 지방의 구성 원소는 탄소, 수소, 산소이며, 단백질의 구성 원소는 탄소, 수소, 산소, 질소이다.}

탄수화물과 지방의 구성 원소는 탄소, 수소, 산소이며, 단백질의 구성 원소는 탄소, 수소, 산소, 질소이다.

영양소	탄수화물	단백질	지방
기능과 특징	• 주로 에너지원으로 이용된다. ➡ 1 g당 4 kcal • 몸의 구성 성분으로 이용된다. ➡ 주로 에너지원으로 이용되므로 섭취량에 비해 몸을 구성하는 비율이 낮다. • 사용하고 남은 것은 지방으로 바뀌어 저장된다. • 종류: 포도당, 엿당, 설탕, 녹말 등	• 에너지원으로 이용된다. ➡ 1 g당 4 kcal • 주로 몸의 구성 성분으로 이용된다. ➡ 세포, 근육 등을 구성하는 주성분 • 효소, 호르몬의 주성분으로 몸의 기능을 조절한다. • 성장기에는 특히 많이 섭취해야 한다.	• 에너지원으로 이용된다. ➡ 1 g당 9 kcal • 몸의 구성 성분으로 이용된다. • 피부 아래에 저장되어 체온 유지 기능을 한다. • 과다 섭취 시 *비만의 원인이 된다.
많이 들어 있는 음식물	밥, 빵, 고구마, 감자, 옥수수, 국수	살코기, 생선, 달걀, 콩, 두부	버터, 식용유, 땅콩, 깨

개념 더하기

❶ 식물의 구성 단계

> 세포 → 조직 → 조직계 → 기관 → 개체

• 여러 조직이 모여 통합적으로 기능을 수행하는 조직계가 있다.
• 식물의 구성 단계의 예: 표피 세포 → 표피 조직 → 표피 조직계 → 잎 → 나무

❷ 동물의 조직

결합 조직	조직과 조직 사이의 결합을 담당하는 세포들의 모임 **예** 뼈, 혈액
근육 조직	움직임을 담당하는 세포들의 모임 **예** 골격근, 내장근
상피 조직	몸의 표면이나 기관의 안쪽 벽을 덮어 보호하는 세포들의 모임 **예** 피부, 소화샘의 세포층
신경 조직	정보나 신호의 전달을 담당하는 세포들의 모임 **예** 감각 신경, 운동 신경

❸ 음식물을 골고루 섭취해야 하는 까닭

각각의 음식물 속에 들어 있는 영양소의 종류와 양이 다르므로, 편식을 하거나 1가지 음식만 계속 먹으면 영양소의 균형이 맞지 않아 건강을 해칠 수 있다.

용어 사전

*유기적(있을 有, 베틀 機, 과녁 的)
생물체처럼 전체를 구성하고 있는 각 부분이 서로 밀접하게 관련을 가지고 있어 떼어 낼 수 없는 것
*비만(살찔 肥, 찰 滿)
체내에 과다하게 많은 양의 체지방이 쌓여 있는 상태

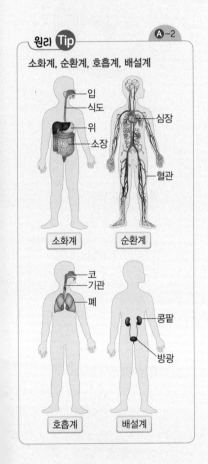

핵심 Tip

- 생물의 구성 단계: 세포 → 조직 → 기관 → 개체
- 동물의 구성 단계: 세포 → 조직 → 기관 → **기관계** → 개체
  ➡ 기관계는 동물에만 있고, 식물에는 없는 구성 단계
- 영양소: 우리 몸을 구성하고 에너지원으로 쓰이거나 몸의 기능(생명 활동)을 조절하는 물질
- 3대 영양소: 에너지원으로 이용되는 영양소 ➡ 탄수화물, 단백질, 지방

원리 Tip Ⓐ-2

소화계, 순환계, 호흡계, 배설계

입
식도
위
소장
심장
혈관

소화계 　 순환계

코
기관
폐
콩팥
방광

호흡계 　 배설계

적용 Tip Ⓑ-2

3대 영양소의 특징
3대 영양소는 모두 에너지원으로 이용되고, 몸의 구성 성분으로 이용된다.
➡ 3대 영양소 중 탄수화물은 주로 에너지원으로 이용되므로 섭취량에 비해 몸을 구성하는 비율이 낮다.

1 다음은 동물과 식물의 구성 단계를 나타낸 것이다. ㉠, ㉡에 알맞은 말을 쓰시오.

동물의 구성 단계	식물의 구성 단계
세포 → 조직 → 기관 → (㉠) → 개체	세포 → 조직 → (㉡) → 기관 → 개체

2 그림은 동물의 구성 단계를 순서 없이 나타낸 것이다. (가)~(마)에 알맞은 구성 단계를 각각 쓰시오.

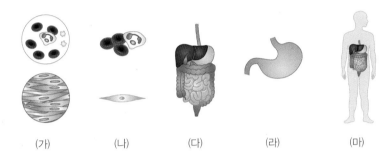

(가) 　 (나) 　 (다) 　 (라) 　 (마)

3 다음 설명에 해당하는 동물의 구성 단계를 각각 쓰시오.

(1) 생물의 몸을 구성하는 기본 단위이다. ( )
(2) 모양과 기능이 비슷한 세포들의 모임이다. ( )
(3) 체계적인 구조와 기능을 가진 독립된 생물체이다. ( )
(4) 조직들이 모여 일정한 형태를 이루고 특정 기능을 수행하는 단계이다.
( )
(5) 연관된 기능을 수행하는 기관들이 모여 유기적 기능을 수행하는 단계이다.
( )

4 다음 중 탄수화물에 대한 설명은 '탄', 단백질에 대한 설명은 '단', 지방에 대한 설명은 '지'라고 쓰시오.

(1) 과다 섭취 시 비만의 원인이 된다. ( )
(2) 세포, 근육 등을 구성하는 주성분이다. ( )
(3) 포도당, 엿당, 설탕, 녹말 등이 속한다. ( )
(4) 버터, 식용유, 땅콩, 깨 등에 많이 들어 있다. ( )
(5) 피부 아래에 저장되어 체온 유지 기능을 한다. ( )
(6) 효소, 호르몬의 주성분으로, 몸의 기능을 조절한다. ( )
(7) 주로 에너지원으로 이용되므로 섭취량에 비해 몸을 구성하는 비율이 낮다.
( )

3. 부영양소 에너지원으로 이용되지 않는 영양소

영양소	무기염류	바이타민	물
기능과 특징	• 뼈, 혈액 등을 구성하고, 몸의 기능을 조절한다. • 종류: 철, 칼슘, 인, 나트륨, 마그네슘 ➡ 칼슘과 인은 뼈와 이를 구성하는 성분이고, 철은 혈액 속의 세포에 필요한 성분이다.	• 적은 양으로 몸의 기능을 조절한다. • 몸을 구성하는 성분이 아니다. • 음식물로 섭취해야 하며, 섭취량이 부족하면 결핍증❶이 나타난다. • 종류: 바이타민 A, B_1, C, D	• 몸의 구성 성분 중 가장 많다. ➡ 우리 몸의 60~70 %를 차지한다.❷ • 영양소와 노폐물을 운반하고, 체온을 조절한다. 다른 물질에 비해 비열이 커서 온도가 쉽게 변하지 않기 때문이다.
들어 있는 음식물	우유, 치즈, 멸치, 다시마 등	과일, 채소 등	—

4. 영양소 *검출 반응 탐구A 16쪽

구분	탄수화물		단백질	지방
	녹말	포도당 당분		
검출 반응명	아이오딘 반응	베네딕트 반응❸	뷰렛 반응	수단 Ⅲ 반응
시약	아이오딘-아이오딘화 칼륨 용액 (옅은 갈색)	베네딕트 용액(파란색) ➡ 첨가 후 가열해야 함	뷰렛 용액[5 % 수산화 나트륨 수용액(무색)+ 1 % 황산 구리(Ⅱ) 수 용액(옅은 파란색)]	수단 Ⅲ 용액 (빨간색)
반응색	청람색	황적색	보라색	선홍색

C 소화 과정

1. 소화 분자의 크기가 큰 영양소가 체내로 흡수될 수 있을 정도로 작게 분해되는 과정

① **소화가 필요한 까닭❹**: 음식물을 통해 섭취한 영양소를 세포에서 흡수하여 이용하려면 영양소의 크기가 작아야 하기 때문이다.

② **소화 *효소**: 영양소를 세포에서 흡수할 수 있을 만큼 작은 크기로 분해하는 물질 ➡ 각각의 소화 효소는 한 종류의 영양소만 분해하며, 체온 범위에서 가장 활발하게 작용한다.

2. 소화계 위, 소장, 대장 등 여러 가지 소화 기관으로 이루어져 있다.

소화관	음식물이 직접 지나가는 통로 ➡ 입, 식도, 위, 소장, 대장, 항문의 순서로 연결된다.
소화샘	소화관에 소화액을 분비 ➡ 침샘, 위샘, 이자, 쓸개 등이 있다.

3. 입에서의 소화 녹말의 분해가 일어난다. 탐구B 17쪽

① 음식물을 이로 잘게 부수고, 침과 골고루 섞는 작용이 일어난다.

② 침 속에 들어 있는 소화 효소인 아밀레이스가 녹말을 엿당으로 분해한다.

녹말 ——아밀레이스—→ 엿당

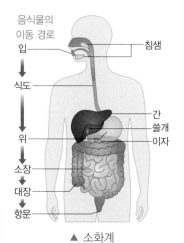

▲ 소화계

음식물의 이동 경로
입 → 식도 → 위 → 소장 → 대장 → 항문

침샘, 간, 쓸개, 이자

❶ 바이타민 결핍증
• 괴혈병: 바이타민 C 부족으로 나타나며, 입안이나 피부에서 피가 나고, 피로, 식욕 부진 등을 일으킨다.
• 야맹증: 바이타민 A 부족으로 나타나며, 밤에 물체가 잘 보이지 않는다.
• 구루병: 바이타민 D 부족으로 나타나며, 뼈의 성장에 이상이 생겨 척추나 다리가 흰다.

❷ 우리 몸의 구성 성분

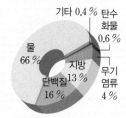

기타 0.4 % / 탄수화물 0.6 % / 물 66 % / 지방 13 % / 단백질 16 % / 무기염류 4 %

물>단백질>지방>무기염류>탄수화물>기타 순이다. ➡ 물의 양이 가장 많다.

❸ 베네딕트 반응
• 가열하는 까닭: 베네딕트 반응은 반응 속도가 매우 느리기 때문에 가열을 해야 반응 속도가 빨라져 색 변화를 관찰할 수 있다.
• 베네딕트 반응으로 포도당 외에 엿당, 과당 등의 당분도 검출할 수 있다.

❹ 소화의 필요성

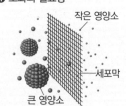

작은 영양소 / 세포막 / 큰 영양소

크기가 큰 영양소는 세포막을 통과하기 위해 작은 크기의 영양소로 분해되어야 한다.

용어 사전
*검출(검사할 檢, 날 出)
어떤 요소나 특성을 검사하여 찾아냄
*효소(삭힐 酵, 본디 素)
생물체에서 화학 반응을 돕는 물질

5 다음 중 무기염류에 대한 설명은 '무', 바이타민에 대한 설명은 '바', 물에 대한 설명은 '물'이라고 쓰시오.

(1) 우리 몸의 60~70 %를 차지한다. ( )
(2) 적은 양으로 몸의 기능을 조절한다. ( )
(3) 철, 칼슘, 인, 나트륨, 마그네슘이 해당한다. ( )
(4) 영양소와 노폐물을 운반하고, 체온을 조절한다. ( )
(5) 뼈, 혈액 등을 구성하고, 몸의 기능을 조절한다. ( )
(6) 부영양소 중 몸을 구성하는 성분이 아닌 영양소이다. ( )
(7) 음식물로 섭취해야 하며, 섭취량이 부족하면 결핍증이 나타난다. ( )

6 다음은 영양소 검출 반응을 나타낸 것이다. ㉠~㉣에 알맞은 말을 쓰시오.

(1) (㉠) 반응: 녹말 용액+아이오딘－아이오딘화 칼륨 용액 ────→ 청람색
(2) 베네딕트 반응: 포도당 용액+베네딕트 용액 ──가열──→ (㉡)
(3) 뷰렛 반응: 단백질 용액+뷰렛 용액 ────→ (㉢)
(4) 수단 Ⅲ 반응: (㉣)+수단 Ⅲ 용액 ────→ 선홍색

7 그림은 사람의 소화계를 나타낸 것이다.

(1) A~I의 이름을 각각 쓰시오.

(2) 소화관에 속하는 기관의 기호를 모두 쓰시오.

(3) 다음은 음식물이 이동하는 경로를 나타낸 것이다. ㉠, ㉡에 알맞은 기관의 기호를 쓰시오.

A→(㉠)→C→(㉡)→E→F

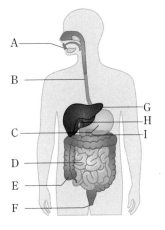

8 다음은 입에서 일어나는 소화 과정에 대한 설명이다. ㉠~㉣에 알맞은 말을 쓰시오.

입에서는 음식물을 (㉠)(으)로 잘게 부수고, (㉡)와/과 골고루 섞는 작용이 일어난다. (㉡) 속에 들어 있는 소화 효소인 (㉢) 이/가 녹말을 (㉣)(으)로 분해한다.

01 소화

>>> **개념 더하기**

4. 위❶에서의 소화 위액에 들어 있는 소화 효소인 펩신이 염산의 도움을 받아 단백질을 분

┌강한 산성 물질이다.

해한다. ➡ 염산은 음식물에 섞여 있는 세균을 제거하는 역할을 하기도 한다.

5. 소장❷에서의 소화 탄수화물, 단백질, 지방이 최종 산물로 분해된다.

소화액		작용
쓸개즙		• 간에서 만들어져 쓸개에 저장되었다가 소장(십이지장)으로 분비된다. ❸ • 소화 효소는 없지만 지방 덩어리를 작은 알갱이로 만들어 지방의 소화를 돕는다.
이자액	아밀레이스	녹말을 엿당으로 분해한다.
	트립신	단백질을 분해한다.
	라이페이스	지방을 최종 산물인 지방산과 모노글리세리드로 분해한다.
소장의 소화 효소	탄수화물 소화 효소	엿당을 최종 산물인 포도당으로 분해한다.
	단백질 소화 효소	펩신과 트립신에 의해 분해된 단백질의 중간 산물을 최종 산물인 아미노산으로 분해한다.

└소장의 안쪽 벽을 구성하는 소장의 상피 세포에는 탄수화물과 단백질을 분해하는 효소가 들어 있다.

6. 영양소의 소화 과정 탄수화물, 단백질, 지방은 소화 기관을 거치면서 각각 최종 산물인

포도당, 아미노산, 지방산과 모노글리세리드로 분해된다. **Beyond 특강** 18쪽

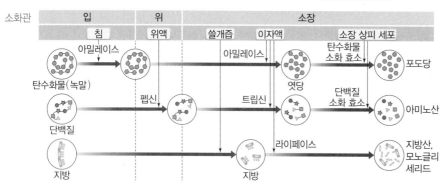

D 영양소의 흡수

1. 소장 내부의 구조 소장의 안쪽 벽에 주름이 있고 주름 표면에 융털이 빽빽하게 분포

한다. ➡ 주름과 융털은 소장 내벽의 표면적을 넓혀 소화된 영양소를 효율적으로 흡수할

수 있게 한다.

▲ 소장 안쪽의 구조

▲ 소장 안쪽 벽의 단면

▲ 융털의 속 구조

2. 영양소의 흡수와 이동❹ 소장 융털로 흡수된 영양소는 심장으로 이동한 다음 온몸의 조직

세포로 전달된다.

*수용성 영양소	*지용성 영양소
포도당, 아미노산, 무기염류 수용성 바이타민 ➡ 융털의 모세 혈관으로 흡수된다.	지방산, 모노글리세리드 지용성 바이타민 ➡ 융털의 암죽관으로 흡수된다.

3. 대장의 작용 대장은 소장의 끝에서 항문까지 이어지는 소화관으로, 소장보다 굵다.

① 소화액이 분비되지 않고, 음식물 찌꺼기 속 여분의 물을 흡수한다.

② 물이 빠져나가고 남은 물질은 대변이 되어 항문을 통해 몸 밖으로 나간다.

개념 더하기 (오른쪽 열)

❶ 위
• 주머니 모양으로 생겼으며, 음식물이 닿는 위의 안쪽 벽은 주름이 많고 위샘이 분포한다.
• 위샘에서 분비되는 위액에는 펩신과 염산이 들어 있다. ➡ 단백질의 분해가 일어난다.

❷ 소장의 구조
소장은 평균 길이가 약 5 m～7 m인 길고 가는 관이다. 위와 연결된 소장의 시작 부분을 십이지장이라고 한다.

❸ 간, 쓸개, 이자
• 간: 쓸개즙을 만들어 쓸개로 보낸다. 영양소를 저장하고, 독성 물질을 해독하는 작용도 한다.
• 쓸개: 간에서 만들어진 쓸개즙을 저장하였다가 소장으로 분비한다.
• 이자: 녹말, 단백질, 지방의 소화 효소가 모두 들어 있는 이자액을 만들어 소장으로 분비한다.

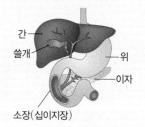

❹ 흡수된 영양소의 이동
• 수용성 영양소: 소장 융털의 모세 혈관 → 간 → 대정맥 → 심장
• 지용성 영양소: 소장 융털의 암죽관 → 림프관 → 대정맥 → 심장

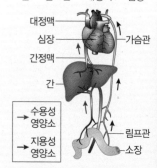

용어 사전
*수용성(물 水, 녹을 溶, 성품 性)
어떤 물질이 물에 녹는 성질
*지용성(기름 脂, 녹을 溶, 성품 性)
어떤 물질이 기름에 녹는 성질

핵심 Tip

· **위에서의 소화:** 위액 속의 펩신이 염산의 도움을 받아 단백질을 분해한다.
· **소장에서의 소화:** 탄수화물, 단백질, 지방이 최종 산물로 분해된다. ➡ 소장에서 작용하는 소화액: 쓸개즙, 이자액, 소장의 소화 효소
· 입, 위, 소장에서의 소화 과정을 거쳐 녹말은 포도당, 단백질은 아미노산, 지방은 지방산과 모노글리세리드로 분해된다.
· 소장 융털의 모세 혈관으로 포도당, 아미노산, 무기염류가 흡수된다.
· 소장 융털의 암죽관으로 지방산, 모노글리세리드가 흡수된다.

9 다음은 위에서 일어나는 소화 과정에 대한 설명이다. ㉠, ㉡에 알맞은 말을 쓰시오.

> 위액에 들어 있는 소화 효소인 (㉠   )이/가 (㉡   )의 도움을 받아 단백질을 분해한다. (㉡   )은/는 음식물에 섞여 있는 세균을 제거하는 역할을 하기도 한다.

10 소장에서 일어나는 소화에 대한 설명으로 옳은 것은 ○, 옳지 않은 것은 ×로 표시하시오.

(1) 쓸개즙에는 소화 효소가 들어 있어 지방을 분해한다. (   )
(2) 소장에서는 탄수화물, 단백질, 지방의 분해가 일어난다. (   )
(3) 이자액에는 아밀레이스, 트립신, 라이페이스가 들어 있다. (   )
(4) 이자액에는 엿당을 포도당으로 분해하는 효소가 들어 있다. (   )
(5) 소장에서 분비되는 소화 효소는 지방을 지방산과 모노글리세리드로 분해한다.
(   )

11 그림은 소화 기관에서 일어나는 영양소의 소화 과정을 나타낸 것이다. ㉠~㉤에 알맞은 말을 쓰시오.

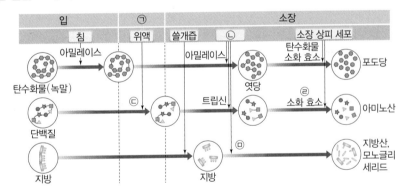

원리 Tip   D-1

표면적 차이에 따른 흡수량 비교 실험
① 사각형의 거름종이를 2장 준비하여 하나는 접지 않은 상태로, 다른 하나는 병풍처럼 접어서 지름과 높이가 같은 원통 모양을 만든다.
② 같은 양의 초록색 색소를 탄 물이 들어 있는 비커에 각각의 거름종이를 넣고 2분 후에 꺼낸다.

(가)   (나)

③ 비커에 남아 있는 물의 양은 (가)보다 (나)가 적다.
➡ (나)의 거름종이의 표면적이 넓어 물을 더 많이 흡수한 것이다.

12 그림은 소장 내부의 구조를 나타낸 것이다.

(1) A~C의 이름을 각각 쓰시오.

(2) B와 C 중 수용성 영양소가 흡수되는 곳의 기호를 쓰시오.

(3) B와 C 중 지용성 영양소가 흡수되는 곳의 기호를 쓰시오.

탐구하기 ● ❹ 영양소 검출하기

목표 영양소 검출 실험을 통해 음식물 속에 들어 있는 여러 가지 영양소의 종류를 알아본다.

과정

❶ 미음, 양파즙, 달걀흰자 희석액, 식용유와 시험관 16개를 준비한다.

❷ 4개의 시험관에 A~D를 표시하고, 미음을 10 mL씩 넣는다.

❸ 시험관 A~D에 표와 같은 영양소 검출 용액을 각각 넣고, 색깔 변화를 관찰한다.

[유의점]
음식물이 섞이지 않도록 음식물에 따라 서로 다른 스포이트를 사용해야 한다.

시험관 A	시험관 B	시험관 C	시험관 D
아이오딘-아이오딘화 칼륨 용액을 2~3방울 떨어뜨린다.	베네딕트 용액을 2~3방울 떨어뜨리고, 물 중탕한다.	뷰렛 용액을 2~3방울 떨어뜨린다.	수단 Ⅲ 용액을 2~3방울 떨어뜨린다.

베네딕트 반응
반응 속도가 느리므로 가열을 해서 반응 속도를 빠르게 해야 색깔 변화를 관찰할 수 있다.

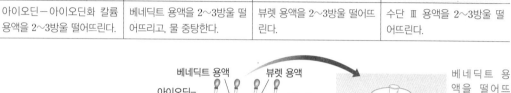

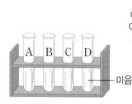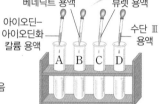

베네딕트 용액을 떨어뜨린 시험관은 물 중탕하거나 80 ℃~90 ℃의 물에 담가 둔다.

❹ 나머지 시험관 12개에도 시험관 A~D를 3개씩 표시하고, 양파즙, 달걀흰자 희석액, 식용유도 과정 ❸과 같은 방법으로 실험한 후, 색깔 변화를 관찰한다.

결과

시험관	미음	양파즙	달걀흰자 희석액	식용유
A	청람색	—	—	—
B	—	황적색	—	—
C	—	—	보라색	—
D	—	—	—	선홍색

(— : 변화 없음)

정리

각 음식물에 들어 있는 영양소: 미음에는 (㉠   ), 양파즙에는 (㉡   ), 달걀흰자 희석액에는 (㉢   ), 식용유에는 (㉣   )이 들어 있다.

확인 문제

1 위 실험에 대한 설명으로 옳은 것은 ○, 옳지 않은 것은 ×로 표시하시오.

(1) 아이오딘-아이오딘화 칼륨 용액은 포도당 검출 시 사용한다. (   )

(2) 시험관 B는 베네딕트 용액을 넣고 가열 과정을 거쳐야 빠르게 색깔 변화가 나타난다. (   )

(3) 지방이 들어 있는 음식물에 수단 Ⅲ 용액을 떨어뜨리면 황적색으로 색깔 변화가 나타난다. (   )

(4) 미음과 양파즙에는 탄수화물이 들어 있고, 달걀흰자에는 단백질이 들어 있음을 알 수 있다. (   )

(5) 어떤 음식물에 포도당과 단백질이 들어 있는 경우 아이오딘 반응과 베네딕트 반응에서 모두 색깔 변화가 나타난다. (   )

실전 문제

2 어떤 음식물을 희석시킨 용액에 수단 Ⅲ 용액을 2~3방울 떨어뜨렸더니 선홍색으로 색깔 변화가 나타났다. 이 음식물에 들어 있는 영양소를 쓰시오.

3 아이스크림에 단백질이 들어 있는지 알아보기 위해 준비해야 할 검출 시약으로 옳은 것을 모두 고르면? (2개)

① 수단 Ⅲ 용액

② 베네딕트 용액

③ 1 % 황산 구리(Ⅱ) 수용액

④ 5 % 수산화 나트륨 수용액

⑤ 아이오딘-아이오딘화 칼륨 용액

과학적 사고로! **탐구하기 ● ⓑ 침의 소화 작용**

목표 입안에서 일어나는 소화 작용을 알아본다.

과 정

❶ 물을 입에 머금고 있다가 2~3분 후에 뱉어 침 희석액을 만든다.

❷ 시험관 A~D에 녹말 용액을 각각 3 mL씩 넣는다.

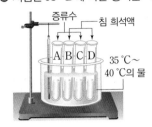

시험관 A~D를 30 ℃~40 ℃의 물에 넣어두는 까닭
소화 효소는 체온 범위에서 활발하게 작용하기 때문에 침의 소화 작용이 활발하게 일어나도록 하기 위해서이다.

❸ 시험관 A와 C에는 증류수를, B와 D에는 침 희석액을 넣고, 시험관 A~D를 35 ℃~40 ℃의 물이 담긴 비커에 10분 정도 넣어 둔다.

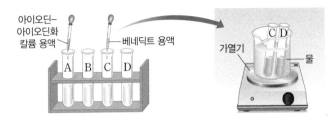

❹ ❸의 시험관 A와 B에는 아이오딘－아이오딘화 칼륨 용액을 2~3방울, 시험관 C와 D에는 베네딕트 용액을 2~3방울 떨어뜨리고 물 중탕한 다음 색깔 변화를 관찰한다.

베네딕트 용액을 떨어뜨린 시험관은 물 중탕하거나 80 ℃~90 ℃의 물에 담가 둔다.

베네딕트 반응으로 검출되는 영양소
베네딕트 반응으로 포도당 외에 엿당, 과당 등의 당분도 검출할 수 있다. 설탕은 베네딕트 반응으로 검출되지 않는다.

결 과

검출 반응	아이오딘 반응		베네딕트 반응	
시험관	A	B	C	D
색깔 변화	청람색	－	－	황적색

(－ : 변화 없음)

정 리

• 시험관 A에서는 (㉠   )이/가 있어 아이오딘 반응에 청람색이 나타났고, D에는 당분(엿당)이 있어 베네딕트 반응에 황적색이 나타났다. ➡ (㉠   )의 소화가 일어난 것은 시험관 (㉡   )이다.

• 침 속에 들어 있는 소화 효소가 (㉢   )을/를 (㉣   )(으)로 분해한다.

확인 문제

1 위 실험에 대한 설명으로 옳은 것은 ○, 옳지 않은 것은 ×로 표시하시오.

(1) 시험관 A에서는 녹말이 분해되지 않고, B에서는 녹말이 분해되었다. (   )

(2) 시험관 C에서는 녹말이 분해되고, D에서는 녹말이 분해되지 않았다. (   )

(3) 실험 결과를 통해 침 속에 들어 있는 소화 효소가 녹말을 포도당으로 분해한다는 것을 알 수 있다. (   )

(4) 시험관 A와 D를 비교하면 침 희석액 속에 녹말을 분해하는 소화 효소가 들어 있음을 알 수 있다. (   )

(5) 시험관 A~D를 30 ℃~40 ℃의 물에 넣어두는 까닭은 침의 소화 작용이 활발하게 일어나도록 하기 위해서이다. (   )

실전 문제

2 그림과 같이 장치하고, 시험관 A~D를 30 ℃~ 40 ℃의 물이 들어 있는 비커에 담가두었다.

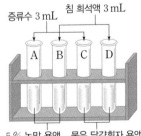

약 10분 후 시험관 A~D에 아이오딘－아이오딘화 칼륨 용액을 2~3방울 떨어뜨렸을 때 청람색으로 색깔 변화가 나타나지 <u>않는</u> 시험관을 모두 쓰시오.

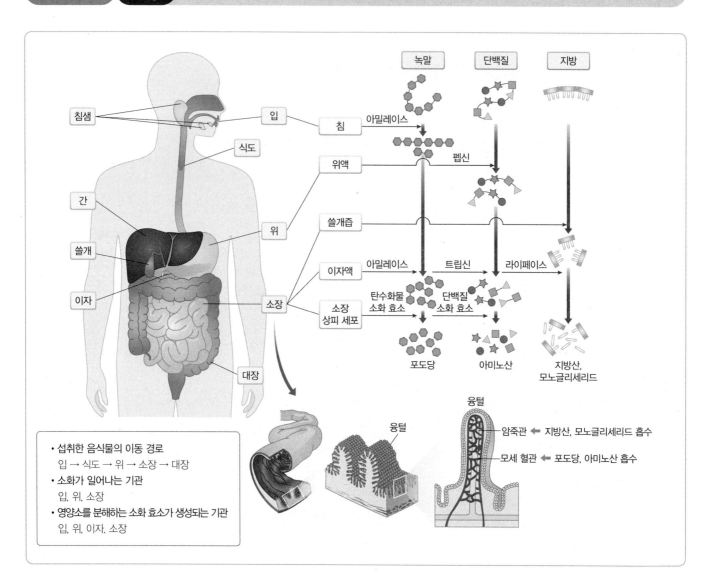

- 섭취한 음식물의 이동 경로
  입 → 식도 → 위 → 소장 → 대장
- 소화가 일어나는 기관
  입, 위, 소장
- 영양소를 분해하는 소화 효소가 생성되는 기관
  입, 위, 이자, 소장

[1~2] 그림은 사람의 소화계를 구성하는 소화 기관을 나타낸 것이다.

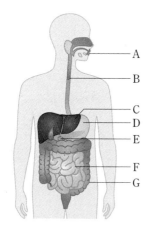

1 섭취한 음식물이 지나가는 통로에 속하는 기관의 기호를 모두 쓰시오.

2 다음 설명 (가)와 (나)에 해당하는 기관의 기호와 이름을 각각 쓰시오.

> (가) 3대 영양소의 소화가 일어나는 기관이다.
> (나) 3대 영양소를 분해하는 소화 효소가 생성되는 기관이다.

3 융털의 모세 혈관으로 흡수되는 영양소로 옳은 것을 〈보기〉에서 모두 고른 것은?

> 보기
> ㄱ. 엿당   ㄴ. 설탕
> ㄷ. 포도당   ㄹ. 지방산
> ㅁ. 무기염류   ㅂ. 아미노산

① ㄱ, ㄴ, ㄹ   ② ㄱ, ㄴ, ㅁ   ③ ㄴ, ㄷ, ㅁ
④ ㄷ, ㅁ, ㅂ   ⑤ ㄹ, ㅁ, ㅂ

A 생물의 구성 단계

01 생물의 구성 단계에 대한 설명으로 옳은 것은?

① 생물의 몸을 구성하는 기본 단위는 조직이다.
② 방광, 소장, 혈액, 꽃, 열매는 기관의 예이다.
③ 모양과 기능이 비슷한 세포들의 모임은 기관이다.
④ 생물의 공통된 구성 단계는 세포 → 조직 → 기관 → 개체이다.
⑤ 동물의 구성 단계에는 조직계가 있고, 식물의 구성 단계에는 기관계가 있다.

[02~03] 그림은 동물의 구성 단계를 순서 없이 나타낸 것이다.

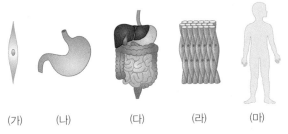

(가)   (나)   (다)   (라)   (마)

【주관식】

02 다음 설명에 해당하는 단계의 기호와 이름을 쓰시오.

- 조직들이 모여 일정한 형태를 이루고 특정 기능을 수행하는 단계이다.
- 이 구성 단계의 예에는 위, 대장, 심장, 폐 등이 해당한다.

중요

03 이에 대한 설명으로 옳지 <u>않은</u> 것은?

① (가)는 동물의 몸을 구성하는 기본 단위이다.
② (나)는 근육 조직, 상피 조직 등이 모여 형성된 단계이다.
③ (다)는 동물의 구성 단계에만 있는 단계인 기관계이다.
④ (라)는 연관된 기능을 수행하는 기관들이 모여 유기적 기능을 수행하는 단계이다.
⑤ 구성 단계는 (가) → (라) → (나) → (다) → (마)이다.

중요

04 다음은 식물과 동물의 구성 단계를 순서 없이 나타낸 것이다.

(가) 세포 → 조직 → (㉠) → 기관 → 개체
(나) 세포 → 조직 → 기관 → (㉡) → 개체

이에 대한 설명으로 옳은 것은?

① (가)는 동물의 구성 단계이다.
② (나)는 식물의 구성 단계이다.
③ ㉠은 연관된 기능을 수행하는 기관들이 모여 유기적 기능을 수행하는 단계이다.
④ ㉡은 여러 조직이 모여 통합적으로 기능을 수행하는 기관계이다.
⑤ ㉡의 종류에는 소화계, 순환계, 호흡계, 배설계 등이 있다.

B 영양소

05 영양소에 대한 설명으로 옳은 것을 〈보기〉에서 모두 고른 것은?

보기
ㄱ. 몸의 기능을 조절한다.
ㄴ. 몸을 구성하고 에너지원으로 쓰인다.
ㄷ. 사람을 포함한 동물은 스스로 영양소를 만들거나 음식물을 통해 섭취한다.

① ㄱ   ② ㄷ   ③ ㄱ, ㄴ
④ ㄱ, ㄷ   ⑤ ㄴ, ㄷ

06 다음은 영양소를 두 종류로 구분한 것이다.

(가)	(나)
탄수화물, 단백질, 지방	무기염류, 바이타민, 물

(가)와 (나)로 구분한 기준으로 옳은 것은?

① 몸을 구성하는지의 여부
② 체온을 조절하는지의 여부
③ 몸의 기능을 조절하는지의 여부
④ 에너지원으로 사용되는지의 여부
⑤ 부족 시 결핍증이 나타나는지의 여부

07 탄수화물에 대한 설명으로 옳지 <u>않은</u> 것은?

① 몸의 구성 성분으로 이용된다.
② 1 g당 4 kcal의 에너지를 낸다.
③ 포도당, 엿당, 설탕, 녹말 등이 해당한다.
④ 세포, 효소, 호르몬 등의 주요 구성 성분이다.
⑤ 사용하고 남은 것은 지방으로 바뀌어 저장된다.

중요
08 다음은 3가지 종류의 영양소의 특징을 나타낸 것이다.

> (가) 과다 섭취 시 비만의 원인이 된다.
> (나) 성장기에 특히 많이 섭취해야 한다.
> (다) 밥, 빵, 고구마, 옥수수 등에 많이 들어 있다.

(가)~(다)의 특징을 갖는 영양소를 각각 옳게 짝 지은 것은?

	(가)	(나)	(다)
①	물	지방	단백질
②	물	단백질	무기염류
③	지방	단백질	탄수화물
④	지방	탄수화물	단백질
⑤	탄수화물	단백질	지방

09 표는 영양소 A~C의 특징을 나타낸 것이다. A~C는 각각 단백질, 무기염류, 바이타민 중 하나이다.

특징 \ 영양소	A	B	C
에너지원으로 이용된다.	×	○	×
몸의 구성 성분이다.	×	○	○
몸의 기능을 조절한다.	○	○	○

(○: 있음, ×: 없음)

이에 대한 설명으로 옳은 것은?

① A는 무기염류이다.
② A는 섭취량이 부족하면 결핍증이 나타난다.
③ A는 세포, 근육, 호르몬 등을 구성하는 주성분이다.
④ B는 부영양소에 속하는 영양소이다.
⑤ 사용하고 남은 C는 지방으로 바뀌어 저장된다.

10 그림은 우리 몸의 구성 성분을 나타낸 것이다. 가장 많은 양을 차지하는 A에 대한 설명으로 옳은 것을 모두 고르면? (2개)

(단위: %)

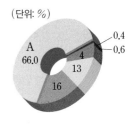

① 체온을 조절한다.
② 에너지원으로 이용된다.
③ 영양소와 노폐물을 운반한다.
④ 철, 칼슘, 인, 나트륨 등이 속한다.
⑤ 부족 시 밤에 물체가 잘 보이지 않는다.

[주관식]
11 다음 설명에 해당하는 영양소를 쓰시오.

> • 몸을 구성하는 성분이 아니다.
> • 적은 양으로 몸의 기능을 조절한다.
> • 섭취량이 부족하면 결핍증이 나타난다.

중요　　　　　　　　　　　　　　　　　탐구 16쪽
12 표는 어떤 음식물의 영양소 검출 실험 결과를 나타낸 것이다.

검출 용액	결과
아이오딘－아이오딘화 칼륨 용액	청람색
베네딕트 용액＋가열	변화 없음
뷰렛 용액	보라색
수단 Ⅲ 용액	선홍색

이 음식물에 들어 있는 영양소만을 옳게 짝 지은 것은?

① 녹말, 포도당, 지방
② 녹말, 단백질, 지방
③ 단백질, 엿당, 지방
④ 녹말, 엿당, 포도당
⑤ 단백질, 설탕, 포도당

C 소화 과정

13 소화와 소화 효소에 대한 설명으로 옳지 <u>않은</u> 것은?

① 소화 과정에 소화 효소가 이용된다.
② 소화는 크기가 큰 영양소가 작게 분해되는 과정이다.
③ 소화는 영양소를 소화관을 통과할 수 있을 정도의 크기로 분해하는 것이다.
④ 소화 효소는 체온 범위에서 가장 활발하게 작용한다.
⑤ 소화 효소는 영양소를 세포에서 흡수할 수 있을 만큼 작은 크기로 분해하는 물질이다.

[14~15] 그림은 사람의 소화계를 나타낸 것이다.

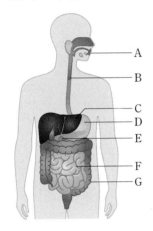

[주관식]

14 음식물이 직접 지나가는 통로에 해당하지 <u>않는</u> 기관의 기호를 모두 쓰시오.

중요

15 이에 대한 설명으로 옳지 <u>않은</u> 것은?

① A는 입으로, 녹말의 분해가 일어난다.
② C는 간으로, 소화관에 속하지 않는다.
③ D는 위로, 단백질의 분해가 일어난다.
④ E는 이자로, 소화관에 소화액을 분비한다.
⑤ G는 대장으로, 소화액이 분비되어 음식물의 소화가 일어난다.

[주관식]

16 입에서 일어나는 소화 과정에 대한 설명으로 옳은 것을 〈보기〉에서 모두 고르시오.

보기
ㄱ. 음식물을 이로 잘게 부수는 작용이 일어난다.
ㄴ. 음식물을 침과 골고루 섞는 작용이 일어난다.
ㄷ. 아밀레이스에 의해 녹말을 포도당으로 분해한다.

탐구 17쪽

17 4개의 시험관에 녹말 용액을 넣고 그림과 같이 장치하였다. 각 시험관의 용액을 일부 덜어 아이오딘 반응을 하였고, 나머지 용액에 베네딕트 반응을 하였더니 표와 같은 결과가 나왔다.

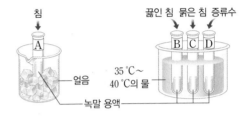

시험관	A	B	C	D
아이오딘 반응 결과 색깔 변화	청람색	청람색	변화 없음	청람색
베네딕트 반응 결과 색깔 변화	변화 없음	변화 없음	황적색	변화 없음

이에 대한 설명으로 옳은 것을 모두 고르면? (2개)

① 시험관 A, B, D에서 녹말의 소화가 일어난다.
② 시험관 C에서 녹말의 소화가 일어나 포도당이 생성된다.
③ 베네딕트 반응 시 가열을 해야 색깔 변화가 빠르게 일어난다.
④ 실험을 통해 침 속에는 소화 효소가 들어 있다는 것을 알 수 있다.
⑤ 실험을 통해 침 속의 소화 효소는 온도의 영향을 받지 않는다는 것을 알 수 있다.

18 위의 구조와 위에서 일어나는 소화 과정에 대한 설명으로 옳지 <u>않은</u> 것은?

① 위액에는 펩신과 염산이 들어 있다.
② 음식물이 닿는 위의 안쪽 벽은 주름이 많다.
③ 위의 안쪽 벽에 있는 위샘에서 위액이 분비된다.
④ 펩신의 도움을 받아 염산이 단백질을 분해한다.
⑤ 염산은 음식물에 섞여 있는 세균을 제거하는 작용을 한다.

[19~20] 그림은 사람의 소화계 중 일부 기관을 나타낸 것이다.

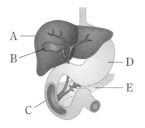

19 이에 대한 설명으로 옳지 <u>않은</u> 것을 모두 고르면? (2개)

① A에서는 쓸개즙이 생성된다.
② B에서 지방을 분해하는 소화액이 생성된다.
③ 쓸개즙은 C로 분비된다.
④ D는 단백질의 소화가 시작되는 기관이다.
⑤ E에서는 3대 영양소의 소화가 일어난다.

20 ㉠ 녹말, 단백질, 지방을 분해하는 소화액이 생성되는 기관의 기호와 ㉡ 소화액에 들어 있는 모든 소화 효소를 옳게 짝 지은 것은?

	㉠	㉡
①	C	아밀레이스, 펩신
②	C	아밀레이스, 펩신, 트립신
③	D	트립신, 라이페이스
④	E	아밀레이스, 펩신, 라이페이스
⑤	E	아밀레이스, 트립신, 라이페이스

[21~22] 그림은 사람의 몸에서 일어나는 단백질, 녹말, 지방의 소화 과정을 나타낸 것이다. A와 B는 소화 효소이며, ㉠과 ㉡은 최종 소화 산물이다.

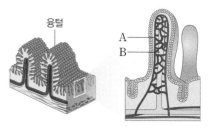

【주관식】
21 (가)~(다)에 해당하는 영양소를 각각 쓰시오.

중요
22 이에 대한 설명으로 옳지 <u>않은</u> 것은?

① A는 펩신이며, B는 라이페이스이다.
② ㉠은 녹말의 최종 산물인 포도당이다.
③ ㉡은 지방산과 모노글리세리드이다.
④ 입, 위, 소장에서는 녹말의 분해가 일어난다.
⑤ 위와 소장에서는 단백질의 분해가 일어난다.

D 영양소의 흡수

중요 【주관식】
23 그림은 소장 융털의 구조를 나타낸 것이다.

융털

A
B

다음 〈보기〉에서 ㉠ A로 흡수되는 영양소와 ㉡ B로 흡수되는 영양소를 각각 골라 기호를 쓰시오.

보기
ㄱ. 엿당 ㄴ. 포도당 ㄷ. 지방산
ㄹ. 무기염류 ㅁ. 아미노산 ㅂ. 모노글리세리드

24 소화된 영양소의 흡수와 이동에 대한 설명으로 옳지 <u>않은</u> 것은?

① 대장은 음식물 찌꺼기 속 여분의 물을 흡수한다.
② 소장 융털의 암죽관으로 지용성 영양소가 흡수된다.
③ 소장 융털의 모세 혈관으로 수용성 영양소가 흡수된다.
④ 심장으로 이동한 영양소는 온몸의 조직 세포로 전달된다.
⑤ 소장 융털로 흡수된 영양소 중 지용성 영양소만 심장으로 이동한다.

서술형 문제

정답과 해설 5쪽

서술형

1 3대 영양소 중 섭취량에 비해 몸을 구성하는 비율이 매우 낮은 영양소가 있다. 이 영양소의 이름을 쓰고, 그 까닭을 서술하시오.

_____

_____

단어 제시형

2 밥을 오래 씹으면 단맛이 난다. 그 까닭을 다음 내용을 모두 포함하여 서술하시오.

> 영양소, 소화 기관, 소화 효소, 분해 산물

_____

_____

서술형

3 그림은 사람의 소화계 중 일부 구조를 나타낸 것이다. 쓸개즙이 생성·저장·분비되는 과정을 각 기관의 기호와 이름을 포함하여 서술하시오.

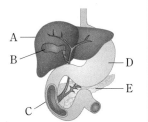

_____

_____

단계별 서술형

4 다음은 소장의 구조가 가지는 장점을 알아보기 위한 실험이다.

> (가) 사각형의 거름종이를 2장 준비하여 하나는 접지 않은 상태로, 다른 하나는 병풍처럼 접어서 지름과 높이가 같은 원통 모양을 만든다.
>
> (나) 같은 양의 초록색 색소를 탄 물이 들어 있는 비커에 각각의 거름종이를 넣고 2분 후에 꺼낸다.

(1) A와 B의 거름종이 중 어느 것이 물을 더 많이 흡수하는지 쓰고, 그 까닭을 서술하시오.

_____

_____

(2) 그림은 소장 내벽의 구조를 나타낸 것이다. 위 실험 결과를 참고로 하여 소장 내벽에 주름이 있고, 주름 표면에 융털이 빽빽하게 분포하는 것의 장점을 서술하시오

융털

_____

_____

개념 학습

쉽고 정확하게!

02 순환

A 심장

1. 순환계 산소, 이산화 탄소, 영양소, 노폐물 등 물질의 운반을 담당하는 기관계 ➡ 혈액, 혈관, 심장 등으로 구성된다. 심장은 혈액이 잘 돌 수 있도록 하는 펌프 역할을 한다.

2. 심장의 구조 주먹만 한 크기이며, 근육질로 이루어진 기관으로, 2개의 심방과 2개의 심실❶로 나누어져 있다. ➡ 심방과 심실 사이, 심실과 동맥 사이에 *판막❷이 있다.

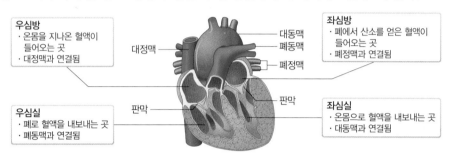

우심방
· 온몸을 지나온 혈액이 들어오는 곳
· 대정맥과 연결됨

우심실
· 폐로 혈액을 내보내는 곳
· 폐동맥과 연결됨

좌심방
· 폐에서 산소를 얻은 혈액이 들어오는 곳
· 폐정맥과 연결됨

좌심실
· 온몸으로 혈액을 내보내는 곳
· 대동맥과 연결됨

대동맥 / 폐동맥 / 폐정맥 / 대정맥 / 판막

3. 심장의 기능 수축과 이완을 반복하면서 혈액을 순환시킨다. ➡ 혈액 순환의 원동력

4. 심장 박동의 원리 심장 박동은 심장의 수축과 이완 운동이다.

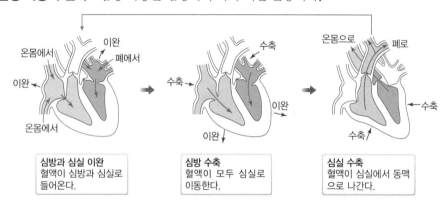

심방과 심실 이완
혈액이 심방과 심실로 들어온다.

심방 수축
혈액이 모두 심실로 이동한다.

심실 수축
혈액이 심실에서 동맥으로 나간다.

B 혈관

1. 혈관 혈액이 흐르는 관 ➡ 심장에서 나온 혈액은 동맥 → 모세 혈관 → 정맥 방향으로 흐른다.

정맥은 혈압이 매우 낮아 혈액이 거꾸로 흐를 수 있으므로 군데군데 판막이 있다.

2. 혈관의 구조와 기능

동맥	모세 혈관	정맥
· 심장에서 나가는 혈액이 흐르는 혈관 · 혈관 벽이 두껍고 탄력성이 크다. ➡ 높은 혈압❸을 견딜 수 있다. 맥박은 심장의 박동에 따라 동맥 벽의 확장과 수축에 의해 나타나는 파동이다.	· 혈관 벽은 한 층의 세포로 이루어져 있다. · 총단면적이 넓고, 혈액이 흐르는 속도가 느리다. ➡ 조직 세포와 모세 혈관 사이에서 물질 교환이 일어나기에 유리하다.	· 심장으로 들어가는 혈액이 흐르는 혈관 · 동맥보다 혈관 벽이 얇고 탄력성이 작다. · 혈액이 거꾸로 흐르는 것을 막기 위한 판막❹이 있다.

모세 혈관은 혈관의 지름이 가장 작으며, 온몸에 퍼져 있다.

혈액의 흐름 / 동맥 / 모세 혈관 / 조직 세포 / 산소, 영양소 / 이산화 탄소, 노폐물 / 정맥 / 판막

모세 혈관을 지나는 혈액과 조직 세포 사이에서 물질 교환이 일어난다.

개념 더하기

❶ 심방과 심실 벽의 두께 비교
심실 벽은 심방 벽보다 두껍고 근육이 잘 발달해 있어서 심실이 심방보다 더 강하게 수축하여 동맥으로 혈액을 내보낸다. ➡ 특히 혈액을 온몸으로 내보내는 좌심실의 벽이 가장 두꺼운 근육층으로 이루어져 있다.

❷ 심장의 판막
심장의 판막은 심방과 심실 사이, 심실과 동맥 사이에 있으며, 판막은 혈액이 한쪽 방향으로만 흐르도록 하여 혈액이 거꾸로 흐르는 것을 막는다. ➡ 심장에서 혈액은 심방 → 심실 → 동맥으로만 흐른다.

❸ 혈압
혈관을 따라 흐르는 혈액이 혈관 벽에 미치는 압력으로, 혈압계로 측정한다. ➡ 혈압은 동맥에서 가장 높고, 정맥에서 가장 낮다.

❹ 정맥의 판막
혈액이 정상적으로 흐를 때는 판막이 열리고, 거꾸로 흐를 때는 판막이 닫혀 혈액이 거꾸로 흐르는 것을 막아주는 역할을 한다.

혈액 / 판막

▲ 혈액이 정상적으로 흐를 때 ▲ 혈액이 거꾸로 흐를 때

용어 사전

*판막(외씨 瓣, 꺼풀 膜)
심장이나 혈관 속에서 피가 거꾸로 흐르는 것을 막는 막

정답과 해설 5쪽 >>>

핵심 Tip

· **순환계**: 산소, 이산화 탄소, 영양소, 노폐물 등 물질의 운반을 담당하는 기관계
· **심장의 구조**: 우심방(대정맥과 연결됨), 좌심방(폐정맥과 연결됨), 우심실(폐동맥과 연결됨), 좌심실(대동맥과 연결됨)
· **심장 박동의 원리**: 심방과 심실 이완 → 심방 수축 → 심실 수축
· **혈관에서 혈액이 흐르는 방향**: 동맥 → 모세 혈관 → 정맥
· **동맥**이 정맥보다 혈관 벽이 두껍고 탄력성이 크며, 조직 세포와 모세 혈관 사이에서 물질 교환이 일어난다.

1 심장에 대한 설명으로 옳은 것은 ○, 옳지 않은 것은 ×로 표시하시오.

(1) 주먹만 한 크기이며, 근육질로 이루어진 기관이다. (　　　)

(2) 심방과 심실 사이, 심실과 정맥 사이에 판막이 있다. (　　　)

(3) 심방은 혈액을 내보내는 곳이고, 심실은 혈액이 들어오는 곳이다. (　　　)

(4) 심장은 수축과 이완을 반복하면서 혈액을 순환시키며, 심장 박동은 심장의 수축과 이완 운동이다. (　　　)

2 그림은 사람의 심장 구조를 나타낸 것이다.

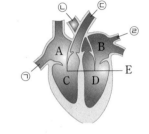

(1) A~D의 이름을 각각 쓰시오.

(2) ㉠~㉣에 해당하는 혈관의 이름을 각각 쓰시오.

(3) E는 혈액이 거꾸로 흐르는 것을 막는 구조이다. E의 이름을 쓰시오.

암기 Tip B-1

심심
혈액은 동모정방실로 흘러.
맥세맥
혈
관

➡ 혈액은 혈관에서는 동맥 → 모세 혈관 → 정맥 방향으로 흐르고, 심장에서는 심방 → 심실 방향으로 흐른다.

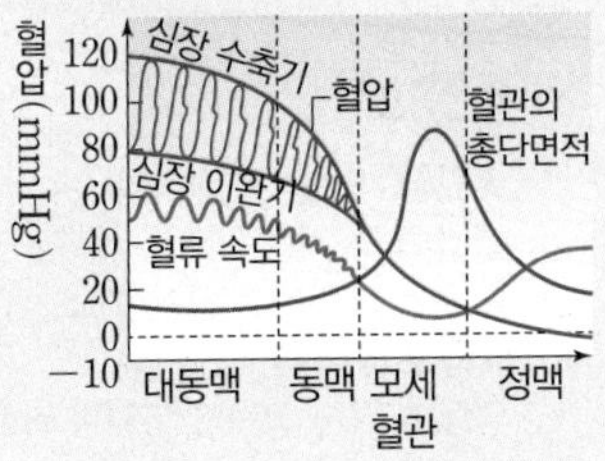

3 다음 중 동맥에 대한 설명은 '동', 모세 혈관에 대한 설명은 '모', 정맥에 대한 설명은 '정'을 쓰시오.

(1) 혈압이 가장 낮은 혈관이다. (　　　)
(2) 심장에서 나가는 혈액이 흐르는 혈관이다. (　　　)
(3) 심장으로 들어가는 혈액이 흐르는 혈관이다. (　　　)
(4) 혈관 벽이 한 층의 세포로 이루어져 있는 혈관이다. (　　　)
(5) 총단면적이 넓고, 혈액이 흐르는 속도가 가장 느린 혈관이다. (　　　)
(6) 혈관 벽이 두껍고 탄력성이 커서 높은 혈압을 견딜 수 있는 혈관이다.
(　　　)

원리 Tip B-2

혈관의 특징 비교
· **혈압의 세기**: 동맥>모세 혈관>정맥
· **혈관 벽의 두께**: 동맥>정맥>모세 혈관
· **혈액이 흐르는 속도(혈류 속도)**: 동맥>정맥>모세 혈관
· **혈관의 총단면적**: 모세 혈관>정맥>동맥

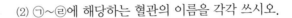

4 그림은 혈관의 구조를 나타낸 것이다.

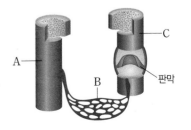

(1) A~C에 알맞은 혈관의 이름을 쓰시오

(2) A~C에서 혈액이 흐르는 순서대로 나열하시오.

개념 학습
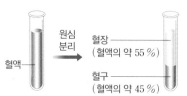

02 순환

>>> **개념 더하기**

❶ 혈구의 수와 크기 비교
- **수**: 적혈구＞혈소판＞백혈구
- **크기**: 백혈구＞적혈구＞혈소판

ⓒ 혈액

1. 혈액의 구성 혈액은 액체 성분인 혈장과 세포 성분인 혈구❶로 구성된다.

2. 혈장과 혈구 탐구 A 28쪽

혈장	• 약 90 %가 물로 이루어져 있다. • 영양소, 이산화 탄소, 노폐물 등을 운반한다. ➡ 영양소를 녹여 조직 세포로 운반하고, 조직 세포에서 나온 이산화 탄소와 노폐물을 운반한다.		
혈구	적혈구	백혈구	혈소판
	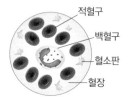		
	• 수가 가장 많다. • 핵이 없고, 가운데가 오목한 원반 모양이다. • 산소 운반 작용: 헤모글로빈❷이 있어 붉은색을 띠며, 산소를 운반한다. ➡ 부족 시 *빈혈이 생긴다.	• 혈구 중 크기가 가장 크며, 모양이 일정하지 않고, 핵이 있다. • 식균 작용: 체내에 침입한 세균을 잡아먹는다. ➡ 몸속에 세균이 침입하면 수가 많아진다.	• 혈구 중 크기가 가장 작으며, 모양이 일정하지 않고, 핵이 없다. • 혈액 *응고 작용: 상처가 났을 때 혈액을 응고시켜 과다한 출혈을 막는다. ➡ 부족 시 상처가 나면 출혈이 잘 멈추지 않는다.

❷ 헤모글로빈의 작용
헤모글로빈은 적혈구 속에 들어 있는 붉은색 색소 단백질이며, 혈액을 붉게 보이게 하는 물질이고, 철(Fe)을 포함하고 있다. 헤모글로빈은 산소가 많은 곳에서는 산소와 결합하고, 산소가 적은 곳에서는 산소와 분리되는 성질이 있다.

ⓓ 혈액 순환 Beyond 특강 29쪽 — 심장에서 나간 혈액이 동맥, 모세 혈관, 정맥을 거쳐 다시 심장으로 돌아오는 것

1. 온몸 순환 심장에서 나간 혈액이 온몸의 조직 세포에 산소와 영양소를 공급하고, 이산화 탄소와 노폐물을 받아 심장으로 돌아오는 순환 — 동맥혈이 정맥혈로 바뀐다.

> 좌심실 → 대동맥 → 온몸의 모세 혈관 → 대정맥 → 우심방

2. 폐순환 심장에서 나간 혈액이 폐로 가서 이산화 탄소를 내보내고 산소를 받아 심장으로 돌아오는 순환 — 정맥혈이 동맥혈로 바뀐다.

> 우심실 → 폐동맥 → 폐의 모세 혈관 → 폐정맥 → 좌심방

❸ 동맥혈과 정맥혈
- **동맥혈**: 산소를 많이 포함한 혈액으로, 선홍색을 띤다. ➡ 폐정맥, 좌심방, 좌심실, 대동맥에 흐른다.
- **정맥혈**: 산소를 적게 포함한 혈액으로, 암적색을 띤다. ➡ 대정맥, 우심방, 우심실, 폐동맥에 흐른다.

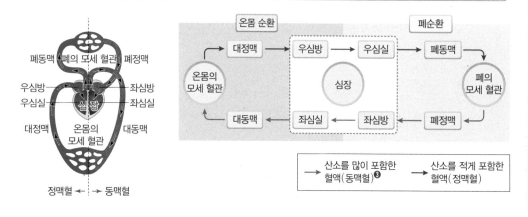

용어 사전
＊빈혈(가난할 貧, 피 血)
혈액 속의 적혈구 또는 헤모글로빈이 정상값 이하로 감소한 상태
＊응고(엉길 凝, 굳을 固)
액체 따위가 엉겨서 뭉쳐 딱딱하게 굳어짐

5 그림 (가)는 혈액을 원심 분리한 결과를, (나)는 혈액의 구성 성분을 나타낸 것이다.

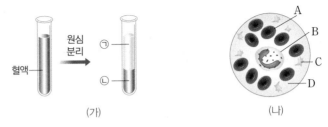

(1) (가)의 ㉠과 ㉡ 중 혈액의 액체 성분의 기호를 쓰시오.

(2) (나)의 A~D 중 혈액의 세포 성분의 기호를 모두 쓰시오.

(3) (나)에서 혈액이 붉게 보이도록 하는 성분의 기호와 이름을 쓰시오.

(4) (나)에서 영양소, 이산화 탄소, 노폐물을 운반하는 성분의 기호와 이름을 쓰시오.

6 다음 중 적혈구에 대한 설명은 '적', 백혈구에 대한 설명은 '백', 혈소판에 대한 설명은 '혈'을 쓰시오.

(1) 산소 운반 작용을 한다. ( )
(2) 체내에 침입한 세균을 잡아먹는다. ( )
(3) 핵이 없고, 가운데가 오목한 원반 모양이다. ( )
(4) 크기가 가장 크며, 모양이 일정하지 않고, 핵이 있다. ( )
(5) 크기가 가장 작으며, 모양이 일정하지 않고, 핵이 없다. ( )
(6) 상처가 났을 때 혈액을 응고시켜 과다한 출혈을 막는다. ( )

7 그림은 혈액 순환 경로를 나타낸 것이다.

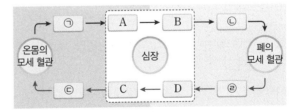

(1) A~D에 해당하는 심장의 구조를 각각 쓰시오.

(2) ㉠~㉣에 해당하는 혈관의 이름을 각각 쓰시오.

(3) 온몸 순환의 경로를 기호를 포함하여 나타내시오.

(4) 폐순환의 경로를 기호를 포함하여 나타내시오.

과학적 사고로! 탐구하기 · Ⓐ 혈액 관찰하기

목표 현미경으로 혈액 속의 혈구를 관찰하고, 각 혈구의 특징을 알아본다.

과정

❶ [혈액 채취] 알코올로 손가락 끝을 소독한 다음, 채혈기로 찌른다.

[유의점]
채혈된 혈액이 공기 중에서 마르기 전에 혈액을 얇게 펴야 한다.

❷ [혈액을 얇게 펴기]
혈액 1방울을 받침유리에 떨어뜨리고, 다른 받침유리를 혈액 가장자리에 비스듬히 대고 밀어 혈액을 얇게 편다. ➡ 혈구가 깨지지 않도록 혈액이 있는 반대 방향으로 민다.

❸ [에탄올로 고정하기]
❷의 혈액에 에탄올을 떨어뜨리고 말린다. ➡ 고정 과정: 에탄올은 세포의 모양이 변형되지 않고 살아 있을 때의 형태로 유지되게 한다.

❹ [김사액으로 염색하기]
김사액 1~2방울을 떨어뜨리고 10분 동안 그대로 둔다. ➡ 김사액은 세포의 핵을 보라색으로 염색하는 용액이다.

❺ [현미경으로 혈액 관찰하기] 받침유리를 증류수에 담가 여분의 김사액을 씻어 내고, 덮개유리를 덮은 다음 현미경으로 혈구를 관찰한다.

결과 및 정리

- 현미경으로 혈액을 관찰한 결과는 그림과 같다.
- 가장 많이 관찰되는 혈구는 핵이 없고 가운데가 오목한 원반 모양인 (㉠   )이다.
- 김사액에 의해 핵이 보라색으로 염색된 혈구는 혈구 중 핵이 있는 (㉡   )로 모양이 일정하지 않다.

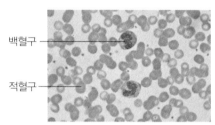

혈소판은 크기가 작아 현미경으로 관찰하기 어렵다.

확인 문제

1 위 실험에 대한 설명으로 옳은 것은 ○, 옳지 않은 것은 ×로 표시하시오.

(1) 혈액을 얇게 펼 때 혈액이 있는 방향으로 밀어야 혈구가 깨지지 않는다.   (   )

(2) 혈액에 에탄올을 떨어뜨려 세포의 모양이 변형되지 않고 살아 있을 때의 형태로 유지되게 한다.   (   )

(3) 김사액은 혈구 중 백혈구의 핵을 선홍색으로 염색한다.
                                                        (   )

(4) 혈액 관찰 시 가장 많이 관찰되는 혈구는 적혈구이다.
                                                        (   )

(5) 혈액 관찰 결과 백혈구는 핵이 있고, 모양이 일정하지 않으며, 적혈구보다 크기가 작다.   (   )

실전 문제

2 그림은 현미경으로 관찰한 건강한 사람의 혈구를 나타낸 것이다.

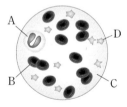

이에 대한 설명으로 옳지 <u>않은</u> 것은?

① A는 김사액에 의해 염색된다.
② B는 혈액에 가장 많이 들어 있는 혈구이다.
③ C는 이산화 탄소, 영양소, 노폐물 등을 운반한다.
④ D는 혈액 응고 작용을 한다.
⑤ B와 D에는 핵이 있다.

[혈관에서 혈액의 흐름 확인하기]

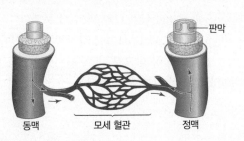

동맥	심장에서 나가는 혈액이 흐르는 혈관
모세 혈관	혈관 벽은 한 층의 세포로 이루어져 있고, 조직 세포와의 사이에서 물질 교환이 일어난다.
정맥	심장으로 들어가는 혈액이 흐르는 혈관

혈액이 흐르는 방향: 동맥 → 모세 혈관 → 정맥
➡ 혈액은 심장에서 동맥을 통해 나와 모세 혈관을 거쳐 정맥을 통해 다시 심장으로 들어간다.

[혈액 순환 과정 확인하기]

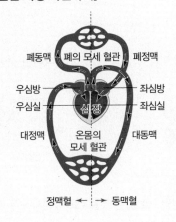

동맥혈	산소를 많이 포함한 혈액, 선홍색
정맥혈	산소를 적게 포함한 혈액, 암적색
온몸 순환 경로	좌심실 → 대동맥 → 온몸의 모세 혈관 → 대정맥 → 우심방 ➡ 좌심실의 동맥혈이 대동맥을 통해 온몸으로 나가 온몸의 모세 혈관에서 영양소와 산소를 주고 노폐물과 이산화 탄소를 받아 정맥혈이 되어 대정맥을 통해 우심방으로 들어온다.
폐순환 경로	우심실 → 폐동맥 → 폐의 모세 혈관 → 폐정맥 → 좌심방 ➡ 우심실의 정맥혈이 폐동맥을 통해 폐로 나가 폐의 모세 혈관에서 이산화 탄소를 주고, 산소를 받아 동맥혈이 되어 폐정맥을 통해 좌심방으로 들어온다.

1 심장의 심실에서 나온 혈액이 흐르는 방향을 옳게 나열한 것은?

① 정맥 → 동맥 → 모세 혈관
② 정맥 → 모세 혈관 → 동맥
③ 동맥 → 정맥 → 모세 혈관
④ 동맥 → 모세 혈관 → 정맥
⑤ 모세 혈관 → 동맥 → 정맥

2 다음 설명에 해당하는 혈관의 이름을 쓰시오.

- 혈관 벽이 한 층의 세포로 이루어져 있다.
- 총단면적이 넓고, 혈액이 흐르는 속도가 느리다.
- 조직 세포와의 사이에서 물질 교환이 일어난다.

3 그림은 혈액 순환 경로를 나타낸 것이다. (가)와 (나)는 각각 온몸 순환과 폐순환 중 하나이다.

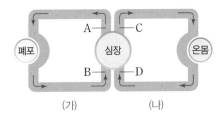

(가)   (나)

이에 대한 설명으로 옳지 <u>않은</u> 것은?

① (가)는 폐순환이고, (나)는 온몸 순환이다.
② A와 C는 동맥이다.
③ A와 D에는 산소를 많이 포함한 혈액이 흐른다.
④ B와 C에는 동맥혈이 흐른다.
⑤ B와 D는 정맥이다.

A 심장

01 사람의 심장 구조에 대한 설명으로 옳지 <u>않은</u> 것은?

① 주먹만 한 크기로, 근육질로 이루어져 있다.
② 2개의 심방과 2개의 심실로 나누어져 있다.
③ 수축과 이완을 반복하여 혈액을 순환시킨다.
④ 심실 벽은 심방 벽보다 근육이 잘 발달해 있다.
⑤ 혈액을 만들어내며, 몸속 혈액의 양을 조절한다.

중요
02 심장의 구조에서 다음 설명에 해당하는 부분의 이름을 각각 옳게 짝 지은 것은?

> (가) 폐로 혈액을 내보내는 곳
> (나) 온몸으로 혈액을 내보내는 곳
> (다) 온몸을 지나온 혈액이 들어오는 곳
> (라) 폐에서 산소를 얻은 혈액이 들어오는 곳

	(가)	(나)	(다)	(라)
①	좌심방	좌심실	우심방	우심실
②	좌심실	우심실	좌심방	우심방
③	우심방	우심실	좌심방	좌심실
④	우심방	좌심방	우심실	좌심실
⑤	우심실	좌심실	우심방	좌심방

[03~04] 그림은 사람의 심장 구조를 나타낸 것이다.

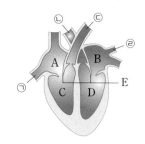

03 혈액이 흐르는 방향으로 옳지 <u>않은</u> 것은?

① A → C
② B → D
③ B → ㉣
④ C → ㉢
⑤ D → ㉤

04 이에 대한 설명으로 옳은 것을 모두 고르면? (2개)

① ㉠과 ㉢은 정맥이며, ㉡과 ㉣은 동맥이다.
② A와 B보다 C와 D의 벽이 더 두껍다.
③ A와 B, C와 D 사이에 각각 판막이 있다.
④ 혈액을 심장 밖으로 내보내는 곳은 B와 D이다.
⑤ E는 혈액이 거꾸로 흐르는 것을 막는다.

05 그림은 심장 박동 과정을 순서 없이 나타낸 것이다.

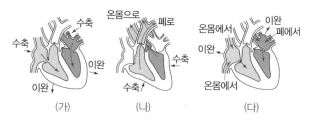

(가) (나) (다)

이에 대한 설명으로 옳은 것을 〈보기〉에서 모두 고른 것은?

> 보기
> ㄱ. 심장 박동은 (다) → (가) → (나) 순으로 반복된다.
> ㄴ. (가)에서 심방이 수축하여 혈액이 모두 심실로 이동한다.
> ㄷ. (다)에서 심방은 이완하고 심실은 수축하여 혈액이 심방과 심실로 들어온다.

① ㄱ
② ㄴ
③ ㄱ, ㄴ
④ ㄱ, ㄷ
⑤ ㄴ, ㄷ

B 혈관

중요
06 혈관에 대한 설명으로 옳지 <u>않은</u> 것은?

① 정맥에는 판막이 있다.
② 혈관은 혈액이 흐르는 관이다.
③ 동맥은 심장에서 나가는 혈액이 흐르는 혈관이다.
④ 모세 혈관의 혈관 벽은 여러 층의 세포로 이루어져 있다.
⑤ 심장에서 나온 혈액은 동맥 → 모세 혈관 → 정맥 방향으로 흐른다.

[07~09] 그림은 혈관의 구조를 나타낸 것이다.

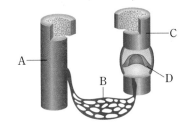

중요

07 혈관 A와 C에 대한 설명으로 옳은 것은?

① A는 높은 혈압을 견딜 수 있다.
② A는 심장의 심방과 연결되어 있다.
③ C는 심장의 심실과 연결되어 있다.
④ A는 정맥이며, C는 동맥이다.
⑤ A보다 C의 혈관 벽이 두껍고 탄력성이 크다.

08 혈관 B에 대한 설명으로 옳은 것을 모두 고르면? (2개)

① 혈압이 가장 낮다.
② 온몸에 퍼져 있다.
③ 혈액이 흐르는 속도가 빠르다.
④ 혈관 벽이 가장 두껍고 탄력성이 크다.
⑤ 조직 세포와의 사이에서 물질 교환이 일어난다.

09 혈관 C에서 D의 역할로 옳은 것은?

① 혈압을 높여 준다.
② 빈혈이 생기는 것을 막아준다.
③ 혈관 속의 노폐물을 제거한다.
④ 혈소판의 혈액 응고 작용을 돕는다.
⑤ 혈액이 거꾸로 흐르는 것을 막아준다.

C 혈액

중요

10 그림은 혈액을 원심 분리한 결과를 나타낸 것이다. 이에 대한 설명으로 옳은 것은?

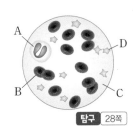

① A는 세포 성분인 혈구이다.
② A는 대부분 물로 이루어져 있다.
③ B는 액체 성분인 혈장이다.
④ B의 대부분을 차지하는 것은 백혈구이다.
⑤ B는 이산화 탄소, 영양소, 노폐물 등을 운반한다.

[11~12] 그림은 혈액을 채혈하여 현미경으로 관찰한 결과를 나타낸 것이다.

<탐구 28쪽>

11 이에 대한 설명으로 옳은 것을 <보기>에서 모두 고른 것은?

> **보기**
> ㄱ. A와 B는 핵이 있고, D는 핵이 없다.
> ㄴ. B에는 헤모글로빈이 있어 붉은색을 띤다.
> ㄷ. C는 영양소를 녹여 조직 세포로 운반하고, 조직 세포에서 나온 이산화 탄소와 노폐물을 운반한다.

① ㄱ   ② ㄴ   ③ ㄱ, ㄴ
④ ㄴ, ㄷ   ⑤ ㄱ, ㄴ, ㄷ

[주관식]   <탐구 28쪽>

12 다음은 혈액 구성 성분의 특징을 나타낸 것이다.

> (가) 혈구 중 크기가 가장 크고, 식균 작용을 한다.
> (나) 혈구 중 수가 가장 많고, 산소 운반 작용을 한다.
> (다) 혈구 중 크기가 가장 작고, 혈액 응고 작용을 한다.

각 특징에 해당하는 혈액 구성 성분의 기호와 이름을 쓰시오.

13 표는 건강한 사람과 환자 (가)의 혈액 검사 결과 중 일부를 나타낸 것이다.

혈액 성분	건강한 사람	환자 (가)
적혈구(개/mm³)	450만~500만	480만
백혈구(개/mm³)	6000~8000	7200
혈소판(개/mm³)	20만~30만	10만

이 표를 근거로 알 수 있는 환자 (가)의 건강 상태에 대한 설명으로 옳은 것은?

① 빈혈 증상이 나타난다.
② 말단 비대증이 나타난다.
③ 오줌에 포도당이 섞여 나온다.
④ 몸속에 세균이 침입한 상태이다.
⑤ 상처가 났을 때 혈액 응고가 잘 일어나지 않는다.

D 혈액 순환

[14~17] 그림은 혈액 순환의 경로를 나타낸 것이다.

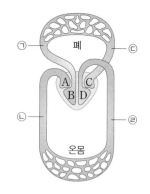

중요

14 심장에서 나간 혈액이 온몸의 조직 세포에 산소와 영양소를 공급하고, 이산화 탄소와 노폐물을 받아 심장으로 돌아오는 순환의 경로로 옳은 것은?

① A → ㉡ → 온몸의 모세 혈관 → ㉣ → D
② B → ㉠ → 폐의 모세 혈관 → ㉢ → C
③ B → A → ㉡ → 온몸의 모세 혈관 → ㉣ → D → C
④ C → ㉢ → 폐의 모세 혈관 → ㉠ → B
⑤ D → ㉣ → 온몸의 모세 혈관 → ㉡ → A

【주관식】

15 ㉠~㉣ 중 산소를 가장 많이 포함한 혈액이 흐르는 곳의 기호를 쓰시오.

16 동맥혈이 흐르는 곳으로만 옳게 짝 지은 것은?

① ㉠, ㉡, A, B
② ㉠, ㉢, A, C
③ ㉠, ㉢, B, D
④ ㉡, ㉣, B, D
⑤ ㉢, ㉣, C, D

17 이에 대한 설명으로 옳지 않은 것은?

① ㉡과 ㉣에는 판막이 있다.
② ㉢과 ㉣에는 산소를 적게 포함한 혈액이 흐른다.
③ ㉣은 ㉢보다 혈압이 높다.
④ 혈액은 A에서 B로 이동한다.
⑤ 온몸의 모세 혈관과 조직 세포 사이에서 물질 교환이 일어난다.

18 다음은 폐순환의 경로를 나타낸 것이다.

> 우심실 → (A) → 폐의 모세 혈관 → (B) → 좌심방

이에 대한 설명으로 옳은 것을 모두 고르면? (2개)

① A는 폐동맥이며, B는 폐정맥이다.
② A에는 산소를 많이 포함한 혈액이 흐른다.
③ B에는 산소를 적게 포함한 혈액이 흐른다.
④ A에는 선홍색의 혈액이, B에는 암적색의 혈액이 흐른다.
⑤ 폐에서 이산화 탄소를 내보내고 산소를 받아 심장으로 돌아오는 순환 과정이다.

서술형 **Tip**

서술형

1 그림은 사람의 심장 구조를 나타낸 것이다. 가장 두꺼운 근육층으로 이루어진 부분의 기호와 이름을 쓰고, 그렇게 생각한 까닭을 서술하시오.

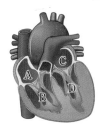

_____

1 심장에서 가장 큰 압력으로 혈액을 내보내야 하는 곳을 생각하여 서술한다.
→ 필수 용어: 온몸, 수축

단계별 서술형

2 그림은 혈관의 구조를 나타낸 것이다.

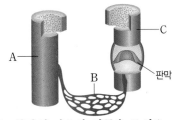

(1) 혈관 벽이 가장 두껍고 탄력성이 큰 혈관의 기호와 이름을 쓰시오.

_____

(2) 조직 세포와의 사이에서 물질 교환이 일어나는 혈관의 기호와 이름을 쓰시오.

_____

(3) (2)과 같이 조직 세포와의 사이에서 물질 교환이 일어나기에 유리한 까닭을 혈관 벽과 혈액이 흐르는 속도를 포함하여 서술하시오.

_____

2 (1) 심장에서 나가는 혈액이 흐르는 혈관은 혈관 벽이 두껍고 탄력성이 커야 한다.
(2),(3) 조직 세포와의 사이에서 물질 교환이 일어나기 위한 조건을 생각하여 서술한다.
→ 필수 용어: 혈관 벽, 혈액이 흐르는 속도

Plus 문제 **2-1**

판막의 역할을 서술하시오.

_____

_____

서술형

3 고산 지대에 사는 사람들은 평지에 사는 사람들에 비해 적혈구의 수가 특히 많다. 그 까닭을 서술하시오.

_____

3 고산 지대와 평지의 환경 차이를 생각하여 서술한다.
→ 필수 용어: 산소, 부족, 운반

단어 제시형

4 그림은 혈액 순환의 경로를 나타낸 것이다.

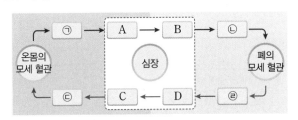

온몸을 돌고 온 혈액은 심장으로 들어온 다음 폐순환을 하게 된다. 폐순환의 경로를 기호를 포함하여 쓰고, 폐순환 결과를 다음 단어를 모두 포함하여 서술하시오.

> 혈액, 산소, 이산화 탄소

_____

4 폐순환은 심장에서 나간 혈액이 폐로 가는 순환으로, 이산화 탄소를 내보내고 산소를 받아 다시 심장으로 돌아오는 순환이다.
→ 필수 용어: 혈액, 산소, 이산화 탄소

03 호흡

A 호흡계의 구조와 기능

1. **호흡❶** 생명 활동을 위해 공기 중의 산소를 받아들이고 몸 안에서 생긴 이산화 탄소를 내보내는 작용

2. **호흡계** 산소와 이산화 탄소의 교환을 담당하는 기관계 ➡ 코, 기관, 기관지, 폐 등의 호흡 기관으로 이루어져 있다.

3. 들숨과 날숨의 비교❷

들숨	들이쉬는 숨	날숨에는 들숨보다 산소가 적게 들어 있고, 이산화 탄소는 많이 들어 있다.
날숨	내쉬는 숨	• 산소: 들숨＞날숨 ㅤ • 이산화 탄소: 들숨＜날숨

> **[들숨과 날숨의 성분 비교 실험]**
> [과정] ① 2개의 삼각플라스크에 같은 양의 초록색 BTB 용액을 넣는다.
> ② 삼각플라스크 A에는 공기 펌프로 공기(들숨)를 넣어 주고, B에는 빨대로 입김(날숨)을 불어넣는다.
> [결과 및 정리]
> 삼각플라스크 A보다 B에서 BTB 용액의 색깔이 더 빨리 노란색으로 변한다.
> ➡ 들숨보다 날숨에 이산화 탄소가 더 많이 들어 있다는 것을 알 수 있다.

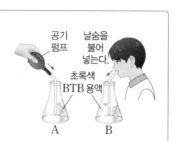

└ 삼각플라스크 A와 B에 석회수를 넣고 같은 방법으로 실험하면 A보다 B에서 석회수가 더 빨리 뿌옇게 흐려진다.

4. 호흡계의 구조

폐는 좌우 1쌍이 있으며, 약 3억 개의 폐포로 이루어져 있다. 폐포를 모두 펼치면 표면적이 약 100 m²로 피부 총면적의 약 50배이다.

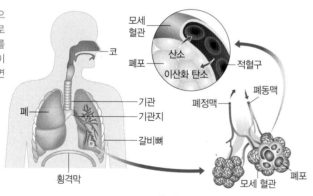

▲ 호흡계

① 공기의 이동 경로: 코 → 기관 → 기관지 → 폐(폐포)
② 호흡 기관의 구조와 기능

구분	기능
코	콧속은 가는 털과 끈끈한 액체로 덮여 있어 먼지나 세균을 걸러 낸다.
기관	• 공기가 드나드는 통로 — 음식물이 드나드는 식도와 구분된다. • 안쪽에 가는 섬모가 있어 먼지나 세균 등을 거른다.
기관지	기관에서 갈라져 좌우 폐로 들어가며, 폐 속에서 더 많은 가지로 갈라져 폐포와 연결된다.
폐	• 가슴 속에 좌우 1개씩 있고, 수많은 폐포로 이루어져 있다. ➡ 공기가 접촉하는 표면적이 매우 넓기 때문에 기체 교환이 효율적으로 일어난다. • 갈비뼈와 *횡격막(가로막)에 둘러싸인 *흉강에 들어 있다.❸ ➡ 폐는 근육이 없어 스스로 커지거나 작아지지 못하고, 갈비뼈와 횡격막의 움직임에 의해 크기가 변한다.
폐포	• 폐를 구성하는 작은 공기주머니 • 한 층의 얇은 세포층으로 이루어져 있고, 모세 혈관에 둘러싸여 있다. ➡ 폐포와 모세 혈관 사이에서 산소와 이산화 탄소가 교환된다.

※ "폐포" 행은 "폐" 구분 칸에 병합되어 있음

》》》 **개념 더하기**

❶ 호흡
넓은 의미에서는 숨을 쉬는 것뿐만 아니라 산소와 이산화 탄소의 교환, 생명 활동에 필요한 에너지를 얻는 과정까지를 모두 포함한다.

❷ 들숨과 날숨의 기체 성분

▲ 들숨의 성분

▲ 날숨의 성분

❸ 갈비뼈와 횡격막
• 갈비뼈: 폐를 보호하며, 호흡 운동에 따라 위아래로 움직인다.
• 횡격막: 근육으로 된 막으로, 흉강 속의 압력을 조절한다.

용어 사전

***횡격막**(가로 橫, 가슴 膈, 꺼풀 膜)
가슴과 배를 구분하는 근육성의 막
***흉강**(가슴 胸, 빈속 腔)
갈비뼈와 횡격막으로 둘러싸인 가슴 속 공간

1 호흡과 호흡계에 대한 설명으로 옳은 것은 ○, 옳지 않은 것은 ×로 표시하시오.

(1) 호흡계는 산소와 이산화 탄소의 교환을 담당하는 기관계이다. ( )
(2) 호흡계는 입, 기관, 기관지, 폐 등의 호흡 기관으로 이루어져 있다. ( )
(3) 호흡의 의미에는 생명 활동에 필요한 에너지를 얻는 과정도 포함된다.
( )
(4) 호흡은 공기 중의 이산화 탄소를 받아들이고 산소를 내보내는 작용이다.
( )

2 다음은 들숨과 날숨에 대한 설명이다. ( ) 안에 알맞은 말을 고르시오.

들숨은 ㉠ (내쉬는 , 들이쉬는) 숨이며, 날숨은 ㉡ (내쉬는 , 들이쉬는) 숨이다. 날숨에는 들숨보다 ㉢ (산소 , 이산화 탄소)가 적게 들어 있고, ㉣ (산소 , 이산화 탄소)는 많이 들어 있다.

3 그림은 사람의 호흡계를 나타낸 것이다.

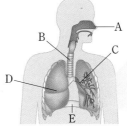
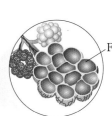

(1) A~E의 이름을 각각 쓰시오.

(2) 다음은 외부에서 들어온 공기가 호흡 기관을 통해 이동하는 경로를 나타낸 것이다. ㉠, ㉡에 알맞은 기관의 기호와 이름을 쓰시오.

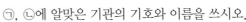

코 → (㉠) → (㉡) → 폐(폐포)

4 다음 설명에 해당하는 호흡 기관의 이름을 각각 쓰시오.

(1) 안쪽에 가는 섬모가 있어 먼지나 세균 등을 거른다. ( )
(2) 가는 털과 끈끈한 액체로 덮여 있어 먼지나 세균을 걸러 낸다. ( )
(3) 기관에서 갈라져 좌우 폐로 들어가며, 폐 속에서 더 많은 가지로 갈라진다.
( )
(4) 가슴 속에 좌우 1개가 있고, 갈비뼈와 횡격막에 둘러싸인 흉강에 들어 있다.
( )
(5) 한 층의 얇은 세포층으로 이루어져 있고, 모세 혈관에 둘러싸여 있는 작은 공기주머니이다. ( )

Ⓑ 호흡 운동

1. 호흡 운동의 원리❶ 폐는 근육이 없어 스스로 커지거나 작아지지 못하고, 갈비뼈와 횡격막의 움직임에 의해 흉강의 부피와 압력이 변하여 호흡 운동이 일어난다. ➡ 공기는 압력이 높은 곳에서 낮은 곳으로 이동한다.

2. 호흡 운동이 일어나는 과정 [탐구A] 38쪽 [Beyond 특강] 39쪽

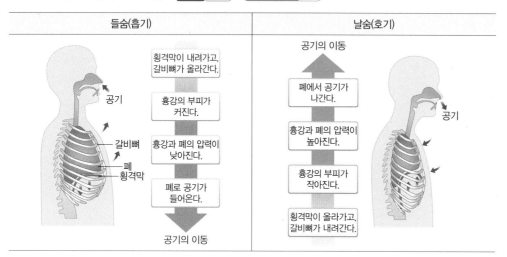

3. 들숨과 날숨이 일어날 때의 상태 비교

구분	갈비뼈	횡격막	흉강 부피	흉강 압력	폐 부피	폐 내부 압력	공기의 이동
들숨(흡기)	올라감	내려감	커짐	낮아짐	커짐	낮아짐	외부 → 폐
날숨(호기)	내려감	올라감	작아짐	높아짐	작아짐	높아짐	폐 → 외부

Ⓒ 기체 교환

1. 기체 교환의 원리 기체의 농도 차이에 따른 *확산에 의해 기체 교환이 일어난다. ➡ 농도가 높은 쪽에서 낮은 쪽으로 기체가 이동한다.

2. 폐와 조직 세포에서의 기체 교환❷

구분	폐에서의 기체 교환	조직 세포에서의 기체 교환
산소의 농도 비교	폐포 > 모세 혈관	모세 혈관 > 조직 세포
이산화 탄소의 농도 비교	폐포 < 모세 혈관	모세 혈관 < 조직 세포
공기의 이동	• 산소: 폐포 → 모세 혈관 • 이산화 탄소: 모세 혈관 → 폐포	• 산소: 모세 혈관 → 조직 세포 • 이산화 탄소: 조직 세포 → 모세 혈관
기체 교환	폐포 $\underset{\text{이산화 탄소}}{\overset{\text{산소}}{\longleftrightarrow}}$ 모세 혈관 ➡ 정맥혈이 동맥혈로 된다.	모세 혈관 $\underset{\text{이산화 탄소}}{\overset{\text{산소}}{\longleftrightarrow}}$ 조직 세포 ➡ 동맥혈이 정맥혈로 된다.

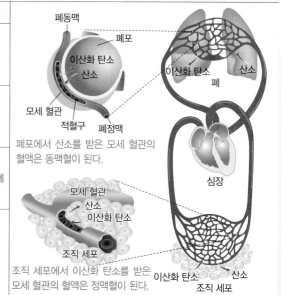

폐포에서 산소를 받은 모세 혈관의 혈액은 동맥혈이 된다.

조직 세포에서 이산화 탄소를 받은 모세 혈관의 혈액은 정맥혈이 된다.

❶ 보일 법칙과 호흡 운동
• 보일 법칙: 기체의 부피는 압력에 반비례한다.
• 보일 법칙에 따라 들숨이 일어날 때 흉강의 부피가 커지면 흉강의 압력은 감소한다. 그에 따라 폐의 부피가 커지면 폐 내부 압력이 대기압보다 낮아져서 공기가 폐 속으로 들어온다.

❷ 기체 교환에 따른 기체의 이용
조직 세포로 이동한 산소는 영양소로부터 생명 활동에 필요한 에너지를 얻는 데 사용되고, 모세 혈관의 혈액으로 이동한 이산화 탄소는 순환계를 통해 폐포를 거쳐 날숨으로 나간다.

용어 사전

*확산(넓힐 擴, 흩을 散)
어떤 물질이 농도가 높은 쪽에서 낮은 쪽으로 퍼져 나가는 현상

5 다음은 호흡 운동에 대한 설명이다. ㉠~㉢에 알맞은 말을 쓰시오.

> 사람의 호흡 기관 중 (㉠   )은/는 근육이 없어 스스로 커지거나 작아지지 못하고, 갈비뼈와 (㉡   )의 움직임에 의해 흉강의 부피와 (㉢   )이/가 변하여 호흡 운동이 일어난다.

6 그림은 사람 몸의 가슴 구조를 나타낸 것이다.

(1) A와 B의 이름을 각각 쓰시오.

(2) (가)와 (나)는 들숨과 날숨 중 무엇인지 각각 쓰시오.

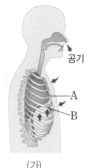
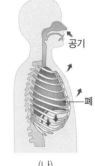

(가)   (나)

7 표는 들숨과 날숨이 일어날 때 우리 몸에서 일어나는 변화를 나타낸 것이다. ( ) 안에 알맞은 말을 고르시오.

들숨	날숨
갈비뼈가 올라가고, 횡격막이 내려간다.	갈비뼈가 내려가고, 횡격막이 올라간다.
↓	↓
흉강의 부피가 ㉠(커지고 , 작아지고), 흉강의 압력이 ㉡(낮아진다 , 높아진다).	흉강의 부피가 ㉤(커지고 , 작아지고), 흉강의 압력이 ㉥(낮아진다 , 높아진다).
↓	↓
폐의 부피가 ㉢(커지고 , 작아지고), 폐의 압력이 ㉣(낮아진다 , 높아진다).	폐의 부피가 ㉦(커지고 , 작아지고), 폐의 압력이 ㉧(낮아진다 , 높아진다).
↓	↓
외부에서 폐 안으로 공기가 이동한다.	폐 안에서 외부로 공기가 이동한다.

8 그림은 폐포, 모세 혈관, 조직 세포에서의 기체 교환 과정을 나타낸 것이다. ( ) 안에 알맞은 말을 쓰거나 고르시오.

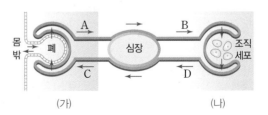

(가)   (나)

(1) (가)는 폐포와 (㉠   ) 사이에서 일어나는 기체 교환이며, (나)는 조직 세포와 (㉡   ) 사이에서 일어나는 기체 교환이다.

(2) A와 B는 ㉠(산소 , 이산화 탄소)의 이동 방향이고, C와 D는 ㉡(산소 , 이산화 탄소)의 이동 방향이다.

과학적 사고로!

탐구하기 ⓐ 호흡 운동의 원리

목표 호흡 운동 모형을 만들어 호흡 운동의 원리를 알아본다.

과정

❶ 투명한 플라스틱 컵 밑면에 송곳으로 구멍을 뚫어 구부러지는 빨대 2개를 맞대어 Y자형으로 만든 후 그 끝에 각각 고무풍선을 끼우고 고정한다.

❷ 큰 고무풍선의 입구 쪽을 잘라내고, 나머지 부분을 컵의 입구에 씌워 고무 막이 되도록 한다.

❸ 고무 막을 아래로 잡아당기거나 위로 밀어 올린다.

고무풍선

결과 및 정리

실험 장치로 설명할 수 없는 구조
호흡 운동 모형 실험 장치를 통해 설명할 수 없는 호흡 운동과 관련된 구조는 갈비뼈이다.

• 고무 막을 잡아당기거나 밀어 올릴 때의 변화

구분	고무 막을 아래로 잡아당겼을 때	고무 막을 위로 밀어 올렸을 때
결과	빨대 ─ 고무풍선 ➡ 부풀어 오른다. 고무 막 ↓ 잡아당김	빨대 ─ 고무풍선 ➡ 오므라든다. 고무 막 ↑ 밀어 올림
변화 과정	플라스틱 컵 속 부피가 커지고 플라스틱 컵 속 압력이 낮아진다. ➡ 외부의 공기가 빨대를 통해 고무풍선 안으로 들어가 고무풍선이 부풀어 오른다.	플라스틱 컵 속 부피가 작아지고 플라스틱 컵 속 압력이 높아진다. ➡ 플라스틱 컵 속 공기가 빨대를 통해 외부로 나가 고무풍선이 오므라든다.

• 호흡 운동 모형과 사람의 몸 비교

호흡 운동 모형	빨대	작은 고무풍선	큰 고무풍선 (고무 막)	컵 속의 공간
사람의 호흡 기관	기관, 기관지	(㉠)	(㉡)	(㉢)

• 호흡 운동 모형에서 고무 막을 잡아당기는 것은 사람의 호흡 운동에서 ㉣ (들숨 , 날숨)에 해당하고, 고무 막을 밀어 올리는 것은 ㉤ (들숨 , 날숨)에 해당한다.

확인 문제

1 위 실험에 대한 설명으로 옳은 것은 ○, 옳지 않은 것은 ×로 표시하시오.

(1) 호흡 운동 모형에서 Y자형으로 만든 빨대는 호흡 기관 중 기관과 기관지이다. (   )

(2) 고무 막을 아래로 잡아당기면 플라스틱 컵 속 고무풍선이 오므라든다. (   )

(3) 고무 막을 위로 밀어 올리면 플라스틱 컵 속 고무풍선이 부풀어 오른다. (   )

(4) 고무 막을 위로 밀어 올리면 플라스틱 컵 속 부피가 작아지고 압력이 높아진다. (   )

실전 문제

2 그림은 호흡 운동 모형을 나타낸 것이다. 이 상태에서 고무 막을 놓았을 때와 같이 우리 몸에서 일어나는 변화로 옳은 것은?

Y자관
유리병
고무풍선
고무 막

① 횡격막이 내려간다.

② 갈비뼈가 올라간다.

③ 폐의 부피가 커진다.

④ 흉강 속 부피가 커진다.

⑤ 폐 속 압력이 높아진다.

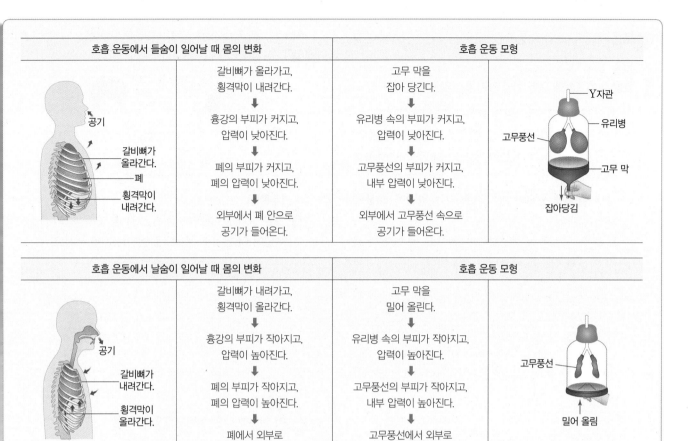

호흡 운동에서 들숨이 일어날 때 몸의 변화		호흡 운동 모형	
공기 갈비뼈가 올라간다. 폐 횡격막이 내려간다.	갈비뼈가 올라가고, 횡격막이 내려간다. ↓ 흉강의 부피가 커지고, 압력이 낮아진다. ↓ 폐의 부피가 커지고, 폐의 압력이 낮아진다. ↓ 외부에서 폐 안으로 공기가 들어온다.	고무 막을 잡아 당긴다. ↓ 유리병 속의 부피가 커지고, 압력이 낮아진다. ↓ 고무풍선의 부피가 커지고, 내부 압력이 낮아진다. ↓ 외부에서 고무풍선 속으로 공기가 들어온다.	Y자관 유리병 고무풍선 고무 막 잡아당김

호흡 운동에서 날숨이 일어날 때 몸의 변화		호흡 운동 모형	
공기 갈비뼈가 내려간다. 횡격막이 올라간다.	갈비뼈가 내려가고, 횡격막이 올라간다. ↓ 흉강의 부피가 작아지고, 압력이 높아진다. ↓ 폐의 부피가 작아지고, 폐의 압력이 높아진다. ↓ 폐에서 외부로 공기가 나간다.	고무 막을 밀어 올린다. ↓ 유리병 속의 부피가 작아지고, 압력이 높아진다. ↓ 고무풍선의 부피가 작아지고, 내부 압력이 높아진다. ↓ 고무풍선에서 외부로 공기가 나간다.	고무풍선 밀어 올림

1 다음 〈보기〉는 호흡 운동이 일어날 때 몸의 변화를 나타낸 것이다.

보기
ㄱ. 갈비뼈가 올라간다.
ㄴ. 갈비뼈가 내려간다.
ㄷ. 횡격막이 올라간다.
ㄹ. 횡격막이 내려간다.
ㅁ. 흉강의 부피가 작아진다.
ㅂ. 흉강의 부피가 커진다.
ㅅ. 흉강 내 압력이 낮아진다.
ㅇ. 흉강 내 압력이 높아진다.
ㅈ. 폐의 공기가 외부로 나간다.
ㅊ. 외부의 공기가 폐로 들어온다.

(1) 들숨이 일어날 때 몸의 변화를 〈보기〉에서 모두 고르시오.

(2) 날숨이 일어날 때 몸의 변화를 〈보기〉에서 모두 고르시오.

2 그림은 호흡 운동의 원리를 설명하기 위한 호흡 운동 모형을 나타낸 것이다.

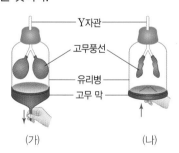

Y자관
고무풍선
유리병
고무 막

(가)   (나)

이에 대한 설명으로 옳지 <u>않은</u> 것은?

① (가)는 들숨, (나)는 날숨을 나타낸 것이다.
② (가)보다 (나)에서 유리병 내부의 부피가 작아진다.
③ (가)보다 (나)에서 유리병 내부의 압력이 높아진다.
④ (가)에서는 유리병 내부의 압력이 외부의 기압보다 높다.
⑤ 고무 막의 상하 운동에 의해 고무풍선 안으로 외부의 공기가 들어오거나 고무풍선 안의 공기가 외부로 나간다.

A 호흡계의 구조와 기능

중요

01 호흡과 호흡계에 대한 설명으로 옳지 <u>않은</u> 것은?

① 산소와 이산화 탄소의 교환은 호흡에 포함된다.
② 호흡계는 코, 기관, 기관지, 폐 등으로 이루어져 있다.
③ 호흡계는 산소와 이산화 탄소의 교환을 담당하는 기관계이다.
④ 생명 활동에 필요한 에너지를 얻는 과정은 호흡에 포함되지 않는다.
⑤ 호흡은 공기 중의 산소를 받아들이고 몸 안에서 생긴 이산화 탄소를 내보내는 작용이다.

[02~03] 그림은 들숨과 날숨의 기체 성분을 나타낸 것이다.

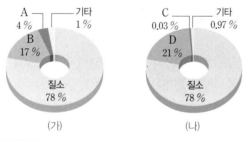

(가) A 4% B 17% 질소 78% 기타 1%
(나) C 0.03% D 21% 질소 78% 기타 0.97%

【주관식】

02 (가)와 (나)에 해당하는 기체 성분은 들숨과 날숨 중 무엇인지 각각 쓰시오.

03 이에 대한 설명으로 옳은 것은?

① A와 C는 산소이다.
② B와 D는 이산화 탄소이다.
③ 들숨은 들이쉬는 숨이고, 날숨은 내쉬는 숨이다.
④ 날숨에는 들숨보다 산소가 많이 들어 있다.
⑤ 들숨에는 날숨보다 이산화 탄소가 많이 들어 있다.

[04~05] 그림은 들숨과 날숨의 성분을 비교하는 실험을 나타낸 것이다.

공기 펌프
입김을 불어 넣는다.
초록색 BTB 용액
A B

【주관식】

04 실험 결과 삼각플라스크 A와 B 중 초록색 BTB 용액의 색깔이 더 빨리 노란색으로 변하는 것을 쓰시오.

중요

05 이 실험에 대한 설명으로 옳지 <u>않은</u> 것은?

① 초록색 BTB 용액은 이산화 탄소가 많아지면 노란색이 된다.
② A에 공기 펌프로 넣어준 공기는 들숨이다.
③ B에 불어넣은 입김은 날숨이다.
④ 들숨에는 날숨보다 산소가 더 많이 들어 있다는 것을 알 수 있다.
⑤ 날숨에는 들숨보다 이산화 탄소가 더 많이 들어 있다는 것을 알 수 있다.

06 사람의 호흡 기관에 대한 설명으로 옳지 <u>않은</u> 것은?

① 콧속은 가는 털과 끈끈한 액체로 덮여 있다.
② 폐는 갈비뼈와 횡격막에 둘러싸인 흉강에 들어 있다.
③ 기관은 공기가 드나드는 통로로, 안쪽에 가는 섬모가 있다.
④ 폐는 주먹만 한 크기로, 근육으로 되어 있어 스스로 작아지거나 커질 수 있다.
⑤ 기관지는 기관에서 갈라져 좌우 폐로 들어가며, 폐 속에서 더 많은 가지로 갈라진다.

[07~09] 그림은 사람의 호흡계를 나타낸 것이다.

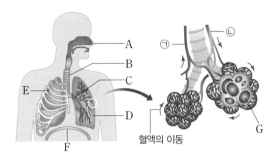

혈액의 이동

07 공기의 이동 경로를 옳게 나타낸 것은?

① A → B → C → D
② A → B → D → F
③ E → B → C → D
④ F → D → B → A
⑤ F → E → C → B

중요

08 이에 대한 설명으로 옳은 것은?

① A의 안쪽 벽에는 섬모가 있어 이물질을 거른다.
② B는 수많은 폐포로 이루어져 있다.
③ E와 F의 움직임에 의해 D의 크기가 변한다.
④ ㉠은 폐정맥으로, 정맥혈이 흐른다.
⑤ ㉡은 폐동맥으로, 동맥혈이 흐른다.

09 G에 대한 설명으로 옳은 것을 〈보기〉에서 모두 고른 것은?

┌─ 보기 ─────────────────────
ㄱ. D를 구성하는 작은 공기주머니이다.
ㄴ. 여러 층의 세포층으로 이루어져 있다.
ㄷ. 모세 혈관에 둘러싸여 있어, G와 모세 혈관 사이
　 에서 산소와 이산화 탄소가 교환된다.
└────────────────────────────

① ㄱ 　　　　 ② ㄷ 　　　　 ③ ㄱ, ㄴ
④ ㄱ, ㄷ 　　 ⑤ ㄴ, ㄷ

B 호흡 운동

10 사람의 호흡 운동에 대한 설명으로 옳은 것을 모두 고르면? (2개)

① 폐가 스스로 커지거나 작아진다.
② 흉강의 부피와 압력이 변하여 일어난다.
③ 날숨이 일어날 때 흉강의 부피가 커진다.
④ 흉강의 부피가 작아지면 폐의 부피가 작아진다.
⑤ 폐의 부피가 커지면 폐 내부의 압력이 높아진다.

[11~12] 그림은 들숨과 날숨이 일어날 때의 몸의 변화를 나타낸 것이다.

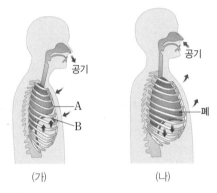

공기 | 공기 | A | B | 폐

(가) 　　　　　 (나)

【주관식】

11 A와 B 중 다음 설명에 해당하는 기관의 기호와 이름을 각각 쓰시오.

┌─────────────────────────────
㉠ 근육으로 된 막으로, 흉강의 압력을 조절한다.
㉡ 폐를 보호하며, 호흡 운동에 따라 위아래로 움직인다.
└─────────────────────────────

중요

12 이에 대한 설명으로 옳지 <u>않은</u> 것은?

① (가)는 날숨, (나)는 들숨이다.
② A가 올라가고 B가 내려가면 흉강의 부피가 커진다.
③ A가 올라가고 B가 내려가면 외부의 공기가 폐로 들어온다.
④ A가 내려가고 B가 올라가면 폐 내부의 압력이 낮아진다.
⑤ A가 내려가고 B가 올라가면 폐의 공기가 외부로 나간다.

[13~14] 그림은 호흡 운동 모형을 나타
낸 것이다.

- Y자관
- 고무풍선
- 유리병
- 고무 막

중요

탐구 38쪽

13 그림의 각 부분에 해당하는 사람의 호흡 기관을 옳게 짝
지은 것은?

	Y자관	고무풍선	유리병	고무 막
①	흉강	갈비뼈	폐	횡격막
②	횡격막	폐	흉강	갈비뼈
③	갈비뼈	흉강	폐	횡격막
④	기관과 기관지	폐	흉강	횡격막
⑤	기관과 기관지	횡격막	폐	갈비뼈

탐구 38쪽

14 고무 막을 아래로 잡아당길 때 나타나는 변화로 옳은 것
을 모두 고르면? (2개)

① 고무풍선이 부풀어 오른다.
② 유리병의 부피가 작아진다.
③ 유리병 속 압력이 높아진다.
④ 고무풍선 속 공기가 외부로 나간다.
⑤ Y자관을 통해 외부의 공기가 고무풍선으로 들어
온다.

ⓒ 기체 교환

15 그림은 조직 세포와 모세
혈관 사이에서의 기체 교
환을 나타낸 것이다. A와
B는 각각 산소와 이산화
탄소 중 하나이다. 이에 대
한 설명으로 옳은 것은?

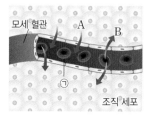

모세 혈관 · A · B · ㉠ · 조직 세포

① ㉠은 백혈구이다.
② A는 산소, B는 이산화 탄소이다.
③ 조직 세포보다 모세 혈관에 A의 양이 많다.
④ 모세 혈관보다 조직 세포에 B의 양이 많다.
⑤ A와 B는 농도 차이에 따른 확산에 의해 이동한다.

중요

16 그림은 폐포와 모세 혈관
사이에서의 기체 교환을
나타낸 것이다. ㉠과 ㉡은
각각 산소와 이산화 탄소
중 하나이다. 이에 대한 설
명으로 옳은 것을 〈보기〉
에서 모두 고른 것은?

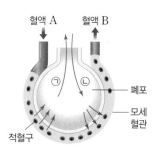

혈액 A · 혈액 B · 폐포 · 모세 혈관 · 적혈구

보기
ㄱ. 혈액 A는 B보다 산소의 양이 많다.
ㄴ. 적혈구는 ㉡을 운반한다.
ㄷ. ㉠은 이산화 탄소이고, ㉡은 산소이다.

① ㄱ　　　② ㄷ　　　③ ㄱ, ㄴ
④ ㄱ, ㄷ　　　⑤ ㄴ, ㄷ

[17~18] 그림은 폐포, 모세 혈관, 조직 세포에서의 기체 교환 과
정을 나타낸 것이다. A~D는 각각 산소와 이산화 탄소 중 하나
이다.

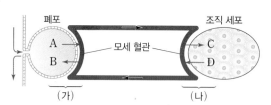

폐포 · A · B · 모세 혈관 · 조직 세포 · C · D · (가) · (나)

17 A~D에 해당하는 기체의 종류를 각각 쓰시오.

18 이에 대한 설명으로 옳지 않은 것은?

① A에 해당하는 기체는 조직 세포에서 가장 많다.
② B에 해당하는 기체는 초록색 BTB 용액을 노란색
이 되도록 한다.
③ (가)에서 정맥혈이 동맥혈로 된다.
④ (나)에서 동맥혈이 정맥혈로 된다.
⑤ (가)와 (나)에서의 기체 교환은 기체의 농도 차이에
따른 확산에 의해 일어난다.

서술형 Tip

단계별 서술형 / 단어 제시형

1 그림은 사람의 호흡계를 나타낸 것이다.

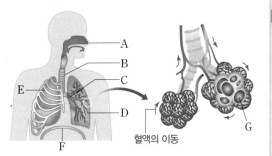

(1) A~F 중 공기의 이동 경로에 속하지 <u>않는</u> 구조의 기호를 모두 쓰시오.

_____

(2) 사람의 호흡 기관은 G와 같은 구조가 발달되어 있다. G의 이름을 쓰고, 이와 같은 구조의 발달로 얻을 수 있는 장점을 다음 단어를 모두 포함하여 서술하시오.

> 접촉, 표면적, 기체 교환

_____

1 (1) 공기가 외부에서 어떤 경로를 통해 폐로 이동하는지 생각한다.
(2) 폐를 구성하는 공기주머니의 기능을 생각하여 서술한다.

서술형

2 그림 (가)는 호흡 기관 모형을, (나)는 호흡 운동 모형을 나타낸 것이다. (가)에서 A와 B에 해당하는 호흡 기관의 구조를 각각 쓰고, (나)와 같이 고무 막을 잡아당겼을 때 A와 B가 어떻게 움직이는지 서술하시오.

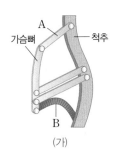
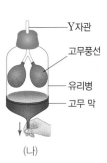

(가) (나)

2 A와 B에 해당하는 구조를 쓰고, 고무 막을 당기는 것이 호흡 운동 중 들숨인지 날숨인지 파악하고 서술한다.

Plus 문제 2-1

(나)와 같이 고무 막을 잡아당겼을 때 고무풍선에서 나타나는 변화를 쓰시오.

_____

_____

단계별 서술형

3 그림은 폐와 조직 세포에서 일어나는 기체 교환과 이동을 나타낸 것이다. A와 B는 각각 산소와 이산화 탄소 중 하나이다.

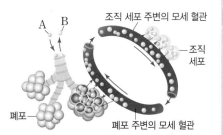

(1) A와 B에 해당하는 기체를 각각 쓰시오.

_____

(2) 폐포, 모세 혈관, 조직 세포에서의 A의 농도를 비교하고 A의 이동 경로를 서술하시오.

_____

3 (2) 기체 교환이 일어나는 장소에서 A의 농도, A의 이동 경로를 파악하고 서술한다.
→ 필수 용어: 농도, 폐포, 모세 혈관, 조직 세포

개념 학습

04 배설

A 노폐물의 생성과 배설

1. **배설❶** 노폐물을 몸 밖으로 내보내는 과정으로, 배설계가 배설 기능을 담당한다.

2. **노폐물의 생성❷과 배설** 영양소로부터 생명 활동에 필요한 에너지를 얻는 과정에서 영양소가 분해될 때 노폐물이 생성된다.

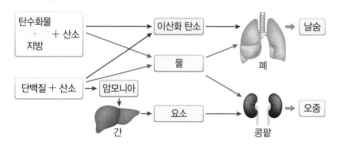

영양소	탄수화물, 지방, 단백질		단백질
노폐물	이산화 탄소	물	암모니아❸ ➡ 간❹에서 요소로 전환됨
배설 기관	폐	폐, 콩팥	콩팥
배설 형태	날숨	날숨, 오줌	오줌

B 배설계의 구조와 기능

1. **배설계** 체내에서 발생한 노폐물을 걸러 몸 밖으로 내보내는 기관계 ➡ 콩팥, 오줌관, 방광, 요도 등으로 이루어져 있다.

2. **배설계의 구조와 기능** 콩팥이 붉은색을 띠는 까닭은 모세 혈관이 많이 분포해 있기 때문이다.

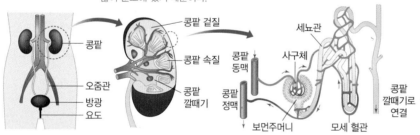

콩팥	· 주먹만 한 크기로, 허리의 등 쪽 좌우에 1개씩 있다. · 혈액 속의 노폐물을 걸러 오줌을 만드는 곳이다. · 콩팥 동맥, 콩팥 정맥❺과 각각 연결되어 있다. · 콩팥 겉질, 콩팥 속질, 콩팥 깔때기의 세 부분으로 구분된다.		
	콩팥 겉질, 콩팥 속질	· 콩팥 겉질: 콩팥의 바깥 부분 · 콩팥 속질: 콩팥의 중간 부분 · 콩팥 겉질과 콩팥 속질에는 오줌을 만드는 기본 단위인 네프론이 분포한다. ➡ 네프론 =사구체+보먼주머니+세뇨관	
		*사구체	모세 혈관이 실뭉치처럼 뭉쳐 있는 부분
		보먼주머니	사구체를 감싸고 있는 주머니 모양의 구조
		*세뇨관	보먼주머니와 연결된 가늘고 긴 관
	콩팥 깔때기	콩팥의 가장 안쪽의 빈 공간 — 네프론에서 만들어진 오줌이 모이는 곳	
오줌관	콩팥과 방광을 연결하는 긴 관		
방광	콩팥에서 만들어진 오줌을 모아 두는 곳		
요도	방광에 모인 오줌이 몸 밖으로 나가는 통로		

≫ 개념 더하기

❶ 배설과 배출
· 배설: 혈액 속 노폐물을 걸러 내어 오줌으로 내보내는 것
· 배출: 소화되지 않은 물질을 대변으로 내보내는 것

❷ 영양소의 구성 성분에 따른 노폐물 생성
탄수화물과 지방은 탄소, 수소, 산소로 이루어져 있지만 단백질은 탄소, 수소, 산소 외에 질소가 포함되어 있으므로 노폐물로 암모니아가 추가로 생성된다.

❸ 암모니아
독성이 강한 무색의 기체로 물에 잘 녹는다. 사람의 체내에 축적되면 세포에 손상을 줄 수 있기 때문에 간에서 요소로 전환시킨 후 콩팥으로 운반하여 오줌으로 배설한다.

❹ 간의 기능
· 쓸개즙을 생성한다.
· 암모니아를 요소로 전환시킨다.
· 유독 물질을 분해한다.(=해독 작용)
· 혈당량을 조절한다.

❺ 콩팥 동맥과 콩팥 정맥
· **콩팥 동맥**: 콩팥으로 들어오는 혈액이 흐르는 혈관 ➡ 요소의 농도가 높은 혈액이 흐른다.
· **콩팥 정맥**: 콩팥에서 나가는 혈액이 흐르는 혈관 ➡ 요소의 농도가 낮은 혈액이 흐른다.

용어 사전

*사구체(실 絲, 공 球, 몸 體)
콩팥 동맥에서 나온 모세 혈관이 실뭉치처럼 뭉쳐진 덩어리

*세뇨관(가늘 細, 오줌 尿, 피리 管)
보먼주머니와 연결된 가늘고 긴 관으로, 오줌을 모아 콩팥 깔때기로 보낸다.

1 그림은 노폐물의 생성과 배설 과정을 나타낸 것이다. A~D는 영양소의 분해 결과 생성된 노폐물이고, ㉠과 ㉡은 기관이다.

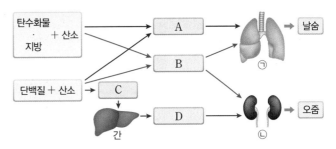

(1) A~D에 해당하는 노폐물을 각각 쓰시오.

(2) ㉠과 ㉡에 해당하는 기관을 각각 쓰시오.

(3) 탄수화물, 지방, 단백질의 분해 결과 생성되는 공통된 노폐물의 기호를 모두 쓰시오.

2 그림은 사람의 배설계를 나타낸 것이다. 다음 설명에 해당하는 구조의 기호와 이름을 각각 쓰시오.

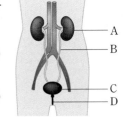

(1) 콩팥과 방광을 연결하는 긴 관이다. ( )
(2) 콩팥에서 만들어진 오줌을 모아 두는 곳이다. ( )
(3) 혈액 속의 노폐물을 걸러 오줌을 만드는 곳이다. ( )
(4) 방광에 모인 오줌이 몸 밖으로 나가는 통로이다. ( )

3 그림은 사람의 배설계 중 일부 구조를 나타낸 것이다.

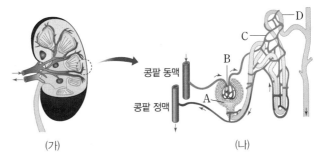

(1) (가)는 사람의 배설 기관 중 무엇인지 쓰시오.

(2) (나)에서 A~D의 이름을 각각 쓰시오.

(3) 네프론은 오줌을 만드는 기본 단위이다. 네프론을 구성하는 구조의 기호를 모두 쓰시오.

C 오줌의 생성 과정

1. 오줌의 생성 과정

혈액에는 혈구, 단백질, 포도당, 아미노산, 요소, 물, 무기염류가 들어 있다.

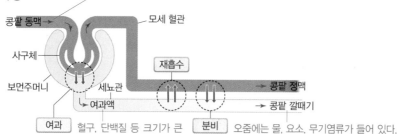

여과 혈구, 단백질 등 크기가 큰 물질은 없다.

분비 오줌에는 물, 요소, 무기염류가 들어 있다.

구분	이동 경로	이동 물질 및 특징
*여과❶	사구체 → 보먼주머니	• 이동 물질: 포도당, 아미노산, 요소, 물, 무기염류 등 ➡ 크기가 작은 물질이 여과된다. • 혈구, 단백질 등 크기가 큰 물질은 여과되지 않는다.
재흡수	세뇨관 → 모세 혈관	• 몸에 필요한 물질이 재흡수된다. • 이동 물질: 포도당, 아미노산, 물, 무기염류 ➡ 포도당과 아미노산은 모두(100 %) 재흡수❷되며, 물과 무기염류는 대부분 재흡수된다.
분비	모세 혈관 → 세뇨관	• 사구체에서 미처 여과되지 못한 노폐물의 일부가 분비된다. • 이동 물질: 노폐물

2. 오줌의 배설 경로

콩팥 동맥 → 사구체 → 보먼주머니 → 세뇨관 → 콩팥 깔때기 → 오줌관 → 방광 → 요도 → 몸 밖

D 세포 호흡과 기관계

1. 세포 호흡
세포에서 영양소가 산소와 반응하여 이산화 탄소와 물로 분해되고 에너지가 발생하는 과정 ➡ 에너지는 두뇌 활동, 소리내기, 운동, 체온 유지, 생장 등에 이용된다.

영양소 + 산소 ──────→ 물 + 이산화 탄소 + 에너지

▲ 세포 호흡

2. 세포 호흡과 기관계의 유기적 작용
세포 호흡으로 에너지를 얻어 생명 활동을 유지하기 위해서는 소화계, 순환계, 호흡계, 배설계가 유기적으로 작용해야 한다.

① 세포 호흡에 필요한 영양소와 산소는 각각 소화계와 호흡계를 통해 몸속으로 흡수되어 온몸의 조직 세포로 운반된다. ❸

② 세포 호흡 결과 생성된 이산화 탄소, 물, 요소 등 노폐물은 순환계를 통해 각각 호흡계와 배설계로 운반된다.

③ 이산화 탄소와 물은 호흡계를 통해 날숨으로 몸 밖으로 나가고, 요소와 물은 배설계를 통해 오줌의 형태로 몸 밖으로 나간다.

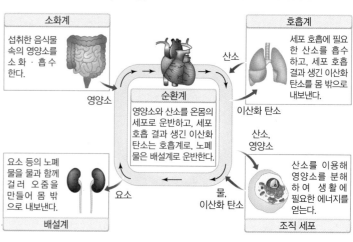

▲ 기관계의 유기적 작용

❶ 여과의 원리
콩팥 동맥에서 사구체로 들어가는 혈관보다 사구체에서 나오는 혈관이 가늘어서 사구체 내의 혈압은 매우 높다. 이 압력에 의해 혈액 속의 크기가 작은 물질이 보먼주머니로 밀려 빠져나가게 된다.

❷ 당뇨병 환자와 포도당의 재흡수
당뇨병 환자는 혈액 속에 포도당의 양이 너무 많아 세뇨관에서 모세 혈관으로 포도당이 모두 재흡수되지 못해 오줌에서 포도당이 검출된다.

❸ 세포 호흡에 필요한 영양소와 산소의 공급
• 에너지원이 되는 3대 영양소는 소화계에서 소화되어 소장에서 흡수된 다음 심장으로 이동하여 혈액에 의해 조직 세포로 공급된다.
• 산소는 호흡계에서의 호흡 운동과 기체 교환을 통해 몸속으로 들어온 다음 혈액 속 혈구에 의해 조직 세포로 공급된다.

세포 호흡으로 생활에 필요한 에너지를 얻기 위해서는 끊임없이 영양소와 산소를 체내에 공급해야 한다.

용어 사전
*여과(거를 濾, 지날 過)
혈액 속의 노폐물을 걸러 내는 것

핵심 **Tip**

• 오줌의 생성 과정
 – **여과**: 사구체 → 보먼주머니
 – **재흡수**: 세뇨관 → 모세 혈관
 – **분비**: 모세 혈관 → 세뇨관
• **오줌의 배설 경로**: 콩팥 동맥 → 사구체 → 보먼주머니 → 세뇨관 → 콩팥 깔때기 → 오줌관 → 방광 → 요도 → 몸 밖
• **세포 호흡**: 세포에서 영양소가 산소와 반응하여 이산화 탄소와 물로 분해되고 에너지가 발생하는 과정
• 세포 호흡으로 에너지를 얻어 생명 활동을 유지하기 위해서는 소화계, 순환계, 호흡계, 배설계가 유기적으로 작용해야 한다.

4 오줌의 생성 과정에 대한 설명으로 옳은 것은 ○, 옳지 않은 것은 ×로 표시하시오.

(1) 혈구는 여과되지 않지만, 재흡수는 일어난다. ( )

(2) 크기가 작은 물질은 사구체에서 보먼주머니로 여과된다. ( )

(3) 여과된 포도당과 아미노산 중 일부는 재흡수되며, 물과 무기염류는 모두 재흡수된다. ( )

(4) 사구체에서 보먼주머니로 미처 여과되지 못한 노폐물의 일부는 모세 혈관에서 세뇨관으로 분비된다. ( )

5 그림은 오줌이 생성되는 과정을 나타낸 것이다.

(1) A~D의 이름을 각각 쓰시오.

(2) ㉠~㉢에 해당하는 오줌의 생성 과정을 각각 쓰시오.

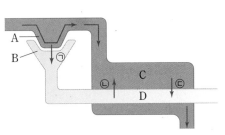

적용 **Tip** ❸-1

혈장, 여과액, 오줌의 성분 비교

(단위: %)

물질	혈장	여과액	오줌
단백질	8	0	0
포도당	0.1	0.1	0
물	92	92	95
요소	0.03	0.03	1.8

• 여과액에는 크기가 큰 단백질이 없다.
• 포도당은 여과된 후 모두 재흡수되므로 오줌에 없다.
• 요소는 여과액보다 오줌에서 농도가 높아진다. ➡ 대부분의 물이 재흡수되어 농축되기 때문이다.

└ 여과액은 혈액이 콩팥을 지나는 동안 사구체와 보먼주머니의 압력 차이에 의해 혈장 성분이 걸러져 나온 것이다.

6 다음은 세포 호흡 과정을 나타낸 것이다. ㉠, ㉡에 알맞은 말을 쓰시오.

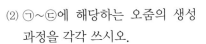

영양소+(㉠   ) ⟶ 물+(㉡   )+에너지

원리 **Tip** ❹-1

연소와 세포 호흡의 비교

• **연소**: 연료+산소 → 물+이산화 탄소+에너지
• **세포 호흡**: 영양소+산소 → 물+이산화 탄소+에너지
• **연소와 세포 호흡의 공통점**: 산소를 사용하는 반응이며, 에너지가 방출된다.

7 다음은 기관계의 유기적 작용에 대한 설명이다. ㉠~㉢에 알맞은 말을 쓰시오.

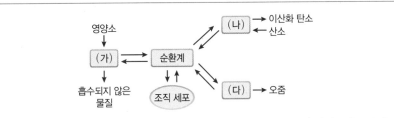

섭취한 음식물 속의 영양소를 소화·흡수하는 (가)는 (㉠   )이며, 산소를 흡수하고 이산화 탄소를 몸 밖으로 내보내는 (나)는 (㉡   )이다. (다)는 요소 등의 노폐물을 물과 함께 걸러 오줌을 만들어 몸 밖으로 내보내는 (㉢   )이다.

A 노폐물의 생성과 배설

01 배설에 대한 설명으로 옳은 것은?

① 산소와 이산화 탄소를 교환하는 것이다.
② 노폐물을 몸 밖으로 내보내는 과정이다.
③ 소화되지 않은 물질을 대변으로 내보내는 것이다.
④ 산소, 이산화 탄소, 영양소, 노폐물을 운반하는 것이다.
⑤ 분자의 크기가 큰 영양소가 체내로 흡수될 수 있을 정도로 작게 분해되는 과정이다.

02 영양소로부터 생명 활동에 필요한 에너지를 얻는 과정에서 3대 영양소가 분해될 때 공통적으로 생성되는 노폐물끼리 옳게 짝 지은 것은?

① 물, 산소
② 요소, 암모니아
③ 물, 이산화 탄소
④ 물, 이산화 탄소, 암모니아
⑤ 물, 이산화 탄소, 요소, 암모니아

중요

03 그림은 노폐물의 생성과 배설 과정을 나타낸 것이다. ㉠과 ㉡은 영양소에 속하는 물질이고, A와 B는 노폐물에 속하는 물질이다.

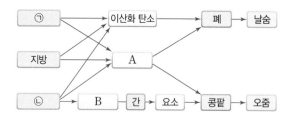

㉠과 ㉡, A와 B에 해당하는 물질을 옳게 짝 지은 것은?

	㉠	㉡	A	B
①	단백질	탄수화물	물	암모니아
②	단백질	탄수화물	암모니아	물
③	탄수화물	단백질	물	암모니아
④	탄수화물	단백질	암모니아	물
⑤	아미노산	탄수화물	산소	암모니아

[주관식]

04 다음은 단백질을 분해하여 에너지를 얻는 과정 중 노폐물이 생성되는 과정에 대한 설명이다. ㉠~㉢에 알맞은 말을 쓰시오.

> 단백질로부터 생명 활동에 필요한 에너지를 얻는 과정에서 물과 이산화 탄소 외에 (㉠   )이/가 생성된다. (㉠   )은/는 독성이 강해 세포에 손상을 줄 수 있기 때문에 (㉡   )에서 독성이 약한 (㉢   )(으)로 전환된다.

B 배설계의 구조와 기능

05 배설계에 대한 설명으로 옳은 것을 〈보기〉에서 모두 고른 것은?

> **보기**
> ㄱ. 산소와 이산화 탄소의 교환을 담당하는 기관계이다.
> ㄴ. 콩팥, 오줌관, 방광, 요도 등으로 이루어져 있는 기관계이다.
> ㄷ. 체내에서 발생한 노폐물을 걸러 몸 밖으로 내보내는 기관계이다.

① ㄱ
② ㄴ
③ ㄱ, ㄴ
④ ㄴ, ㄷ
⑤ ㄱ, ㄴ, ㄷ

06 사람의 콩팥에 대한 설명으로 옳지 <u>않은</u> 것을 모두 고르면? (2개)

① 콩팥을 이루는 기본 단위는 네프론이다.
② 모세 혈관이 많이 분포해 있어 붉은색을 띤다.
③ 콩팥에는 콩팥 동맥과 콩팥 정맥이 연결되어 있다.
④ 콩팥은 콩팥 겉질, 콩팥 속질, 보먼주머니의 세 부분으로 구분된다.
⑤ 콩팥은 주먹만 한 크기로, 허리의 등 쪽 좌우에 1개씩 있다.

중요

07 그림은 사람의 배설계를 나타낸 것이다. 이에 대한 설명으로 옳지 <u>않은</u> 것은?

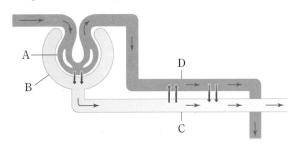

① A는 혈액 속의 노폐물을 걸러 오줌을 만드는 곳이다.
② B는 오줌관으로, A와 C를 연결하는 관이다.
③ C는 B에서 만들어진 오줌을 모아 두는 곳이다.
④ D는 C에 모인 오줌이 몸 밖으로 나가는 통로이다.
⑤ 오줌은 A → B → C → D로 이동한다.

[08~09] 그림 (가)는 콩팥의 구조를, (나)는 콩팥의 일부를 나타낸 것이다.

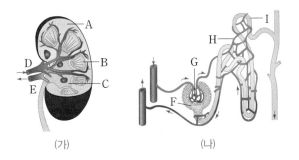

(가)　　　　　　　(나)

08 (가)에 대한 설명으로 옳지 <u>않은</u> 것은?

① A는 콩팥 겉질이고, B는 콩팥 속질이다.
② 네프론은 B와 C에 분포한다.
③ C는 콩팥의 가장 안쪽의 빈 공간이다.
④ D는 콩팥으로 들어오는 혈액이 흐르는 콩팥 동맥이다.
⑤ E는 콩팥에서 나가는 혈액이 흐르는 콩팥 정맥이다.

【주관식】

09 (나)에서 다음 설명에 해당하는 구조의 기호와 이름을 각각 쓰시오.

> ㉠ 보먼주머니와 연결된 가늘고 긴 관이다.
> ㉡ 모세 혈관이 실뭉치처럼 뭉쳐 있는 부분이다.
> ㉢ 사구체를 감싸고 있는 주머니 모양의 구조이다.

ⓒ 오줌의 생성 과정

[10~12] 그림은 오줌의 생성 과정을 나타낸 것이다.

중요

10 A와 B, C와 D, D와 C 사이에서 일어나는 과정을 각각 옳게 짝 지은 것은?

	A → B	C → D	D → C
①	분비	여과	재흡수
②	분비	재흡수	여과
③	여과	분비	재흡수
④	여과	재흡수	분비
⑤	재흡수	여과	분비

11 A에서 B로 이동하는 물질이 <u>아닌</u> 것은?

① 물　　　　② 포도당　　　　③ 단백질
④ 무기염류　　⑤ 아미노산

12 C와 D에 대한 설명으로 옳은 것은?

① C에서 D로 여과가 일어난다.
② C에서 D로 혈구가 이동한다.
③ C에 있던 미처 여과되지 못한 노폐물은 D로 이동한다.
④ C에 있던 물과 무기염류는 D로 이동한다.
⑤ D에 있던 포도당과 아미노산은 C로 이동한다.

【주관식】

13 다음은 오줌의 배설 경로를 나타낸 것이다. ㉠~㉢에 알맞은 말을 쓰시오.

콩팥 동맥 → 사구체 → (㉠　　　) → 세뇨관 →
콩팥 깔때기 → (㉡　　　) → 방광 →
(㉢　　　) → 몸 밖

[14~15] 표는 건강한 사람의 콩팥 동맥을 흐르는 혈액, 여과액, 오줌의 성분을 비교한 것이다.

(단위: %)

물질	혈액	여과액	오줌
단백질	8	0	0
포도당	0.1	0.1	0
물	92	92	95
요소	0.03	0.03	1.8

【주관식】

14 표의 물질 중 크기가 작아 사구체에서 보먼주머니로 이동하는 물질을 모두 쓰시오.

중요

15 이를 통해 알 수 있는 내용으로 옳은 것은?

① 단백질은 여과되는 물질이다.
② 물은 세뇨관에서 모세 혈관으로 모두 재흡수된다.
③ 포도당은 우리 몸에 필요한 물질이므로 모두 재흡수된다.
④ 오줌보다 콩팥 정맥을 흐르는 혈액에 요소의 양이 많을 것이다.
⑤ 요소는 여과되지 않고 모세 혈관에서 세뇨관으로 분비되는 물질이다.

【주관식】

16 다음 중 건강한 사람의 오줌 속에 들어 있는 물질을 모두 쓰시오.

혈구, 포도당, 아미노산, 물, 요소, 단백질, 무기염류

ⓓ 세포 호흡과 기관계

중요

17 세포 호흡에 대한 설명으로 옳은 것을 〈보기〉에서 모두 고른 것은?

보기
ㄱ. 세포에서 산소를 이용하여 영양소를 분해하는 과정이다.
ㄴ. 세포 호흡 결과 이산화 탄소와 물이 생성되고 에너지가 발생한다.
ㄷ. 세포 호흡 결과 발생한 에너지는 체온 유지와 생장에만 이용된다.

① ㄱ　　　② ㄷ　　　③ ㄱ, ㄴ
④ ㄴ, ㄷ　　　⑤ ㄱ, ㄴ, ㄷ

【주관식】

18 다음 설명에 해당하는 기관계의 이름을 각각 쓰시오.

(가) 섭취한 음식물 속의 영양소를 소화·흡수한다.
(나) 요소 등의 노폐물을 물과 함께 걸러 오줌을 만들어 몸 밖으로 내보낸다.
(다) 세포 호흡에 필요한 산소를 흡수하고, 세포 호흡 결과 생긴 이산화 탄소를 몸 밖으로 내보낸다.
(라) 영양소와 산소를 온몸의 세포로 운반하고, 세포 호흡 결과 생긴 이산화 탄소와 노폐물을 운반한다.

19 그림은 사람의 여러 가지 기관계와 조직 세포에서 일어나는 물질의 이동 과정을 나타낸 것이다.

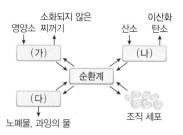

이에 대한 설명으로 옳지 않은 것은?

① (가)는 소화계이며, (나)는 호흡계이다.
② (가)에서 소화되지 않은 찌꺼기의 배출에는 (다)가 관여한다.
③ (나)를 구성하는 기관에는 폐, 기관, 기관지 등이 있다.
④ (다)는 배설계로, 노폐물을 몸 밖으로 내보낸다.
⑤ 영양소와 산소는 순환계를 통해 조직 세포로 이동한다.

서술형 **Tip**

서술형

1 그림은 콩팥의 구조를 나타낸 것이다. 혈관 A와 B 중 요소의 농도가 낮은 혈관의 기호와 이름을 쓰고, 그 까닭을 서술하시오.

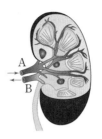

_____

_____

1 콩팥을 거치기 전의 혈액이 흐르는 혈관과 콩팥을 거친 후의 혈액이 흐르는 혈관을 구분한다.
→ 필수 용어: 혈액, 콩팥, 요소

단계별 서술형

2 그림은 오줌의 생성 과정을 나타낸 것이다. A∼C는 각각 여과, 재흡수, 분비 중 하나이다.

(1) A∼C에 해당하는 과정을 각각 쓰시오.

_____

(2) 다음 중 A를 통해 이동하지 <u>않는</u> 물질을 모두 쓰고, 그 까닭을 서술하시오.

> 포도당, 물, 요소, 단백질, 칼륨, 나트륨, 아미노산

_____

2 (2) A를 통해 이동하기 위해서는 물질의 크기가 작아야 한다.

Plus 문제 **2-1**

(2)에서 제시된 물질 중 A를 거친 다음 C가 일어나 세뇨관에서 모세 혈관으로 100 % 이동하는 물질을 모두 쓰시오.

_____

서술형

3 표는 콩팥 동맥을 흐르는 혈액, 여과액, 오줌의 성분을 나타낸 것이다. 요소의 경우 여과액보다 오줌에서 농도가 크게 높아지는데, 그 까닭을 서술하시오.

(단위: %)

물질	혈액	여과액	오줌
단백질	8	0	0
포도당	0.1	0.1	0
요소	0.03	0.03	1.8

_____

_____

3 여과액이 세뇨관을 지나는 동안 세뇨관에서 모세 혈관으로 재흡수가 일어난다는 것을 생각한다.
→ 필수 용어: 재흡수, 농축

단어 제시형

4 그림은 사람 몸에서 일어나는 기관계의 유기적 작용을 나타낸 것이다. (가)의 작용을 다음 단어를 모두 포함하여 서술하시오.

> 영양소, 산소, 온몸, 세포 호흡, 이산화 탄소,
> 호흡계, 노폐물, 배설계

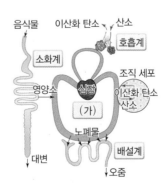

_____

_____

_____

4 (가)에 해당하는 기관계의 작용은 운반 작용임을 생각한다.

이 단원에서 학습한 내용을 확실히 이해했나요?
다음 내용을 잘 알고 있는지 확인해 보세요.

1 영양소와 영양소 검출 반응

- 3대 영양소: 에너지원으로 이용되는 영양소 ➡ ❶□□□□, 단백질, ❷□□
- 부영양소: 에너지원으로 이용되지 않는 영양소 ➡ ❸□□□□, 바이타민, ❹□
- 영양소 검출 반응: 아이오딘 반응(녹말), ❺□□ □□ 반응(포도당), 뷰렛 반응(단백질), 수단 Ⅲ 반응(❻□□)

2 소화 과정과 영양소 흡수

- 입에서의 소화: 아밀레이스가 녹말을 엿당으로 분해
- 위에서의 소화: 펩신이 ❶□□□을 분해
- 소장에서의 소화
  - ❷□□□: 아밀레이스(녹말 → 엿당), 트립신(단백질 분해), ❸□□□□□(지방 → 지방산과 모노글리세리드)
  - 소장의 소화 효소: 탄수화물 소화 효소(엿당 → 포도당), 단백질 소화 효소(단백질 → 아미노산)
- 수용성 영양소는 소장 융털의 ❹□□ □□으로, 지용성 영양소는 소장 융털의 ❺□□□으로 흡수

3 심장과 혈관

- 심장의 구조: 2개의 심방과 2개의 심실 ➡ 심방과 심실, 심실과 동맥 사이에 ❶□□이 있다.
- ❷□□: 심장에서 나가는 혈액이 흐르는 혈관, 혈관 벽이 두껍고 탄력성이 크다.
- 모세 혈관: 혈관 벽이 한 층의 세포로 이루어져 있다.
- ❸□□: 심장으로 들어가는 혈액이 흐르는 혈관, 판막이 있다.

4 혈액과 혈액 순환

- ❶□□: 혈액의 액체 성분, 운반 작용
- 혈구: 혈액의 세포 성분 ➡ ❷□□□(핵이 없고, 산소 운반 작용), ❸□□□(핵이 있고, 식균 작용), ❹□□□(핵이 없고, 혈액 응고 작용)
- ❺□□□: 좌심실 → 대동맥 → 온몸의 모세 혈관 → 대정맥 → 우심방
- ❻□□□: 우심실 → 폐동맥 → 폐의 모세 혈관 → 폐정맥 → 좌심방

5 호흡계의 구조와 기능

- 공기의 이동 경로: 코 → 기관 → 기관지 → ❶□□(폐포)
- 폐의 특징: ❷□□□이 없고, 수많은 ❸□□(작은 공기주머니)로 이루어져 있다.

6 호흡 운동과 기체 교환

- ❶□□(흡기): 횡격막이 내려가고 갈비뼈가 올라간다. → 흉강의 부피가 커지고 압력이 낮아진다. → 폐의 부피가 커지고 압력이 낮아진다. → 외부의 공기가 폐로 들어온다.
- ❷□□(호기): 횡격막이 올라가고 갈비뼈가 내려간다. → 흉강의 부피가 작아지고 압력이 높아진다. → 폐의 부피가 작아지고 압력이 높아진다. → 폐의 공기가 외부로 나간다.
- 폐와 조직 세포에서의 기체 교환
  - ❸□□□의 이동: 폐포 → 모세 혈관 → 조직 세포
  - ❹□□□ □□의 이동: 조직 세포 → 모세 혈관 → 폐포

7 노폐물의 생성과 배설, 배설계의 구조와 기능

- 노폐물의 생성: 탄수화물과 ❶□□(물, 이산화 탄소 생성), 단백질(물, 이산화 탄소, 암모니아 생성 ➡ 암모니아는 간에서 ❷□□로 전환)
- 노폐물의 배설: 이산화 탄소는 폐, 물은 폐와 콩팥, 요소는 ❸□□에서 배설된다.
- ❹□□의 특징: 혈액 속의 노폐물을 걸러 오줌을 만드는 곳, 콩팥 겉질+콩팥 속질+콩팥 깔때기
- 네프론=❺□□□+보먼주머니+세뇨관

8 오줌의 생성 과정, 세포 호흡과 기관계

- 오줌의 생성 과정: ❶□□(사구체 → 보먼주머니), ❷□□□(세뇨관 → 모세 혈관), ❸□□(모세 혈관 → 세뇨관)
- 세포 호흡: 세포에서 영양소가 산소와 반응하여 이산화 탄소와 물로 분해되고 에너지가 발생하는 과정
- ❹□□□의 유기적 작용: 세포 호흡으로 에너지를 얻어 생명 활동을 유지하기 위해서는 소화계, 순환계, 호흡계, 배설계가 유기적으로 작용해야 한다.

01 그림은 동물의 구성 단계를 나타낸 것이다. 상**중**하

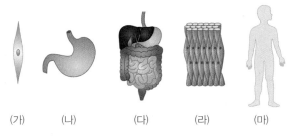

(가)　　(나)　　(다)　　(라)　　(마)

이에 대한 설명으로 옳은 것은?

① (가)와 같은 구성 단계의 예로는 혈액, 상피 세포 등이 있다.
② (나)는 모양과 기능이 비슷한 세포들의 모임이다.
③ (다)는 연관된 기능을 수행하는 기관들이 모여 유기적 기능을 수행하는 단계이다.
④ (라)는 생물의 몸을 구성하는 기본 단위이다.
⑤ 구성 단계는 (가) → (나) → (라) → (다) → (마) 순이다.

02 표는 서로 다른 영양소가 1가지씩 들어 있는 3종류의 용액 A∼C를 혼합하여 영양소 검출 실험을 한 결과를 나타낸 것이다. 상**중**하

혼합 용액	아이오딘 반응	뷰렛 반응	수단 Ⅲ 반응
A+B	−	+	+
B+C	+	+	−

(+ : 반응 있음. − : 반응 없음)

이에 대한 설명으로 옳지 <u>않은</u> 것은?

① A에는 지방, B에는 단백질, C에는 녹말이 들어 있다.
② A에 들어 있는 영양소는 1 g당 9 kcal의 에너지를 낸다.
③ B에 들어 있는 영양소는 세포, 근육을 구성하는 주성분이다.
④ B에 들어 있는 영양소는 성장기에 특히 많이 섭취해야 한다.
⑤ C는 아이오딘 반응 결과 황적색으로 색깔 변화가 나타났다.

자료 분석 | 정답과 해설 13쪽

03 그림은 사람의 소화계를 나타낸 것이다. 이에 대한 설명으로 옳지 <u>않은</u> 것을 모두 고르면? (2개) 상**중**하

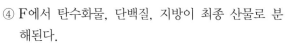
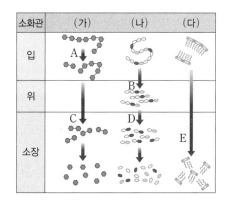

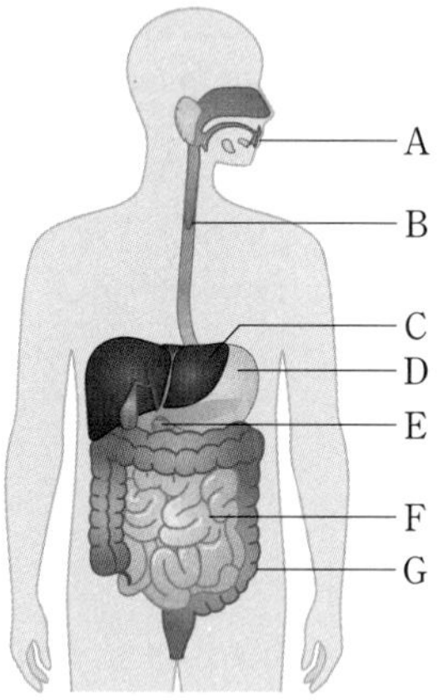

① A에서 단백질의 소화가 시작된다.
② C에서 쓸개즙이 생성된다.
③ D의 안쪽 벽에는 위액을 분비하는 위샘이 있다.
④ F에서 탄수화물, 단백질, 지방이 최종 산물로 분해된다.
⑤ 음식물의 이동 경로는 A → B → C → D → F → G이다.

04 그림은 소화액의 작용으로 영양소가 소화되는 과정을 나타낸 것이다. (가)∼(다)는 영양소이고, A∼E는 소화 효소이다. 상**중**하

소화관	(가)	(나)	(다)
입	A		
위		B	
소장	C	D	E

이에 대한 설명으로 옳은 것은?

① (가)는 단백질, (나)는 녹말, (다)는 지방이다.
② A는 아밀레이스로, 녹말을 포도당으로 분해한다.
③ B와 D는 위에서 생성되는 위액에 들어 있다.
④ E는 지방을 분해하는 소화 효소인 트립신이다.
⑤ 이자액에는 C, D, E가 모두 들어 있다.

상 **중** 하

05 그림은 사람의 심장 구조를 나타 낸 것이다. 이에 대한 설명으로 옳지 <u>않은</u> 것은?

① A는 대정맥과 연결되며, 온 몸을 지나온 혈액이 들어오 는 곳이다.
② B는 폐정맥과 연결되며, 폐에서 산소를 얻은 혈액 이 들어오는 곳이다.
③ C와 D는 심장에서 혈액을 내보내는 곳이다.
④ 혈액은 A에서 C로, B에서 D로 흐른다.
⑤ E는 판막으로, 심방과 심실 사이, 심실과 정맥 사 이에 있다.

[06~07] 그림은 혈관의 구조를 나타낸 것이다.

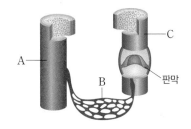

상 **중** 하

06 이에 대한 설명으로 옳은 것을 〈보기〉에서 모두 고른 것은?

> 보기
> ㄱ. A는 C보다 혈관 벽이 두껍고 탄력성이 크다.
> ㄴ. 조직 세포와 B 사이에서 물질 교환이 일어난다.
> ㄷ. C는 심장에서 나가는 혈액이 흐르는 혈관이다.

① ㄱ ② ㄷ ③ ㄱ, ㄴ
④ ㄴ, ㄷ ⑤ ㄱ, ㄴ, ㄷ

상 **중** 하

07 ㉠ 심장의 심실에서 나온 혈액이 흐르는 방향과 ㉡ 혈관에 서의 혈압의 세기 비교를 각각 옳게 짝 지은 것은?

	㉠	㉡
①	A → B → C	A>B>C
②	A → B → C	C>B>A
③	A → B → C	B>A>C
④	C → B → A	A>B>C
⑤	C → B → A	B>A>C

상 **중** 하

08 그림은 혈액을 채혈하여 현미 경으로 관찰한 결과를 나타낸 것이다. 이에 대한 설명으로 옳 은 것은?

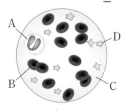

① A와 B는 세포 성분이고, C와 D는 액체 성분이다.
② A는 혈구 중 크기가 가장 크고, 핵이 없다.
③ B는 수가 가장 많고, 체내에 침입한 세균을 잡아 먹는다.
④ C는 영양소, 이산화 탄소, 노폐물 등을 운반한다.
⑤ D는 핵이 없으며, 산소 운반 작용을 한다.

[09~10] 그림은 혈액 순환의 경로를 나타낸 것이다.

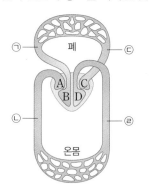

상 **중** 하

09 심장에서 나간 혈액이 폐로 가서 이산화 탄소를 내보내고 산소를 받아 심장으로 돌아오는 순환 경로를 옳게 나타낸 것은?

① A → ㉡ → 온몸의 모세 혈관 → ㉣ → D
② B → ㉠ → 폐의 모세 혈관 → ㉢ → C
③ B → A → ㉡ → 온몸의 모세 혈관 → ㉣ → D → C
④ C → ㉢ → 폐의 모세 혈관 → ㉠ → B
⑤ D → ㉣ → 온몸의 모세 혈관 → ㉡ → A

자료 분석 | 정답과 해설 14쪽

상 **중** 하

10 정맥혈이 흐르는 곳으로만 옳게 짝 지은 것은?

① ㉠, ㉡, A, B ② ㉠, ㉢, A, C
③ ㉠, ㉢, B, D ④ ㉡, ㉣, B, D
⑤ ㉢, ㉣, C, D

11 그림은 들숨과 날숨의 기체 성분을 나타낸 것이다.

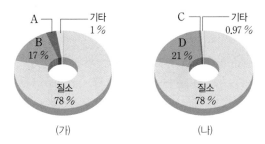

(가)　　　　　　(나)

이에 대한 설명으로 옳은 것을 〈보기〉에서 모두 고른 것은?

> **보기**
> ㄱ. (가)는 들숨의 성분이고, (나)는 날숨의 성분이다.
> ㄴ. A와 C를 초록색 BTB 용액에 넣으면 BTB 용액이 노란색으로 변한다.
> ㄷ. B와 D를 석회수에 넣으면 석회수가 뿌옇게 흐려진다.

① ㄱ　　　　　② ㄴ　　　　　③ ㄱ, ㄷ
④ ㄴ, ㄷ　　　　⑤ ㄱ, ㄴ, ㄷ

자료 분석 | 정답과 해설 14쪽

[12~13] 그림은 사람의 호흡계를 나타낸 것이다.

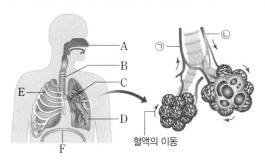

혈액의 이동

12 이에 대한 설명으로 옳지 <u>않은</u> 것은?

① A는 코로, 콧속은 가는 털과 끈끈한 액체로 덮여 있다.
② B는 기관으로, 공기가 드나드는 통로이다.
③ C는 기관지로, B에서 갈라져 D로 들어간다.
④ D는 폐로, 근육으로 되어 있어 스스로 커지거나 작아진다.
⑤ 흉강은 E와 F로 둘러싸여 있다.

【주관식】　　

13 ㉠과 ㉡ 중 (가) 산소를 적게 포함한 혈액이 흐르는 혈관과 (나) 산소를 많이 포함한 혈액이 흐르는 혈관의 기호와 이름을 각각 쓰시오.

---

14 그림은 호흡 운동이 일어날 때의 변화를 나타낸 것이다. 이에 대한 설명으로 옳지 <u>않은</u> 것은?

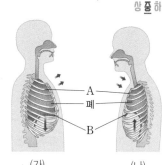

(가)　　　(나)

① A는 갈비뼈이며, B는 횡격막이다.
② A와 B의 움직임은 폐의 부피 변화에 영향을 준다.
③ (가)에서 흉강의 부피가 커지고, 흉강의 압력이 낮아진다.
④ (나)에서 폐의 부피가 작아지고, 폐의 압력이 높아진다.
⑤ (가)에서 폐의 공기가 외부로 나가며, (나)에서 외부의 공기가 폐로 들어온다.

[15~16] 그림은 폐와 조직 세포에서 일어나는 기체 교환을 나타낸 것이다. A와 B는 각각 산소와 이산화 탄소 중 하나이다.

15 이에 대한 설명으로 옳지 <u>않은</u> 것은?

① A는 외부에서 폐로 이동하는 기체인 산소이다.
② A는 폐포 주변의 모세 혈관보다 폐포에 많다.
③ A는 폐포 → 모세 혈관 → 조직 세포 방향으로 이동한다.
④ B는 폐에서 외부로 나가는 기체인 이산화 탄소이다.
⑤ B는 조직 세포보다 조직 세포 주변의 모세 혈관에 많다.

【주관식】　　

16 폐포 주변의 모세 혈관과 폐포 사이에서 기체 교환이 일어난 결과 모세 혈관을 흐르는 혈액에서 나타나는 변화로 옳은 것을 〈보기〉에서 모두 고르시오.

> **보기**
> ㄱ. 선홍색의 동맥혈이 흐른다.
> ㄴ. A를 많이 포함한 혈액이 흐른다.
> ㄷ. B를 많이 포함한 혈액이 흐른다.

17 노폐물의 생성과 배설 과정에 대한 설명으로 옳지 <u>않은</u> 것은? 상<u>중</u>하

① 이산화 탄소는 폐에서 날숨을 통해 몸 밖으로 나간다.
② 탄수화물과 지방이 분해될 때 물과 이산화 탄소가 생성된다.
③ 독성이 강한 암모니아는 콩팥에서 독성이 약한 요소로 전환된다.
④ 물은 폐에서 날숨을 통해, 콩팥에서 오줌을 통해 몸 밖으로 나간다.
⑤ 단백질에는 질소가 포함되어 있어 노폐물로 암모니아가 추가로 생성된다.

[18~19] 그림은 사람의 배설계를 나타낸 것이다.

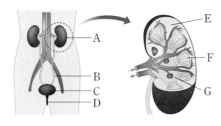

18 다음은 A~D 중 일부 기관에 대한 설명이다. 각 설명에 해당하는 기관의 기호와 이름을 쓰시오. 【주관식】 상중<u>하</u>

> (가) 콩팥과 방광을 연결하는 긴 관이다.
> (나) 콩팥에서 만들어진 오줌을 모아 두는 곳이다.
> (다) 혈액 속의 노폐물을 걸러 오줌을 만드는 곳이다.

19 이에 대한 설명으로 옳은 것은? 상<u>중</u>하

① B는 오줌관으로, 네프론을 구성한다.
② D에는 사구체와 보먼주머니가 위치한다.
③ E는 콩팥 깔때기로, 콩팥의 가장 안쪽에 있는 빈 공간이다.
④ F와 G에는 네프론이 분포한다.
⑤ A에서 생성된 오줌은 B → C → D 순으로 이동하여 몸 밖으로 나간다.

[20~21] 그림은 콩팥의 일부를 나타낸 것이다.

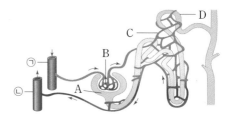

20 이에 대한 설명으로 옳지 <u>않은</u> 것은? 상<u>중</u>하

① A는 보먼주머니이고, B는 사구체이다.
② 크기가 작은 물질은 B에서 A로 여과된다.
③ C에서 D로 미처 여과되지 못한 노폐물이 이동한다.
④ D에서 C로 물질이 이동하는 과정을 분비라고 한다.
⑤ 요소의 농도는 ㉠을 흐르는 혈액이 ㉡을 흐르는 혈액보다 높다.

자료 분석 | 정답과 해설 15쪽

21 다음 중 건강한 사람의 B에서 A로 이동하는 물질을 모두 쓰시오. 【주관식】 상<u>중</u>하

> 혈구, 포도당, 아미노산, 물, 요소, 단백질, 무기염류

22 그림은 사람의 여러 가지 기관계와 조직 세포에서 일어나는 물질의 이동 과정을 나타낸 것이다. 상<u>중</u>하

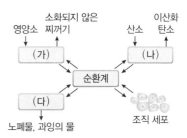

이에 대한 설명으로 옳은 것을 〈보기〉에서 모두 고른 것은?

> **보기**
> ㄱ. (가)는 소화계이다.
> ㄴ. (나)를 통해 물과 이산화 탄소가, (다)를 통해 물과 요소가 몸 밖으로 나간다.
> ㄷ. 영양소와 이산화 탄소는 순환계를 통해 조직 세포로 이동하여 세포 호흡에 이용된다.

① ㄱ ② ㄴ ③ ㄱ, ㄴ ④ ㄴ, ㄷ ⑤ ㄱ, ㄴ, ㄷ

23 그림은 우리 몸의 구성 성분을 나타낸 것이다. 가장 많은 양을 차지하는 영양소 A의 종류를 쓰고, A의 기능을 2가지만 서술하시오.

상**중**하

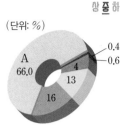

(단위: %)

24 그림과 같이 장치하고, 시험관 A~D를 30 ℃~ 40 ℃의 물이 들어 있는 비커에 담가두었다.

상**중**하

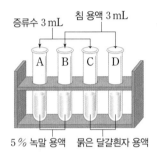

증류수 3 mL 침 용액 3 mL

5 % 녹말 용액   묽은 달걀흰자 용액

약 10분 후 시험관 A~D에 베네딕트 용액을 넣고 가열하였을 때 황적색으로 색깔 변화가 일어나는 시험관의 기호를 모두 쓰고, 시험관에서 색깔 변화가 일어난 까닭을 다음 내용을 모두 포함하여 서술하시오.

> 소화 효소의 종류, 분해 결과 생성된 물질

25 표는 건강한 사람과 환자 (가), (나)의 혈액 검사 결과 중 일부를 나타낸 것이다.

상**중**하

혈액 성분	건강한 사람	환자 (가)	환자 (나)
적혈구(개/mm³)	450만~500만	480만	320만
백혈구(개/mm³)	6000~8000	7200	7500
혈소판(개/mm³)	20만~30만	10만	25만

이 표를 근거로 알 수 있는 환자 (가)와 (나)의 증상을 원인과 함께 각각 서술하시오.

26 그림은 폐를 구성하는 공기주머니를 나타낸 것이다. 폐가 수많은 A로 이루어져 있어 유리한 점을 서술하시오.

상**중**하

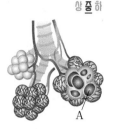

27 그림은 호흡 운동 모형을 나타낸 것이다. 이와 같은 변화가 나타나기 위해 몸속에서 일어나는 변화를 다음 단어와 내용을 모두 포함하여 서술하시오.

상**중**하

Y자관
고무풍선
유리병
고무 막

> 갈비뼈, 횡격막, 흉강의 부피, 흉강의 압력, 폐의 부피, 폐의 압력, 공기의 이동 방향

28 그림은 오줌의 생성 과정을 나타낸 것이다.

상**중**하

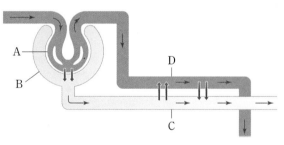

(1) ㉠ 재흡수가 일어나는 방향과 ㉡ 분비가 일어나는 방향을 각각 화살표로 나타내시오.

(2) 건강한 사람의 오줌에는 포도당이나 아미노산이 들어 있지 않다. 그 까닭을 해당하는 부분의 기호를 포함하여 서술하시오.

VI

물질의 특성

제목으로
미리보기

기억하기 이 단원을 학습하기 전에, 이전에 배운 내용 중 꼭 알아야 할 개념들을 그림과 함께 떠올려 봅시다.

1 | 가열 곡선/냉각 곡선과 상태 변화 〉〉〉 중학교 1학년 물질의 상태 변화

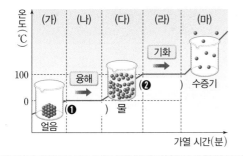

• (나), (라) 구간의 온도가 일정한 까닭: 가해 준 열에너지가 (❸　　　　)에 모두 사용되기 때문

• (나) 구간의 온도가 일정한 까닭: (❺　　　　) 하는 동안 방출하는 열에너지가 온도가 낮아지는 것을 막아 주기 때문

2 | 용해와 용액 〉〉〉 초등학교 5학년 용해와 용액

소금　　　　물　　　　소금물
용질　　　　용매　　　　용액

• (❻　　　　): 다른 물질에 녹는 물질
• (❼　　　　): 다른 물질을 녹이는 물질
• (❽　　　　): 녹는 물질이 녹이는 물질에 골고루 섞여 있는 물질
• (❾　　　　): 어떤 물질이 다른 물질에 녹아 골고루 섞이는 현상

3 | 모래와 소금의 혼합물 분리 〉〉〉 초등학교 4학년 혼합물의 분리

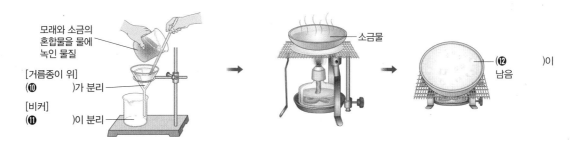

모래와 소금의 혼합물을 물에 녹인 물질

[거름종이 위] (❿　　　　)가 분리

[비커] (⓫　　　　)이 분리

소금물

(⓬　　　　)이 남음

• 소금은 물에 녹고 모래는 물에 녹지 않는 성질을 이용하여 혼합물을 물에 녹인 뒤 (⓭　　　　) 장치로 거른다.

• 소금물을 증발 접시에 넣고 가열하면 물이 (⓮　　　　)하여 소금을 얻을 수 있다.

개념 학습

01 물질의 특성 (1)

A 물질의 분류

1. 순물질과 혼합물

일정한 조성을 가지고 고유한 성질을 나타내는 물질

구분	순물질❶		혼합물❷	
정의	한 가지 물질로만 이루어진 물질		두 가지 이상의 순물질이 섞여 있는 물질	
예	한 종류의 원소로만 이루어진 순물질	두 종류 이상의 원소로 이루어진 순물질	성분 물질이 고르게 섞인 혼합물	성분 물질이 고르지 않게 섞인 혼합물
	철, 금, 구리, 산소, 수소, 다이아몬드 등	물, 에탄올, 염화 나트륨, 이산화 탄소 등	공기, 식초, 탄산음료, 설탕물, 합금❸ 등	주스, 우유, 암석, 흙탕물 등
성질	• 물질의 고유한 성질을 나타낸다. • 같은 물질은 끓는점, 녹는점, 어는점, 밀도 등이 일정하다.		• 성분 물질의 성질을 그대로 가진다. • 성분 물질의 혼합 비율에 따라 끓는점, 녹는점, 어는점, 밀도 등이 달라진다.	

❶ 순물질의 분류와 입자 모형

▲한 종류의 원소로만 이루어진 순물질 ▲두 종류 이상의 원소로 이루어진 순물질

2. 순물질과 혼합물의 구별
순물질은 끓는점, 녹는점(어는점)이 일정하지만, 혼합물은 일정하지 않다.

[고체+액체] 혼합물의 끓는점	[고체+고체] 혼합물의 녹는점	[고체+액체] 혼합물의 어는점
• 순물질(물)은 끓는 동안 온도가 일정하다. • 혼합물(소금물)은 순물질(물)보다 높은 온도에서 끓기 시작하며, 끓는 동안 온도가 계속 높아진다.	• 순물질(나프탈렌, 파라-다이클로로벤젠)은 녹는 동안 온도가 일정하다. • 혼합물(나프탈렌과 파라-다이클로로벤젠의 혼합물)은 각 성분 물질보다 낮은 온도에서 녹기 시작하고, 녹는 동안 온도가 계속 높아진다.	• 순물질(물)은 어는 동안 온도가 일정하다. • 혼합물(소금물)은 순물질(물)보다 낮은 온도에서 얼기 시작하고, 어는 동안 온도가 계속 낮아진다.

❷ 혼합물의 분류와 입자 모형
• *균일 혼합물: 성분 물질이 고르게 섞인 혼합물
• 불균일 혼합물: 성분 물질이 고르지 않게 섞인 혼합물

▲균일 혼합물 ▲불균일 혼합물

3. 혼합물의 특성과 관련된 실생활 예

구분	실생활 예
[고체+액체] 혼합물의 끓는점 관련	• 달걀을 삶을 때 물에 소금을 넣으면 끓는점이 100 ℃보다 높아지므로 달걀이 잘 익는다.
[고체+고체] 혼합물의 녹는점 관련	• *퓨즈(납, 주석 등의 합금)는 순수한 납보다 낮은 온도에서 녹으므로 과도한 전류가 흐르면 녹아서 끊어져 전류를 차단한다. • *땜납(납, 주석의 합금)은 납보다 녹는점이 낮으므로 녹여서 회로를 연결하는 데 사용한다.
[고체+액체] 혼합물의 어는점 관련	• 바닷물은 영하의 날씨에도 잘 얼지 않는다. • 눈이 내린 길에 *제설제인 염화 칼슘을 뿌리면 영하의 날씨에도 도로가 얼지 않는다. • *부동액(물, 에틸렌글리콜 등의 혼합물)을 넣은 자동차 냉각수나 자동차의 워셔액(물, 알코올 등의 혼합물)은 추운 겨울철에도 얼지 않는다.

❸ 합금
한 금속에 다른 금속이나 비금속을 첨가하여 새로운 성질의 금속을 만든 것이다.

❹ 겉보기 성질
감각 기관을 이용하여 알 수 있는 성질로, 색깔, 냄새, 맛, 촉감, 굳기, 결정 모양 등이 이에 속한다.

4. 물질의 특성
다른 물질과 구별되는 그 물질만이 나타내는 고유한 성질

예 겉보기 성질(색깔, 냄새, 맛 등)❹, 끓는점, 녹는점(어는점), 밀도, 용해도 등
① 같은 물질의 경우 물질의 양에 관계없이 일정하다. ─ 길이, 넓이, 부피, 질량, 온도, 농도 등은 물질의 특성이 될 수 없다.
② 물질의 종류에 따라 다르다. ➡ 물질의 종류를 구별할 수 있다.
③ 물질의 특성을 이용하면 순물질과 혼합물을 구별할 수 있다.
④ 물질의 특성을 이용하여 혼합물로부터 순물질을 분리할 수 있다.

용어 사전

*균일(고를 均, 한 一)
한결같이 고름
*퓨즈
전류가 과하게 흐르는 것을 자동적으로 차단하는 부품
*땜납
납, 주석 등의 혼합물로, 불에 잘 녹고 쇠붙이에 잘 붙으므로 땜납에 쓰임
*제설제(없앨 除, 눈 雪, 약제 劑)
도로에 쌓인 눈을 녹이는 물질
*부동액(아닐 不, 얼 凍, 진 液)
액체의 어는점을 낮추기 위해 넣어주는 액체

정답과 해설 **17**쪽

핵심 Tip

- **순물질**: 한 가지 물질로만 이루어진 물질
- **혼합물**: 두 가지 이상의 순물질이 섞여 있는 물질
- 순물질은 끓는점, 녹는점(어는점)이 일정하지만, **혼합물**은 일정하지 않다.
- **물질의 특성**: 다른 물질과 구별되는 그 물질만이 나타내는 고유한 성질

1 순물질과 혼합물에 대한 설명으로 옳은 것은 ○, 옳지 않은 것은 ×로 표시하시오.

(1) 순물질은 한 가지 물질로만 이루어져 있다. ( )
(2) 두 종류 이상의 원소로 이루어진 물질은 혼합물이다. ( )
(3) 혼합물은 성분 물질의 성질과는 전혀 다른 성질을 가진다. ( )
(4) 순물질은 끓는점이 일정하지만, 혼합물은 끓는점이 일정하지 않다. ( )
(5) 설탕물과 흙탕물은 성분 물질이 고르게 섞인 혼합물이다. ( )

암기 Tip Ⓐ-1

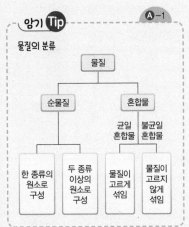

물질의 분류

2 다음 물질들을 순물질과 혼합물로 구분하시오.

| 공기 | 산소 | 에탄올 | 이산화 탄소 | 식초 | 우유 |

(1) 순물질: ( )
(2) 혼합물: ( )

3 다음 내용의 ( ) 안에 알맞은 말을 고르시오.

소금물은 순수한 물과 비교하여 ㉠ (같은 , 높은 , 낮은) 온도에서 끓기 시작하며, 끓는 동안 온도가 ㉡ (일정하다 , 계속 높아진다 , 계속 낮아진다).

적용 Tip Ⓐ-1

- **순물질의 예**
  헬륨, 금, 철, 설탕, 물, 염화 나트륨, 에탄올
- **혼합물의 예**
  – 공기(질소+산소 등)
  – 식초(물+아세트산 등)
  – 14K 금(금+은+구리 등)
  – 간장(아미노산+알코올+소금+물 등)
  – 우유(물+칼슘+단백질 등)
  – 액화 석유 가스(프로페인+뷰테인)
  – 바닷물(물+염화 나트륨 등)
  – 모래(석영+장석 등)

4 다음은 혼합물의 특성과 관련된 실생활 예에 대한 설명이다. ( ) 안에 알맞은 말을 고르시오.

(1) 눈이 내린 도로에 염화 칼슘을 뿌리면 얼지 않는다. 이는 혼합물은 순물질보다 (높은 , 낮은) 온도에서 얼기 때문이다.
(2) 과도한 전류가 흐르면 퓨즈가 녹아서 전류가 차단된다. 이는 혼합물은 각 성분 물질보다 (높은 , 낮은) 온도에서 녹기 때문이다.
(3) 달걀을 삶을 때 물에 소금을 넣어 주면 달걀이 잘 익는다. 이는 혼합물은 순물질보다 (높은 , 낮은) 온도에서 끓기 때문이다.

암기 Tip Ⓐ-4

물질의 특성이 아닌 것은 물질의 양에 따라 값이 변하는 것
예 부피, 질량, 길이, 넓이, 농도 등

5 물질의 특성을 〈보기〉에서 모두 고르시오.

┌ 보기 ─────────────────────────
ㄱ. 색깔   ㄴ. 부피   ㄷ. 질량
ㄹ. 밀도   ㅁ. 농도   ㅂ. 끓는점
└──────────────────────────────

개념 학습

01 물질의 특성 (1)

⑧ 끓는점과 녹는점, 어는점

1. 끓는점 액체 물질이 끓어 기체가 되는 동안 일정하게 유지되는 온도❶

① 끓는점은 물질의 종류에 따라 다르며, 같은 물질인 경우 양에 관계없이 일정하다.

➡ 끓는점은 물질을 구별할 수 있는 물질의 특성이다. ─물질마다 끓는점이 다른 까닭: 입자 사이에 서로 잡아당기는 힘(입자 사이의 인력)이 다르기 때문

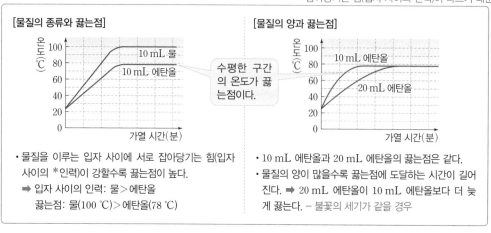

[물질의 종류와 끓는점]

[물질의 양과 끓는점]

수평한 구간의 온도가 끓는점이다.

• 물질을 이루는 입자 사이에 서로 잡아당기는 힘(입자 사이의 *인력)이 강할수록 끓는점이 높다.
➡ 입자 사이의 인력: 물>에탄올
끓는점: 물(100 ℃)>에탄올(78 ℃)

• 10 mL 에탄올과 20 mL 에탄올의 끓는점은 같다.
• 물질의 양이 많을수록 끓는점에 도달하는 시간이 길어진다. ➡ 20 mL 에탄올이 10 mL 에탄올보다 더 늦게 끓는다. ─불꽃의 세기가 같을 경우

② 끓는점과 압력

• 외부 압력이 높아지면 끓는점이 높아진다.

예 압력솥에서 밥을 하면 물의 끓는점이 높아져 밥이 빨리 된다. ─수증기가 빠져나가지 못해 내부 압력이 높아지기 때문

• 외부 압력이 낮아지면 끓는점이 낮아진다. ❷

예 높은 산에서 밥을 하면 기압이 낮아 물의 끓는점이 낮아져 쌀이 설익는다.

2. 녹는점과 어는점

① 녹는점: 고체 물질이 녹아 액체가 되는 동안 일정하게 유지되는 온도❸

② 어는점: 액체 물질이 얼어 고체가 되는 동안 일정하게 유지되는 온도

③ 녹는점과 어는점은 물질의 종류에 따라 다르며, 같은 물질인 경우 양에 관계없이 일정하다.

➡ 녹는점과 어는점은 물질을 구별할 수 있는 물질의 특성이다.

④ 순수한 물질일 경우, 한 물질의 녹는점과 어는점은 같다.

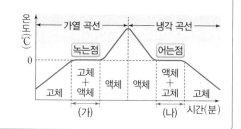

[고체(얼음)의 가열·냉각 곡선]

• (가) 구간: 고체가 액체로 융해되는 구간
➡ 이 구간의 온도가 녹는점이다.
• (나) 구간: 액체가 고체로 응고되는 구간
➡ 이 구간의 온도가 어는점이다.
• 얼음의 녹는점과 물의 어는점은 0 ℃로 같다.

가열 곡선 / 냉각 곡선
녹는점 / 어는점
고체+액체 / 액체 / 액체 / 액체+고체 / 고체
(가) / (나) 시간(분)

3. 녹는점, 끓는점과 물질의 상태 어떤 온도에서 물질의 상태는 그 물질의 녹는점과 끓는점에 따라 달라진다.

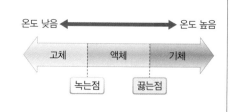

[녹는점, 끓는점과 물질의 상태]❹

• 녹는점보다 낮은 온도에서는 고체 상태이다.
• 녹는점과 끓는점 사이의 온도에서는 액체 상태이다.
• 끓는점보다 높은 온도에서는 기체 상태이다.
예 납: 녹는점 327.5 ℃ ➡ 실온(약 20 ℃)에서 고체
물: 어는점 0 ℃, 끓는점 100 ℃ ➡ 실온(약 20 ℃)에서 액체
질소: 끓는점 −195.8 ℃ ➡ 실온(약 20 ℃)에서 기체

온도 낮음 ◀━━━━▶ 온도 높음
고체 / 액체 / 기체
녹는점 / 끓는점

---

❶ 끓는점의 이용

• 질소는 끓는점이 −195.8 ℃로 매우 낮으므로 액체 질소는 온도가 매우 낮아 세포나 조직의 냉동 보관에 이용된다.
• 뷰테인보다 끓는점이 낮은 아이소뷰테인은 겨울철 야외용 연료로 이용된다.

❷ 감압 용기 속 물의 끓음

80 ℃ 물을 비커에 담아 감압 용기 안에 넣고 용기 안의 공기를 빼내면 물이 끓기 시작한다. ➡ 용기 속 공기의 양이 줄어 내부 압력이 감소하므로 물의 끓는점이 낮아지기 때문

80 ℃ 물

❸ 녹는점의 이용

• 텅스텐은 녹는점이 매우 높아 쉽게 녹지 않으므로 꼬마전구의 필라멘트에 이용된다.
• 액체 상태의 금속 재료를 붓는 *주조틀은 금속보다 녹는점이 높은 물질이어야 고온에서도 녹지 않고 모양을 유지한다.
• 타이타늄은 녹는점이 높으므로 높은 온도에서도 녹지 않아야 하는 비행기 엔진에 이용된다.

❹ 여러 가지 물질의 녹는점과 끓는점

물질	녹는점 (℃)	끓는점 (℃)
염화 나트륨	802	1465
물	0	100
에탄올	−114	78.2
산소	−218.8	−183
질소	−210	−195.8

용어 사전

*인력(끌 引, 힘 力)
물체를 끌어당기는 힘
*주조(불릴 鑄, 지을 造)
쇠를 녹여서 거푸집에 부어 물건을 만듦

핵심 Tip

- **끓는점**: 액체 물질이 끓어 기체가 되는 동안 일정하게 유지되는 온도
- 외부 압력이 높아지면 끓는점은 높아지고, 외부 압력이 낮아지면 끓는점은 낮아진다.
- **녹는점**: 고체 물질이 녹아 액체가 되는 동안 일정하게 유지되는 온도
- **어는점**: 액체 물질이 얼어 고체가 되는 동안 일정하게 유지되는 온도
- **녹는점, 끓는점과 물질의 상태**
  - 녹는점보다 낮은 온도: 고체 상태
  - 녹는점과 끓는점 사이의 온도: 액체 상태
  - 끓는점보다 높은 온도: 기체 상태

6 끓는점에 대한 설명으로 옳은 것은 ○, 옳지 않은 것은 ×로 표시하시오.

(1) 물질의 종류에 따라 다르다. ( )
(2) 같은 물질이라도 물질의 양이 많아지면 끓는점이 높아진다. ( )
(3) 불꽃의 세기가 강하면 끓는점이 낮아진다. ( )
(4) 물질을 구별할 수 있는 물질의 특성이 된다. ( )

7 그림은 에탄올과 메탄올을 일정한 조건에서 가열했을 때의 온도 변화를 나타낸 것이다. 다음의 빈칸에 등호 또는 부등호를 쓰시오.

(1) 끓는점: 에탄올 ( ) 메탄올
(2) 입자 사이의 인력: 에탄올 ( ) 메탄올

적용 Tip B-1

여러 가지 액체의 가열 곡선(단, 외부 압력과 불꽃의 세기는 같다.)

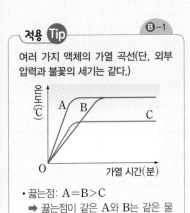

- 끓는점: A＝B＞C
  ➡ 끓는점이 같은 A와 B는 같은 물질이다.
- A는 B보다 더 빨리 끓는다. ➡ A는 B보다 물질의 양이 적다.

8 압력솥에서 밥을 하면 밥이 빨리 된다. 이러한 현상을 설명한 다음 내용에서 ( ) 안에 알맞은 말을 고르시오.

압력솥 안의 압력이 ㉠(높 , 낮)아져 물의 끓는점이 ㉡(높 , 낮)아지기 때문이다.

9 녹는점과 어는점에 대한 설명으로 옳은 것은 ○, 옳지 않은 것은 ×로 표시하시오.

(1) 녹는점은 액체 물질이 어는 동안 일정하게 유지되는 온도이다. ( )
(2) 녹는점은 물질의 종류에 따라 다르다. ( )
(3) 같은 물질의 어는점은 물질의 양에 관계없이 일정하다. ( )
(4) 한 물질의 녹는점과 어는점은 다르다. ( )

암기 Tip B-3

실온(약 20 ℃)에서의 상태
- 실온 < 녹는점이면 ➡ 고체
- 녹는점 < 실온 < 끓는점이면 ➡ 액체
- 끓는점 < 실온이면 ➡ 기체

10 표는 물질 A∼C의 녹는점과 끓는점을 나타낸 것이다. ㉠∼㉢에 알맞은 각 물질의 상태를 쓰시오.

물질	A	B	C
녹는점(℃)	0	−183	80.5
끓는점(℃)	100	−219	218.0
25 ℃에서의 상태	㉠( )	㉡( )	㉢( )

A 물질의 분류

중요

01 물질의 분류에 대한 설명으로 옳지 <u>않은</u> 것은?

① 순물질은 한 가지 물질로만 이루어져 있는 물질이다.

② 두 가지 이상의 원소로 이루어진 순물질도 있다.

③ 혼합물은 두 가지 이상의 순물질이 섞여 있는 물질이다.

④ 성분 물질이 고르지 않게 섞여 있는 혼합물도 있다.

⑤ 혼합물은 성분 물질이 각각의 성질을 나타내지 않는다.

02 두 가지 이상의 순물질이 섞여 있는 물질을 〈보기〉에서 모두 고른 것은?

보기
ㄱ. 14K 금   ㄴ. 간장
ㄷ. 바닷물   ㄹ. 다이아몬드
ㅁ. 수은   ㅂ. 이산화 탄소

① ㄱ, ㄴ, ㄷ   ② ㄱ, ㄷ, ㄹ

③ ㄴ, ㄹ, ㅁ   ④ ㄴ, ㄹ, ㅂ

⑤ ㄷ, ㅁ, ㅂ

03 그림은 물질을 분류하는 과정을 나타낸 것이다.

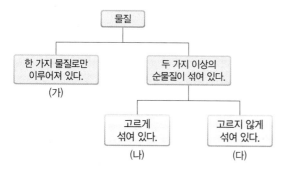

(가)~(다)에 해당하는 물질을 옳게 짝 지은 것은?

	(가)	(나)	(다)
①	산소	우유	소금물
②	물	탄산음료	염화 나트륨
③	철	주스	합금
④	식초	에탄올	우유
⑤	산소	공기	흙탕물

04 그림은 물질 (가)~(다)를 입자 모형으로 나타낸 것이다.

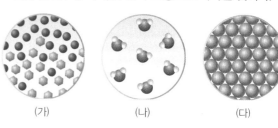

(가)   (나)   (다)

(가)~(다)를 옳게 분류한 것은?

	순물질	혼합물
①	(가)	(나), (다)
②	(나)	(가), (다)
③	(다)	(가), (나)
④	(가), (나)	(다)
⑤	(나), (다)	(가)

중요

05 그림은 순수한 물과 소금물의 가열 곡선 및 냉각 곡선을 나타낸 것이다.

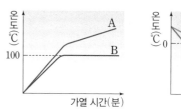

이에 대한 설명으로 옳은 것은?

① A는 물이고, B는 소금물이다.

② C는 혼합물이고, D는 순물질이다.

③ A는 시간이 지날수록 농도가 연해진다.

④ D는 C보다 낮은 온도에서 언다.

⑤ 소금물은 순수한 물보다 낮은 온도에서 끓고, 순수한 물보다 높은 온도에서 언다.

06 혼합물의 특성을 이용한 예로 적당하지 <u>않은</u> 것은?

① 땜납을 이용하여 회로를 연결한다.

② 눈이 내린 도로에 염화 칼슘을 뿌린다.

③ 겨울철 자동차의 냉각수에 부동액을 넣는다.

④ 잠수부는 허리에 납 벨트를 차고 물속으로 잠수한다.

⑤ 너무 센 전류가 흐르면 퓨즈가 끊어져 전류를 차단한다.

07 그림은 순물질인 고체 나프탈렌, 고체 파라－다이클로로벤젠과 두 고체 물질을 섞은 혼합물의 가열 곡선을 나타낸 것이다.

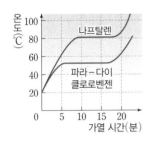 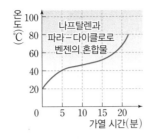

이에 대한 설명으로 옳지 <u>않은</u> 것은?

① 순물질은 녹는점이 일정하다.
② 순물질은 녹는 동안 온도가 일정하게 유지된다.
③ 두 고체의 혼합물은 각 성분 물질보다 높은 온도에서 녹기 시작한다.
④ 두 고체의 혼합물은 녹는 동안 온도가 계속 높아진다.
⑤ 나프탈렌은 파라－다이클로로벤젠보다 녹는점이 높다.

중요
08 물질의 특성에 대한 설명으로 옳지 <u>않은</u> 것은?

① 그 물질만이 나타내는 고유한 성질이다.
② 물질의 종류를 구별하는 데 이용될 수 있다.
③ 같은 물질이라도 물질의 양에 따라 달라진다.
④ 색깔, 냄새, 맛 등의 겉보기 성질은 물질의 특성이 된다.
⑤ 혼합물로부터 성분 물질을 분리하는 데 이용할 수 있다.

중요
09 다음에서 설명하는 물질의 성질로만 옳게 짝 지은 것은?

• 물질의 종류에 따라 다른 고유한 성질이다.
• 물질의 양에 관계없이 일정하다.

① 촉감, 굳기, 두께
② 부피, 질량, 밀도
③ 길이, 넓이, 부피
④ 끓는점, 밀도, 용해도
⑤ 온도, 끓는점, 어는점

B 끓는점과 녹는점, 어는점

10 끓는점에 대한 설명으로 옳은 것을 〈보기〉에서 있는 대로 고른 것은?

보기
ㄱ. 물질의 종류에 따라 끓는점은 다르다.
ㄴ. 불꽃의 세기가 강할수록 끓는점이 높아진다.
ㄷ. 같은 물질의 끓는점은 물질의 양에 관계없이 일정하다.
ㄹ. 물질을 이루는 입자 사이의 인력이 약할수록 끓는점이 높다.

① ㄱ, ㄴ　　② ㄱ, ㄷ　　③ ㄴ, ㄹ
④ ㄱ, ㄷ, ㄹ　　⑤ ㄴ, ㄷ, ㄹ

11 그림은 1기압에서 액체 물질 A와 B를 동일한 불꽃으로 가열할 때의 온도 변화를 나타낸 것이다. 이에 대한 설명으로 옳은 것은?

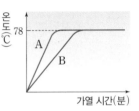

① A의 녹는점은 78 ℃이다.
② B는 A보다 끓는점이 높다.
③ A와 B는 서로 다른 물질이다.
④ A의 질량은 B의 질량보다 작다.
⑤ 더 센 불꽃으로 가열하면 78 ℃보다 더 높은 온도에서 온도가 일정하게 유지된다.

중요
12 그림은 1기압에서 액체 물질 A~D를 동일한 불꽃으로 가열할 때의 온도 변화를 나타낸 것이다. 이에 대한 설명으로 옳지 <u>않은</u> 것은?

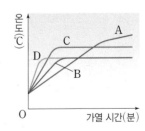

① A~D 중 A가 가장 낮은 온도에서 끓는다.
② B와 D는 같은 물질이다.
③ C는 B보다 끓는점이 높다.
④ B는 D보다 질량이 크다.
⑤ A는 혼합물, B, C, D는 순물질이다.

13 다음과 같은 원리로 설명할 수 있는 현상을 모두 고르면? (2개)

> 외부 압력이 높아지면 끓는점은 높아지고, 외부 압력이 낮아지면 끓는점은 낮아진다.

① 압력솥에서 밥을 하면 밥이 빨리 된다.
② 바닷물은 영하의 날씨에도 잘 얼지 않는다.
③ 풍선이 하늘 높이 올라갈수록 크기가 커진다.
④ 찌그러진 탁구공을 뜨거운 물 속에 넣으면 팽팽해진다.
⑤ 감압 용기에 80 ℃ 물을 넣고 용기 속의 공기를 빼내면 물이 끓는다.

14 녹는점과 어는점에 대한 설명으로 옳은 것은?

① 녹는점은 액체가 얼어 고체로 되는 동안 일정하게 유지되는 온도이다.
② 녹는점에서는 물질의 고체와 액체 상태가 함께 존재한다.
③ 녹는점은 물질의 종류에 관계없이 일정하다.
④ 같은 물질의 어는점은 물질의 양에 따라 달라진다.
⑤ 한 물질의 녹는점은 어는점보다 항상 높다.

15 얼음 50 g과 100 g을 같은 세기의 불꽃으로 각각 가열할 때의 온도 변화를 나타낸 그래프로 옳은 것은?

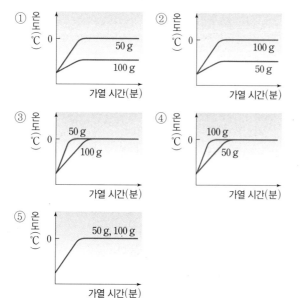

16 녹는점이 높은 현상을 이용하는 예를 〈보기〉에서 모두 고른 것은?

> **보기**
> ㄱ. 액체 질소는 세포의 냉동 보관에 이용된다.
> ㄴ. 타이타늄은 온도가 높은 비행기 엔진에 이용된다.
> ㄷ. 텅스텐은 쉽게 녹지 않으므로 꼬마전구의 필라멘트에 이용된다.
> ㄹ. 아이소뷰테인은 뷰테인보다 겨울철 야외용 연료로 이용하기에 적당하다.

① ㄱ, ㄴ   ② ㄱ, ㄷ   ③ ㄴ, ㄷ
④ ㄴ, ㄹ   ⑤ ㄷ, ㄹ

중요
17 그림은 고체 A의 가열·냉각 곡선을 나타낸 것이다.

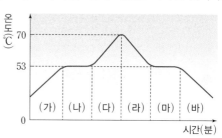

이에 대한 설명으로 옳은 것은?

① A의 녹는점은 70 ℃이다.
② A의 어는점은 53 ℃이다.
③ A가 액체로 존재하는 구간은 (가), (바)이다.
④ A의 고체와 액체가 함께 존재하는 구간은 (다), (라)이다.
⑤ A의 양이 많아지면 수평한 구간의 온도는 53 ℃보다 높아진다.

중요 【주관식】
18 표는 1기압에서 물질 A~E의 녹는점과 끓는점을 나타낸 것이다.

물질	A	B	C	D	E
녹는점(℃)	63	−114	−218	−67	−2.1
끓는점(℃)	316	78	−183	0.5	117

A~E 중 실온(약 20 ℃)에서 액체 상태로 존재하는 물질을 모두 고르시오.

서술형 Tip

서술형

1 다음은 여러 가지 물질을 (가)와 (나)로 분류한 것이다. (가)와 (나)로 분류한 기준을 각각의 정의를 이용하여 서술하시오.

> (가) 탄산음료, 공기, 흙탕물, 14K 반지
> (나) 증류수, 헬륨, 알루미늄, 이산화 탄소

_____

_____

1 물질은 성분 물질이 한 가지인지 두 가지 이상인지에 따라 순물질과 혼합물로 분류할 수 있음을 기억한다.

Plus 문제 1-1

(가)를 두 가지로 분류할 수 있는 조건을 쓰고, 조건에 맞게 분류하시오.

_____

서술형

2 그림은 물과 소금물을 냉각할 때의 온도 변화를 나타낸 것이다. A와 B 중 소금물에 해당하는 것의 기호를 쓰고, 그 까닭을 서술하시오.

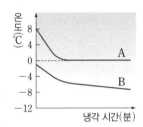

_____

_____

2 물은 순물질, 소금물은 혼합물이므로 순물질과 혼합물의 냉각 곡선의 차이점을 이용하여 서술한다.
→ 필수 용어: 얼기 시작하는 온도, 어는 동안의 온도 변화

단계별 서술형

3 그림은 일정한 압력에서 액체 물질 A~D를 같은 불꽃으로 가열했을 때의 온도 변화를 나타낸 것이다.

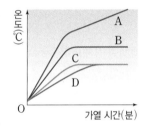

(1) A~D 중 같은 물질로 예상되는 것을 모두 고르고, 그 까닭을 서술하시오.

_____

(2) A~D 중 혼합물로 예상되는 것을 모두 고르고, 그 까닭을 서술하시오.

_____

3 (1) 끓는점이 물질의 특성임을 생각한다.
(2) 순물질과 혼합물의 끓는점의 차이점을 생각한다.

Plus 문제 3-1

(1)에서 같은 물질의 질량을 부등호로 비교하시오.

_____

단계별 서술형

4 그림과 같이 80 ℃ 물이 들어 있는 비커를 감압 용기 안에 넣은 후 펌프를 작동하여 용기 속의 공기를 빼내었다.

(1) 이때 비커에서 일어나는 변화를 서술하시오.

_____

─ 감압 용기
─ 80 ℃ 물

(2) (1)과 같은 결과가 나타나는 까닭을 설명한 다음 내용에서 ㉠~㉣에 알맞은 말을 쓰시오.

> 감압 용기 속의 공기를 빼내면 용기 속 (㉠   )이/가 (㉡   )져 비커 속 물의 (㉢   )이/가 (㉣   )지기 때문이다.

_____

4 (2) 공기를 빼냈을 때 감압 용기 속의 변화를 먼저 생각하고, 그 결과 나타나는 비커 속 물의 변화를 생각한다.
→ 필수 용어: 압력, 끓는점

02 물질의 특성(2)

A 밀도

1. 밀도 단위 부피당 물질의 질량 ➡ 질량을 부피로 나눈 값

$$밀도 = \frac{질량}{부피}$$ (단위: g/mL, g/cm³, kg/m³ 등)

보통 액체의 부피는 mL로, 고체의 부피는 cm³로 나타내며, 1 mL와 1 cm³는 같다.

① 밀도는 물질의 종류에 따라 다르며, 같은 물질인 경우 양에 관계없이 일정하다. ❶

➡ 밀도는 물질을 구별할 수 있는 물질의 특성이다.

[질량과 부피 및 밀도 관계] 탐구 72쪽 Beyond 특강 74쪽

물질	물		에탄올	
부피(mL)	20	40	10	30
질량(g)	20.0	40.0	7.9	23.7
밀도$\left(=\dfrac{질량}{부피}\right)$	$\dfrac{20.0\,g}{20\,mL}$ $=1.0\,g/mL$	$\dfrac{40.0\,g}{40\,mL}$ $=1.0\,g/mL$	$\dfrac{7.9\,g}{10\,mL}$ $=0.79\,g/mL$	$\dfrac{23.7\,g}{30\,mL}$ $=0.79\,g/mL$

• 물의 밀도와 에탄올의 밀도가 다르다. ➡ 물의 밀도>에탄올의 밀도
• 한 물질의 밀도는 물질의 양에 관계없이 같다.

② 밀도가 큰 물질은 아래로 가라앉고, 밀도가 작은 물질은 위로 뜬다. ❷

예 쇠구슬은 물에 가라앉고, 나무토막은 물 위에 뜬다. ➡ 밀도: 나무토막<물<쇠구슬

2. 물질의 상태에 따른 밀도

① 대부분의 물질의 밀도는 고체>액체≫기체이다. ➡ 부피는 고체<액체≪기체이기 때문

[예외] 물과 얼음의 밀도는 얼음(고체)<물(액체)이다. ➡ 부피는 얼음(고체)>물(액체)이기 때문

② 온도와 압력에 따른 밀도의 변화

기체의 밀도는 온도와 압력을 함께 나타낸다.

구분	고체와 액체	기체
온도	• 온도가 높아지면 밀도가 약간 감소한다. ➡ 부피가 약간 증가하기 때문	• 온도가 높아지면 밀도가 감소한다. ➡ 부피가 크게 증가하기 때문
압력	• 압력의 영향은 거의 받지 않는다.	• 압력이 높아지면 밀도가 증가한다. ➡ 부피가 크게 감소하기 때문

3. 혼합물의 밀도 혼합물의 밀도는 성분 물질의 혼합 비율에 따라 달라진다.

예 물에 소금을 조금씩 넣어 녹이면 바닥에 있던 달걀이 떠오른다. ➡ 소금물의 농도가 진할수록 밀도가 커지기 때문

4. 밀도와 관련된 실생활 예

① 구명조끼를 입으면 밀도가 작아져 몸이 물에 쉽게 뜬다.

② 잠수부는 물속에 가라앉기 위해 밀도가 큰 납 조각을 허리에 찬다.

③ 파도타기를 할 때 물 위에 뜨기 위해 밀도가 작은 *서프보드를 이용한다.

④ *LNG *가스 누출 경보기는 위쪽에, *LPG 가스 누출 경보기는 아래쪽에 설치한다.

➡ 밀도: LNG<공기<LPG

⑤ 헬륨을 채운 풍선은 위로 떠오르고, 이산화 탄소를 채운 풍선은 바닥으로 가라앉는다.

➡ 밀도: 헬륨<공기<이산화 탄소

》》개념 더하기

❶ 여러 가지 물질의 밀도

(25 °C, 1기압)

물질	밀도(g/cm³)
금	19.3
수은	13.56
은	10.5
알루미늄	2.7
물	1.0
에탄올	0.79
이산화 탄소	0.0018
산소	0.0013
헬륨	0.00016

❷ 밀도 탑
밀도가 큰 물질은 밀도가 작은 물질 아래로 가라앉고, 밀도가 작은 물질은 밀도가 큰 물질 위로 뜬다. 이 성질을 이용하여 밀도 탑을 만들 수 있다.

밀도: 코르크<식용유<물<플라스틱<글리세린<동전<수은

용어 사전

*서프보드
서핑할 때 타는 긴 판자

*LNG(액화 천연 가스)
메테인을 주성분으로 하는 천연 가스를 액화시킨 것

*가스 누출 경보기
가스가 누출되었을 때 알려 주는 알림 장치

*LPG(액화 석유 가스)
프로페인과 뷰테인을 주성분으로 하는 석유 가스를 액화시킨 것

핵심 Tip

• **밀도**: 단위 부피당 물질의 질량

$$밀도 = \frac{질량}{부피}$$

(단위: g/mL, g/cm³, kg/m³ 등)

• 밀도가 큰 물질은 아래로 가라앉고, 밀도가 작은 물질은 위로 뜬다.

• 기체의 밀도는 온도가 높아지면 감소하고, 압력이 높아지면 증가한다.

---

1 밀도에 대한 설명으로 옳은 것은 ○, 옳지 않은 것은 ×로 표시하시오.

(1) 밀도는 단위 질량당 물질의 부피이다. ( )

(2) 밀도는 질량을 부피로 나눈 값이다. ( )

(3) 에탄올 10 mL는 에탄올 20 mL보다 밀도가 작다. ( )

(4) 밀도가 큰 물질은 아래로, 밀도가 작은 물질은 위로 뜬다. ( )

---

2 그림은 물질 A~C의 질량과 부피 관계를 나타낸 것이다.

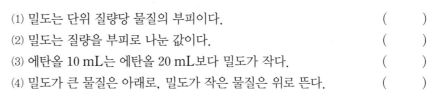

(1) 물질 A~C의 밀도를 각각 구하시오.

(2) 물질 A~C 중 같은 물질로 예상되는 것을 모두 고르시오.

적용 Tip Ⓐ-1

질량 – 부피 관계 그래프

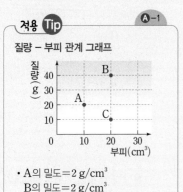

• A의 밀도=2 g/cm³
 B의 밀도=2 g/cm³
 C의 밀도=0.5 g/cm³

• A와 B는 밀도가 같으므로 같은 물질이다.

---

3 그림은 쇠구슬과 나무토막을 물에 넣었을 때의 모습을 나타낸 것이다. 물, 쇠구슬, 나무토막 중 (가) 밀도가 가장 큰 것과 (나) 밀도가 가장 작은 것을 쓰시오.

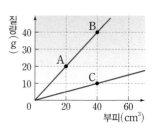

---

4 물질의 상태에 따른 밀도에 대한 설명으로 옳은 것은 ○, 옳지 않은 것은 ×로 표시하시오.

(1) 기체의 밀도는 고체와 액체에 비해 매우 작다. ( )

(2) 일반적으로 고체와 액체는 온도가 높아지면 밀도가 약간 감소한다. ( )

(3) 기체는 온도가 높아지면 밀도가 약간 증가한다. ( )

(4) 고체, 액체, 기체의 밀도는 모두 압력의 영향을 거의 받지 않는다. ( )

원리 Tip Ⓐ-2

고체, 액체와 기체의 밀도 비교

▲ 같은 부피의 질량 비교

기체는 고체나 액체에 비해 밀도가 매우 작다. 이는 기체는 고체나 액체에 비해 분자 사이의 거리가 매우 멀어 같은 부피 속에 들어 있는 분자의 수가 적기 때문이다.

---

5 다음은 밀도와 관련된 현상의 예이다. ( ) 안에 알맞은 말을 고르시오.

(1) 구명조끼를 입으면 밀도가 (커 , 작아)져 몸이 물에 쉽게 뜬다.

(2) 잠수부는 물속에 가라앉기 위해 밀도가 (큰 , 작은) 납 조각을 허리에 찬다.

(3) 헬륨은 공기보다 밀도가 ㉠ (크 , 작으)므로 헬륨을 채운 풍선은 ㉡ (위로 떠오른다 , 아래로 가라앉는다).

개념 학습

02 물질의 특성(2)

B 용해도

1. 용해와 용액

① 용해: 한 물질(용질)이 다른 물질(용매)에 녹아 고르게 섞이는 현상❶

- 용질: 다른 물질에 녹는 물질
- 용매: 다른 물질을 녹이는 물질
- 용액: 용질과 용매가 고르게 섞여 있는 물질

$$\underset{(용질)}{설탕} + \underset{(용매)}{물} \underset{(용해)}{\Longrightarrow} \underset{(용액)}{설탕물}$$

② 용액의 종류❷ – 일정한 양의 용매에 녹을 수 있는 용질의 양에는 한계가 있다.

- *포화 용액: 일정한 양의 용매에 용질이 최대로 녹아 있는 용액
- 불포화 용액: 포화 용액보다 적은 양의 용질이 녹아 있는 용액 – 용질이 더 녹을 수 있는 용액

2. 용해도   어떤 온도에서 용매 100 g에 최대로 녹을 수 있는 용질의 g수

① 같은 온도에서 같은 용매에 대한 용해도는 물질마다 고유의 값을 갖는다.

➡ 용해도는 물질을 구별할 수 있는 물질의 특성이다.

② 같은 물질이라도 용매의 종류와 온도에 따라 용해도가 달라진다. – 용해도를 나타낼 때에는 용매의 종류와 온도를 함께 표시해야 한다.

3. 고체의 용해도와 용해도 곡선   탐구 73쪽

① 고체의 용해도: 대체로 온도가 높을수록 증가하며, 압력의 영향은 거의 받지 않는다.

② 용해도 곡선: 온도에 따른 고체 물질의 용해도를 나타낸 곡선

> [용해도 곡선 분석]   Beyond 특강 75쪽
> - 용해도 곡선 상의 용액은 포화 용액을 나타낸다.
> - 곡선의 기울기가 클수록 온도에 따른 용해도 변화가 크다.
> - 용질의 *석출: 높은 온도의 용액을 냉각하면 용해도가 감소하므로 녹아 있던 용질이 결정으로 석출된다.
>   ➡ 곡선의 기울기가 클수록 용액을 냉각할 때 석출되는 용질의 양이 많다.
>   └ 용해도 곡선을 이용하면 석출되는 용질의 양을 계산할 수 있다.
> [용액을 냉각할 때 석출되는 용질의 양]
>
> | 석출되는 용질의 양 | = | 처음 온도에서 녹아 있던 용질의 양 | − | 냉각한 온도에서 최대로 녹을 수 있는 용질의 양 |
>
>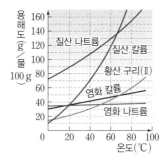

4. 기체의 용해도   기체의 용해도는 온도와 압력의 영향을 크게 받는다.

온도의 영향❸	압력의 영향❹
온도가 낮을수록 기체의 용해도는 증가한다.	압력이 높을수록 기체의 용해도는 증가한다.
예 여름에 연못 속의 물고기가 수면 위로 올라와 입을 뻐끔거린다. ➡ 온도가 높아져 물속에 녹아 있던 산소 기체가 빠져나오기 때문 └ 기체의 용해도 감소	예 탄산음료의 병뚜껑을 열면 거품이 나온다. ➡ 병뚜껑을 열면 병 속의 압력이 낮아져 음료에 녹아 있던 이산화 탄소 기체가 빠져나오기 때문 └ 기체의 용해도 감소

[온도에 따른 기체의 용해도 실험]

- 온도가 높을수록 ➡ 기체의 용해도 감소 ➡ 기포가 많이 발생
  ➡ 기체의 용해도: A>B, 기포 발생량: A<B

[압력에 따른 기체의 용해도 실험]

- 압력이 낮을수록 ➡ 기체의 용해도 감소 ➡ 기포가 많이 발생 └ 압력: C<D
  ➡ 기체의 용해도: C<D, 기포 발생량: C>D

---

❶ 설탕의 용해와 입자 모형

❷ 용액의 종류와 용해도 곡선

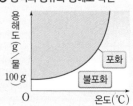

- 포화 용액: 용해도 곡선 상
- 불포화 용액: 용해도 곡선 아래쪽

❸ 온도에 따른 기체의 용해도와 관련된 현상
- 탄산음료를 냉장고에 보관하면 톡 쏘는 맛이 강하다.
- 수돗물을 끓이면 물을 소독할 때 사용하고 남은 염소 기체를 제거할 수 있다.

❹ 기체의 용해도와 잠수병
잠수부가 깊은 바닷속에서 빠르게 수면으로 올라오면 잠수병에 걸릴 수 있다. 이는 압력(수압)이 급격히 낮아져 혈액 속에 녹아 있던 질소 기체가 빠져나와 기포를 형성하여 통증을 유발하기 때문이다.

용어 사전

*포화(가득 찰 飽, 화할 和)
더 이상의 양을 수용할 수 없이 가득 찬 상태

*석출(쪼갤 析, 날 出)
수용액 속에서 고체가 분리되어 나오는 현상

[용액의 종류]

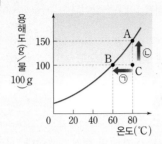

❶ 용액의 종류
• 포화 용액: 용해도 곡선 상의 용액 ➡ A점과 B점의 용액은 포화 용액이다.
• 불포화 용액: 용해도 곡선 아래쪽의 용액 ➡ C점의 용액은 불포화 용액이다.

❷ C점의 용액을 포화 용액으로 만드는 방법: C점이 용해도 곡선과 만나도록 한다.
• 용액의 온도를 낮춘다(㉠). ➡ 현재 용액의 온도는 80 ℃이므로 용액의 온도를 60 ℃로 낮춘다.
• 용질을 더 넣는다(㉡). ➡ 용매가 100 g인 포화 용액일 경우, 용질 50 g을 더 넣어 준다.

[용질의 석출]

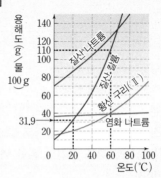

❶ 온도에 따른 용해도 변화: 곡선의 기울기가 클수록 온도에 따른 용해도 변화가 크다.
➡ • 가장 큰 것: 질산 칼륨 • 가장 작은 것: 염화 나트륨

❷ 용질의 석출: 곡선의 기울기가 클수록 용액을 냉각할 때 석출되는 용질의 양이 많다.

❸ 용액을 냉각할 때 석출되는 용질의 양
예 60 ℃ 물 100 g에 질산 칼륨을 녹인 포화 용액을 20 ℃로 냉각할 때 석출되는 질산 칼륨의 질량(g)을 구하시오.
➡ 60 ℃ 포화 용액에 녹아 있는 질산 칼륨의 질량: 110 g
20 ℃ 물 100 g에 녹을 수 있는 질산 칼륨의 질량: 31.9 g
석출되는 질산 칼륨의 질량: 110 g−31.9 g=78.1 g

---

1 그림은 어떤 물질의 용해도 곡선을 나타낸 것이다.

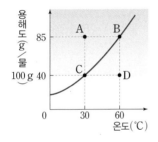

(1) A∼D 중 포화 용액을 모두 고르시오.

(2) A∼D 중 불포화 용액을 모두 고르시오.

(3) (2)에서 고른 불포화 용액을 포화 용액으로 만드는 조건 2가지를 정확한 수치와 함께 쓰시오. (단, 물의 양은 100 g이다.)

(4) 60 ℃ 물 50 g에 최대로 녹일 수 있는 이 물질의 질량(g)을 구하시오.

(5) B점의 용액 185 g을 30 ℃로 냉각할 때 석출되는 결정의 질량(g)을 구하시오.

2 그림은 4가지 고체 물질의 용해도 곡선을 나타낸 것이다.

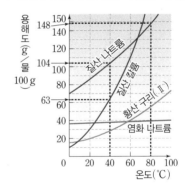

(1) 온도에 따른 용해도 변화가 ㉠ 가장 큰 물질과 ㉡ 가장 작은 물질을 각각 고르시오.

(2) 40 ℃ 물 100 g에 ㉠ 가장 많은 양이 녹을 수 있는 물질과 ㉡ 가장 적은 양이 녹을 수 있는 물질을 각각 고르시오.

(3) 40 ℃ 물 200 g에 최대로 녹을 수 있는 질산 칼륨의 질량(g)을 구하시오.

(4) 80 ℃ 질산 나트륨 포화 용액 124 g을 40 ℃로 냉각할 때 석출되는 질산 나트륨의 질량(g)을 구하시오.

Ⓐ 밀도

01 밀도에 대한 설명으로 옳은 것은?

① 단위 질량당 물질의 부피이다.
② 고체의 밀도는 온도와 압력에 따라 크게 변한다.
③ 같은 물질은 물질의 양이 달라도 밀도가 같다.
④ 같은 물질은 물질의 상태가 달라도 밀도가 같다.
⑤ 혼합물의 밀도는 성분 물질의 혼합 비율에 상관없이 일정하다.

중요

02 물 12.0 mL가 들어 있는 눈금실린더에 질량이 20.4 g인 돌을 실로 묶어 넣었더니, 전체 부피가 그림과 같이 되었다.

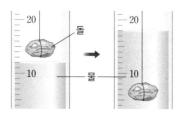

이 돌의 밀도(g/cm³)는?

① 0.29 g/cm³
② 0.59 g/cm³
③ 1.13 g/cm³
④ 1.7 g/cm³
⑤ 3.4 g/cm³

탐구 72쪽

03 표는 20 ℃에서 물과 에탄올의 질량과 부피를 측정하여 나타낸 것이다.

구분	물		에탄올	
질량(g)	20.0	40.0	7.9	15.8
부피(mL)	20	40	10	20

이에 대한 설명으로 옳지 <u>않은</u> 것을 모두 고르면? (2개)

① 물의 양이 많아지면 부피가 증가한다.
② 에탄올의 양이 많아지면 질량이 증가한다.
③ 물과 에탄올의 밀도는 서로 다르다.
④ 물질의 양이 많아지면 물질의 밀도가 증가한다.
⑤ 물질의 양이 같으면 물질의 종류에 관계없이 밀도가 같다.

[04~05] 그림은 고체 물질 A~E의 질량과 부피를 나타낸 것이다.

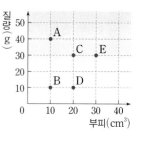

중요

04 A~E에 대한 설명으로 옳은 것을 〈보기〉에서 모두 고른 것은?

보기

ㄱ. 밀도가 가장 큰 물질은 A이다.
ㄴ. A의 밀도는 E의 밀도의 3배이다.
ㄷ. 부피가 같을 때 B의 질량은 A의 질량의 4배이다.
ㄹ. 질량이 같을 때 D의 부피는 B의 부피의 2배이다.

① ㄱ, ㄷ
② ㄱ, ㄹ
③ ㄴ, ㄷ
④ ㄱ, ㄴ, ㄹ
⑤ ㄴ, ㄷ, ㄹ

【주관식】

05 A~E 중 같은 물질일 것으로 예상되는 것을 모두 고르시오.

06 표는 고체 물질 A~E의 질량과 부피를 측정하여 나타낸 것이다.

물질	A	B	C	D	E
질량(g)	20	30	60	20	45
부피(cm³)	10	15	40	40	50

A~E를 물에 넣었을 때 물에 뜨는 물질을 모두 고른 것은? (단, A~E는 물에 녹지 않으며, 물의 밀도는 1 g/cm³이다.)

① A, B
② C, D
③ D, E
④ A, B, C
⑤ B, D, E

중요 【주관식】

07 표는 25 ℃, 1기압에서 몇 가지 금속의 밀도를 나타낸 것이다.

금속	금	수은	납	구리	알루미늄
밀도(g/cm³)	19.3	13.56	11.3	8.96	2.7

어떤 순수한 금속 224 g의 부피가 25 cm³일 때, 이 금속으로 예상되는 것을 쓰시오.

08 물에 나무토막과 쇠구슬을 넣었더니 그림과 같이 되었다. 이에 대한 설명으로 옳은 것을 〈보기〉에서 모두 고른 것은?

나무토막
물
쇠구슬

┌ 보기 ┐
ㄱ. 나무토막은 물보다 밀도가 작다.
ㄴ. 쇠구슬은 물보다 밀도가 크다.
ㄷ. 질량이 같을 때 나무토막은 쇠구슬보다 부피가 크다.
ㄹ. 부피가 같을 때 나무토막은 쇠구슬보다 질량이 크다.

① ㄷ   ② ㄱ, ㄴ   ③ ㄷ, ㄹ
④ ㄱ, ㄴ, ㄷ   ⑤ ㄱ, ㄴ, ㄹ

09 그림은 물이 담긴 비커에 달걀을 넣은 후 물에 소금을 조금씩 넣어 녹였을 때의 모습을 나타낸 것이다.

소금을 녹임

소금을 더 녹임

달걀
물

이에 대한 설명으로 옳지 <u>않은</u> 것은?

① 달걀은 물보다 밀도가 크다.
② 소금을 넣을수록 소금물의 농도는 진해진다.
③ 소금을 넣을수록 소금물의 밀도는 커진다.
④ 소금을 넣을수록 달걀의 밀도는 작아진다.
⑤ 소금물의 농도가 진할수록 소금물의 밀도는 커진다.

중요
10 생활 속 현상 중 밀도와 관련된 것이 <u>아닌</u> 것은?

① 헬륨을 채운 풍선은 위로 떠오른다.
② 구명조끼를 입으면 물속으로 가라앉지 않는다.
③ 자동차의 냉각수에 부동액을 넣으면 잘 얼지 않는다.
④ 잠수부는 잠수할 때 허리에 납 덩어리를 차고 들어간다.
⑤ 파도타기를 할 때 물 위에 뜨기 위해 서프보드를 이용한다.

ⓑ 용해도

11 한 물질이 다른 물질에 녹는 현상에 대한 설명으로 옳은 것은?

① 다른 물질을 녹이는 물질을 용질이라고 한다.
② 다른 물질에 녹아 들어가는 물질을 용매라고 한다.
③ 한 물질이 다른 물질에 녹아 고르게 섞이는 현상을 용해라고 한다.
④ 일정한 양의 용매에 용질이 최대한 녹아 있는 용액을 포화 용액이라고 한다.
⑤ 포화 용액보다 용질이 더 많이 녹아 있는 용액을 불포화 용액이라고 한다.

중요
12 용해도에 대한 설명으로 옳은 것은?

① 물질의 종류에 따라 고유한 값을 갖는다.
② 같은 물질이면 용매의 종류와 관계없이 일정한 값을 갖는다.
③ 일반적으로 고체의 용해도는 압력이 높을수록 증가한다.
④ 일반적으로 기체의 용해도는 온도가 높을수록 증가한다.
⑤ 고체의 용해도를 나타낼 때는 온도와 압력을 반드시 표시해야 한다.

13 다음은 두 가지 용액에 대한 설명이다.

┌─────────────────────────────────┐
(가) 30 ℃ 물 100 g에 고체 A 40 g을 넣고 잘 저어 준 후 거름종이로 걸렀더니 고체 15 g이 걸러졌다.
(나) 30 ℃ 물 50 g에 고체 B 20 g을 넣고 잘 저어 준 후 거름종이로 걸렀더니 고체 5 g이 걸러졌다.
└─────────────────────────────────┘

30 ℃에서 고체 A와 B의 용해도(g/물 100 g)로 옳은 것은?

	고체 A	고체 B		고체 A	고체 B
①	40	40	②	40	20
③	25	30	④	25	25
⑤	25	15			

14 그림은 어떤 고체 물질의 용해도 곡선과 물 100 g에 이 물질을 녹인 수용액 A~D를 나타낸 것이다. 이에 대한 설명으로 옳지 <u>않은</u> 것은?

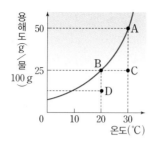

① A와 B는 포화 용액이다.
② B를 냉각하면 고체가 결정으로 석출된다.
③ C를 20 ℃로 냉각하면 포화 용액이 된다.
④ C에 물 25 g을 더 넣어 주면 포화 용액이 된다.
⑤ D에는 고체 물질을 더 녹일 수 있다.

탐구 73쪽

15 물 10 g에 질산 나트륨의 질량을 달리하여 녹인 용액을 냉각하면서 결정이 생기기 시작하는 온도를 측정하였더니 표와 같았다.

질산 나트륨의 질량(g)	9	12	15
결정이 생기기 시작한 온도(℃)	26	57	82

이에 대한 설명으로 옳지 <u>않은</u> 것은?

① 온도가 높아질수록 질산 나트륨의 용해도는 증가한다.
② 26 ℃에서 질산 나트륨의 용해도는 90이다.
③ 57 ℃ 물 10 g에 질산 나트륨이 12 g 녹으면 포화 용액이 된다.
④ 물 10 g에 질산 나트륨 12 g을 모두 녹이려면 40 ℃까지 가열하면 된다.
⑤ 82 ℃ 물 10 g에 최대로 녹을 수 있는 질산 나트륨의 질량은 15 g이다.

[16~17] 그림은 여러 가지 고체 물질의 용해도 곡선을 나타낸 것이다.

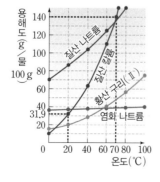

【주관식】
16 80 ℃ 물 100 g에 각 물질을 녹여 만든 포화 용액을 10 ℃로 냉각할 때 석출되는 결정의 양이 가장 많은 물질을 쓰시오.

17 70 ℃ 물 100 g에 질산 칼륨 100 g을 녹인 용액을 20 ℃로 냉각할 때 석출되는 질산 칼륨의 질량(g)을 구하시오.

18 표는 온도에 따른 질산 칼륨의 용해도를 나타낸 것이다.

온도(℃)	20	40	60	80
용해도(g/물 100 g)	31.9	63.0	110.0	169.0

60 ℃ 포화 용액 105 g을 40 ℃로 냉각할 때 석출되는 질산 칼륨의 질량(g)은?

① 5.5 g ② 8.0 g ③ 21.0 g
④ 23.5 g ⑤ 42.0 g

중요
19 시험관 A~D에 같은 양의 사이다를 넣고 그림과 같이 장치한 후 기포가 발생하는 정도를 관찰하였다.

이에 대한 설명으로 옳은 것은?

① 기체의 용해도가 가장 작은 것은 D이다.
② 발생한 기포의 양이 가장 많은 것은 A이다.
③ A와 D를 비교하면 기체의 용해도와 온도의 관계를 알 수 있다.
④ C와 D를 비교하면 기체의 용해도와 압력의 관계를 알 수 있다.
⑤ 기체의 용해도는 온도와 압력이 낮을수록 증가한다.

20 다음 현상과 같은 원리에 의해 일어나는 현상은?

> 여름철에 물고기가 수면 위로 올라와 입을 뻐끔거린다.

① 높은 산에서 밥을 하면 쌀이 설익는다.
② 탄산음료의 병뚜껑을 열면 거품이 나온다.
③ LNG 가스 누출 경보기는 위쪽에 설치한다.
④ 수돗물을 끓여 소량의 염소 기체를 제거한다.
⑤ 잠수부가 바닷속에서 수면 위로 갑자기 올라오면 잠수병에 걸릴 수 있다.

서술형 문제

정답과 해설 22쪽

서술형

1 그림은 고체 물질 A~D의 질량과 부피를 나타낸 것이다. A~D 중 물에 넣었을 때 물에 가라앉는 물질을 모두 고르고, 그 까닭을 서술하시오. (단, A~D는 물에 녹지 않으며, 물의 밀도는 1 g/cm³이다.)

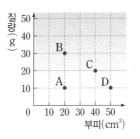

1 먼저 각 물질의 밀도를 구한 후, 물에 뜨고 가라앉는 현상이 밀도와 어떤 관련이 있는지 생각한다.

Plus 문제 1-1
A~D 중 같은 물질로 예측되는 것을 모두 고르시오.

단계별 서술형

2 표는 25 °C, 1기압에서 LNG, LPG의 성분 기체의 밀도와 공기의 밀도를 나타낸 것이다.

물질	LNG	LPG	공기
밀도 (g/mL)	0.00068	0.00208	0.00118

(1) LNG와 LPG의 가스 누출 경보기를 설치할 때 적절한 위치를 서술하시오.

(2) (1)과 같이 생각한 까닭을 물질의 특성을 이용하여 서술하시오.

2 (2) 공기보다 밀도가 큰 경우와 작은 경우 누출된 기체가 어디에 위치할지 생각한다.
→ 필수 용어: 밀도, 누출, 위, 아래

서술형

3 그림은 어떤 물질의 용해도 곡선과 물 100 g에 물질을 녹인 용액 A~D를 나타낸 것이다.

(1) A~D 중 포화 용액과 불포화 용액을 각각 고르시오.

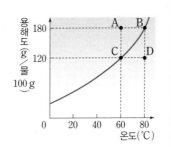

(2) (1)의 불포화 용액을 포화 용액으로 만들 수 있는 방법을 2가지 서술하시오. (단, 각 방법에서 정확한 수치를 쓴다.)

3 (2) 포화 용액은 그 온도에서 일정한 양의 용매에 용질이 최대로 녹아 있는 용액임을 알고 그래프를 분석한다.
→ 필수 용어: 온도, 물질

단어 제시형

4 다음은 물질의 특성과 관련된 생활 속 현상이다.

> 탄산음료의 병뚜껑을 열면 하얀 거품이 나온다.

이 현상의 원리를 다음 단어를 모두 사용하여 서술하시오.

> 온도 또는 압력, 물질의 특성 중 한 가지, 증가 또는 감소

4 병뚜껑을 열 때 온도 또는 압력의 변화가 어떠한지 파악한 후, 하얀 거품이 나오는 까닭이 무엇인지 파악한다.

개념 학습

03 혼합물의 분리(1)

A 끓는점 차를 이용한 혼합물의 분리❶

1. **증류** 액체 상태의 혼합물을 가열할 때 끓어 나오는(기화) 기체를 냉각(액화)하여 순수한 액체를 얻는 방법

① 원리: 서로 잘 섞이고, 끓는점이 다른 물질이 섞여 있는 액체 상태의 혼합물을 끓는점 차를 이용하여 분리한다.

• 성분 물질의 끓는점 차가 클수록 분리가 잘 된다.

• 끓는점이 낮은 물질이 먼저 끓어 나온다.

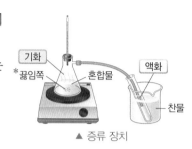

▲ 증류 장치

② 증류를 이용한 혼합물 분리의 예

예	바닷물에서 식수 분리	곡물을 발효하여 만든 탁한 술에서 소주 얻기
원리	바닷물이 햇빛에 의해 가열되면 물이 기화하여 수증기가 되고, 이 수증기가 냉각되어 액화하면 순수한 물을 얻을 수 있다. 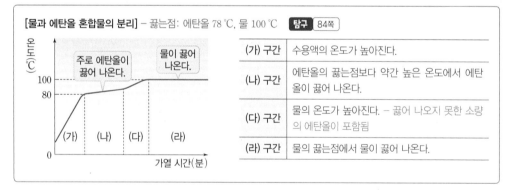	*소줏고리에 탁한 술을 넣고 가열하면 끓는점이 낮은 에탄올이 먼저 끓어 나오고, 이 증기가 찬물이 담긴 그릇에 닿아 액화하여 맑은 소주가 된다.

2. **물과 에탄올 혼합물의 분리** 물과 에탄올 혼합물을 가열하면 끓는점이 낮은 에탄올이 먼저 끓어 나오고, 끓는점이 높은 물이 나중에 끓어 나온다.

[물과 에탄올 혼합물의 분리] - 끓는점: 에탄올 78 ℃, 물 100 ℃   **탐구** 84쪽

(가) 구간	수용액의 온도가 높아진다.
(나) 구간	에탄올의 끓는점보다 약간 높은 온도에서 에탄올이 끓어 나온다.
(다) 구간	물의 온도가 높아진다. - 끓어 나오지 못한 소량의 에탄올이 포함됨
(라) 구간	물의 끓는점에서 물이 끓어 나온다.

3. **원유❷의 분리** 원유를 높은 온도로 가열하여 *증류탑으로 보내면, 원유의 성분 물질이 끓는점에 따라 각 층에서 분리된다. ➡ 끓는점이 낮은 물질일수록 증류탑의 위쪽에서 분리된다.

[원유의 분리]
└ 증류탑 안에서는 여러 번의 증류가 일어난다.
• 증류탑의 온도는 위로 갈수록 낮아진다.
• 분리되는 위치(위에서부터):
  석유 가스 - 휘발유 - 등유 - 경유 - 중유
• 분리되는 물질의 끓는점:
  석유 가스 < 휘발유 < 등유 < 경유 < 중유
• 증류탑에서 분리된 물질들은 각각 끓는점이 비슷한 물질들의 혼합물이다.

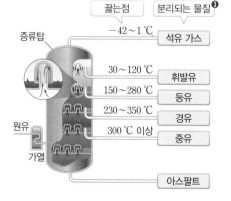

개념 더하기

❶ 공기에서 질소와 산소 분리
불순물을 제거한 공기를 높은 압력에서 냉각해 액화시킨 후 증류탑으로 보내면, 끓는점에 따라 질소 - 아르곤 - 산소로 분리된다.

| 질소 기체 (끓는점 -195.8 ℃) |
| 아르곤 기체 (끓는점 -185.8 ℃) |
| 액체 산소 (끓는점 -183.0 ℃) |

• 기체의 끓는점:
  질소 < 아르곤 < 산소
• 분리되는 위치(위에서부터):
  질소 - 아르곤 - 산소

산소는 증류탑의 맨 아래에서 액체 상태로 분리된다.

❷ 원유
원유는 *유전에서 얻은 걸쭉하고 검푸른 색의 액체로, 여러 가지 물질이 섞여 있는 액체 혼합물이다.

❸ 원유의 성분 물질의 이용
• 석유 가스: 가정용 연료
• 휘발유: 화학 약품 원료, 자동차 연료
• 등유: 항공기 연료
• 경유: 디젤 기관 연료
• 중유: 선박 연료
• 아스팔트: 도로 포장재의 원료

용어 사전

***끓임쪽**
액체 물질이 갑자기 끓어오르는 것을 방지하기 위해 넣는 물질
***소줏고리**
소주를 내릴 때 쓰는 재래식 증류기
***증류탑**
여러 성분이 들어 있는 액체를 증류하여 연속적으로 분리하는 장치
***유전(기름 油, 밭 田)**
석유 광산이 있는 지역

1 증류에 대한 설명으로 옳은 것은 ○, 옳지 않은 것은 ×로 표시하시오.

(1) 서로 잘 섞이고, 끓는점이 다른 물질이 섞여 있는 액체 상태의 혼합물을 분리할 때 이용된다. ( )

(2) 액체 혼합물을 가열하면 끓는점이 높은 물질이 먼저 끓어 나온다. ( )

(3) 액체와 액체의 혼합물을 분리할 때에만 이용된다. ( )

(4) 성분 물질의 끓는점 차가 작을수록 분리가 잘 된다. ( )

2 그림은 물과 에탄올 혼합물의 가열 곡선을 나타낸 것이다.

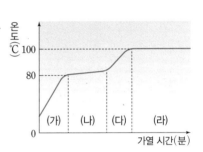

(1) (가)~(라) 구간 중 에탄올이 주로 끓어 나오는 구간의 기호를 쓰시오.

(2) (가)~(라) 구간 중 물이 끓어 나오는 구간의 기호를 쓰시오.

3 다음은 바닷물에서 식수를 분리하는 과정을 설명한 것이다. ㉠~㉢에 알맞은 말을 고르거나 쓰시오.

바닷물이 햇빛에 의해 가열되면 물이 ㉠ (기화 , 액화)하여 수증기가 되고, 이 수증기가 냉각되어 ㉡ (기화 , 액화)하면 순수한 물을 얻을 수 있다. 이는 ㉢ ( ) 차를 이용하여 혼합물을 분리한 것이다.

4 그림은 원유를 분리하는 증류탑과 증류탑에서 분리되어 나오는 물질을 나타낸 것이다. 이에 대한 설명으로 옳은 것은 ○, 옳지 않은 것은 ×로 표시하시오.

(1) 원유는 여러 가지 물질이 섞인 액체 혼합물이다. ( )

(2) 분리되어 나오는 물질의 끓는점은 석유 가스>휘발유>등유>경유>중유이다. ( )

(3) 증류탑의 온도는 위쪽으로 갈수록 낮아진다. ( )

(4) 증류탑에서 분리되어 나오는 물질들은 모두 순물질이다. ( )

개념 학습

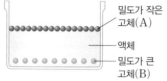

03 혼합물의 분리(1)

ⓑ 밀도 차를 이용한 혼합물의 분리

1. 고체 혼합물의 분리 밀도가 다른 두 고체의 혼합물은 두 고체를 녹이지 않고, 밀도가 두 고체의 중간 정도인 액체에 넣어 분리한다.

① 원리: 액체보다 밀도가 작은 고체는 액체 위에 뜨고, 액체보다 밀도가 큰 고체는 아래로 가라앉아 분리된다.

> 밀도 크기: 고체 A < 액체 < 고체 B

밀도가 작은 고체(A)
액체
밀도가 큰 고체(B)

② 고체 혼합물 분리의 예❶

예	좋은 볍씨 고르기	신선한 달걀 고르기	재질이 다른 플라스틱 분리
원리	쭉정이 / 소금물 / 좋은 볍씨	오래된 달걀 / 소금물 / 신선한 달걀	밀도가 작은 플라스틱(A) / 물 / 밀도가 큰 플라스틱(B)
	볍씨를 소금물에 넣으면, 속이 빈 쭉정이는 위로 뜨고 속이 찬 좋은 볍씨는 아래로 가라앉는다.	달걀을 소금물에 넣으면, 오래된 달걀은 위로 뜨고 신선한 달걀은 아래로 가라앉는다.	재질이 다른 플라스틱 혼합물을 물에 넣으면, 물보다 밀도가 작은 플라스틱은 위로 떠오르고, 물보다 밀도가 큰 플라스틱은 가라앉는다.
밀도	쭉정이 < 소금물 < 좋은 볍씨	오래된 달걀 < 소금물 < 신선한 달걀	플라스틱 A < 물 < 플라스틱 B

2. 액체 혼합물의 분리 서로 섞이지 않고 밀도가 다른 액체의 혼합물은 분별 깔때기❷를 이용하여 분리한다.❸ **탐구** 85쪽

① 원리: 밀도가 작은 액체는 위층에, 밀도가 큰 액체는 아래층에 위치한다.

> 밀도 크기: 액체 A < 액체 B

마개
밀도가 작은 액체(A)
밀도가 큰 액체(B)
꼭지

② 액체 혼합물 분리의 예

혼합물	간장과 참기름	물과 식용유	물과 사염화 탄소	물과 에테르
위층	참기름	식용유	물	에테르
아래층	간장	물	사염화 탄소	물
밀도	참기름 < 간장	식용유 < 물	물 < 사염화 탄소	에테르 < 물

3. 밀도 차를 이용한 혼합물 분리의 실생활 예

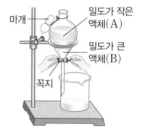

예	모래 속의 *사금 분리	바다에 유출된 기름 분리	혈액의 분리
원리	사금이 섞인 모래를 물속에서 흔들면, 밀도가 작은 모래는 씻겨 나가고 사금은 가라앉는다.	바다에 유출된 기름은 물 위에 떠서 넓게 퍼지므로 주위에 *오일 펜스를 쳐서 기름이 퍼지는 것을 막은 후 *흡착포로 제거한다.	혈액을 *원심 분리기로 분리하면 혈장은 위쪽에, 혈구는 아래쪽에 모여 분리된다.
밀도	모래 < 사금	기름 < 바닷물	혈장 < 혈구

》 개념 더하기

❶ 밀도 차를 이용한 고체 혼합물 분리의 예
• 모래와 톱밥의 분리: 혼합물을 물에 넣으면 톱밥은 뜨고, 모래는 가라앉는다.
➡ 밀도: 톱밥 < 물 < 모래
• 모래와 스타이로폼의 분리: 혼합물을 물에 넣으면 스타이로폼은 뜨고, 모래는 가라앉는다.
➡ 밀도: 스타이로폼 < 물 < 모래

❷ 분별 깔때기 사용법
① 액체 혼합물을 분별 깔때기에 넣는다.
② 액체가 층을 이루면, 위쪽 마개를 연 후 꼭지를 돌려 아래층 액체를 먼저 받아 낸다.
③ 위층 액체는 위쪽 입구로 따라 낸다.

❸ 액체 혼합물의 양이 적을 경우
액체 혼합물의 양이 적을 때는 시험관과 스포이트를 이용하여 분리할수 있다. 시험관에 혼합물을 넣고 스포이트로 위층의 액체를 먼저 분리해 낸다.

스포이트
밀도가 작은 액체
밀도가 큰 액체

용어 사전

***사금(모래 沙, 쇠 金)**
모래 속에 섞인 금
***오일펜스**
바다 위에 기름이 퍼지는 것을 막기 위하여 울타리 모양으로 수면에 설치하는 것
***흡착포(마실 吸, 붙을 着, 베 布)**
기름을 잘 빨아들이는 성질의 천
***원심 분리기**
원심력을 이용하여 혼합물 속의 여러 가지 성분을 밀도에 따라 분리하는 기구

5 밀도가 다른 두 고체의 혼합물을 액체에 넣어 분리하고자 한다. 이때 사용되는 액체의 2가지 조건을 (가)와 (나)에서 각각 고르시오.

(가)	(나)
ㄱ. 두 고체를 모두 녹여야 한다.	ㄱ. 밀도가 두 고체보다 작아야 한다.
ㄴ. 두 고체 중 한 가지만 녹여야 한다.	ㄴ. 밀도가 두 고체의 중간 정도여야 한다.
ㄷ. 두 고체를 모두 녹이지 않아야 한다.	ㄷ. 밀도가 두 고체보다 커야 한다.

6 신선한 달걀과 오래된 달걀을 소금물에 넣었더니 그림과 같이 분리되었다. 소금물, 오래된 달걀, 신선한 달걀의 밀도를 등호 또는 부등호를 이용하여 비교하시오.

[7~8] 그림은 액체 혼합물을 분리하는 실험 기구를 나타낸 것이다.

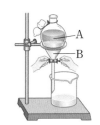

7 이에 대한 설명으로 옳은 것은 ○, 옳지 않은 것은 ×로 표시하시오.

(1) 실험 기구의 이름은 분별 깔때기이다. (   )

(2) 밀도 차를 이용한 혼합물의 분리 방법이다. (   )

(3) 서로 잘 섞이는 액체의 혼합물을 분리할 때 사용한다. (   )

(4) 분리된 물질의 밀도는 A>B이다. (   )

8 물과 식용유의 혼합물을 위의 실험 기구를 이용하여 분리할 때 A와 B에 해당하는 물질을 각각 쓰시오.

9 다음은 실생활에서 혼합물을 분리하는 예들이다. 혼합물 분리에 이용된 물질의 특성을 각각 쓰시오.

(1) 사금이 섞인 모래에서 금을 채취한다. (   )

(2) 유전에서 얻은 원유를 각 성분 물질로 분리한다. (   )

(3) 바닷물을 가열하여 순수한 물을 얻어 식수로 사용한다. (   )

(4) 바다에 유출된 기름을 오일펜스를 설치한 후 흡착포를 이용하여 제거한다.
(   )

탐구하기 ● Ⓐ 물과 에탄올의 혼합물 분리

목표 서로 잘 섞이는 물과 에탄올의 혼합물을 끓는점 차를 이용하여 분리해 본다.

과정

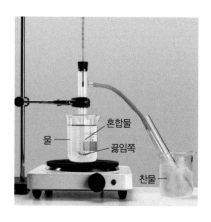

혼합물
물
끓임쪽
찬물

❶ 가지 달린 시험관에 물과 에탄올의 혼합물을 넣고, 끓임쪽을 2~3개 넣어 그림과 같이 장치한다.

❷ 혼합물을 가열하면서 일정한 시간 간격으로 온도 변화를 측정하여 그래프로 나타낸다.

❸ 용액을 가열할 때 나오는 물질을 다음과 같이 구분하여 모은다.
- (가): 가열하여 첫 번째로 끓기 전까지 나오는 물질
- (나): 첫 번째로 온도가 일정하게 유지되는 동안 끓어 나오는 물질
- (다): 온도가 다시 올라갈 때부터 두 번째로 끓기 전까지 나오는 물질
- (라): 두 번째로 온도가 일정하게 유지되는 동안 나오는 물질

실험 Tip

끓임쪽
액체가 갑자기 끓어오르는 것을 막기 위해 넣어 주는 물질

온도계의 위치
기화되어 나오는 물질의 온도를 측정하기 위해 온도계 끝이 가지 달린 시험관의 가지 부근에 오도록 장치한다.

결과

• 가열 시간에 따른 온도 변화 그래프

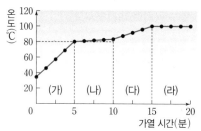

• 시험관에 모이는 물질

구간	시험관에 모이는 물질
(가)	모이는 물질이 거의 없음
(나)	주로 에탄올이 모임
(다)	소량의 에탄올과 물이 모임
(라)	물이 모임

Plus 탐구

식초에서 물 분리

[과정] 그림과 같이 장치하고 식초를 가열하면서 온도 변화를 측정하고, 끓어 나오는 물질을 확인한다.

[결과] 끓는점이 낮은 물이 끓어 나온 수증기가 얼음에 의해 냉각되어 순수한 물로 모인다.

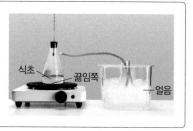

식초
끓임쪽
얼음

정리

• 물과 에탄올 혼합물을 분리하거나 식초에서 물을 분리할 때 (㉠   ) 차를 이용한다.
• 서로 잘 섞이는 액체 혼합물을 가열하면 끓는점이 (㉡   ) 물질이 먼저 끓어 나오고, 끓는점이 (㉢   ) 물질이 나중에 끓어 나온다.

확인 문제

1 위 실험에 대한 설명으로 옳은 것은 ○, 옳지 않은 것은 ×로 표시하시오.

(1) 물과 에탄올은 서로 잘 섞인다. ( )

(2) 에탄올은 물보다 끓는점이 높다. ( )

(3) 결과 그래프에서 주로 에탄올이 끓어 나오는 구간은 (다)이다. ( )

(4) 〈Plus 탐구〉의 실험 장치에서 수조 속의 삼각 플라스크에 순수한 물이 모인다. ( )

(5) 물과 에탄올 혼합물의 분리와 식초에서 물 분리는 밀도 차를 이용해서도 분리할 수 있다. ( )

실전 문제

2 그림은 물과 에탄올 혼합물을 분리하는 장치를 나타낸 것이다. 혼합물을 가열할 때 먼저 끓어 나오는 물질과 그 까닭으로 옳은 것은?

혼합물
끓임쪽
물
찬물

① 물, 끓는점이 더 낮기 때문에

② 물, 끓는점이 더 높기 때문에

③ 에탄올, 끓는점이 더 낮기 때문에

④ 에탄올, 끓는점이 더 높기 때문에

⑤ 에탄올, 밀도가 더 작기 때문에

과학적 사고로!

탐구하기 ● ❸ 물과 식용유의 혼합물 분리

목표 물과 식용유의 혼합물을 밀도 차를 이용하여 분별 깔때기로 분리해 본다.

과정

[유의점]
과정 ❷에서 분별 깔때기의 긴 끝이 비커의 벽면에 닿게 한다.

실험 Tip

아래층 액체를 받을 때
아래층 액체를 받아 낼 때 위쪽 마개를 열고 꼭지를 돌려야 대기압에 의해 아래층 액체가 잘 내려온다.

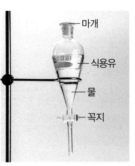

❶ 분별 깔때기에 물과 식용유의 혼합물을 넣고 마개를 막은 후, 두 층으로 분리될 때까지 기다린다.

❷ 층이 분리되면 위쪽 마개를 연 다음, 꼭지를 돌려 아래층의 액체를 비커에 받아 낸다.

❸ 경계면의 액체는 따로 받아 낸다.
—경계면에는 아래층 액체와 위층 액체가 섞여 있어 분리하기가 쉽지 않다.

❹ 위쪽 입구로 위층의 액체를 다른 비커에 따라 낸다.

결과

· 과정 ❶에서 노란색의 액체가 위층, 투명한 액체가 아래층으로 분리된다.
➡ 식용유가 위층에, 물이 아래층에 위치한다.
· 물의 밀도는 식용유의 밀도보다 크다.

정리

· 서로 섞이지 않고 밀도가 다른 액체의 혼합물은 (㉠   ) 차를 이용하여 (㉡   )로 분리할 수 있다.
· 물과 식용유의 혼합물을 (㉡   )에 넣으면 밀도가 큰 액체(물)는 (㉢   )층에, 밀도가 작은 액체(식용유)는 (㉣   )층에 위치한다.

확인 문제

1 위 실험에 대한 설명으로 옳은 것은 ○, 옳지 않은 것은 ×로 표시하시오.

(1) 식용유와 물은 서로 잘 섞인다. ( )
(2) 식용유와 물은 밀도 차를 이용하여 분리할 수 있다. ( )
(3) 서로 잘 섞이는 액체의 혼합물은 분별 깔때기를 이용하여 분리할 수 없다. ( )
(4) 분별 깔때기에서 혼합물을 분리할 때 밀도가 작은 액체를 먼저 받아 낸다. ( )
(5) 분별 깔때기에서 아래층 액체를 분리할 때는 입구의 마개를 막은 후 꼭지를 돌려야 한다. ( )

실전 문제

2 그림은 혼합물을 분리하는 실험 기구를 나타낸 것이다. 이 실험 기구를 이용하여 분리할 수 있는 경우는?

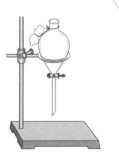

① 원유 분리
② 식초에서 물 분리
③ 물과 에탄올의 혼합물 분리
④ 식용유와 간장의 혼합물 분리
⑤ 재질이 다른 플라스틱의 분리

A 끓는점 차를 이용한 혼합물의 분리

[01~02] 그림은 액체 상태의 혼합물을 분리하기 위한 실험 장치를 나타낸 것이다.

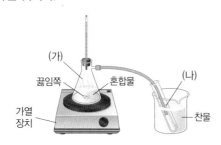

중요

01 이에 대한 설명으로 옳은 것은?

① (가)에서는 액화가 일어난다.
② (나)에서는 기화가 일어난다.
③ 끓는점이 낮은 물질이 먼저 끓어 나온다.
④ 서로 섞이지 않는 액체의 혼합물 분리에 적절하다.
⑤ 성분 물질의 끓는점 차가 작을수록 분리가 잘 된다.

【주관식】

02 위 실험 장치에 대한 다음 내용에서 ㉠, ㉡에 알맞은 말을 쓰시오.

> • 액체 상태의 혼합물을 가열할 때 끓어 나온 기체를 냉각하여 순수한 액체를 얻는 방법이다.
> • 성분 물질의 (㉠) 차를 이용하여 분리하는 방법으로, (㉡)(이)라고 한다.

03 그림은 생활 속에서 혼합물을 분리하는 2가지 예를 나타낸 것이다.

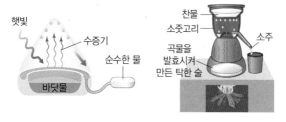

위 예에서 공통으로 사용된 물질의 특성은?

① 끓는점   ② 녹는점   ③ 어는점
④ 밀도   ⑤ 용해도

탐구 84쪽

[04~05] 그림은 물과 에탄올의 혼합물을 분리하는 실험 장치와 결과 그래프를 나타낸 것이다.

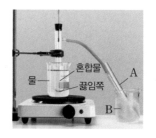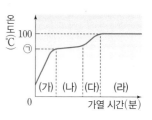

04 위 실험 장치에 대한 설명으로 옳은 것을 〈보기〉에서 모두 고른 것은?

> **보기**
> ㄱ. 에탄올은 인화성이 있으므로 물중탕으로 가열한다.
> ㄴ. 온도를 빨리 높이기 위해 끓임쪽을 넣는다.
> ㄷ. 비커 B에는 찬물을 넣어 준다.
> ㄹ. 기화되어 나오는 물질의 온도를 측정하기 위해 온도계 끝이 가지 달린 시험관의 바닥 쪽에 오도록 해야 한다.

① ㄱ, ㄴ   ② ㄱ, ㄷ   ③ ㄴ, ㄷ
④ ㄴ, ㄹ   ⑤ ㄷ, ㄹ

중요

05 위 실험 결과에 대한 설명으로 옳지 않은 것은?

① 에탄올이 물보다 먼저 끓어 나와 시험관 A에 모인다.
② (가) 구간에서는 주로 에탄올이 끓어 나온다.
③ (다) 구간에는 주로 물이 존재한다.
④ (라) 구간에서는 물이 끓어 나온다.
⑤ 온도 ㉠은 에탄올의 끓는점보다 약간 높은 온도이다.

06 끓는점 차를 이용하여 혼합물을 분리하는 예로 옳지 않은 것은?

① 유전에서 얻은 원유를 분리한다.
② 소줏고리에서 맑은 소주를 얻는다.
③ 소금물을 증류하여 식수를 얻는다.
④ 액체 공기에서 질소와 산소를 분리한다.
⑤ 원심 분리기로 혈액의 성분을 분리한다.

07 그림은 소금물에서 식수를 분리하는 실험 장치를 나타낸 것이다.

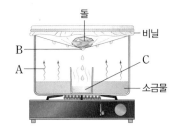

이에 대한 설명으로 옳지 <u>않은</u> 것은?

① 증류를 이용한 분리 방법이다.
② 끓는점 차를 이용한 분리 방법이다.
③ A는 주로 소금과 소량의 수증기이다.
④ A는 비닐에 닿아 액화되어 B가 된다.
⑤ 비커에 모인 C는 순수한 물이다.

[08~09] 그림은 원유를 분리하는 증류탑을 나타낸 것이다. A~F는 증류탑에서 분리되어 나온 물질들이다.

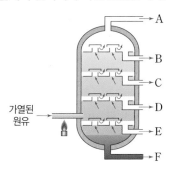

중요

08 이에 대한 설명으로 옳은 것은?

① 성분 물질의 밀도 차를 이용하여 분리한다.
② 증류탑에서는 여러 번의 증류가 일어난다.
③ 분리되어 나온 A~F는 모두 순물질이다.
④ 끓는점이 높은 물질일수록 위쪽에서 분리된다.
⑤ A는 고체 상태인 아스팔트이고, F는 기체 상태인 석유 가스이다.

09 분리되어 나온 물질 A~E 중 끓는점이 가장 높은 물질과 가장 낮은 물질을 순서대로 옳게 나열한 것은?

① A, B   ② A, E   ③ B, A
④ C, D   ⑤ E, A

10 공기는 질소, 산소, 아르곤 등의 기체 혼합물이다. 공기를 액체 상태로 만든 다음 그림과 같은 증류탑에 통과시키면 질소 기체가 증류탑의 가장 위쪽에서 분리되어 나온다. 그 까닭으로 옳은 것은?

① 질소의 밀도가 가장 크기 때문에
② 질소의 밀도가 가장 작기 때문에
③ 질소의 끓는점이 가장 높기 때문에
④ 질소의 끓는점이 가장 낮기 때문에
⑤ 공기의 성분 비율 중 질소가 가장 많은 비중을 차지하기 때문에

Ⓑ 밀도 차를 이용한 혼합물의 분리

11 그림은 고체 A, B가 섞인 혼합물을 분리하는 모습을 나타낸 것이다. 이때 사용할 수 있는 액체의 조건을 모두 고르면? (2개)

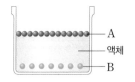

① 두 고체를 모두 녹여야 한다.
② 두 고체를 모두 녹이지 않아야 한다.
③ 두 고체 중 하나만 녹여야 한다.
④ 밀도가 두 고체의 중간 정도여야 한다.
⑤ 밀도가 두 고체보다 커야 한다.

중요

12 그림은 볍씨를 소금물에 넣어 좋은 볍씨와 쭉정이를 각각 분리하는 모습을 나타낸 것이다. 이에 대한 설명으로 옳지 <u>않은</u> 것은?

① 밀도 차를 이용한 분리이다.
② 쭉정이는 소금물보다 밀도가 작다.
③ 좋은 볍씨는 소금물보다 밀도가 크다.
④ 쭉정이가 위로 뜨지 않으면 소금을 더 넣어 준다.
⑤ 소금과 모래의 혼합물도 물에 넣어 같은 원리로 분리할 수 있다.

13 눈으로 구별할 수 없는 신선한 달걀과 오래된 달걀을 분리하기 위해 소금물에 넣었더니, 그림과 같이 달걀이 모두 가라앉아 분리할 수 없었다.

이때 두 달걀을 분리할 수 있는 방법과 결과로 가장 적절한 것은?

① 물을 조금씩 넣어 주면 오래된 달걀이 떠오른다.
② 물을 조금씩 넣어 주면 신선한 달걀이 떠오른다.
③ 소금을 조금씩 넣어 주면 오래된 달걀이 떠오른다.
④ 소금을 조금씩 넣어 주면 신선한 달걀이 떠오른다.
⑤ 물을 증발시키면 신선한 달걀이 떠오른다.

[14~15] 그림은 두 액체의 혼합물을 분리하는 실험 장치를 나타낸 것이다.

탐구 85쪽

마개
액체 A
액체 B
꼭지

중요
14 이에 대한 설명으로 옳은 것은?

① 액체 A와 B는 서로 잘 섞인다.
② 밀도는 액체 A가 B보다 크다.
③ 꼭지를 열어 두 액체 중 액체 A를 먼저 분리한다.
④ 액체 B를 분리할 때는 마개를 열고 꼭지를 돌려야 한다.
⑤ 끓는점 차를 이용하여 분리하는 방법이다.

15 위 실험 장치로 분리할 수 있는 혼합물을 〈보기〉에서 모두 고른 것은?

보기
ㄱ. 물과 에탄올의 혼합물
ㄴ. 물과 에테르의 혼합물
ㄷ. 에탄올과 메탄올의 혼합물
ㄹ. 물과 사염화 탄소의 혼합물

① ㄱ, ㄷ   ② ㄱ, ㄹ   ③ ㄴ, ㄹ
④ ㄱ, ㄴ, ㄷ   ⑤ ㄴ, ㄷ, ㄹ

16 표는 액체 물질 A~E의 밀도를 나타낸 것이다.

물질	A	B	C	D	E
밀도(g/cm³)	0.75	1.0	1.6	8.2	12.5

밀도가 0.9 g/cm³인 플라스틱과 밀도가 2.14 g/cm³인 플라스틱이 섞인 혼합물을 밀도 차를 이용하여 분리하려고 한다. 이때 사용할 수 있는 액체를 모두 고른 것은? (단, 두 플라스틱은 액체 A~E에 녹지 않는다.)

① A   ② B, C   ③ D, E
④ A, B, C   ⑤ C, D, E

17 다음은 물질의 특성을 이용한 혼합물 분리의 예이다.

바다에 유출된 기름은 물 위에 떠서 넓게 퍼지므로 주위에 오일펜스를 쳐서 기름이 퍼지는 것을 막은 후, 흡착포로 제거한다.

이때 사용된 물질의 특성과 같은 특성을 이용하는 경우가 아닌 것은?

① 사금 채취
② 물과 식용유의 분리
③ 좋은 볍씨와 쭉정이의 분리
④ 재질이 다른 플라스틱들의 분리
⑤ 소줏고리를 이용하여 탁한 술에서 맑은 소주 얻기

【주관식】
18 표는 액체 물질 A~C의 몇 가지 특성을 나타낸 것이다.

물질	A	B	C
밀도(g/cm³)	0.79	0.91	1.63
끓는점(℃)	78	60	77
물에 대한 용해성	잘 섞임	섞이지 않음	섞이지 않음

분별 깔때기를 사용하여 분리하기에 적절한 혼합물을 〈보기〉에서 모두 고르시오. (단, 물의 밀도는 1 g/cm³이다.)

보기
ㄱ. 물과 A의 혼합물
ㄴ. 물과 B의 혼합물
ㄷ. 물과 C의 혼합물

서술형 문제

정답과 해설 **25**쪽

서술형 Tip

단어 제시형

1 그림은 곡물을 발효하여 만든 탁한 술에서 맑은 소주를 얻는 소줏고리를 나타낸 것이다. 이 장치에서 맑은 소주가 분리되어 나오는 원리를 다음 단어를 모두 사용하여 서술하시오.

에탄올, 액화, 기화, 찬물, 끓는점

1 소줏고리가 증류를 이용한 도구의 일종임을 생각하고, 증류의 원리와 관련지어 서술한다.

서술형

2 그림은 물과 에탄올의 혼합물을 분리하는 실험 장치를 나타낸 것이다. 이때 찬물에 담긴 시험관에 먼저 분리되어 나오는 물질을 쓰고, 그 까닭을 서술하시오.

2 물과 에탄올은 서로 잘 섞이고 끓는점 차가 있음을 파악하고, 먼저 끓어 나오려면 끓는점이 어떠해야 하는지 생각해 본다.
→ 필수 용어: 끓는점

Plus 문제 2-1

실험 장치에서 끓임쪽을 넣는 까닭을 서술하시오.

단계별 서술형

3 그림은 액체 혼합물을 분리하는 실험 장치를 나타낸 것이다.

(1) 이 실험 장치의 이름을 쓰시오.

(2) 이 장치를 이용하여 분리할 수 있는 혼합물의 조건을 서술하시오.

3 (2) 실험 장치에서는 액체가 층을 이루어 분리되므로 액체가 층을 이루는 조건을 생각해 본다.
→ 필수 용어: 밀도

단계별 서술형

4 표는 물과 액체 A, B의 몇 가지 특성을 나타낸 것이다.

물질	끓는점(℃)	밀도(g/cm³)	용해성
물	100	1.0	–
액체 A	65	0.79	물과 잘 섞임
액체 B	77	1.63	물과 섞이지 않음

(1) 물과 액체 A의 혼합물을 분리하는 적당한 방법을 물질의 특성과 관련지어 서술하시오.

(2) 물과 액체 B의 혼합물을 분리하는 적당한 방법을 물질의 특성과 관련지어 서술하시오.

4 서로 섞이는 액체의 혼합물은 끓는점 차를 이용하고, 서로 섞이지 않는 액체의 혼합물은 밀도 차를 이용함을 파악한다.
→ 필수 용어: 물질의 특성, 섞이는 정도, 방법 또는 장치 이름

쉽고 정확하게!

개념 학습

04 혼합물의 분리(2)

ⓐ 용해도 차를 이용한 혼합물의 분리❶

1. 재결정 불순물이 섞여 있는 고체 물질을 높은 온도의 용매에 녹인 다음, 용액의 온도를 낮추거나 용매를 증발시켜 순수한 고체 물질을 얻는 방법

① 온도에 따른 용해도 차를 이용하여 분리한다.

② 온도에 따른 용해도 차가 큰 물질이 결정으로 석출된다.

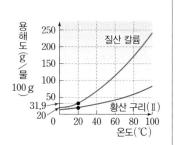

용매

혼합물 → → 찬물

[소량의 황산 구리(Ⅱ)가 섞인 질산 칼륨의 분리] 탐구 92쪽

황산 구리(Ⅱ) 5 g과 질산 칼륨 50 g이 섞인 혼합물을 80 ℃ 물 100 g에 모두 녹인 다음, 용액을 20 ℃로 냉각한다.

• 80 ℃ 물 100 g에 황산 구리(Ⅱ) 5 g과 질산 칼륨 50 g은 모두 녹는다.

• 20 ℃에서 황산 구리(Ⅱ)의 용해도는 20이다. ➡ 황산 구리(Ⅱ) 5 g은 모두 녹아 있다.

• 20 ℃에서 질산 칼륨의 용해도는 31.9이다. ➡ 질산 칼륨 31.9 g은 녹아 있고, 50 g−31.9 g=18.1 g은 결정으로 석출된다.

용해도(g/물 100 g)

질산 칼륨

황산 구리(Ⅱ)

온도(℃)

---

2. 재결정을 이용한 혼합물 분리의 예

• *천일염에서 깨끗한 소금 얻기❷ • 합성 의약품인 아스피린의 *정제

• 불순물이 섞인 혼합물에서 순수한 질산 칼륨의 분리

ⓑ 크로마토그래피를 이용한 혼합물의 분리

1. 크로마토그래피 혼합물을 이루는 각 성분 물질이 용매를 따라 이동하는 속도 차를 이용하여 분리하는 방법❸

① 용매를 따라 이동한 거리가 같으면 같은 물질이다.

② 같은 혼합물이라도 용매에 따라 결과가 다르게 나타난다. ─분리되는 성분 물질의 수와 이동한 거리가 달라진다.

[크로마토그래피 실험 장치 및 분리 원리]

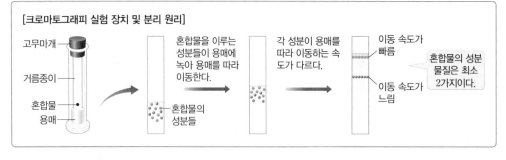

고무마개

거름종이

혼합물

용매

혼합물의 성분들

혼합물을 이루는 성분들이 용매에 녹아 용매를 따라 이동한다.

각 성분이 용매를 따라 이동하는 속도가 다르다.

이동 속도가 빠름

이동 속도가 느림

혼합물의 성분 물질은 최소 2가지이다.

---

2. 크로마토그래피 결과 분석 방법 탐구 93쪽

[물질 A~E의 크로마토그래피 결과]

용매가 올라간 높이

물질을 찍은 점

A B C D E

[이 결과만으로 분석한 내용]

• B, C, D: 한 가지 성분만 나타남 ➡ 순물질로 예상

• A, E: 여러 가지 성분으로 분리됨 ➡ 혼합물

• A는 C와 D를 포함, E는 B, C, D를 포함 ➡ 이동 거리가 같으면 같은 성분이기 때문

• 용매를 따라 이동하는 속도: B<C<D ➡ 높이 올라갈수록 이동 속도가 빠름

3. 크로마토그래피를 이용한 혼합물 분리의 예

• 사인펜 잉크의 색소 분리 • 엽록소의 색소 분리 • 의약품의 성분 검출

• 단백질의 성분 검출 • 운동 선수의 금지 약물 복용 검사❹

≫ 개념 더하기

❶ 추출

혼합물에서 특정한 성분 물질만을 녹이는 용매를 사용하여 그 성분 물질을 분리하는 방법이다.

• 한약재를 물에 넣고 끓여 한약 성분을 분리한다.

• 뜨거운 물에 티백을 넣어 차를 우려 낸다.

• 옷에 묻은 기름 성분의 때를 드라이클리닝으로 제거한다.

❷ 천일염에서 깨끗한 소금 얻기

불순물이 섞인 천일염을 물에 녹인 후 거름 장치로 걸러 불순물을 제거하고, 거른 용액을 증발시켜 깨끗한 소금을 얻는다.

❸ 크로마토그래피의 특징

• 실험 방법이 간단하고, 시간이 짧게 걸린다.

• 매우 적은 양의 혼합물도 분리할 수 있다.

• 복잡한 혼합물도 한 번에 분리할 수 있다.

• 성질이 비슷한 혼합물도 분리할 수 있다.

❹ 도핑 테스트

운동 선수들이 금지된 약물을 복용했는지 알아보기 위해 혈액 또는 소변을 채취하여 분석하는 검사로, 크로마토그래피의 원리가 이용된다.

용어 사전

＊천일염(하늘 天, 날 日, 소금 鹽)

염전에서 바닷물을 바람과 햇빛으로 증발시켜 얻은 소금

＊정제(깨끗할 精, 지을 製)

물질에 섞인 불순물을 제거하여 물질을 순수하게 만듦

90 Ⅵ. 물질의 특성

정답과 해설 26쪽 >>>

1 재결정에 대한 설명으로 옳은 것은 ○, 옳지 않은 것은 ×로 표시하시오.

(1) 고체 혼합물을 온도에 따른 용해도 차를 이용하여 분리한다. ( )

(2) 특정한 성분 물질만을 녹이는 용매를 사용하여 그 성분 물질을 분리하는 방법이다. ( )

(3) 온도에 따른 용해도 차가 작은 물질이 결정으로 석출된다. ( )

(4) 천일염에서 깨끗한 소금을 얻을 때 이 방법을 이용할 수 있다. ( )

2 다음은 황산 구리(Ⅱ) 3 g과 질산 칼륨 40 g이 섞여 있는 혼합물을 분리하는 과정을 나타낸 것이다. ㉠~㉣에 알맞은 내용을 쓰시오.

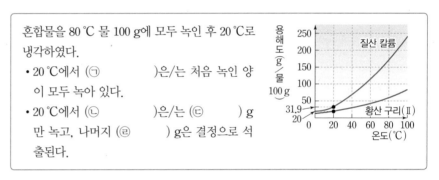

혼합물을 80 ℃ 물 100 g에 모두 녹인 후 20 ℃로 냉각하였다.

· 20 ℃에서 (㉠)은/는 처음 녹인 양이 모두 녹아 있다.

· 20 ℃에서 (㉡)은/는 (㉢) g만 녹고, 나머지 (㉣) g은 결정으로 석출된다.

3 크로마토그래피에 대한 설명으로 옳은 것은 ○, 옳지 않은 것은 ×로 표시하시오.

(1) 용매에 대한 성분 물질의 용해도 차를 이용한 분리 방법이다. ( )

(2) 용매의 종류에 따라 결과가 다르게 나타난다. ( )

(3) 용매를 따라 이동한 거리가 같으면 같은 성분이다. ( )

(4) 성질이 비슷한 혼합물은 분리하기 어렵다. ( )

(5) 운동 선수의 금지 약물 복용 검사에 이용할 수 있다. ( )

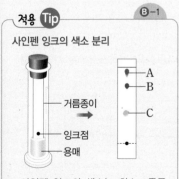
4 그림은 혼합물을 분리하는 실험 장치를 나타낸 것이다.

(1) 이와 같은 혼합물의 분리 방법을 무엇이라고 하는지 쓰시오.

(2) 이와 같은 원리를 이용하여 혼합물을 분리하기에 적당한 경우가 아닌 것은?

① 꽃잎의 색소 분리　　② 사인펜의 색소 분리

③ 운동 선수의 금지 약물 검사　④ 단백질의 성분 검출

⑤ 탁한 술로부터 맑은 소주의 분리

탐구하기 • Ⓐ **질산 칼륨과 염화 나트륨의 혼합물 분리**

정답과 해설 26쪽

목표 온도에 따른 용해도 차를 이용하여 질산 칼륨과 염화 나트륨의 혼합물을 분리해 본다.

과정

❶ 80 ℃ 물 100 g에 질산 칼륨 60 g과 염화 나트륨 3 g의 혼합물을 넣어 모두 녹인다.

❷ 찬물이 들어 있는 큰 비커에 과정 ❶의 비커를 담가 20 ℃가 될 때까지 냉각한다.

❸ 과정 ❷의 비커에 들어 있는 물질을 거름 장치로 거른다.

❹ 용해도 곡선을 이용하여 거름 종이에 남은 물질의 질량을 계산한다.

[거름] 용매에 따른 용해도 차를 이용한 혼합물의 분리 방법

두 고체 혼합물 중 한 가지 성분만 녹이는 용매에 녹인 후 거름 장치로 걸러서 분리한다.

· 거름종이 위: 용매에 녹지 않는 고체가 남는다.
· 거른 용액: 용매에 녹는 고체가 녹아 있다.
  └ 거른 용액에서 용매를 증발시키면 용액에 녹아 있는 고체 물질을 얻을 수 있다.

결과

· 거름종이에 걸러진 물질은 질산 칼륨이다.
  ➡ 온도에 따른 용해도 차가 큰 물질이 결정으로 석출된다.

물질	질산 칼륨	염화 나트륨
80 ℃ 물 100 g에 녹은 질량	60 g	3 g
20 ℃ 물 100 g에 최대로 녹을 수 있는 질량	31.9 g	36.0 g
20 ℃로 냉각할 때 석출되는 질량	(60−31.9) g =28.1 g	석출되지 않음

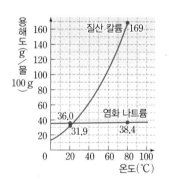

· 거름종이를 통과한 용액에는 질산 칼륨 31.9 g과 염화 나트륨 3 g이 녹아 있다.

정리

· 불순물이 섞인 고체 물질을 높은 온도의 용매에 녹인 다음 냉각하면 순수한 결정을 얻을 수 있는데, 이를 (ⓐ   )이라고 한다.
· 재결정에서는 온도에 따른 (ⓑ   ) 차가 (ⓒ   ) 물질이 결정으로 석출된다.

확인 문제

1 위 실험에 대한 설명으로 옳은 것은 ○, 옳지 않은 것은 ×로 표시하시오.

(1) 질산 칼륨은 염화 나트륨보다 온도에 따른 용해도 차가 크다.   (   )
(2) 과정 ❷에서 석출된 물질은 염화 나트륨이다. (   )
(3) 과정 ❷에서 석출된 물질이 과정 ❸에서 거름종이 위에 남는다.   (   )
(4) 위와 같이 온도에 따른 용해도 차를 이용하여 혼합물을 분리하는 방법을 증류라고 한다.   (   )

실전 문제

2 표는 염화 나트륨과 질산 나트륨의 용해도(g/물 100 g)를 나타낸 것이다.

온도(℃)	0	20	40	60
염화 나트륨	35.6	36.0	36.4	37.0
질산 나트륨	73.0	87.3	104.0	123.7

염화 나트륨 20 g과 질산 나트륨 90 g이 섞인 혼합물을 60 ℃ 물 100 g에 모두 녹인 후 0 ℃로 냉각할 때 석출되는 물질의 종류와 질량(g)을 구하시오.

과학적 사고로!

탐구하기 · **Ⓑ 사인펜 잉크의 색소 분리**

목표 크로마토그래피를 이용하여 사인펜 잉크의 색소를 분리해 본다.

과정

실험 **Tip**

수성 사인펜을 사용할 경우에는 용매로 물을 사용하지만, 유성 사인펜을 사용할 경우에는 유성 잉크를 녹이는 다른 용매를 사용해야 한다.

거름종이를 비커의 크기에 맞게 잘라 사용한다.

수성 사인펜
거름종이

❶ 거름종이의 아래쪽에서 1 cm 정도 떨어진 곳에 연필로 선을 긋고, 선 위에 3종류의 수성 사인펜으로 작은 점을 찍는다.

유리판
잉크를 찍은 점
물

❷ 거름종이를 유리판에 셀로판 테이프로 붙이고, 물이 든 비커에 넣어 끝부분이 물에 닿도록 한 후, 변화를 관찰한다. 이때 사인펜 잉크를 찍은 점이 물에 잠기지 않도록 한다.

[크로마토그래피 실험 장치 시 유의점]

거름종이
용매
잉크를 찍은 점

· 용매가 증발하지 않도록 비커의 입구를 막는다.
· 잉크의 점은 작게, 여러 번, 진하게 찍는다.
· 잉크를 찍은 점이 용매에 잠기지 않게 해야 한다.

└ 잉크를 찍은 점이 용매에 잠기면 성분 물질이 용매에 녹아버려 거름종이로 번져 올라가지 않기 때문이다.

결과

· 사인펜 잉크를 찍은 점은 여러 가지 색소로 분리된다.
  ➡ 색소가 물을 따라 이동하는 속도가 다르기 때문이다.
· 사인펜의 종류에 따라 분리되는 색소의 종류가 다르다.

분리된 결과 ▶

정리

· 혼합물을 이루는 각 성분 물질이 용매를 따라 이동하는 (㉠   ) 차를 이용하여 혼합물을 분리하는 방법을 (㉡   )라고 한다.
· 크로마토그래피는 사인펜 잉크의 색소 분리, 꽃잎의 색소 분리 등의 성질이 비슷한 물질이 섞인 혼합물을 분리하는 데 이용된다.

확인 문제

1 위 실험에 대한 설명으로 옳은 것은 ◯, 옳지 않은 것은 ✕로 표시하시오.

(1) 잉크의 점을 찍을 때는 한 번에 굵게 찍는다. (   )

(2) 비커의 입구를 유리판으로 덮지 않으면 결과가 더 빨리 나타난다. (   )

(3) 유성 사인펜을 사용한다면 물 대신 다른 용매를 사용해야 한다. (   )

(4) 물 대신 다른 용매를 사용해도 결과는 같게 나타난다. (   )

(5) 사인펜의 종류에 관계없이 분리되는 색소의 종류는 같다. (   )

(6) 크로마토그래피는 성질이 비슷한 물질이 섞인 혼합물을 분리할 수 있다. (   )

실전 문제

2 그림은 사인펜 잉크의 색소를 분리하는 실험 장치와 결과를 나타낸 것이다. 이에 대한 설명으로 옳지 않은 것은?

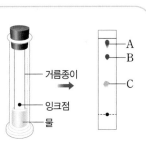
거름종이
잉크점
물
A
B
C

① 크로마토그래피 방법이다.

② 성분 물질이 용매를 따라 이동하는 속도 차를 이용한다.

③ 실험에 사용된 사인펜 잉크를 이루는 성분 물질은 최소 3종류이다.

④ A~C 중 용매를 따라 이동하는 속도가 가장 빠른 것은 C이다.

⑤ 운동 선수의 금지 약물 복용 검사에도 같은 원리가 이용된다.

[물질의 특성을 이용한 혼합물의 분리 방법 정리]

끓는점 차 이용	밀도 차 이용		용해도 차 이용	용매를 따라 이동하는 속도 차 이용
증류	고체 혼합물의 분리	액체 혼합물의 분리	재결정	크로마토그래피
서로 잘 섞이는 액체 혼합물의 분리	밀도가 다른 고체 혼합물의 분리	서로 섞이지 않는 액체 혼합물의 분리	온도에 따른 용해도 차가 다른 고체 혼합물의 분리	성질이 비슷하거나 복잡한 혼합물의 분리
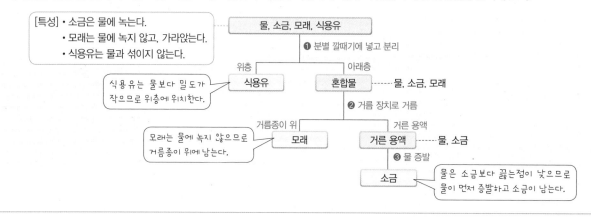				
끓는점이 낮은 물질이 먼저 끓어 나온 후 액화한다.	[밀도] 고체 A<액체<고체 B	[밀도] 액체 A<액체 B	온도에 따른 용해도 차가 큰 물질이 석출된다.	[용매를 따라 이동하는 속도] C<B<A

[복잡한 혼합물 분리의 예] 물, 소금, 모래, 식용유의 특성을 이용하여 4종류의 물질이 섞인 혼합물을 분리해 보자.

[특성] • 소금은 물에 녹는다.
　　　• 모래는 물에 녹지 않고, 가라앉는다.
　　　• 식용유는 물과 섞이지 않는다.

물, 소금, 모래, 식용유
❶ 분별 깔때기에 넣고 분리

위층 ─ 식용유 ── 식용유는 물보다 밀도가 작으므로 위층에 위치한다.

아래층 ─ 혼합물 ······ 물, 소금, 모래
❷ 거름 장치로 거름

거름종이 위 ─ 모래 ── 모래는 물에 녹지 않으므로 거름종이 위에 남는다.

거른 용액 ─ 거른 용액 ······ 물, 소금
❸ 물 증발

소금 ── 물은 소금보다 끓는점이 낮으므로 물이 먼저 증발하고 소금이 남는다.

---

1 표는 액체 물질 A~C의 몇 가지 특성을 나타낸 것이다.

물질	밀도 (g/cm³)	어는점 (℃)	끓는점 (℃)	용해성
A	1.0	0	100	B와 섞이지 않음, C와 잘 섞임
B	1.59	−23	64	A, C와 모두 섞이지 않음
C	0.79	−117	78	A와 잘 섞임, B와 섞이지 않음

(1) A와 B의 혼합물을 분리하기에 가장 적절한 실험 장치를 위의 **1**~**5**에서 고르고, 이때 이용하는 물질의 특성을 쓰시오.

(2) A와 C의 혼합물을 분리하기에 가장 적절한 실험 장치를 위의 **1**~**5**에서 고르고, 이때 이용하는 물질의 특성을 쓰시오.

2 그림은 물, 철 가루, 소금, 스타이로폼이 섞여 있는 혼합물을 분리하는 과정을 나타낸 것이다.

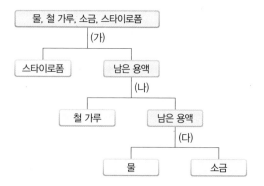

물, 철 가루, 소금, 스타이로폼
(가)
스타이로폼 / 남은 용액
(나)
철 가루 / 남은 용액
(다)
물 / 소금

(가)~(다) 과정에서 이용하는 물질의 특성으로 옳은 것은?

	(가)	(나)	(다)
①	용해도	밀도	끓는점
②	용해도	끓는점	밀도
③	밀도	어는점	용해도
④	밀도	끓는점	용해도
⑤	밀도	용해도	끓는점

Ⓐ 용해도 차를 이용한 혼합물의 분리

01 재결정에 대한 설명으로 옳지 않은 것은?

① 용해도 차를 이용하여 혼합물을 분리하는 방법이다.
② 고체 혼합물을 용매에 모두 녹인 다음 용액을 냉각하거나 용매를 증발시켜 순수한 고체를 얻는 방법이다.
③ 불순물이 섞여 있는 고체 물질로부터 순수한 고체를 얻을 때 사용한다.
④ 온도에 따른 용해도 차가 큰 물질일수록 결정으로 석출되기 쉽다.
⑤ 원심 분리기로 혈액을 분리할 때 주로 이용하는 방법이다.

[02~03] 그림은 소금이 소량 포함된 붕산에서 순수한 붕산을 얻는 과정을 나타낸 것이다.

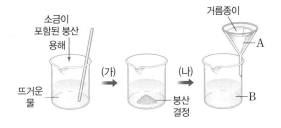

02 이에 대한 설명으로 옳은 것은?

① 녹는점 차를 이용한 분리 방법이다.
② (가)에서는 가열해야 한다.
③ (나)에서 이용하는 분리 방법은 거름이다.
④ 순수한 붕산이 B에서 분리된다.
⑤ 이러한 혼합물의 분리 방법을 증류라고 한다.

03 위와 같은 원리를 이용하여 혼합물을 분리하는 예는?

① 신선한 달걀 고르기
② 바닷물에서 식수 분리하기
③ 바다에 유출된 기름 분리하기
④ 천일염에서 깨끗한 소금 얻기
⑤ 운동 선수의 금지 약물 복용 여부 검사하기

중요 　　　　　탐구 92쪽

04 그림은 염화 나트륨과 붕산의 용해도 곡선을 나타낸 것이다. 염화 나트륨 25 g과 붕산 25 g이 섞인 혼합물을 분리하는 과정에 대한 설명으로 옳지 않은 것은?

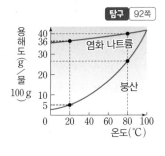

① 두 물질 모두 온도가 높아지면 용해도가 증가한다.
② 온도에 따른 용해도 차는 붕산이 더 크다.
③ 이 혼합물은 80 ℃ 물 100 g에 모두 녹는다.
④ 이 혼합물은 20 ℃ 물 100 g에 모두 녹는다.
⑤ 이 혼합물을 80 ℃ 물 100 g에 녹인 후 20 ℃로 냉각하면 붕산이 석출된다.

중요

05 표는 온도에 따른 질산 나트륨과 질산 칼륨의 용해도 (g/물 100 g)를 나타낸 것이다.

온도(℃)	0	20	40	60	80
질산 나트륨	73.0	87.3	104.0	123.7	148.0
질산 칼륨	13.3	31.9	63.0	110.0	169.0

질산 나트륨 30 g과 질산 칼륨 50 g의 혼합물을 80 ℃ 물 50 g에 녹인 다음, 40 ℃로 냉각하였다. 이 용액을 거름 장치로 거를 때 거름종이에 남는 물질과 그 질량(g)으로 옳은 것은?

① 질산 나트륨 4 g
② 질산 나트륨 22 g
③ 질산 칼륨 13 g
④ 질산 칼륨 18.5 g
⑤ 질산 나트륨 4 g＋질산 칼륨 13 g

【주관식】

06 다음은 혼합물에서 특정 성분 물질을 분리하는 예를 나타낸 것이다.

> (가) 한약재를 물에 넣고 끓여 한약 성분을 분리한다.
> (나) 뜨거운 물에 티백을 넣어 차를 우려 낸다.
> (다) 옷에 묻은 기름 성분의 때를 드라이클리닝으로 제거한다.

(가)~(다)에 공통으로 이용되는 분리 방법을 무엇이라고 하는지 쓰시오.

B 크로마토그래피를 이용한 혼합물의 분리

07 그림은 거름종이를 이용하여 수성 사인펜 잉크의 색소를 분리하는 실험 장치를 나타낸 것이다. 이에 대한 설명으로 옳은 것은?

탐구 93쪽

- 고무마개
- 거름종이
- 사인펜 잉크
- 물

① 성분 물질이 용매에 용해되는 정도의 차를 이용한 분리 방법이다.
② 고무마개를 열면 분리가 더 빨리 된다.
③ 사인펜 잉크의 점은 한 번에 굵게, 진하게 칠한다.
④ 사인펜 잉크의 점은 물에 잠기지 않아야 한다.
⑤ 용매의 종류와 상관없이 항상 같은 결과가 나온다.

중요

08 그림은 크로마토그래피를 이용하여 물질 A~E를 분리한 결과를 나타낸 것이다.

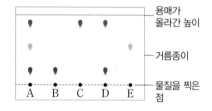

- 용매가 올라간 높이
- 거름종이
- 물질을 찍은 점

A B C D E

이에 대한 설명으로 옳은 것을 〈보기〉에서 모두 고른 것은?

보기
ㄱ. 혼합물로 예상되는 것은 A와 D이다.
ㄴ. A는 최소 4가지 성분으로 이루어져 있다.
ㄷ. E는 D의 성분이라고 할 수 있다.
ㄹ. B, C, E 중 용매를 따라 이동하는 속도가 가장 빠른 물질은 C이다.

① ㄱ, ㄷ   ② ㄱ, ㄹ   ③ ㄴ, ㄷ
④ ㄱ, ㄴ, ㄹ   ⑤ ㄴ, ㄷ, ㄹ

09 크로마토그래피를 이용하여 혼합물을 분리하는 예는?

① 단백질의 성분 검출
② 모래 속의 사금 채취
③ 합성 의약품인 아스피린의 정제
④ 원유에서 등유, 경유, 중유 등의 분리
⑤ 곡물을 발효시켜 만든 술에서 맑은 술 얻기

10 혼합물과 혼합물을 분리할 때 이용되는 원리를 옳게 짝 지은 것을 모두 고르면? (2개)

	혼합물	이용되는 원리
①	물과 에탄올 분리	밀도 차
②	바다에 유출된 기름 분리	끓는점 차
③	신선한 달걀 고르기	용해도 차
④	천일염에서 소금 얻기	용해도 차
⑤	엽록소의 색소 분리	용매를 따라 이동하는 속도 차

중요

11 혼합물을 분리하는 데 이용되는 물질의 특성과, 그 특성을 이용하여 혼합물을 분리하는 장치를 옳게 짝 지은 것은?

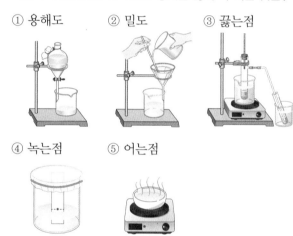

① 용해도   ② 밀도   ③ 끓는점

④ 녹는점   ⑤ 어는점

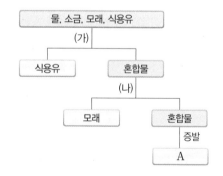

12 그림은 물, 소금, 모래, 식용유가 섞여 있는 혼합물을 분리하는 과정을 나타낸 것이다.

물, 소금, 모래, 식용유
↓ (가)
식용유 / 혼합물
↓ (나)
모래 / 혼합물
↓ 증발
A

이 과정에 대한 설명으로 옳은 것은?

① A는 물이다.
② (가)에서는 재결정을 이용한다.
③ (가)에서는 끓는점 차를 이용한다.
④ (나)에서는 거름 장치를 이용한다.
⑤ (나)에서 이용하는 방법을 증류라고 한다.

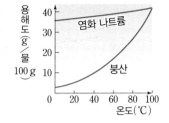

단어 제시형

1 그림은 염화 나트륨과 붕산의 용해도 곡선을 나타낸 것이다. 소량의 염화 나트륨이 섞인 붕산에서 순수한 붕산을 얻을 수 있는 방법을 다음 단어를 모두 사용하여 서술하시오.

> 냉각, 석출, 온도, 용해도 차

용해도(g/물 100 g) 염화 나트륨 / 붕산 / 온도(℃)

1 온도에 따른 용해도 차가 큰 물질과 작은 물질이 섞인 혼합물의 분리 방법을 생각해 본다.

_____

_____

서술형

2 표는 염화 나트륨과 질산 칼륨의 용해도(g/물 100 g)를 나타낸 것이다. 염화 나트륨 30 g과 질산 칼륨 60 g이 섞인 혼합물을 80 ℃ 물 100 g에 녹인 후 20 ℃로 냉각하였다. 이때 석출되는 물질과 그 질량(g)을 풀이 과정과 함께 서술하시오.

온도(℃)	0	20	40	60	80
염화 나트륨	35.6	36.0	36.4	37.0	38.4
질산 칼륨	13.3	31.9	63.0	110.0	169.0

2 용해도를 참고하여 냉각한 온도에서 물 100 g에 최대로 녹을 수 있는 질량이 얼마인지를 파악하여 석출량을 계산한다.
→ 필수 용어: 20 ℃, 냉각, 결정, 석출

_____

_____

단계별 서술형

3 그림은 크로마토그래피로 물질 A~E를 분리한 결과를 나타낸 것이다.

(1) 크로마토그래피의 원리를 서술하시오.

_____

_____

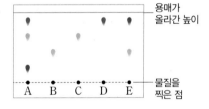
용매가 올라간 높이 / 물질을 찍은 점 / A B C D E

(2) 이 실험 결과만으로 판단할 때, 물질 A~E 중 혼합물로 예상되는 것을 모두 고르고, 그 근거를 쓰시오.

_____

3 (2) 각 물질이 2개 이상의 성분으로 분리되었는지, 1개의 성분만 나타났는지 관찰하여 혼합물과 순물질로 구분한다.

Plus 문제 **3-1**

순물질로 예상되는 물질 중 용매를 따라 이동하는 속도가 가장 빠른 물질을 쓰시오.

_____

단어 제시형

4 그림은 복잡한 혼합물을 분리하는 과정을 나타낸 것이다. (가)~(다) 과정의 분리 방법을 다음 내용이 포함되도록 각각 서술하시오.

> • 이용되는 물질의 특성
> • 실험 장치 또는 방법의 이름

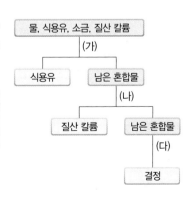
물, 식용유, 소금, 질산 칼륨 → (가) → 식용유 / 남은 혼합물 → (나) → 질산 칼륨 / 남은 혼합물 → (다) → 결정

4 식용유는 물과 섞이지 않으며, 질산 칼륨은 온도에 따른 용해도 차가 큰 물질임을 파악하여 분리 방법을 결정한다.

_____

_____

이 단원에서 학습한 내용을 확실히 이해했나요?
다음 내용을 잘 알고 있는지 확인해 보세요.

1 순물질과 혼합물

• 순물질: 한 가지 물질로만 이루어진 물질
  예 철, 금, 구리, 물, 에탄올, 염화 나트륨 등
• 혼합물: 두 가지 이상의 순물질이 섞여 있는 물질
  – ❶□□ 혼합물: 성분 물질이 고르게 섞인 혼합물 예 공기, 탄산음료, 설탕물, 합금 등
  – ❷□□□ 혼합물: 성분 물질이 고르지 않게 섞인 혼합물 예 주스, 우유, 흙탕물 등
• ❸□□□은 끓는점, 녹는점(어는점)이 일정하지만, ❹□□□은 일정하지 않다.
• ❺□□□ □□: 물질을 구별할 수 있는 성질
  예 색깔, 냄새, 맛, 끓는점, 녹는점, 밀도, 용해도 등

2 끓는점, 녹는점, 어는점

• ❶□□□: 액체 물질이 끓어 기체가 되는 동안 일정하게 유지되는 온도
• ❷□□□: 고체 물질이 녹아 액체가 되는 동안 일정하게 유지되는 온도
• ❸□□□: 액체 물질이 얼어 고체가 되는 동안 일정하게 유지되는 온도 ➡ 한 물질의 녹는점과 어는점은 같다.

3 밀도

• 밀도 = ❶□□ / ❷□□
• 밀도가 ❸□ 물질은 아래로 가라앉고, ❹□□ 물질은 위로 뜬다.
• 기체의 밀도는 온도가 높아지면 ❺□□하고, 압력이 높아지면 ❻□□한다.

4 용해도

• 용해도: 어떤 온도에서 ❶□□ 100 g에 최대로 녹을 수 있는 용질의 g수
• 높은 온도의 용액을 냉각할 때 석출되는 용질의 양 = ❷□□ 온도에서 녹아 있던 용질의 양 – ❸□□□ 온도에서 녹을 수 있는 용질의 양
• 기체의 용해도는 온도가 ❹□□수록 증가하고, 압력이 ❺□□수록 증가한다.

5 끓는점 차를 이용한 혼합물의 분리

• ❶□□: 액체 상태의 혼합물을 가열할 때 끓어 나오는 기체를 냉각하여 순수한 액체를 얻는 방법
  ➡ 끓는점이 ❷□□ 물질이 먼저 끓어 나온다.
  예 바닷물에서 식수 분리, 탁한 술에서 소주 얻기 등
• 물과 에탄올 혼합물의 분리: 혼합물을 가열하면 ❸□□□이 먼저 끓어 나오고, ❹□이 나중에 끓어 나온다.
• 원유의 분리: 원유를 가열하여 증류탑으로 보내면 끓는점이 ❺□□ 물질일수록 증류탑의 위쪽에서 분리된다.

6 밀도 차를 이용한 혼합물의 분리

• 고체 혼합물 분리: 두 고체를 녹이지 않고 밀도가 두 고체의 ❶□□ 정도인 액체에 넣어 분리한다.
  예 좋은 볍씨 고르기 ➡ 밀도: ❷□□□ < 소금물 < ❸□□□□
• 액체 혼합물 분리: 서로 섞이지 않고 밀도가 다른 액체의 혼합물은 ❹□□ □□□에 넣어 분리한다.
  예 물과 식용유의 분리: 위층에 ❺□□□가, 아래층에 ❻□이 위치하여 분리된다.

7 용해도 차를 이용한 혼합물의 분리

• ❶□□□: 불순물이 포함된 고체 물질을 높은 온도의 용매에 녹인 후 용액의 온도를 낮추거나 용매를 증발시켜 순수한 고체를 얻는 방법
• 재결정은 온도에 따른 ❷□□□ 차를 이용하여 분리한다. ➡ 온도에 따른 용해도 차가 ❸□ 물질이 결정으로 석출된다.

8 크로마토그래피를 이용한 혼합물의 분리

• 크로마토그래피: 혼합물을 이루는 각 성분 물질이 용매를 따라 이동하는 ❶□□ 차를 이용하여 분리한다. ➡ 용매를 따라 이동한 거리가 같으면 ❷□□ 물질이다.
• 크로마토그래피를 이용한 예: 사인펜 잉크의 색소 분리, 운동 선수의 금지 약물 복용 검사, 단백질의 성분 검출 등

상중**하**

01 다음 특징을 갖는 물질끼리 옳게 나열된 것은?

> • 두 가지 이상의 물질이 섞여 있다.
> • 각 성분 물질이 고유한 성질을 그대로 지닌다.

① 수소, 산소, 공기
② 물, 에탄올, 식초
③ 합금, 소금물, 암석
④ 질소, 이산화 탄소, 금
⑤ 염화 나트륨, 모래, 흙탕물

상중**하**

02 그림은 물질을 분류하는 과정을 나타낸 것이다.

이에 대한 설명으로 옳은 것은?

① A는 한 가지 원소로 이루어진 물질이다.
② A의 예로는 산소, 철, 금, 이산화 탄소 등이 있다.
③ B는 불균일 혼합물이다.
④ C는 성분 물질이 고르게 섞여 있는 물질이다.
⑤ C의 다른 예로는 소금물, 합금 등이 있다.

상**중**하

03 다음은 일상생활에서 혼합물의 특성이 이용된 예이다.

> (가) 겨울에 자동차 냉각수에 부동액을 넣어 준다.
> (나) 눈이 내리면 도로에 염화 칼슘을 뿌려 준다.

(가)와 (나)에서 공통으로 이용된 원리로 옳은 것은?

① 혼합물은 각 성분 물질보다 녹는점이 낮다.
② 혼합물은 순수한 성분 액체보다 어는점이 낮다.
③ 혼합물은 순수한 성분 액체보다 끓는점이 높다.
④ 혼합물의 밀도는 성분 물질의 혼합 비율에 따라 다르다.
⑤ 혼합물 속의 성분 물질은 각각의 성질을 그대로 나타낸다.

상**중**하

04 그림은 물과 소금물의 가열 곡선을 나타낸 것이다. 이에 대한 설명으로 옳은 것은?

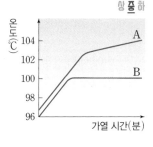

① A는 물, B는 소금물이다.
② A는 순물질, B는 혼합물이다.
③ A는 B보다 높은 온도에서 끓기 시작한다.
④ A는 B보다 양이 많아 늦게 끓기 시작한다.
⑤ A와 B는 끓는 동안 온도가 일정하게 유지된다.

상중**하**

05 미지의 고체가 무엇인지 알아보기 위한 실험 방법으로 적절하지 <u>않은</u> 것은?

① 색깔과 결정 모양을 관찰한다.
② 가열하여 녹는점을 조사한다.
③ 25 ℃ 물에 녹여 용해도를 조사한다.
④ 전자저울을 이용하여 질량을 측정한다.
⑤ 질량과 부피를 측정하여 밀도를 계산한다.

상중하

06 그림 (가)는 같은 양의 에탄올과 메탄올의 가열 곡선을, (나)는 에탄올과 메탄올 중 한 물질의 양을 달리했을 때의 가열 곡선을 나타낸 것이다.

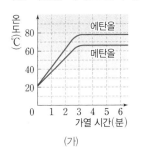
(가)

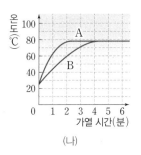
(나)

이에 대한 설명으로 옳지 <u>않은</u> 것은?

① 에탄올은 메탄올보다 끓는점이 높다.
② 에탄올은 메탄올보다 물질을 이루는 입자 사이의 인력이 강하다.
③ (나)는 에탄올의 가열 곡선이다.
④ 물질의 양은 A가 B보다 많다.
⑤ 에탄올과 메탄올은 끓는점으로 구별할 수 있다.

자료 분석 | 정답과 해설 28쪽

07 그림은 1기압에서 어떤 고체 순물질의 가열 곡선을 나타 _상**중**_하
낸 것이다.

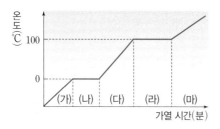

이에 대한 설명으로 옳은 것은?

① 이 물질은 에탄올로 예상할 수 있다.

② (다) 구간에서는 고체와 액체가 함께 존재한다.

③ 상태 변화가 일어나는 구간은 (가), (다), (마)이다.

④ 질량이 커지면 (나) 구간의 온도는 0 ℃보다 높아
질 것이다.

⑤ 외부 압력이 커지면 (라) 구간의 온도는 100 ℃보
다 높아질 것이다.

자료 분석 | 정답과 해설 28쪽

08 그림과 같이 80 ℃의 물이 들어 있 _상**중**_하
는 비커를 감압 용기 속에 넣은 후
펌프를 작동하여 용기 속 공기를 빼
내었더니, 물이 끓었다. 이와 같은
원리로 설명할 수 있는 현상은?

① 높은 산에서 밥을 지으면 쌀이
설익는다.

② 압력솥에 밥을 하면 밥이 빨리 된다.

③ 구명조끼를 입으면 몸이 물에 쉽게 뜬다.

④ 탄산음료의 병뚜껑을 열면 하얀 거품이 생긴다.

⑤ 여름철 물고기가 수면 위로 올라와 입을 뻐끔거린다.

09 표는 물질 A~E의 끓는점과 녹는점을 나타낸 것이다. _상_중**하**

물질	A	B	C	D	E
끓는점(℃)	2861	357	78.3	2562	−195.8
녹는점(℃)	1538	−38.9	−114.1	1084.6	−210

50 ℃에서 액체 상태로 존재하는 물질을 모두 고른 것은?

① E   ② A, D   ③ B, C

④ B, E   ⑤ A, C, D

【주관식】 _상**중**_하
10 다음은 어떤 액체의 부피와 질량을 측정한 결과를 나타낸
것이다.

> • 빈 비커의 질량: 55.0 g
> • 액체가 담긴 비커의 질량: 115.0 g
> • 눈금실린더에 액체를 넣었을 때의 눈금: 40.0 mL

이 액체의 밀도(g/mL)를 구하시오.

11 그림은 고체 물질 A~D의 _상**중**_하
질량과 부피를 측정하여 나
타낸 것이다. 이에 대한 설명
으로 옳은 것은? (단, A~D
는 물에 녹지 않으며, 물의
밀도는 1 g/cm³이다.)

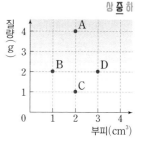

① D의 밀도가 가장 작다.

② B의 밀도는 C의 2배이다.

③ A와 C는 같은 종류의 물질이다.

④ 물에 넣었을 때 가라앉는 물질은 A와 B이다.

⑤ 질량이 같을 때 부피가 가장 큰 물질은 A이다.

12 그림은 여러 가지 고체 _상**중**_하
물질의 용해도 곡선을
나타낸 것이다. 이에 대
한 설명으로 옳지 <u>않은</u>
것은?

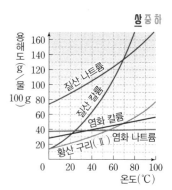

① 염화 칼륨은 온도
가 높을수록 용해
도가 증가한다.

② 40 ℃에서 용해도가 가장 큰 물질은 질산 나트륨이다.

③ 60 ℃ 물 100 g에 질산 칼륨 80 g을 녹인 용액은
포화 용액이다.

④ 온도에 따른 용해도 변화가 가장 작은 물질은 염화
나트륨이다.

⑤ 80 ℃ 물 100 g에 각 고체를 녹인 포화 용액을
20 ℃로 냉각할 때 용질의 석출량이 가장 많은 물
질은 질산 칼륨이다.

13 시험관 A~F에 같은 양의 사이다를 넣고 그림과 같이 장치한 후 발생하는 기포의 양을 관찰하였다. 상 **중** 하

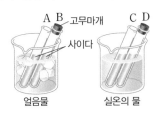

시험관 A~F에 대한 설명으로 옳은 것은?

① 기체의 용해도가 가장 큰 것은 B이다.
② 기포가 가장 많이 발생하는 것은 F이다.
③ 기체의 용해도가 클수록 기포가 많이 발생한다.
④ A, B를 비교하면 기체의 용해도와 온도의 관계를 알 수 있다.
⑤ B, D, F를 비교하면 기체의 용해도와 압력의 관계를 알 수 있다.

자료 분석 | 정답과 해설 29쪽

14 그림은 우리 조상들이 곡물을 발효시켜 만든 술로부터 전통 소주를 만드는 데 사용한 소줏고리를 나타낸 것이다. 이에 대한 설명으로 옳지 <u>않은</u> 것은? 상 **중** 하

① 끓는점 차를 이용한다.
② 이러한 방법을 증류라고 한다.
③ 알코올의 비율은 전통 소주가 탁주보다 높다.
④ 끓는점이 높은 물질이 먼저 기화되어 나온다.
⑤ 바닷물에서 식수를 분리하는 것과 원리가 같다.

[주관식] 상 **중** 하

15 그림은 물과 에탄올 혼합물의 가열 곡선을 나타낸 것이다. A~D 구간 중 다음 설명에 해당하는 구간을 각각 쓰시오.

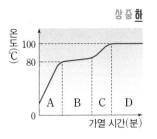

(가) 물이 끓어 나온다.
(나) 주로 에탄올이 끓어 나온다.

16 그림은 원유를 분리하는 증류탑의 구조를 나타낸 것이다. 원유를 가열하여 증류탑으로 보내면 석유 가스, 등유, 경유, 중유 등이 분리되어 나온다. 이에 대한 설명으로 옳은 것을 〈보기〉에서 모두 고른 것은? 상 **중** 하

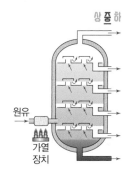

> **보기**
>
> ㄱ. 성분 물질의 끓는점 차를 이용하여 분리한다.
> ㄴ. 끓는점이 높은 물질일수록 증류탑의 위쪽에서 분리된다.
> ㄷ. 분리되어 나온 물질들은 모두 순물질이다.

① ㄱ   ② ㄴ   ③ ㄷ
④ ㄱ, ㄴ   ⑤ ㄱ, ㄷ

[주관식] 상 **중** 하

17 그림은 볍씨를 소금물에 넣어 좋은 볍씨와 쭉정이를 분리하는 모습을 나타낸 것이다. 소금물, 쭉정이, 좋은 볍씨의 밀도를 등호 또는 부등호를 이용하여 비교하시오.

상 **중** 하

18 다음의 두 물질 A와 B가 섞여 있는 혼합물이 있다.

> • A: 밀도가 2.4 g/cm^3인 고체
> • B: 밀도가 3.6 g/cm^3인 고체

A와 B의 혼합물을 밀도 차를 이용하여 분리하려고 할 때 사용할 수 있는 액체로 적당한 것은?

① A와 B를 모두 녹이고, 밀도가 2.0 g/cm^3인 액체
② A와 B를 모두 녹이지 않고, 밀도가 2.0 g/cm^3인 액체
③ A와 B를 모두 녹이고, 밀도가 3.0 g/cm^3인 액체
④ A와 B를 모두 녹이지 않고, 밀도가 3.0 g/cm^3인 액체
⑤ A와 B 중 한 가지만 녹이고, 밀도가 4.0 g/cm^3인 액체

19 그림은 질산 칼륨과 염화 나트륨의 용해도 곡선을 나타낸 것이다. 염화 나트륨 25 g과 질산 칼륨 120 g이 섞여 있는 혼합물을 물 100 g에 넣고 가열하여 모두 녹였다. 이 용액을 10 ℃로 냉각할 때 석출되는 물질과 질량(g)으로 옳은 것은?

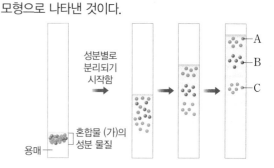

① 염화 나트륨 18 g   ② 염화 나트륨 15 g
③ 질산 칼륨 104 g   ④ 질산 칼륨 100 g
⑤ 질산 칼륨 80 g

20 다음은 생활 속에서 이용된 혼합물 분리의 예이다.

> (가) 염전에서 얻은 천일염에서 불순물을 제거하고 깨끗한 소금을 분리한다.
> (나) 버드나무 껍질에서 얻은 물질을 가공한 다음, 순도를 높인 아스피린을 얻는다.

(가)와 (나)에 공통으로 이용된 혼합물의 분리 방법과 이때 이용된 물질의 특성을 옳게 짝 지은 것은?

① 증류 – 용해도   ② 증류 – 끓는점
③ 재결정 – 용해도   ④ 재결정 – 밀도
⑤ 분별 깔때기 – 밀도

21 혼합물과 혼합물에 주로 이용된 분리 방법을 옳게 짝 지은 것을 〈보기〉에서 모두 고른 것은?

> 보기
> ㄱ. 모래 속의 사금 채취 – 재결정
> ㄴ. 소금물에서 식수 얻기 – 증류
> ㄷ. 물과 식용유의 분리 – 분별 깔때기
> ㄹ. 염화 나트륨과 붕산의 분리 – 증발
> ㅁ. 의약품의 성분 검출 – 크로마토그래피

① ㄱ, ㅁ   ② ㄴ, ㄹ
③ ㄱ, ㅁ, ㅂ   ④ ㄴ, ㄷ, ㅁ
⑤ ㄴ, ㄷ, ㄹ, ㅂ

22 그림은 크로마토그래피로 혼합물 (가)를 분리하는 과정을 모형으로 나타낸 것이다.

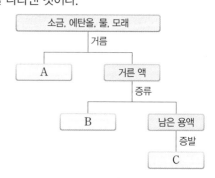

이에 대한 설명으로 옳은 것을 〈보기〉에서 모두 고른 것은?

> 보기
> ㄱ. 혼합물 (가)는 최소 3가지 성분 물질이 섞여 있다.
> ㄴ. A~C가 용매를 따라 이동하는 속도는 A<B<C이다.
> ㄷ. 성분 물질로 분리되는 까닭은 성분 물질이 용매에 녹아 들어가는 정도가 다르기 때문이다.
> ㄹ. 용매의 종류를 바꾸면 결과도 달라질 것이다.

① ㄱ, ㄴ   ② ㄱ, ㄹ   ③ ㄴ, ㄷ
④ ㄴ, ㄹ   ⑤ ㄷ, ㄹ

23 그림은 소금, 에탄올, 물, 모래가 섞인 혼합물을 분리하는 과정을 나타낸 것이다.

```
        소금, 에탄올, 물, 모래
              │ 거름
     ┌────────┴────────┐
    [ A ]          [ 거른 액 ]
                        │ 증류
                 ┌──────┴──────┐
               [ B ]      [ 남은 용액 ]
                               │ 증발
                             [ C ]
```

분리된 물질 A~C를 옳게 나타낸 것은?

	A	B	C
①	소금	모래	에탄올
②	에탄올	소금	물
③	물	에탄올	모래
④	물	모래	소금
⑤	모래	에탄올	소금

24 다음은 생활 속에서 볼 수 있는 현상이다.

상**중**하

> 높은 산에서 밥을 하면 쌀이 설익는다.

이와 같은 현상이 나타나는 까닭을 서술하시오.

_____

_____

25 그림은 금속 조각의 질량과 부피를 측정한 모습을 나타낸 것이다.

상**중**하

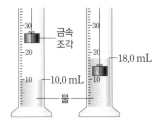

이 금속 조각의 밀도(g/cm^3)를 구하고, 풀이 과정을 서술하시오.

_____

_____

26 다음은 물질의 특성과 관련된 생활 속 현상이다.

상**중**하

> 여름에 물고기가 수면 위로 올라와 입을 뻐끔거린다.

이 현상의 원리를 물질의 특성을 이용하여 서술하시오.

_____

_____

27 그림은 여러 가지 고체 물질의 용해도 곡선을 나타낸 것이다. 60 ℃ 물 100 g에 각 고체 물질을 녹인 포화 용액을 20 ℃로 냉각할 때 석출되는 결정의 양이 가장 많은 물질을 고르고, 그 까닭을 서술하시오.

상중**하**

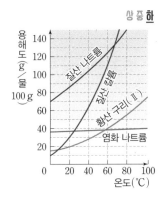

_____

28 그림은 볍씨를 소금물에 담가 쭉정이와 좋은 볍씨를 분리하는 모습을 나타낸 것이다. 이 방법으로 좋은 볍씨를 분리할 수 있는 까닭을 물질의 특성을 이용하여 서술하시오.

상**중**하

_____

_____

29 물, 에탄올, 염화 나트륨, 붕산이 섞여 있는 혼합물을 그림과 같은 실험 과정으로 분리하였다.

상**중**하

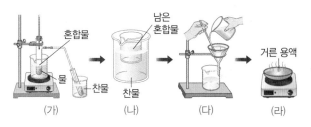

(1) (가)에서 에탄올이 먼저 분리되었다. 이때 이용된 원리를 서술하시오.

_____

(2) (다)의 거름종이 위에서 붕산이 분리되었다. 이때 이용된 원리를 서술하시오.

_____

30 다음은 도핑 테스트에 대한 설명이다.

상**중**하

> 운동 선수들이 금지된 약물을 복용했는지 알아보기 위해 혈액 또는 소변을 채취하여 분석하는 검사이다.

(1) 이때 사용하는 분리 방법을 무엇이라고 하는지 쓰시오.

_____

(2) (1)의 방법으로 성분 물질을 분리하는 원리를 서술하시오.

_____

VII

수권과 해수의 순환

그림을 떠올려!

기억하기

이 단원을 학습하기 전에, 이전에 배운 내용 중 꼭 알아야 할 개념들을 그림과 함께 떠올려 봅시다.

1 | 바다의 특징

>>> 초등학교 3학년 지구의 모습

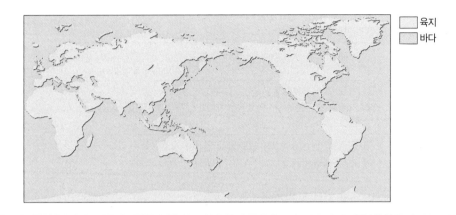

육지
바다

• 육지와 바다의 넓이: 바다는 육지보다 (❶   ).
• 육지의 물과 바닷물의 맛: 바닷물은 육지의 물보다 (❷   ).
• 바닷물에서 짠맛이 나는 까닭: 짠맛이 나는 (❸   ) 등 여러 가지 물질이 많이 녹아 있기 때문이다.

2 | 물의 이용

>>> 초등학교 4학년 물의 여행

(❹   )에서 물건을 만들 때 이용한다.

(❺   )를 하거나, 청소를 할 때 이용한다.

(❻   )을 재배할 때 이용한다.

개념 학습

01 수권의 분포와 활용

Ⓐ 수권의 분포

1. 수권❶ 지구에 분포하는 모든 물

2. 수권의 구성과 분포

① 수권의 구성과 특징: 수권은 해수, 빙하, 지하수, 호수, 하천수 등으로 이루어져 있다.

해수		• 수권 전체에서 가장 많은 양을 차지한다. • 짠맛이 난다.
육지의 물❷ (*담수) 짠맛이 나지 않는 물	빙하	• 육지의 물 중 가장 많은 양을 차지한다. • 주로 극지방이나 고산 지대에 분포한다. ― 고체 상태(얼음 또는 눈)
	지하수	• 육지의 물 중 두 번째로 많은 양을 차지한다. • 땅속의 지층 또는 암석 사이의 빈틈을 채우고 있거나 그 사이를 흐른다. 　　　　　　　　　　　　　　　　　 ― 주로 빗물이 스며들어 형성된다.
	호수, 하천수	• 지표를 흐르거나 지표에 고여 있는 물이다. ― 쉽게 접근할 수 있다. • 수자원으로 주로 이용된다.

② 수권의 분포: 해수≫빙하 > 지하수 > 호수와 하천수

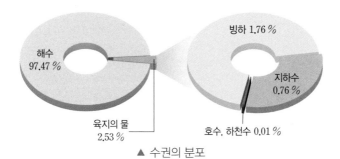

▲ 수권의 분포

Ⓑ 수자원의 활용

1. 수자원 사람이 살아가는 데 활용되는 물

① 수자원의 이용: 주로 호수와 하천수를 이용한다.❸ ― 강수량의 영향을 크게 받는다.

② 수자원의 용도❹

생활용수	일상생활에서 사용하는 물 예 목욕, 세안, 양치, 요리, 설거지 등
농업용수	농작물을 재배하거나 가축을 기를 때 사용하는 물 ― 우리나라에서는 농업용수로 가장 많이 이용하고 있다.
공업용수	공장에서 제품을 만들거나 산업 활동을 할 때 사용하는 물
*유지용수	하천의 정상적인 기능을 유지하기 위해 사용하는 물

▲ 우리나라의 용도별 수자원 이용 현황

③ 지하수의 활용❺

특징	• 호수나 하천수에 비해 양이 풍부하고, 빗물에 의해 채워지므로 지속적으로 사용할 수 있다. • 간단한 정수 과정을 거치면 바로 사용할 수 있다.
활용	• 생활용수: 식수, 공원의 분수나 조경, 도로 물청소, 냉난방 등에 사용한다. • 농업용수: 농사, 원예, 축산, 양식장 등에 이용된다. • 공업용수: 공장, 생산업체 등에서 사용한다. • 기타: 온천과 같은 관광 자원으로 활용된다.

2. 수자원 관리

해수를 담수화하고, 빙하를 녹여 활용할 수도 있다.

① 수자원의 확보: 댐을 건설하거나 지하수를 개발하여 확보한다.

② 물 절약의 필요성: 인구 증가와 산업 발달로 물 사용량은 증가하고 있지만, 수자원의 양은 매우 적고 한정되어 있어 물 부족 현상이 발생하고 있다.

≫ 개념 더하기

❶ 수권의 역할
• 지구의 온도를 일정하게 유지하게 한다.
• 생명체의 생명을 유지하게 한다.
• 지권의 지형을 변화시킨다.
• 날씨 변화를 일으킨다.

❷ 육지의 물
미국의 그레이트솔트호, 볼리비아의 우유니호, 카자흐스탄과 우즈베키스탄에 걸쳐 있는 아랄해 등은 육지의 물 중에서도 짠맛이 나는 물이다.

❸ 수자원의 이용
호수와 하천수는 쉽게 접근할 수 있어 수자원으로 바로 이용할 수 있으며, 지하수는 땅속을 흐르고 있지만 비교적 개발이 쉽고 개발하여 바로 이용할 수 있다. 반면 해수는 짠맛이 나고, 빙하는 얼어 있어 수자원으로 바로 이용하기 어렵다.

❹ 수자원의 활용
• 수력 발전이나 조력 발전 등을 통해 전기를 생산하는 데 활용된다.
• 배가 지나가는 수로로 활용된다.
• 여가 생활이나 스포츠에 활용된다.
• 온천 등 관광 자원으로 활용된다.

❺ 우리나라의 지하수 이용 현황

용어 사전

*담수(맑을 淡, 물 水)
소금기가 없는 물
*유지용수(밧줄 維, 가질 持, 쓸 用, 물 水)
하천의 형태를 유지하고 환경을 보호하기 위해 필요한 물

1 수권에 대한 설명으로 옳은 것은 ◯, 옳지 않은 것은 ×로 표시하시오.

(1) 수권의 대부분은 해수가 차지한다. ( )

(2) 지하수는 육지의 물 중 가장 많은 양을 차지한다. ( )

(3) 빗물이나 지표의 물이 토양이나 암석의 틈 사이로 스며들어가 지하수를 형성한다. ( )

(4) 육지의 물이 가장 많이 분포하는 곳은 극지방과 고산 지대이다. ( )

(5) 지표 부근을 흐르며 접근하기 쉬워 수자원으로 주로 이용되는 물은 해수이다.

( )

2 그림은 수권의 분포를 나타낸 것이다.

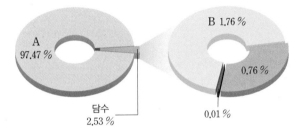

A, B에 해당하는 물의 종류를 각각 쓰시오.

3 수자원의 용도와 활용되는 예를 옳게 연결하시오.

(1) 농업용수 •

(2) 공업용수 •

(3) 생활용수 •

(4) 유지용수 •

• ㉠ 목욕할 때 사용한다.

• ㉡ 농사를 지을 때 사용한다.

• ㉢ 공장에서 제품을 만들 때 사용한다.

• ㉣ 하천의 수질 오염을 방지하기 위해 사용한다.

4 지하수의 특징과 활용에 대한 설명으로 옳은 것은 ◯, 옳지 않은 것은 ×로 표시하시오.

(1) 지하수는 강수량의 영향을 크게 받는다. ( )

(2) 지하수는 호수나 하천수에 비해 양이 많으므로 수자원으로 가장 많이 이용된다. ( )

(3) 지하수는 한번 개발하면 지속적으로 활용할 수 없다. ( )

(4) 지하수는 관광 자원으로도 활용된다. ( )

Ⓐ 수권의 분포

01 수권에 대한 설명으로 옳지 <u>않은</u> 것은?

① 수권의 물은 모두 액체 상태이다.
② 지구에 분포하는 물을 수권이라고 한다.
③ 수자원으로 바로 활용 가능한 물의 양은 매우 적다.
④ 육지에 있는 물은 대부분 짠맛이 나지 않는 담수이다.
⑤ 수권은 크게 바다에 있는 물과 육지에 있는 물로 나눌 수 있다.

【주관식】
02 다음에서 설명하는 물의 종류를 쓰시오.

> • 짠맛이 없다.
> • 극지방이나 고산 지대에 분포한다.
> • 육지의 물 중 가장 많은 양을 차지한다.

중요
03 지구상에 존재하는 물 중 가장 많은 부피비를 차지하는 것부터 순서대로 옳게 나열한 것은?

① 해수 > 하천수와 호수 > 지하수 > 빙하
② 해수 > 빙하 > 지하수 > 하천수와 호수
③ 빙하 > 지하수 > 하천수와 호수 > 해수
④ 하천수와 호수 > 지하수 > 빙하 > 해수
⑤ 지하수 > 해수 > 빙하 > 하천수와 호수

[04~05] 그림은 수권의 분포를 나타낸 것이다.

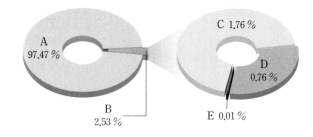

04 A, C, D에 해당하는 물의 종류를 옳게 짝 지은 것은?

	A	C	D
①	해수	빙하	지하수
②	해수	지하수	빙하
③	해수	지하수	호수와 하천수
④	담수	해수	빙하
⑤	담수	지하수	호수와 하천수

중요
05 A~E에 대한 설명으로 옳지 <u>않은</u> 것은?

① A는 짠맛이 나는 물이다.
② B는 대부분 짠맛이 나지 않는 물이다.
③ C는 주로 고산 지대나 극지방에 분포한다.
④ D는 토양이나 암석의 틈 사이로 흐르는 물이다.
⑤ E는 우리가 쉽게 이용하기 어렵다.

06 담수 중 두 번째로 많은 양을 차지하는 물은?

① 호수   ② 빙하   ③ 해수
④ 지하수   ⑤ 하천수

07 표는 수권 중 육지에 분포하는 물의 비율을 나타낸 것이다.

구분	A	B	C
부피비(%)	69.6	30.0	0.4

이에 대한 설명으로 옳은 것을 〈보기〉에서 모두 고른 것은?

보기
ㄱ. A는 지구 표면의 약 70 %를 덮고 있다.
ㄴ. B는 지표의 물이 땅속으로 스며들어 토양이나 암석의 틈을 채우고 있거나 흐르고 있다.
ㄷ. C는 지표를 흐르거나 지표면에 고여 있는 물이다.

① ㄱ
② ㄷ
③ ㄱ, ㄴ
④ ㄴ, ㄷ
⑤ ㄱ, ㄴ, ㄷ

08 담수에 대한 설명으로 옳은 것을 〈보기〉에서 모두 고른 것은?

보기
ㄱ. 짠맛이 나지 않는 물이다.
ㄴ. 육지에 분포하는 물은 모두 담수이다.
ㄷ. 담수는 모두 수자원으로 바로 활용할 수 있다.
ㄹ. 담수 중 가장 많은 양을 차지하는 것은 빙하이다.

① ㄱ, ㄹ
② ㄴ, ㄷ
③ ㄷ, ㄹ
④ ㄱ, ㄴ, ㄹ
⑤ ㄴ, ㄷ, ㄹ

B 수자원의 활용

09 다음 빈칸에 알맞은 말을 옳게 짝 지은 것은?

수권 중 (㉠)는 짠맛이 나고, (㉡)는 얼어 있어 쉽게 이용하기 어렵다.

	㉠	㉡		㉠	㉡
①	하천수	호수	②	호수	지하수
③	해수	호수	④	해수	빙하
⑤	지하수	빙하			

10 복잡한 과정을 거치지 않고 수자원으로 바로 활용할 수 있는 물을 〈보기〉에서 모두 고른 것은?

보기
ㄱ. 해수
ㄴ. 빙하
ㄷ. 호수
ㄹ. 지하수
ㅁ. 하천수

① ㄱ, ㄷ
② ㄴ, ㅁ
③ ㄷ, ㄹ
④ ㄴ, ㄹ, ㅁ
⑤ ㄷ, ㄹ, ㅁ

11 수자원에 대한 설명으로 옳은 것은?

① 우리가 쉽게 이용할 수 있는 물의 양은 점차 늘어나고 있다.
② 물은 여가 생활이나 스포츠를 즐기는 공간으로 이용되기도 한다.
③ 우리나라는 여름철에 비가 많이 내리므로 수자원이 부족하지 않다.
④ 해수에는 여러 가지 물질들이 녹아 있어 건강음료로 많이 이용된다.
⑤ 지구 표면의 70 % 이상은 물로 덮여 있으므로 우리가 활용할 수 있는 수자원의 양은 매우 풍부하다.

12 자원으로서 물의 가치에 대한 설명으로 옳지 <u>않은</u> 것은?

① 물은 생명 유지에 꼭 필요하다.
② 공장에서 제품을 생산할 때에도 물이 필요하다.
③ 물 부족을 대비해 지하수를 많이 개발해야 한다.
④ 물은 지구의 급격한 온도 변화를 막아 주는 역할을 한다.
⑤ 인구 증가와 산업화로 물의 사용량이 크게 증가하고 있다.

13 우리나라에서 가장 많이 활용되는 수자원의 용도는 무엇인가?

① 식수   ② 농업용수   ③ 공업용수
④ 생활용수   ⑤ 유지용수

14 표는 1965년 이후 약 50년 동안 우리나라의 생활용수, 공업용수, 농업용수의 이용량과 인구 변화를 나타낸 것이다.

구분	1965년	1980년	1990년	2003년	2007년	2014년
생활용수 (억 m³)	2	19	42	76	77	76
공업용수 (억 m³)	4	7	24	26	28	23
농업용수 (억 m³)	45	102	147	160	154	152
계(억 m³)	51	128	213	262	259	251
인구(천 명)	28705	38124	42869	47892	48684	50747

이에 대한 설명으로 옳은 것을 〈보기〉에서 모두 고른 것은?

보기
ㄱ. 1990년보다 2014년에 생활용수의 이용량은 감소하였다.
ㄴ. 우리나라에서 수자원은 농업용수로 가장 많이 이용된다.
ㄷ. 인구가 증가함에 따라 수자원의 이용량은 대체로 증가하고 있다.

① ㄱ   ② ㄴ   ③ ㄷ
④ ㄱ, ㄴ   ⑤ ㄴ, ㄷ

【주관식】
15 다음 설명에 해당하는 수자원의 용도를 쓰시오.

• 하천의 수질 개선을 위해 사용하는 물이다.
• 하천의 생태계를 유지하기 위해 사용하는 물이다.
• 하천의 기능을 유지하기 위해 사용하는 물이다.

16 그림은 우리나라의 용도별 수자원의 이용 현황을 나타낸 것이다.

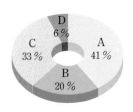

이에 대한 설명으로 옳은 것을 〈보기〉에서 모두 고른 것은?

보기
ㄱ. A는 식량 생산에 필요한 필수적인 물이다.
ㄴ. B는 공장에서 제품을 만들거나 세척할 때 사용하는 물이다.
ㄷ. C는 하천이 정상적인 기능을 유지하기 위해 필요한 물이다.
ㄹ. D는 일상생활에서 사용되는 물이다.

① ㄱ, ㄴ   ② ㄱ, ㄷ   ③ ㄷ, ㄹ
④ ㄱ, ㄴ, ㄷ   ⑤ ㄴ, ㄷ, ㄹ

중요
17 지하수의 특징과 가치에 대한 설명으로 옳은 것은?

① 담수 중 가장 많은 양을 차지한다.
② 온천과 같은 관광 자원으로 활용된다.
③ 땅속에 분포하므로 강수량의 영향을 별로 받지 않는다.
④ 한번 개발해서 사용하면 고갈되므로 수자원으로서 가치가 없다.
⑤ 지층과 암석 사이에 분포하므로 개발이 어려워 수자원으로 잘 활용하지 않는다.

18 수자원을 효과적으로 관리하기 위한 방법으로 옳지 않은 것은?

① 수질 오염을 방지한다.
② 인구 증가를 억제한다.
③ 물을 아껴 쓰도록 한다.
④ 빗물 저장 시설을 확대한다.
⑤ 사용한 물을 재사용할 수 있는 시설을 확대한다.

단계별 서술형

1 그림은 수권의 분포를 나타낸 것이다.

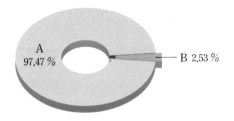

(1) A에 해당하는 물을 모두 쓰시오.

_____

(2) B에 해당하는 물을 모두 쓰시오.

_____

(3) B에 해당하는 물 중 가장 많은 양을 차지하는 물의 특징을 다음 내용을 모두 포함하여 서술하시오.

> 분포 지역, 물의 상태

_____

서술형

2 다음은 수권을 이루는 물의 일부를 나타낸 것이다.

> 지하수, 하천수, 빙하

이들의 공통점을 2가지 서술하시오.

_____

서술형

3 수자원을 안정적으로 확보하기 위한 방법을 2가지 서술하시오.

_____
_____

1 수권의 물을 짠맛이 나는 물과 짠맛이 나지 않는 물로 구분하여 생각해 본다.

2 분포 지역, 물의 상태, 맛 등의 차이점을 고려하여 서술한다.
→ 필수 용어: 맛, 분포

3 유실되는 수자원을 확보하는 방법이나 수자원으로 주로 이용되는 물을 대체할 수 있는 수자원이 무엇인지 생각해 본다.
→ 필수 용어: 댐, 지하수

Plus 문제 3-1

수자원으로 가장 많이 이용되는 물의 종류를 쓰시오.

_____

개념 학습

02 해수의 특성

ⓐ 해수의 온도

1. 해수의 *표층 수온 분포❶❷ 태양 복사 에너지의 영향을 가장 많이 받는다.

① 등수온선은 대체로 위도와 나란하다.

② 저위도에서 고위도로 갈수록 표층 수온이 낮아진다. ➡ 고위도로 갈수록 해수면에 도달하는 태양 복사 에너지양이 감소하기 때문이다.

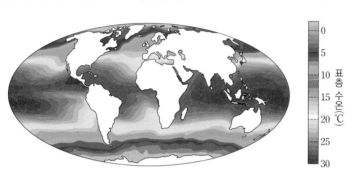

▲ 전 세계 해수의 표층 수온 분포

2. 해수의 연직 수온 분포❸ 태양 복사 에너지와 바람의 영향을 받아 깊이에 따른 수온 변화를 기준으로 3개의 층으로 구분한다. **탐구** 116쪽

태양 복사 에너지에 의해 가열된다. ┐   ┌ 바람에 의해 혼합된다.

혼합층	• 태양 복사 에너지를 많이 흡수하여 수온이 높고, 바람의 영향으로 해수가 *혼합되어 깊이에 따라 수온이 거의 일정한 층 • 바람이 강하게 불수록 두꺼워진다.
수온 약층	• 깊이 들어갈수록 수온이 급격하게 낮아지는 층 • 매우 안정하여 혼합층과 심해층 사이의 물질과 에너지 교환을 차단한다.
심해층	• 연중 수온이 매우 낮고 일정한 층 　— 태양 복사 에너지가 거의 도달하지 않는다. • 위도와 계절에 따른 수온 변화가 거의 없다.

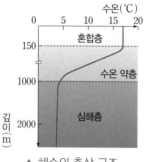

▲ 해수의 층상 구조

3. 위도에 따른 해수의 연직 수온 분포

저위도 해역	• 표층 수온이 높다. • 바람이 약해 혼합층이 얇다. • 표층과 심층의 수온 차이가 커서 수온 약층이 뚜렷하게 발달한다.
중위도 해역	• 바람이 강해 혼합층이 두껍다. ➡ 해수의 혼합이 잘 일어나기 때문이다.
고위도 해역	• 표층 수온이 낮다. — 해수면에 도달하는 태양 복사 에너지양이 적기 때문이다. • 표층과 심해층의 수온 차가 거의 없다. ➡ 해수의 층상 구조가 나타나지 않는다.

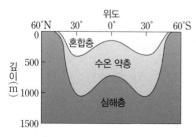

▲ 위도에 따른 해수의 층상 구조

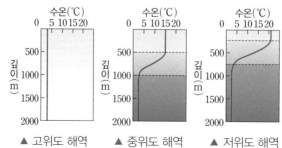

▲ 고위도 해역　　▲ 중위도 해역　　▲ 저위도 해역

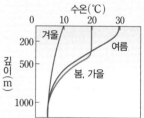

정답과 해설 33쪽 >>>

핵심 Tip

- 해수의 수온에 가장 큰 영향을 주는 요인: 태양 복사 에너지양
- 혼합층: 수온이 높고 일정한 층으로, 바람이 강할수록 두껍다.
- 수온 약층: 깊이 들어갈수록 수온이 급격히 낮아지는 안정한 층
- 심해층: 위도와 계절에 관계없이 수온이 낮고 일정한 층
- 저위도 해역: 수온 약층이 잘 발달한다.
- 중위도 해역: 혼합층이 두껍게 발달한다.
- 고위도 해역: 층상 구조가 거의 발달하지 않는다.

1 해수의 표층 수온 분포에 대한 설명으로 옳은 것은 ○, 옳지 않은 것은 ×로 표시하시오.

(1) 저위도에서 고위도로 갈수록 표층 수온은 대체로 낮아진다. (　　　)

(2) 여름철은 겨울철보다 표층 수온이 높다. (　　　)

(3) 해수의 표층 수온은 바람의 영향을 가장 크게 받는다. (　　　)

2 해수의 층상 구조와 각 층의 특징을 옳게 연결하시오.

(1) 혼합층　　•　　　　　　　• ㉠ 수온이 낮고 일정한 층

(2) 수온 약층 •　　　　　　　• ㉡ 바람의 영향을 크게 받는 층

(3) 심해층　　•　　　　　　　• ㉢ 연직 운동이 없는 매우 안정한 층

원리 Tip

수온 약층이 안정한 층인 까닭
수온 약층에서는 위쪽의 수온이 높고 아래쪽의 수온이 낮아 대류 현상이 일어나지 않으므로 매우 안정하다.

3 그림은 중위도 해역에서 깊이에 따른 수온 분포를 나타낸 것이다.

(1) A, B, C층의 이름을 각각 쓰시오.

(2) 표층과 심층의 수온 차이가 클수록 뚜렷하게 발달하는 층의 기호를 쓰시오.

(3) 태양 복사 에너지의 영향을 거의 받지 않는 층의 기호를 쓰시오.

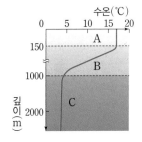

적용 Tip

해수의 층상 구조

- 바람이 강하게 부는 곳 ➡ 혼합층이 두껍다. ➡ 중위도 해역, 봄·가을철
- 표층 수온이 높은 곳 ➡ 수온 약층이 뚜렷하게 발달한다. ➡ 저위도 해역, 여름철

4 위도에 따른 해수의 연직 수온 분포에 대한 설명이다. (　　　) 안에 알맞은 말을 고르시오.

(1) 저위도 해역은 해수면에 도달하는 태양 복사 에너지양이 (많아 , 적어) 표층 수온이 높다.

(2) 혼합층은 바람이 강하게 부는 (저위도 , 중위도) 해역에서 가장 두껍게 나타난다.

(3) 수온 약층은 (저위도 , 고위도) 해역에서 가장 뚜렷하게 나타난다.

ⓑ 해수의 염분

1. 염류 해수에 녹아 있는 여러 가지 물질

염화 나트륨	염류 중 가장 많은 양을 차지하고, 짠맛을 낸다.
염화 마그네슘	염류 중 두 번째로 많은 양을 차지하고, 쓴맛을 낸다.

[염류의 구성 비율]
염화 나트륨 > 염화 마그네슘 > 황산 마그네슘 > 황산 칼슘 > 기타

▲ 염분이 35 psu인 해수 1 kg에 녹아 있는 염류의 양(g)
└ 두부를 만들 때 사용하는 간수의 성분이다.

2. 염분 해수 1 kg 속에 녹아 있는 염류의 양을 g 수로 나타낸 것

$$염분(psu) = \frac{염류의 양(g)}{해수의 양(g)} \times 1000$$

└ 물의 양(g) + 염류의 양(g)

① 단위: psu(실용염분단위), ‰(퍼밀)
② 전 세계 해수의 평균 염분: 약 35 psu❶

3. 염분의 변화

① 염분 변화에 영향을 주는 요인❷: 증발량, 강수량, *결빙, *해빙, 강물의 유입량 등

염분이 높은 곳	• 증발량이 강수량보다 많은 바다 • 해수가 어는 바다(결빙)
염분이 낮은 곳	• 강수량이 증발량보다 많은 바다 • 빙하가 녹는 바다(해빙) • 강물이 흘러드는 바다 ― 대양의 가장자리가 중심부보다 염분이 낮다.

② 위도에 따른 염분 분포

적도 해역(위도 0° 부근)	염분이 낮다. ➡ 강수량 > 증발량
중위도 해역(위도 30° 부근)	염분이 높다. ➡ 증발량 > 강수량, 맑고 건조한 날씨
고위도 해역(극 부근)	염분이 낮다. ➡ 빙하가 녹은 물 유입

③ 우리나라 주변 바다의 염분 분포❸

계절에 따른 분포	여름철 < 겨울철 ➡ 여름철에 강수량이 많기 때문이다.
지역에 따른 분포	황해 < 동해 ➡ 황해는 동해보다 강물의 유입량이 많기 때문이다.
육지에서의 거리에 따른 분포	가까운 바다 < 먼 바다 ➡ 육지에 가까울수록 강물의 유입량이 많기 때문이다.

4. 염분비 일정 법칙 염분은 계절에 따라, 지역에 따라 다르지만, 해수에 녹아 있는 전체 염류에서 각 염류가 차지하는 구성 비율은 어느 바다에서나 항상 일정하다. ➡ 해수가 오랜 시간에 걸쳐 순환하면서 골고루 섞이기 때문이다. **Beyond 특강** 117쪽

$$\frac{염류의 양(g)}{전체 염류의 양(g)} \times 100$$

▲ 염류의 성분 비율

---

❶ 염분 35 psu인 해수의 물과 염류의 양
해수 1 kg 속에 염류가 35 g 녹아 있는 것으로, 순수한 물 965 g에 염류 35 g을 녹여 만들 수 있다.

❷ 위도별 (증발량−강수량) 값과 염분 분포

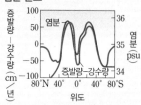

• (증발량−강수량) 값이 클수록 염분이 대체로 높다.
• 고위도 지역에서는 (증발량−강수량) 값보다 빙하의 영향을 크게 받는다.

❸ 우리나라 주변 바다의 계절별 염분 분포

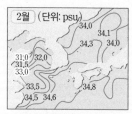

용어 사전

*결빙(맺을 結, 얼음 氷)
물이 얼어 얼음이 되는 것
*해빙(풀 解, 얼음 氷)
얼음이 녹아 물이 되는 것

핵심 Tip

• 염류: 염화 나트륨이 가장 많고, 염화 마그네슘이 두 번째로 많다.
• 염분: 해수 1 kg에 녹아 있는 염류의 양을 g 수로 나타낸 것
• 염분 변화에 영향을 주는 요인: 증발량, 강수량, 해빙, 결빙, 강물의 유입량
• 염분비 일정 법칙: 염분은 바다에 따라 다르지만 해수에 녹아 있는 염류의 성분 비율은 어느 바다에서나 항상 일정하다.

5 염류와 염분에 대한 설명으로 옳은 것은 ○, 옳지 않은 것은 ×로 표시하시오.

(1) 해수에 녹아 있는 여러 가지 물질을 염분이라고 한다. ( )
(2) 염분의 단위로는 psu, ‰를 사용한다. ( )
(3) 전 세계 평균 염분은 약 35 psu이다. ( )
(4) 염분이 높은 바다일수록 염류가 많이 녹아 있다. ( )

6 염류 중 가장 많은 양을 차지하는 것은?

① 황산 칼슘   ② 황산 칼륨   ③ 염화 나트륨
④ 염화 마그네슘   ⑤ 황산 마그네슘

7 어떤 해수 1 kg 속에 염류가 34 g 녹아 있을 때 이 해수의 염분을 구하시오.

원리 Tip

해수가 얼 때 염분이 높아지는 까닭
해수가 얼 때는 순수한 물만 얼기 때문에 염류의 양은 변화 없지만 해수의 양이 감소하므로 염분이 높아진다.

8 염분이 높은 곳은 '고', 염분이 낮은 곳은 '저'라고 쓰시오.

(1) 강수량이 증발량보다 많은 바다 ( )
(2) 강물이 유입되는 바다 ( )
(3) 해수가 어는 바다 ( )
(4) 빙하가 녹는 바다 ( )

원리 Tip B-4

염분비 일정 법칙
국에 소금과 고춧가루를 2 : 1로 넣고 계속 끓이면, 국물은 줄어들어도 소금과 고춧가루의 양은 변함없이 2 : 1로 유지되는 것과 같은 원리이다.

9 다음 빈칸에 알맞은 말을 쓰시오.

염분은 장소와 계절에 따라 다르지만, 바닷물에 포함된 각 염류들 사이의 비율은 세계 어느 바다에서나 항상 일정하다. 이를 (   )(이)라고 한다.

과학적 사고로!

탐구하기 ● ▲ 해수의 연직 수온 분포

목표 해수의 연직 수온 분포와 수온 분포에 영향을 주는 요인을 알아본다.

과정

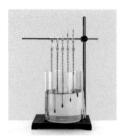  

❶ 수조에 소금물을 $\frac{2}{3}$ 정도 채운 다음, 온도계 5개를 2 cm 깊이 간격으로 장치하고, 각 온도계의 눈금을 읽어 처음 온도를 기록한다.

❷ 수면 위에 적외선 가열 장치를 설치하여 10분 동안 수면을 가열한 후, 각 온도계의 눈금을 읽어 온도를 기록한다.

❸ 적외선 가열 장치를 켠 상태에서 3분 동안 휴대용 선풍기로 바람을 일으킨 후, 각 온도계의 눈금을 읽어 온도를 기록한다.

결과

• 처음 온도, 적외선 가열 장치로 가열한 후, 선풍기 바람을 일으킨 후의 결과와 그래프는 다음과 같다.

깊이(cm)	1	3	5	7	9
처음 온도(°C)	22	22	22	22	22
가열 후 온도(°C)	25.6	23.8	23.0	22.8	22.8
바람을 일으킨 후 온도(°C)	23.8	23.7	23.2	22.8	22.8

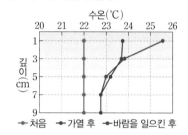

정리

• 실제 자연에서 적외선 가열 장치는 (㉠   ), 휴대용 선풍기는 (㉡   )을 의미한다.
• 적외선 가열 장치를 켜기 전에는 수온 변화가 없다.
• 적외선 가열 장치로 수면을 가열한 후에는 표층 수온은 높아지고, 깊이가 깊어질수록 복사 에너지가 적게 도달하여 수온이 낮아진다. ➡ (㉢   ) 형성
• 바람을 일으킨 후에는 표층 부근에서 물이 섞이면서 수온이 거의 일정한 층이 형성된다. ➡ (㉣   ) 형성

확인 문제

1 위 실험에 대한 설명으로 옳은 것은 ○, 옳지 않은 것은 ×로 표시하시오.

(1) 적외선 가열 장치는 지구 복사 에너지를 의미한다.
( )

(2) 선풍기로 바람을 일으키는 것은 심해층의 형성 과정을 알아보기 위한 것이다. ( )

(3) 선풍기로 바람을 일으킨 후 깊이에 따른 온도 변화가 가장 크게 나타나는 구간은 깊이 3~7 cm이다.
( )

(4) 선풍기로 바람을 10분 이상 일으키면 깊이 1 cm와 3 cm 구간의 온도 차이는 더 커질 것이다. ( )

실전 문제

2 그림 (가)와 같이 장치하고, 전등을 켜서 수면을 가열한 다음 선풍기로 바람을 일으켜 깊이에 따른 수온 변화를 살펴보았다. (나)는 실험 결과를 그래프로 나타낸 것이다.

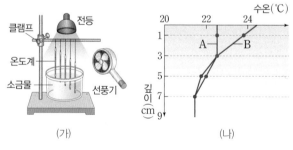

(1) 전등과 선풍기가 실제 자연에서 의미하는 것을 각각 쓰시오.

(2) ㉠ 전등으로 가열한 후와 ㉡ 선풍기로 바람을 일으킨 후의 수온 분포를 나타낸 것을 (나)의 A, B 중 골라 각각 기호를 쓰시오.

그림은 동해와 홍해에서 채취한 해수 1 kg에 포함된 여러 가지 염류의 질량을 나타낸 것이다.

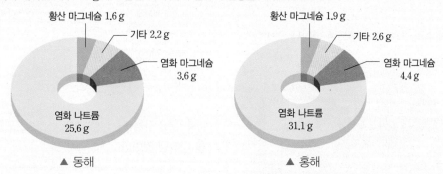

▲ 동해   ▲ 홍해

[동해와 홍해의 염분 구하기]

염분은 해수 1 kg에 포함된 염류의 총량(g)이므로, 동해와 홍해의 염분은 각 염류의 양을 모두 더하면 된다.
- 동해의 염분: 33 psu
- 홍해의 염분: 40 psu

[전체 염류 중 각 염류가 차지하는 비율 구하기]

전체 염류에서 각 염류가 차지하는 비율(%)은 다음과 같이 구할 수 있다.

$$\frac{염류의\ 양(g)}{전체\ 염류의\ 양(g)} \times 100$$

동해와 홍해에서 각 염류가 차지하는 비율을 구하면 다음과 같다.

구분	염화 나트륨		염화 마그네슘		황산 마그네슘	
	질량(g)	구성비(%)	질량(g)	구성비(%)	질량(g)	구성비(%)
동해	25.6	$\frac{25.6}{33} \times 100 \fallingdotseq 77.6(\%)$	3.6	$\frac{3.6}{33} \times 100 \fallingdotseq 10.9(\%)$	1.6	$\frac{1.6}{33} \times 100 \fallingdotseq 4.8(\%)$
홍해	31.1	$\frac{31.1}{40} \times 100 \fallingdotseq 77.8(\%)$	4.4	$\frac{4.4}{40} \times 100 = 11(\%)$	1.9	$\frac{1.9}{40} \times 100 \fallingdotseq 4.8(\%)$

➡ 동해와 홍해의 염분은 달라도 전체 염류에서 각 염류가 차지하는 비율은 거의 같다.

[1~5] 표는 (가), (나) 두 해역의 해수 1 kg에 녹아 있는 염류의 양을 나타낸 것이다.

구분	(가)	(나)
염화 나트륨	24.1 g	27.2 g
염화 마그네슘	3.4 g	( ) g
황산 마그네슘	1.4 g	1.7 g
황산 칼슘	1.1 g	1.3 g
기타	1.0 g	1.0 g

1 (가) 해수의 염분을 구하시오.

2 (가) 해수에서 전체 염류 중 염화 나트륨이 차지하는 비율을 구하시오. (단, 소수 둘째 자리에서 반올림하시오.)

3 (나) 해수의 염분을 구하시오. (단, 소수 첫째 자리에서 반올림하시오.)

4 (나)의 해수 1 kg에 녹아 있는 염화 마그네슘의 양을 구하시오. (단, 소수 둘째 자리에서 반올림하시오.)

5 염분이 39 psu인 어느 해수 1 kg에 포함된 황산 마그네슘의 양을 구하시오. (단, 소수 둘째 자리에서 반올림하시오.)

A 해수의 온도

01 그림은 전 세계 해수의 표층 수온 분포를 나타낸 것이다.

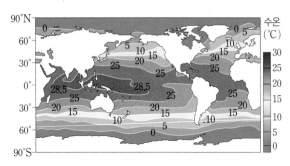

이에 대한 설명으로 옳지 <u>않은</u> 것은?

① 저위도에서 고위도로 갈수록 표층 수온이 낮아진다.
② 표층 해수의 등온선은 위도와 거의 나란하게 분포한다.
③ 표층 수온 분포에 가장 큰 영향을 주는 요인은 바람이다.
④ 대륙 주변부의 수온은 해류나 수륙 분포의 영향을 받는다.
⑤ 남반구와 북반구의 수온 분포는 적도를 기준으로 거의 대칭을 이룬다.

[02~03] 그림은 어느 중위도 해역에서 깊이에 따른 수온 변화를 나타낸 것이다.

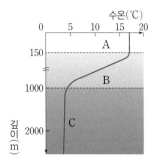

중요
02 A, B, C층의 이름을 옳게 짝 지은 것은?

	A	B	C
①	혼합층	심해층	수온 약층
②	혼합층	수온 약층	심해층
③	심해층	혼합층	수온 약층
④	심해층	수온 약층	혼합층
⑤	수온 약층	혼합층	심해층

03 A층을 형성하는 데 영향을 주는 요인을 모두 고르면? (2개)

① 바람
② 강수량
③ 증발량
④ 강물의 유입량
⑤ 태양 복사 에너지양

탐구 116쪽

[04~05] 다음은 해수의 연직 수온 분포를 알아보기 위한 실험을 나타낸 것이다.

(가) 수조에 소금물을 $\frac{2}{3}$ 정도 채운 다음, 온도계 5개를 2 cm 깊이 간격으로 장치하고 수온을 측정한다.
(나) 수면 위에서 전등을 비추어 가열한 후 수온을 측정한다.
(다) 전등을 켠 상태에서 선풍기로 바람을 일으킨 후 수온을 측정한다.

04 이에 대한 설명으로 옳은 것을 〈보기〉에서 모두 고른 것은?

보기
ㄱ. 실제 자연에서 전등은 태양 복사 에너지, 선풍기는 바람에 해당한다.
ㄴ. (나) 과정에서 혼합층이 형성된다.
ㄷ. 선풍기의 바람을 더 강하게 일으키면 표층과 심층의 수온 차이가 더욱 커진다.

① ㄱ
② ㄷ
③ ㄱ, ㄴ
④ ㄱ, ㄷ
⑤ ㄴ, ㄷ

05 (다) 과정의 결과를 그래프로 옳게 나타낸 것은?

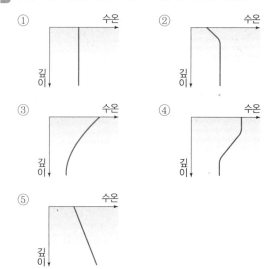

06 수온 약층에 대한 설명으로 옳은 것은?

① 매우 안정한 층이다.
② 고위도 해역에서 가장 두껍다.
③ 연중 수온 변화가 나타나지 않는다.
④ 태양 복사 에너지를 가장 많이 흡수한다.
⑤ 바람이 강한 해역일수록 두껍게 발달한다.

07 그림은 위도가 다른 A, B 두 해역에서 측정한 연직 수온 분포를 나타낸 것이다.

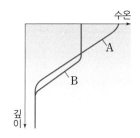

A 해역이 B 해역보다 큰 값을 갖는 것은?

① 위도
② 바람의 세기
③ 혼합층의 두께
④ 심해층의 수온
⑤ 해수면에 도달하는 태양 복사 에너지양

중요
08 그림은 위도별 연직 수온 분포를 나타낸 것이다.

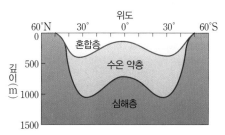

이에 대한 설명으로 옳은 것을 〈보기〉에서 모두 고른 것은?

보기
ㄱ. 위도 30° 부근에서 바람이 가장 강하게 분다.
ㄴ. 수심 1000 m 이상에서는 위도에 관계없이 수온이 거의 일정하다.
ㄷ. 위도 60° 이상의 고위도 해역에는 태양 복사 에너지가 도달하지 않는다.

① ㄱ
② ㄷ
③ ㄱ, ㄴ
④ ㄱ, ㄷ
⑤ ㄴ, ㄷ

B 해수의 염분

09 염류에 대한 설명으로 옳은 것은?

① 염류의 단위는 psu이다.
② 황산 칼슘, 황산 칼륨은 염류에 속한다.
③ 염화 마그네슘은 짠맛이 나는 염류이다.
④ 지역에 따라 해수에 녹아 있는 염류의 종류가 다르다.
⑤ 염류는 해수 1 kg 속에 녹아 있는 물질의 총량(g)을 말한다.

【주관식】
10 그림은 해수 중에 포함되어 있는 염류들의 질량비를 나타낸 것이다.

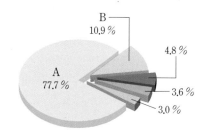

A와 B에 해당하는 염류의 이름을 각각 쓰시오.

중요
11 염분에 대한 설명으로 옳은 것은?

① 전 세계 바다의 염분은 거의 같다.
② 염분은 수온의 영향을 가장 크게 받는다.
③ 건조한 지역은 다른 지역보다 염분이 높다.
④ 염분은 지역에 따라 다르지만 계절의 영향은 받지 않는다.
⑤ 염분이 높을수록 해수에 녹아 있는 염류의 종류가 많아진다.

12 어느 지역의 해수 3 kg을 증발시켜서 99 g의 염류를 얻었다. 이 해수의 염분은 얼마인가?

① 9 psu   ② 19 psu   ③ 33 psu
④ 66 psu   ⑤ 99 psu

13 염분이 38 psu인 해수 200 g에 녹아 있는 염류의 총량은 몇 g인가?

① 3.8 g   ② 7.6 g   ③ 19 g
④ 38 g   ⑤ 190 g

【주관식】

14 다음은 (가)~(다) 세 해역에서 채취한 해수의 특성을 나타낸 것이다.

> (가) 염분이 32 psu이다.
> (나) 해수 200 g에 염류가 6.5 g 녹아 있다.
> (다) 해수 5 kg에 염류가 170 g 녹아 있다.

염분이 높은 해역부터 순서대로 나열하시오.

중요
15 염분이 가장 높게 나타날 것으로 예상되는 지역은?

① 적도 해역
② 대륙 주변부 해역
③ 빙하가 녹는 해역
④ 위도 30° 부근의 해역
⑤ 위도 60° 부근의 해역

중요
16 그림은 A~E 해역의 증발량과 강수량을 나타낸 것이다.

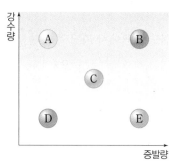

증발량과 강수량 이외의 조건을 고려하지 않았을 때, A~E 중 염분이 가장 높은 해역과 가장 낮은 해역을 순서대로 옳게 짝 지은 것은?

① A, C   ② A, E   ③ B, D
④ D, B   ⑤ E, A

17 표는 동해, 북극해, 지중해의 해수 1 kg에 녹아 있는 염류의 양을 나타낸 것이다.

구분	동해	북극해	지중해
A(g)	25.6	23.3	28.0
염화 마그네슘(g)	B	3.3	3.9
황산 마그네슘(g)	1.6	1.4	1.7
기타(g)	2.2	2.0	2.4

이에 대한 설명으로 옳지 <u>않은</u> 것은?

① A는 염화 나트륨이다.
② B는 3.3 g보다 적다.
③ 지중해의 염분이 가장 높다.
④ 북극해의 염분은 30 psu이다.
⑤ 세 해역에서 전체 염류 중 황산 마그네슘이 차지하는 질량비는 거의 같다.

18 해수에 녹아 있는 염류 중 한 가지 성분의 양만 알면 염분을 구할 수 있다. 그 까닭으로 옳은 것은?

① 염분은 장소에 따라 다르기 때문이다.
② 모든 해역에서 염분이 같기 때문이다.
③ 염분은 강수량과 증발량의 영향을 가장 크게 받기 때문이다.
④ 해수에 포함되어 있는 염류의 종류는 모든 해역에서 같기 때문이다.
⑤ 전체 염류 중 각 염류가 차지하는 비율은 어느 해역에서나 거의 같기 때문이다.

단어 제시형

1 저위도 해역은 중위도 해역보다 혼합층의 두께가 얇지만 수온 약층은 뚜렷하게 발달한다. 그 까닭을 다음 용어를 모두 사용하여 서술하시오.

바람, 태양 복사 에너지, 표층, 심층

1 혼합층의 형성과 수온 약층의 형성에 영향을 주는 요인과 그 영향을 생각하여 서술한다.

_____

_____

단계별 서술형 단어 제시형

2 표는 어느 해역의 해수 100 g에 들어 있는 염류의 양(g)을 나타낸 것이다.

염류	염화 나트륨	염화 마그네슘	황산 마그네슘	기타
질량(g)	2.71	0.38	0.17	0.24

(1) 이 해역 해수의 염분을 구하시오.

_____

(2) 염분이 40 psu인 해수 1 kg 속에 들어 있는 염화 나트륨의 양을 구하시오. (단, 소수 둘째 자리에서 반올림하시오.)

_____

(3) (2)에서 염화 나트륨의 양을 구하는 데 이용된 법칙을 쓰고, 그 내용을 다음 용어를 모두 포함하여 서술하시오.

염분, 염류

2 (1) 염분은 해수 1 kg에 들어 있는 염류의 총량을 g 수로 나타낸 것이라는 것을 생각한다.
(2) 이 해역에서 염화 나트륨이 차지하는 성분비를 구하여 염분비 일정 법칙을 이용한다.

_____

_____

단계별 서술형

3 그림은 우리나라 주변 바다의 계절별 염분 분포를 나타낸 것이다.

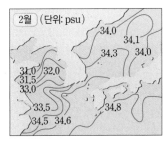
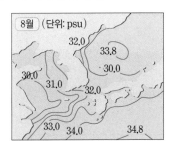

(1) 황해와 동해 중 염분이 더 낮은 해역을 쓰시오.

_____

(2) (1)과 같이 두 해역에서 염분이 차이나는 까닭을 서술하시오.

_____

3 우리나라는 동고서저형의 지형적인 특징을 가지고 있다는 것과 연관지어 생각해 본다.
→ 필수 용어: 강물의 유입량

Plus 문제 3-1
우리나라에서 여름철과 겨울철 중 염분이 낮은 계절을 쓰고, 그 까닭을 서술하시오.

_____

_____

03 해수의 순환

Ⓐ 해류

1. 해류❶ 바다에서 일정한 방향으로 나타나는 지속적인 해수의 흐름

① 발생 원인: 해수 표면에서 지속적으로 부는 바람

② 해류의 구분

• 한류: 고위도에서 저위도로 흐르는 차가운 해류 ─ 수온과 염분이 낮고, 영양 염류와 용존 산소량이 많다.

• 난류: 저위도에서 고위도로 흐르는 따뜻한 해류 ─ 수온과 염분이 높고, 영양 염류와 용존 산소량이 적다.
└ 저위도의 남는 열을 고위도로 수송하는 역할을 한다.

2. 우리나라 주변의 해류

① 난류와 한류

난류	쿠로시오 해류	우리나라 주변 난류의 근원으로, 북태평양의 서쪽 해역을 따라 북쪽으로 흐르는 해류
	동한 난류	쿠로시오 해류의 일부가 우리나라의 동해를 따라 북상하는 해류
	황해 난류	쿠로시오 해류의 일부가 황해 중앙부로 북상하는 해류
한류	연해주 한류	오호츠크해에서 아시아 대륙의 동쪽 연안을 따라 남하하는 해류
	북한 한류	연해주 한류의 일부가 동해안을 따라 남하하는 해류

→ 한류
→ 난류
● 조경 수역

▲ 우리나라 주변의 해류

② *조경 수역❷: 동한 난류와 북한 한류가 만나는 동해에 조경 수역이 형성되며, 난류의 세력이 강해지는 여름철에는 북상하고, 한류의 세력이 강해지는 겨울철에는 남하한다.

Ⓑ 조석

1. 조석 현상 밀물과 썰물❸에 따라 해수면의 높이가 주기적으로 오르내리는 현상

조류❹	밀물과 썰물에 의해 생기는 바닷물의 주기적인 흐름 ─ 좁은 해협, 섬이 많은 바다에서 조류가 빠르다.
만조	밀물로 해수면의 높이가 가장 높아졌을 때
간조	썰물로 해수면의 높이가 가장 낮아졌을 때
조차❺	만조와 간조 때 해수면의 높이 차
조석 주기	만조에서 다음 만조 또는 간조에서 다음 간조가 될 때까지 걸리는 시간 ➡ 약 12시간 25분 ─ 우리나라에서 만조와 간조는 하루에 각각 약 두 번씩 일어난다.

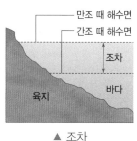

만조 때 해수면
간조 때 해수면
조차
육지
바다

▲ 조차

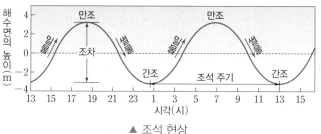

▲ 조석 현상
└ 만조에서 간조 사이에는 썰물이 일어나고, 간조에서 만조 사이에는 밀물이 일어난다.

2. 조석 현상의 이용

① 우리나라 주변 바다의 조차: 서해안에서 조차가 가장 크며, 갯벌이 잘 형성된다.

② 조차와 조류의 이용: 어업 활동(*죽방렴, 조개잡이), 전기 생산(조력 발전, 조류 발전), 관광지 이용(바다 갈라짐 현상) 등
밀물과 썰물에 의한 해수면의 높이 ┘   └ 조류를 이용하여
차를 이용하여 전기 생산   전기 생산

❶ 해류의 영향
해류는 주변 지역의 기온에 영향을 준다. 난류가 흐르는 해안 지역은 같은 위도의 다른 지역보다 대체로 기온이 높고, 한류가 흐르는 해안 지역은 같은 위도의 다른 지역보다 대체로 기온이 낮다.

❷ 조경 수역
난류와 한류가 만나는 해역으로, 영양 염류와 플랑크톤이 풍부하여 좋은 어장이 된다.

❸ 밀물과 썰물
밀물은 바닷물이 육지 쪽으로 밀려들어오는 현상이고, 썰물은 바닷물이 육지에서 바다 쪽으로 빠져나가는 현상이다.

❹ 조류와 해류의 차이점
조류는 흐르는 방향이 주기적으로 바뀌는 바닷물의 흐름이고, 해류는 일정한 방향으로 흐르는 바닷물의 흐름이다.

❺ 한 달 동안 해수면의 높이 변화
한 달 중 조차가 가장 작은 시기를 조금, 조차가 가장 큰 시기를 사리라고 하며, 조금과 사리는 한 달에 약 두 번씩 생긴다.

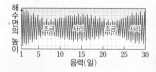

용어 사전
*조경 수역(조수 潮, 경계 境, 물 水, 구역 域)
난류와 한류가 만나는 경계 수역
*죽방렴(대나무 竹, 둑 防, 청렴할 廉)
좁은 바다의 물목에 대나무로 만든 그물을 세워서 물고기를 잡는 일

기초를 튼튼히! 개념 잡기

1 난류에 대한 설명은 '난류', 한류에 대한 설명은 '한류'라고 쓰시오.

(1) 저위도에서 고위도로 흐른다. ( )
(2) 주변보다 수온이 낮은 해류이다. ( )
(3) 영양 염류가 많고 용존 산소량이 많다. ( )
(4) 염분이 높다. ( )

2 우리나라 주변의 해류에 대한 설명으로 옳은 것은 ○, 옳지 않은 것은 ×로 표시하시오.

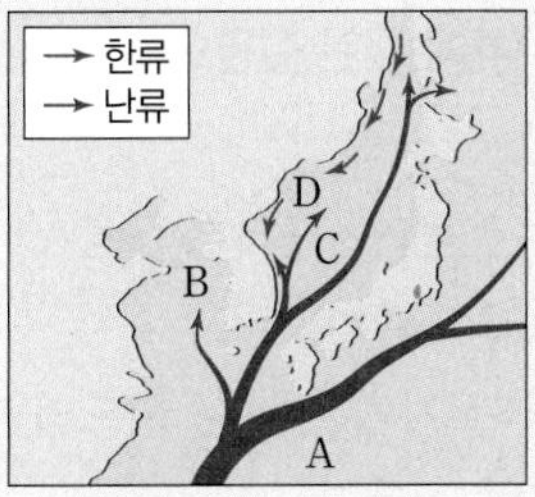

(1) 남해에는 한류와 난류가 모두 흐른다. ( )
(2) 우리나라 주변을 흐르는 난류의 근원은 쿠로시오 해류이다. ( )
(3) 동한 난류는 저위도에서 고위도로 흐른다. ( )
(4) 우리나라에서 조경 수역은 황해 난류와 북한 한류가 만나는 곳에 형성된다. ( )

3 다음 빈칸에 알맞은 말을 쓰시오.

한류와 난류가 만나는 해역에는 ( )이/가 형성되어 좋은 어장이 만들어진다.

4 그림은 간조와 만조 때의 해수면을 나타낸 것이다. A를 무엇이라고 하는지 쓰시오.

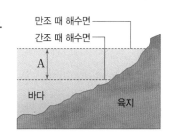

5 다음은 조석에 대한 설명이다. ( ) 안에 알맞은 말을 고르시오.

(1) 밀물과 썰물에 의해 생기는 바닷물의 주기적인 흐름을 (해류 , 조류)라고 한다.
(2) 하루 중 해수면의 높이가 가장 높아졌을 때를 (만조 , 밀물)(이)라고 한다.
(3) 해안에서 먼 바다 쪽으로 바닷물이 빠져나가 해수면의 높이가 점점 낮아지는 해수의 흐름을 (간조 , 썰물)(이)라고 한다.
(4) 한 달 중 조차가 가장 큰 시기를 (조금 , 사리)(이)라고 한다.
(5) 우리나라에서 만조와 간조는 각각 하루에 약 (한 , 두) 번씩 일어난다.

A 해류

01 해수 표면에서 수평 방향으로 이동하는 해류를 발생시키는 주된 원인은 무엇인가?

① 수온 변화
② 염분 변화
③ 지속적인 바람
④ 달과 태양의 인력
⑤ 태양 복사 에너지양

02 해류에 대한 설명으로 옳은 것은?

① 한류는 북반구에서만 흐른다.
② 난류는 한류보다 수온이 낮다.
③ 저위도에서 고위도로 흐르는 해류를 표층 해류라고 한다.
④ 일정한 주기를 가지고 수평 방향으로 흐르는 해수의 흐름이다.
⑤ 난류가 흐르는 부근의 해역은 같은 위도의 다른 지역보다 따뜻하다.

03 그림은 우리나라 주변을 흐르는 해류를 특징에 따라 분류하는 과정을 나타낸 것이다.

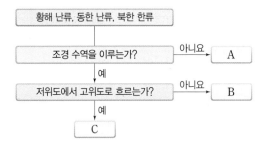

A, B, C에 해당하는 해류를 옳게 짝 지은 것은?

	A	B	C
①	황해 난류	동한 난류	북한 한류
②	황해 난류	북한 한류	동한 난류
③	동한 난류	북한 한류	황해 난류
④	동한 난류	황해 난류	북한 한류
⑤	북한 한류	동한 난류	황해 난류

[04~06] 그림은 우리나라 부근의 해류를 나타낸 것이다.

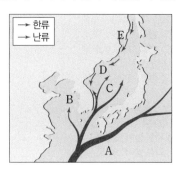

중요
04 해류 A~E의 이름을 옳게 짝 지은 것은?

① A - 일본 해류
② B - 황해 난류
③ C - 동해 난류
④ D - 연해주 한류
⑤ E - 북한 한류

05 우리나라 부근을 흐르는 해류에 대한 설명으로 옳지 않은 것은?

① A는 우리나라 주변을 흐르는 난류의 근원이다.
② B는 D보다 용존 산소량이 많다.
③ C가 흐르는 주변의 해안 지역은 같은 위도의 내륙 지역보다 비교적 기온이 높다.
④ D는 겨울철에 세력이 더 강해진다.
⑤ E는 D의 근원 해류이다.

중요 【주관식】
06 A~E 중 우리나라에서 조경 수역을 형성하는 해류의 기호를 모두 쓰시오.

07 우리나라 주변 바다에 형성되는 조경 수역에 대한 설명으로 옳은 것을 〈보기〉에서 모두 고른 것은?

> **보기**
> ㄱ. 황해에서도 조경 수역이 형성된다.
> ㄴ. 여름철에는 북상하고, 겨울철에는 남하한다.
> ㄷ. 영양 염류와 플랑크톤이 풍부하여 좋은 어장이 된다.

① ㄱ
② ㄷ
③ ㄱ, ㄴ
④ ㄱ, ㄷ
⑤ ㄴ, ㄷ

ⓑ 조석

08 조류와 조석에 대한 설명으로 옳은 것은?

① 한 달 중 조차가 가장 크게 나타나는 시기를 만조라고 한다.

② 하루 중 해수면의 높이가 가장 높아졌을 때를 밀물이라고 한다.

③ 밀물과 썰물, 만조와 간조는 각각 하루에 약 한 번씩 일어난다.

④ 조석 주기는 밀물이 일어나는 시간 또는 썰물이 일어나는 시간이다.

⑤ 밀물과 썰물에 의해 나타나는 바닷물의 주기적인 흐름을 조류라고 한다.

[09~10] 그림은 군산 앞바다에서 하루 동안 해수면의 높이 변화를 관측하여 나타낸 것이다.

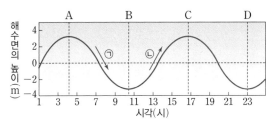

중요

09 이에 대한 설명으로 옳은 것은?

① ㉠은 밀물이다.

② 이날 조차는 약 3.5 m이다.

③ B에서 D까지의 시간은 조석 주기이다.

④ ㉡ 동안 해수면의 높이는 점점 낮아진다.

⑤ 이날 첫 번째 간조는 오전 4시 10분경에 일어났다.

[주관식]

10 20시경에 군산 앞바다에서 조류의 방향을 그림에 화살표로 표시하시오.

11 어느 해안 지방에서 오전 10시경에 간조가 되었다면 다음 간조는 대략 몇 시경에 일어나겠는가?

① 오후 1시 6분경   ② 오후 4시 13분경

③ 오후 6시 20분경   ④ 오후 10시 25분경

⑤ 오후 11시 50분경

12 그림 (가)는 진도 앞바다에서 어느 해 4월 한 달 동안 해수면의 높이 변화를 측정하여 나타낸 것이고, (나)는 진도 앞바다에서 신비의 바닷길이 열리는 모습을 나타낸 것이다.

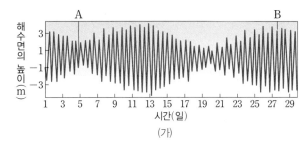

(가)

(나)

(가)의 A, B 중 (나)와 같은 현상이 나타날 때와 이때를 무엇이라고 하는지 옳게 짝 지은 것은?

① A, 간조   ① A, 조금

③ A, 사리   ④ B, 간조

⑤ B, 사리

13 우리나라의 서해안은 조력 발전소를 건설하기에 적당한 조건을 갖추고 있다. 그 까닭을 옳게 설명한 것은?

① 조류가 세기 때문이다.

② 수심이 깊기 때문이다.

③ 조차가 크기 때문이다.

④ 해수의 염분이 높기 때문이다.

⑤ 바람이 강하게 불기 때문이다.

단어 제시형

1 승아는 여름 방학 동안 가족들과 부산에서 강원도 고성까지 요트 여행을 하기로 하였다. 이때 승아네 가족은 어떤 해류를 이용하는 것이 좋은지 다음 내용을 포함하여 서술하시오.

> 해류의 방향

단계별 서술형

2 그림 (가)와 (나)는 여름철과 겨울철에 우리나라 동해안을 흐르는 해류의 분포를 순서 없이 나타낸 것이다.

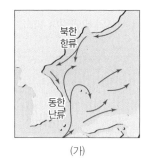

(가)   (나)

(1) (가), (나)의 계절을 각각 쓰시오.

(2) (가), (나)일 때 조경 수역의 위치를 비교하고, 그 까닭을 함께 서술하시오.

2 (1) 여름철에는 난류의 세력이 강해지고, 겨울철에는 한류의 세력이 강해진다는 것을 생각하고 해류의 분포를 비교한다.
(2) 조경 수역은 난류와 한류가 만나는 해역임을 떠올린다.
→ 필수 용어: 세력, 북상, 남하

Plus 문제 **2-1**
조경 수역에 좋은 어장이 형성되는 까닭을 서술하시오.

서술형

3 바닷물의 흐름은 크게 해류와 조류로 구분할 수 있다. 해류와 조류의 가장 큰 차이점을 서술하시오.

서술형

4 표는 어느 해안 지역에서 하루 동안 만조와 간조 때 해수면의 높이를 나타낸 것이다.

구분	만조	간조	만조	간조
시각(시 : 분)	05 : 06	11 : 27	17 : 21	23 : 35
해수면의 높이(cm)	896	77	876	34

해가 뜬 이후 갯벌 체험을 하기 가장 적절한 시간을 한 시간 단위(예 9~10시)로 쓰고, 그렇게 생각한 까닭을 서술하시오.

이 단원에서 학습한 내용을 확실히 이해했나요?
다음 내용을 잘 알고 있는지 확인해 보세요.

1 수권의 분포

- 수권의 구성: 해수, 빙하, 지하수, 호수, 하천수 등으로 이루어져 있다.
- 수권의 분포: 수권 중 가장 많은 양을 차지하는 것은 ❶☐☐이고, 육지의 물 중 가장 많은 양을 차지하는 것은 ❷☐☐이다.

2 수자원의 활용

- 수자원의 이용: 주로 ❶☐☐와 ❷☐☐☐를 이용한다.
- 수자원의 용도
  - ❸☐☐☐☐: 일상생활에서 사용하는 물
  - ❹☐☐☐☐: 우리나라에서 가장 많은 용도로 사용되며, 농작물을 재배할 때 사용하는 물
  - ❺☐☐☐☐: 공업 및 산업 활동에 사용하는 물
  - ❻☐☐☐☐: 하천의 정상적인 기능을 유지하기 위해 사용하는 물
- ❼☐☐☐☐의 가치와 활용: 양이 풍부하고, 지속적으로 사용할 수 있으며, 간단한 정수 과정을 거치면 바로 사용할 수 있어 수자원으로서 가치가 높다.

3 해수의 연직 수온 분포

- 표층 수온 분포에 영향을 주는 요인: ❶☐☐ ☐☐☐☐를 많이 받을수록 표층 수온이 높다.
- ❷☐☐☐: 태양 복사 에너지에 의해 가열되고, 바람에 의해 혼합되어 해수면 아래에 수온이 일정한 층
- ❸☐☐ ☐☐: 깊이가 깊어질수록 수온이 급격하게 낮아지는 층
- ❹☐☐☐: 수온이 매우 낮고 일정한 층
- 위도에 따른 연직 수온 분포
  - ❺☐☐☐ 해역: 표층 수온이 높고, 혼합층이 얇으며, 수온 약층이 뚜렷하다.
  - ❻☐☐☐ 해역: 바람이 강해 혼합층이 두껍다.
  - 고위도 해역: 층상 구조가 거의 나타나지 않는다.

4 염류와 염분

- ❶☐☐: 해수에 녹아 있는 여러 가지 물질
- ❷☐☐: 해수 1 kg에 녹아 있는 염류의 총량을 g 수로 나타낸 것 ➡ 단위: psu(실용염분단위), ‰(퍼밀)
- 염분이 ❸☐☐ 곳: 증발량이 강수량보다 많은 바다, 해수가 어는 바다
- 염분이 ❹☐☐ 곳: 강수량이 증발량보다 많은 바다, 빙하가 녹는 바다, 강물의 유입량이 많은 바다
- ❺☐☐☐ ☐☐ ☐☐: 염분은 계절이나 지역에 따라 달라지지만 해수에 녹아 있는 염류의 구성 비율은 항상 일정하다.

5 해류

- ❶☐☐: 저위도에서 고위도로 흐르는 따뜻한 해류
- ❷☐☐: 고위도에서 저위도로 흐르는 차가운 해류
- 우리나라 주변의 해류
  - ❸☐☐☐☐ 해류: 우리나라 주변 난류의 근원 해류
  - ❹☐☐☐ 한류: 우리나라 주변 한류의 근원 해류
  - ❺☐☐ 난류: 쿠로시오 해류에서 갈라져서 우리나라의 동해안을 따라 북상하는 해류
  - ❻☐☐ 난류: 쿠로시오 해류에서 갈라져서 우리나라의 황해로 북상하는 해류
  - ❼☐☐ 한류: 연해주 한류에서 갈라져서 우리나라 동해안을 따라 남하하는 해류

6 조석

- ❶☐☐: 밀물과 썰물에 따라 해수면의 높이가 주기적으로 오르내리는 현상
- ❷☐☐: 밀물과 썰물에 의해 생기는 바닷물의 주기적인 흐름
- ❸☐☐: 밀물로 해수면의 높이가 가장 높아졌을 때
- 간조: 썰물로 해수면의 높이가 가장 낮아졌을 때
- ❹☐☐: 만조와 간조 때 해수면의 높이 차
- ❺☐☐ ☐☐: 만조에서 다음 만조 또는 간조에서 다음 간조까지 걸리는 시간
- ❻☐☐: 한 달 중 조차가 가장 큰 시기
- ❼☐☐: 한 달 중 조차가 가장 작은 시기

[내 실력 진단하기]

각 중단원별로 어느 부분이 부족한지 진단해 보고, 부족한 단원은 다시 복습합시다.

01. 수권의 분포와 활용	01		02		03		04		05		22									
02. 해수의 특성	06		07		08		09		10		11		12		13		14		23	
03. 해수의 순환	15		16		17		18		19		20		21		24					

상중하

01 지구상에 분포하는 물에 대한 설명으로 옳은 것은?

① 지구상의 물은 모두 액체 상태이다.
② 해수는 지구 표면의 약 97.47 %를 덮고 있다.
③ 지하수는 접근성이 좋고 쉽게 이용할 수 있다.
④ 육지에는 대부분 짠맛이 나지 않는 담수가 분포한다.
⑤ 해수는 짠맛을 가지고 있어 음식을 만들 때 바로 이용할 수 있다.

상중하

02 그림은 수권의 분포를 나타낸 것이다.

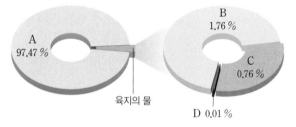

A~D 중 다음과 같은 특징을 가진 물의 기호와 종류를 옳게 짝 지은 것은?

- 지표를 흐르거나 고여 있는 물이다.
- 수자원으로 주로 이용된다.

① A, 해수　② B, 빙하
③ C, 지하수　④ C, 호수와 하천수
⑤ D, 호수와 하천수

자료 분석 | 정답과 해설 37쪽

상중하

03 우리나라의 수자원 활용에 대한 설명으로 옳은 것을 〈보기〉에서 모두 고른 것은?

보기

ㄱ. 인구 증가로 생활용수의 이용량이 크게 증가하고 있다.
ㄴ. 지하수는 쉽게 마르기 때문에 수자원으로 활용하지 않는다.
ㄷ. 우리나라는 삼면이 바다로 둘러싸여 있어 구하기 쉬운 해수를 수자원으로 주로 활용한다.

① ㄱ　② ㄷ　③ ㄱ, ㄴ
④ ㄱ, ㄷ　⑤ ㄴ, ㄷ

【주관식】 상중하

04 그림은 수자원이 활용되는 예를 나타낸 것이다.

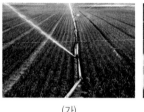

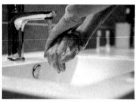

(가)

(나)

(가)와 (나)에 해당하는 수자원의 용도를 각각 쓰시오.

상중하

05 수자원으로서 지하수의 가치가 높은 까닭으로 옳지 않은 것은?

① 담수이다.
② 액체 상태로 존재한다.
③ 지표면에 드러나 있다.
④ 지속적으로 활용할 수 있다.
⑤ 육지의 물 중 두 번째로 많은 양을 차지한다.

상중하

06 그림은 위도가 다른 세 해역에서 측정한 수온의 연직 분포를 나타낸 것이다.

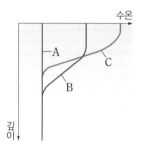

(가) 바람이 가장 강하게 부는 해역과 (나) 위도가 가장 낮은 해역을 옳게 짝 지은 것은?

	(가)	(나)		(가)	(나)
①	A	A	②	A	C
③	B	A	④	B	C
⑤	C	C			

자료 분석 | 정답과 해설 38쪽

[07~08] 그림은 어느 중위도 해역에서 깊이에 따른 해수의 수온 분포를 나타낸 것이다.

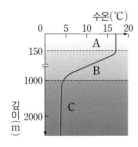

상중하

07 A~C층에 대한 설명으로 옳은 것을 〈보기〉에서 모두 고른 것은?

보기
ㄱ. A층은 바람의 영향만 받는다.
ㄴ. 깊이에 따른 수온 변화는 B층에서 가장 크다.
ㄷ. A층과 C층의 물질은 서로 섞일 수 있지만, 열 교환은 이루어지지 않는다.

① ㄱ   ② ㄴ   ③ ㄷ
④ ㄱ, ㄴ   ⑤ ㄴ, ㄷ

【주관식】   **상중하**

08 A~C층 중 다음과 같은 특징을 가진 층을 골라 기호와 명칭을 쓰시오.

• 태양 복사 에너지의 영향을 거의 받지 않는다.
• 수온이 일정하며, 계절과 위도에 따른 변화가 거의 없다.

상중하

09 염류에 대한 설명으로 옳은 것을 〈보기〉에서 모두 고른 것은?

보기
ㄱ. 해수를 증발시키고 남은 물질이다.
ㄴ. 염류 중 염화 마그네슘은 단맛이 난다.
ㄷ. 해수에는 염화 나트륨이 가장 많이 녹아 있다.
ㄹ. 바닷물 1 kg에 녹아 있는 여러 가지 물질의 총량을 g 수로 나타낸 것이다.

① ㄱ, ㄴ   ② ㄱ, ㄷ   ③ ㄷ, ㄹ
④ ㄱ, ㄴ, ㄷ   ⑤ ㄴ, ㄷ, ㄹ

상중하

10 그림과 같이 물 480 g과 천일염 20 g을 섞어서 바닷물을 만들었다.

물 480 g + 천일염 20 g = 바닷물

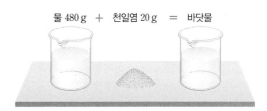

이 바닷물의 염분은 얼마인가?

① 20 psu   ② 25 psu   ③ 40 psu
④ 42 psu   ⑤ 50 psu

상중하

11 염분을 증가시키는 요인을 모두 고르면? (2개)

① 강수   ② 증발   ③ 결빙
④ 해빙   ⑤ 강물의 유입

상중하

12 그림은 위도별 연평균 강수량과 증발량의 분포를 나타낸 것이다.

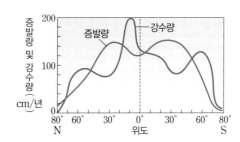

염분이 가장 높을 것으로 예상되는 해역의 위도와 그 까닭을 옳게 설명한 것은?

① 적도 부근, 강수량이 증발량보다 많기 때문에
② 적도 부근, 증발량이 강수량보다 많기 때문에
③ 위도 30° 부근, 강수량이 증발량보다 많기 때문에
④ 위도 30° 부근, 증발량이 강수량보다 많기 때문에
⑤ 위도 60° 부근, 강수량이 증발량보다 많기 때문에

자료 분석 | 정답과 해설 38쪽

[13~14] 표는 (가) 해역에서 채취한 해수 10 kg 속에 녹아 있는 염류의 양을 나타낸 것이다.

염류	질량(g)
염화 나트륨	272
염화 마그네슘	38
황산 마그네슘	17
황산 칼슘	13
황산 칼륨	9
기타	1

【주관식】 상 중 **하**

13 (가) 해역 해수의 염분을 구하시오.

상 **중** 하

14 (나) 해역에서 채취한 해수 2 kg 속에 녹아 있는 염화 나트륨의 양을 측정하였더니 66 g이었다. (나) 해역 해수의 염분은 얼마인가?

① 약 12 psu　　　② 약 24.5 psu
③ 약 33 psu　　　④ 약 42.5 psu
⑤ 약 85 psu

상 중 **하**

15 그림과 같이 수조에 물을 채우고 종잇조각을 여러 개 물에 띄운 후 수조의 한쪽 끝에서 헤어드라이어로 바람을 일으켜 종잇조각의 움직임을 살펴보았다.

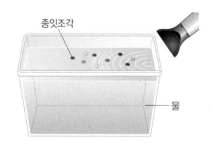

종잇조각

물

이 실험을 통해 알아보고자 하는 것은 무엇인가?

① 밀물의 발생 원인　　② 썰물의 발생 원인
③ 조류의 발생 원인　　④ 해류의 발생 원인
⑤ 혼합층의 생성 원인

상 **중** 하

16 해류에 대한 설명으로 옳지 않은 것은?

① 바닷물이 일정한 방향으로 흐르는 것이다.
② 저위도에서 고위도로 흐르는 해류를 난류라고 한다.
③ 해수 표면에서 해류는 주로 수온 차에 의해 발생한다.
④ 난류가 흐르는 연안 지방은 겨울철 기온이 비교적 높다.
⑤ 난류와 한류가 만나는 곳에는 영양 염류가 풍부하여 좋은 어장이 형성된다.

상 **중** 하

17 우리나라는 겨울철에 같은 위도에 위치한 서해안 지방보다 동해안 지방이 더 따뜻하다. 그 까닭으로 옳은 것은?

① 조류가 약하기 때문이다.
② 조차가 크게 나타나기 때문이다.
③ 해안선의 모양이 단조롭기 때문이다.
④ 동해에서 한류와 난류가 만나기 때문이다.
⑤ 동한 난류가 해안 가까이에서 흐르기 때문이다.

상 중 **하**

18 그림은 우리나라 부근의 해류를 나타낸 것이다.

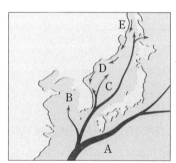

A~E 해류를 난류와 한류로 옳게 구분한 것은?

	난류	한류
①	A, B	C, D, E
②	A, C	B, D, E
③	A, B, C	D, E
④	B, C	A, D, E
⑤	D, E	A, B, C

19 해수면의 높이가 주기적으로 높아졌다 낮아졌다 하는 현상을 무엇이라고 하는가?

① 조류　　　② 조차　　　③ 조석
④ 밀물　　　⑤ 썰물

20 그림은 인천 앞바다에서 하루 동안 해수면의 높이 변화를 측정하여 나타낸 것이다.

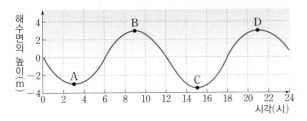

이에 대한 설명으로 옳지 <u>않은</u> 것은?

① A와 C는 간조이다.
② 이날 조차는 약 3 m이다.
③ A-B 사이에 밀물이 일어난다.
④ B-C 사이에 해수면의 높이가 낮아진다.
⑤ 갯벌에서 조개를 잡기에 가장 좋을 때는 15시경이다.

자료 분석 | 정답과 해설 39쪽

21 그림은 사리일 때 어느 해안에서 만조와 간조 때 해수면의 높이를 나타낸 것이다.

조금일 때 A, B, C의 변화를 옳게 짝 지은 것은?

	A	B	C
①	상승	하강	증가
②	하강	상승	감소
③	상승	하강	감소
④	하강	상승	증가
⑤	상승	하강	일정

22 그림은 전체 수자원 총량을 100 %로 하였을 때, 우리나라의 수자원 이용 현황을 나타낸 것이다.

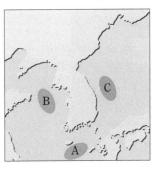

수자원 총량 중 실제로 이용되는 양은 몇 %인지 구하고, 이 자료로부터 수자원의 이용률을 높이는 방법을 서술하시오.

23 표는 서로 다른 세 해역에서 채취한 해수의 염분을 나타낸 것이다.

해역	A	B	C
염분(psu)	33	38	34.5

A, B, C 해역의 해수 1 kg 속에 녹아 있는 염화 나트륨의 질량비를 부등호로 비교하고, 그렇게 답한 까닭을 서술하시오.

24 그림은 우리나라 주변 바다를 나타낸 것이다.

A~C 중 좋은 어장이 형성될 것으로 생각되는 곳을 고르고, 그 까닭을 서술하시오.

VIII

열과 우리 생활

기억하기

이 단원을 학습하기 전에, 이전에 배운 내용 중 꼭 알아야 할 개념들을 그림과 함께 떠올려 봅시다.

1 | 온도의 정의와 쓰임새에 맞는 온도계 사용법

>>> 초등 5학년 온도와 열

귀 체온계
알코올 온도계

· 온도계를 사용하면 물체의 차갑거나 뜨거운 정도인 온도를 정확하게 알 수 있다.
· 귀 체온계로 측정한 체온은 (❶   ) ℃이다.
· 알코올 온도계로 측정한 온도는 (❷   ) ℃이다.

· 책상이나 교실 바닥의 온도와 화분에 있는 흙의 온도는 (❸   ) 온도계로 측정하고, 어항 속 물의 온도와 기온은 알코올 온도계로 측정한다.
· 쓰임새에 맞는 온도계를 사용해야 정확하게 측정할 수 있다.

2 | 온도가 다른 두 물체를 접촉했을 때의 온도 변화

>>> 초등 5학년 온도와 열

알코올 온도계
차가운 물이 담긴 음료수 캔
따뜻한 물이 담긴 비커

▲ 뜨거운 삶은 달걀을 차가운 물에 넣기

▲ 뜨거운 프라이팬에서 달걀부침하기

▲ 뜨거운 삶은 면을 차가운 물에 헹구기

· 차가운 물이 담긴 음료수 캔 속의 물의 온도는 (❹   )지고, 따뜻한 물이 담긴 비커 속 물의 온도는 (❺   )진다.
· 열은 온도가 (❻   ) 물체에서 온도가 (❼   ) 물체로 이동하며, 충분한 시간이 지나면 두 물체의 온도가 같아진다.
· 열의 이동 방향: 뜨거운 삶은 달걀 → 차가운 물, 뜨거운 프라이팬 → 달걀, 뜨거운 삶은 면 → 차가운 물

3 | 고체, 액체, 기체에서의 열의 이동

>>> 초등 5학년 온도와 열

▲ 세 가지 모양의 구리판을 가열할 때 열 변색 붙임딱지의 색깔이 변하는 방향

▲ 액체에서의 열의 이동

▲ 알코올램프에 불을 붙였을 때 비눗방울의 이동

· (❽   ): 고체에서 열은 온도가 높은 부분에서 낮은 부분으로 고체를 따라 이동한다.

· (❾   ): 액체와 기체에서 주위보다 온도가 높은 부분이 직접 위로 올라가면서 열이 이동한다.

01 열

A 온도와 입자 운동

1. *온도 물체의 차갑고 뜨거운 정도를 수치로 나타낸 것으로, 온도의 단위로는 ℃(섭씨도), K(켈빈)❶ 등을 사용한다. ┌ 사람의 감각으로는 온도를 정확하게 측정하기 어렵다.
   └➡ 물체의 온도는 온도계를 사용하여 측정한다.

2. 온도와 입자 운동 온도는 물체를 구성하는 입자들의 운동이 얼마나 활발한가를 나타낸다.❷ ➡ 온도가 낮을수록 입자 운동이 둔하고 온도가 높을수록 입자 운동이 활발하다. ┐
   물질은 고체, 액체, 기체의 상태에 따라 입자 운동이 모두 다르지만 온도가 올라갈수록 모두 입자 운동이 활발해진다.

온도가 낮다. ➡ 입자 운동이 둔하다.   ▲ 온도가 낮은 물체

온도가 높다. ➡ 입자 운동이 활발하다.   ▲ 온도가 높은 물체

B 열의 이동 [Beyond 특강 139쪽]

1. 열 온도가 다른 물체가 접촉할 때 온도가 높은 물체에서 낮은 물체로 이동하는 에너지

2. 열의 이동 방법

① 전도: 물질을 이루는 입자의 운동이 이웃한 입자에 차례로 전달되어 열이 이동하는 방법❸
   ➡ 주로 고체에서 일어나는 열의 이동 방법으로, 물질마다 열이 전도되는 정도가 다르다.

[금속 막대에서의 전도]

➡ 열의 이동 방향

입자 | 이웃한 입자로 입자 운동 전달

금속 막대의 한쪽 끝을 가열하면 가열한 부분의 입자가 열을 얻어 활발하게 운동하면서 이웃에 있는 다른 입자로 운동을 전달한다. 그러면 이웃한 입자의 운동이 활발해지면서 열이 전달된다.

② 대류: 물질을 이루고 있는 입자들이 직접 이동하면서 열을 전달하는 방법❹ ➡ 액체와 기체에서 일어나는 열의 이동 방법이다.

[물의 대류]

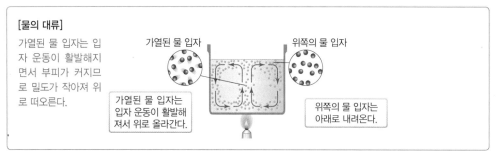

가열된 물 입자는 입자 운동이 활발해지면서 부피가 커지므로 밀도가 작아져 위로 떠오른다.

가열된 물 입자   위쪽의 물 입자

가열된 물 입자는 입자 운동이 활발해져서 위로 올라간다.

위쪽의 물 입자는 아래로 내려온다.

③ 복사: 열이 물질의 도움 없이 직접 이동하는 방법❺ ➡ 주로 공기 중이나 진공 상태에서 일어난다. ─ 우리 몸도 적외선의 형태로 복사 에너지를 내보내므로 적외선 사진을 찍어 온도를 알 수 있다.

[열의 복사]

난로에 가까이 있을 때 따뜻함을 느끼는 것은 난로로부터 *적외선이나 빛 등의 형태로 열이 직접 전달되기 때문이다.
➡ 난로를 다른 사람이 가리면 복사에 의한 열이 도달하지 않아 따뜻함을 느끼지 못한다.

개념 더하기

❶ 섭씨온도와 절대 온도
- 섭씨온도: 1기압에서 물이 어는 온도를 0 ℃, 물이 끓는 온도를 100 ℃로 정하고 그 사이를 100 등분한 온도
- 절대 온도: 섭씨온도 −273.15 ℃를 0 K으로 정한 온도로, 섭씨온도가 1 ℃ 올라가면 절대 온도도 1 K 올라간다.

❷ 온도와 입자 운동
물체를 가열하면 입자들의 운동이 활발해져 온도가 올라가며, 입자들은 가열할 때뿐만 아니라 두드리거나 튕길 때도 입자의 운동이 활발해지며 온도가 올라간다.

❸ 전도에 의한 현상
- 뜨거운 물에 숟가락을 넣으면 숟가락 전체가 따뜻해진다.
- 전기장판 위에 있으면 몸이 따뜻해진다.
- 냄비와 프라이팬은 열이 잘 전도되는 금속으로 만들고, 손잡이는 열이 잘 전도되지 않는 플라스틱이나 나무로 만든다.
- 겨울에 금속 의자는 나무 의자보다 더 차갑게 느껴진다. ┐
금속이 나무보다 열을 더 빨리 전도하기 때문에 나타나는 현상이다.

❹ 대류에 의한 현상
- 뜨거운 물은 위로 올라가고 차가운 물은 아래로 내려간다.
- 물이 든 주전자를 가열할 때 주전자의 아랫부분만 가열해도 물 전체가 뜨거워진다.
- 방 한쪽에서 전기난로나 에어컨을 작동시키면 방 전체가 따뜻해지거나 시원해진다.

❺ 복사에 의한 현상
- 난로 앞에 가까이 있으면 따뜻함을 느낀다.
- 태양열이 우주 공간을 지나 지구로 전달된다.
- 적외선 카메라로 물체나 사람을 촬영하면 온도를 알 수 있다.

용어 사전

*온도(따뜻할 溫, 법도 度)
덥고 찬 정도로, 온도계가 나타내는 수치

*적외선(붉을 赤, 바깥 外, 줄 線)
전자기파의 일종으로 가시광선의 빨간색 빛보다 파장이 긴 빛이다. 어떤 물체로부터 공간으로 전달되는 열은 주로 적외선에 의한 것이다.

1 온도에 대한 설명으로 옳은 것은 ○, 옳지 않은 것은 ×로 표시하시오.

(1) 온도는 물체의 차갑고 뜨거운 정도를 수치로 나타낸 것이다. ( )

(2) 온도의 단위로는 ℃(섭씨도), K(켈빈) 등을 사용한다. ( )

(3) 온도는 물체의 부피 변화 및 상태 변화를 일으키는 원인이다. ( )

2 그림 (가), (나)는 수조에 들어 있는 물 입자의 운동을 나타낸 것이다. 빈칸에 알맞은 말을 쓰시오.

(가) (나)

(1) (가), (나) 중 물 입자의 운동이 더 활발한 것은 ( )이다.

(2) (가), (나) 중 물의 온도가 더 높은 것은 ( )이다.

3 그림은 물이 든 수조에 물이 든 삼각 플라스크를 넣은 모습을 나타낸 것이다. 각 경우 A와 B 사이에서 열의 이동 방향을 화살표를 이용해 나타내시오.

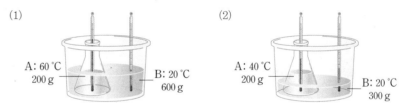

(1) A: 60 ℃ 200 g   B: 20 ℃ 600 g

(2) A: 40 ℃ 200 g   B: 20 ℃ 300 g

4 다음 설명에 해당하는 열의 이동 방법을 〈보기〉에서 골라 기호를 쓰시오.

┌ 보기 ┐
ㄱ. 전도   ㄴ. 대류   ㄷ. 복사

(1) 물질의 도움 없이 열이 직접 이동하는 방법 ( )

(2) 물질을 이루는 입자들이 직접 이동하면서 열을 전달하는 방법 ( )

(3) 물질을 이루는 입자의 운동이 이웃한 입자에 차례로 전달되어 열이 이동하는 방법 ( )

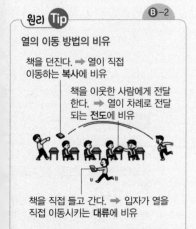
5 다음 현상 중 전도에 의한 현상은 '전도', 대류에 의한 현상은 '대류', 복사에 의한 현상은 '복사'라고 쓰시오.

(1) 난로 앞에 있으면 따뜻하다. ( )

(2) 적외선 카메라로 물체의 열을 감지한다. ( )

(3) 물을 아래쪽만 가열해도 전체가 데워진다. ( )

(4) 뜨거운 물에 넣어 둔 금속 숟가락이 뜨거워진다. ( )

개념 학습

ⓒ 냉난방 기구의 효율적인 사용

1. 냉난방 기구의 설치❶

① 냉방기: 방의 위쪽에 설치하면 차가운 공기가 아래로 내려오고 따뜻한 공기는 위로 올라가면서 공기 순환이 잘 일어나 방 전체가 시원해진다.

② 난방기: 방의 아래쪽에 설치하면 따뜻한 공기가 위로 올라가고 차가운 공기가 아래로 내려오면서 방 전체가 고르게 따뜻해진다.

2. 단열 물체와 물체 사이에서 열의 이동을 막는 것을 *단열이라 하고, 단열에 사용하는 재료를 단열재라고 한다. ❷ Beyond 특강 139쪽

① 전도, 대류, 복사에 의한 열의 이동을 모두 막아야 단열이 잘 된다.

② 단열을 하면 열의 이동을 막아 오랫동안 온도를 일정하게 유지할 수 있다.

③ 단열의 이용❸

보온병	주택의 단열
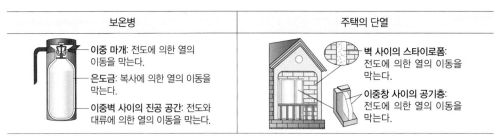이중 마개: 전도에 의한 열의 이동을 막는다. 은도금: 복사에 의한 열의 이동을 막는다. 이중벽 사이의 진공 공간: 전도와 대류에 의한 열의 이동을 막는다.	벽 사이의 스타이로폼: 전도에 의한 열의 이동을 막는다. 이중창 사이의 공기층: 전도에 의한 열의 이동을 막는다.

ⓓ 열평형

1. 열의 이동 열은 항상 온도가 높은 물체에서 온도가 낮은 물체로 이동한다.

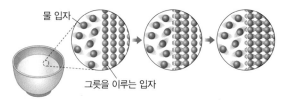

물 입자

그릇을 이루는 입자

> 물 입자들과 그릇을 이루는 입자들이 충돌하면서 물에서 그릇으로 열이 이동한다.

2. *열평형 온도가 다른 두 물체가 접촉했을 때 온도가 높은 물체에서 온도가 낮은 물체로 열이 이동하여 두 물체의 온도가 같아진 상태❹ 탐구 138쪽

① 입자 운동의 변화: 온도가 다른 두 물체를 접촉하면 온도가 높은 물체는 열을 잃어 입자 운동이 둔해지고, 온도가 낮은 물체는 열을 얻어 입자 운동이 활발해진다.

➡ 시간이 지나 열평형에 도달하면 열이 이동하지 않아 두 물체의 온도가 변하지 않는다.

② 온도가 높은 물체가 잃은 열의 양과 온도가 낮은 물체가 얻은 열의 양은 같다.

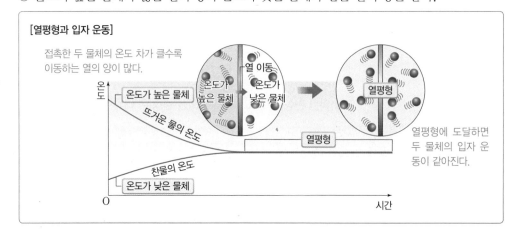

[열평형과 입자 운동]

접촉한 두 물체의 온도 차가 클수록 이동하는 열의 양이 많다.

온도

온도가 높은 물체

뜨거운 물의 온도

찬물의 온도

온도가 낮은 물체

0 ──── 시간

온도가 높은 물체 → 열 이동 → 온도가 낮은 물체 → 열평형

열평형에 도달하면 두 물체의 입자 운동이 같아진다.

개념 더하기

❶ 냉방기와 난방기에 의한 공기의 대류

따뜻한 공기가 위로 올라간다. 냉방기

차가워진 공기가 아래로 내려온다.

▲ 냉방을 할 때

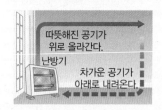

따뜻해진 공기가 위로 올라간다.

난방기 차가운 공기가 아래로 내려온다.

▲ 난방을 할 때

❷ 단열재
• 솜, 스타이로폼 등: 내부에 공기를 많이 포함한 물질은 전도에 의한 열의 이동을 잘 차단한다.
• 은박지, 알루미늄 박 등: 복사 형태의 열을 반사하는 성질이 있어 복사에 의한 열의 이동을 잘 차단한다.
• 진공: 열을 전달하는 물질이 거의 없어 전도와 대류에 의한 열의 이동을 잘 차단한다.

❸ 단열의 이용
스타이로폼 박스, 방열복, 방한복, 얇은 옷 겹쳐 입기, 커튼 설치, 카펫 깔기 등

❹ 열평형의 이용
• 온도계로 온도를 측정한다.
• 냉장고에 음식을 넣어 보관한다.
• 차가운 물속에 과일을 담가 둔다.
• 갓 삶은 뜨거운 달걀을 찬물에 담가 식힌다.
• 생선을 얼음 위에 올려놓고 신선한 상태를 유지한다.

용어 사전

*단열(끊을 斷, 열 熱)
열이 이동하지 않도록 막는 것
*열평형(열 熱, 평평할 平, 저울대 衡)
온도가 다른 두 물체를 접촉시켰을 때 열이 이동하여 두 물체의 온도가 같아진 상태

정답과 해설 40쪽

6 다음은 냉방기와 난방기의 효율적인 사용에 대한 설명이다. ( ) 안에 알맞은 말을 고르시오.

(1) 난방기에서는 따뜻해진 공기가 나와 ㉠ (위쪽 , 아래쪽)으로 이동하므로 방 안에서 ㉡ (위쪽 , 아래쪽)에 설치해야 더 효율적으로 난방을 할 수 있다.

(2) 냉방기에서는 차가워진 공기가 나와 ㉠ (위쪽 , 아래쪽)으로 이동하므로 방 안에서 ㉡ (위쪽 , 아래쪽)에 설치해야 더 효율적으로 냉방을 할 수 있다.

7 단열에 대한 설명으로 옳은 것은 ◯, 옳지 않은 것은 ×로 표시하시오.

(1) 열의 이동을 막는 것을 단열이라고 한다. ( )

(2) 단열이 잘 되면 오랫동안 온도를 일정하게 유지할 수 있다. ( )

(3) 전도에 의한 열의 이동만 막으면 단열을 효과적으로 할 수 있다. ( )

(4) 단열이 잘 되는 주택은 집 안의 열이 쉽게 밖으로 빠져나갈 수 있도록 설계되어 있다. ( )

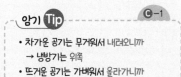

8 그림은 온도가 다른 두 물체 A, B를 접촉시켜 놓은 모습을 나타낸 것이다. 빈칸에 알맞은 말을 쓰시오. (단, 열은 A와 B 사이에서만 이동한다.)

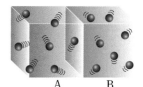

(1) 처음 온도는 A가 B보다 ( ).

(2) 열은 (㉠)에서 (㉡)로 이동한다.

(3) A의 온도는 점점 (㉠)가고, B의 온도는 점점 (㉡)간다.

(4) A의 입자 운동은 점점 (㉠)지고, B의 입자 운동은 점점 (㉡)진다.

(5) 시간이 지나면 A, B의 온도가 서로 같아지는 ( ) 상태에 도달한다.

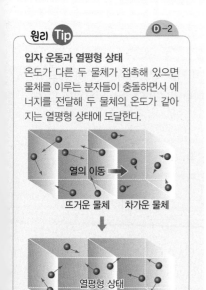
9 그림은 물 A가 들어 있는 비커를 물 B가 들어 있는 수조 속에 넣었을 때 A, B의 온도를 시간에 따라 나타낸 것이다. (단, 외부와의 열 출입은 없다.)

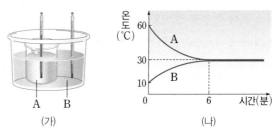

(가)   (나)

(1) A와 B 사이에서 열의 이동 방향을 쓰시오.

(2) 열평형에 도달한 시간은 몇 분인지 쓰시오.

(3) 열평형에 도달했을 때의 온도는 몇 ℃인지 쓰시오.

(4) 8분이 지났을 때 A의 온도는 몇 ℃인지 쓰시오.

탐구하기 · **Ⓐ 온도가 다른 두 물체를 접촉할 때의 온도 변화 측정**

정답과 해설 **40**쪽

목표 온도가 다른 두 물체가 열평형에 도달하는 과정을 온도–시간 그래프를 이용하여 알아본다.

과 정

[유의점]
• 뜨거운 물에 화상을 입지 않도록 주의한다.
• 온도계가 금속 캔이나 열량계의 바닥에 닿지 않도록 설치한다.

❶ 열량계에 찬물을 넣는다.

❷ 뜨거운 물을 금속 캔에 넣고, 금속 캔을 열량계 속에 넣는다.

❸ 열량계의 뚜껑을 닫은 후 뜨거운 물과 찬물에 각각 디지털 온도계를 꽂는다.

❹ 금속 캔과 열량계 속의 물의 온도를 1분 간격으로 측정하여 표에 기록하고, 온도–시간 그래프를 그려 본다.

결 과

시간(분)	0	1	2	3	4	5	6	7	8
뜨거운 물의 온도(℃)	60	50	41	35	32	30	30	30	30
찬물의 온도(℃)	10	18	23	27	29	30	30	30	30

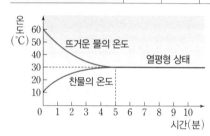

• 금속 캔 속의 뜨거운 물의 온도는 점점 낮아진다.
• 열량계 속 찬물의 온도는 점점 높아진다.
• 5분 후 두 물의 온도가 같아지면 더 이상 온도가 변하지 않는다.

정 리

• 열은 온도가 (㉠   ) 물에서 온도가 (㉡   ) 물로 이동한다.
• 열을 잃은 뜨거운 물의 온도는 (㉢   )지고, 열을 얻은 찬물의 온도는 (㉣   )진다.
• 온도가 서로 다른 두 물을 접촉시키면 얼마 후 두 물의 온도가 같아져 더 이상 온도가 변하지 않는 (㉤   ) 상태에 도달한다.

확인 문제

1 위 실험에 대한 설명으로 옳은 것은 ○, 옳지 않은 것은 × 로 표시하시오.

(1) 열은 뜨거운 물에서 찬물로 이동한다. (   )

(2) 열평형 상태가 될 때까지 뜨거운 물의 온도는 높아지고, 찬물의 온도는 낮아진다. (   )

(3) 열평형이 되는 데 걸린 시간은 5분이다. (   )

(4) 시간이 지날수록 뜨거운 물과 찬물의 온도 차는 점점 줄어든다. (   )

(5) 열평형 온도는 항상 접촉 전 뜨거운 물의 온도와 찬물의 온도의 중간값이다. (   )

실전 문제

2 그림은 뜨거운 물이 든 비커를 찬물이 든 수조에 넣고 두 물의 온도를 시간에 따라 나타낸 것이다. (단, 외부와의 열 출입은 없다.)

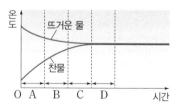

(1) A~D 중 중 열이 이동하는 구간을 모두 쓰시오.

(2) A~D 중 열평형 상태인 구간을 모두 쓰시오.

(3) A~D 중 두 물의 온도가 변하지 않는 구간을 모두 쓰시오.

[고체에서의 열의 이동 관찰하기]

[과정] ❶ 구리 막대와 유리 막대에 일정한 간격으로 선이 그어진 열 변색 붙임딱지를 붙인 후, 그림과 같이 두 막대를 고정한다.

❷ 구리 막대와 유리 막대의 한쪽 끝을 알코올램프로 가열하면서 열 변색 붙임딱지의 색깔 변화를 관찰한다.

[결과] • 가열한 곳에 가까운 쪽부터 열 변색 붙임딱지의 색깔이 변한다.

• 유리 막대보다 구리 막대의 열 변색 붙임딱지의 색깔이 더 빠르게 변한다. ➡ 열이 전도에 의해 이동하는데, 구리가 유리보다 열을 더 빨리 전도하기 때문이다.

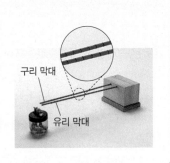
구리 막대
유리 막대

[1~2] 그림과 같이 구리 막대에 촛농을 이용하여 성냥개비 A, B, C를 붙이고 알코올램프로 막대의 끝부분을 가열하였다.

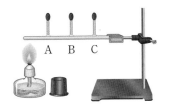
A B C

1 성냥개비 A~C가 떨어지는 순서를 쓰시오.

2 이에 대한 설명으로 옳은 것을 〈보기〉에서 모두 고른 것은?

보기

ㄱ. 구리 막대의 한쪽 끝만 가열해도 다른 쪽 끝도 뜨거워진다.

ㄴ. 막대를 이루는 입자들이 직접 이동하여 열이 전달된다.

ㄷ. 구리 막대를 알루미늄 막대로 바꾸면 각 성냥개비가 떨어지는 빠르기가 달라진다.

① ㄱ ② ㄴ ③ ㄷ
④ ㄱ, ㄷ ⑤ ㄴ, ㄷ

[효과적인 단열재 찾기]

[과정] ❶ 물병 5개를 준비하여 4개에 각각 비닐랩, 종이, 손수건, 알루미늄 포일로 물통 전체를 감싼다.

❷ 물병에 4 ℃의 물 1 L를 각각 넣고 디지털 온도계를 꽂은 후 입구를 고무찰흙으로 막는다.

❸ 물병 5개에 들어 있는 물의 온도를 20분 동안 관찰한다.

[결과] • 비닐랩, 종이, 손수건, 알루미늄 포일로 감싼 물병 속에 든 물의 온도 변화가 그대로 둔 물병 속에 든 물보다 작다. ➡ 물통을 감싼 물질이 열의 출입을 막기 때문이다.

• 알루미늄 포일로 감싼 물병 속에 든 물의 온도 변화가 가장 작다. ➡ 알루미늄 포일의 단열 효과가 가장 좋기 때문이다.

비닐랩 종이 손수건 알루미늄
포일

[3~4] 그림과 같이 같은 양의 뜨거운 물이 든 4개의 시험관을 비커에 넣고, 시험관과 비커 사이를 1개는 공기, 나머지 3개는 각각 모래, 톱밥, 스타이로폼 구로 가득 채운 후 물의 온도를 측정하여 표와 같은 결과를 얻었다.

공기 모래 톱밥 스타이로폼 구

구분	공기	모래	톱밥	스타이로폼 구
처음 온도(℃)	60	60	60	60
10분 후 온도(℃)	43	40	57	55

3 이 실험 결과 가장 효율적인 단열재로 볼 수 있는 것은?

① 공기 ② 모래 ③ 톱밥
④ 스타이로폼 구 ⑤ 모두 같다.

4 시험관에 뜨거운 물 대신 온도가 −10 ℃인 얼음을 넣고 이와 같은 실험을 하였다. 얼음이 가장 빨리 녹는 경우 비커에 넣은 물질은? (단, 실험실의 기온은 20 ℃이다.)

① 공기 ② 모래 ③ 톱밥
④ 스타이로폼 구 ⑤ 모두 같다.

A 온도와 입자 운동

01 온도에 대한 설명으로 옳지 <u>않은</u> 것은?

① 온도는 온도계를 사용하여 측정한다.

② 온도는 물체의 차갑고 뜨거운 정도를 나타낸다.

③ 사람의 감각을 이용하여 온도를 정확하게 측정할 수 있다.

④ 섭씨온도는 1기압에서 물이 끓는 온도를 100 ℃로 하는 온도이다.

⑤ 온도는 물체의 입자 운동이 얼마나 활발한가를 숫자로 나타낸 것이다.

중요
02 그림은 어떤 물체의 입자 운동의 변화를 나타낸 것이다.

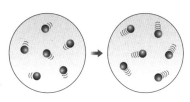

입자 운동이 이와 같이 변했을 때에 대한 설명으로 옳은 것을 〈보기〉에서 모두 고른 것은?

보기
ㄱ. 입자 운동이 활발해졌다.
ㄴ. 물체의 온도가 올라갔다.
ㄷ. 물체를 구성하는 입자의 개수가 증가했다.
ㄹ. 물체를 구성하는 입자의 크기가 증가했다.

① ㄱ   ② ㄴ   ③ ㄱ, ㄴ
④ ㄷ, ㄹ   ⑤ ㄱ, ㄷ, ㄹ

03 쇠막대의 온도가 〈보기〉와 같을 때 쇠막대를 이루는 입자의 운동이 가장 활발한 경우는?

보기
ㄱ. 0 ℃   ㄴ. 10 ℃
ㄷ. 30 ℃   ㄹ. 100 ℃

① ㄱ   ② ㄴ   ③ ㄷ
④ ㄹ   ⑤ 모두 같다.

B 열의 이동

[04~05] 그림과 같이 유리 막대의 A 부분을 알코올램프로 가열하였다.

[주관식]
04 유리 막대의 A와 B 부분 사이에서 열의 이동 방향을 쓰시오.

중요
05 이에 대한 설명으로 옳은 것을 〈보기〉에서 모두 고른 것은?

보기
ㄱ. 전도에 의해 열이 이동한다.
ㄴ. 주로 고체에서 일어나는 현상이다.
ㄷ. 입자의 운동이 이웃한 입자에 차례로 전달되어 열이 이동한다.
ㄹ. 난로 가까이 있을 때 따뜻함을 느끼는 것과 같은 열의 이동 방법이다.

① ㄱ, ㄴ   ② ㄱ, ㄹ   ③ ㄷ, ㄹ
④ ㄱ, ㄴ, ㄷ   ⑤ ㄴ, ㄷ, ㄹ

06 그림은 주전자 속의 물이 끓고 있는 모습을 나타낸 것이다. 이때 볼 수 있는 열의 이동에 대한 설명으로 옳은 것은?

① 가열된 물은 아래로 내려온다.

② 가열되지 않은 물은 위로 올라간다.

③ 물 입자가 직접 이동하여 열을 전달한다.

④ 물속에서는 전도에 의한 열의 이동이 잘 일어난다.

⑤ 기체를 가열할 경우에는 관찰할 수 없는 현상이다.

07 대류에 대한 설명으로 옳지 <u>않은</u> 것은?

① 대류는 열을 전달하는 물질이 있어야 일어난다.
② 액체와 기체에서 일어나는 열의 이동 방법이다.
③ 위쪽보다는 아래쪽을 가열해야 대류가 잘 일어난다.
④ 아래쪽보다는 위쪽을 냉각해야 대류가 잘 일어난다.
⑤ 대류가 일어날 때 열을 전달하는 입자는 직접 이동하지 않는다.

중요

08 그림과 같이 차가운 물이 든 플라스크를 투명 필름으로 막고 뜨거운 물이 담긴 플라스크 위에 거꾸로 올려놓은 후, 투명 필름을 천천히 빼내었다. 이 실험에서 나타나는 현상에 대한 설명으로 옳은 것은?

— 차가운 물
— 투명 필름
— 뜨거운 물

① 아무런 변화가 없다.
② 차가운 물과 뜨거운 물의 위치가 바뀐다.
③ 차가운 물과 뜨거운 물은 서로 접촉한 부분에서만 섞인다.
④ 차가운 물과 뜨거운 물은 섞이지 않지만 온도가 같아진다.
⑤ 차가운 물은 아래로 내려오고 뜨거운 물은 위로 올라가면서 섞인다.

09 그림과 같이 전기난로에 손을 가까이 할 때 따뜻하게 느껴지는 것은 전기난로에서 나오는 열 때문이다. 이와 같은 방법으로 열이 이동하는 경우는?

① 손에 올려놓은 얼음 조각이 녹는다.
② 에어컨을 켜면 방 전체가 시원해진다.
③ 전기장판 위에 있으면 몸이 따뜻하다.
④ 햇빛이 잘 비치는 곳의 눈이 먼저 녹는다.
⑤ 추운 날 실외에 있는 금속으로 된 의자는 나무로 된 의자보다 차갑게 느껴진다.

중요

10 그림 (가)~(다)는 음식을 조리하는 여러 가지 방법을 나타낸 것이다.

(가) 냄비 안에 든 물을 끓인다.　(나) 프라이팬에서 고기를 굽는다.　(다) 토스터의 열로 식빵을 굽는다.

(가)~(다)에서 열이 이동하는 방법을 옳게 짝 지은 것은?

	(가)	(나)	(다)
①	전도	대류	복사
②	전도	복사	대류
③	대류	전도	복사
④	대류	복사	전도
⑤	복사	전도	대류

○ 냉난방 기구의 효율적인 사용

중요 【주관식】

11 다음은 그림과 같이 난로는 방의 아래쪽에, 에어컨은 방의 위쪽에 설치하는 까닭을 설명한 것이다. ㉠, ㉡에 알맞은 말을 쓰시오.

(㉠　　　) 공기는 위로, (㉡　　　) 공기는 아래로 내려와 집 안의 공기가 전체적으로 순환하기 때문에 냉방과 난방을 효과적으로 할 수 있다.

12 단열재에 대한 설명으로 옳지 <u>않은</u> 것은?

① 단열재는 열의 이동을 막는 재료이다.
② 전도에 의해 열이 잘 전달되어야 한다.
③ 단열 효과는 물질의 종류에 따라 다르다.
④ 같은 물질은 두꺼울수록 단열이 잘 된다.
⑤ 단열재 내부에 공기를 포함하고 있으면 단열 효과가 좋다.

D 열평형

13 그림 (가)~(다)는 손에 얼음을 들고 있는 모습, 얼음 속에 주스를 넣어 둔 모습, 냄비 위에 언 고기를 놓아 둔 모습을 각각 나타낸 것이다.

(가)   (나)   (다)

(가)~(다)에서 열의 이동 방향을 옳게 짝 지은 것은?

	(가)	(나)	(다)
①	손 → 얼음	얼음 → 주스	냄비 → 언 고기
②	손 → 얼음	주스 → 얼음	냄비 → 언 고기
③	손 → 얼음	주스 → 얼음	언 고기 → 냄비
④	얼음 → 손	얼음 → 주스	언 고기 → 냄비
⑤	얼음 → 손	주스 → 얼음	언 고기 → 냄비

중요

14 추운 겨울날 〈보기〉의 물체들이 공원에 있었다. 이 물체들 중 온도가 가장 낮은 것은?

> **보기**
> ㄱ. 미끄럼틀   ㄴ. 나무 의자
> ㄷ. 금속 운동 기구   ㄹ. 바닥의 보도블록

① ㄱ   ② ㄴ   ③ ㄷ
④ ㄹ   ⑤ 모두 같다.

15 열평형 상태를 이용하는 예가 아닌 것은?

① 냉장고에 음식을 넣어 보관한다.
② 차가운 물속에 과일을 담가 둔다.
③ 갓 삶은 달걀을 찬물에 담가 식힌다.
④ 접촉식 체온계를 이용하여 체온을 측정한다.
⑤ 모닥불에서 피어오르는 연기가 위로 올라간다.

【주관식】

16 그림과 같이 온도가 다른 두 물체 A, B를 접촉하였더니 A에서 B로 열이 이동하였다.

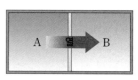

이에 대한 설명으로 옳은 것을 〈보기〉에서 모두 고르시오.

> **보기**
> ㄱ. 처음에는 A의 온도가 B의 온도보다 높다.
> ㄴ. A의 온도는 높아지고, B의 온도는 낮아진다.
> ㄷ. A의 입자 운동은 활발해지고, B의 입자 운동은 둔해진다.
> ㄹ. 시간이 지나면 B의 온도가 A의 온도보다 높아진다.

[17~18] 그림 (가)와 같이 물 A가 들어 있는 작은 비커를 물 B가 들어 있는 수조에 넣은 후, 각각의 온도를 측정하였더니 (나)와 같았다. (단, 외부와의 열 출입은 없다.)

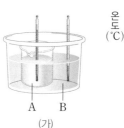 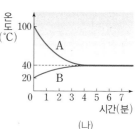

(가)   (나)

【주관식】   탐구 138쪽

17 열평형 상태에 도달할 때까지 A가 잃은 열의 양이 Q였다면, 그 동안 B가 얻은 열의 양은 얼마인지 쓰시오.

중요   탐구 138쪽

18 이 실험에 대한 설명으로 옳지 않은 것을 모두 고르면? (2개)

① 열은 A에서 B로 이동한다.
② A는 열을 잃고, B는 열을 얻는다.
③ 열평형에 도달하는 시간은 6분이다.
④ 4분 이후 A와 B의 온도는 변하지 않는다.
⑤ 열평형에 도달하는 동안 A의 온도 변화와 B의 온도 변화가 같다.

서술형 문제

정답과 해설 **42**쪽

단어 제시형

1 그림은 잉크 방울을 각각 20 ℃, 40 ℃, 60 ℃의 물에 동시에 떨어뜨렸을 때 잉크 방울이 퍼지는 모습을 나타낸 것이다. 이러한 현상이 나타나는 까닭을 다음 단어를 모두 포함하여 서술하시오.

20 ℃   40 ℃   60 ℃

온도, 입자 운동

1 물의 온도에 따른 입자 운동을 이용하여 서술한다.

서술형

2 그림과 같이 쇠막대의 한쪽 끝을 가열하면 쇠막대의 A 부분에서 B 부분으로 열이 전달된다. 이 과정을 입자들의 움직임과 관련지어 서술하시오.

2 열을 얻은 물체의 입자 운동이 어떻게 변하는지 생각한다.
→ 필수 용어: 열, 입자 운동, 전달

서술형

3 그림과 같이 건물에는 이중으로 된 유리 사이에 공기층이 있는 창문을 사용하고 있다. 이러한 이중 유리를 사용하는 까닭을 열의 이동과 관련지어 서술하시오.

유리
공기층

3 공기가 열을 잘 전도하지 않는 물질임을 생각한다.
→ 필수 용어: 전도

Plus 문제 **3-1**

이중 유리 사이를 진공으로 했을 때의 장점을 서술하시오.

단계별 서술형

4 그림은 뜨거운 물과 차가운 물을 접촉해 놓았을 때 두 물의 온도를 나타낸 것이다. (단, 외부와의 열 출입은 없다.)

(1) 뜨거운 물과 차가운 물 사이에서 열의 이동 방향을 온도와 관련지어 서술하시오.

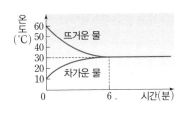

(2) 이 그래프에서 그래프의 기울기가 시간이 지날수록 작아지는 까닭을 서술하시오.

4 (1) 온도가 다른 두 물체가 접촉했을 때 열이 이동함을 생각한다.
(2) 그래프의 기울기가 클수록 온도 변화가 크다는 것을 생각한다.
→ 필수 용어: 온도 차, 열의 양

02 비열과 열팽창

A 비열　탐구 148쪽

1. 열량

① 열량: 온도가 다른 두 물체 사이에서 이동한 열의 양 ＝물체가 잃거나 얻은 열의 양

• 단위: cal(칼로리), kcal(킬로칼로리) 등❶

• 1 kcal는 물 1 kg의 온도를 1 ℃ 높이는 데 필요한 열량이다.

② 열량 및 질량과 온도 변화의 관계

물체의 질량이 같을 때	물체에 가한 열량이 같을 때
물의 양(질량)이 같을 때 물의 온도 변화는 물이 얻은 열량이 클수록 크다. ➡ 온도 변화∝열량	물이 얻은 열량이 같을 때 물의 온도 변화는 물의 양(질량)이 적을수록 크다. ➡ 온도 변화∝$\dfrac{1}{질량}$
1분　1℃　물 1 kg　1분　2℃　물 1 kg	1분　1℃　물 1 kg　1분　0.5℃　물 2 kg

2. 비열　어떤 물질 1 kg의 온도를 1 ℃ 높이는 데 필요한 열량 [단위: kcal/(kg·℃)]

① 비열의 특징

• 물질의 종류에 따라 고유한 값을 가지므로 물질을 구분하는 데 사용할 수 있다.❷ — 물질의 특성이다.

• 비열이 클수록 온도를 높이는 데 더 많은 열량이 필요하므로 온도가 잘 변하지 않는다.

➡ 물은 비열이 1 kcal/(kg·℃)로 다른 물질보다 크므로 온도 변화가 작다.

② 열량과 비열, 온도 변화의 관계　Beyond 특강 150쪽

$$비열=\dfrac{열량}{질량×온도\ 변화} ➡ 열량=비열×질량×온도\ 변화$$

비열과 온도 변화	질량과 온도 변화
질량이 같은 두 물질에 같은 열량을 가할 때 비열이 작은 물질의 온도 변화가 더 크다. → 비열이 작은 물질이 빨리 데워진다.	같은 물질에 같은 열량을 가할 때 질량이 작은 것의 온도 변화가 더 크다. → 질량이 작은 것이 빨리 데워진다.
온도 / 비열 0.5 콩기름 100 g / 비열 1 물 100 g / O 가열 시간	온도 / 물 50 g / 물 100 g / O 가열 시간

3. 비열에 의한 현상과 이용

① 비열에 의한 현상: 물은 다른 물질에 비해 비열이 매우 커서 다양한 현상이 나타난다.

• 사람은 외부의 온도가 급격히 변하더라도 체온을 일정하게 유지한다. — 사람 몸의 70 % 이상이 물로 이루어져 있기 때문이다.

• 바닷가에서 낮에는 *해풍이 불고, 밤에는 *육풍이 분다.❸❹

• 여름철 낮에 해수욕장을 가면 모래사장은 뜨겁고 바닷물은 시원하다.

• 사막(내륙)의 일교차가 해안 지역의 일교차보다 크다. — 모래의 비열이 물의 비열보다 작기 때문에 나타나는 현상이다.

② 비열을 이용하는 예

• 자동차 엔진이나 기계 장치의 열을 식히는 냉각수로 물을 이용한다.

• 찜질팩이나 보일러 배관에 물을 넣어 오랫동안 일정한 온도가 유지되도록 한다.

• 비열이 큰 뚝배기는 음식물이 천천히 식어야 할 때 사용하고, 비열이 작은 양은 냄비는 음식을 빠르게 조리해야 할 때 사용한다.

❶ 열량의 단위

열량의 단위는 보통 kcal를 사용하지만 열은 에너지의 형태이므로 열량의 단위로 에너지의 단위인 J(줄)을 사용하기도 한다. 이때 1 kcal는 약 4200 J에 해당한다.

❷ 여러 가지 물질의 비열

물질	비열(kcal/(kg·℃))
물	1.00
얼음	0.50
철	0.11
구리	0.09
알루미늄	0.21
모래	0.20
콩기름	0.56

물은 상태에 따라 비열이 다르며, 일반적으로 액체의 비열이 고체의 비열보다 크다.

❸ 해풍

낮에는 육지 쪽의 공기가 빨리 데워지므로 따뜻한 육지의 공기가 위로 상승하고 빈자리로 바다의 공기가 이동하여 해풍이 분다.

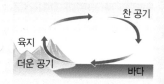

❹ 육풍

밤에는 바다 쪽의 공기가 천천히 식으므로 상대적으로 따뜻한 바다의 공기가 위로 상승하고 빈자리로 육지의 공기가 이동하여 육풍이 분다.

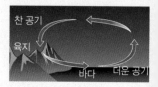

용어 사전

*해풍(바다 海, 바람 風)
바다에서 육지 쪽으로 부는 바람
*육풍(육지 陸, 바람 風)
육지에서 바다 쪽으로 부는 바람

핵심 Tip

• **열량**: 온도가 다른 두 물체 사이에서 이동하는 열의 양
• **비열**: 어떤 물질 1 kg의 온도를 1 ℃ 높이는 데 필요한 열량

$$비열 = \frac{열량}{질량 \times 온도\ 변화}$$

• 질량이 같은 두 물질에 같은 열량을 가할 때 비열이 작은 물질의 온도 변화가 더 크다.
• 같은 물질에 같은 열량을 가할 때 질량이 작은 물질의 온도 변화가 더 크다.

1 열량에 대한 설명으로 옳은 것은 ○, 옳지 않은 것은 ×로 표시하시오.

(1) 온도가 다른 두 물체 사이에서 이동한 열의 양이다. ( )
(2) 단위로는 cal(칼로리), kcal(킬로칼로리) 등을 사용한다 ( )
(3) 1 kcal는 물 1 kg의 온도를 100 ℃ 높이는 데 필요한 열량이다. ( )
(4) 물에 같은 열량을 가하더라도 질량이 작을수록 온도 변화가 작다. ( )
(5) 물 1 kg의 온도를 2 ℃ 높이는 데 필요한 열량은 물 1 kg의 온도를 1 ℃ 높이는 데 필요한 열량의 2배이다. ( )

암기 Tip A-2

• 비열이 크면 → 온도 변화가 어렵다.
• 질량이 크면 → 온도 변화가 어렵다.

2 그림과 같이 장치하고 같은 질량의 콩기름과 물을 같은 시간 동안 가열하였더니 콩기름의 온도가 더 많이 올라갔다. ( ) 안에 알맞은 말을 고르시오.

콩기름 ─ ─ 물

(1) (비열 , 열량)은 물질의 종류에 따라 고유한 값을 갖는다.
(2) 비열이 (큰 , 작은) 물질일수록 온도를 변화시키기가 어렵다.
(3) 콩기름과 물 중 비열은 (콩기름 , 물)이 더 크다.

3 그림은 같은 질량의 물질 A, B, C를 같은 세기의 불꽃으로 가열했을 때의 온도를 시간에 따라 나타낸 것이다.

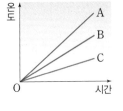

(1) 같은 시간 동안 온도 변화가 가장 큰 물질을 쓰시오.
(2) 같은 온도만큼 높이는 데 걸린 시간이 가장 짧은 물질을 쓰시오.
(3) 비열이 가장 큰 물질을 쓰시오.

원리 Tip A-3

비열의 차와 바람의 발생
비열이 큰 바닷물이 비열이 작은 육지에 비해 천천히 가열되고, 천천히 냉각되기 때문에 계절풍과 해륙풍이 분다.

• **계절풍**: 여름에는 해양에서 대륙으로, 겨울에는 대륙에서 해양으로 부는 바람이다.

여름 | 겨울

• **해륙풍**: 해안 지방에서 낮에는 바다에서 육지로(해풍), 밤에는 육지에서 바다로(육풍) 부는 바람이다.

낮 | 밤

4 질량이 0.5 kg인 물의 온도를 15 ℃에서 35 ℃까지 높이는 데 필요한 열량은 몇 kcal인지 구하시오. (단, 물의 비열은 1 kcal/(kg·℃)이다.)

5 다음은 비열에 의한 현상을 설명한 것이다. ㉠, ㉡에 알맞은 말을 쓰시오.

모래의 비열이 물의 비열보다 (㉠)므로 낮에는 육지의 온도가 더 높이 올라가서 따뜻한 육지의 공기가 위로 상승하고, 빈자리로 바다의 찬 공기가 밀려 들어오기 때문에 (㉡)이 분다.

개념 학습

02 비열과 열팽창

개념 더하기

B 열팽창　탐구 149쪽

1. 열*팽창　물체의 온도가 높아질 때 물체의 길이나 부피가 변하는 현상 ― 부피 변화는 모든 방향으로 균일하게 일어난다.

① **열팽창의 원인**: 열에 의해 입자 운동이 활발해져 입자 사이의 거리가 멀어지기 때문이다.

② 물체의 온도가 많이 변할수록 열팽창을 하는 정도도 크다.

③ 물질의 종류와 상태에 따른 열팽창 정도가 다르며, 일반적으로 기체＞액체＞고체 순이다. ❶

2. 고체의 열팽창　고체의 온도가 높아지면 고체의 부피가 늘어난다.

① ***바이메탈**: 열팽창 정도가 다른 두 금속을 붙여 놓은 장치로, 두 금속의 열팽창 정도의 차가 클수록 많이 휘어진다. ― 가열할 때와 냉각할 때 서로 반대 방향으로 휘어진다.

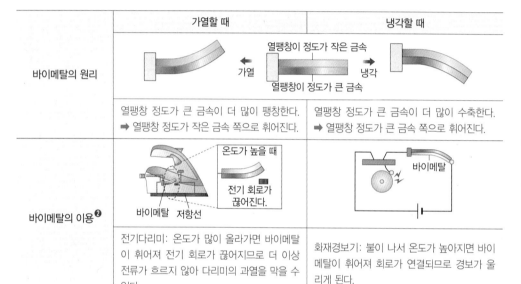

	가열할 때	냉각할 때
바이메탈의 원리	열팽창 정도가 큰 금속이 더 많이 팽창한다. ➡ 열팽창 정도가 작은 금속 쪽으로 휘어진다.	열팽창 정도가 큰 금속이 더 많이 수축한다. ➡ 열팽창 정도가 큰 금속 쪽으로 휘어진다.
바이메탈의 이용 ❷	전기다리미: 온도가 많이 올라가면 바이메탈이 휘어져 전기 회로가 끊어지므로 더 이상 전류가 흐르지 않아 다리미의 과열을 막을 수 있다.	화재경보기: 불이 나서 온도가 높아지면 바이메탈이 휘어져 회로가 연결되므로 경보가 울리게 된다.

② **고체의 열팽창을 대비한 예** ❸❹

▲ 다리 연결 부분의 틈　　▲ 기차선로 사이의 틈　　▲ 도로의 틈　　▲ 구부려 놓은 가스관

3. 액체의 열팽창　액체의 온도가 높아지면 액체의 부피가 늘어난다.

① **알코올 온도계**: 유리관 속에 알코올이 들어 있으며, 온도가 높아지면 알코올의 부피가 팽창하여 눈금이 올라가고, 온도가 낮아지면 알코올의 부피가 수축하여 눈금이 내려간다.

② **음료수 병**: 열팽창에 의한 음료의 부피 증가를 고려하여 병의 윗부분을 비워 둔다.

③ **자동차의 주유**: 주유량은 부피로 계산하므로 기온이 낮을 때 주유하는 것이 유리하다.

　　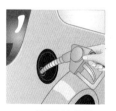

▲ 알코올 온도계　　▲ 음료수 병　　▲ 자동차의 주유

---

❶ 기체의 열팽창 정도
기체는 고체나 액체보다 열팽창 정도가 매우 크며, 물질의 종류에 관계없이 압력이 일정하면 온도가 1 ℃ 변할 때마다 0 ℃일 때의 부피의 $\frac{1}{273}$씩 변한다. (샤를 법칙)

❷ 바이메탈의 이용
전기밥솥, 전기장판과 같은 전열기나 자동 온도 조절기 등

❸ 고체의 열팽창을 대비한 예
• 다리, 기차선로, 도로의 틈: 여름에 온도가 올라가 팽창할 때 접촉한 부분이 부서지거나 변형되는 것을 방지하기 위해서이다.
• 구부려 놓은 가스관: ㄷ자 모양으로 구부러진 부분을 만들어 온도가 올라갈 때 길이가 길어져 파손되는 것을 방지한다.
• 여름에는 전깃줄이 늘어지고, 겨울에는 전깃줄이 팽팽해지므로 겨울에 전깃줄이 끊어지지 않게 전깃줄을 느슨하게 설치한다.

❹ 고체의 열팽창 정도가 같거나 비슷한 물질을 이용한 예
• 치아 충전재: 치아와 열팽창 정도가 비슷한 물질을 사용하여 뜨거운 음식이나 찬 음식을 먹을 때 균열이 일어나지 않도록 한다.
• 철근 콘크리트 건물: 건물을 지을 때 넣는 철근은 콘크리트와 열팽창 정도가 비슷하므로 온도가 변하더라도 건물을 잘 지탱한다.

용어 사전

*팽창(부풀 膨, 배가부를 脹)
부풀어서 부피가 커짐
*바이메탈(bimetal)
열팽창 정도가 다른 두 종류의 얇은 금속판을 포개어서 한 장으로 만든 막대 형태의 부품

정답과 해설 43쪽 >>>

핵심 Tip

- **열팽창**: 물체의 온도가 높아질 때 물체의 길이나 부피가 변하는 현상
- **열팽창의 원인**: 열에 의해 입자 운동이 활발해져 입자 사이의 거리가 멀어지기 때문이다.
- **바이메탈**: 열팽창 정도가 다른 두 금속을 붙여 놓은 장치
- 바이메탈은 가열할 때는 열팽창 정도가 작은 금속 쪽으로, 냉각할 때는 열팽창 정도가 큰 금속 쪽으로 휘어진다.
- 온도계는 액체의 열팽창을 이용한 기구이다.

6 그림은 고체에 열을 가해 부피가 커질 때 고체를 이루는 입자의 운동을 나타낸 것이다. 이에 대한 설명으로 옳은 것은 ○, 옳지 않은 것은 ×로 표시하시오.

(1) 입자의 모양이 변한다. (   )
(2) 새로운 입자가 생긴다. (   )
(3) 입자들의 운동이 활발해진다. (   )
(4) 입자 사이의 거리가 멀어진다. (   )

7 그림은 금속 공과 금속 공이 간신히 통과하는 금속 고리를 나타낸 것이다. 이 금속 공이 금속 고리를 통과하지 못하게 되는 경우를 〈보기〉에서 모두 고르시오.

금속 고리
금속 공

| 보기 |
ㄱ. 금속 공만 가열한다.
ㄴ. 금속 고리만 가열한다.
ㄷ. 금속 공과 금속 고리를 모두 가열한다.
ㄹ. 금속 고리를 얼음 물에 넣어 냉각한다.

적용 Tip B-2
금속 공의 가열 실험

금속
고리
금속 공

(가)   (나)

그림 (가)와 같이 가열하지 않았을 때 금속 고리를 간신히 통과하는 금속 공을 (나)와 같이 가열하면 금속 공은 금속 고리를 통과하지 못한다. 이는 열에 의해 금속 공의 부피가 팽창했기 때문이다.

8 그림은 서로 다른 두 금속 A, B를 붙여 만든 바이메탈을 가열했을 때 휘어진 모습을 나타낸 것이다. (   ) 안에 알맞은 말을 고르시오.

가열

A
B

A
B

(1) 가열할 때 늘어나는 정도는 A가 B보다 (크다 , 작다).
(2) 냉각할 때 수축하는 정도는 A가 B보다 (크다 , 작다).
(3) 바이메탈은 가열할 때 열팽창 정도가 ㉠ (큰 , 작은) 금속 쪽으로 휘어지고, 냉각할 때 열팽창 정도가 ㉡ (큰 , 작은) 금속 쪽으로 휘어진다.

9 액체의 열팽창과 관련 있는 예를 〈보기〉에서 모두 고르시오.

| 보기 |
ㄱ. 병 속에 음료수를 가득 채우지 않는다.
ㄴ. 자동차의 주유는 기온이 낮은 밤에 하는 것이 유리하다.
ㄷ. 알코올 온도계가 뜨거운 물체와 접촉하면 눈금이 올라간다.
ㄹ. 치아 충전재는 치아와 열팽창 정도가 비슷한 것을 사용해야 뜨거운 음식을 먹을 때 균열이 생기지 않는다.

암기 Tip B-2

- 바이메탈을 가열하면 → 열팽창이 작은 쪽으로 휜다.
- 바이메탈을 냉각하면 → 열팽창이 큰 쪽으로 휜다.

과학적 사고로!

탐구하기 ⓐ 질량이 같은 두 액체의 비열 비교하기

목표 질량이 같은 두 물질을 가열하여 온도를 측정하고, 온도 변화가 다른 까닭을 알아본다.

과정

[유의점]
• 온도계의 끝이 액체의 중간에 위치하도록 한다.
• 가열 장치로 가열한 액체와 금속 컵은 뜨거우므로 맨손으로 만져 화상을 입지 않게 주의한다.
• 액체가 끓는 온도에 도달할 때까지 끓이지 않는다.

❶ 동일한 금속 컵 2개에 물과 식용유를 각각 200 g씩 넣고 가열 장치 위에 올려놓은 후, 스탠드를 이용하여 디지털 온도계를 설치한다.

❷ 가열 장치를 켜지 않은 상태로 2~3분 기다린 후 물과 식용유의 온도를 측정한다.

❸ 가열 장치를 켜서 가열하면서 두 액체의 온도를 1분 간격으로 측정하여 기록한다.

❹ 시간에 따른 물과 식용유의 온도를 그래프로 나타낸다.

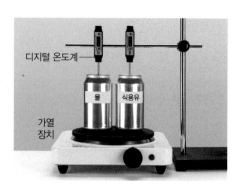

결과

시간(분)	0	1	2	3	4	5	6	7	8	9	10
물의 온도(°C)	20.0	22.2	25.0	27.7	30.0	32.6	35.0	37.4	40.0	43.7	46.0
식용유의 온도(°C)	20.0	25.0	29.2	34.3	39.0	43.3	48.5	53.3	58.6	62.3	67.0

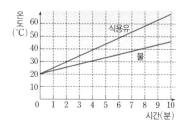

• 같은 시간 동안 가열하면 물과 식용유에 가한 열량이 같다.
• 같은 열량을 가했을 때 식용유의 온도 변화가 물의 온도 변화보다 크다. ➡ 물의 비열이 식용유의 비열보다 크다.
• 같은 온도만큼 높이는 데 필요한 열량은 물이 식용유보다 많다. ➡ 비열이 클수록 온도를 변화시키기가 더 어렵다.

정리

• 같은 질량의 물체에 같은 열량을 가할 때 온도 변화가 작을수록 비열이 크다. ➡ 비열은 물이 식용유보다 (㉠   ).

• 같은 질량의 물체를 같은 온도만큼 높이는 데 걸린 시간은 비열이 클수록 크다. ➡ 같은 열량을 가할 때 온도 변화는 물이 식용유보다 (㉡   ).

확인 문제

1 위 실험에 대한 설명으로 옳은 것은 ○, 옳지 않은 것은 ×로 표시하시오.

(1) 10분 동안 물과 식용유가 얻은 열량은 같다. (   )

(2) 10분 후 식용유의 온도가 더 높으므로 같은 시간 동안 온도 변화는 식용유가 더 크다. (   )

(3) 가열 장치의 세기를 더 세게 하더라도 10분 후 물과 식용유의 온도 변화는 변하지 않는다. (   )

(4) 과정 ❶에서 물과 식용유의 질량을 100 g으로 하여 실험하면 10분 후 물과 식용유의 온도 변화는 더 커진다. (   )

실전 문제

2 그림은 질량이 같은 액체 A, B를 같은 세기의 불꽃으로 가열할 때, 가열 시간에 따른 온도를 나타낸 것이다.

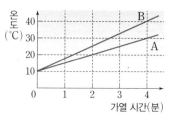

A의 비열은 B의 몇 배인지 쓰시오.

과학적 사고로!

탐구하기 ● Ⓑ 물질의 종류에 따른 열팽창 정도 비교하기

목표 물질의 종류에 따른 열팽창 정도를 관찰하고 비교해 본다.

과정 및 결과

[유의점]
알코올램프나 뜨거운 물을 다룰 때 화상을 입지 않도록 주의한다.

실험 Tip

열팽창 측정 장치의 원리

회전축
금속 막대

금속 막대가 열팽창을 하면 열팽창 측정 장치의 바늘 아랫부분을 막대가 오른쪽으로 밀어 바늘이 회전하게 되며, 바늘이 많이 회전할수록 금속 막대의 길이가 많이 변한 것이다.

[실험 1. 고체의 종류에 따른 열팽창 정도 비교하기]

❶ 길이가 같은 철, 구리, 알루미늄 막대를 열팽창 측정 장치에 고정하고, 영점 조절 나사를 돌려 바늘이 0을 가리키도록 한다.

❷ 세 금속 막대를 동시에 알코올램프로 가열하면서 바늘의 움직임을 관찰한다.

➡ 가열할 때 바늘이 회전하는 정도: 알루미늄 > 구리 > 철

❸ 알코올램프를 끄고 세 금속 막대를 식히면서 바늘의 움직임을 관찰한다.

➡ 식힐 때 바늘이 회전하는 정도: 알루미늄 > 구리 > 철

— 열팽창 정도가 큰 금속이 더 빨리 수축한다.

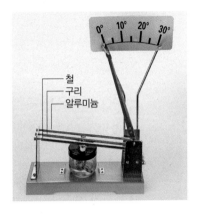

철
구리
알루미늄

[실험 2. 액체의 종류에 따른 열팽창 정도 비교하기] — 액체의 높이를 쉽게 비교하기 위해 에탄올과 물에 물감을 섞는다.

❶ 에탄올과 물을 삼각 플라스크에 각각 가득 채운다.

❷ 삼각 플라스크 입구를 유리관을 꽂은 고무마개로 각각 막고, 에탄올과 물이 유리관에 같은 높이만큼 올라오게 한 다음 유리관에 처음 높이를 표시한다.

❸ 두 삼각 플라스크를 수조에 넣고 뜨거운 물을 천천히 부은 후, 에탄올과 물의 높이 변화를 관찰한다.

➡ 유리관에 올라온 액체의 높이: 에탄올 > 물

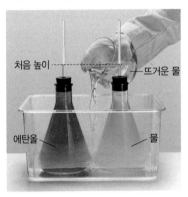

처음 높이
뜨거운 물
에탄올
물

정리

• 물체에 열을 가하면 물체를 이루는 입자 운동이 (㉠   )지므로 입자 사이의 거리가 (㉡   )진다.
  ➡ 물체의 길이와 부피가 증가한다.

• 온도에 따라 물체의 길이나 부피가 변하는 현상을 (㉢   )이라고 하며, 고체와 액체의 종류에 따라 열팽창 정도가 다르다.
  ➡ [실험 1] 고체의 열팽창 정도 비교: 알루미늄 > 구리 > 철
  ➡ [실험 2] 액체의 열팽창 정도 비교: (㉣   ) > (㉤   )

확인 문제

1 위 실험에 대한 설명으로 옳은 것은 ○, 옳지 않은 것은 ×로 표시하시오.

(1) [실험 1]에서 가열 시간이 길어질수록 금속 막대의 길이는 점점 더 길어진다. (   )

(2) [실험 1]에서 가열을 했을 때 금속 막대의 온도가 올라가 입자 운동이 활발해진다. (   )

(3) [실험 1]에서 한 번 팽창한 금속 막대는 다시 원래의 상태로 돌아오지 않는다. (   )

(4) [실험 2]에서 열이 수조의 뜨거운 물에서 삼각 플라스크의 액체로 이동하여 두 액체의 입자 운동이 활발해진다. (   )

실전 문제

2 표는 길이와 굵기가 같은 금속 막대 A~D의 온도가 각각 10 ℃만큼 높아졌을 때 늘어나는 길이를 나타낸 것이다.

금속 막대	A	B	C	D
늘어나는 길이 (mm)	1.0	2.3	1.2	1.7

(1) A~D 중 열팽창 정도가 가장 큰 것을 고르시오.

(2) (1)번과 같이 답한 까닭을 서술하시오.

_____

_____

[비열과 열량의 관계식 이해하기]

❶ 비열: 어떤 물질 1 kg의 온도를 1 ℃ 높이는 데 필요한 열량

$$비열(kcal/(kg \cdot ℃)) = \frac{열량(kcal)}{질량(kg) \times 온도 변화(℃)}$$

❷ 열량: 온도가 다른 두 물체 사이에서 이동하는 열의 양

$$열량(kcal) = 비열(kcal/(kg \cdot ℃)) \times 질량(kg) \times 온도 변화(℃)$$

1 질량이 2 kg인 어떤 물질에 3 kcal의 열량을 가했더니 온도 변화가 2 ℃였다. 이 물체의 비열은 몇 kcal/(kg·℃)인지 구하시오.

2 질량이 1 kg인 금속의 온도를 12 ℃ 높이는 데 1.2 kcal의 열량이 공급되었다. 이 금속의 비열은 몇 kcal/(kg·℃)인지 구하시오.

3 온도가 15 ℃인 물 500 g의 온도를 40 ℃까지 높이는 데 필요한 열량은 몇 kcal인지 구하시오. (단, 물의 비열은 1 kcal/(kg·℃)이다.)

4 알루미늄 3 kg의 온도를 10 ℃만큼 높이려고 한다. 이때 외부에서 알루미늄에 가해야 하는 열량은 몇 kcal인지 구하시오. (단, 알루미늄의 비열은 0.21 kcal/(kg·℃)이다.)

[두 물질에 공급된 열량이 같을 때 열량의 관계식 이해하기]

❶ 두 물질의 질량이 같은 경우

$$\underset{\text{일정}}{열량} = 비열 \times \underset{\text{일정}}{질량} \times \overset{\overbrace{\qquad\qquad}^{\text{반비례 관계}}}{온도 변화}$$

① 온도 변화는 비열에 반비례한다. ➡ 온도 변화가 클수록 비열이 작은 물질이다.

② 온도-시간 그래프: 그래프의 기울기가 클수록 온도 변화가 크므로 비열이 작은 물질이다.

❷ 두 물질의 비열이 같은 경우(=같은 종류의 물질인 경우)

$$\underset{\text{일정}}{열량} = \underset{\text{일정}}{비열} \times \overset{\overbrace{\qquad\qquad}^{\text{반비례 관계}}}{질량 \times 온도 변화}$$

① 온도 변화는 질량에 반비례한다. ➡ 온도 변화가 클수록 질량이 작은 물질이다.

② 온도-시간 그래프: 그래프의 기울기가 클수록 온도 변화가 크므로 질량이 작은 물질이다.

[5~6] 그림은 액체 A와 B에 같은 열량을 가할 때 시간에 따른 온도를 나타낸 것이다.

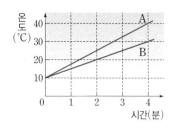

5 A와 B의 질량이 같다고 할 때 A와 B의 비열의 비(A : B)를 구하시오.

6 A와 B가 같은 물질이라고 할 때 A와 B의 질량의 비(A : B)를 구하시오.

7 그림과 같이 물 100 g과 물 300 g이 각각 들어 있는 같은 용기를 같은 세기의 불꽃으로 같은 시간 동안 가열하였다.

물 100 g의 온도가 15 ℃ 높아졌을 때 물 300 g의 온도 변화는 몇 ℃인지 구하시오.

A 비열

01 비열에 대한 설명으로 옳은 것을 모두 고르면? (2개)

① 물질에 관계없이 일정한 값이다.
② 고체의 비열은 액체의 비열보다 크다.
③ 비열은 물질을 구별하는 특징이 된다.
④ 비열이 큰 물질은 온도를 변화시키기가 어렵다.
⑤ 물의 비열은 주변의 다른 물질보다 작은 편이다.

중요

02 표는 여러 가지 고체 물질의 비열을 나타낸 것이다.

물질	납	구리	알루미늄	철
비열 (kcal/(kg·℃))	0.03	0.09	0.21	0.11

같은 열량을 공급할 때 온도 변화가 가장 큰 물질은? (단, 모든 물질의 질량과 처음 온도는 같다.)

① 납   ② 철   ③ 구리
④ 알루미늄   ⑤ 모두 같다.

03 어떤 물질의 비열을 구하는 식으로 옳은 것은?

① $\dfrac{열량}{온도\ 변화}$ ② $\dfrac{질량}{열량 \times 온도\ 변화}$

③ $\dfrac{질량}{온도\ 변화}$ ④ $\dfrac{열량}{질량 \times 온도\ 변화}$

⑤ 질량 × 온도 변화

중요

04 질량이 10 kg인 철의 온도를 5 ℃ 높이는 데 5.5 kcal의 열량이 필요하였다. 질량이 20 kg인 철의 온도를 10 ℃ 높이려고 할 때 필요한 열량은?

① 5.5 kcal   ② 11 kcal   ③ 16.5 kcal
④ 20 kcal   ⑤ 22 kcal

05 그림은 질량이 같은 물질 A, B, C를 같은 세기의 불꽃으로 가열했을 때 시간에 따른 온도를 나타낸 것이다. 비열이 가장 작은 물질부터 순서대로 나타낸 것은?

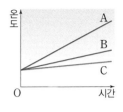

① A－B－C   ② A－C－B   ③ B－A－C
④ B－C－A   ⑤ C－B－A

중요

06 그림은 1분에 40 kcal의 열량을 공급하는 전열기로 질량이 5 kg인 어떤 액체를 가열했을 때 시간에 따른 온도를 나타낸 것이다. 이 액체의 비열은?

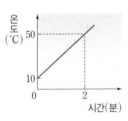

① 0.1 kcal/(kg·℃)   ② 0.2 kcal/(kg·℃)
③ 0.3 kcal/(kg·℃)   ④ 0.4 kcal/(kg·℃)
⑤ 0.5 kcal/(kg·℃)

07 그림은 질량이 같은 액체 A와 B를 같은 세기의 불꽃으로 가열했을 때 시간에 따른 온도를 나타낸 것이다.

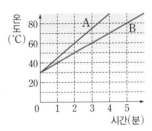

이에 대한 설명으로 옳지 <u>않은</u> 것은?

① A와 B는 서로 다른 물질이다.
② A와 B의 비열의 비는 2 : 3이다.
③ 4분 동안 A와 B에 공급된 열량은 같다.
④ 같은 시간 동안 온도 변화의 비(A : B)는 3 : 2이다.
⑤ 같은 온도만큼 높이는 데 필요한 열량은 A가 B보다 많다.

[주관식]

08 표는 물체 A, B, C의 질량과 비열을 나타낸 것이다.

물체	A	B	C
질량(g)	1	2	3
비열(kcal/kg·℃)	0.11	0.09	0.03

A, B, C에 같은 열량을 가했을 때 온도 변화를 부등호로 비교하시오.

중요

09 그림과 같이 100 g의 물과 100 g의 콩기름을 같은 가열 장치로 가열하면서 온도를 측정한 결과가 표와 같았다.

탐구 148쪽

시간(분)		0	1	2	3	4
온도 (℃)	물	20	25.5	31	36.5	42
	콩기름	20	30	40	50	60

콩기름의 비열은? (단, 물의 비열은 1 kcal/(kg·℃)이다.)

① 0.11 kcal/(kg·℃)　　② 0.22 kcal/(kg·℃)
③ 0.33 kcal/(kg·℃)　　④ 0.44 kcal/(kg·℃)
⑤ 0.55 kcal/(kg·℃)

10 그림 (가), (나)는 바닷가에서 낮과 밤에 부는 바람의 모습을 각각 나타낸 것이다.

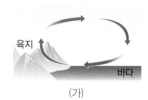　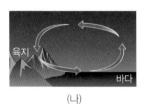

(가)　　　　　　　(나)

이에 대한 설명으로 옳지 <u>않은</u> 것은?

① (가)에서 해풍이, (나)에서 육풍이 분다.
② (가)에서 육지의 온도가 바닷물보다 높다.
③ (나)에서 바닷물의 온도가 육지보다 높다.
④ 육지의 비열이 바닷물의 비열보다 커서 나타나는 현상이다.
⑤ 사막(내륙)의 일교차가 해안 지역의 일교차보다 큰 것도 이와 같은 원리 때문이다.

B 열팽창

중요

11 열팽창에 대한 설명으로 옳은 것을 〈보기〉에서 모두 고른 것은?

보기
ㄱ. 물질의 종류에 따라 열팽창 정도가 다르다.
ㄴ. 물질에 열을 가할 때 길이나 부피가 늘어나는 현상이다.
ㄷ. 열을 받은 물질의 입자 운동이 활발해져 입자 사이의 거리가 멀어지기 때문에 일어난다.
ㄹ. 한 번 열을 받아 팽창한 물체는 온도가 내려가더라도 계속 그 상태를 유지하게 된다.

① ㄱ, ㄴ　　　② ㄱ, ㄹ　　　③ ㄷ, ㄹ
④ ㄱ, ㄴ, ㄷ　　⑤ ㄴ, ㄷ, ㄹ

[12~13] 그림은 철, 구리, 알루미늄 막대를 장치에 연결하고 세 막대를 동시에 가열하였을 때 수평 상태이던 3개의 바늘이 돌아간 모습을 나타낸 것이다.

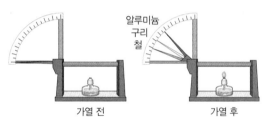

가열 전　　　　　　가열 후

중요

12 이 실험에서 나타나는 현상에 대한 설명으로 옳은 것을 〈보기〉에서 모두 고른 것은?

탐구 149쪽

보기
ㄱ. 열팽창에 의한 현상이다.
ㄴ. 금속의 종류에 따라 열팽창 정도가 다르다.
ㄷ. 금속 막대를 가열하면 막대의 길이가 길어진다.

① ㄱ　　　② ㄴ　　　③ ㄱ, ㄷ
④ ㄴ, ㄷ　　⑤ ㄱ, ㄴ, ㄷ

탐구 149쪽

13 이 실험 결과 철, 구리, 알루미늄의 열팽창 정도를 옳게 비교한 것은?

① 철＞구리＞알루미늄　② 철＞알루미늄＞구리
③ 알루미늄＞구리＞철　④ 알루미늄＞철＞구리
⑤ 구리＞알루미늄＞철

중요 【주관식】

14 그림 (가)와 같이 상온에서 직선 모양의 바이메탈을 가열하였더니 (나)와 같아졌다.

(가)　　가열 →　　(나)

이 실험을 통해 알 수 있는 사실로 옳은 것을 〈보기〉에서 모두 고르시오.

보기

ㄱ. A와 B는 같은 종류의 금속이다.
ㄴ. B가 A보다 열에 의해 많이 팽창한다.
ㄷ. A와 B는 열을 받을 때 팽창하는 정도가 다르다.
ㄹ. 얼음을 이용해 냉각할 때에도 (나)와 같은 모양이 된다.

15 표는 굵기가 같고, 길이가 1 m인 금속 막대 A~D의 온도를 100 ℃만큼 높였을 때 각각의 금속 막대가 늘어난 길이를 나타낸 것이다.

금속 막대	A	B	C	D
늘어난 길이 (mm)	1.9	2.3	1.6	1.2

온도가 높아질 때 가장 많이 휘어지는 바이메탈을 만들기에 적합한 두 금속 막대를 옳게 짝 지은 것은?

① A, B　　　② A, C　　　③ B, C
④ B, D　　　⑤ C, D

16 그림과 같이 뚜껑이 잘 열리지 않는 유리병의 금속 뚜껑 부분에 뜨거운 물을 흘려주면 뚜껑이 열린다. 그 까닭으로 옳은 것은?

① 금속이 유리보다 열팽창 정도가 크기 때문이다.
② 유리가 금속보다 열팽창 정도가 크기 때문이다.
③ 금속이 유리보다 열전도 정도가 크기 때문이다.
④ 유리가 금속보다 열전도 정도가 크기 때문이다.
⑤ 유리와 금속의 열팽창 정도가 가장 비슷하기 때문이다.

중요 【주관식】　　　　　　　　　　**탐구 149쪽**

17 그림은 종류가 다른 20 ℃의 액체 A~D가 같은 높이만큼 담긴 둥근 바닥 플라스크를 70 ℃의 물이 담긴 수조에 넣었을 때 각 액체가 올라간 높이를 나타낸 것이다.

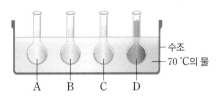

수조
70 ℃의 물

A　B　C　D

이에 대한 설명으로 옳은 것을 〈보기〉에서 모두 고르시오. (단, 수조에 넣기 전 각 액체의 높이는 같다.)

보기

ㄱ. 열팽창 정도는 A>B>C>D 순이다.
ㄴ. 액체의 종류에 따라 열팽창 정도가 다르다.
ㄷ. 열은 플라스크 속의 액체에서 수조의 물로 이동하였다.
ㄹ. 플라스크를 얼음 물에 넣으면 플라스크 속 액체의 높이가 내려간다.

18 표는 처음 부피가 1 L인 20 ℃의 액체 A~D의 온도를 1 ℃ 높였을 때 증가하는 부피를 나타낸 것이다.

액체	A	B	C	D
늘어난 부피 (mL)	1.4	0.21	1.1	0.7

이에 대한 설명으로 옳지 않은 것은?

① A~D는 모두 다른 종류의 액체이다.
② 같은 온도만큼 내려가면 B가 가장 많이 수축한다.
③ 같은 온도만큼 변화시키면 A의 부피 변화가 가장 크다.
④ C의 온도를 10 ℃ 상승시키면 부피가 11 mL만큼 증가한다.
⑤ 같은 온도만큼 변화시켰을 때 A의 부피 변화는 D의 부피 변화의 2배이다.

19 음료수 병에 음료수를 가득 채우지 않는 것과 같은 원리로 설명할 수 있는 열팽창 현상을 모두 고르면? (2개)

① 도로 이음매가 약간 벌어져 있다.
② 여름에 전깃줄의 길이가 길어진다
③ 알코올 온도계를 이용하여 체온을 측정한다.
④ 자동차의 주유는 기온이 낮은 시간에 한다.
⑤ 바이메탈이 화재경보기의 스위치 역할을 한다.

서술형 문제

정답과 해설 45쪽

서술형 Tip

단계별 서술형

1 그림과 같이 장치하고, 콩기름과 물을 가열 장치로 동시에 가열하면서 온도를 측정하였다. 표는 콩기름과 물의 온도 변화를 시간에 따라 나타낸 것이다.

콩기름   물

시간(분)		0	1	2	3	4
온도 (℃)	콩기름	20	30	40	50	60
	물	20	25.5	31	36.5	42

(1) 이 실험에서 콩기름과 물의 비열을 비교하기 위해 같게 해야 하는 것을 쓰고, 그 까닭을 서술하시오.

_____

_____

(2) 이 실험에서 물과 콩기름을 식히면서 온도를 측정했을 때 온도가 더 빠르게 내려가는 것을 쓰고, 그 까닭을 비열을 비교하여 서술하시오.

_____

_____

1 (1) 가해 준 열량과 질량이 같을 때 비열은 온도 변화에 반비례함을 생각한다.
(2) 비열이 클수록 온도가 잘 변하지 않음을 생각한다.
→ 필수 용어: 비열, 온도 변화

서술형

2 다음은 물의 이용에 대한 설명이다.

> • 찜질팩, 보일러 배관에 물을 넣어 이용한다.
> • 자동차 엔진이나 기계 장치의 열을 식히는 냉각수로 물을 사용한다.

이와 같이 물을 이용하는 까닭을 비열과 관련지어 서술하시오.

_____

2 비열이 클수록 온도가 잘 변하지 않음을 생각한다.
→ 필수 용어: 온도 변화

서술형

3 그림은 종류가 다른 세 금속 A, B, C를 붙여 만든 바이메탈을 가열하거나 냉각했을 때의 모습을 나타낸 것이다. A, B, C의 열팽창 정도를 비교하고, 온도가 높아질 때와 낮아질 때 바이메탈의 작동 원리를 서술하시오.

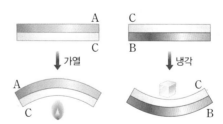

_____

_____

3 열팽창 정도가 클수록 온도가 변할 때 길이나 부피가 많이 변함을 생각한다.
→ 필수 용어: 열팽창 정도

Plus 문제 **3-1**
금속 A, B, C를 이용해 온도 변화에 따라 가장 많이 휘어지는 바이메탈을 만드는 방법을 서술하시오.

_____

_____

단어 제시형

4 온도를 측정할 때 알코올 온도계를 사용한다. 온도계에 알코올을 사용할 수 있는 까닭을 다음 단어를 모두 포함하여 서술하시오.

> 온도 변화, 열팽창 정도

4 온도에 따라 액체의 부피가 변하기 때문에 온도의 측정이 가능함을 생각한다.

이 단원에서 학습한 내용을 확실히 이해했나요?
다음 내용을 잘 알고 있는지 확인해 보세요.

1 온도와 입자 운동

- 온도: 물체의 차갑고 뜨거운 정도를 수치로 나타낸 것 [단위 ℃(섭씨도), K(켈빈)]
- 온도는 물체를 구성하는 입자들의 운동이 얼마나 활발한가를 나타낸다.
  - 온도가 ❶[ ][ ] 물체: 입자 운동이 둔하다.
  - 온도가 ❷[ ][ ] 물체: 입자 운동이 활발하다.

2 열의 이동

- 열: 온도가 다른 물체가 접촉할 때 온도가 높은 물체에서 낮은 물체로 이동하는 에너지
- 열의 이동 방법
  - ❶[ ][ ]: 물질을 이루는 입자의 운동이 이웃한 입자에 차례로 전달되어 열이 이동하는 방법
    ➡ 주로 고체에서 일어나는 열의 이동 방법이다.
  - ❷[ ][ ]: 물질을 이루고 있는 입자들이 직접 이동하면서 열을 전달하는 방법 ➡ 액체와 기체에서 일어나는 열의 이동 방법이다.
  - ❸[ ][ ]: 열이 물질의 도움 없이 직접 이동하는 방법 ➡ 주로 공기 중이나 진공 상태에서 일어난다.

3 냉난방 기구의 효율적 사용과 단열

- 냉난방 기구의 설치
  - 냉방기: 방의 ❶[ ]쪽에 설치
  - 난방기: 방의 ❷[ ][ ]쪽에 설치
- 단열: 물체와 물체 사이에서 열의 이동을 막는 것
  - 전도, ❸[ ][ ], 복사에 의한 열의 이동을 모두 막아야 단열이 잘 된다.

4 열평형

- 열의 이동: 열은 항상 온도가 ❶[ ][ ] 물체에서 온도가 ❷[ ][ ] 물체로 이동한다.
- 열평형: 온도가 다른 두 물체가 접촉했을 때 온도가 높은 물체에서 온도가 낮은 물체로 ❸[ ]이 이동하여 두 물체의 온도가 같아진 상태
- 온도가 다른 두 물체를 접촉하면 온도 높은 물체는 열을 잃어 입자 운동이 ❹[ ]해지고, 온도가 낮은 물체는 열을 얻어 입자 운동이 ❺[ ][ ]해진다.
  ➡ 시간이 지나 열평형에 도달하면 열이 이동하지 않아 두 물체의 온도가 변하지 않는다.

5 열량

- 열량: 온도가 다른 두 물체 사이에서 이동한 열의 양 [단위: cal(칼로리), kcal(킬로칼로리)]
  - 1 kcal는 물 1 kg의 온도를 ❶[ ] ℃ 높이는 데 필요한 열량이다.
- 열량 및 질량과 온도 변화의 관계

물체의 질량이 같을 때	물체에 가한 열량이 같을 때
물의 양(질량)이 같을 때 물의 온도 변화는 물이 얻은 열량이 클수록 크다.	물이 얻은 열량이 같을 때 물의 온도 변화는 물의 양(질량)이 적을수록 크다.
➡ 온도 변화∝❷[ ][ ]	➡ 온도 변화∝$\dfrac{1}{❸[\ ][\ ]}$

6 비열

- 비열: 어떤 물질 ❶[ ] kg의 온도를 1 ℃ 높이는 데 필요한 열량 [단위: kcal/(kg·℃)]
  - 물질의 종류에 따라 고유한 값을 가진다.
  - 비열이 ❷[ ]수록 온도를 높이는 데 더 많은 열량이 필요하므로 온도가 잘 변하지 않는다.
- 열량과 비열, 온도 변화의 관계

$$비열=\dfrac{열량}{질량×온도 변화}$$

비열과 온도 변화	질량과 온도 변화
질량이 같은 두 물질에 같은 열량을 가할 때 비열이 ❸[ ][ ] 물질의 온도 변화가 더 크다.	같은 물질에 같은 열량을 가할 때 질량이 작은 것의 온도 변화가 더 ❹[ ]다.

7 열팽창

- 열팽창: 물체의 온도가 높아질 때 물체의 길이나 부피가 변하는 현상
  - 원인: 열에 의해 입자 운동이 ❶[ ][ ]해져 입자 사이의 거리가 멀어지기 때문
  - 열팽창 정도: 기체>액체>고체
- 바이메탈: 열팽창 정도가 다른 두 금속을 붙여 놓은 장치 ➡ 두 금속의 열팽창 정도의 차가 클수록 많이 휘어진다.
  - 바이메탈을 가열할 때는 열팽창 정도가 ❷[ ][ ] 금속 쪽으로 휘어지고, 냉각할 때는 열팽창 정도가 ❸[ ] 금속 쪽으로 휘어진다.
- 알코올 온도계는 액체의 ❹[ ][ ][ ]을 이용한다.

【주관식】 상중**하**

01 표는 물체 (가)~(다)의 질량과 온도를 나타낸 것이다.

물체	질량	온도
(가)	100 g	40 ℃
(나)	100 g	60 ℃
(다)	200 g	10 ℃

물체를 구성하는 입자들의 운동이 활발한 것부터 순서대로
나열하시오. (단, (가)~(다)는 같은 물질이다.)

상**중**하

02 그림은 어떤 물질을 이루는 입자가 운동하는 모습을 나타
낸 것이다.

A   B   C

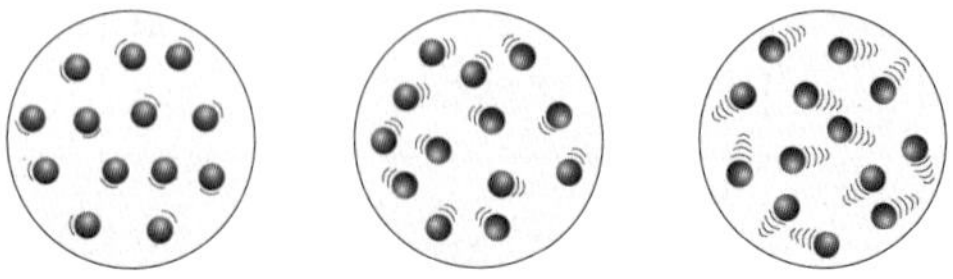

이에 대한 설명으로 옳은 것을 〈보기〉에서 모두 고른 것
은? (단, A~C는 같은 물질이다.)

보기
ㄱ. A의 온도가 가장 낮다.
ㄴ. 온도는 C가 B보다 높다.
ㄷ. 입자 운동은 C가 가장 활발하다.
ㄹ. B가 열을 얻으면 A와 같이 될 수 있다.

① ㄱ   ② ㄱ, ㄷ   ③ ㄴ, ㄹ
④ ㄱ, ㄴ, ㄷ   ⑤ ㄴ, ㄷ, ㄹ

자료 분석 | 정답과 해설 46쪽

【주관식】 상**중**하

03 ㉠~㉢에 알맞은 말을 쓰시오.

그림과 같이 뜨거운 물을 차가운
찻잔에 부으면 (㉠   )의 이동
에 의해 찻잔의 온도는 (㉡   )
가고, 물의 온도는 (㉢   )간다.

[04~05] 그림과 같이 일정한 간격으로 열 변색 붙임딱지를 붙
인 철 막대와 구리 막대를 알코올램프로 가열하였다. 이때 열
변색 붙임딱지의 색은 구리 막대가 철 막대보다 먼저 변했다.

철 막대
구리 막대

상**중**하

04 위 실험에서 열이 전달되는 방향을 옳게 설명한 것은?

① 오른쪽에서 왼쪽으로 전달된다.
② 왼쪽에서 오른쪽으로 전달된다.
③ 양쪽에서 한가운데로 전달된다.
④ 한가운데서 양쪽으로 전달된다.
⑤ 열은 전체적으로 동시에 전달된다.

상**중**하

05 위 실험을 통해 알 수 있는 것으로 옳은 것은?

① 철보다 구리 분자가 더 크다.
② 열은 항상 전도에 의해 전달된다.
③ 고체와 액체에서 열의 전달 방법은 같다.
④ 물질마다 열이 전도되는 빠르기가 다르다.
⑤ 철의 입자 운동이 구리의 입자 운동보다 활발하다.

상**중**하

06 그림과 같이 차가운 물이 든 삼각 플
라스크와 뜨거운 물이 든 삼각 플라
스크를 장치한 후 두 플라스크 사이의
투명 필름을 제거하였다. 이때 뜨거운
물과 차가운 물의 이동 방향과 이와
같은 열의 이동 방법을 옳게 짝 지은 것은?

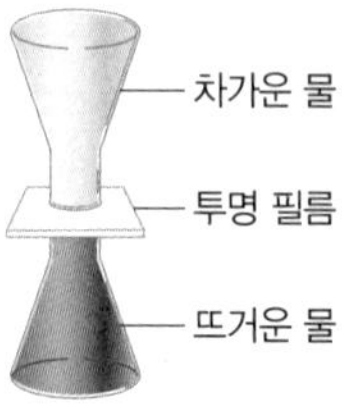

차가운 물
투명 필름
뜨거운 물

	뜨거운 물	차가운 물	열의 이동 방법
①	올라간다.	올라간다.	전도
②	올라간다.	내려간다.	대류
③	올라간다.	내려간다.	복사
④	내려간다.	올라간다.	전도
⑤	내려간다.	올라간다.	대류

07 【주관식】 상중**하**

다음 (가)~(라) 중 각 현상에서 일어나는 열의 이동 방법이 같은 것끼리 모두 짝 지어 쓰시오.

> (가) 뜨거운 물에 넣은 숟가락이 뜨거워진다.
> (나) 태양열이 우주 공간을 지나 지구로 전달된다.
> (다) 겨울에 금속 의자는 나무 의자보다 더 차갑게 느껴진다.
> (라) 적외선 카메라로 물체나 사람을 촬영하면 온도를 알 수 있다.

08 상중**하**

그림은 방안에 난로를 설치한 모습을 나타낸 것이다. 이와 같이 난로를 아래쪽에 설치한 까닭으로 옳은 것은?

① 공기가 가볍기 때문이다.
② 공기에 의한 열의 전달을 막기 위해서이다.
③ 전도에 의해 방 전체를 따뜻하게 하기 위해서이다.
④ 대류에 의해 방 전체를 따뜻하게 하기 위해서이다.
⑤ 복사에 의해 방 전체를 따뜻하게 하기 위해서이다.

09 상**중**하

그림과 같이 보온병의 이중벽 사이가 진공으로 되어 있는 것과 관련이 있는 열의 이동 방법을 〈보기〉에서 모두 고른 것은?

이중벽
진공층
은도금

> **보기**
> ㄱ. 전도에 의한 열의 이동을 막는다.
> ㄴ. 대류에 의한 열의 이동을 막는다.
> ㄷ. 복사에 의한 열의 이동을 막는다.
> ㄹ. 전도와 대류에 의한 열의 이동을 도와준다.

① ㄴ　　　　② ㄹ　　　　③ ㄱ, ㄴ
④ ㄱ, ㄷ　　　⑤ ㄷ, ㄹ

10 【주관식】 상중**하**

㉠, ㉡에 알맞은 말을 쓰시오.

> 체온계를 몸에 접촉하고 있으면 몸의 온도가 체온계의 온도보다 높으므로 몸에서 체온계로 (㉠　　　　)의 이동이 일어나 (㉡　　　　) 상태가 된다.

11 상**중**하

표는 차가운 물이 든 수조에 뜨거운 물이 든 비커를 넣고 1분마다 물의 온도를 측정한 결과를 나타낸 것이다.

시간(분)	0	1	2	3	4	5	6	7
차가운 물의 온도(°C)	20	21.8	23.2	24.5	25.6	26.2	26.5	26.5
뜨거운 물의 온도(°C)	60	50.5	43.3	36.7	31.7	28.5	26.5	26.5

이 실험에서 (가)이동하는 열의 양이 가장 많은 구간과 (나)열평형 상태인 구간을 옳게 짝 지은 것은?

　　(가)　　　　(나)
① 0~1분　　　6~7분
② 0~1분　　　5~6분
③ 2~3분　　　6~7분
④ 3~4분　　　5~6분
⑤ 3~4분　　　6~7분

자료 분석 | 정답과 해설 **46**쪽

12 상**중**하

그림과 같이 온도가 50 °C인 금속 추를 물속에 넣고 물의 온도를 측정했더니 결과가 표와 같았다.

시간(분)	온도(°C)
0	18
1	20
2	21.5
3	22
4	22

열평형 상태에서 금속 추의 온도는?

① 20 °C　　② 22 °C　　③ 46 °C
④ 48 °C　　⑤ 49 °C

[13~14] 그림과 같이 장치하고 콩기름과 물의 비열을 비교하기 위해 가열 장치로 가열하였다.

콩기름 물

13 위 실험에서 콩기름과 물의 비열을 비교하기 위해 같은 값을 유지해야 하는 것을 〈보기〉에서 모두 고른 것은? 상**중**하

┌ 보기 ┐
ㄱ. 콩기름과 물의 질량
ㄴ. 콩기름과 물의 가열 시간
ㄷ. 콩기름과 물의 나중 온도
ㄹ. 콩기름과 물의 온도 변화
└────┘

① ㄱ, ㄴ   ② ㄴ, ㄹ   ③ ㄷ, ㄹ
④ ㄱ, ㄴ, ㄷ   ⑤ ㄴ, ㄷ, ㄹ

자료 분석 | 정답과 해설 46쪽

【주관식】 상**중**하
14 위 실험에서 질량이 각각 20 g인 콩기름과 물을 10분 동안 가열하였더니 콩기름의 온도는 40 ℃, 물의 온도는 20 ℃ 올라갔다. 물의 비열이 1 kcal/(kg·℃)일 때, 콩기름의 비열은 몇 kcal/(kg·℃)인지 구하시오.

상**중**하
15 비열과 관련 있는 현상을 모두 고르면? (2개)
① 음료수 병에 음료를 가득 담지 않는다.
② 해안 지방은 내륙 지방보다 일교차가 작다.
③ 돌솥에 담긴 밥이 무쇠솥에 담긴 밥보다 오랫동안 따뜻하다.
④ 삶은 달걀을 차가운 물에 넣으면 달걀과 물이 미지근해진다.
⑤ 여름에는 전깃줄이 늘어지고, 겨울에는 전깃줄이 팽팽해진다.

상중**하**
16 그림은 다리를 설치할 때 만든 이음새 부분에 틈을 만든 것을 나타낸 것이다. 이와 같이 틈을 만든 까닭을 옳게 설명한 것은?

틈

① 자동차의 속력을 감소시키기 위해
② 비가 올 때 물이 잘 빠지게 하기 위해
③ 열팽창으로 다리가 휘는 것을 방지하기 위해
④ 다리를 지나는 자동차들의 통행량을 측정하기 위해
⑤ 겨울철에 눈이 얼어 다리가 휘는 것을 방지하기 위해

상**중**하
17 그림과 같이 장치하고 금속 막대를 가열할 때 나타나는 현상으로 옳은 것을 〈보기〉에서 모두 고른 것은?

금속 막대

┌ 보기 ┐
ㄱ. 금속 막대의 온도가 높아진다.
ㄴ. 금속 막대의 길이가 길어진다.
ㄷ. 금속 막대를 이루는 입자의 운동이 활발해진다.
└────┘

① ㄱ   ② ㄴ   ③ ㄱ, ㄷ
④ ㄴ, ㄷ   ⑤ ㄱ, ㄴ, ㄷ

상**중**하
18 그림은 서로 다른 종류의 금속 A, B, C를 사용하여 만든 바이메탈을 가열했을 때의 모습을 나타낸 것이다.

A~C에 같은 양의 열을 가했을 때 열팽창 정도가 큰 것부터 순서대로 옳게 나열한 것은?

① A－B－C   ② A－C－B   ③ B－A－C
④ B－C－A   ⑤ C－A－B

자료 분석 | 정답과 해설 47쪽

19 표는 물질의 온도가 10 ℃ 높아질 때마다 100 m당 늘어나는 길이를 나타낸 것이다.

상 중 하

물질	강철	놋쇠	납	알루미늄
늘어난 길이 (mm)	11	19	29	23

콘크리트와 함께 사용하여 건물의 기본 골격을 만들 때 가장 안정적으로 사용할 수 있는 물질은? (단, 같은 조건에서 콘크리트가 늘어난 길이는 11 mm이다.)

① 강철 　　　② 놋쇠 　　　③ 납
④ 알루미늄 　　⑤ 놋쇠와 납

[20~21] 물과 에탄올이 각각 든 시험관을 비커에 넣고 가열 장치로 가열하였더니 가열 전과 후의 유리관 속 액체의 높이가 그림과 같았다.

가열 장치 　　　가열 전 　　　가열 후

상 중 하

20 위 실험을 통해 알아보고자 하는 것으로 옳은 것은?

① 고체의 열팽창
② 액체의 열팽창
③ 열의 이동 방향
④ 물과 에탄올의 비열 비교
⑤ 액체에서의 열의 이동 방법

자료 분석 | 정답과 해설 47쪽

상 중 하

21 위 실험 결과에 대한 설명으로 옳은 것을 〈보기〉에서 모두 고른 것은?

┌─ 보기 ─────────────────────
ㄱ. 액체가 열을 받으면 팽창한다.
ㄴ. 액체의 종류에 따라 열팽창 정도가 다르다.
ㄷ. 수은 온도계는 이와 같은 원리를 이용한 것이다.
ㄹ. 물의 열팽창 정도가 에탄올의 열팽창 정도보다 크다.
└────────────────────────────

① ㄱ, ㄴ 　　　② ㄱ, ㄹ 　　　③ ㄷ, ㄹ
④ ㄱ, ㄴ, ㄷ 　　⑤ ㄴ, ㄷ, ㄹ

상 중 하

22 그림 (가), (나)와 같이 각각 시험관의 위쪽과 아래쪽에 얼음 조각을 두고 시험관의 중간 부분을 알코올램프로 가열하였다.

얼음 조각

(가) 　　　　　(나)

(1) (가)와 (나) 중 어느 곳에 있는 얼음의 조각이 더 빨리 녹는지 쓰시오.

_____

(2) (1)과 같이 답한 까닭을 열의 이동 방법과 관련지어 서술하시오.

_____
_____
_____

상 중 하

23 그림은 화재경보기와 전기다리미의 내부 구조를 나타낸 것이다.

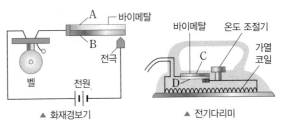

▲ 화재경보기 　　　　▲ 전기다리미

(1) 화재경보기의 바이메탈이 정상적으로 작동되기 위한 방법을 A와 B의 열팽창 정도를 비교하여 서술하시오.

_____
_____

(2) 전기다리미의 바이메탈이 정상적으로 작동되기 위한 방법을 C와 D의 열팽창 정도를 비교하여 서술하시오.

_____
_____

IX 재해·재난과 안전

제목으로
미리보기

01 재해·재난과 안전

162~171쪽

'재난'은 한파, 가뭄, 지진, 감염성 질병 확산, 화학 물질 유출 등으로 국민과 국가에게 피해를 주는 것을 말해요. 이러한 재난으로 발생하는 피해를 '재해'라고 하죠. 이 단원에서는 '재해·재난'이 발생하는 과학적 원리를 이해하고, '재해·재난'이 일상생활에 미치는 영향에 대해 알아본답니다. 또, '재해·재난'이 발생했을 때 어떻게 대처해야 하는지에 대해 알아봅시다.

그림을 떠올려!

기억하기 이 단원을 학습하기 전에, 이전에 배운 내용 중 꼭 알아야 할 개념들을 그림과 함께 떠올려 봅시다.

1 | 화산 활동과 지진 ━━━━━━━━━━━━━━━━━━━━━━━━━━ >>> 초등학교 4학년 화산과 지진

- (**❶**): 땅속 깊은 곳에서 암석이 녹은 물질이 지표 밖으로 나와 만들어진 지형
- (**❷**): 땅이 지구 내부에서 작용하는 힘을 오랫동안 받아 끊어지면서 흔들리는 것

[화산 활동에 의한 피해]

[지진에 의한 피해]

▲ (**❸**)에 의한 피해 ▲ (**❹**)에 의한 피해 ▲ 지진으로 갈라진 도로 ▲ 지진으로 무너진 건물

2 | 지진이 발생했을 때 대처하는 방법 ━━━━━━━━━━━━━━━━ >>> 초등학교 4학년 화산과 지진

지진으로
흔들릴 때

교실 안

승강기 안

건물 밖

책상 아래로 들어가 (**❺**)와 몸을 보호한다.

모든 층의 버튼을 눌러 가장 먼저 열리는 층에서 내린다.

머리를 보호하고 건물이나 벽 주변에서 떨어진다.

흔들림이
멈추었을 때

집

건물

학교

전기와 (**❻**)를 차단하고, 문을 열어둔다.

승강기 대신 (**❼**)을 이용해 대피한다.

머리를 보호하며 선생님의 지시에 따라 넓은 장소로 이동한다.

3 | 지진의 세기를 나타내는 방법 ━━━━━━━━━━━━━━━━━━━━ >>> 중학교 1학년 지권의 변화

(**❽**)	진도
• 지진이 발생할 때 방출되는 에너지의 양 • 지진으로 방출된 에너지의 양이 많을수록 크다.	• 지진에 의해 어떤 지점에서 땅이 흔들리는 정도나 (**❾**) 정도 • 대체로 지진이 발생한 지점에서 가까울수록 크다.

정답 ❶ 화산 ❷ 지진 ❸ 용암 ❹ 화산재 ❺ 머리 ❻ 가스 ❼ 계단 ❽ 규모 ❾ 피해

개념 학습

01 재해·재난과 안전

ⓐ 재해·재난

1. 재해·재난 생명과 생활을 위협하는 재난으로 인간의 생명과 재산에 발생한 피해로, 발생 원인에 따라 자연 재해·재난과 사회 재해·재난으로 구분한다.

자연 재해·재난	사회 재해·재난
자연 현상으로 발생하는 재해·재난 **예** 지진, 화산 활동, 태풍, 폭설, 황사 및 미세먼지❶, 가뭄, 폭염, 홍수, 집중 호우, 낙뢰 등	인간의 부주의나 기술상의 문제 등으로 발생하는 재해·재난 **예** 감염성 질병 확산, 화학 물질 유출, 화재, 폭발, 붕괴, 운송 수단 사고, 환경 오염 사고 등
• 비교적 넓은 지역에 걸쳐 발생한다. • 예측이 어려워 예방하기 쉽지 않다.	• 상대적으로 좁은 범위에서 발생한다.❷ • 인간의 활동에 의해 발생하므로 예방할 수 있다.

특정 지역에서 발생한 감염성 질병이 순식간에 넓은 지역으로 퍼져 나가는 위험도 증가하고 있다.

ⓑ 재해·재난의 원인과 피해

1. 자연 재해·재난의 피해

지진	• 땅이 흔들리거나 갈라지기도 하며, 이로 인해 도로나 건물이 무너지는 등 짧은 시간 동안에 넓은 지역에 걸쳐 수많은 인명과 재산 피해가 발생한다. • 산이 무너지거나 땅이 갈라지기도 하며, 이로 인해 건물이 무너지고 화재가 발생하기도 한다. • 해저에서 지진이 발생하면 지진 해일이 발생할 수도 있다. ➡ 수십 m 높이의 바닷물이 해안 지역을 덮치면서 사람이나 항구의 시설, 선박 등에 큰 피해를 준다.

기상 재해❸	태풍❹	• 강한 바람으로 농작물이나 시설물에 피해를 준다. • 집중 호우와 강풍을 동반하여 도로를 무너뜨리거나 산사태를 일으키기도 하며, 해일이 발생할 수도 있다.
	폭설	교통이 통제되어 마을이 고립되기도 한다.
	황사	호흡기 질환이나 피부 질환을 일으키고, 항공과 운수 산업에 피해를 준다.
	집중 호우	산사태, 하천 범람, 홍수 등을 일으켜 저지대의 가옥이 침수되거나 농작물 등이 피해를 입기도 한다. └ 짧은 시간 동안 평균적인 강우보다 비가 많이 올 때이다.

화산 활동	• 화산이 폭발하면 화산재나 용암으로 인가나 농작물에 직접적인 피해가 발생한다. • 화산 기체가 대기 중으로 퍼져 항공기 운행이 중단될 수도 있다. • 화산재에 의한 농경지, 건물, 교통, 통신 시설의 피해가 발생한다. • 화산 폭발 시 충격에 의한 영향으로 지진과 산사태가 발생하기도 한다.

2. 사회 재해·재난의 원인과 피해

		감염성 질병: 세균이나 *바이러스 등과 같은 *병원체가 동물이나 인간에게 침입하여 발생하는 질병이다.❺ **예** 코로나 바이러스 감염증-19(COVID-19)❻, 메르스(*중동호흡기증후군, MERS), 조류 독감, 유행성 눈병 등
감염성 질병 확산	원인	• 악수를 하거나 기침을 하는 등 사람이 직접 접촉할 때 쉽게 전파된다. • 공기나 물, 환자가 만졌던 물건, 모기 등의 동물, 음식물 등을 통해 간접적으로 전파되기도 한다.
	피해	• 어느 한 지역에 그치지 않고, 지구적인 규모로 확산하여 많은 사람과 동물에 피해를 줄 수 있다. └ 쉽고 빠르게 넓은 지역으로 퍼져 나갈 수 있다. • 무분별한 개발로 인해 야생동물에게만 발생하던 질병이 인간에게 감염되어 새로운 감염성 질병이 나타나기도 한다.
화학 물질 유출	원인	화학 산업의 시설을 교체할 때 작업자의 부주의, 시설물의 노후화, 관리 소홀, 운송 차량의 사고 등으로 발생한다.
	피해	• 화학 물질을 안전하게 관리하지 못하면 폭발, 화재, 각종 질병 유발, 환경 오염 등의 큰 피해를 일으킬 수 있다. • 사람이나 자연환경에 피해를 주며, 공기를 통해 짧은 시간 동안에 매우 넓은 지역까지 퍼질 수 있다. **예** 플루오린화 수소 유출 사고
운송 수단 사고		열차, 항공기, 선박 등에서 발생하는 사고로, 안전 관리 소홀, 안전 규정 무시, 자체 결함 등으로 인해 발생한다. ─ 한번 사고가 일어나면 그 피해가 매우 크다.

》》 개념 더하기

❶ 황사 및 미세먼지
중국 북부나 몽골의 사막 또는 건조한 황토 지대에서 바람에 날린 먼지나 작은 모래가 우리나라까지 운반된 후 서서히 내려오는 현상으로 봄철에 자주 발생한다.

❷ 사회 재해·재난의 범위
사회 재해·재난은 자연 재해·재난에 비하여 상대적으로 좁은 범위에서 발생한다. 하지만 조류 인플루엔자, 메르스, 지카 바이러스 등의 감염성 질병이나 대규모 기름 유출은 좁은 범위에서 발생한 후 넓은 지역으로 퍼져 나가 피해를 주기도 한다.

❸ 기상 재해
태풍, 홍수, 가뭄, 폭설, 폭염, 미세먼지 등과 같은 기상 현상이 원인이 되어 발생하는 재해·재난으로, 매년 일정한 시기에 발생한다.

❹ 태풍
태풍이 진행하는 방향의 오른쪽 지역은 왼쪽 지역보다 바람이 강하고 강수량이 많아 피해가 크다. 또, 태풍이 접근하는 시기가 만조 시각과 겹치면 해일이 발생할 수 있다.

❺ 감염성 질병의 발생
병원체가 몸속으로 들어오면 대부분 우리 몸의 면역에 의해 병원체가 퇴치되지만, 우리 몸의 면역력이 떨어져 있거나 병원체의 독성이 강한 경우 감염되어 질병이 발생한다.

❻ 코로나 19
2019년 12월 중국 우한에서 처음 발생한 이후 중국 전역과 전 세계로 확산된 새로운 유형의 코로나 바이러스에 의한 호흡기 감염질환이다. 감염자의 비말이 호흡기나 눈·코·입의 점막으로 침투될 때 발생한다.

용어 사전

***바이러스**
동물·식물 등 살아 있는 세포에 기생하며 세포 내에서만 증식할 수 있는 감염성 입자

***병원체(질병 病, 근원 原, 몸 體)**
질병을 일으키는 원인이 되는 미생물

***중동호흡기증후군**
새로운 유형의 코로나 바이러스 감염으로 인한 중증 급성 호흡기 질환

핵심 Tip

- **재해·재난**: 생명과 생활을 위협하는 재난으로 인간의 생명과 재산에 발생한 피해
  - **자연 재해·재난**: 자연 현상으로 인해 발생하는 재해·재난
    예 지진, 태풍, 폭설, 황사, 집중 호우, 화산 활동 등
  - **사회 재해·재난**: 인간의 활동에 의해 발생하는 재해·재난
    예 감염성 질병 확산, 화학 물질 유출, 운송 수단 사고 등
- **지진**이 일어나면 산이 무너지거나 땅이 갈라지기도 한다.
- **기상 재해**: 태풍, 홍수, 가뭄, 폭설, 폭염, 미세먼지 등과 같은 기상 현상이 원인이 되어 발생하는 재해
- **감염성 질병**: 세균이나 바이러스 등과 같은 병원체가 동물이나 인간에게 침입하여 발생하는 질병
- **화학 물질**이 유출되면 사람이나 자연 환경에 피해를 주며, 공기를 통해 짧은 시간 동안에 매우 넓은 지역까지 퍼질 수 있다.

1 재해·재난에 대한 설명으로 옳은 것은 ○, 옳지 않은 것은 ×로 표시하시오.

(1) 발생 원인에 따라 자연 재해·재난과 사회 재해·재난으로 구분한다. (   )

(2) 지진, 화산 활동, 황사는 사회 재해·재난에 해당한다.   (   )

(3) 자연 재해·재난은 사회 재해·재난에 비해 넓은 지역에서 발생한다. (   )

(4) 자연 재해·재난은 예측이 쉬워 예방하기 쉽다.   (   )

2 다음 〈보기〉는 재해·재난 사례를 나타낸 것이다.

> **보기**
> ㄱ. 황사   ㄴ. 화산 활동   ㄷ. 운송 수단 사고
> ㄹ. 화학 물질 유출   ㅁ. 감염성 질병의 확산 ㅂ. 지진

(1) 자연 재해·재난에 해당하는 것을 〈보기〉에서 모두 고르시오. (   )

(2) 사회 재해·재난에 해당하는 것을 〈보기〉에서 모두 고르시오. (   )

3 다음 피해 사례에 해당하는 재해·재난의 종류를 연결하시오.

(1) 강한 바람으로 농작물이나 시설물에 피해를 준다. •   • ㉠ 황사

(2) 산사태, 하천 범람, 홍수 등을 일으켜 인명과 재산 피해가 발생한다. •   • ㉡ 태풍

(3) 호흡기 질환을 일으키고, 항공과 운수 산업에 피해를 준다. •   • ㉢ 지진

(4) 땅이 흔들리거나 갈라지기도 하며, 해일이 발생할 수도 있다. •   • ㉣ 집중 호우

적용 Tip

B-1

우리나라 주변의 태풍의 월별 평균 진로

태풍은 저위도 지역에서 발생하는 열대성 저기압으로, 우리나라에서는 주로 7월에서 9월 사이에 태풍의 경로가 집중된다.

4 감염성 질병의 확산에 대한 설명으로 옳은 것은 ○, 옳지 않은 것은 ×로 표시하시오.

(1) 세균이나 바이러스 등과 같은 병원체가 동물이나 인간에게 침입하여 발생하는 질병이다.   (   )

(2) 악수나 기침 등 사람이 직접 접촉할 때 전파된다.   (   )

(3) 모기 등의 동물, 음식물 등을 통해서는 전파되지 않는다.   (   )

(4) 감염성 질병의 피해는 대부분 좁은 지역에 그친다.   (   )

5 다음 〈보기〉는 사회 재해·재난의 원인을 나타낸 것이다.

> **보기**
> ㄱ. 모기나 진드기와 같은 매개체의 증가   ㄴ. 작업자의 부주의
> ㄷ. 운송 차량의 사고   ㄹ. 병원체의 진화

(가) 화학 물질 유출과 (나) 감염성 질병 확산의 원인을 〈보기〉에서 고르시오.

(가): (   ), (나): (   )

개념 학습

01 재해·재난과 안전

C 재해·재난의 대처 방안

1. 자연 재해·재난 대처 방안

지진 대처 방안	• 지진이 발생하면 튼튼한 책상이나 식탁 아래로 우선 몸을 대피한다. [강한 진동이 멈춘 후] ⎯ 승강기는 전기가 차단되면 갇힐 수 있기 때문이다. [대피 장소에 도착 후] 강한 진동이 멈추면 가스 밸브를 잠그고 출구를 확보한다. / 가방 등으로 머리를 보호하며, 계단을 통해 신속하게 건물 밖으로 나가 넓은 공간으로 대피한다. / 라디오나 공공 기관의 안내 등 올바른 정보에 따라 행동한다. • 야외에 있을 때는 건물이나 담장과 떨어진 곳으로 이동한다. • 지진 해일이 발생하면 신속하게 높은 곳으로 대피한다.❶ • 땅이 안정한 지역에 건물을 짓고, 건물을 지을 때 *내진 설계를 한다.❷ • 지진에 대비하기 위해 건물 벽에 대각선으로 지지대를 설치한다.
태풍·집중 호우 대처 방안	• 기상 정보를 주의 깊게 듣고 기상 재해의 진행 상황에 따라 알맞게 대피한다. • 비상용품을 준비한다. • 가스는 사전에 차단하고, 감전의 위험이 있으므로 전기 시설을 만지지 않는다. • 바람에 날릴 수 있는 물건은 없는지 확인한다. • 강풍에 대비해 유리창에 테이프와 안전 필름을 붙인다. • 침수에 대비하여 가재도구는 높은 곳으로 올린다. • 선박은 항구에 결박하고, 운행 중에는 태풍의 이동 경로에서 최대한 멀리 대피한다. • 해안가에서는 태풍의 피해를 줄이기 위해 바람막이숲❸을 조성하거나 제방을 쌓는다. • 집중 호우가 발생하면 계곡의 물이 갑자기 불어나므로, 산에 있을 때는 신속하게 안전한 곳으로 대피해야 한다.
화산 활동 대처 방안	• 외출을 자제하고, 화산재에 노출되지 않도록 주의한다. • 문이나 창문을 닫고, 젖은 수건으로 문의 빈틈이나 환기구를 막는다. • 화산 폭발 가능성이 있는 지역에서는 방진 마스크, 손전등, 예비 의약품 등을 미리 준비한다.

2. 사회 재해·재난 대처 방안

감염성 질병의 확산 대처 방안	• 손을 자주 씻고, 건강한 식습관으로 *면역력을 기른다. • 기침을 할 때는 휴지나 옷소매 등으로 코와 입을 가리며, 기침이 계속되면 마스크를 착용한다. • 식수는 끓인 물이나 생수를 사용하고, 음식은 충분히 익혀 먹으며, 식재료는 흐르는 깨끗한 물에 씻는다. • 평소에 미리 예방 접종을 하고, 호흡기 이상, 발열, 설사 등의 증상이 있을 때는 의사의 진료를 받는다. • 해외여행 후 호흡기 이상, 발열, 구토 등의 증상이 있으면 검역관에 신고한다. • 병원체가 증식할 수 없는 환경을 만들고, 확산 경로를 차단한다.
화학 물질의 유출 대처 방안	• 화학 물질이 유출된 장소에서 최대한 멀고 높은 곳으로 대피한다. ➡ 유독가스는 공기보다 가벼운 것도 있지만 대부분 공기보다 밀도❹가 크기 때문에 발생한 지역보다 높은 곳으로 대피해야 한다. ⎯ 유독가스는 지표를 따라 낮은 곳으로 이동한다. • 화학 물질이 피부에 직접 닿거나 유독가스를 흡입하지 않도록 주의한다. • 대피할 때 비옷이나 큰 비닐 등으로 몸을 감싸고, 수건, 마스크, 방독면 등으로 코와 입을 가린다. ⎯ 일부 화학 물질은 피부에 접촉하면 수포가 생기거나 호흡하면 폐에 손상을 줄 수 있기 때문이다. • 빠른 시간 안에 오염 물질을 제거한다. • 옷에 소량의 화학 물질이 있을 수 있으므로, 대피 후에는 옷을 갈아 입고, 비눗물로 몸을 씻는다. • 사고가 발생한 지역으로 바람이 불 때는 바람이 불어오는 방향으로 대피한다.❺ • 사고 발생 지역에서 바람이 불어올 때는 바람의 수직인 방향으로 대피한다.❺ • 실내로 대피한 경우 문과 창문을 닫고, 외부 공기와 통하는 에어컨, 환기구 등의 작동은 멈춘다. • 화학 물질에 직접 노출되지 않도록 주의하고, 화학 물질에 노출되었을 때는 즉시 병원에 가서 의사의 진찰을 받아야 한다.
운송 수단 사고 대처 방안	• 열차, 항공기, 선박 등의 운송 수단에서 사고가 발생하면 빠르고 정확하게 상황을 판단하여 대피해야 한다. • 교통수단의 운행 전후 철저히 정비한다. • 운송 수단을 이용할 때에는 안내 방송을 잘 듣고, 운송 수단의 종류에 따른 대피 방법을 미리 알아두는 것이 좋다.

❶ 지진 해일
해저에서 지진이 일어나면 지진 해일이 발생할 수 있다. 해안가에 있을 때 지진을 느꼈거나 지진 해일 특보가 발령되면 재빨리 긴급 대피 장소나 높은 곳으로 대피하고, 지진 해일 특보가 해제될 때까지 낮은 곳으로 가지 않도록 한다.

❷ 지진 피해에 영향을 미치는 요인
지진의 피해는 대체로 규모가 큰 지진일수록, 지진이 발생한 곳에서 가까운 지역일수록 크지만, 지질 구조의 안정한 정도나 구조물의 특성에 따라서도 차이가 난다.

❸ 바람막이숲
강풍의 피해를 막기 위해 만든 숲이다.

❹ 밀도
밀도가 큰 물질은 밀도가 작은 물질 아래로 가라앉는다.

❺ 화학 물질 유출 시 대피 방향
• 바람이 사고 발생 장소 쪽으로 불 때 ➡ 바람 방향의 반대 방향으로 대피

• 바람이 사고 발생 장소에서 불어올 때 ➡ 바람 방향의 직각 방향으로 대피

용어 사전

*내진(견디다 耐, 지진 震)
지진을 견딤
*면역력(면하다 免, 전염병 疫, 힘 力)
사람이나 동물의 몸 안에 병원균이 침입하여도 병에 걸리지 않을 만한 저항력

6 지진 발생 시 대처 방안으로 옳은 것은 ○, 옳지 않은 것은 ×로 표시하시오.

(1) 집 안에서는 가스와 전기를 차단하고 문을 열어 출구를 확보한다. ( )

(2) 야외에 있을 때에는 건물 가까이에서 몸을 보호한다. ( )

(3) 큰 진동이 멈춘 후 승강기를 이용하여 건물 밖으로 대피한다. ( )

(4) 실내에서는 튼튼한 책상이나 식탁 아래로 들어가 몸을 보호한다. ( )

(5) 대피 장소에 도착한 후에는 재난 정보를 청취하며 안내 방송에 따라 행동한다.
( )

7 다음 (가)와 (나)는 서로 다른 재해·재난의 대처 방안에 대한 설명이다.

> (가) 지질 구조가 안정한 지역에 건물을 짓는다.
> (나) 방역을 통해 병원체가 증식할 수 없는 환경을 만든다.

(가)와 (나)에 해당하는 재해·재난을 〈보기〉에서 골라 쓰시오.

> 보기
> 지진, 감염성 질병의 확산, 집중 호우, 운송 수단 사고

8 다음 내용의 ( ) 안에 알맞은 말을 고르시오.

> 화학 물질이 유출되었을 때 바람이 사고 발생 지역에서 불어오면 바람 방향과 (같은 , 수직) 방향으로 대피해야 한다.

9 다음 내용의 ㉠과 ㉡에 알맞은 말을 쓰시오.

> - 지진의 피해를 줄이기 위해 건물을 지을 때 (㉠) 설계를 한다.
> - (㉡)의 피해를 줄이기 위해 해안가에서는 바람막이숲을 조성하거나 제방을 쌓는다.

10 여러 가지 재해·재난의 대처 방안으로 옳은 것은 ○, 옳지 않은 것은 ×로 표시하시오.

(1) 건물 벽에 대각선으로 지지대를 설치하면 지진의 피해를 줄일 수 있다.
( )

(2) 독성이 있는 화학 물질이 유출되었을 때에는 마스크나 방독면 등을 이용해 호흡기를 보호한다. ( )

(3) 태풍의 영향권 안에 들었을 때 실내에서는 창문이나 유리문에 최대한 가까이 있는다. ( )

(4) 감염성 질병이 확산되는 것을 막기 위해서는 손을 자주 씻고, 기침을 할 때는 휴지나 옷소매 등으로 코와 입을 가린다. ( )

Ⓐ 재해·재난

중요

01 재해·재난에 대한 설명으로 옳지 <u>않은</u> 것은?

① 생명을 위협하는 재난으로 인간의 생명과 재산에 발생한 피해이다.
② 발생 원인에 따라 자연 재해·재난과 사회 재해·재난으로 구분한다.
③ 자연 재해·재난은 비교적 넓은 지역에 걸쳐 발생한다.
④ 사회 재해·재난은 인간의 부주의나 기술상의 문제 등으로 발생한다.
⑤ 사회 재해·재난은 예측이 어려워 예방하기 쉽지 않다.

중요

02 사회 재해·재난으로 옳은 것을 〈보기〉에서 모두 고른 것은?

보기
ㄱ. 가뭄 ㄴ. 화재 ㄷ. 환경 오염 사고
ㄹ. 폭설 ㅁ. 황사 ㅂ. 조류 독감

① ㄱ, ㄷ ② ㄴ, ㄹ ③ ㄱ, ㄹ, ㅁ
④ ㄴ, ㄷ, ㅂ ⑤ ㄹ, ㅁ, ㅂ

Ⓑ 재해·재난의 원인과 피해

03 지진에 대한 설명으로 옳지 <u>않은</u> 것은?

① 짧은 시간 동안 넓은 지역에 걸쳐 피해가 발생한다.
② 지진이 발생하면 건물이 무너지거나 땅이 갈라지기도 한다.
③ 해저에서 지진이 발생하면 지진 해일이 발생하기도 한다.
④ 최근에는 지진 관측소에서 경보 체계도 운영하고 있다.
⑤ 인간 활동에 의해 발생하는 재해·재난으로 예측이 쉽다.

04 다음 설명에 해당하는 기상 재해로 옳은 것은?

• 강한 바람으로 농작물이나 시설물에 피해를 준다.
• 집중 호우를 동반하여 도로를 무너뜨리거나 산사태를 일으키기도 한다.

① 태풍 ② 폭설 ③ 황사
④ 지진 ⑤ 화산 활동

05 그림은 화산이 폭발하는 모습이다.

이에 대한 설명으로 옳은 것을 〈보기〉에서 모두 고른 것은?

보기
ㄱ. 화산 기체가 대기 중으로 퍼져 항공기 운항이 중단될 수도 있다.
ㄴ. 화산재에 의해 농경지나 건물, 통신 수단에 피해가 발생할 수 있다.
ㄷ. 화산이 폭발하면 용암이 흘러나와 주변 마을에 피해가 발생할 수 있다.

① ㄱ ② ㄴ ③ ㄱ, ㄷ
④ ㄴ, ㄷ ⑤ ㄱ, ㄴ, ㄷ

중요

06 감염성 질병의 확산에 대한 원인과 피해로 옳지 <u>않은</u> 것은?

① 감염성 질병은 병원체가 동물이나 인간에게 침입하여 발생한다.
② 악수나 기침 등 사람이 직접 접촉할 때 전파된다.
③ 모기 등의 동물, 음식물 등을 통해서는 전파되지 않는다.
④ 쉽고 빠르게 넓은 지역으로 퍼져 나갈 수 있다.
⑤ 인간에게 감염되어 새로운 감염성 질병이 나타나기도 한다.

ⓒ 재해·재난의 대처 방안

07 지진에 대한 대처 방법으로 옳은 것을 모두 고르면? (2개)

① 건물을 지을 때 내진 설계를 한다.
② 지진이 발생하면 실내에서는 튼튼한 탁자 아래로 들어가 몸을 보호한다.
③ 지진 발생 시 건물 밖으로 나갈 때는 계단 대신 승강기를 이용한다.
④ 지진 발생 시 야외에서는 건물 사이의 좁은 공간으로 대피한다.
⑤ 해안 지역에서 지진 해일이 발생하면 최대한 낮은 곳으로 대피한다.

08 그림은 어떤 재해·재난에 대처하기 위한 방안으로 해안가에 조성된 바람막이숲이다.

이에 해당하는 재해·재난에 대한 설명으로 옳은 것을 〈보기〉에서 모두 고른 것은?

> **보기**
> ㄱ. 사회 재해·재난에 대한 대처 방안이다.
> ㄴ. 실내에서는 강풍에 대비해 유리창에 테이프와 안전 필름을 붙인다.
> ㄷ. 이 재해·재난 발생 시 선박을 항구에 결박한다.

① ㄱ 　　② ㄴ 　　③ ㄱ, ㄷ
④ ㄴ, ㄷ 　　⑤ ㄱ, ㄴ, ㄷ

09 감염성 질병 확산의 피해를 줄이기 위한 대처 방법으로 옳지 않은 것은?

① 손을 자주 씻는다.
② 음식은 덜 익혀 맛있게 먹는다.
③ 평소에 미리 예방 접종을 한다.
④ 건강한 식습관으로 면역력을 기른다.
⑤ 기침을 할 때는 휴지나 옷소매 등으로 코와 입을 가린다.

10 재해·재난 대처 방법으로 옳지 않은 것은?

① 화산이 폭발하면 화산재에 노출되지 않도록 한다.
② 비가 많이 올 때에는 감전 사고와 침수 피해에 주의해야 한다.
③ 지진이 일어나면 가스와 전기를 차단하여 화재가 발생하지 않도록 한다.
④ 기상 재해 때는 방송이나 스마트 기기에서 실시간 정보를 얻는다.
⑤ 화학 물질이 유출되면 숨을 편하게 쉴 수 있게 코와 입을 감싸지 않는다.

[주관식]

11 다음은 어떤 재해·재난의 대처 방안에 대해 학생들이 토론한 내용이다.

> • 학생 A: 독성 물질을 흡입하지 않도록 주의해야 해.
> • 학생 B: 바람이 사고 발생 지역에서 불어오면 바람이 불어오는 방향으로 대피해야 해.
> • 학생 C: 유독가스가 공기보다 밀도가 크면 높은 곳으로 대피해야 해.

(1) 어떤 재해·재난의 대처 방안에 대해 토론하고 있는지 쓰시오.

(2) A, B, C 세 학생 중 틀린 의견을 제시한 학생을 고르시오.

12 운송 수단 사고에 대한 설명으로 옳지 않은 것은?

① 열차, 항공기, 선박 등에서 발생하는 사고이다.
② 운송 수단의 종류에 따른 대피 방법을 미리 알아 두면 좋다.
③ 운송 수단을 이용할 때에는 안내 방송을 잘 들어야 한다.
④ 운송 수단 사고가 일어나면 대부분 그 피해가 작다.
⑤ 안전 관리 소홀, 안전 규정 무시, 자체 결함 등으로 인해 발생한다.

서술형 **Tip**

단계별 서술형

1 그림 (가)~(라)는 재해·재난의 피해 모습을 나타낸 것이다.

(가) 지진

(나) 화학 물질 유출

(다) 감염성 질병 확산

(라) 태풍

(1) (가)~(라)를 자연 재해·재난과 사회 재해·재난으로 구분하시오.

_____

(2) (나)가 일어나는 원인을 1가지만 서술하시오.

_____

단계별 서술형

2 다음은 재해·재난의 원인이 되는 요소를 나타낸 것이다.

> (가) 병원체의 진화   (나) 매개체의 증가   (다) 인구 이동 및 무역의 증가

(1) 위와 같은 원인에 의해 발생하는 재해·재난의 명칭을 쓰시오.

_____

(2) 위와 같은 재해·재난에 대처하기 위해 개인이 지켜야 할 행동 요령을 2가지 만 서술하시오.

_____
_____

서술형

3 그림과 같이 어느 지역에서 화학 물질이 유출되었다.

바람

C

B   A

A, B, C 방향 중 어느 방향으로 대피해야 할지 쓰고, 그 까닭을 서술하시오.

_____

1 자연 현상으로 발생하는 재해·재 난은 자연 재해·재난이라 하고, 인간의 부주의나 기술상의 문제 등 인간 활동으로 발생하는 재 해·재난은 사회 재해·재난이라 고 한다.

Plus 문제 **1-1**
감염성 질병의 예를 2가지만 쓰 시오.

_____

2 요즘에는 교통수단의 발달로 국 가 간 이동이 점점 더 활발해지 면서 사람들이 더욱 편리한 삶을 누리고 있다. 하지만 특정 지역 에서 발생한 감염성 질병이 순식 간에 넓은 지역으로 퍼져 나가는 위험도 증가하고 있다.

3 화학 물질 유출 시 사고 장소로 바람이 불면 바람이 불어가는 반 대 방향으로 대피한다.

Plus 문제 **3-1**
사고 장소에서 바람이 불어오면 A, B, C 방향 중 어디로 대피해 야 할지 쓰시오.

_____

[내 실력 진단하기]
각 중단원별로 어느 부분이
부족한지 진단해 보고, 부족
한 단원은 다시 복습합시다.

01. 재해·재난과 안전	01	02	03	04	05	06	07	08	09	
	10	11	12	13	14					

상**중**하

01 다음은 자연 재해·재난과 사회 재해·재난에 대한 설명을
순서 없이 나타낸 것이다.

> (가) 지진, 폭설, 가뭄, 홍수 등이 포함된다.
> (나) 인간의 부주의나 기술상의 문제 등으로 발생한다.
> (다) 비교적 넓은 지역에 걸쳐 발생한다.
> (라) 상대적으로 좁은 범위에서 발생하지만 넓은 지역
> 으로 퍼져 나가 피해를 입히기도 한다.

(가)~(라)를 자연 재해·재난과 사회 재해·재난으로 옳게
짝 지은 것은?

	자연 재해·재난	사회 재해·재난
①	(가)	(나), (다), (라)
②	(가), (다)	(나), (라)
③	(나), (다)	(가), (라)
④	(나), (라)	(가), (다)
⑤	(나), (다), (라)	(가)

상**중**하

02 재해·재난에 대한 설명으로 옳은 것을 〈보기〉에서 모두
고른 것은?

> 보기
> ㄱ. 원인을 파악하여 과학적으로 대처하면 피해를 줄
> 일 수 있다.
> ㄴ. 인간의 고의나 과실에 의해 태풍이 발생한다.
> ㄷ. 사회 재해·재난은 병원체나 특정 생물의 증가와
> 는 관련이 없다.

① ㄱ　② ㄴ　③ ㄱ, ㄷ　④ ㄴ, ㄷ　⑤ ㄱ, ㄴ, ㄷ

상**중**하

03 다음은 재해·재난의 사례들이다.

> (가) 2007년 태안 유조선 충돌 사고로 유출된 기름
> (나) 2012년 구미의 플루오린화 수소 유출로 피해를 입
> 은 농작물

이와 같은 재해·재난의 원인으로 옳지 **않은** 것은?

① 자체 결함　② 인구 증가
③ 관리 소홀　④ 작업자 부주의
⑤ 안전 규정 무시

상**중**하

04 그림은 우리나라로 오는 태풍의 이동 경로를 나타낸 것이다.

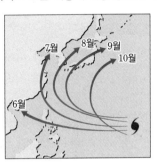

이에 대한 설명으로 옳은 것을 〈보기〉에서 모두 고른 것은?

> 보기
> ㄱ. 우리나라에서는 주로 7월에서 9월 사이에 태풍의
> 경로가 집중된다.
> ㄴ. 태풍은 기상 재해이다.
> ㄷ. 상대적으로 좁은 지역에 걸쳐 발생하는 사회 재
> 해·재난이다.
> ㄹ. 태풍이 진행하는 방향의 왼쪽 지역은 오른쪽 지역
> 보다 바람이 강하고 강수량이 많아 피해가 크다.

① ㄱ, ㄴ　② ㄴ, ㄷ　③ ㄷ, ㄹ
④ ㄱ, ㄴ, ㄷ　⑤ ㄱ, ㄷ, ㄹ

상**중**하

05 우리나라는 황사의 피해를 많이 받고 있다. 이 재해·재난
에 대한 설명으로 옳은 것을 〈보기〉에서 모두 고른 것은?

> 보기
> ㄱ. 우리나라에는 주로 봄철에 자주 발생한다.
> ㄴ. 호흡기 질환을 일으킬 수 있다.
> ㄷ. 중국 북부나 몽골의 사막 지대에서 바람에 날린
> 먼지나 작은 모래가 우리나라까지 운반된 후 서서
> 히 내려오는 현상이다.
> ㄹ. 해일이 발생할 수도 있다.

① ㄱ, ㄴ　② ㄴ, ㄷ　③ ㄷ, ㄹ
④ ㄱ, ㄴ, ㄷ　⑤ ㄱ, ㄷ, ㄹ

06 그림 (가)는 지진, (나)는 화산 활동으로 인한 피해 모습을 나타낸 것이다.

(가)   (나)

이에 대한 설명으로 옳지 <u>않은</u> 것은?

① 지진은 지구 내부 에너지에 의해 발생한다.

② 지진 규모가 클수록 대체로 지진에 의한 피해가 작아진다.

③ 지진으로 산이 무너지거나 땅이 갈라졌다.

④ 화산이 폭발하면 화산 가스에 포함된 유독 물질에 의해 피해를 입을 수 있다.

⑤ 화산이 폭발하면 충격에 의해 지진과 산사태가 발생할 수 있다.

07 화학 물질의 유출에 대한 설명으로 옳지 <u>않은</u> 것은?

① 모기 등의 동물을 통해 전파된다.

② 폭발이 일어나거나 화재가 발생하기도 한다.

③ 작업자의 부주의 등 인간 활동에 의해 발생한다.

④ 시설물이 오래되고 잘못 지어져 발생하기도 한다.

⑤ 피부에 수포를 일으키거나 폐에 손상을 줄 수도 있다.

08 그림은 어떤 재해·재난에 대한 대처 방안을 나타낸 것이다.

이와 같은 대처가 필요한 재해·재난으로 옳은 것은?

① 지진   ② 폭설

③ 집중 호우   ④ 화학 물질 유출

⑤ 감염성 질병 확산

09 그림은 특수한 장치를 만들어서 재해·재난 피해를 예방한 사례를 나타낸 것이다.

▲ 피뢰침 설치   ▲ 내진 구조물

이에 대한 설명으로 옳은 것을 〈보기〉에서 모두 고른 것은?

┌─ 보기 ─────────────────────┐
ㄱ. 피뢰침을 도시 높은 건물에 설치한다.

ㄴ. 피뢰침은 건물 내부에 전류가 흐르지 않도록 해 준다.

ㄷ. 내진 구조물을 설치하여 건물이 지진에 견딜 수 있도록 한다.
└───────────────────────────┘

① ㄱ   ② ㄴ   ③ ㄱ, ㄷ

④ ㄴ, ㄷ   ⑤ ㄱ, ㄴ, ㄷ

자료 분석 | 정답과 해설 50쪽

10 그림은 해저에서 지진이 일어나 큰 파도가 해안가를 덮치는 현상인 지진 해일을 나타낸 것이다.

이러한 현상에 대한 설명으로 옳은 것을 〈보기〉에서 모두 고른 것은?

┌─ 보기 ─────────────────────┐
ㄱ. 지진 해일 특보가 발령되면 재빨리 긴급 대피 장소로 대피한다.

ㄴ. 지진 해일이 발생하면 신속하게 낮은 곳으로 대피한다.

ㄷ. 지진 해일이 발생하면 해안 지역을 덮치면서 사람이나 항구의 시설, 선박 등에 큰 피해를 준다.
└───────────────────────────┘

① ㄱ   ② ㄴ   ③ ㄱ, ㄷ

④ ㄴ, ㄷ   ⑤ ㄱ, ㄴ, ㄷ

11 다음은 태풍에 대한 대처 방안에 대해 학생들이 대화하는 모습이다.

태풍의 이동 경로는 예측할 수 없으므로 미리 경보를 내릴 수 없어.

태풍의 피해를 줄이기 위해 해안가에 제방을 쌓는 방안도 있지.

강풍에 대비해 유리창에 테이프와 안전 필름을 붙여 두는 것도 대처 방안 중 하나야.

학생 A   학생 B   학생 C

제시한 내용 중 옳은 설명을 한 학생을 모두 고른 것은?

① A   ② C   ③ A, B
④ A, C   ⑤ B, C

12 다음은 스노가 콜레라 전염을 막기 위한 대처법을 발견하는 과정을 설명한 것이다.

(가) 1854년 런던에서 콜레라가 발생하여 600여 명이 사망하였다. 스노는 독성 기체가 원인이라는 주장에 의문을 품었다.
(나) 스노는 콜레라가 전염되는 원인을 알아내기 위하여 사망자가 발생한 곳을 지도에 표시하였다.
(다) 사망자가 발생한 지역에서도 다른 급수 펌프를 이용한 사람들은 콜레라에 걸리지 않았음을 발견한 스노는 지하수가 오염되었다고 결론을 내렸다.
(라) 오염된 지하수 사용을 금지하자 콜레라 확산이 멈추었다.

이에 대한 설명으로 옳은 것을 〈보기〉에서 모두 고른 것은?

┌ 보기 ┐
ㄱ. 스노는 역학 조사를 통해 감염성 질병의 원인을 찾았다.
ㄴ. 콜레라는 공기 중으로 독성 기체가 퍼져 나가 전염된다.
ㄷ. 감염성 질병 확산에 대처하기 위해서는 병원체가 증식할 수 없는 환경을 만들어야 한다.

① ㄱ   ② ㄴ   ③ ㄱ, ㄷ
④ ㄴ, ㄷ   ⑤ ㄱ, ㄴ, ㄷ

자료 분석 | 정답과 해설 **50**쪽

13 다음은 학교에서 지진이 발생했을 때의 행동 요령을 설명한 것이다. 잘못된 부분을 찾아 옳게 고쳐 서술하시오.

(1) 건물 밖으로 대피할 때는 승강기를 이용하여 재빨리 대피한다.

_____

(2) 초기 진동이 멈춘 후에도 자신의 책상 밑으로 들어가거나 방석으로 머리를 보호한다.

_____
_____

14 다음은 우리나라에서 2015년에 발생했던 재해·재난에 대한 내용이다.

중동호흡기증후군(메르스, MERS)은 코로나 바이러스에 의한 질병으로 우리나라에서는 2015년에 처음으로 발생해 38명이 사망하였고, 수천 명이 격리되었다. 이 질병은 낙타나 동물 등에 있던 바이러스가 사람에게 감염되었을 가능성이 높고, 사람 사이의 접촉에 의해 전파되어 감염자가 많이 발생하였다. 또, 메르스에 전염된 사람이 기침을 했을 때 침에 바이러스가 묻어 나와 공기 중으로 전파될 가능성이 높다고 알려졌다.

(1) 어떤 재해·재난인지 쓰시오.

_____

(2) (1)과 같은 재해·재난은 자연 재해·재난과 사회 재해·재난 중 어디에 해당하는지 쓰시오.

_____

(3) 다음은 (1)과 같은 재해·재난이 발생하는 원인을 나열한 것이다. 잘못된 부분을 찾아 옳게 고쳐 쓰시오.

병원체의 진화, 모기나 진드기와 같은 매개체의 감소, 인구 이동, 무역 감소, 교통수단의 발달 등

_____

(4) 이와 같은 질병이 전파되는 방법을 서술하시오.

_____
_____

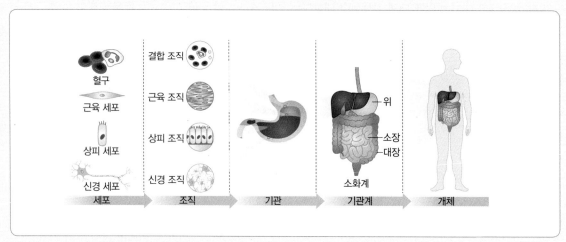

Ⅴ. 동물과 에너지─생물의 구성 단계

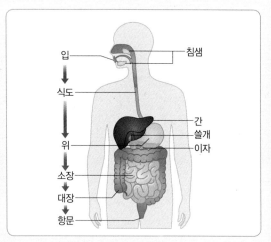

Ⅴ. 동물과 에너지─소화계

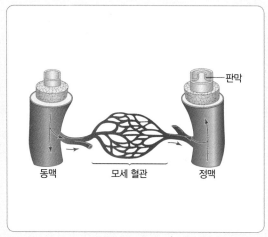

Ⅴ. 동물과 에너지─혈관과 혈액의 흐름

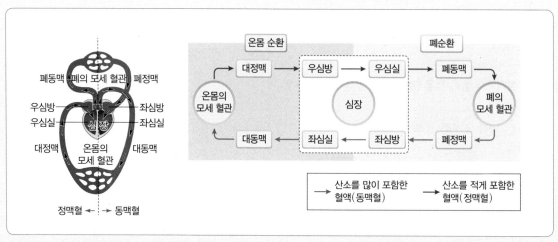

Ⅴ. 동물과 에너지─혈액 순환 과정과 경로

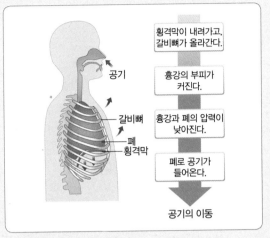

Ⅴ. 동물과 에너지 — 들숨(흡기)

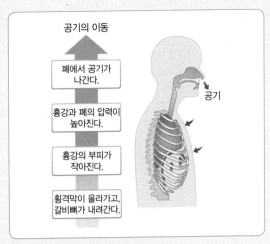

Ⅴ. 동물과 에너지 — 날숨(호기)

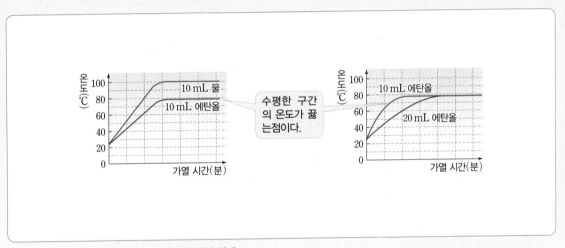

Ⅵ. 물질의 특성 — 물질의 종류 및 양과 끓는점의 관계

Ⅵ. 물질의 특성 — 혼합물의 밀도

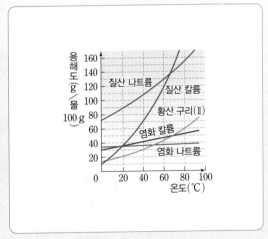

Ⅵ. 물질의 특성 — 용해도 곡선

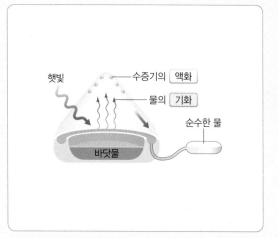

Ⅵ. 물질의 특성 — 바닷물에서 식수 분리

Ⅵ. 물질의 특성 — 소줏고리를 이용한 맑은 소주의 분리

Ⅵ. 물질의 특성 — 원유의 분리

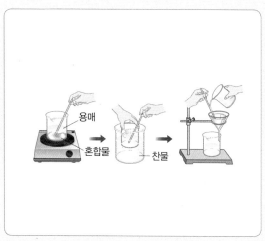

Ⅵ. 물질의 특성 — 재결정

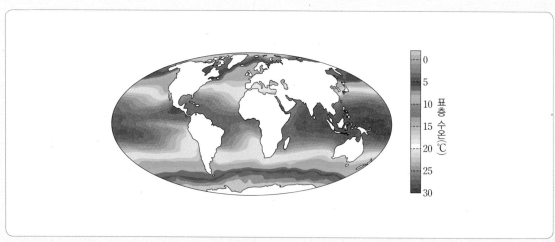

Ⅶ. 수권과 해수의 순환 — 전 세계 해수의 표층 수온 분포

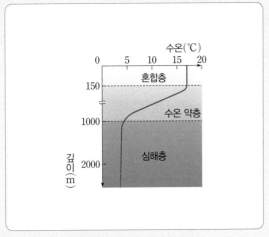

Ⅶ. 수권과 해수의 순환 — 해수의 층상 구조

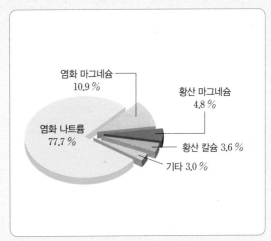

Ⅶ. 수권과 해수의 순환 — 염류의 성분 비율

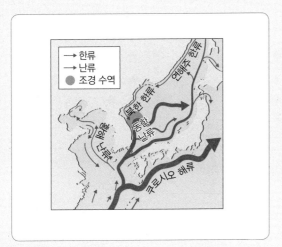

Ⅶ. 수권과 해수의 순환 — 우리나라 주변의 해류

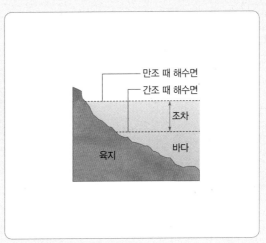

Ⅶ. 수권과 해수의 순환 — 조차

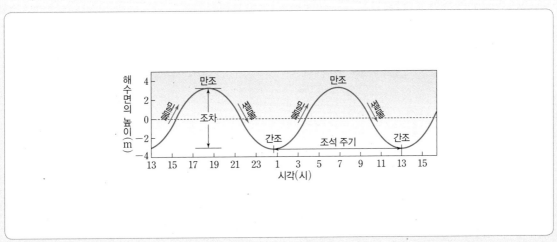

Ⅶ. 수권과 해수의 순환 — 조석 현상

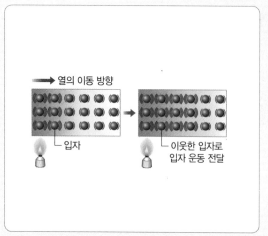

Ⅷ. 열과 우리 생활 — 금속 막대에서의 전도

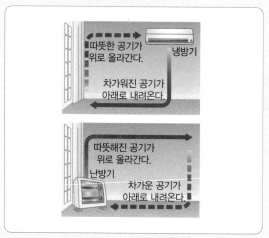

Ⅷ. 열과 우리 생활 — 냉방기와 난방기에 의한 공기의 대류

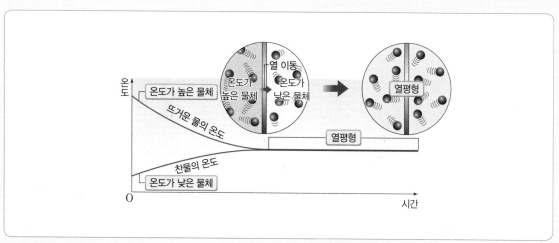

Ⅷ. 열과 우리 생활 — 열평형과 입자 운동

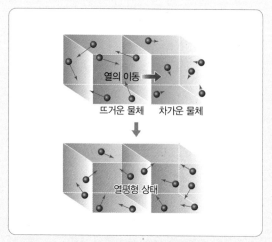

Ⅷ. 열과 우리 생활 — 입자 운동과 열평형 상태

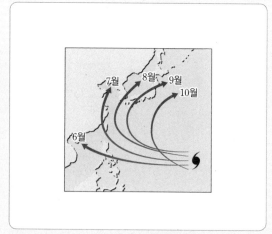

Ⅸ. 재해·재난과 안전 — 태풍의 월별 평균 진로

시험 대비
교재

1 생물의 구성 단계

① 생물의 구성 단계: 세포 → 조직 → 기관 → 개체
② 식물의 구성 단계: 세포 → 조직 → 조직계 → 기관 → 개체
③ 동물의 구성 단계: 세포 → 조직 → 기관 → ❶( ) → 개체

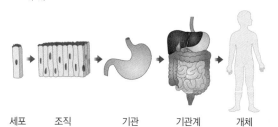

세포   조직   기관   기관계   개체

❷( )	생물의 몸을 구성하는 기본 단위 예 혈구, 근육 세포, 상피 세포, 신경 세포
조직	모양과 기능이 비슷한 세포들의 모임 예 결합 조직, 근육 조직, 상피 조직, 신경 조직
❸( )	조직들이 모여 일정한 형태를 이루고 특정 기능을 수행하는 단계 예 위, 소장, 대장, 심장, 폐, 콩팥, 방광
기관계	연관된 기능을 수행하는 기관들이 모여 유기적 기능을 수행하는 단계 예 소화계, 순환계, 호흡계, 배설계
개체	체계적인 구조와 기능을 가진 독립된 생물체 예 사람

2 영양소

① 영양소의 종류

3대 영양소 ➡ 에너지원으로 이용되는 영양소	
❹( )	• 주로 에너지원으로 이용된다. ➡ 1 g당 4 kcal • 몸의 구성 성분으로 이용된다. ➡ 주로 에너지원으로 이용되므로 섭취량에 비해 몸을 구성하는 비율이 낮다. • 사용하고 남은 것은 지방으로 바뀌어 저장된다. • 종류: 포도당, 엿당, 설탕, 녹말 등
단백질	• 에너지원으로 이용된다. ➡ 1 g당 4 kcal • 주로 몸의 구성 성분으로 이용된다. • 효소, 호르몬의 주성분으로, 몸의 기능을 조절한다. • 성장기에는 특히 많이 섭취해야 한다.
❺( )	• 에너지원으로 이용된다. ➡ 1 g당 9 kcal • 몸의 구성 성분으로 이용된다. • 피부 아래에 저장되어 체온 유지 기능을 한다. • 과다 섭취 시 비만의 원인이 된다.
부영양소 ➡ 에너지원으로 이용되지 않는 영양소	
❻( )	• 뼈, 혈액 등을 구성하고, 몸의 기능을 조절한다. • 종류: 철, 칼슘, 인, 나트륨, 마그네슘
바이타민	• 적은 양으로 몸의 기능을 조절한다. • 음식물로 섭취해야 하며, 섭취량이 부족하면 결핍증이 나타난다.
❼( )	• 몸의 구성 성분 중 가장 많다. • 영양소와 노폐물을 운반하고, 체온을 조절한다.

② 영양소 검출 반응

구분	검출 반응명	시약	반응색
녹말	아이오딘 반응	아이오딘-아이오딘화 칼륨 용액	❽( )
포도당	베네딕트 반응	베네딕트 용액 ➡ 첨가 후 가열해야 함	황적색
❾( )	뷰렛 반응	뷰렛 용액	보라색
지방	수단 Ⅲ 반응	수단 Ⅲ 용액	선홍색

3 소화 과정

① **소화**: 분자의 크기가 큰 영양소가 체내로 흡수될 수 있을 정도로 작게 분해되는 과정
② 소화 과정 `암기 문제 공략` 4쪽

입에서의 소화	침 속에 들어 있는 소화 효소인 ❿( )가 녹말을 엿당으로 분해한다.	
위에서의 소화	위액에 들어 있는 소화 효소인 ⓫( )이 염산의 도움을 받아 단백질을 분해한다.	
소장에서의 소화	쓸개즙	• 간에서 만들어져 쓸개에 저장되었다가 소장(십이지장)으로 분비된다. • 소화 효소는 없지만 지방 덩어리를 작은 알갱이로 만들어 지방의 소화를 돕는다.
	⓬( )	• 아밀레이스: 녹말을 엿당으로 분해한다. • 트립신: 단백질을 분해한다. • 라이페이스: 지방을 지방산과 모노글리세리드로 분해한다.
	소장의 소화 효소	• 탄수화물 소화 효소: 엿당을 최종 산물인 포도당으로 분해한다. • 단백질 소화 효소: 펩신과 트립신에 의해 분해된 단백질의 중간 산물을 최종 산물인 아미노산으로 분해한다.

4 영양소의 흡수

① **소장 내부의 구조**: 소장의 안쪽 벽에 주름이 있고, 주름 표면에 융털이 빽빽하게 분포한다.
② **영양소의 흡수와 이동**: 소장 융털로 흡수된 영양소는 심장으로 이동한 다음 온몸의 조직 세포로 전달된다.

수용성 영양소	포도당, 아미노산, 무기염류 ➡ 융털의 ⓭( )으로 흡수된다.
지용성 영양소	지방산, 모노글리세리드 ➡ 융털의 ⓮( )으로 흡수된다.

③ 대장의 작용

• 소화액이 분비되지 않고, 음식물 찌꺼기 속 여분의 ⓯( )을 흡수한다.
• 물이 빠져나가고 남은 물질은 대변이 되어 항문을 통해 몸 밖으로 나간다.

답안지

1 다음은 동물의 구성 단계를 나타낸 것이다. ㉠, ㉡에 알맞은 말을 쓰시오

세포 → (㉠   ) → 기관 → (㉡   ) → 개체

1 _____

                        01. 소화

2 연관된 기능을 수행하는 기관들이 모여 유기적 기능을 수행하는 단계는 (   )이다.

2 _____

3 3대 영양소는 (㉠   )(으)로 이용되는 영양소이고, 부영양소는 (㉡   )(으)로 이용되지 않는 영양소이다.

3 _____

4 에너지원으로 이용되며, 주로 세포, 근육 등 몸의 구성 성분으로 이용되고, 성장기에 특히 많이 섭취해야 하는 영양소를 쓰시오.

4 _____

5 에너지원으로 이용되지 않고, 적은 양으로 몸의 기능을 조절하며, 몸을 구성하는 성분이 아닌 영양소를 쓰시오.

5 _____

6 영양소 검출 반응에서 ㉠(녹말 , 포도당)은 아이오딘 반응에 ㉡(청람색 , 황적색)으로 색깔 변화가 일어나고, ㉢(녹말 , 포도당)은 베네딕트 반응에 ㉣(청람색 , 황적색)으로 색깔 변화가 일어난다.

6 _____

7 입에서는 음식물을 이로 잘게 부수고, 침과 골고루 섞는 작용이 일어난다. 침 속에 들어 있는 소화 효소인 (㉠   )이/가 녹말을 (㉡   )(으)로 분해한다.

7 _____

8 위액에 들어 있는 소화 효소인 (㉠   )이/가 염산의 도움을 받아 (㉡   )을/를 분해한다.

8 _____

9 이자액에는 3대 영양소를 분해하는 소화 효소가 모두 들어 있으며, 아밀레이스는 녹말을 엿당으로 분해하고, (㉠   )은/는 단백질을 분해하며, (㉡   )은/는 지방을 지방산과 (㉢   )(으)로 분해한다.

9 _____

10 포도당, 아미노산, 무기염류와 같은 수용성 영양소는 융털의 (㉠   )(으)로 흡수되며, 지방산, 모노글리세리드와 같은 지용성 영양소는 융털의 (㉡   )(으)로 흡수된다.

10 _____

소화계의 구조

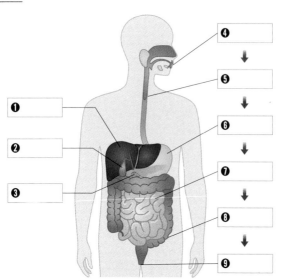

① _____

② _____

③ _____

④ _____

⑤ _____

⑥ _____

⑦ _____

⑧ _____

⑨ _____

소화계의 기능

❶ 녹말의 분해가 시작되는 곳:
_____

❷ 단백질의 분해가 시작되는 곳:
_____

❸ 지방의 분해가 시작되는 곳:
_____

❹ 3대 영양소가 모두 분해되고, 분해된 영양소가 흡수되는 곳:
_____

❺ 소화액이 분비되지 않고, 음식물 찌꺼기 속 여분의 물을 흡수하는 곳:
_____

영양소의 소화 과정

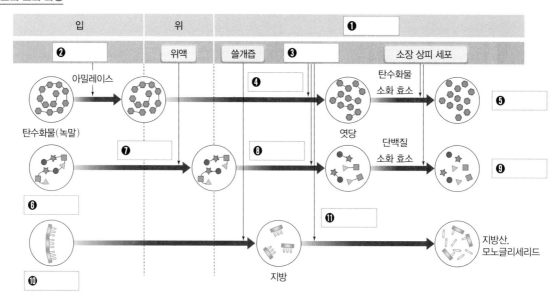

소화 장소, 소화 효소, 최종 소화 산물

❶ 탄수화물(녹말)의 소화가 일어나는 소화 기관:
_____

❷ 단백질의 소화가 일어나는 소화 기관:
_____

❸ 지방의 소화가 일어나는 소화 기관:
_____

❹ 침에 들어 있는 소화 효소:
_____

❺ 위액에 들어 있는 소화 효소:
_____

❻ 이자액에 들어 있는 소화 효소:
_____

❼ 소장 상피 세포에서 분비되는 소화 효소:
_____

❽ 탄수화물(녹말)의 최종 소화 산물:
_____

❾ 단백질의 최종 소화 산물:
_____

❿ 지방의 최종 소화 산물:
_____

정답과 해설 **51**쪽

출제율 99%

01 동물의 구성 단계에 대한 설명으로 옳은 것은?

① 폐, 뼈, 혈액, 피부, 소장은 기관의 예이다.

② 동물의 몸을 구성하는 기본 단위는 조직이다.

③ 기관은 모양과 기능이 비슷한 세포들의 모임이다.

④ 체계적인 구조와 기능을 가진 독립적인 생물체는 개체이다.

⑤ 여러 조직이 모여 통합적으로 기능을 수행하는 조직계가 있다.

02 다음은 동물의 구성 단계를 나타낸 것이다.

> 근육 세포 → (A) → (B) → 소화계 → 개체

이에 대한 설명으로 옳은 것을 〈보기〉에서 모두 고른 것은?

┌ 보기 ┐
ㄱ. 신경 조직은 A에 해당한다.
ㄴ. 위는 B에 해당한다.
ㄷ. 소화계는 연관된 기능을 수행하는 기관들이 모여 유기적 기능을 수행하는 기관계이다.
└───────┘

① ㄱ   ② ㄴ   ③ ㄱ, ㄷ

④ ㄴ, ㄷ   ⑤ ㄱ, ㄴ, ㄷ

[03~04] 그림은 동물의 구성 단계를 순서 없이 나타낸 것이다.

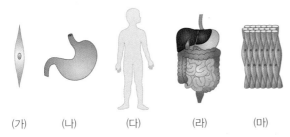

(가)   (나)   (다)   (라)   (마)

【주관식】

03 다음 설명에 해당하는 단계의 기호와 이름을 쓰시오.

> • 생물의 몸을 구성하는 기본 단위이다.
> • 이 구성 단계의 예에는 혈구, 근육 세포, 상피 세포, 신경 세포 등이 있다.

출제율 99%

04 이에 대한 설명으로 옳지 **않은** 것은?

① (나)는 한 종류의 조직으로 이루어져 있다.

② 식물에서 (나)와 같은 단계의 예는 뿌리, 줄기, 잎 등이 있다.

③ (라)는 식물에 없는 구성 단계이다.

④ (마)는 모양과 기능이 비슷한 세포로 이루어져 있다.

⑤ 구성 단계는 (가) → (마) → (나) → (라) → (다) 순이다.

05 그림은 우리 몸의 일부 구조를 나타낸 것이다. 이 구조에 해당하는 동물의 구성 단계에 대한 설명으로 옳은 것을 모두 고르면? (2개)

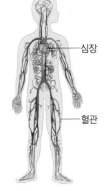

심장

혈관

① 생물의 몸을 구성하는 기본 단위이다.

② 모양과 기능이 비슷한 세포들의 모임이다.

③ 산소와 이산화 탄소, 영양소와 노폐물을 운반한다.

④ 체내에서 발생한 노폐물을 걸러 몸 밖으로 내보낸다.

⑤ 연관된 기능을 수행하는 기관들이 모여 유기적 기능을 수행하는 단계이다.

출제율 99% 【주관식】

06 에너지원으로 이용되는 영양소를 〈보기〉에서 모두 골라 기호를 쓰시오.

┌ 보기 ┐
ㄱ. 물   ㄴ. 지방   ㄷ. 단백질
ㄹ. 바이타민   ㅁ. 무기염류   ㅂ. 탄수화물
└───────┘

07 다음 중 탄수화물의 종류에 속하지 **않는** 것은?

① 녹말   ② 엿당   ③ 설탕

④ 나트륨   ⑤ 포도당

08 단백질에 대한 설명으로 옳은 것을 모두 고르면? (2개)

① 1 g당 9 kcal의 에너지를 낸다.
② 과다 섭취 시 비만의 원인이 된다.
③ 세포, 근육 등을 구성하는 주성분이다.
④ 사용하고 남은 것은 지방으로 바뀌어 저장된다.
⑤ 살코기, 생선, 달걀, 콩, 두부 등에 많이 들어 있다.

출제율 99%

09 다음은 여러 가지 영양소를 나타낸 것이다.

> 물, 지방, 단백질, 무기염류, 탄수화물

이 영양소들의 공통적인 특징으로 옳은 것은?

① 에너지원으로 이용된다.
② 몸을 구성하는 성분이다.
③ 영양소와 노폐물을 운반한다.
④ 과다 섭취 시 비만의 원인이 된다.
⑤ 버터, 식용유, 땅콩, 깨 등에 많이 들어 있다.

10 다음은 어떤 영양소의 특징을 나타낸 것이다.

> • 과일, 채소 등에 많이 들어 있다.
> • 적은 양으로 몸의 기능을 조절한다.
> • 음식물로 섭취해야 하며, 섭취량이 부족하면 결핍 증이 나타난다.

이 영양소로 옳은 것은?

① 물　　　　② 지방　　　　③ 단백질
④ 바이타민　　⑤ 무기염류

11 철, 칼슘, 인, 나트륨, 마그네슘 등이 속하는 영양소로 옳은 것은?

① 지방　　　　② 단백질　　　　③ 탄수화물
④ 바이타민　　⑤ 무기염류

[12~13] 그림은 우리 몸의 구성 성분을 나타낸 것이다.

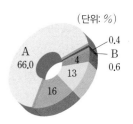
(단위: %)

[주관식]

12 가장 많은 양을 차지하는 영양소 A는 무엇인지 쓰시오.

출제율 99%

13 B는 가장 많이 섭취하는 영양소지만 몸을 구성하는 비율이 낮다. 그 까닭으로 옳은 것은?

① 주로 에너지원으로 이용되기 때문이다.
② 효소, 호르몬을 구성하는 주성분이기 때문이다.
③ 대부분 몸의 기능을 조절하는 데 이용되기 때문이다.
④ 피부 아래에 저장되어 체온 유지 기능을 하기 때문이다.
⑤ 사용하고 남은 것은 지방으로 바뀌어 저장되기 때문이다.

14 표는 어떤 식품의 영양 성분표를 나타낸 것이다.

단백질	지방	탄수화물	나트륨	칼슘	물
5 g	15 g	55 g	3 g	2 g	20 g

이 식품을 먹었을 때 얻을 수 있는 총 에너지양은?

① 350 kcal　　② 375 kcal　　③ 400 kcal
④ 450 kcal　　⑤ 550 kcal

[주관식]

15 표는 어떤 음식물을 이용한 영양소 검출 실험 결과를 나타낸 것이다.

아이오딘 반응	베네딕트 반응	뷰렛 반응	수단 Ⅲ 반응
변화 없음	변화 없음	보라색	선홍색

이 음식물에 들어 있는 영양소를 모두 쓰시오.

출제율 99%

16 그림은 어떤 음식물 속에 들어 있는 영양소를 알아보기 위한 영양소 검출 실험을 나타낸 것이고, 표는 영양소 검출 실험 결과를 나타낸 것이다.

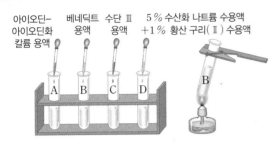

시험관	A	B	C	D
색깔 변화	청람색	황적색	변화 없음	보라색

이에 대한 설명으로 옳지 <u>않은</u> 것은?

① 이 음식물에는 녹말, 포도당, 단백질이 들어 있다.

② 아이오딘-아이오딘화 칼륨 용액은 포도당을 검출할 때에도 사용한다.

③ A와 B를 통해 검출되는 영양소는 모두 탄수화물에 속한다.

④ D에 넣은 시약은 뷰렛 용액이라고도 한다.

⑤ D의 결과를 통해 검출되는 영양소는 1 g당 4 kcal의 에너지를 낸다.

17 사람의 소화계에서 음식물을 섭취하고 찌꺼기를 배출하기까지의 경로를 옳게 나타낸 것은?

① 입 → 위 → 대장 → 소장 → 항문

② 입 → 식도 → 위 → 소장 → 대장 → 항문

③ 입 → 식도 → 간 → 위 → 소장 → 대장 → 항문

④ 입 → 식도 → 이자 → 위 → 소장 → 대장 → 항문

⑤ 입 → 간 → 위 → 이자 → 소장 → 대장 → 항문

【주관식】

18 다음 내용의 ㉠~㉢에 알맞은 말을 쓰시오.

> 밥을 오래 씹으면 단맛이 난다. 그 까닭은 밥에 많이 들어 있는 영양소인 (㉠   )이/가 입에서 분비되는 침에 들어 있는 소화 효소인 (㉡   )에 의해 단맛이 나는 (㉢   )(으)로 분해되기 때문이다.

[19~20] 그림과 같이 녹말 용액이 들어 있는 시험관에 각각 증류수와 묽은 침을 넣고 35 ℃의 물에 담근 다음, 각 용액에 아이오딘 반응과 베네딕트 반응을 하였다.

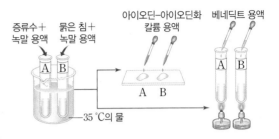

【주관식】

19 표는 실험 결과를 나타낸 것이다. ㉠~㉢에 알맞은 말을 쓰시오.

구분	A	B
아이오딘 반응 결과 색깔 변화	㉠	㉡
베네딕트 반응 결과 색깔 변화	변화 없음	㉢

출제율 99%

20 이 실험을 통해 알 수 있는 사실로 옳은 것은?

① B에서 베네딕트 용액이 분해되었다.

② 증류수와 묽은 침에 들어 있는 성분은 같다.

③ 소화 효소는 온도가 낮을수록 활발하게 작용한다.

④ 침 속에는 녹말을 엿당으로 분해하는 소화 효소가 있다.

⑤ 영양소가 몸속으로 흡수되기 위해서는 영양소의 소화가 일어나야 한다.

21 그림은 사람의 소화계를 나타낸 것이다. 이에 대한 설명으로 옳지 <u>않은</u> 것은?

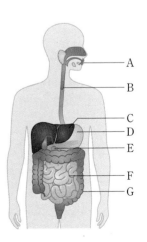

① A에서 녹말이 소화된다.

② C에 쓸개즙이 저장된다.

③ D에서 분비되는 염산은 단백질의 소화를 돕는다.

④ E에서 이자액이 생성된다.

⑤ 소화관에 속하는 기관은 A, B, D, F, G이다.

22 ㉠ 탄수화물, 단백질, 지방을 분해하는 소화 효소가 모두 들어 있는 소화액, ㉡ 이 소화액을 생성하는 기관, ㉢ 탄수화물, 단백질, 지방의 소화가 모두 일어나는 기관을 옳게 짝 지은 것은?

	㉠	㉡	㉢
①	침	입	소장
②	위액	위	소장
③	위액	위	이자
④	이자액	이자	소장
⑤	이자액	소장	이자

[23~25] 그림은 사람의 몸에서 일어나는 탄수화물, 단백질, 지방의 소화 과정을 나타낸 것이다. A~D는 소화를 돕는 물질이고, ㉠과 ㉡은 최종 소화 산물이다.

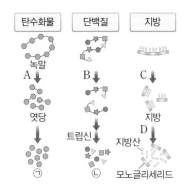

【주관식】
23 소화를 돕는 물질인 A~D의 이름을 각각 쓰시오.

<u>출제율 99%</u>
24 이에 대한 설명으로 옳지 <u>않은</u> 것은?

① 엿당이 ㉠으로 분해될 때 탄수화물 소화 효소가 작용한다.
② A는 입과 소장 상피 세포에서 생성된다.
③ B는 위에서 분비되는 소화 효소이다.
④ D는 지방을 분해하는 소화 효소이다.
⑤ 단백질의 최종 분해 산물인 ㉡은 아미노산이다.

25 C에 대한 설명으로 옳은 것은?

① 쓸개에서 생성되는 물질이다.
② 염산은 C의 작용을 돕는 물질이다.
③ 간에 저장되었다가 소장으로 분비된다.
④ 지방을 분해하는 소화 효소가 들어 있다.
⑤ 지방 덩어리를 작은 알갱이로 만들어 지방의 소화를 돕는다.

[26~27] 그림은 소장 내부의 구조를 나타낸 것이다.

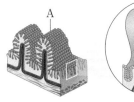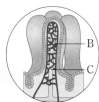

<u>출제율 99%</u>
26 소장 안쪽 벽에는 주름이 있고, 주름 표면에는 A가 빽빽하게 분포하고 있다. 이러한 구조의 장점으로 옳은 것은?

① 영양소의 소화가 빠르게 일어나도록 돕는다.
② 소화된 영양소가 심장으로 이동하는 것을 돕는다.
③ 소화 기관에서 소화액이 생성되는 과정을 돕는다.
④ 소화 효소에 의한 소화 작용이 잘 일어나도록 돕는다.
⑤ 소장 안쪽 벽의 표면적을 넓혀 소화된 영양소를 효율적으로 흡수할 수 있게 한다.

27 이에 대한 설명으로 옳은 것은?

① B는 암죽관이다.
② 엿당, 무기염류는 소화 과정을 거치지 않고 B로 흡수된다.
③ B로 흡수된 영양소는 심장을 거치지 않고 조직 세포로 직접 이동한다.
④ C는 모세 혈관이다.
⑤ 지방산과 모노글리세리드는 C로 흡수된다.

고난도 문제

28 2개의 셀로판 주머니에 녹말 용액과 포도당 용액을 각각 넣고, 물이 들어 있는 비커 (가)와 (나)에 넣었다. 일정 시간이 지난 후 비커 (가)와 (나)의 물을 덜어내어 그림과 같이 (가)의 용액에는 아이오딘 반응을, (나)의 용액에는 베네딕트 반응을 하였더니 (나)에서만 베네딕트 반응에 황적색의 색깔 변화가 나타났다.

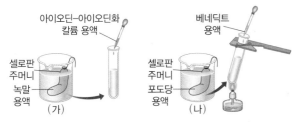

이에 대한 설명으로 옳은 것을 〈보기〉에서 모두 고른 것은?

┌─ 보기 ─────────────────────────────┐
│ ㄱ. 일정 시간이 지난 후 비커 (가)의 용액에는 녹말이 │
│   있고, (나)의 용액에는 포도당이 없다. │
│ ㄴ. 크기가 큰 녹말은 셀로판 막을 통과하지 못하고, │
│   크기가 작은 포도당은 셀로판 막을 통과한다. │
│ ㄷ. 이 실험을 통해 크기가 큰 영양소가 세포로 흡수되 │
│   려면 소화 과정을 거쳐야 한다는 것을 알 수 있다. │
└────────────────────────────────┘

① ㄱ   ② ㄴ   ③ ㄱ, ㄷ
④ ㄴ, ㄷ   ⑤ ㄱ, ㄴ, ㄷ

자료 분석 | 정답과 해설 53쪽

29 그림은 영양소 A~C가 소화 기관을 지나는 동안 소화되지 않은 비율을 나타낸 것이다. A~C는 각각 녹말, 지방, 단백질 중 하나이다.

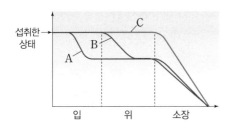

이에 대한 설명으로 옳지 <u>않은</u> 것을 모두 고르면? (2개)

① A는 섭취한 후 가장 먼저 소화되기 시작하는 녹말이다.
② A는 입과 소장에서 아밀레이스에 의해 소화된다.
③ B가 소화되기 시작하는 기관은 위이다.
④ B는 소장에서 소화가 일어나지 않는다.
⑤ C는 이자액에 들어 있는 트립신에 의해 소화된다.

자료 분석 | 정답과 해설 53쪽

서술형 문제

30 동물의 구성 단계와 식물의 구성 단계에서의 차이점을 서술하시오.

_____

_____

31 그림은 음식물 속에 들어 있는 영양소를 알아보기 위한 영양소 검출 실험을 나타낸 것이다. 시험관 A에 양파즙을 넣고, 베네딕트 용액을 떨어뜨렸더니 변화가 없었다. 이때 추가해야 할 실험 과정과 그렇게 생각한 까닭을 모두 서술하시오.

_____

_____

32 위의 안쪽 벽은 주름이 많고 위샘이 분포하며, 위샘에서 분비되는 위액에는 펩신과 염산이 들어 있다. 염산의 작용을 2가지만 서술하시오.

_____

_____

33 그림은 사람의 소화계 중 일부를 나타낸 것이다.

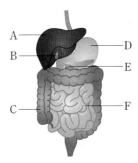

(1) 3대 영양소의 소화가 모두 일어나고, 소화된 영양소의 흡수가 일어나는 곳의 기호와 이름을 쓰시오.

_____

(2) C의 특징과 작용을 다음 단어를 모두 포함하여 서술하시오.

┌────────────────────────────────┐
│ 소화액, 소화 효소, 찌꺼기, 흡수 │
└────────────────────────────────┘

_____

_____

1 심장

암기 문제 공략 12쪽

① ❶(　　　): 산소, 이산화 탄소, 영양소, 노폐물 등 물질의 운반을 담당하는 기관계

② 심장의 구조: 주먹만 한 크기이며, 근육질로 이루어진 기관으로, 2개의 심방과 2개의 심실로 나누어져 있다. ➡ 심방과 심실, 심실과 동맥 사이에 ❷(　　　)이 있다.

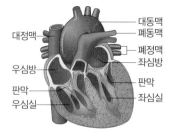

대동맥 / 폐동맥 / 폐정맥 / 좌심방 / 판막 / 좌심실
대정맥 / 우심방 / 판막 / 우심실

심방	우심방	• 온몸을 지나온 혈액이 들어오는 곳 • 대정맥과 연결됨
	❸(　　)	• 폐에서 산소를 얻은 혈액이 들어오는 곳 • 폐정맥과 연결됨
심실	우심실	• 폐로 혈액을 내보내는 곳 • 폐동맥과 연결됨
	❹(　　)	• 온몸으로 혈액을 내보내는 곳 • 대동맥과 연결됨

③ 심장의 기능: 수축과 이완을 반복하면서 혈액을 순환시킨다.

④ 심장 박동의 원리

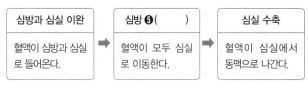

심방과 심실 이완	심방 ❺(　　)	심실 수축
혈액이 심방과 심실로 들어온다.	혈액이 모두 심실로 이동한다.	혈액이 심실에서 동맥으로 나간다.

2 혈관

① 혈관: 혈액이 흐르는 관 ➡ 심장에서 나온 혈액은 ❻(　　　) → 모세 혈관 → 정맥 방향으로 흐른다.

② 혈관의 구조와 기능

판막
동맥　　　모세 혈관　　　정맥

동맥	• 심장에서 나가는 혈액이 흐르는 혈관 • 혈관 벽이 두껍고 탄력성이 크다. ➡ 높은 ❼(　　　)을 견딜 수 있다.
모세 혈관	• 혈관 벽은 한 층의 세포로 이루어져 있다. • 총단면적이 넓고, 혈액이 흐르는 속도가 ❽(　　　). ➡ 조직 세포와 모세 혈관 사이에서 물질 교환이 일어나기에 유리하다.
❾(　　)	• 심장으로 들어가는 혈액이 흐르는 혈관 • 동맥보다 혈관 벽이 얇고 탄력성이 작다. • 혈액이 거꾸로 흐르는 것을 막기 위한 판막이 있다.

3 혈액

① 혈액의 구성: 액체 성분(혈장)＋세포 성분(혈구)

혈장 (혈액의 약 55 %)
혈구 (혈액의 약 45 %)

적혈구 / 백혈구 / 혈소판 / 혈장

② 혈장과 혈구

❿(　　)	• 약 90 %가 물로 이루어져 있다. • 영양소, 이산화 탄소, 노폐물 등을 운반한다. • 영양소를 녹여 조직 세포로 운반하고, 조직 세포에서 나온 이산화 탄소와 노폐물을 운반한다.
혈구	⓫ (　　) • 수가 가장 많다. • 핵이 없고, 가운데가 오목한 원반 모양이다. • 산소 운반 작용을 한다. ➡ 부족 시 빈혈이 생긴다.
	⓬ (　　) • 혈구 중 크기가 가장 크며, 모양이 일정하지 않고, 핵이 있다. • 식균 작용을 한다. ➡ 몸속에 세균이 침입하면 수가 많아진다.
	⓭ (　　) • 혈구 중 크기가 가장 작으며, 모양이 일정하지 않고, 핵이 없다. • 혈액 응고 작용을 한다. ➡ 부족 시 상처가 나면 출혈이 잘 멈추지 않는다.

4 혈액 순환

암기 문제 공략 12쪽

① ⓮(　　　): 심장에서 나간 혈액이 온몸의 조직 세포에 산소와 영양소를 공급하고, 이산화 탄소와 노폐물을 받아 심장으로 돌아오는 순환

좌심실 → 대동맥 → 온몸의 모세 혈관 → 대정맥 → 우심방

② ⓯(　　　): 심장에서 나간 혈액이 폐로 가서 이산화 탄소를 내보내고 산소를 받아 심장으로 돌아오는 순환

우심실 → 폐동맥 → 폐의 모세 혈관 → 폐정맥 → 좌심방

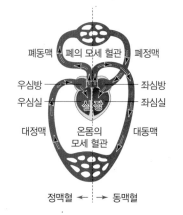

폐동맥 / 폐의 모세 혈관 / 폐정맥
우심방 / 좌심방
우심실 / 심장 / 좌심실
대정맥 / 온몸의 모세 혈관 / 대동맥
정맥혈 ←┊→ 동맥혈

중단원 **퀴즈**

정답과 해설 **54**쪽

답안지

1 심장은 혈액이 들어오는 2개의 (㉠   )와/과 혈액이 나가는 2개의 (㉡   )(으)로 나누어져 있으며, 혈액은 ㉢(심방 , 심실)에서 ㉣(심방 , 심실) 방향으로 흐른다.

1 _____

2 심장의 구조에서 온몸을 지나온 혈액이 들어오는 곳은 (㉠   )이고, 폐에서 산소를 얻은 혈액이 들어오는 곳은 (㉡   )이다.

2 _____

3 심장의 구조에서 폐로 혈액을 내보내는 곳은 (㉠   )이고, 온몸으로 혈액을 내보내는 곳은 (㉡   )이다.

3 _____

4~6 그림은 혈관의 구조를 나타낸 것이다.

4 A는 심장에서 나가는 혈액이 흐르는 혈관으로, 혈관 벽이 두껍고 탄력성이 큰 (동맥 , 모세 혈관 , 정맥)이다.

판막

A   B   C

4 _____

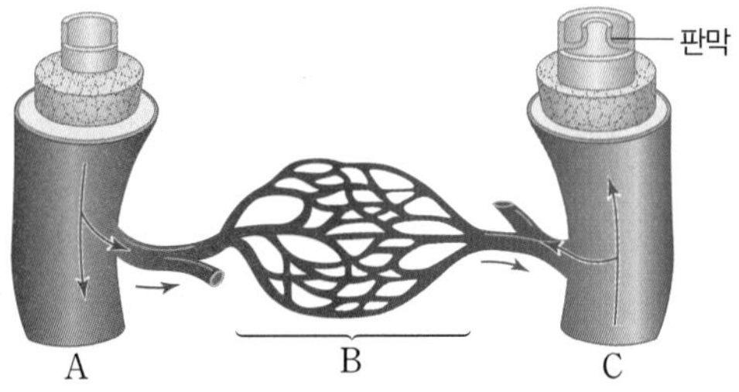

5 B는 혈관 벽이 한 층의 세포로 이루어져 있고, 조직 세포와의 사이에서 물질 교환이 일어나는 (동맥 , 모세 혈관 , 정맥)이다.

5 _____

6 C는 심장으로 들어가는 혈액이 흐르는 혈관으로, 혈액이 거꾸로 흐르는 것을 막기 위한 (㉠   )이/가 있는 ㉡(동맥 , 모세 혈관 , 정맥)이다.

6 _____

7~8 그림은 혈액의 구성 성분을 나타낸 것이다.

7 A는 수가 가장 많고, 핵이 없으며, 산소 운반 작용을 하는 (㉠   )이며, B는 크기가 가장 크며, 핵이 있고, 식균 작용을 하는 (㉡   )이고, C는 크기가 가장 작으며, 핵이 없고, 혈액 응고 작용을 하는 (㉢   )이다.

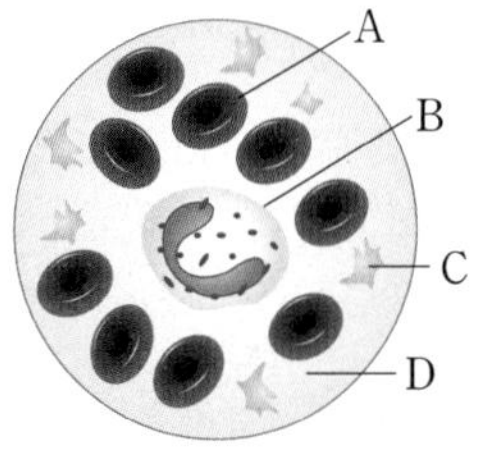

A
B
C
D

7 _____

8 D는 대부분 물로 이루어져 있으며, 영양소, 이산화 탄소, 노폐물을 운반하는 (   )이다.

8 _____

9 다음은 온몸 순환과 폐순환의 경로를 나타낸 것이다. ㉠~㉣에 알맞은 말을 쓰시오.

9 _____

> • 온몸 순환 경로: 좌심실 → (㉠   ) → 온몸의 모세 혈관 → (㉡   ) → 우심방
> • 폐순환 경로: 우심실 → (㉢   ) → 폐의 모세 혈관 → (㉣   ) → 좌심방

순환계의 구조

❶ ☐
❷ ☐
❸ ☐
❹ ☐
❺ ☐
❻ ☐
❼ ☐
❽ ☐
❾ ☐

순환계의 기능

❶ 대정맥과 연결되며, 온몸을 지나온 혈액이 들어오는 곳: _____

❷ 폐정맥과 연결되며, 폐에서 산소를 얻은 혈액이 들어오는 곳: _____

❸ 폐동맥과 연결되며, 폐로 혈액을 내보내는 곳: _____

❹ 대동맥과 연결되며, 온몸으로 혈액을 내보내는 곳: _____

혈액 순환 과정

정맥혈 ←┊→ 동맥혈

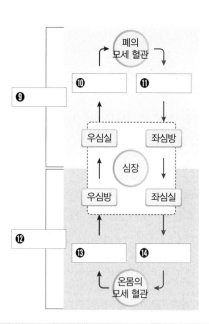

온몸 순환 과정

❶ 심장에서 나간 혈액이 온몸의 조직 세포에 산소와 영양소를 공급하고, 이산화 탄소와 노폐물을 받아 심장으로 돌아오는 순환: _____

❷ 순환 과정: _____ → 대동맥 → 온몸의 모세 혈관 → 대정맥 → _____

❸ 순환 결과 혈액의 변화: 동맥혈 → _____

폐순환 과정

❶ 심장에서 나간 혈액이 폐로 가서 이산화 탄소를 내보내고 산소를 받아 심장으로 돌아오는 순환: _____

❷ 순환 과정: _____ → 폐동맥 → 폐의 모세 혈관 → 폐정맥 → _____

❸ 순환 결과 혈액의 변화: 정맥혈 → _____

[01~05] 그림은 사람의 심장 구조를 나타낸 것이다.

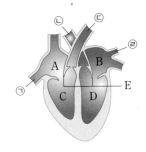

01 다음은 심장의 각 구조에 대한 설명을 나타낸 것이다.

> (가) 폐로 혈액을 내보내는 곳이다.
> (나) 온몸으로 혈액을 내보내는 곳이다.
> (다) 온몸을 지나온 혈액이 들어오는 곳이다.
> (라) 폐에서 산소를 얻은 혈액이 들어오는 곳이다.

각 설명에 해당하는 구조의 기호를 옳게 짝 지은 것은?

	(가)	(나)	(다)	(라)
①	A	B	C	D
②	A	C	B	D
③	B	D	A	C
④	C	D	A	B
⑤	D	B	C	A

【주관식】

02 A~D 중 가장 두꺼운 근육층으로 이루어진 곳의 기호와 이름을 쓰시오.

출제율 99%

03 심장의 구조와 기능에 대한 설명으로 옳은 것을 모두 고르면? (2개)

① 심방 벽이 심실 벽보다 두껍다.
② 혈액은 A에서 B로, C에서 D로 흐른다.
③ 2개의 심방과 2개의 심실로 나누어져 있다.
④ 심장은 혈액이 잘 돌 수 있도록 하는 펌프 역할을 한다.
⑤ 심장은 주먹만 한 크기로, 근육이 없어 스스로 커지거나 작아지지 않는다.

04 ㉠~㉣에 대한 설명으로 옳은 것을 〈보기〉에서 모두 고른 것은?

> 보기
> ㄱ. ㉠과 ㉣은 혈액이 심방으로 들어오는 통로인 정맥이다.
> ㄴ. ㉡과 ㉢은 심실의 혈액이 나가는 통로인 동맥이다.
> ㄷ. ㉠과 ㉢은 온몸의 혈관과 연결되고, ㉡과 ㉣은 폐의 혈관과 연결된다.

① ㄱ　　② ㄷ　　③ ㄱ, ㄴ
④ ㄴ, ㄷ　　⑤ ㄱ, ㄴ, ㄷ

출제율 99%

05 심장에서 E의 역할로 옳은 것은?

① 혈압을 낮추는 역할을 한다.
② 심장 속의 혈액량을 조절한다.
③ 혈액이 흐르는 속도를 조절한다.
④ 심장 벽의 탄력성을 유지시킨다.
⑤ 혈액이 거꾸로 흐르는 것을 막는다.

06 그림은 심장 박동 과정을 순서 없이 나타낸 것이다.

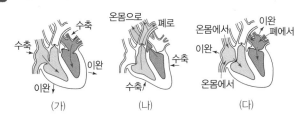

이에 대한 설명으로 옳은 것은?

① (가)에서 심방과 심실이 모두 수축한다.
② (나)에서 심실의 혈액이 정맥을 통해 나간다.
③ (다)에서 동맥을 통해 심방으로 혈액이 들어온다.
④ 심장 박동은 심장의 이완에 의해서만 일어난다.
⑤ 심장 박동 과정은 (다) → (가) → (나)가 반복되어 일어난다.

07 심실에서 나온 혈액이 흐르는 방향을 옳게 나열한 것은?

① 동맥 → 정맥 → 모세 혈관
② 동맥 → 모세 혈관 → 정맥
③ 정맥 → 동맥 → 모세 혈관
④ 정맥 → 모세 혈관 → 동맥
⑤ 모세 혈관 → 동맥 → 정맥

[08~10] 그림은 혈관의 구조를 나타낸 것이다.

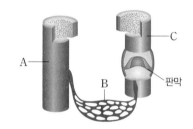

출제율 99%

08 혈관 A와 C에 대한 설명으로 옳은 것은?

① A는 심장으로 들어가는 혈액이 흐르는 혈관이다.
② A는 C보다 혈압이 높다.
③ A는 C보다 혈관 벽이 얇고 탄력성이 적다.
④ C는 판막이 있으므로 동맥이다.
⑤ C는 심장에서 나가는 혈액이 흐르는 혈관이다.

09 혈관 B에 대한 설명으로 옳은 것을 〈보기〉에서 모두 고른 것은?

┌─ 보기 ─────────────────────────
ㄱ. 혈관의 지름이 가장 짧다.
ㄴ. 심장 근처에만 있어 총단면적이 가장 좁다.
ㄷ. 혈관 벽은 한 층의 세포로 이루어져 있다.
└────────────────────────────────

① ㄱ　　　　　② ㄴ　　　　　③ ㄱ, ㄷ
④ ㄴ, ㄷ　　　⑤ ㄱ, ㄴ, ㄷ

10 A~C에서 혈관 벽의 두께와 혈액이 흐르는 속도를 옳게 비교한 것은?

	혈관 벽의 두께	혈액이 흐르는 속도
①	A>B>C	A>B>C
②	A>C>B	A>C>B
③	B>C>A	B>A>C
④	C>A>B	A>C>B
⑤	C>B>A	B>A>C

출제율 99% 【주관식】

11 심장과 혈관에서 판막이 있는 곳을 〈보기〉에서 모두 고르시오.

┌─ 보기 ─────────────────────────
ㄱ. 동맥　　　　　　　　ㄴ. 정맥
ㄷ. 모세 혈관　　　　　ㄹ. 심방과 심실 사이
ㅁ. 심실과 동맥 사이　ㅂ. 동맥과 모세 혈관 사이
└────────────────────────────────

12 그림은 어떤 혈관의 구조를 나타낸 것이다.

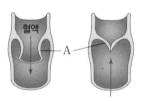

혈액이 정상적으로　　　혈액이 거꾸로
흐를 때　　　　　　　　흐를 때

이에 대한 설명으로 옳지 않은 것을 모두 고르면? (2개)

① 혈압이 매우 낮은 혈관이다.
② 심장으로 들어가는 혈액이 흐르는 혈관이다.
③ 조직 세포와 물질 교환이 일어나는 혈관이다.
④ 혈관 벽이 가장 두껍고 탄력성이 큰 혈관이다.
⑤ A는 혈액이 거꾸로 흐르는 것을 막는다.

13 그림은 혈액을 원심 분리한 결과를 나타낸 것이다. A와 B는 각각 혈구와 혈장 중 하나이다. 이에 대한 설명으로 옳은 것을 〈보기〉에서 모두 고른 것은?

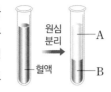

보기
ㄱ. A는 액체 성분인 혈장이며, B는 세포 성분인 혈구이다.
ㄴ. A는 약 55 %가 물로 이루어져 있다.
ㄷ. B의 종류에는 적혈구, 백혈구, 혈소판이 있다.

① ㄱ   ② ㄴ   ③ ㄱ, ㄷ
④ ㄴ, ㄷ   ⑤ ㄱ, ㄴ, ㄷ

[14~15] 다음은 혈액을 관찰하기 위한 실험 과정을 순서대로 나타낸 것이다.

(가) 알코올로 손가락 끝을 소독한 다음, 채혈기로 찌른다.
(나) 혈액 1방울을 받침유리에 떨어뜨리고, 다른 받침유리를 혈액 가장자리에 비스듬히 대고 밀어 혈액을 얇게 편다.
(다) (나)의 혈액에 에탄올을 떨어뜨리고 말린다.
(라) 김사액 1~2방울을 떨어뜨리고 10분 동안 그대로 둔다.
(마) 받침유리를 증류수에 담가 여분의 김사액을 씻어 내고, 덮개유리를 덮은 다음 현미경으로 혈구를 관찰한다.

출제율 99%

14 이 실험에 대한 설명으로 옳은 것을 모두 고르면? (2개)

① (나)에서 혈액을 얇게 펼 때 혈구가 깨지지 않도록 혈액이 있는 방향으로 민다.
② 에탄올은 혈구를 살아 있을 때의 상태로 보존한다.
③ 현미경으로 관찰할 때 혈소판이 가장 많이 관찰된다.
④ 김사액은 세포의 핵을 보라색으로 염색하는 용액이다.
⑤ 채혈된 혈액이 공기 중에서 완전히 마른 다음 혈액을 얇게 펴야 한다.

[주관식]

15 ㉠ 과정 (라)에서 김사액에 의해 염색되는 혈구와 ㉡ 가장 많이 관찰되는 혈구를 각각 쓰시오.

[16~17] 그림은 혈액의 구성 성분을 나타낸 것이다.

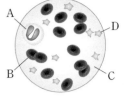

출제율 99%

16 A, B, D의 작용을 각각 옳게 짝 지은 것은?

	A	B	D
①	식균 작용	혈액 응고 작용	산소 운반 작용
②	식균 작용	산소 운반 작용	혈액 응고 작용
③	산소 운반 작용	식균 작용	혈액 응고 작용
④	산소 운반 작용	혈액 응고 작용	식균 작용
⑤	혈액 응고 작용	식균 작용	산소 운반 작용

[주관식]

17 다음은 여러 가지 혈액 성분에 대한 설명이다.

(가) 핵이 없고, 헤모글로빈이 있다.
(나) 영양소, 이산화 탄소, 노폐물 등을 운반한다.
(다) 크기가 가장 크며, 모양이 일정하지 않고, 핵이 있다.
(라) 크기가 가장 작으며, 모양이 일정하지 않고, 핵이 없다.

각 설명에 해당하는 혈액 성분의 기호를 각각 쓰시오.

18 표는 건강한 사람과 환자 (가)의 혈액 검사 결과 중 일부를 나타낸 것이다.

혈액 성분	건강한 사람	환자 (가)
적혈구(개/mm³)	450만~500만	320만
백혈구(개/mm³)	6000~8000	7500
혈소판(개/mm³)	20만~30만	25만

이 표를 근거로 알 수 있는 환자 (가)의 건강 상태에 대한 설명으로 옳은 것은?

① 비만인 상태이다.
② 빈혈 증상이 나타난다.
③ 오줌에 단백질이 섞여 나온다.
④ 몸속에 세균이 침입한 상태이다.
⑤ 상처가 났을 때 혈액 응고가 잘 일어나지 않는다.

자료 분석 | 정답과 해설 55쪽

19 그림은 헤모글로빈의 작용을 나타낸 것이다.

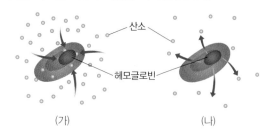

(가)　　　　　　　(나)

이에 대한 설명으로 옳은 것을 〈보기〉에서 모두 고른 것은?

보기
ㄱ. 산소가 적은 조직 세포에서 (가)가 일어난다.
ㄴ. 산소가 많은 폐포에서 (나)가 일어난다.
ㄷ. 적혈구는 헤모글로빈의 작용으로 산소를 운반한다.

① ㄴ　　　　　② ㄷ　　　　　③ ㄱ, ㄴ
④ ㄱ, ㄷ　　　　⑤ ㄱ, ㄴ, ㄷ

20 혈구의 수와 크기를 비교한 것을 각각 옳게 짝 지은 것은?

	혈구의 수	혈구의 크기
①	적혈구>백혈구>혈소판	적혈구>백혈구>혈소판
②	적혈구>혈소판>백혈구	백혈구>적혈구>혈소판
③	백혈구>적혈구>혈소판	적혈구>백혈구>혈소판
④	백혈구>적혈구>혈소판	백혈구>적혈구>혈소판
⑤	혈소판>적혈구>백혈구	적혈구>백혈구>혈소판

[21~22] 다음은 폐순환 과정과 온몸 순환 과정을 순서 없이 나타낸 것이다.

(가) 좌심실 → (㉠) → 온몸의 모세 혈관 → 대정맥 → (㉡)
(나) 우심실 → (㉢) → 폐의 모세 혈관 → (㉣) → 좌심방

21 (가) 과정에 대한 설명으로 옳은 것을 모두 고르면? (2개)

① ㉠은 혈압이 가장 낮은 혈관이다.
② 심장에서 ㉠을 통해 나간 혈액이 온몸의 조직 세포에 산소와 영양소를 공급한다.
③ ㉡은 우심방이다.
④ 폐순환 과정을 나타낸 것이다.
⑤ 대정맥에는 산소를 많이 포함한 혈액이 흐른다.

22 (나) 과정의 ㉢과 ㉣을 흐르는 혈액에서 가장 크게 차이 나는 것은?

① 산소의 양　　　　② 영양소의 양
③ 노폐물의 양　　　④ 적혈구의 수
⑤ 백혈구의 수

[23~24] 그림은 혈액 순환의 경로를 나타낸 것이다.

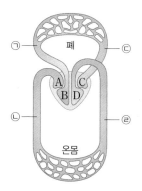

23 이에 대한 설명으로 옳지 않은 것은?

① A와 B 사이, C와 D 사이에는 각각 판막이 있다.
② A와 B에는 암적색의 혈액이, C와 D에는 선홍색의 혈액이 흐른다.
③ B와 ㉠ 사이, D와 ㉣ 사이에는 각각 판막이 있다.
④ B → ㉠ → 폐의 모세 혈관 → ㉢ → C를 거치는 순환 과정을 통해 이산화 탄소를 내보내고 산소를 받아 온다.
⑤ 온몸의 조직 세포에서 산소와 영양소를 받은 혈액은 ㉡을 통해 심장으로 돌아온다.

【주관식】
24 (가) 정맥혈이 흐르는 곳과 (나) 동맥혈이 흐르는 곳을 모두 골라 각각 기호를 쓰시오.

25 그림은 각 혈관에서의 혈압, 혈류 속도(혈액이 흐르는 속도), 총단면적을 나타낸 것이다. A~C는 각각 모세 혈관, 정맥, 동맥 중 하나이다.

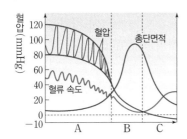

이에 대한 설명으로 옳은 것을 〈보기〉에서 모두 고른 것은?

┌─ 보기 ─────────────────────────────┐
ㄱ. 혈압이 가장 높은 A는 동맥이다.
ㄴ. B에는 판막이 있다.
ㄷ. 조직 세포와 C 사이에서는 물질 교환이 일어난다.
ㄹ. C보다 A의 혈관 벽이 더 두껍고 탄력성이 크다.
└────────────────────────────────┘

① ㄱ, ㄹ   ② ㄴ, ㄷ   ③ ㄱ, ㄴ, ㄷ
④ ㄱ, ㄷ, ㄹ   ⑤ ㄴ, ㄷ, ㄹ

자료 분석 | 정답과 해설 55쪽

26 그림은 사람의 혈액 순환 경로를 나타낸 것이다.

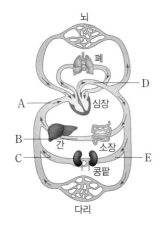

이에 대한 설명으로 옳은 것은?

① A는 산소를 많이 포함한 혈액이 흐르는 혈관이다.
② 소장에서 흡수된 지용성 영양소는 B를 통해 이동한다.
③ D는 암적색의 정맥혈이 흐르는 혈관이다.
④ E는 콩팥으로 들어가는 혈액이 흐르는 혈관이고, C는 콩팥에서 나가는 혈액이 흐르는 혈관이다.
⑤ 뇌의 조직 세포와 동맥 사이에서 물질 교환이 일어난다.

자료 분석 | 정답과 해설 56쪽

27 그림은 혈관의 구조를 나타낸 것이다.

(1) A~C의 이름을 각각 쓰시오.

_____

(2) 판막이 있는 혈관의 기호를 쓰고, 판막이 있는 까닭을 서술하시오.

_____

28 그림은 혈구 A~C의 크기와 수를 나타낸 것이다. A~C는 각각 적혈구, 백혈구, 혈소판 중 하나이다.

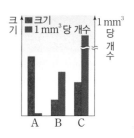

(1) 크기가 가장 큰 혈구의 기호와 이름을 쓰고, 이 혈구의 기능을 서술하시오.

_____

(2) 수가 가장 많은 혈구의 기호와 이름을 쓰고, 이 혈구의 기능을 서술하시오.

_____

자료 분석 | 정답과 해설 56쪽

29 그림은 혈액 순환 경로를 나타낸 것이다. A~D는 혈관이다.

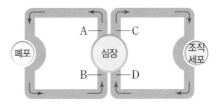

(1) 혈관 A~D의 이름을 쓰시오.

_____

(2) A와 B 중 동맥혈이 흐르는 혈관의 기호를 쓰고, 그 까닭을 다음 단어를 모두 포함하여 서술하시오.

┌────────────────────────────────┐
심장, 폐, 이산화 탄소, 산소
└────────────────────────────────┘

_____

_____

1 호흡계의 구조와 기능

① 호흡: 생명 활동을 위해 공기 중의 산소를 받아들이고 몸 안에서 생긴 ❶(　　　　)를 내보내는 작용

② 호흡계: 산소와 이산화 탄소의 교환을 담당하는 기관계

③ 들숨과 날숨의 비교

들숨	들이쉬는 숨	·❷(　　　): 들숨＞날숨
날숨	내쉬는 숨	·이산화 탄소: 들숨＜날숨

[들숨과 날숨의 성분 비교 실험]

[과정] ① 2개의 삼각플라스크에 초록색 BTB 용액을 넣는다.
② A에는 공기 펌프로 공기(들숨)을 넣어 주고, B에는 빨대로 입김(날숨)을 불어 넣는다.

공기 펌프
날숨을 불어 넣는다.
초록색 BTB 용액
A　　　B

[결과] A보다 B에서 초록색 BTB 용액의 색깔이 더 빨리 노란색으로 변한다. ➡ 들숨보다 날숨에 ❸(　　　　)가 더 많이 들어 있다.

---

④ 호흡계의 구조

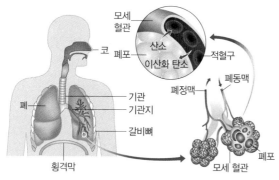

모세 혈관
코
폐포
산소
이산화 탄소
적혈구
폐동맥
폐정맥
폐
기관
기관지
갈비뼈
횡격막
모세 혈관
폐포

코	콧속은 가는 털과 끈끈한 액체로 덮여 있어 먼지나 세균을 걸러 낸다.
❹(　　　)	·공기가 드나드는 통로 ·안쪽에 가는 섬모가 있어 먼지나 세균 등을 거른다.
기관지	·기관에서 갈라져 좌우 폐로 들어간다. ·폐 속에서 더 많은 가지로 갈라져 폐포와 연결된다.
폐	·가슴 속에 좌우 1개씩 있고, 수많은 ❺(　　　)로 이루어져 있다. ➡ 공기가 접촉하는 표면적이 매우 넓기 때문에 기체 교환이 효율적으로 일어난다. ·갈비뼈와 횡격막에 둘러싸인 흉강에 들어 있다. ➡ 폐는 근육이 없어 스스로 커지거나 작아지지 못해 갈비뼈와 횡격막의 움직임에 의해 크기가 변한다.
❻ (　　　)	·폐를 구성하는 작은 공기주머니 ·한 층의 얇은 세포층으로 이루어져 있고, 모세 혈관에 둘러싸여 있다.

2 호흡 운동

① 호흡 운동의 원리: 갈비뼈와 ❼(　　　)의 움직임에 의해 흉강의 부피와 압력이 변하여 호흡 운동이 일어난다.
➡ ❽(　　　)는 근육이 없어 스스로 커지거나 작아지지 못하기 때문이다.

② 사람의 호흡 운동

들숨(흡기)	구분	날숨(호기)
공기 몸의 변화		공기
❾(　　)	갈비뼈	❿(　　)
⓫(　　)	횡격막	⓬(　　)
커짐	흉강 부피	작아짐
낮아짐	흉강 압력	높아짐
커짐	폐 부피	작아짐
낮아짐	폐 내부 압력	높아짐
외부 → 폐	공기의 이동	폐 → 외부

3 기체 교환

① 기체 교환의 원리: 기체의 농도 차이에 따른 확산에 의해 기체 교환이 일어난다.

② 폐와 조직 세포에서의 기체 교환

폐에서의 기체 교환		조직 세포에서의 기체 교환
폐동맥 폐포 이산화 탄소 산소 모세 혈관 적혈구　폐정맥		모세 혈관 산소 이산화 탄소 조직 세포
폐포＞모세 혈관	⓭(　　　) 의 농도 비교	모세 혈관＞조직 세포
폐포＜모세 혈관	⓮(　　　)의 농도 비교	모세 혈관＜조직 세포
·⓯(　　): 폐포 → 모세 혈관 ·⓰(　　): 모세 혈관 → 폐포	공기의 이동	·⓱(　　): 모세 혈관 → 조직 세포 ·⓲(　　): 조직 세포 → 모세 혈관
폐포 $\xrightarrow{\text{산소}}_{\text{이산화 탄소}}$ 모세 혈관 ➡ 정맥혈이 동맥혈로 된다.	기체 교환	모세 혈관 $\xrightarrow{\text{산소}}_{\text{이산화 탄소}}$ 조직 세포 ➡ 동맥혈이 정맥혈로 된다.

답안지

1 생명 활동을 위해 공기 중의 산소를 받아들이고 몸 안에서 생긴 이산화 탄소를 내보내는 작용을 (　　　　)(이)라고 한다.

1 _____
_____

2 들숨에는 날숨보다 ㉠(산소 , 이산화 탄소)가 많고, 날숨에는 들숨보다 ㉡(산소 , 이산화 탄소)가 많다.

2 _____
_____

3~5 그림은 사람의 호흡계를 나타낸 것이다.

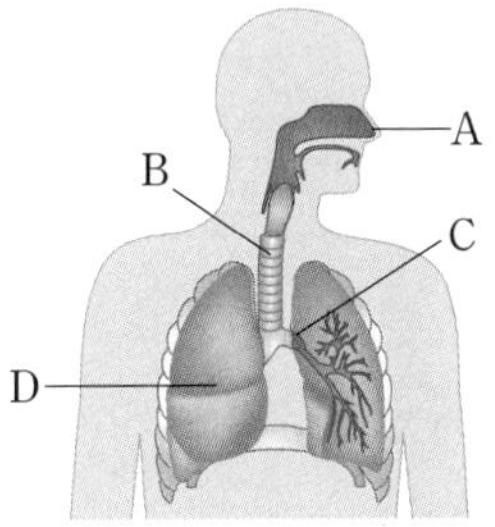

3 A~D의 이름을 각각 쓰시오.

3 _____
_____

4 A~D에서 외부의 공기가 몸속으로 들어오는 경로를 화살표로 나타내시오.

4 _____
_____

5 공기가 드나드는 통로로, 안쪽에 가는 섬모가 있어 먼지나 세균을 거르는 곳의 기호와 이름을 쓰시오.

5 _____
_____

6 폐가 수많은 ㉠(　　　　)(으)로 이루어져 있어 유리한 점은 공기가 접촉하는 ㉡(　　　　)이/가 매우 넓어 (㉢　　　　) 교환이 효율적으로 일어나는 것이다.

6 _____
_____

7 폐는 근육이 ㉠(없어 , 있어) 스스로 커지거나 작아지지 못하기 때문에 갈비뼈와 ㉡(　　　　)의 움직임에 의해 흉강의 (㉢　　　　)와/과 압력이 변하여 호흡 운동이 일어난다.

7 _____
_____

8 (들숨 , 날숨)이 일어날 때 갈비뼈가 올라가고 횡격막이 내려가며, 흉강의 부피가 커지고 압력이 낮아지며, 폐의 부피가 커지고 압력이 낮아져 외부의 공기가 폐로 들어온다.

8 _____
_____

9 (들숨 , 날숨)이 일어날 때 갈비뼈가 내려가고 횡격막이 올라가며, 흉강의 부피가 작아지고 압력이 높아지며, 폐의 부피가 작아지고 압력이 높아져 폐의 공기가 외부로 나간다.

9 _____
_____

10 ㉠(산소 , 이산화 탄소)의 농도는 폐포＞모세 혈관＞조직 세포이므로 ㉡(산소 , 이산화 탄소)는 폐포 → 모세 혈관 → 조직 세포 방향으로 이동한다.

10 _____
_____

11 ㉠(산소 , 이산화 탄소)의 농도는 폐포＜모세 혈관＜조직 세포이므로 ㉡(산소 , 이산화 탄소)는 조직 세포 → 모세 혈관 → 폐포 방향으로 이동한다.

11 _____
_____

01 호흡계에 대한 설명으로 옳은 것을 〈보기〉에서 모두 고른 것은?

> 보기
> ㄱ. 산소와 이산화 탄소의 교환을 담당하는 기관계이다.
> ㄴ. 이산화 탄소를 흡수하고, 산소를 몸 밖으로 내보낸다.
> ㄷ. 입, 기관, 기관지, 폐 등의 호흡 기관으로 이루어져 있다.

① ㄱ   ② ㄴ   ③ ㄱ, ㄴ
④ ㄱ, ㄷ   ⑤ ㄴ, ㄷ

출제율 99%

02 들숨과 날숨에 대한 설명으로 옳지 <u>않은</u> 것은?

① 들숨은 들이쉬는 숨이다.
② 날숨은 내쉬는 숨이다.
③ 산소의 양은 들숨이 날숨보다 많다.
④ 이산화 탄소의 양은 날숨이 들숨보다 많다.
⑤ 들숨과 날숨의 성분에는 산소와 이산화 탄소만 있다.

[03~04] 그림은 들숨과 날숨에 대한 실험 과정을 나타낸 것이다.

03 이에 대한 설명으로 옳은 것을 모두 고르면? (2개)

① 공기 펌프로 날숨을 넣는다.
② 입김을 불어넣는 것은 들숨을 넣는 것이다.
③ 들숨과 날숨의 성분을 비교하는 실험이다.
④ 초록색 BTB 용액은 산성일 때 푸른색이 된다.
⑤ 초록색 BTB 용액 대신 석회수를 이용할 수도 있다.

【주관식】

04 다음은 이 실험의 결과를 나타낸 것이다. ( ) 안에 알맞은 말을 고르시오.

> 삼각플라스크 A보다 B에서 초록색 BTB 용액의 색깔이 더 빨리 ㉠ (노란색 , 푸른색)으로 변한다. 이를 통해 들숨보다 날숨에 ㉡ (산소 , 이산화 탄소)가 더 많이 들어 있다는 것을 알 수 있다.

[05~06] 그림은 사람의 호흡계를 나타낸 것이다.

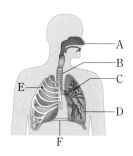

출제율 99%

05 이에 대한 설명으로 옳지 <u>않은</u> 것은?

① A의 안쪽은 가는 털과 끈끈한 액체로 덮여 있어 먼지나 세균을 거른다.
② C는 B에서 갈라진 것이다.
③ 외부의 공기는 D를 통해 몸속으로 들어온다.
④ C는 D 속에서 더 많은 가지로 갈라진다.
⑤ 공기의 이동 경로는 A → B → C → D이다.

06 D에 대한 설명으로 옳은 것을 〈보기〉에서 모두 고른 것은?

> 보기
> ㄱ. 가슴 속에 좌우 1개씩 있다.
> ㄴ. E와 F로 둘러싸인 흉강에 들어 있다.
> ㄷ. 일부는 근육으로 이루어져 있고, 일부는 폐포로 이루어져 있다.

① ㄱ   ② ㄷ   ③ ㄱ, ㄴ
④ ㄴ, ㄷ   ⑤ ㄱ, ㄴ, ㄷ

[07~08] 그림은 사람의 호흡 기관에 발달된 구조를 나타낸 것이다.

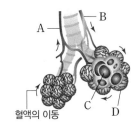

07 이에 대한 설명으로 옳은 것은?

① A는 산소를 적게 포함한 혈액이 흐른다.
② B는 산소를 많이 포함한 혈액이 흐른다.
③ C는 근육으로 이루어져 있다.
④ C와 동맥 사이에서 산소와 이산화 탄소가 교환된다.
⑤ D는 한 층의 세포로 이루어진 혈관이다.

출제율 99%

08 C와 같은 구조의 발달로 얻을 수 있는 장점으로 옳은 것은?

① 영양소의 흡수를 돕는다.
② 혈액이 거꾸로 흐르는 것을 막는다.
③ 공기가 접촉할 수 있는 표면적을 넓힌다.
④ 먼지나 세균 등을 빠르게 제거할 수 있다.
⑤ 폐가 스스로 수축과 이완을 할 수 있도록 돕는다.

09 사람의 호흡 운동에 대한 설명으로 옳은 것을 〈보기〉에서 모두 고른 것은?

보기
ㄱ. 흉강의 부피와 압력이 변하여 일어난다.
ㄴ. 갈비뼈와 횡격막의 움직임에 의해 일어난다.
ㄷ. 폐는 근육이 없어 스스로 커지거나 작아지지 못한다.

① ㄱ   ② ㄴ   ③ ㄱ, ㄷ
④ ㄴ, ㄷ   ⑤ ㄱ, ㄴ, ㄷ

10 들숨과 날숨이 일어날 때 우리 몸에서 일어나는 변화를 옳게 비교한 것은?

구분		들숨	날숨
①	갈비뼈	내려감	올라감
②	횡격막	올라감	내려감
③	공기의 이동	폐 → 외부	외부 → 폐
④	흉강 압력	낮아짐	높아짐
⑤	흉강 부피	작아짐	커짐

11 그림은 사람의 호흡 기관 중 일부를 나타낸 것이다. 이에 대한 설명으로 옳은 것은?

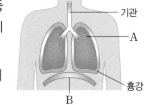

① A는 근육으로 이루어져 있다.
② A는 갈비뼈와 B의 움직임에 의해 크기가 변한다.
③ B는 갈비뼈로, 흉강 속의 압력을 조절한다.
④ B가 올라가면 폐의 압력이 낮아진다.
⑤ 기관은 흉강의 부피를 조절한다.

출제율 99%

12 그림은 외부의 공기가 몸으로 들어오는 모습을 나타낸 것이다. 이에 대한 설명으로 옳은 것은?

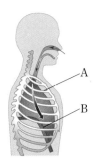

① A는 내려간다.
② B는 올라간다.
③ 폐의 압력이 낮아진다.
④ 흉강의 부피가 작아진다.
⑤ 흉강 속 압력이 높아진다.

[13~15] 그림은 플라스틱 컵을 이용한 호흡 운동 모형을 나타낸 것이다.

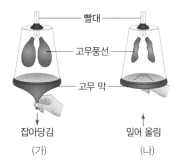

잡아당김 (가) 밀어 올림 (나)

출제율 99%

13 그림의 각 부분에 해당하는 사람의 호흡 기관을 옳게 짝지은 것은?

	빨대	고무풍선	고무 막
①	횡격막	폐	갈비뼈
②	갈비뼈	폐	횡격막
③	기관과 기관지	폐	횡격막
④	기관과 기관지	갈비뼈	횡격막
⑤	기관과 기관지	횡격막	갈비뼈

14 (가)에 대한 설명으로 옳지 않은 것은?

① 들숨을 나타낸 것이다.
② 고무풍선 속 압력이 높아진다.
③ 플라스틱 컵 속의 부피가 커진다.
④ 플라스틱 컵 속의 압력이 낮아진다.
⑤ 빨대를 통해 외부의 공기가 들어온다.

【주관식】

15 다음은 (나)에 대한 설명이다. ( ) 안에 알맞은 말을 고르시오.

> 고무 막을 밀어 올리면 플라스틱 컵 속 부피가 ㉠ (커지고 , 작아지고) 플라스틱 컵 속 압력이 ㉡ (높아진다 , 낮아진다). 그 결과 플라스틱 컵 속 공기가 빨대를 통해 외부로 나가 고무풍선이 ㉢ (부풀어 오른다 , 오므라든다).

16 그림은 폐포와 모세 혈관 사이에서의 기체 교환을 나타낸 것이다. ㉠과 ㉡은 각각 산소와 이산화 탄소 중 하나이다. 이에 대한 설명으로 옳은 것을 모두 고르면? (2개)

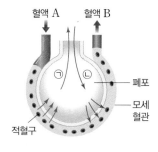

① 혈액 A는 산소를 많이 포함한 혈액이다.
② 혈액 B는 동맥혈이다.
③ ㉠은 모세 혈관보다 폐포에 많다.
④ ㉡은 폐포보다 모세 혈관에 많다.
⑤ ㉠은 들숨보다 날숨에 많고, ㉡은 날숨보다 들숨에 많다.

자료 분석 | 정답과 해설 58쪽

[17~18] 그림은 폐포, 모세 혈관, 조직 세포에서의 기체 교환 과정을 나타낸 것이다. A~D는 기체의 이동 방향을 나타낸 것이다.

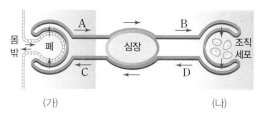

(가) (나)

【주관식】

17 A~D를 ㉠ 산소의 이동 방향과 ㉡ 이산화 탄소의 이동 방향으로 구분하여 쓰시오.

출제율 99%

18 이에 대한 설명으로 옳은 것을 〈보기〉에서 모두 고른 것은?

> 보기
> ㄱ. (가)에서는 정맥혈이 동맥혈로 바뀌며, (나)에서는 동맥혈이 정맥혈로 바뀐다.
> ㄴ. 산소의 농도가 가장 높은 곳은 조직 세포이다.
> ㄷ. 기체의 농도 차이에 따른 확산에 의해 기체 교환이 일어난다.

① ㄱ   ② ㄴ   ③ ㄱ, ㄷ
④ ㄴ, ㄷ   ⑤ ㄱ, ㄴ, ㄷ

고난도 문제

19 그림은 사람의 몸에서 호흡 운동이 일어날 때 폐 내부의 압력 변화를 대기압과 비교하여 나타낸 것이다.

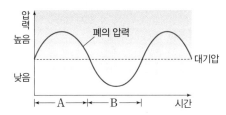

이에 대한 설명으로 옳은 것을 〈보기〉에서 모두 고른 것은?

┌─ 보기 ─────────────────────────────
ㄱ. 구간 A에서 날숨이 일어난다.
ㄴ. 구간 B에서 갈비뼈가 내려가고 횡격막이 올라간다.
ㄷ. 흉강의 부피는 구간 A에서보다 B에서 더 크다.
└────────────────────────────────────

① ㄱ   ② ㄷ   ③ ㄱ, ㄴ
④ ㄱ, ㄷ   ⑤ ㄱ, ㄴ, ㄷ

자료 분석 | 정답과 해설 58쪽

20 그림은 이물질로 기도가 막혔을 때의 응급 처치 방법을 나타낸 것이다.

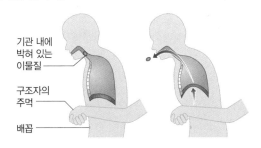

이물질이 배출될 때 몸 안에서 일어나는 변화에 대한 설명으로 옳은 것을 〈보기〉에서 모두 고른 것은?

┌─ 보기 ─────────────────────────────
ㄱ. 횡격막이 위로 올라간다.
ㄴ. 흉강의 부피가 작아지고 흉강의 압력이 낮아진다.
ㄷ. 폐의 부피가 커지고 폐의 압력이 높아진다.
└────────────────────────────────────

① ㄱ   ② ㄴ   ③ ㄱ, ㄴ
④ ㄱ, ㄷ   ⑤ ㄱ, ㄴ, ㄷ

자료 분석 | 정답과 해설 58쪽

서술형 문제

21 표는 들숨과 날숨에 들어 있는 기체 성분의 비율을 나타낸 것이다. A와 B는 각각 들숨과 날숨 중 하나이다.

(단위: %)

구분	산소	이산화 탄소	질소	기타
A	17	4	78	1
B	21	0.03	78	0.97

A와 B가 각각 들숨인지 날숨인지 구분하고, 그렇게 생각한 까닭을 서술하시오.

_____

_____

22 그림은 들숨과 날숨이 일어날 때의 몸의 변화를 나타낸 것이다.

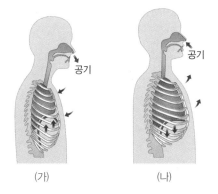

(가)   (나)

(1) (가)와 (나)를 들숨과 날숨으로 구분하여 쓰시오.

_____

(2) (가)와 (나)가 일어나는 과정에서 흉강의 부피와 압력 변화를 각각 서술하시오.

_____

_____

23 그림은 조직 세포와 모세혈관 사이에서의 기체 교환을 나타낸 것이다. 모세혈관과 조직 세포에서의 이산화 탄소와 산소의 농도에 따른 이동 방향에 대해 각각 서술하시오.

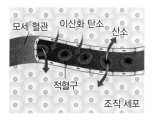

_____

_____

_____

1 노폐물의 생성과 배설

① **❶(　　　)**: 노폐물을 몸 밖으로 내보내는 과정으로, 배설계가 **❷(　　　)** 기능을 담당한다.

② 노폐물의 생성과 배설: 영양소로부터 생명 활동에 필요한 에너지를 얻는 과정에서 영양소가 분해될 때 노폐물이 생성된다.

영양소	탄수화물, 지방, 단백질		단백질
노폐물	**❸**(　　　)	물	암모니아 ➡ 간에서 **❹**(　　　)로 전환됨
배설 기관	폐	폐, 콩팥	콩팥
배설 형태	날숨	날숨, 오줌	오줌

2 배설계의 구조와 기능

① 배설계: 체내에서 발생한 노폐물을 걸러 몸 밖으로 내보내는 기관계

② 배설계의 구조와 기능

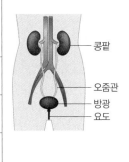

❺(　　　)	• 혈액 속의 노폐물을 걸러 오줌을 만드는 곳이다. • 콩팥 겉질, 콩팥 속질, 콩팥 깔때기의 세 부분으로 구분된다.
❻(　　　)	콩팥과 방광을 연결하는 긴 관
방광	콩팥에서 만들어진 오줌을 모아 두는 곳
요도	방광에 모인 오줌이 몸 밖으로 나가는 통로

• **콩팥의 구조와 기능**

	콩팥 겉질과 콩팥 속질에는 오줌을 만드는 기본 단위인 네프론이 분포한다. ➡ 네프론=사구체+보먼주머니+세뇨관	
콩팥 겉질, 콩팥 속질	**❼**(　　　)	모세 혈관이 실뭉치처럼 뭉쳐 있는 부분
	보먼주머니	사구체를 감싸고 있는 주머니 모양의 구조
	❽(　　　)	보먼주머니와 연결된 가늘고 긴 관
콩팥 깔때기	콩팥의 가장 안쪽의 빈 공간	

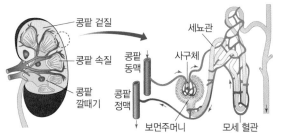

3 오줌의 생성 과정

① 오줌의 생성 과정

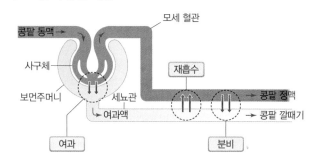

구분	이동 경로	이동 물질 및 특징
❾(　　　)	사구체 → 보먼주머니	• 크기가 작은 물질만 여과된다. • 이동 물질: 포도당, 아미노산, 요소, 물, 무기염류 등
❿(　　　)	세뇨관 → 모세 혈관	• 몸에 필요한 물질이 재흡수된다. • 이동 물질: 포도당, 아미노산, 물, 무기염류 ➡ 포도당과 아미노산은 모두 재흡수되며, 물과 무기염류는 대부분 재흡수된다.
분비	**⓫**(　　　) → 세뇨관	• 사구체에서 미처 여과되지 못한 노폐물의 일부가 분비된다. • 이동 물질: 노폐물

② 오줌의 배설 경로

콩팥 동맥 → 사구체 → **⓬**(　　　) → 세뇨관 → **⓭**(　　　) → 오줌관 → **⓮**(　　　) → 요도 → 몸 밖

4 세포 호흡과 기관계

① 세포 호흡: 세포에서 영양소가 **⓯**(　　　)와 반응하여 **⓰**(　　　)와 물로 분해되고 에너지가 발생하는 과정

영양소+**⓱**(　　　) ───→ 물+**⓲**(　　　)+에너지

② 세포 호흡과 기관계의 유기적 작용: 세포 호흡으로 에너지를 얻어 생명 활동을 유지하기 위해서는 소화계, **⓳**(　　　), 호흡계, 배설계가 유기적으로 작용해야 한다.

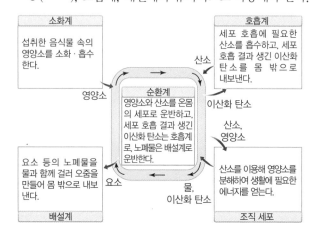

정답과 해설 **59**쪽

1 영양소로부터 생명 활동에 필요한 (　　　)을/를 얻는 과정에서 영양소가 분해될 때 노폐물이 생성된다.

1 ＿＿＿＿＿＿＿＿＿
＿＿＿＿＿＿＿＿＿

2 탄수화물, 지방, 단백질이 분해될 때 공통적으로 생성되는 노폐물은 (㉠　　　)와/과 이산화 탄소이며, 단백질은 이외에 추가로 (㉡　　　)이/가 생성된다. (㉡　　　)은/는 간에서 (㉢　　　)(으)로 전환된다.

2 ＿＿＿＿＿＿＿＿＿
＿＿＿＿＿＿＿＿＿

3~4 그림은 사람의 배설계를 나타낸 것이다.

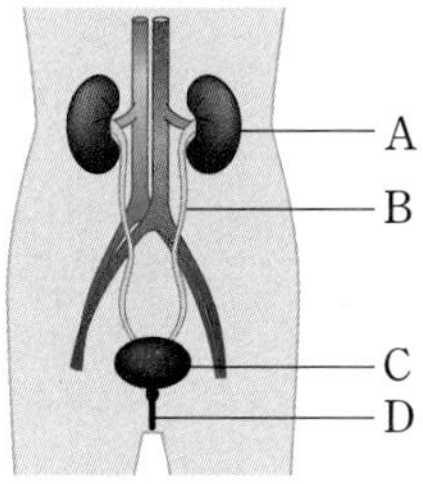

3 A~D의 이름을 각각 쓰시오.

3 ＿＿＿＿＿＿＿＿＿
＿＿＿＿＿＿＿＿＿
＿＿＿＿＿＿＿＿＿

4 혈액 속의 노폐물을 걸러 오줌을 만드는 곳의 기호와 이름을 쓰시오.

4 ＿＿＿＿＿＿＿＿＿
＿＿＿＿＿＿＿＿＿

5 콩팥 겉질과 콩팥 속질에는 오줌을 만드는 기본 단위인 (㉠　　　)이/가 분포한다. (㉠　　　)은/는 사구체＋보먼주머니＋(㉡　　　)(으)로 구성된다.

5 ＿＿＿＿＿＿＿＿＿
＿＿＿＿＿＿＿＿＿

6~7 그림은 오줌의 생성 경로를 나타낸 것이다.

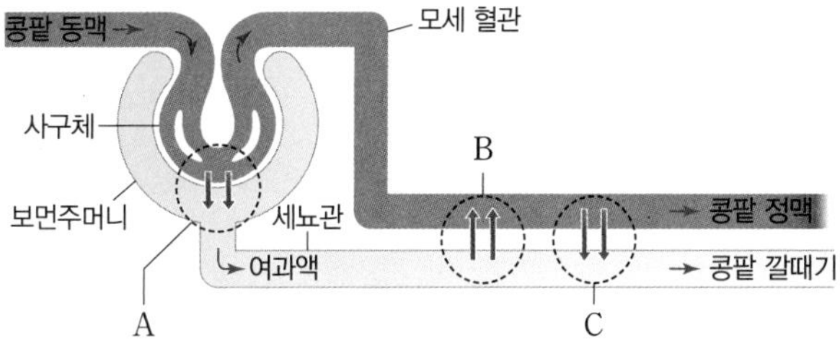

6 A~C 과정을 각각 쓰시오.

6 ＿＿＿＿＿＿＿＿＿
＿＿＿＿＿＿＿＿＿
＿＿＿＿＿＿＿＿＿

7 다음 중 A 과정을 통해 이동하는 물질을 모두 고르시오.

> 물, 요소, 엿당, 포도당, 단백질, 아미노산, 무기염류

7 ＿＿＿＿＿＿＿＿＿
＿＿＿＿＿＿＿＿＿

8 건강한 사람의 콩팥에서 여과된 물질 중 포도당과 아미노산은 ㉠(모두 , 대부분) 재흡수되고, 물과 무기염류는 ㉡(모두 , 대부분) 재흡수된다.

8 ＿＿＿＿＿＿＿＿＿
＿＿＿＿＿＿＿＿＿

9 (㉠　　　)은/는 섭취한 음식물 속의 영양소를 소화·흡수하며, (㉡　　　)은/는 세포 호흡에 필요한 산소를 흡수하고 세포 호흡 결과 생긴 이산화 탄소를 몸 밖으로 내보낸다. (㉢　　　)은/는 영양소와 산소를 온몸의 세포로 운반하고 세포 호흡 결과 생긴 이산화 탄소는 (㉣　　　)(으)로, 노폐물은 (㉤　　　)(으)로 운반한다. (㉤　　　)은/는 요소 등의 노폐물을 물과 함께 걸러 오줌을 만들어 몸 밖으로 내보낸다.

9 ＿＿＿＿＿＿＿＿＿
＿＿＿＿＿＿＿＿＿

01 노폐물의 생성과 배설에 대한 설명으로 옳은 것을 〈보기〉에서 모두 고른 것은?

보기
ㄱ. 세포 호흡 과정에서 노폐물이 생성된다.
ㄴ. 배설은 노폐물을 몸 밖으로 내보내는 과정이다.
ㄷ. 노폐물의 생성과 배설 과정은 배설계만 관여한다.

① ㄱ   ② ㄷ   ③ ㄱ, ㄴ
④ ㄴ, ㄷ   ⑤ ㄱ, ㄴ, ㄷ

[02~04] 그림은 우리 몸에서 생성된 노폐물이 배설되는 경로를 나타낸 것이다. ㉠은 소화계에 속하는 기관이다.

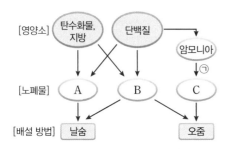

[주관식]

02 탄수화물, 지방, 단백질의 분해 결과 공통적으로 생성되는 노폐물의 기호와 이름을 모두 쓰시오.

<u>출제율 99%</u>

03 이에 대한 설명으로 옳지 <u>않은</u> 것은?

① A는 폐에서 날숨으로 나간다.
② B는 폐에서 날숨으로 나가거나 콩팥에서 오줌으로 나간다.
③ C는 콩팥에서 오줌으로 나간다.
④ 암모니아는 단백질이 분해될 때만 생성되는 노폐물이다.
⑤ 탄수화물, 지방, 단백질은 모두 탄소, 수소, 산소로만 이루어져 있다.

04 단백질의 분해 시 생성되는 노폐물에 대한 설명으로 옳은 것은?

① C는 독성이 강한 물질이다.
② 암모니아는 독성이 약한 물질이다.
③ ㉠은 간으로, 암모니아가 C로 전환되는 기관이다.
④ 노폐물의 독성이 강해도 세포에 손상을 주지 않는다.
⑤ 단백질에는 수소가 포함되어 있어 암모니아가 생성된다.

05 다음은 배설계를 구성하는 일부 기관의 특징을 설명한 것이다.

(가) 콩팥과 방광을 연결하는 긴 관이다.
(나) 오줌이 몸 밖으로 나가는 통로이다.
(다) 혈액 속의 노폐물을 걸러 오줌을 만드는 곳이다.

각 설명에 해당하는 기관의 이름을 옳게 짝 지은 것은?

	(가)	(나)	(다)
①	요도	방광	오줌관
②	방광	요도	세뇨관
③	세뇨관	방광	요도
④	오줌관	요도	콩팥
⑤	오줌관	콩팥	방광

<u>출제율 99%</u>

06 그림은 사람의 배설계를 나타낸 것이다. 이에 대한 설명으로 옳은 것은?

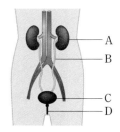

① A는 사구체, 콩팥 속질, 콩팥 깔때기의 세 부분으로 구분된다.
② A는 주먹만 한 크기로, 허리의 등 쪽 좌우에 1개씩 있다.
③ B는 콩팥 동맥, 콩팥 정맥과 각각 연결되어 있다.
④ C는 B에서 만들어진 오줌을 모아 두는 곳이다.
⑤ 건강한 사람의 D로는 크기가 큰 물질만 이동할 수 있다.

[주관식]

07 다음은 여러 가지 기관을 나타낸 것이다.

> 위, 간, 콩팥, 방광, 요도, 소장, 오줌관, 기관지

배설계에 속하지 <u>않는</u> 기관을 모두 쓰시오.

출제율 99%

08 그림은 콩팥의 구조를 나타낸 것이다. 이에 대한 설명으로 옳지 <u>않은</u> 것은?

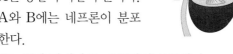

① A는 콩팥의 바깥 부분이다.

② A와 B에는 네프론이 분포한다.

③ C는 콩팥 깔때기로, 오줌관이 분포한다.

④ D에는 심장에서 나와 콩팥으로 들어가는 혈액이 흐른다.

⑤ E에는 콩팥에서 노폐물이 걸러져 심장으로 들어가는 혈액이 흐른다.

[09~10] 그림은 콩팥의 일부 구조를 나타낸 것이다.

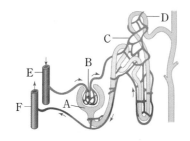

09 네프론의 구성을 옳게 나타낸 것은?

① A+B ② A+B+C
③ A+B+D ④ B+C
⑤ B+C+D

출제율 99%

10 이에 대한 설명으로 옳은 것은?

① A는 B를 감싸고 있는 주머니 모양의 구조이다.

② B에서 A로 크기가 큰 물질이 이동한다.

③ B는 정맥이 실뭉치처럼 뭉쳐 있는 부분이다.

④ C는 A와 연결된 가늘고 긴 관이다.

⑤ F로 들어온 혈액은 노폐물이 걸러진 다음 E로 나간다.

[11~12] 그림은 오줌의 생성 과정을 나타낸 것이다. (가)~(다) 과정은 분비, 여과, 재흡수 과정 중 하나이다.

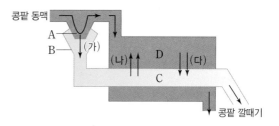

11 다음은 여러 가지 물질들을 나타낸 것이다.

> 물, 엿당, 요소, 포도당, 단백질, 무기염류

A → B, C → D 방향으로 이동하는 물질끼리 옳게 짝 지은 것은?

	A → B	C → D
①	요소, 포도당, 단백질	요소, 포도당
②	물, 엿당, 요소, 포도당	엿당, 포도당, 요소
③	포도당, 단백질, 무기염류	포도당, 무기염류
④	물, 요소, 포도당, 무기염류	물, 포도당, 무기염류
⑤	물, 요소, 포도당, 무기염류	포도당, 무기염류

12 이에 대한 설명으로 옳은 것을 〈보기〉에서 모두 고른 것은?

> **보기**
> ㄱ. (가) 과정을 통해 혈구나 단백질이 이동한다.
> ㄴ. 무기염류는 (나) 과정을 통해 모두 재흡수된다.
> ㄷ. (다) 과정을 통해 A에서 B로 미처 여과되지 못한 노폐물이 분비된다.

① ㄱ ② ㄷ ③ ㄱ, ㄴ
④ ㄴ, ㄷ ⑤ ㄱ, ㄴ, ㄷ

자료 분석 | 정답과 해설 60쪽

【주관식】

13 그림은 사람의 콩팥에서 일어나는 배설 과정을 나타낸 것이다. A와 D는 콩팥과 연결된 혈관이다.

A~D에 해당하는 구조를 각각 쓰시오.

[14~16] 표는 건강한 사람의 콩팥 동맥을 흐르는 혈액, 여과액, 오줌의 성분을 나타낸 것이다. A~C는 각각 포도당, 요소, 단백질 중 하나이다.

(단위: %)

물질	혈액	여과액	오줌
A	8	0	0
B	0.1	0.1	0
C	0.03	0.03	1.8

【주관식】

14 물질 A~C를 각각 쓰시오.

출제율 99%

15 물질 A가 여과액에 없는 까닭으로 옳은 것은?

① 몸에 필요하지 않은 노폐물이기 때문이다.
② 모세 혈관에서 세뇨관으로 모두 이동하기 때문이다.
③ 세뇨관에서 모세 혈관으로 대부분 이동하기 때문이다.
④ 크기가 커서 사구체에서 보먼주머니로 이동하지 않기 때문이다.
⑤ 몸에 필요한 물질이므로 세뇨관에서 모세 혈관으로 모두 이동하기 때문이다.

16 물질 B가 오줌에 없는 까닭으로 옳은 것은?

① 크기가 커서 여과되지 않기 때문이다.
② 몸에 필요하지 않은 노폐물이기 때문이다.
③ 모세 혈관에서 세뇨관으로 분비되기 때문이다.
④ 세뇨관에서 모세 혈관으로 모두 재흡수되기 때문이다.
⑤ 세뇨관에서 모세 혈관으로 대부분 재흡수되기 때문이다.

출제율 99%

17 다음은 세포에서 일어나는 과정을 나타낸 것이다.

영양소+(㉠) ──────→ 물+(㉡)+에너지

이에 대한 설명으로 옳지 <u>않은</u> 것은?

① ㉠은 산소이다.
② ㉡은 이산화 탄소이다.
③ 세포 호흡 과정에는 호흡계와 순환계만 작용한다.
④ 영양소가 분해되어 에너지가 발생하는 세포 호흡 과정이다.
⑤ 에너지는 두뇌 활동, 운동, 체온 유지, 생장 등에 이용된다.

[18~19] 그림은 사람 몸에서 일어나는 기관계의 유기적 작용을 나타낸 것이다. (가)~(라)는 각각 순환계, 배설계, 소화계, 호흡계 중 하나이다.

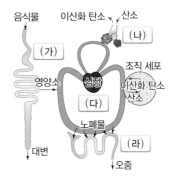

18 기관계 (가)~(라)를 옳게 짝 지은 것은?

	(가)	(나)	(다)	(라)
①	순환계	배설계	소화계	호흡계
②	순환계	소화계	배설계	호흡계
③	소화계	순환계	호흡계	배설계
④	소화계	호흡계	순환계	배설계
⑤	호흡계	소화계	배설계	순환계

19 이에 대한 설명으로 옳지 <u>않은</u> 것은?

① 3대 영양소는 (가)에서 소화되고 흡수된다.
② (나)를 통해 산소를 흡수하고 이산화 탄소를 방출한다.
③ 소장에서 흡수된 영양소는 (다)를 통해 조직 세포로 공급된다.
④ (다)는 노폐물을 (라)로 운반한다.
⑤ 소화되지 않은 찌꺼기는 (라)를 통해 몸 밖으로 나간다.

20 표는 어떤 사람의 콩팥에서 채취한 성분에 대한 영양소 검출 반응 결과를 나타낸 것이다.

검출 반응 ＼ 채취 장소	사구체	보먼 주머니	콩팥 깔때기
아이오딘 반응	×	×	×
베네딕트 반응	○	○	○
뷰렛 반응	○	×	×
수단 Ⅲ 반응	○	×	×

(○ : 색깔 변화 있음, × : 색깔 변화 없음)

실험 결과를 통해 알 수 있는 내용으로 옳은 것은?

① 녹말은 여과되는 물질이다.
② 단백질은 여과되지만 모두 재흡수된다.
③ 지방은 여과되어 재흡수와 분비가 일어난다.
④ 이 사람은 오줌에 단백질이 섞여 나오는 증상이 있다.
⑤ 이 사람은 포도당이 모두 재흡수되지 않고 오줌에 섞여 나오는 증상이 있다.

　　　　　　　　　　　　　자료 분석 | 정답과 해설 61쪽

21 그림 (가)는 어떤 사람의 몸에서 오줌이 생성되는 과정을, (나)는 오줌 검사지를 이용한 이 사람의 오줌 검사 결과를 나타낸 것이다.

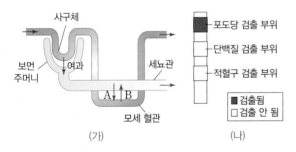

(가)　　　　　　　　(나)

이 사람의 오줌 생성 과정에 대한 설명으로 옳은 것을 〈보기〉에서 모두 고른 것은?

┌─ 보기 ─────────────────────
│ ㄱ. 과정 A를 통해 포도당이 모두 재흡수된다.
│ ㄴ. 과정 B를 통해 적혈구가 이동한다.
│ ㄷ. 혈액 속에 들어 있는 단백질은 여과되지 않는다.
└─────────────────────────

① ㄱ　　　　② ㄷ　　　　③ ㄱ, ㄴ
④ ㄴ, ㄷ　　　⑤ ㄱ, ㄴ, ㄷ

　　　　　　　　　　　　　자료 분석 | 정답과 해설 61쪽

22 그림은 콩팥의 구조를 나타낸 것이다. 혈관 A와 B의 이름을 쓰고, A와 B에 흐르는 혈액의 특징을 요소의 농도를 포함하여 각각 서술하시오.

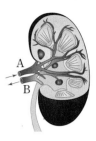

_____

_____

_____

23 다음은 어떤 영양소의 세포 호흡 과정을 나타낸 것이다.

┌─────────────────────────────────┐
│ 영양소＋산소 ⟶ 물＋이산화 탄소＋암모니아＋에너지 │
└─────────────────────────────────┘

(1) 세포 호흡이 일어날 때 이용된 영양소를 쓰시오.

_____

(2) 세포 호흡 결과 생성된 노폐물인 암모니아의 배설 방법을 다음 내용을 모두 포함하여 서술하시오.

┌─────────────────────────────────┐
│ 전환되는 기관, 전환되는 형태, 배설 기관, 배설 형태 │
└─────────────────────────────────┘

_____

_____

24 그림은 콩팥에서 오줌이 생성되는 과정을 나타낸 것이고, 표는 A에 들어 있는 물질 중 일부를 나타낸 것이다.

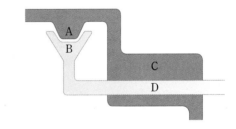

┌─────────────────────────────────┐
│ 물, 요소, 혈구, 포도당, 단백질, 무기염류 │
└─────────────────────────────────┘

(1) A에서 B로 이동하는 물질을 모두 쓰고, 이 물질들이 A에서 B로 이동할 수 있는 까닭을 서술하시오.

_____

(2) (1)의 물질 중 D에서 C로 모두 이동하는 물질을 쓰고, 이 물질이 D에서 C로 이동하는 까닭을 서술하시오.

_____

1 순물질과 혼합물

① 순물질: 한 가지 물질로만 이루어진 물질

예	한 종류의 ❶( )로만 이루어진 순물질	두 종류 이상의 ❶( )로 이루어진 순물질
	철, 금, 구리, 산소, 수소 등	물, 에탄올, 염화 나트륨 등
성질	• 물질의 고유한 성질을 나타낸다. • 같은 물질은 끓는점, 녹는점, 어는점, 밀도 등이 일정하다.	

② 혼합물: 두 가지 이상의 순물질이 섞여 있는 물질

	❷( ) 혼합물	❸( ) 혼합물
예	성분 물질이 고르게 섞인 혼합물	성분 물질이 고르지 않게 섞인 혼합물
	공기, 식초, 탄산음료 등	주스, 우유, 암석, 흙탕물 등
성질	• 성분 물질의 성질을 그대로 가진다. • 성분 물질의 혼합 비율에 따라 끓는점, 녹는점, 어는점, 밀도 등이 달라진다.	

2 순물질과 혼합물의 구별

[순물질과 고체+액체 혼합물의 끓는점]

• 순물질(물)은 끓는 동안 온도가 일정하다.
• 혼합물(소금물)은 순물질(물)보다 ❹( ) 온도에서 끓기 시작하며, 끓는 동안 온도가 계속 높아진다.

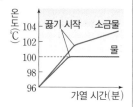

[순물질과 고체+고체 혼합물의 녹는점]

• 순물질(나프탈렌, 파라-다이클로로벤젠)은 녹는 동안 온도가 일정하다.
• 혼합물(나프탈렌과 파라-다이클로로벤젠의 혼합물)은 각 성분 물질보다 ❺( ) 온도에서 녹기 시작하며, 녹는 동안 온도가 계속 높아진다.

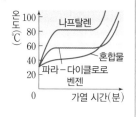

[순물질과 고체+액체 혼합물의 어는점]

• 순물질(물)은 어는 동안 온도가 일정하다.
• 혼합물(소금물)은 순물질(물)보다 ❻( ) 온도에서 얼기 시작하며, 어는 동안 온도가 계속 낮아진다.

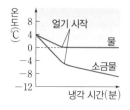

3 물질의 특성

① 다른 물질과 구별되는 그 물질만이 나타내는 고유한 성질이다. 예 끓는점, 녹는점(어는점), 밀도, 용해도 등
② 물질의 ❼( )에 따라 다르며, 물질의 양에 관계없이 일정하다.

4 끓는점

① 끓는점: 액체 물질이 끓어 기체가 되는 동안 일정하게 유지되는 온도
• 끓는점은 물질의 종류에 따라 다르며, 물질의 양에 관계없이 일정하다. ➡ 끓는점은 물질의 특성이다.

② 끓는점과 압력
• 외부 압력이 높아지면 끓는점이 ❽( )진다.
예 압력솥에서 밥을 하면 물의 끓는점이 높아져 밥이 빨리 된다.
• 외부 압력이 낮아지면 끓는점이 ❾( )진다.
예 높은 산에서 밥을 하면 기압이 낮아 물의 끓는점이 낮아져 쌀이 설익는다.

5 녹는점과 어는점

① ❿( ): 고체 물질이 녹아 액체가 되는 동안 일정하게 유지되는 온도
② ⓫( ): 액체 물질이 얼어 고체가 되는 동안 일정하게 유지되는 온도
③ 녹는점과 어는점은 물질의 종류에 따라 다르며, 물질의 양에 관계없이 일정하다. ➡ 녹는점과 어는점은 물질의 특성이다.
④ 순수한 물질일 경우, 한 물질의 녹는점과 어는점은 같다.

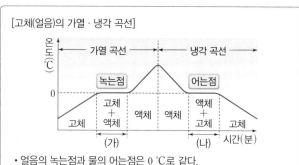

• 얼음의 녹는점과 물의 어는점은 0 ℃로 같다.
• (가) 구간: 고체 물질이 액체로 융해되는 구간 ➡ 녹는점
• (나) 구간: 액체 물질이 고체로 응고되는 구간 ➡ 어는점

6 녹는점, 끓는점과 물질의 상태

어떤 온도에서 물질의 상태는 그 물질의 녹는점과 끓는점에 따라 달라진다.

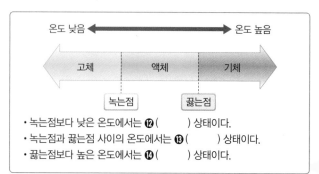

• 녹는점보다 낮은 온도에서는 ⓬( ) 상태이다.
• 녹는점과 끓는점 사이의 온도에서는 ⓭( ) 상태이다.
• 끓는점보다 높은 온도에서는 ⓮( ) 상태이다.

답안지

1 한 가지 물질로만 이루어진 물질을 (㉠   ), 두 가지 이상의 순물질이 섞여 있는 물질을
(㉡   )(이)라고 한다.

1 _____
_____

2 다음은 우리 생활 주변의 물질들이다.

철   물   산소   식초   에탄올   우유   암석   공기

(1) 한 가지 물질로만 이루어진 물질을 모두 고르시오.
(2) 두 가지 이상의 순물질이 고르게 섞여 있는 물질을 모두 고르시오.
(3) 두 가지 이상의 순물질이 고르지 않게 섞여 있는 물질을 모두 고르시오.

2 _____
_____

3 그림 (가)는 물과 소금물의 가열 곡선을, (나)는 고체 나프탈렌, 고체 파라-다이클로로벤젠, 그
리고 이 두 물질의 혼합물의 가열 곡선을, (다)는 물과 소금물의 냉각 곡선을 각각 나타낸 것
이다.

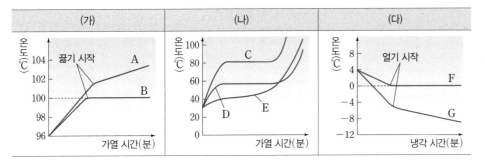

A~F 중 혼합물을 모두 고르시오.

3 _____
_____

4 다음의 성질 중 물질의 특성이 될 수 <u>없는</u> 것을 모두 고르시오.

끓는점   녹는점   부피   질량   밀도   용해도   농도

4 _____
_____

5 에탄올 10 mL와 메탄올 10 mL의 끓는점은 ㉠ (같고 , 다르고), 에탄올 10 mL와 에탄올
20 mL의 끓는점은 ㉡ (같다 , 다르다).

5 _____
_____

6 그림은 어떤 고체 물질의 가열·냉각 곡선을
나타낸 것이다.

(1) 이 물질의 녹는점을 쓰시오.
(2) (가)~(바) 중 물질의 고체 상태와 액체
상태가 함께 존재하는 구간을 모두 쓰
시오.

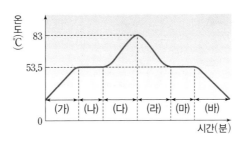

6 _____
_____

7 어떤 물질의 녹는점은 80 ℃이고, 끓는점은 218 ℃이다. 60 ℃에서 이 물질은 (고체 , 액체 ,
기체) 상태로 존재한다.

7 _____
_____

01 순물질과 혼합물에 대한 설명으로 옳은 것은?

① 모든 순물질은 끓는점이 같다.

② 물은 수소와 산소가 고르게 섞인 혼합물이다.

③ 두 종류 이상의 순물질이 섞이면 각 순물질의 성질은 사라진다.

④ 혼합물인 소금물이 끓는 동안에는 온도가 일정하게 유지된다.

⑤ 혼합물은 성분 물질의 비율에 따라 끓는점, 녹는점 등이 달라진다.

출제율 99%

02 다음 설명에 해당하는 물질을 모두 옳게 짝 지은 것은?

> (가) 한 가지 물질로만 이루어져 있다.
> (나) 두 가지 이상의 물질이 고르게 섞여 있다.
> (다) 두 가지 이상의 물질이 고르지 않게 섞여 있다.

	(가)	(나)	(다)
①	수소	설탕물	식초
②	에탄올	공기	흙탕물
③	암석	물	우유
④	염화 나트륨	사이다	합금
⑤	공기	이산화 탄소	산소

03 〈보기〉는 물질의 입자 모형을 나타낸 것이다.

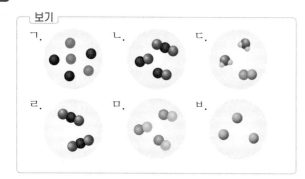

보기
ㄱ. ㄴ. ㄷ.
ㄹ. ㅁ. ㅂ.

순물질의 입자 모형을 모두 고른 것은?

① ㄱ, ㄴ, ㄷ

② ㄹ, ㅁ, ㅂ

③ ㄱ, ㄴ, ㄷ, ㅂ

④ ㄱ, ㄹ, ㅁ, ㅂ

⑤ ㄴ, ㄷ, ㄹ, ㅁ

04 여러 가지 물질을 다음과 같이 분류하였다.

(가)	(나)
다이아몬드, 물, 산소	바닷물, 14K 금, 우유

이에 대한 설명으로 옳은 것은?

① (가)는 혼합물이다.

② (가)는 한 가지 원소로만 이루어진 물질이다.

③ (나)는 성분 물질이 고르게 섞여 있는 물질이다.

④ (나)는 성분 물질과는 전혀 다른 성질을 갖는다.

⑤ (나)는 녹는점, 끓는점 등이 일정하지 않다.

출제율 99%

05 그림은 물과 소금물의 가열 곡선을 나타낸 것이다. 이에 대한 설명으로 옳지 않은 것은?

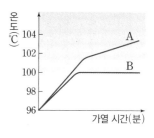

① A는 소금물이고, B는 물이다.

② A는 혼합물이고, B는 순물질이다.

③ A는 시간이 지날수록 농도가 점점 진해진다.

④ A와 B를 냉각하면 B가 더 낮은 온도에서 얼 것이다.

⑤ 이 그림으로 달걀을 삶을 때 물에 소금을 넣어 주는 까닭을 설명할 수 있다.

06 그림은 물과 소금물의 냉각 곡선을 나타낸 것이다. 이 그림을 이용하여 설명하기에 가장 적당한 현상은?

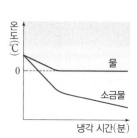

① 압력솥에서 밥을 하면 밥이 빨리 된다.

② 구명조끼를 입으면 몸이 물에 잘 뜬다.

③ 여름날 마당에 물을 뿌리면 시원해진다.

④ 겨울철에도 장독에 든 간장은 잘 얼지 않는다.

⑤ 납과 주석을 섞어 만든 땜납으로 회로를 연결한다.

07 그림은 고체 나프탈렌, 고체 파라−다이클로로벤젠, 고체 나프탈렌과 고체 파라−다이클로로벤젠의 혼합물의 가열 곡선을 나타낸 것이다.

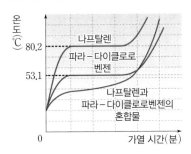

이에 대한 설명으로 옳지 <u>않은</u> 것은?

① 나프탈렌의 녹는점은 80.2 ℃이다.
② 파라−다이클로로벤젠의 녹는점은 53.1 ℃이다.
③ 나프탈렌과 파라−다이클로로벤젠의 혼합물은 녹는점이 일정하지 않다.
④ 나프탈렌과 파라−다이클로로벤젠의 혼합물은 각 성분 물질보다 높은 온도에서 녹기 시작한다.
⑤ 나프탈렌과 파라−다이클로로벤젠의 혼합물은 녹는 동안 온도가 계속 높아진다.

08 물질의 특성에 대한 설명으로 옳지 <u>않은</u> 것은?

① 끓는점, 녹는점, 밀도, 용해도 등이 있다.
② 같은 물질이라도 물질의 양에 따라 값이 달라진다.
③ 물질의 특성을 이용하여 순물질과 혼합물을 구별할 수 있다.
④ 혼합물을 성분 물질로 분리하는 데 물질의 특성이 이용된다.
⑤ 질량과 부피는 물질의 특성이 아니지만, 질량을 부피로 나눈 값은 물질의 특성이다.

09 다른 물질과 구별되는 그 물질만이 나타내는 고유한 성질이 <u>아닌</u> 것은?

① 밀도   ② 무게   ③ 녹는점
④ 어는점   ⑤ 용해도

10 여러 가지 물질의 특성을 나타낸 내용으로 옳지 <u>않은</u> 것은?

① 금의 질량은 200 g이다.
② 얼음은 0 ℃에서 녹는다.
③ 철 1 cm³의 질량은 7.9 g이다.
④ 1기압에서 에탄올은 78 ℃에서 끓는다.
⑤ 40 ℃ 물 100 g에 최대로 녹을 수 있는 질산 칼륨의 질량은 63 g이다.

11 그림은 어떤 액체 물질을 가열할 때 시간에 따른 온도 변화를 나타낸 것이다. 이에 대한 설명으로 옳은 것은?

① 물질의 양이 많아지면 t가 높아진다.
② 불꽃의 세기가 강해지면 t가 낮아진다.
③ 가열 시간이 길어지면 t가 높아진다.
④ 외부 압력이 높아져도 t는 일정하다.
⑤ t는 액체의 종류에 따라 다른 값을 갖는다.

12 그림은 1기압에서 액체 물질 A~C를 같은 불꽃으로 가열할 때의 가열 곡선을 나타낸 것이다. A~C에 대한 설명으로 옳은 것은?

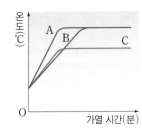

① A~C는 서로 다른 물질이다.
② A는 B보다 양이 많다.
③ A는 C보다 끓는점이 높다.
④ B가 끓는점에 가장 먼저 도달한다.
⑤ 물질을 이루는 입자 사이의 인력은 C가 가장 강하다.

13 그림은 고체 물질 A~D를 가열할 때 시간에 따른 온도 변화를 나타낸 것이다. 이에 대한 설명으로 옳지 않은 것은?

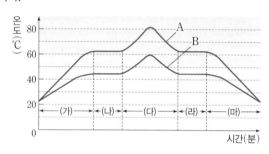

① 녹는점이 가장 낮은 물질은 A이다.

② A, C, D는 순물질이고, B는 혼합물이다.

③ 녹기 시작하는 시간이 같은 A와 D는 같은 물질이다.

④ 녹기 시작하는 시간이 더 빠른 D는 C보다 양이 적다.

⑤ C와 D는 어는점이 서로 같을 것이다.

14 그림은 고체 물질 A, B의 가열 · 냉각 곡선을 나타낸 것이다.

이에 대한 설명으로 옳은 것은?

① A와 B는 혼합물이다.

② A와 B는 같은 물질이다.

③ A는 녹는점과 어는점이 서로 같다.

④ (다) 구간에서 상태 변화가 일어난다.

⑤ B의 양이 많아지면 그래프의 모양이 A와 같아질 것이다.

15 물질의 녹는점과 끓는점의 이용 예에 대한 설명으로 옳지 않은 것은?

① 녹는점이 높은 타이타늄은 비행기 엔진에 이용된다.

② 녹는점이 높은 텅스텐은 꼬마전구의 필라멘트에 이용된다.

③ 끓는점이 높은 액체 질소는 세포의 냉동 보관에 이용된다.

④ 뷰테인보다 끓는점이 낮은 아이소뷰테인은 겨울철 야외용 연료로 이용된다.

⑤ 퓨즈로 이용되는 납과 주석의 합금은 순수한 납보다 녹는점이 낮아 과전류를 차단하는 데 이용된다.

16 그림과 같이 80 ℃ 정도의 뜨거운 물이 든 비커를 감압 용기 속에 넣고 펌프를 작동하여 용기 속 공기를 빼내었더니, 비커의 물이 끓기 시작하였다. 이 실험을 통해 알 수 있는 내용은?

뜨거운 물

① 끓는점과 압력의 관계

② 끓는점과 질량의 관계

③ 끓는점과 시간의 관계

④ 끓는점과 물질의 종류의 관계

⑤ 끓는점과 물질의 온도의 관계

17 표는 물질 A~E의 녹는점과 끓는점을 나타낸 것이다.

물질	A	B	C	D	E
녹는점(℃)	80.5	53	−94	−117	−118
끓는점(℃)	217.7	174.8	65	78.1	−42

20 ℃에서 각 물질의 상태로 옳은 것은?

① A − 액체　　　　② B − 기체

③ C − 액체　　　　④ D − 기체

⑤ E − 고체

18 표는 물질 A와 B의 녹는점과 끓는점을 나타낸 것이다.

물질	녹는점(℃)	끓는점(℃)
A	16	118
B	60	180

물질 A와 B가 모두 액체 상태로 존재할 수 있는 온도로 옳은 것은?

① 0 ℃　　　② 25 ℃　　　③ 80 ℃

④ 135 ℃　　　⑤ 210 ℃

19 그림 (가)는 물과 소금물의 가열 곡선을, (나)는 물과 소금물의 냉각 곡선을 나타낸 것이다.

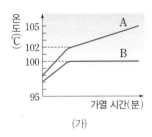
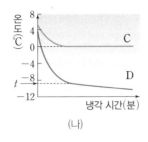

(가)　　　　　(나)

이에 대한 설명으로 옳은 것은?

① A와 C는 소금물의 온도 변화이다.

② 1기압에서 소금물은 항상 102 ℃에서 끓기 시작한다.

③ 소금물의 농도에 따라 D의 t는 달라진다.

④ 추운 겨울에도 바닷물이 얼지 않는 현상은 A로 설명할 수 있다.

⑤ C의 수평한 구간에서는 소금이 고체에서 액체로 상태 변화 한다.

자료 분석 | 정답과 해설 63쪽

20 표는 1기압에서 물질 A~E의 녹는점과 끓는점을 나타낸 것이다.

물질	A	B	C	D	E
녹는점(℃)	1085	−218	−39	−210	17
끓는점(℃)	2562	−183	357	−196	118

물질 A~E에 대한 설명으로 옳은 것은?

① 30 ℃에서 고체 상태인 물질은 A, E이다.

② 100 ℃에서 기체 상태인 물질은 B, C, D이다.

③ 고체 상태의 C는 0 ℃에서 녹지만, 고체 상태의 E는 0 ℃에서 녹지 않는다.

④ B의 끓는점에서 D는 액체 상태로 존재한다.

⑤ 실온(약 20 ℃)에서 D는 압력이 높을수록 밀도가 작아진다.

21 1기압에서 순수한 물과 소금물을 가열할 때의 온도 변화를 다음 내용을 모두 포함하여 서술하시오.

- 끓는 온도 또는 끓기 시작하는 온도
- 끓는 동안의 온도 변화

22 표는 메탄올과 에탄올의 양을 달리하여 끓는점을 측정한 실험의 결과를 나타낸 것이다.

물질	메탄올		에탄올	
부피(mL)	10	20	10	20
끓는점(℃)	64.6	64.6	78.3	78.3

이 실험 결과로 알 수 있는 끓는점의 특징 2가지를 서술하시오.

23 그림은 어떤 고체 물질의 가열 곡선을 나타낸 것이다.

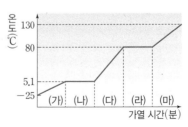

(1) 이 물질의 녹는점과 끓는점을 각각 쓰시오.

(2) 고체 물질의 양을 증가시킬 때 녹는점과 끓는점은 어떻게 변화할지 그 까닭과 함께 서술하시오.

1 밀도

① 밀도: 단위 부피당 물질의 질량 문제 공략 38쪽

$$밀도 = \frac{❶(\qquad)}{❷(\qquad)} \text{(단위: g/mL, g/cm}^3\text{, kg/m}^3 \text{ 등)}$$

② 밀도는 물질의 종류에 따라 다르며, 물질의 양에 관계 없이 일정하다. ➡ 밀도는 물질의 특성이다.

③ 밀도가 ❸(　　) 물질은 아래로 가라앉고, 밀도가 ❹(　　) 물질은 위로 뜬다.

나무토막
물
쇠구슬

예 쇠구슬은 물에 가라앉고, 나무토막은 물 위에 뜬다.
➡ 밀도: 나무토막 < 물 < 쇠구슬

2 물질의 상태에 따른 밀도

① 대부분의 물질의 밀도는 고체 > 액체 ≫ 기체이다.
➡ 부피는 고체 < 액체 ≪ 기체이기 때문
[예외] 물과 얼음: 밀도는 얼음(고체) < 물(액체)이다.
➡ 부피는 얼음(고체) > 물(액체)이기 때문

② 온도와 압력에 따른 밀도의 변화

고체와 액체	• 온도가 높아지면 밀도가 약간 ❺(　　)한다. ➡ 부피가 약간 증가하기 때문
	• 압력의 영향은 거의 받지 않는다.
기체	• 온도가 높아지면 밀도가 ❻(　　)한다. ➡ 부피가 크게 증가하기 때문
	• 압력이 높아지면 밀도가 ❼(　　)한다. ➡ 부피가 크게 감소하기 때문

3 혼합물의 밀도

혼합물의 밀도는 성분 물질의 혼합 비율에 따라 달라진다.
예 소금물의 농도가 진할수록 밀도는 커진다.

4 밀도와 관련된 실생활 예

① 구명조끼를 입으면 밀도가 작아지므로 몸이 물에 쉽게 뜬다.

② 잠수부는 물속에 가라앉기 위해 밀도가 큰 납 조각을 허리에 찬다.

③ 파도타기를 할 때 물 위에 뜨기 위해 밀도가 작은 서프보드를 이용한다.

④ LNG 가스 누출 경보기는 위쪽에, LPG 가스 누출 경보기는 아래쪽에 설치한다.
➡ 밀도: LNG < 공기 < LPG

⑤ 헬륨을 채운 풍선은 위로 떠오르고, 이산화 탄소를 채운 풍선은 바닥으로 가라앉는다.
➡ 밀도: 헬륨 < 공기 < 이산화 탄소

5 용해와 용액

① 용해: 한 물질이 다른 물질에 녹아 고르게 섞이는 현상
• 용질: 다른 물질에 녹는 물질
• 용매: 다른 물질을 녹이는 물질
• 용액: 용질과 용매가 고르게 섞여 있는 물질

② 용액의 종류
• ❽(　　) 용액: 일정한 양의 용매에 용질이 최대로 녹아 있는 용액
• 불포화 용액: 포화 용액보다 적은 양의 용질이 녹아 있는 용액

6 용해도

① 용해도: 어떤 온도에서 용매 ❾(　　) g에 최대로 녹을 수 있는 용질의 g수
• 같은 온도에서 같은 용매에 대한 용해도는 물질마다 고유의 값을 갖는다. ➡ 용해도는 물질의 특성이다.

② 고체의 용해도
• 일반적으로 고체의 용해도는 온도가 높을수록 증가한다.
• 고체의 용해도는 압력의 영향은 거의 받지 않는다.

③ 용해도 곡선: 온도에 따른 고체의 용해도를 나타낸 곡선

[용해도 곡선] 문제 공략 39쪽

• 용해도 곡선 상의 용액은 포화 용액을 나타낸다.
• 곡선의 기울기가 클수록 온도에 따른 용해도 변화가 ❿(　　).
• 높은 온도의 용액을 냉각하면 용해도가 감소하므로 녹아 있던 용질이 결정으로 석출된다.

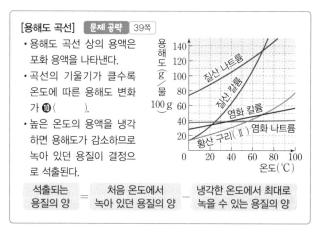

질산 나트륨
질산 칼륨
염화 칼륨
염화 나트륨
황산 구리(Ⅱ)

용해도(g/물 100 g)

온도(℃)

석출되는 용질의 양	=	처음 온도에서 녹아 있던 용질의 양	−	냉각한 온도에서 최대로 녹을 수 있는 용질의 양

④ 기체의 용해도

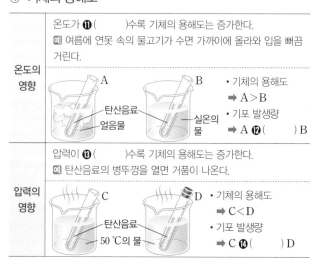

온도의 영향	온도가 ⓫(　　)수록 기체의 용해도는 증가한다. **예** 여름에 연못 속의 물고기가 수면 가까이에 올라와 입을 뻐끔거린다.
	A 탄산음료 얼음물　B 실온의 물 / • 기체의 용해도 ➡ A > B / • 기포 발생량 ➡ A ⓬(　　) B
압력의 영향	압력이 ⓭(　　)수록 기체의 용해도는 증가한다. **예** 탄산음료의 병뚜껑을 열면 거품이 나온다.
	C 탄산음료 50 ℃의 물　D / • 기체의 용해도 ➡ C < D / • 기포 발생량 ➡ C ⓮(　　) D

답안지

1 단위 부피에 대한 물질의 질량을 (㉠   )(이)라고 하며, 물질의 (㉡   )을/를 (㉢   )(으)로 나누어 구한다.

1 _____
_____

2 나무토막과 쇠구슬을 물에 넣었더니 그림과 같았다. 나무토막, 물, 쇠구슬의 밀도를 부등호를 이용하여 비교하시오.

나무토막
물
쇠구슬

2 _____
_____

3 질량이 30.0 g인 고체 물질을 50.0 mL의 물이 담긴 눈금실린더에 넣었더니 전체 부피가 62.0 mL가 되었다. 이 고체 물질의 밀도(g/cm^3)를 구하시오.

3 _____
_____

4 그림은 물질 A~D의 질량과 부피 관계를 나타낸 것이다.

(1) A~D 중 밀도가 가장 큰 물질을 쓰시오.

(2) A~D 중 같은 물질을 모두 고르시오.

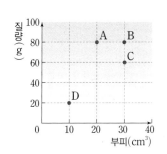

4 _____
_____

5 LNG 가스 누출 경보기는 위쪽에 설치하고, LPG 가스 누출 경보기는 아래쪽에 설치한다. LNG, LPG, 공기의 밀도를 부등호를 이용하여 비교하시오.

5 _____
_____

6 40 ℃ 물 200 g에 황산 구리(Ⅱ) 60 g을 넣어 녹였더니 포화 용액이 되었다. 40 ℃에서 황산 구리(Ⅱ)의 물에 대한 용해도(g/물 100 g)를 구하시오.

6 _____
_____

7 그림은 어떤 고체 물질의 용해도 곡선을 나타낸 것이다.

(1) A~D 중 포화 용액을 모두 고르시오.

(2) 80 ℃ 물 100 g에 이 고체를 녹인 포화 용액을 60 ℃로 냉각할 때 결정으로 석출되는 고체의 질량(g)을 구하시오.

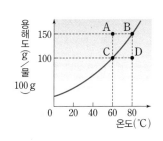

7 _____
_____

8 여름에 연못 속의 물고기가 수면 가까이에 올라와 입을 뻐끔거리는 것은 여름에는 ㉠(온도 , 압력)이/가 ㉡(높 , 낮)아져 산소의 용해도가 ㉢(증가 , 감소)하기 때문이다.

8 _____
_____

밀도 계산 문제

정답과 해설 **64**쪽

$$밀도 = \frac{질량}{부피} \text{(단위: g/mL, g/cm}^3\text{, kg/m}^3 \text{ 등)}$$

모양이 일정한 고체의 밀도

Point

정육면체의 부피
＝가로×세로×높이

1 그림과 같은 직육면체 모양의 금속 조각의 질량이 271.2 g이었다. 이 금속 조각의 밀도(g/cm³)를 구하시오.

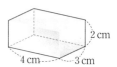

모양이 불규칙한 고체의 밀도

Point

고체의 부피＝
고체를 물에 넣은 전체 부피
－물의 처음 부피

2 철 조각의 질량과 부피를 측정한 결과가 다음과 같다.

- 철 조각의 질량: 45.24 g
- 눈금실린더에 들어 있는 물의 부피: 50.0 mL
- 눈금실린더에 철 조각을 넣었을 때 물의 부피: 55.8 mL

철 조각의 밀도(g/cm³)를 구하시오.

3 물 10.0 mL가 들어 있는 눈금실린더에 질량이 88 g인 돌멩이를 실에 매달아 넣었더니 전체 부피가 그림과 같았다. 이 돌멩이의 밀도(g/cm³)를 구하시오.

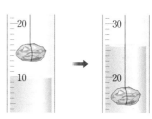

액체의 밀도

Point

액체의 질량＝
액체가 담긴 비커의 질량
－빈 비커의 질량

4 전자저울과 눈금실린더를 이용하여 액체의 부피와 질량을 측정한 결과가 표와 같았다.

빈 비커의 질량	액체의 부피	액체가 담긴 비커의 질량
50 g	12.5 mL	72.5 g

이 액체의 밀도(g/mL)를 구하시오.

밀도 계산 및 분석

Point

- 밀도가 같으면 같은 종류의 물질이다.
- 물보다 밀도가 크면 물에 가라앉고, 물보다 밀도가 작으면 물 위에 뜬다.

5 표는 고체 물질 A~E의 질량과 부피를 나타낸 것이다.

물질	A	B	C	D	E
질량(g)	2.0	3.0	8.0	2.0	4.5
부피(cm³)	1.0	1.5	3.2	4.0	5.0

(1) A~E 중 밀도가 가장 큰 물질을 고르시오.

(2) A~E 중 같은 종류의 물질을 모두 고르시오.

(3) A~E 중 물에 넣었을 때 물 위에 뜨는 물질을 모두 고르시오. (단, A~E는 물에 녹지 않으며, 물의 밀도는 1 g/cm³이다.)

계산 문제 공략 · 석출량 계산 문제

석출되는 용질의 양	=	처음 온도에서 녹아 있던 용질의 양	−	냉각한 온도에서 최대로 녹을 수 있는 용질의 양

자료는 용해도 곡선으로 제시되기도 해요. 용해도 곡선의 경우 해당 온도에서의 용해도를 찾아 이용하세요!

[1~6] 표는 온도에 따른 황산 구리(Ⅱ)의 용해도를 나타낸 것이다.

온도(℃)	20	40	60	80
용해도(g/물 100 g)	20	29	40	56

물 100 g에 녹인 포화 용액을 냉각할 경우

Point
처음 온도와 냉각한 온도에서의 용해도 차이를 구한다.

1 60 ℃ 물 100 g에 황산 구리(Ⅱ)를 녹인 포화 용액을 40 ℃로 냉각할 때 석출되는 황산 구리(Ⅱ)의 질량(g)을 구하시오.

물 100 g에 녹인 불포화 용액을 냉각할 경우

Point
처음 온도에서 녹아 있던 용질의 양에서 냉각한 온도에서 녹을 수 있는 양을 뺀다.

2 80 ℃ 물 100 g에 황산 구리(Ⅱ) 50 g을 녹인 용액을 20 ℃로 냉각할 때 석출되는 황산 구리(Ⅱ)의 질량(g)을 구하시오.

물 200 g 또는 물 50 g에 녹인 포화 용액을 냉각할 경우

Point
용해도를 이용하여 각 온도에서 용매에 최대로 녹을 수 있는 용질의 양을 계산한다.

3 60 ℃ 물 200 g에 황산 구리(Ⅱ)를 최대로 녹여 포화 용액을 만든 후 20 ℃로 냉각할 때 석출되는 황산 구리(Ⅱ)의 질량(g)을 구하시오.

4 80 ℃ 물 50 g에 황산 구리(Ⅱ)를 최대로 녹여 포화 용액을 만든 후 40 ℃로 냉각할 때 석출되는 황산 구리(Ⅱ)의 질량(g)을 구하시오.

용매의 질량 대신 포화 용액의 질량을 제시한 경우

Point
용해도를 이용하여 포화 용액에 포함된 용매와 용질의 질량을 먼저 구한다.

5 60 ℃ 포화 용액 280 g을 40 ℃로 냉각할 때 석출되는 황산 구리(Ⅱ)의 질량(g)을 구하시오.

6 80 ℃ 포화 용액 78 g을 60 ℃로 냉각할 때 석출되는 황산 구리(Ⅱ)의 질량(g)을 구하시오.

정답과 해설 **64**쪽

출제율 99%

01 밀도에 대한 설명으로 옳은 것은?

① 부피를 질량으로 나눈 값이다.

② 밀도가 작을수록 아래로 가라앉는다.

③ 부피가 같을 때 질량이 클수록 밀도가 크다.

④ 밀도는 물질의 특성이므로 물질의 상태가 변해도 밀도는 변하지 않는다.

⑤ 밀도는 온도와 압력에 따라 다르므로 물질의 특성이 아니다.

02 여러 가지 물질의 밀도에 대한 설명으로 옳은 것을 〈보기〉에서 모두 고른 것은?

보기
ㄱ. 얼음의 밀도보다 물의 밀도가 더 크다.
ㄴ. 에탄올 10 g의 밀도보다 20 g의 밀도가 더 크다.
ㄷ. 기체 질소의 밀도보다 액체 질소의 밀도가 더 크다.
ㄹ. 구리 조각을 반으로 자르면 밀도가 반으로 줄어든다.

① ㄱ, ㄷ   ② ㄱ, ㄹ   ③ ㄴ, ㄹ
④ ㄱ, ㄴ, ㄷ   ⑤ ㄴ, ㄷ, ㄹ

출제율 99%

03 질량이 45 g인 돌멩이를 실에 매달아 물 20 mL가 들어 있는 눈금실린더에 넣었더니, 눈금실린더의 눈금이 그림과 같았다.

이 돌멩이의 밀도(g/cm³)는?

① 2.5 g/cm³   ② 2.25 g/cm³   ③ 1.18 g/cm³
④ 0.84 g/cm³   ⑤ 0.4 g/cm³

【주관식】

04 표는 25 ℃에서 액체 물질 A~E의 질량과 부피를 측정하여 나타낸 것이다.

물질	A	B	C	D	E
질량(g)	7.9	15.8	22.0	23.7	32.0
부피(mL)	5.0	2.5	15.0	30.0	16.0

A~E 중 에탄올로 예측되는 물질을 고르시오. (단, 25 ℃에서 에탄올의 밀도는 0.79 g/mL이다.)

출제율 99%

05 그림은 고체 물질 A~E의 질량과 부피를 나타낸 것이다. A~E 중 사염화 탄소에 넣을 때 아래로 가라앉는 물질을 모두 고른 것은? (단, A~E는 사염화 탄소에 녹지 않으며, 사염화 탄소의 밀도는 1.59 g/cm³이다.)

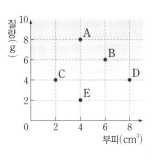

① A, C   ② A, E   ③ D, E
④ A, B, C   ⑤ B, D, E

06 표는 고체 물질 A~E의 질량과 부피를 나타낸 것이다.

물질	A	B	C	D	E
질량(g)	20	30	60	20	45
부피(cm³)	10	15	40	40	50

이에 대한 설명으로 옳은 것은? (단, A~E는 물에 녹지 않으며, 물의 밀도는 1.0 g/cm³이다.)

① 밀도가 가장 큰 물질은 C이다.

② A와 D는 같은 종류의 물질이다.

③ 물에 뜨는 물질은 A, B, C이다.

④ B의 밀도는 D의 밀도의 4배이다.

⑤ 질량이 같을 때 부피가 가장 큰 물질은 B이다.

07 밀도를 나타낼 때 온도와 압력을 반드시 함께 나타내야 하는 물질을 〈보기〉에서 모두 고른 것은?

보기
ㄱ. 철   ㄴ. 헬륨   ㄷ. 소금
ㄹ. 식용유   ㅁ. 에탄올   ㅂ. 이산화 탄소

① ㄱ, ㄷ   ② ㄴ, ㅂ   ③ ㄹ, ㅁ
④ ㄱ, ㄷ, ㄹ, ㅁ ⑤ ㄴ, ㄹ, ㅁ, ㅂ

08 그림은 여러 가지 물질을 유리컵에 넣었을 때 물질들이 층을 이룬 모습을 나타낸 것이다. 이에 대한 설명으로 옳지 <u>않은</u> 것은?

코르크
식용유
물
플라스틱
글리세린
동전
수은

① 밀도가 가장 큰 물질은 수은이다.
② 물보다 밀도가 작은 물질은 2가지이다.
③ 글리세린은 플라스틱보다 밀도가 크다.
④ 같은 부피의 동전과 플라스틱 중 플라스틱의 질량이 더 크다.
⑤ 같은 질량의 글리세린과 수은 중 글리세린의 부피가 더 크다.

09 밀도가 큰 것을 이용하는 실생활 예로 옳은 것은?

① 광고용 풍선 안에는 헬륨 기체를 넣는다.
② 수돗물을 끓여 염소 기체 성분을 제거한다.
③ LNG의 가스 누출 경보기는 위쪽에 설치한다.
④ 압력솥에서 밥을 하면 일반 솥보다 밥이 빨리 된다.
⑤ 잠수부는 물속에 가라앉기 위해 납 조각을 허리에 찬다.

10 용해와 용액에 대한 설명으로 옳지 <u>않은</u> 것을 모두 고르면? (2개)

① 용액은 혼합물이다.
② 불포화 용액에는 용질이 더 녹을 수 있다.
③ 용해는 고체가 액체에 녹아 들어가는 현상을 말한다.
④ 포화 용액에 용질을 더 녹이면 불포화 용액이 될 수 있다.
⑤ 소금을 물에 녹일 때 소금은 용질, 물은 용매, 소금물은 용액이다.

【주관식】

11 어떤 온도에서 황산 구리(Ⅱ)를 물에 녹였더니 불포화 용액이 되었다. 이 용액을 포화 용액으로 만들 수 있는 방법을 〈보기〉에서 모두 고르시오.

보기
ㄱ. 온도를 높인다.
ㄴ. 온도를 낮춘다.
ㄷ. 물을 더 넣는다.
ㄹ. 황산 구리(Ⅱ)를 더 넣는다.

12 표는 50 ℃ 물에 최대로 녹을 수 있는 고체 물질 A~E의 양을 나타낸 것이다.

물질	A	B	C	D	E
물의 질량(g)	20	50	100	150	200
최대로 녹을 수 있는 물질의 질량(g)	10	15	20	60	80

A~E 중 50 ℃에서 물에 대한 용해도(g/물 100 g)가 가장 큰 물질은?

① A   ② B   ③ C
④ D   ⑤ E

13 60 ℃에서 염화 칼륨의 물에 대한 용해도는 46이다. 60 ℃ 물 50 g에 염화 칼륨 15 g이 녹아 있는 용액이 있다. 이 용액에 더 녹일 수 있는 염화 칼륨의 최대 질량(g)은?

① 8 g ② 15 g ③ 16 g

④ 31 g ⑤ 46 g

출제율 99%

14 그림은 고체 물질 A~C의 용해도 곡선을 나타낸 것이다. 이에 대한 설명으로 옳지 <u>않은</u> 것은?

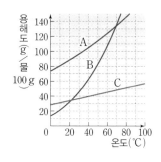

① A~C 모두 온도가 높을수록 용해도가 커진다.

② 20 ℃ 물 100 g에 A 60 g을 녹이면 불포화 용액이 된다.

③ 40 ℃ 물 50 g에 가장 많은 양이 녹을 수 있는 물질은 C이다.

④ 온도에 따른 용해도 변화가 가장 작은 물질은 C이다.

⑤ 70 ℃ 물 100 g에 각 물질을 녹인 포화 용액을 20 ℃로 냉각할 때 결정으로 석출되는 양은 B가 가장 많다.

15 표는 온도에 따른 염화 나트륨과 질산 칼륨의 용해도 (g/물 100 g)를 나타낸 것이다.

온도(℃)	0	20	40	60	80	100
염화 나트륨	35.6	36.0	36.4	37.0	38.4	39.8
질산 칼륨	13.3	31.9	63.0	110.0	169.0	247.0

이에 대한 설명으로 옳은 것은?

① 온도에 따른 용해도 변화는 두 물질이 거의 비슷하다.

② 물 대신 다른 용매를 사용해도 용해도는 변하지 않는다.

③ 20 ℃ 물 50 g에 각 물질 16 g씩 녹인 용액은 모두 불포화 용액이다.

④ 염화 나트륨은 질산 칼륨보다 물에 대한 용해도가 항상 크다.

⑤ 60 ℃ 질산 칼륨 포화 용액 105 g을 40 ℃로 냉각하면 질산 칼륨 23.5 g이 결정으로 석출된다.

출제율 99%

16 표는 온도에 따른 고체 물질 A의 용해도를 나타낸 것이다.

온도(℃)	20	40	60	80
용해도(g/물 100 g)	87	104	124	148

80 ℃ 물 50 g에 A 70 g을 녹인 용액을 20 ℃로 냉각할 때 석출되는 A의 질량(g)은?

① 17 g ② 26.5 g ③ 30.5 g

④ 43.5 g ⑤ 61 g

17 온도와 압력이 다음과 같을 때 같은 양의 물에 산소 기체를 가장 많이 녹일 수 있는 조건은?

① 50 ℃, 2기압 ② 50 ℃, 1기압

③ 30 ℃, 2기압 ④ 10 ℃, 1기압

⑤ 10 ℃, 2기압

18 크기가 같은 4개의 시험관에 같은 양의 탄산음료를 넣고 그림과 같이 장치한 후 발생하는 기포의 양을 관찰하였다.

시험관에서 발생하는 기포의 양 비교와 그 까닭으로 옳은 것은?

① A>B>C, 온도가 낮을수록 기체의 용해도가 크기 때문

② C>B>A, 온도가 높을수록 기체의 용해도가 크기 때문

③ D>C, 압력이 낮을수록 기체의 용해도가 크기 때문

④ C>D, 압력이 높을수록 기체의 용해도가 크기 때문

⑤ A>D, 온도가 높고 압력이 낮을수록 기체의 용해도가 크기 때문

19 금관처럼 보이는 왕관이 순금으로만 이루어져 있는지, 은이 섞여 있는지 알아보려고 한다. 질량이 모두 같은 왕관, 순금, 순은을 물이 가득 들어 있는 그릇에 각각 넣고, 넘친 물의 부피를 측정하였더니 그림과 같았다.

| 넘친
물의 부피 | 왕관
84 mL | 순금
75 mL | 순은
135 mL |

이에 대한 설명으로 옳은 것을 〈보기〉에서 모두 고른 것은?

보기
ㄱ. 넘친 물의 부피는 왕관, 순금, 순은 각각의 부피와 같다.
ㄴ. 왕관, 순금, 순은 중 밀도가 가장 큰 것은 순은이다.
ㄷ. 왕관, 순금, 순은의 밀도는 넘친 물의 부피에 비례한다.
ㄹ. 왕관에는 은이 섞여 있음을 알 수 있다.

① ㄱ, ㄷ ② ㄱ, ㄹ ③ ㄴ, ㄹ
④ ㄱ, ㄴ, ㄷ ⑤ ㄴ, ㄷ, ㄹ

자료 분석 | 정답과 해설 66쪽

20 표는 온도에 따른 질산 칼륨의 용해도를 나타낸 것이다.

온도(℃)	0	20	40	60	80
용해도(g/물 100 g)	13.3	31.9	63.0	110.0	169.0

이에 대한 설명으로 옳은 것은?

① 20 ℃ 물 50 g에 질산 칼륨 30 g을 녹이면 모두 녹는다.
② 40 ℃ 물 150 g에 질산 칼륨 90 g을 녹인 용액은 포화 용액이다.
③ 40 ℃ 질산 칼륨 포화 용액 81.5 g에는 질산 칼륨이 63 g 녹아 있다.
④ 60 ℃ 물 200 g에 질산 칼륨을 최대한 녹인 용액을 40 ℃로 냉각하면 질산 칼륨 94 g이 석출된다.
⑤ 80 ℃ 물 100 g에 질산 칼륨 120 g을 녹인 용액을 40 ℃로 냉각하면 질산 칼륨 106 g이 석출된다.

21 그림은 고체 물질 A~D의 질량과 부피를 나타낸 것이다. A~D 중 같은 종류의 물질을 모두 고르고, 그 까닭을 서술하시오.

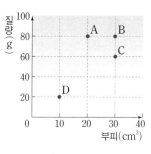

22 크기가 같은 6개의 시험관에 냉장고에서 꺼낸 같은 양의 탄산음료를 넣고 그림과 같이 장치한 후 발생하는 기포의 양을 관찰하였다.

(1) 시험관에서 기포가 발생하는 까닭을 서술하시오.

(2) A~F 중 기포가 가장 많이 발생하는 시험관을 고르고, 그 까닭을 서술하시오.

23 깊은 바닷속의 잠수부가 너무 빨리 수면으로 올라오면 (가) 혈액 속에 녹아 있던 질소가 빠져나오면서 기포를 형성하여 통증을 유발할 수 있다. (가)와 같은 현상이 일어나는 까닭을 물질의 특성과 관련지어 서술하시오.

1 끓는점 차를 이용한 혼합물의 분리 〔문제 공략 46쪽〕

① ❶( ): 액체 상태의 혼합물을 가열할 때 끓어 나오는 기체를 냉각하여 순수한 액체를 얻는 방법

기화
끓임쪽 · 혼합물 · 액화
찬물
▲ 증류 장치

• 서로 잘 섞이고, 끓는점이 다른 물질이 섞여 있는 액체 상태의 혼합물을 끓는점 차를 이용하여 분리한다.
• 끓는점이 ❷( ) 물질이 먼저 끓어 나온다.

② 물과 에탄올 혼합물의 분리: 물과 에탄올 혼합물을 가열하면 끓는점이 낮은 ❸( )이 먼저 끓어 나오고, 끓는점이 높은 ❹( )이 나중에 끓어 나온다.

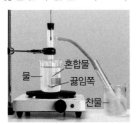 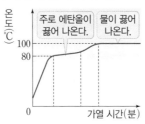

혼합물
물
끓임쪽
찬물

온도(℃)
주로 에탄올이 끓어 나온다. | 물이 끓어 나온다.
100
80
0
가열 시간(분)

③ 원유의 분리: 원유를 높은 온도로 가열하여 증류탑으로 보내면, 끓는점이 ❺( ) 물질일수록 증류탑의 위쪽에서 먼저 분리된다.

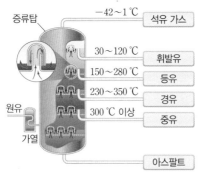

증류탑
−42~1 ℃ — 석유 가스
30~120 ℃ — 휘발유
150~280 ℃ — 등유
230~350 ℃ — 경유
300 ℃ 이상 — 중유
원유
가열
아스팔트

[분리되는 물질의 끓는점]
석유 가스<휘발유<등유<경유<중유

2 증류를 이용한 혼합물 분리의 실생활 예

① 바닷물에서 식수 분리: 바닷물이 햇빛에 의해 가열되면 물이 기화하고, 기화하여 나온 수증기가 액화하면 순수한 물을 얻을 수 있다.

② 탁한 술에서 소주 얻기: 소줏고리에 탁한 술을 넣고 가열하면, 끓는점이 낮은 ❻( ) 성분이 먼저 끓어 나오고, 이 증기가 액화하여 맑은 소주가 된다.

3 밀도 차를 이용한 고체 혼합물의 분리 〔문제 공략 47쪽〕

① 방법: 밀도가 다른 두 고체의 혼합물은 두 고체를 녹이지 않고, 밀도가 두 고체의 중간 정도인 액체에 넣어 분리한다.

• 액체보다 밀도가 ❼( ) 고체는 액체 위로 뜨고, 밀도가 ❽( ) 고체는 아래로 가라앉는다.

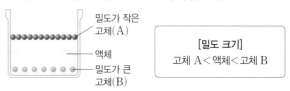

밀도가 작은 고체(A)
액체
밀도가 큰 고체(B)

[밀도 크기]
고체 A<액체<고체 B

② 좋은 볍씨 고르기: 볍씨를 소금물에 넣으면, 속이 빈 쭉정이는 위로 뜨고, 속이 찬 좋은 볍씨는 아래로 가라앉는다. ➡ 밀도: 쭉정이<소금물<좋은 볍씨

③ 신선한 달걀 고르기: 달걀을 소금물에 넣으면, 오래된 달걀은 위로 뜨고, 신선한 달걀은 아래로 가라앉는다.
➡ 밀도: 오래된 달걀<소금물<신선한 달걀

4 밀도 차를 이용한 액체 혼합물의 분리

① 방법: 서로 섞이지 않고 밀도가 다른 액체의 혼합물은 ❾( )를 이용하여 분리한다.

• 밀도가 ❿( ) 액체는 위층에, 밀도가 ⓫( ) 액체는 아래층에 위치한다.

마개
밀도가 작은 액체(A)
밀도가 큰 액체(B)
꼭지

[밀도 크기]
액체 A<액체 B

② 액체 혼합물 분리의 예

혼합물	간장과 참기름	물과 식용유	물과 사염화 탄소
위층	참기름	식용유	물
아래층	간장	물	사염화 탄소
밀도	참기름<간장	식용유<물	⓬( )

5 밀도 차를 이용한 혼합물 분리의 실생활 예

① 모래 속의 사금 분리: 사금이 섞인 모래를 물속에서 흔들면, 밀도가 작은 모래는 씻겨 나가고, 사금은 가라앉는다. ➡ 밀도: ⓭( )

② 바다에 유출된 기름 분리: 바다에 유출된 기름은 물 위에 떠서 넓게 퍼지므로 주위에 오일펜스를 친 후 흡착포로 제거한다. ➡ 밀도: 기름<바닷물

③ 혈액 분리: 혈액을 원심 분리기로 분리하면 혈장은 위, 혈구는 아래로 분리된다. ➡ 밀도: ⓮( )

답안지

1 증류는 서로 잘 섞이고 끓는점이 다른 물질이 섞여 있는 액체 상태의 혼합물을 (㉠   )
차를 이용하여 분리하는 방법으로, 끓는점이 (㉡   ) 물질이 먼저 끓어 나온다.

1 _____

_____

2 그림은 물과 에탄올 혼합물의 가열 곡선을 나타낸 것이
다. (가)~(라) 중 물과 에탄올이 주로 끓어 나오는 구간을
각각 쓰시오.

(1) 물이 끓어 나오는 구간: (   ) 구간

(2) 에탄올이 주로 끓어 나오는 구간: (   ) 구간

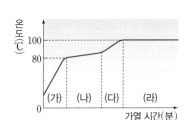

2 _____

_____

3 그림은 원유를 분리하는 증류탑과 증류탑에서 분리되어
나오는 물질을 나타낸 것이다. 분리되어 나오는 석유 가
스, 휘발유, 등유, 경유, 중유의 끓는점을 등호 또는 부등
호를 이용하여 비교하시오.

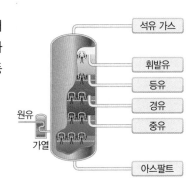

3 _____

4 다음 혼합물을 분리하는 예에서 공통으로 이용되는 물질의 특성을 쓰시오.

• 바닷물에서 식수 분리   • 탁한 술에서 맑은 소주 얻기

4 _____

_____

5 그림은 볍씨를 소금물에 넣어 좋은 볍씨와 쭉정이를 분리하는 모습
을 나타낸 것이다.

(1) A와 B를 좋은 볍씨와 쭉정이로 구분하시오.

(2) 좋은 볍씨와 쭉정이, 소금물의 밀도를 등호 또는 부등호를 이용하여 비교하시오.

5 _____

_____

6 그림은 액체 혼합물을 분리하는 분별 깔때기를 나타낸 것이다. 이 장치로
다음의 혼합물을 분리할 때 A와 B에 위치하는 물질을 각각 쓰시오.

(1) 간장과 참기름의 혼합물

(2) 물과 사염화 탄소

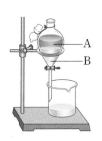

6 _____

증류 장치를 이용한 분리

기화
끓임쪽 | 혼합물 | 액화
찬물

• 끓는점이 낮은 물질이 먼저 끓어 나온다.
• 서로 잘 섞이고 끓는점이 다른 액체 상태의 혼합물 분리에 유용하다.

1 그림은 액체 상태의 혼합물을 분리하는 장치를 나타낸 것이다. 이에 대한 설명으로 옳은 것은?

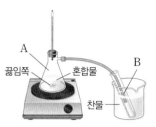

A
끓임쪽 | 혼합물 | B
찬물

① 이러한 방법을 증류라고 한다.
② 용해도 차를 이용하여 분리한다.
③ A에서 액화, B에서 기화가 일어난다.
④ 끓는점이 높은 액체가 먼저 B에 모인다.
⑤ 서로 섞이지 않는 액체 상태의 혼합물 분리에 유용하다.

증류탑을 이용한 분리

[원유의 분리]

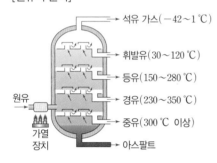

석유 가스($-42 \sim 1$ ℃)
휘발유($30 \sim 120$ ℃)
등유($150 \sim 280$ ℃)
경유($230 \sim 350$ ℃)
중유(300 ℃ 이상)
원유
가열 장치
아스팔트

[액체 공기의 분리]

질소 기체 (끓는점: -195.8 ℃)
아르곤 기체 (끓는점: -185.8 ℃)
액체 공기
액체 산소 (끓는점: -183.0 ℃)

• 끓는점이 낮은 물질일수록 증류탑의 위쪽에서 분리된다.

2 그림은 원유를 분리하는 증류탑을 나타낸 것이다. 이에 대한 설명으로 옳은 것을 모두 고르면? (2개)

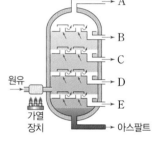

원유
가열 장치
아스팔트

① 끓는점 차를 이용하여 분리한다.
② A~E는 모두 순물질이다.
③ A~E 중 끓는점이 가장 낮은 물질은 A이다.
④ 증류탑 내부는 위쪽으로 갈수록 온도가 높아진다.
⑤ 성분 물질의 끓는점 차가 작을수록 잘 분리된다.

3 질소, 산소, 아르곤이 섞여 있는 공기를 액화시켜 그림과 같은 증류탑으로 보냈다. A~C에서 분리되어 나오는 물질을 각각 쓰시오. (단, 끓는점은 질소가 -195.8 ℃, 산소가 -183.0 ℃, 아르곤이 -185.8 ℃이다.)

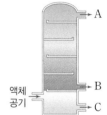

액체 공기
A
B
C

뷰테인과 프로페인의 분리

얼음과 소금 (약 -17 ℃)
뷰테인과 프로페인 혼합 기체 | 뷰테인 액체 | 프로페인 기체

• 뷰테인의 끓는점은 -0.5 ℃, 프로페인의 끓는점은 -42.1 ℃이다. 따라서 끓는점이 높은 뷰테인은 액체, 프로페인은 기체 상태로 분리된다.

4 다음은 LPG의 성분 물질인 뷰테인과 프로페인의 혼합 기체를 분리하기 위한 실험 장치와 이에 대한 설명이다. ㉠, ㉡에 알맞은 말을 쓰시오. (단, 끓는점은 뷰테인이 -0.5 ℃, 프로페인이 -42.1 ℃이다.)

혼합 기체
얼음과 소금
수조

뷰테인과 프로페인의 혼합 기체가 들어 있는 용기를 얼음과 소금이 든 수조에 넣으면, 끓는점이 (㉠　　　) 물질인 (㉡　　　)이 먼저 액체 상태로 되어 분리된다.

그림 문제 공략 밀도 차를 이용한 혼합물의 분리

정답과 해설 **67**쪽

고체 혼합물 분리

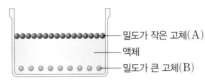

— 밀도가 작은 고체(A)
— 액체
— 밀도가 큰 고체(B)

• 밀도가 다른 두 고체 혼합물은 두 고체를 모두 녹이지 않고, 밀도가 두 고체의 중간 정도인 액체에 넣어 분리한다.

액체 혼합물 분리-분별 깔때기 이용

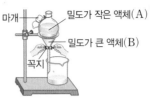

마개 — 밀도가 작은 액체(A)
— 밀도가 큰 액체(B)
꼭지

— 스포이트
— A
— B

▲ 혼합물의 양이 많을 때   ▲ 혼합물의 양이 적을 때

---

1 그림은 볍씨를 소금물에 넣어 좋은 볍씨와 쭉정이를 각각 분리하는 모습을 나타낸 것이다. 이에 대한 설명으로 옳은 것을 모두 고르면? (2개)

쭉정이
소금물
좋은 볍씨

① 밀도 차를 이용한 분리이다.
② 밀도 크기는 좋은 볍씨 < 소금물 < 쭉정이이다.
③ 두 고체 중 한 물질만 녹이는 액체를 사용한다.
④ 같은 원리로 천일염에서 정제 소금을 얻는다.
⑤ 같은 원리로 모래와 스타이로폼을 분리한다.

2 그림은 신선한 달걀과 오래된 달걀을 분리하는 모습을 나타낸 것이다. 이에 대한 설명으로 옳지 않은 것은?

오래된 달걀
소금물
신선한 달걀

① 오래된 달걀은 소금물보다 밀도가 작다.
② 신선한 달걀은 소금물보다 밀도가 크다.
③ 소금물의 농도가 진할수록 분리가 잘 된다.
④ 이 방법에 사용되는 물질의 특성은 밀도이다.
⑤ 같은 원리로 소금물에 쭉정이와 좋은 볍씨를 넣어 분리한다.

3 그림은 쌀에 양초 조각이 섞여 있는 혼합물에서 쌀을 분리하기 위한 장치를 나타낸 것이다. 이 장치에서 이용되는 물질의 특성으로 옳은 것은?

양초 조각
물
쌀

① 끓는점   ② 녹는점   ③ 밀도
④ 용해도   ⑤ 용매를 따라 이동하는 속도

[4~5] 그림은 분별 깔때기로 혼합물을 분리하는 모습을 나타낸 것이다.

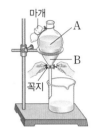

마개
A
B
꼭지

4 이에 대한 설명으로 옳은 것을 모두 고르면? (2개)

① 용해도 차를 이용하여 분리한다.
② 밀도의 크기는 A > B이다.
③ A와 B는 서로 섞이지 않는다.
④ 아래층 액체를 분리할 때는 마개를 열어야 한다.
⑤ 경계면 액체를 분리할 때는 위쪽 입구로 따라 낸다.

5 위 실험 장치를 이용하여 분리할 수 있는 혼합물을 모두 고르면? (2개)

① 물과 에탄올   ② 물과 식용유
③ 소금과 모래   ④ 간장과 참기름
⑤ 염화 나트륨과 붕산

6 그림은 액체 혼합물을 분리하는 장치를 나타낸 것이다.

(가) 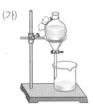   (나)

이에 대한 설명으로 옳은 것을 〈보기〉에서 모두 고르시오.

보기
ㄱ. (가)와 (나) 모두 밀도 차를 이용한다.
ㄴ. (가)와 (나) 모두 서로 섞이지 않는 액체의 혼합물을 분리할 때 이용된다.
ㄷ. 혼합물의 양이 적을 때는 (가)를, 양이 많을 때는 (나)를 이용한다.
ㄹ. (가)는 위층 액체를, (나)는 아래층 액체를 먼저 분리한다.

01 혼합물 분리 방법 중 하나인 증류에 대한 설명으로 옳은 것은?

① 용해도 차를 이용하여 혼합물을 분리한다.
② 끓는점이 낮은 물질이 먼저 끓어 나온다.
③ 끓는점 차가 작을수록 분리가 잘 된다.
④ 혼합물을 가열하면 한 성분이 액화하였다가 다시 기화한다.
⑤ 서로 잘 섞이지 않는 액체 상태의 혼합물을 분리할 때 유용하게 이용된다.

출제율 99%

02 그림은 식초에서 물을 분리하기 위한 장치를 나타낸 것이다.

이에 대한 설명으로 옳지 <u>않은</u> 것은? (단, 식초는 물과 아세트산의 혼합물이며, 1기압에서 아세트산의 끓는점은 118 ℃이다.)

① 아세트산이 먼저 끓어 나온다.
② 얼음이 든 비커 속 시험관에서 액화 현상이 일어난다.
③ 끓는점 차를 이용한 혼합물 분리 방법이다.
④ 끓임쪽은 액체가 갑자기 끓어오르는 것을 방지한다.
⑤ 바닷물에서 식수를 분리하는 것과 원리가 같다.

출제율 99%

03 그림은 우리 조상들이 소주를 만들 때 이용한 소줏고리의 구조를 나타낸 것이다. 이에 대한 설명으로 옳지 <u>않은</u> 것은?

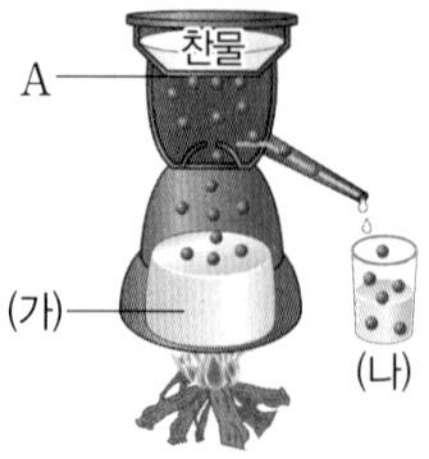

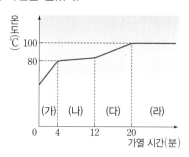

① 끓는점 차를 이용한 분리 방법이다.
② 이러한 방법을 증류라고 한다.
③ (가)의 성분 중 에탄올이 먼저 기화한다.
④ A에서는 증기가 액화한다.
⑤ 에탄올의 농도는 (가)에서가 (나)에서보다 크다.

04 혼합물을 분리하는 데 증류의 원리가 이용되는 경우는?

① 잉크의 색소 분리
② 모래 속의 사금 분리
③ 물과 식용유 혼합물의 분리
④ 물과 메탄올 혼합물의 분리
⑤ 신선한 달걀과 오래된 달걀의 분리

[05~06] 물과 에탄올의 혼합물을 분리하는 실험을 하여 그림과 같은 가열 곡선을 얻었다.

출제율 99%

05 이에 대한 설명으로 옳은 것은?

① (가) 구간에서는 주로 에탄올이 끓어 나온다.
② (나) 구간의 온도는 에탄올의 끓는점보다 낮다.
③ (라) 구간에서 끓어 나온 기체를 냉각하면 물을 얻을 수 있다.
④ (나)와 (라) 구간의 온도 차가 작을수록 잘 분리된다.
⑤ 물과 에탄올은 서로 섞이지 않고 끓는점 차가 있다.

06 물과 에탄올의 혼합물을 분리하기에 가장 적절한 실험 장치는?

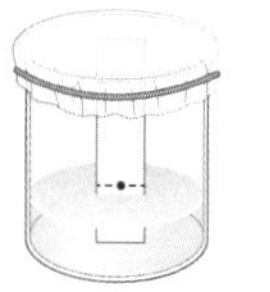

07 다음은 생활 속에서 물질의 특성을 이용하여 혼합물을 분리하는 예이다.

- 원유를 가열하여 석유 가스, 휘발유 등을 얻는다.
- 소금물을 끓였다가 냉각하여 식수를 얻는다.

위의 예에 공통으로 이용된 물질의 특성은?

① 끓는점   ② 녹는점   ③ 어는점
④ 밀도   ⑤ 용해도

출제율 99%

08 그림은 정유 공장에서 원유를 분리하는 증류탑을 나타낸 것이다. 이에 대한 설명으로 옳은 것은?

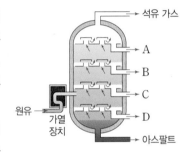

① A~D의 끓는점이 높은 순서는 A>B>C>D이다.
② A는 자동차 연료나 화학 약품의 원료로 이용되는 물질이다.
③ 증류탑 내부의 온도는 위로 갈수록 높아진다.
④ 아스팔트가 석유 가스보다 먼저 끓어 나와 분리된다.
⑤ 원유는 혼합물이고, 분리된 A~D는 모두 순물질이다.

09 불순물을 제거한 공기를 높은 압력에서 냉각하여 액화한 후 증류탑으로 보냈더니, 그림과 같이 질소, 산소, 아르곤이 분리되었다. 질소, 산소, 아르곤의 끓는점을 옳게 비교한 것은?

① 질소<산소<아르곤
② 질소<아르곤<산소
③ 아르곤<질소<산소
④ 아르곤<산소<질소
⑤ 산소<질소<아르곤

10 그림은 바닷물에서 식수를 얻는 장치를 나타낸 것이다.

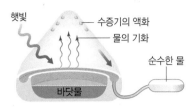

이와 같은 혼합물 분리 방법 또는 장치의 이름과 이용되는 물질의 특성을 옳게 짝 지은 것은?

① 증류 - 끓는점   ② 증류 - 용해도
③ 재결정 - 끓는점   ④ 재결정 - 용해도
⑤ 분별 깔때기 - 밀도

출제율 99%

11 그림은 고체 혼합물을 액체에 넣어 분리하는 모습을 나타낸 것이다. 이에 대한 설명으로 옳은 것을 〈보기〉에서 모두 고른 것은?

보기
ㄱ. 밀도의 크기는 고체 B<액체<고체 A이다.
ㄴ. 고체 A, B를 모두 녹이지 않는 액체를 사용해야 한다.
ㄷ. 혼합물을 분리하는 데 이용되는 물질의 특성은 밀도이다.
ㄹ. 같은 방법으로 모래와 스타이로폼의 혼합물을 물에 넣어 분리할 수 있다.

① ㄱ, ㄷ   ② ㄱ, ㄹ   ③ ㄴ, ㄷ
④ ㄱ, ㄴ, ㄹ   ⑤ ㄴ, ㄷ, ㄹ

12 그림은 신선한 달걀과 오래된 달걀을 소금물을 이용하여 분리하는 모습을 나타낸 것이다. 이때 밀도 크기를 옳게 비교한 것은?

① 신선한 달걀<소금물<오래된 달걀
② 신선한 달걀<오래된 달걀<소금물
③ 소금물<오래된 달걀<신선한 달걀
④ 소금물<신선한 달걀<오래된 달걀
⑤ 오래된 달걀<소금물<신선한 달걀

[주관식]

13 표는 액체 (가)~(라)의 밀도와 용해성을 나타낸 것이다.

액체	(가)	(나)	(다)	(라)
밀도 (g/cm³)	0.3	0.6	0.9	2.0
용해성	A, B를 모두 녹임	A만 녹임	A, B를 모두 녹이지 않음	B만 녹임

밀도가 1.5 g/cm^3인 고체 A와 0.4 g/cm^3인 고체 B의 혼합물을 밀도 차를 이용하여 분리하려고 할 때 사용할 수 있는 액체를 모두 고르시오.

출제율 99%

14 그림은 물과 식용유의 혼합물을 분리하는 장치를 나타낸 것이다. 이에 대한 설명으로 옳지 <u>않은</u> 것은?

① 이 실험 기구를 분별 깔때기라고 한다.
② 식용유는 A, 물은 B에 해당된다.
③ 꼭지를 돌려 B의 액체를 먼저 분리한다.
④ 서로 섞이지 않는 액체의 혼합물을 분리할 때 이용된다.
⑤ 이 혼합물을 시험관에 넣고 스포이트로 분리할 때도 분리되는 순서는 이와 같다.

15 다음은 실생활에서 혼합물을 분리하는 예이다.

바다에 기름이 유출되면 오일펜스를 설치한 후 흡착포를 이용하여 물 위에 뜬 기름을 제거한다.

위에서 이용된 물질의 특성을 이용하여 혼합물을 분리하는 예가 <u>아닌</u> 것은?

① 좋은 볍씨 고르기
② 간장과 참기름 분리
③ 스타이로폼과 모래 분리
④ 재질이 다른 플라스틱 분리
⑤ 천일염에서 정제 소금 얻기

16 다음은 물과 사염화 탄소의 혼합물을 분별 깔때기를 이용하여 분리하는 과정을 순서 없이 나타낸 것이다.

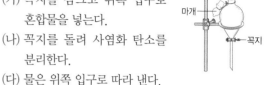

(가) 꼭지를 잠그고 위쪽 입구로 혼합물을 넣는다.
(나) 꼭지를 돌려 사염화 탄소를 분리한다.
(다) 물은 위쪽 입구로 따라 낸다.
(라) 경계면 액체를 따로 받아 낸다.
(마) 층이 나누어지면 위쪽 마개를 연다.

분리 순서에 맞게 나열한 것은? (단, 물의 밀도는 1 g/cm^3, 사염화 탄소의 밀도는 1.6 g/cm^3이다.)

① (가)-(나)-(마)-(라)-(다)
② (가)-(다)-(라)-(마)-(나)
③ (가)-(다)-(마)-(나)-(라)
④ (가)-(마)-(나)-(라)-(다)
⑤ (가)-(마)-(다)-(라)-(나)

17 표는 물과 액체 A~C의 몇 가지 성질을 나타낸 것이다.

물질	끓는점 (℃)	어는점 (℃)	밀도 (g/mL)	용해성
물	100	0	1.0	A, C와 잘 섞임
A	64.7	−97.8	0.79	물, C와 잘 섞임
B	84	−83.6	0.79	물, C와 섞이지 않음
C	118.5	16.6	1.05	물, A와 잘 섞임

위 표를 참고할 때, 분별 깔때기로 분리하기에 가장 적절한 혼합물은?

① 물과 A   ② 물과 B   ③ 물과 C
④ A와 B   ⑤ A와 C

출제율 99%

18 밀도 차를 이용한 혼합물의 분리 예가 <u>아닌</u> 것을 모두 고르면? (2개)

① 합성 의약품인 아스피린을 정제한다.
② 흐르는 물속에서 모래 속의 사금을 분리한다.
③ 원심 분리기로 혈액을 분리하여 혈장을 채취한다.
④ 소금물을 이용하여 쭉정이와 좋은 볍씨를 구별한다.
⑤ 금지된 약물의 복용 여부를 도핑 테스트로 알아낸다.

고난도 문제

19 그림과 같이 둥근바닥 플라스크에 뷰테인과 프로페인의 혼합 기체를 넣고 마개를 막은 뒤, 얼음과 소금의 혼합물이 든 수조에 넣었더니 뷰테인이 액체 상태로 분리되었다.

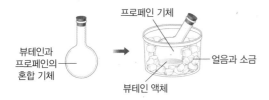

뷰테인과 프로페인의 혼합 기체

프로페인 기체
얼음과 소금
뷰테인 액체

이에 대한 설명으로 옳은 것은?

① 이러한 방법을 증류라고 한다.
② 성분 물질의 어는점 차를 이용한 방법이다.
③ 끓는점은 뷰테인이 프로페인보다 더 높다.
④ 얼음과 소금을 이용하여 프로페인을 기화시켰다.
⑤ 수조 속 얼음과 소금의 온도가 낮을수록 분리가 잘 된다.

20 다음은 재질이 다른 플라스틱 A~C의 혼합물을 분리하기 위한 실험이다.

> (가) 에탄올이 들어 있는 비커에 플라스틱 A~C의 혼합물을 넣었더니, 모두 가라앉았다.
> (나) 비커에 물을 조금 넣었더니 플라스틱 B가 떠올랐다.
> (다) 비커에 물을 더 넣었더니 플라스틱 C가 떠올랐다.
>
>
>
> 모두 가라앉음   에탄올   물을 넣음   플라스틱 B가 떠오름   물을 넣음   플라스틱 C가 떠오름

이에 대한 설명으로 옳은 것은?

① 에탄올은 물보다 밀도가 크다.
② 에탄올에 물을 넣을수록 용액의 밀도가 증가한다.
③ 플라스틱 A~C는 모두 에탄올보다 밀도가 작다.
④ 플라스틱 A~C의 밀도는 A<B<C이다.
⑤ 증류탑에서 원유가 분리되는 것과 원리가 같다.

자료 분석 | 정답과 해설 69쪽

서술형 문제

21 그림은 액체 상태의 혼합물을 분리하는 실험 장치를 나타낸 것이다.

끓임쪽   혼합물   찬물

(1) 이 실험 방법을 무엇이라고 하는지 쓰시오.

_____

(2) 이 방법을 이용하여 분리하기에 적당한 혼합물의 특성을 서술하시오.

_____

22 그림은 원유를 분리하는 증류탑을 나타낸 것이다.

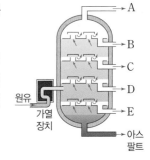

A · B · C · D · E · 원유 · 가열 장치 · 아스팔트

(1) 증류탑에서 분리되어 나오는 물질 A~E의 끓는점을 부등호를 이용하여 비교하시오.

_____

(2) (1)과 같이 답한 까닭을 증류탑의 온도와 관련지어 서술하시오.

_____
_____

23 그림은 우리 조상들이 실생활에서 혼합물 분리를 이용한 예이다.

(가) 키   (나) 소줏고리

(가)와 (나)를 이용하여 혼합물을 분리하는 방법을 물질의 특성을 이용하여 각각 서술하시오.

_____
_____

1 용해도 차를 이용한 혼합물의 분리   문제 공략 54쪽

① ❶(　　　): 불순물이 섞인 고체 물질을 높은 온도의 용매에 녹인 후 용액의 온도를 낮추거나 용매를 증발시켜 순수한 고체 물질을 얻는 방법

- 온도에 따른 물질의 용해도 차를 이용하여 분리한다.
- 온도에 따른 용해도 차가 ❷(　　) 물질이 결정으로 석출된다.

② 황산 구리(Ⅱ)와 질산 칼륨의 분리

[소량의 황산 구리(Ⅱ)가 섞인 질산 칼륨의 분리]

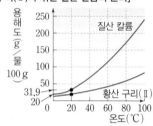

황산 구리(Ⅱ) 5 g과 질산 칼륨 50 g이 섞인 혼합물을 80 ℃ 물 100 g에 모두 녹인 다음, 용액을 20 ℃로 냉각한다.
- 80 ℃ 물 100 g에 황산 구리(Ⅱ) 5 g과 질산 칼륨 50 g은 모두 녹는다.
- 20 ℃에서 황산 구리(Ⅱ)의 용해도는 20이다. ➡ 황산 구리(Ⅱ) 5 g은 모두 녹아 있다.
- 20 ℃에서 질산 칼륨의 용해도는 31.9이다. ➡ 질산 칼륨 31.9 g은 녹아 있고, ❸(　　　) g은 결정으로 석출된다.

③ 재결정을 이용한 혼합물 분리의 예
- 천일염에서 깨끗한 소금 얻기
- 합성 의약품인 아스피린의 정제

④ 거름: 용매에 따른 용해도 차를 이용한 혼합물의 분리 방법 ➡ 두 고체의 혼합물 중 한 가지 성분만 녹이는 용매에 혼합물을 녹인 후 거름 장치로 걸러서 분리한다.

- 거름종이 위: 용매에 ❹(　　　) 고체가 남는다.
- 거른 용액: 용매에 ❺(　　) 고체가 녹아 있다.

⑤ 추출: 혼합물에서 특정한 성분 물질만을 녹이는 용매를 사용하여 그 성분 물질을 분리하는 방법
- 한약재를 물에 넣고 끓여 한약 성분을 분리한다.
- 뜨거운 물에 티백을 넣어 차를 우려 낸다.
- 옷에 묻은 기름 때를 드라이클리닝으로 제거한다.

2 크로마토그래피를 이용한 혼합물의 분리

① 크로마토그래피: 혼합물을 이루는 성분 물질이 용매를 따라 이동하는 ❻(　　) 차를 이용하여 분리하는 방법
- 용매를 따라 이동한 거리가 같으면 같은 물질이다.

[크로마토그래피 분리 원리]

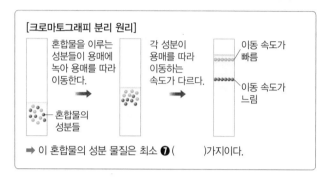

➡ 이 혼합물의 성분 물질은 최소 ❼(　　　)가지이다.

② 크로마토그래피의 특징
- 실험 방법이 간단하고, 시간이 짧게 걸린다.
- 매우 적은 양의 혼합물도 분리할 수 있다.
- 복잡한 혼합물도 한 번에 분리할 수 있다.
- 성질이 비슷한 혼합물도 분리할 수 있다.

③ 크로마토그래피 결과 분석

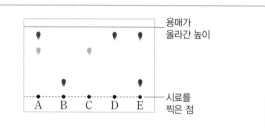

- B, C, D: 한 가지 성분만 나타남 ➡ ❽(　　　)로 예상
- A, E: 여러 가지 성분으로 분리됨 ➡ ❾(　　　)
- A는 C와 D를 포함, E는 B와 D를 포함 ➡ 이동 거리가 같으면 같은 성분이기 때문
- 용매를 따라 이동하는 속도: B<C<D ➡ 높이 올라갈수록 이동 속도가 ❿(　　　)

④ 크로마토그래피 실험 장치 시 유의점

- 용매가 증발하지 않도록 비커의 입구를 막는다.
- 잉크의 점은 작게, 여러 번, 진하게 찍는다.
- 잉크를 찍은 점이 용매에 잠기지 않게 해야 한다.

⑤ 크로마토그래피를 이용한 혼합물 분리의 예
- 사인펜 잉크의 색소 분리
- 엽록소의 색소 분리
- 의약품의 성분 검출
- 단백질의 성분 검출
- 운동 선수의 금지 약물 복용 검사

중단원 **퀴즈**

정답과 해설 **70**쪽

1 재결정은 온도에 따른 (㉠   ) 차를 이용한 분리 방법으로, 온도에 따른 (㉠   ) 차가 (㉡   ) 물질이 결정으로 석출된다.

1 _____

_____

2 그림은 염화 나트륨과 붕산의 용해도 곡선을 나타낸 것이다. 염화 나트륨 30 g과 붕산 15 g이 섞여 있는 혼합물을 80 ℃의 물 100 g에 모두 녹인 후 20 ℃로 냉각할 때 석출되는 물질의 종류와 질량(g)을 쓰시오.

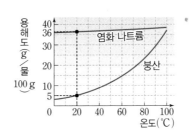

2 _____

_____

3 다음 혼합물 분리에서 공통으로 이용되는 물질의 특성을 쓰시오.

> • 천일염에서 깨끗한 소금을 얻는다.
> • 뜨거운 물에 티백을 넣어 차를 우려 낸다.

3 _____

_____

4 혼합물을 이루는 각 성분 물질이 용매를 따라 이동하는 속도 차를 이용하여 분리하는 방법을 (   )(이)라고 한다.

4 _____

_____

5 크로마토그래피를 이용하여 사인펜 잉크의 색소를 분리한 결과가 그림과 같았다.

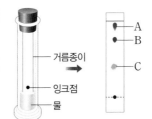

(1) 이 사인펜 잉크를 이루는 성분 물질은 최소 몇 종류인지 쓰시오.

(2) 성분 A~C 중 용매를 따라 이동하는 속도가 빠른 것부터 순서대로 나열하시오.

5 _____

_____

6 그림은 물질 A~E를 크로마토그래피로 분리한 결과를 나타낸 것이다.

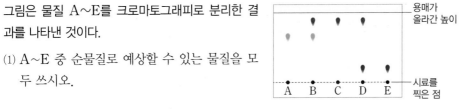

(1) A~E 중 순물질로 예상할 수 있는 물질을 모두 쓰시오.

(2) 물질 D에 포함되어 있는 성분 물질의 기호를 모두 쓰시오.

6 _____

_____

추출에 의한 분리

혼합물 중 한 성분만을 녹일 수 있는 용매를 사용하여 그 성분만을 분리하는 방법을 추출이라고 한다.

1 다음은 어떤 혼합물 분리 방법의 원리이다.

> 혼합물 중 특정한 성분만 녹일 수 있는 용매를 사용하여 그 성분만을 분리하는 방법이다.

이와 같은 원리가 이용된 경우가 <u>아닌</u> 것은?

① 아세톤으로 손톱의 매니큐어를 제거한다.
② 녹차를 물에 담가 놓으면 녹색으로 변한다.
③ 드라이클리닝으로 옷에 묻은 때를 제거한다.
④ 소줏고리를 이용하여 맑은 소주를 분리한다.
⑤ 도라지를 물에 담가 놓으면 쓴맛이 제거된다.

암모니아가 섞인 공기에서 공기의 분리

암모니아가 섞인 공기를 물에 통과시키면, 암모니아는 물에 녹고 질소, 산소 등의 공기 성분은 물에 녹지 않아 분리된다.

2 그림은 암모니아가 섞인 공기에서 암모니아를 제거하는 장치를 나타낸 것이다. 이에 대한 설명으로 옳은 것은?

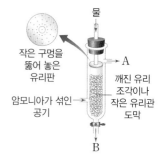

① 밀도 차를 이용하여 분리한다.
② 암모니아는 물에 잘 녹는다.
③ 암모니아는 A로 빠져 나간다.
④ 암모니아가 제거된 공기는 B로 빠져 나간다.
⑤ 따뜻한 물을 사용하면 암모니아가 더 잘 녹는다.

사탕수수에서 설탕 얻기

사탕수수에서 얻은 설탕을 물에 녹인 다음 서서히 냉각하면, 불순물이 제거되어 순수한 설탕을 얻을 수 있다.

3 다음은 사탕수수에서 설탕을 얻는 방법을 나타낸 것이다.

> (가) 사탕수수를 으깬 즙을 가열하여 물을 먼저 제거한다.
> (나) (가)에서 남은 액체를 냉각하면 누르스름한 결정이 생긴다.
> (다) (나)의 액체에서 원심 분리기를 이용하여 누르스름한 결정을 분리한다.
> (라) (다)의 결정을 물에 녹였다가 냉각하는 과정을 반복하여 순수한 설탕 결정을 얻는다.

이에 대한 설명으로 옳지 <u>않은</u> 것은?

① (가) 과정에서 이용된 물질의 특성은 끓는점이다.
② (가) 과정에서 물이 기체로 된다.
③ (나) 과정에서 이용된 물질의 특성은 용해도이다.
④ (다) 과정에서 이용된 물질의 특성은 밀도이다.
⑤ (라) 과정에서 이용되는 방법은 증류이다.

복잡한 혼합물의 분리

4 표는 물, 에탄올, 아이오딘, 아이오딘화 칼륨의 성질을 나타낸 것이다.

물질	밀도 (g/cm³)	끓는점 (℃)	용해성
물	1.0	100	사염화 탄소와 잘 섞이지 않음
에탄올	0.79	78.3	
아이오딘	4.93	184.3	물에 잘 녹지 않고, 사염화 탄소에 잘 녹음
아이오딘화 칼륨	3.12	1330.0	물, 에탄올에 잘 녹고, 사염화 탄소에 잘 녹지 않음

그림은 이 4가지 물질이 섞인 혼합물에서 각 성분 물질을 분리하는 과정을 나타낸 것이다. A~C에서 분리되는 물질을 각각 쓰시오.

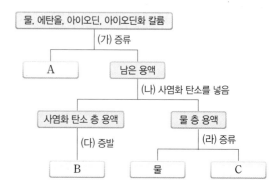

정답과 해설 70쪽

01 그림과 같이 불순물이 섞인 질산 칼륨을 물에 넣고 가열하여 모두 녹인 다음 용액을 냉각하였더니 질산 칼륨 결정이 석출되었다.

이와 같은 혼합물의 분리 방법을 무엇이라고 하는가?

① 증류　　　　② 추출　　　　③ 증발
④ 재결정　　　⑤ 크로마토그래피

02 재결정에 대한 학생들의 대화 중 옳지 않은 내용을 말한 사람은?

- 재욱: 용해도 차를 이용하여 혼합물을 분리하는 방법이야.
- 유정: 고체 혼합물을 뜨거운 용매에 녹인 다음 냉각하면 순수한 고체를 얻을 수 있지.
- 창희: 불순물이 섞여 있는 고체 물질을 순수하게 만들 때 사용하기도 해.
- 선미: 온도에 따른 용해도 차가 작은 물질이 결정으로 석출되겠네.
- 정진: 천일염에서 깨끗한 소금을 얻을 때 유용하게 사용되는 방법이야.

① 재욱　　　　② 유정　　　　③ 창희
④ 선미　　　　⑤ 정진

출제율 99%

03 표는 질산 칼륨과 염화 나트륨의 온도에 따른 용해도 (g/물 100 g)를 나타낸 것이다.

온도($^\circ$C)	0	20	40	60	80	100
질산 칼륨	13.3	31.9	63.0	110.0	169.0	247.0
염화 나트륨	35.6	36.0	36.4	37.0	38.4	39.8

질산 칼륨 100 g과 염화 나트륨 20 g의 혼합물을 80 $^\circ$C 물 200 g에 모두 녹인 다음 20 $^\circ$C로 냉각할 때 석출되는 물질과 질량(g)은?

① 질산 칼륨 36.2 g　　　② 질산 칼륨 68.1 g
③ 염화 나트륨 11.6 g　　④ 염화 나트륨 16 g
⑤ 석출되는 물질이 없다.

출제율 99%

04 그림은 질산 칼륨과 황산 구리(Ⅱ)의 용해도 곡선을 나타낸 것이다. 질산 칼륨 60 g과 황산 구리(Ⅱ) 10 g의 혼합물을 80 $^\circ$C 의 물 100 g에 모두 녹인

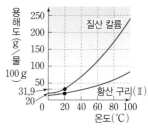

후 20 $^\circ$C로 냉각하여 거름 장치로 걸렀다. 이에 대한 설명으로 옳은 것은?

① 질산 칼륨 28.1 g이 결정으로 석출된다.
② 거름종이 위에는 황산 구리(Ⅱ)가 남는다.
③ 거른 용액에 질산 칼륨은 녹아 있지 않다.
④ 이와 같은 분리 과정에서 분별 깔때기가 필요하다.
⑤ 이와 같은 원리로 바닷물에서 식수를 얻을 수 있다.

05 다음은 생활 속에서 혼합물의 분리가 이용된 예이다.

(가) 바다에서 유출된 기름을 제거한다.
(나) 사금이 섞인 모래를 물에 넣어 사금을 분리한다.
(다) 운동 선수들이 금지 약물을 복용했는지 알아낸다.
(라) 원유에서 휘발유, 등유, 경유 등의 연료를 얻는다.
(마) 천일염에서 불순물을 제거하고 깨끗한 소금을 얻는다.

(가)~(마)에서 이용되는 물질의 특성을 옳게 짝 지은 것은?

① (가)-끓는점　　② (나)-끓는점　　③ (다)-용해도
④ (라)-밀도　　　⑤ (마)-용해도

출제율 99%

06 크로마토그래피에 대한 설명으로 옳은 것을 모두 고르면?

(2개)

① 물질의 양이 많아야 분리가 가능하다.
② 성질이 비슷한 혼합물을 분리하기는 어렵다.
③ 실험 방법은 간단하지만, 시간은 오래 걸린다.
④ 용매의 종류가 달라지면 실험 결과가 달라진다.
⑤ 운동 선수의 약물 복용 검사에 이용될 수 있다.

07 그림은 수성 사인펜의 색소를 분리하는 실험 장치를 나타낸 것이다. 이 장치에서 잘못된 점을 옳게 지적한 것을 〈보기〉에서 모두 고른 것은?

고무마개
거름종이
사인펜 잉크
에테르

보기
ㄱ. 용매인 에테르를 물로 바꿔야 한다.
ㄴ. 용매가 증발하도록 고무마개를 막지 않아야 한다.
ㄷ. 사인펜 잉크의 점이 용매에 잠기지 않아야 한다.
ㄹ. 사인펜 잉크의 점은 거의 보이지 않을 정도로 흐리게 찍어야 한다.

① ㄱ, ㄷ   ② ㄱ, ㄹ   ③ ㄴ, ㄹ
④ ㄱ, ㄴ, ㄷ   ⑤ ㄴ, ㄷ, ㄹ

08 크로마토그래피를 이용하여 혼합물을 분리하는 예를 〈보기〉에서 모두 고른 것은?

보기
ㄱ. 잎의 색소 분리
ㄴ. 단백질 성분의 검출
ㄷ. 혈액에서 혈장과 혈구 분리
ㄹ. 합성 의약품인 아스피린의 정제

① ㄱ, ㄴ   ② ㄱ, ㄹ   ③ ㄷ, ㄹ
④ ㄱ, ㄴ, ㄷ   ⑤ ㄴ, ㄷ, ㄹ

출제율 99%

09 그림은 물질 (가)~(마)를 크로마토그래피로 분리한 결과를 나타낸 것이다.

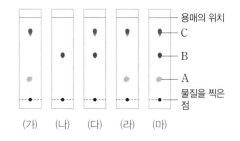

용매의 위치
C
B
A
물질을 찍은 점

(가) (나) (다) (라) (마)

위 실험 결과로만 판단할 때, 이에 대한 설명으로 옳지 않은 것은?

① (나)는 순물질이다.
② (가)와 (라)는 같은 물질이다.
③ (다)에는 B와 C가 포함되어 있다.
④ (마)는 최소 3가지 성분 물질로 이루어져 있다.
⑤ A~C가 용매를 따라 이동하는 속도는 A>B>C이다.

【주관식】

10 다음 혼합물을 분리하기 위한 실험 장치를 〈보기〉에서 각각 고르시오.

(가) 물과 에탄올 혼합물의 분리
(나) 간장과 참기름 혼합물의 분리
(다) 혈액이나 소변의 성분 분리
(라) 불순물이 섞인 혼합물에서 순수한 질산 칼륨 얻기

보기

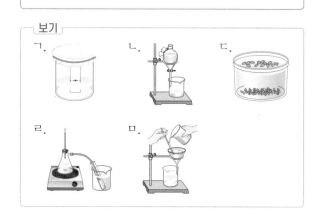

ㄱ. ㄴ. ㄷ.
ㄹ. ㅁ.

11 그림은 4가지 물질이 섞여 있는 혼합물을 분리하기 위한 과정을 단계별로 나타낸 것이다.

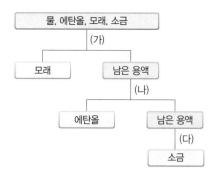

물, 에탄올, 모래, 소금
(가)
모래 / 남은 용액
(나)
에탄올 / 남은 용액
(다)
소금

(가)~(다) 과정에서 이용되는 분리 방법 또는 분리 기구를 옳게 짝 지은 것은?

	(가)	(나)	(다)
①	증류	증발	거름
②	거름	증류	증발
③	거름	분별 깔때기	재결정
④	증류	재결정	분별 깔때기
⑤	재결정	분별 깔때기	증발

12 그림은 염화 나트륨과 붕산의 용해도 곡선을 나타낸 것이며, 다음은 염화 나트륨과 붕산이 섞여 있는 혼합물을 분리하기 위한 실험 과정이다.

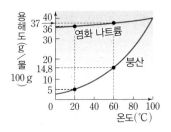

> (가) 염화 나트륨 30 g과 붕산 30 g이 섞여 있는 혼합물을 물 100 g에 넣고 가열하여 모두 녹인다.
> (나) (가)의 수용액을 20 ℃로 냉각한 다음, 석출된 결정을 거름 장치로 걸러 분리한다.
> (다) (나)에서 거른 용액을 가열하여 물을 50 g 증발시킨 다음, 용액의 온도가 60 ℃일 때 석출된 고체를 걸러 분리한다.
> (라) 거른 용액으로 (나)와 (다)의 과정을 반복한다.

과정 (나)와 (다)에서 석출되는 물질과 질량(g)을 옳게 짝 지은 것은?

	(가)	(나)
①	붕산 25 g	붕산 17.8 g
②	붕산 25 g	염화 나트륨 11.5 g
③	붕산 5 g	염화 나트륨 5 g
④	염화 나트륨 6 g	붕산 5 g
⑤	염화 나트륨 25 g	붕산 10.2 g

13 그림은 여러 가지 물질의 용해도 곡선을 나타낸 것이다. 다음의 혼합물에서 한 가지 순물질을 분리하려고 한다. 각 혼합물을 60 ℃ 물 100 g에 녹인 후 20 ℃까지 냉각할 때 가장 분리가 잘 되는 것은?

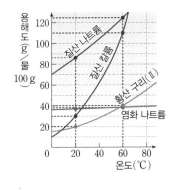

① 질산 칼륨 25 g과 황산 구리(Ⅱ) 15 g의 혼합물
② 질산 나트륨 100 g과 질산 칼륨 60 g의 혼합물
③ 질산 칼륨 100 g과 염화 나트륨 30 g의 혼합물
④ 질산 나트륨 80 g과 황산 구리(Ⅱ) 15 g의 혼합물
⑤ 황산 구리(Ⅱ) 30 g과 염화 나트륨 50 g의 혼합물

자료 분석 | 정답과 해설 71쪽

14 다음은 불순물이 섞인 질산 칼륨에서 순수한 질산 칼륨을 분리하는 과정을 순서 없이 나열한 것이다.

> (가) 용액을 냉각한다.
> (나) 용액을 거름 장치로 거른다.
> (다) 거름종이 위의 물질을 건조시킨다.
> (라) 불순물이 섞인 질산 칼륨을 뜨거운 물에 녹인다.

(1) 분리 순서에 맞게 과정을 나열하시오.

(2) 위 분리 과정에서 주로 이용된 물질의 특성과 이러한 혼합물의 분리 방법을 무엇이라고 하는지 쓰시오.

15 그림은 거름종이를 이용한 크로마토그래피로 사인펜 잉크의 색소를 분리하는 실험 장치와 결과를 나타낸 것이다.

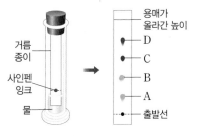

(1) 위의 결과로만 판단할 때, 사인펜 잉크의 색소를 이루는 성분 물질은 최소 몇 가지인지 쓰시오.

(2) 크로마토그래피의 장점을 2가지 서술하시오.

정답과 해설 72쪽

1 수권의 구성과 분포

① 수권: 지구에 분포하는 모든 물

② 수권의 구성: 수권은 ❶ (　　　)와 육지의 물(담수)로 구분하며, 육지의 물은 빙하, 지하수, 호수, 하천수 등으로 이루어져 있다.

③ 수권의 분포: 해수≫빙하＞지하수＞호수, 하천수

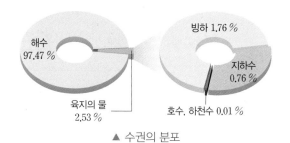

▲ 수권의 분포

2 수권의 특징

① 해수: 수권 전체에서 가장 많은 양을 차지하며, 짠맛이 난다.

② 육지의 물: 대부분 짠맛이 나지 않는 ❷ (　　　)이다.

빙하	• 육지의 물 중 가장 많은 양을 차지한다. • 주로 극지방이나 고산 지대에 고체 상태로 분포한다.
❸ (　　　)	• 땅속의 지층이나 암석 사이의 빈틈을 채우고 있거나 그 사이를 흐르는 물 • 육지의 물 중 두 번째로 많은 양을 차지한다. • 주로 빗물이 스며들어 형성된다.
호수, 하천수	• 지표를 흐르거나 지표에 고여 있는 물 • 쉽게 접근할 수 있어 수자원으로 주로 이용된다.

3 수자원

① 수자원: 사람이 살아가는 데 활용되는 물

② 수자원의 이용: 쉽게 접근할 수 있는 ❹ (　　　)와 ❺ (　　　)를 주로 이용하며, 지하수를 개발하여 이용하기도 한다. ➡ 해수는 짠맛이 나고, 빙하는 얼어 있어 쉽게 이용하기 어렵다.

4 수자원의 활용

① 수자원의 활용: 생활용수, 농업용수, 공업용수, 유지용수 외에 전기 생산, 수로, 여가 생활, 스포츠 등에도 활용된다.

② 수자원의 용도

❻ (　　　)	목욕, 세안, 양치, 요리, 설거지, 청소 등 일상생활에서 사용하는 물이다.
농업용수	농작물을 재배하거나 가축을 기를 때 사용하는 물이다.
공업용수	공장에서 제품을 만들거나 세척할 때, 산업 활동을 할 때 사용하는 물이다.
유지용수	하천의 정상적인 기능을 유지하기 위해 사용하는 물이다.

③ 우리나라의 수자원 이용 현황: 우리나라에서 가장 많이 이용되는 용도는 ❼ (　　　)이며, 인구 증가와 생활 수준 향상 등으로 생활용수와 유지용수의 이용량이 증가하고 있다.

▲ 우리나라의 용도별 수자원 이용 현황

5 지하수의 가치와 활용

① 수자원으로서 지하수의 가치와 특징: 호수나 하천수에 비해 많은 양을 차지하고, 빗물에 의해 채워지므로 지속적인 사용이 가능하고, 간단한 정수 과정을 거치면 바로 사용할 수 있다.

② 지하수의 활용: 생활용수, 농업용수, 공업용수 등으로 활용하며, 온천과 같은 관광 자원으로도 활용된다.

6 수자원 관리

① 물 절약의 필요성: 인구 증가와 산업 발달로 물 사용량은 증가하고 있지만, 수자원의 양은 매우 적고 한정되어 있어 물 부족 현상이 발생하고 있다.

② 수자원의 확보: 물 절약, 수질 오염 방지, ❽ (　　　) 건설, 지하수 개발, 해수의 담수화 등

답안지

1 지구에 분포하는 모든 물을 (   )(이)라고 한다.

1 _____

___ 수권의 분포와 활용

2 지구 표면의 70 % 이상은 (㉠   )(으)로 덮여 있고, 지구상의 물 중 약 97.47 %는 (㉡   )이/가 차지한다.

2 _____

_____

3 육지에 분포하는 물은 대부분 짠맛이 나지 않는 (   )(이)다.

3 _____

_____

4 육지에 분포하는 물 중 가장 많은 양을 차지하는 것은 (㉠   )(이)고, 두 번째로 많은 양을 차지하는 것은 (㉡   )(이)다.

4 _____

_____

5 사람이 살아가는 데 활용되는 물을 (   )(이)라고 한다.

5 _____

_____

6 지구에 분포하는 물 중에서 수자원으로 가장 많이 이용되는 것은 (㉠   )와/과 (㉡   )(이)다.

6 _____

_____

7 공장에서 기계를 세척할 때 사용하는 물은 (㉠   )용수이고, 청소를 할 때 사용하는 물은 (㉡   )용수이다.

7 _____

_____

8 그림은 우리나라의 용도별 수자원 이용 현황을 나타낸 것이다. A에 해당하는 수자원의 용도를 쓰시오.

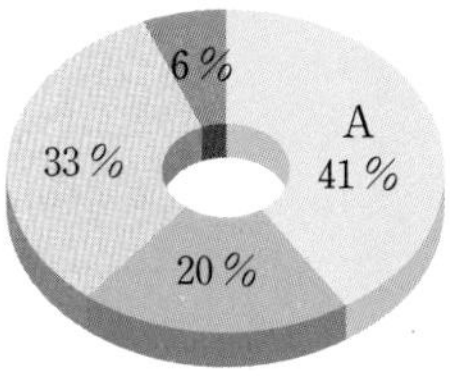

6 %
33 %
A
41 %
20 %

8 _____

_____

9 땅속 지층이나 암석 사이에 분포하고, 빗물에 의해 채워지므로 지속적으로 사용할 수 있으며, 호수와 하천수에 비해 양이 많기 때문에 수자원이 부족할 때 대체 수자원으로 주로 이용되는 물은 (   )(이)다.

9 _____

_____

01 수권에 대한 설명으로 옳지 <u>않은</u> 것은?

① 수권은 고체 상태로도 분포한다.
② 수권은 지구상에 분포하는 물이다.
③ 지구상의 물은 대부분 바다에 분포한다.
④ 지구 표면의 70 % 이상은 물로 덮여 있다.
⑤ 사막과 같은 건조한 곳에는 물이 분포하지 않는다.

02 수권의 역할에 대한 설명으로 옳은 것을 〈보기〉에서 모두 고른 것은?

┌ 보기 ┐
ㄱ. 생물체에 물을 공급한다.
ㄴ. 지권의 지형을 변화시킨다.
ㄷ. 에너지를 저장하여 지구의 평균 온도를 높인다.
└─────┘

① ㄱ　　　　② ㄷ　　　　③ ㄱ, ㄴ
④ ㄱ, ㄷ　　　⑤ ㄴ, ㄷ

03 지구상의 물의 분포에 대한 설명으로 옳은 것을 〈보기〉에서 모두 고른 것은?

┌ 보기 ┐
ㄱ. 지구에 분포하는 물의 약 70 %는 바닷물이다.
ㄴ. 지구상에서 물은 바다, 육지, 땅속에 모두 분포한다.
ㄷ. 지구상의 물 중 두 번째로 많은 양을 차지하는 것은 지하수이다.
ㄹ. 육지에 분포하는 물 중 가장 많은 양을 차지하는 것은 빙하이다.
└─────┘

① ㄱ, ㄴ　　　② ㄱ, ㄹ　　　③ ㄴ, ㄷ
④ ㄴ, ㄹ　　　⑤ ㄷ, ㄹ

【주관식】

04 다음에서 설명하는 수권의 형태를 쓰시오.

┌─────────────────────┐
• 땅속에 있는 담수이다.
• 지구상에 분포하는 물 중 세 번째로 많은 양을 차지한다.
• 온천 등 관광 자원으로 이용되기도 한다.
└─────────────────────┘

출제율 99%

05 그림은 수권의 분포를 나타낸 것이다.

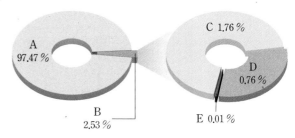

이에 대한 설명으로 옳은 것은?

① A는 주로 극지방에 분포한다.
② B는 대부분 짠맛이 나는 물이다.
③ C는 양이 풍부하므로 수자원으로 주로 이용된다.
④ D는 강수량이 많아지면 양이 증가한다.
⑤ E는 식수로 사용하기 어렵다.

06 육지에 분포하는 물에 대한 설명으로 옳지 <u>않은</u> 것은?

① 대부분 담수이다.
② 고체 상태로도 존재한다.
③ 고위도 지역보다 저위도 지역에 더 많이 분포한다.
④ 빙하의 양은 지하수, 호수, 하천수를 모두 합한 양보다 많다.
⑤ 최근에는 지구 온난화의 영향으로 그 양이 급격히 감소하고 있다.

출제율 99%

07 그림은 담수의 분포를 나타낸 것이다.

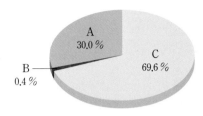

A, B, C에 해당하는 물을 옳게 짝 지은 것은?

	A	B	C
①	빙하	지하수	호수와 하천수
②	빙하	호수와 하천수	지하수
③	지하수	호수와 하천수	빙하
④	호수와 하천수	빙하	지하수
⑤	호수와 하천수	지하수	빙하

08 다음은 지구상에 분포하는 물에 대한 설명이다.

> (가) 짠맛이 나는 물질이 많이 녹아 있다.
> (나) 가장 많이 이용되는 물의 형태이다.
> (다) 지층이나 암석의 틈 사이에 고여 있거나 땅속을 흐르는 물이다.
> (라) 주로 극지방이나 고산 지대에 분포한다.

전체 물에서 차지하는 양이 적은 것부터 순서대로 옳게 나열한 것은?

① (가)－(나)－(다)－(라)
② (가)－(라)－(다)－(나)
③ (나)－(다)－(라)－(가)
④ (다)－(가)－(나)－(라)
⑤ (라)－(가)－(나)－(다)

출제율 99%

09 수자원에 대한 설명으로 옳은 것을 〈보기〉에서 모두 고른 것은?

> **보기**
> ㄱ. 담수는 모두 수자원으로 바로 활용할 수 있다.
> ㄴ. 빙하가 녹은 물은 수자원으로 활용할 수 있다.
> ㄷ. 사람이 살아가는 데 필요한 물은 주로 해수를 활용한다.
> ㄹ. 호수와 하천수가 부족할 때는 주로 지하수를 개발하여 사용한다.

① ㄱ, ㄴ ② ㄱ, ㄷ ③ ㄴ, ㄹ
④ ㄱ, ㄴ, ㄷ ⑤ ㄴ, ㄷ, ㄹ

10 다음은 수자원으로 활용하는 물에 대한 설명이다.

> 사람이 살아가는 데 자원으로 쉽게 사용할 수 있는 물은 (㉠) 중 (㉡) 상태의 물로, 전체 물 중에서 약 0.77 %에 해당하는 적은 양이다.

빈칸에 알맞은 말을 옳게 짝 지은 것은?

	㉠	㉡
①	해수	액체
②	해수	고체
③	담수	액체
④	담수	고체
⑤	호수와 하천수	정수

[주관식]

11 그림은 지구상의 물의 분포를 나타낸 것이다.

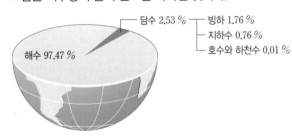

지구 전체에 분포하는 물을 100 L로 가정했을 때, 수자원으로 가장 쉽게 이용할 수 있는 물의 양(mL)을 구하시오.

12 가뭄이 자주 발생하는 지역이나 섬에서 수자원으로 활용하기에 가장 가치 있는 물의 형태는?

① 빙하 ② 해수 ③ 호수
④ 지하수 ⑤ 하천수

13 그림은 우리나라의 용도별 수자원 이용 현황을 나타낸 것이다.

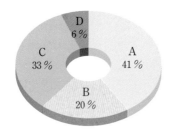

A~D에 해당하는 용도를 옳게 짝 지은 것은?

	A	B	C	D
①	공업용수	농업용수	유지용수	생활용수
②	농업용수	생활용수	유지용수	공업용수
③	농업용수	유지용수	생활용수	공업용수
④	생활용수	유지용수	농업용수	공업용수
⑤	생활용수	공업용수	유지용수	농업용수

【주관식】

14 다음은 수자원의 이용 사례를 설명한 것이다.

> (가) 농작물을 키우거나 가축을 기를 때 사용한다.
> (나) 공장에서 제품을 생산할 때, 공업용 기계의 세척이나 냉각에 사용한다.

(가), (나)에 해당하는 수자원의 용도를 각각 쓰시오.

15 그림은 우리나라의 수자원 총량과 이용량의 변화를 나타낸 것이다.

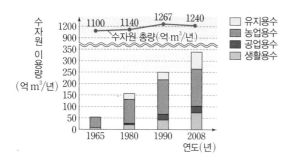

이에 대한 설명으로 옳은 것을 〈보기〉에서 모두 고른 것은?

> 보기
> ㄱ. 농업용수의 사용량이 가장 많다.
> ㄴ. 생활용수의 사용량은 점점 감소하였다.
> ㄷ. 수자원 총량 대비 수자원 이용량은 증가하고 있다.

① ㄱ   ② ㄷ   ③ ㄱ, ㄴ
④ ㄱ, ㄷ   ⑤ ㄴ, ㄷ

출제율 99%

16 수자원의 용도에 대한 설명으로 옳은 것을 〈보기〉에서 모두 고른 것은?

> 보기
> ㄱ. 농업용수는 식량 생산에 필수적인 물이다.
> ㄴ. 유지용수는 바닷물로서의 기능을 유지하는 데 사용하는 물이다.
> ㄷ. 인구 증가와 생활 수준의 향상으로 생활용수의 이용량이 증가하고 있다.

① ㄱ   ② ㄷ   ③ ㄱ, ㄴ
④ ㄱ, ㄷ   ⑤ ㄴ, ㄷ

[17~18] 다음은 실천 가능한 수자원 확보 방안을 나열한 것이다.

> (가) 빗물을 모아서 사용한다.
> (나) 화학 세제의 사용량을 줄인다.
> (다) 양치나 설거지를 할 때 물을 받아서 사용한다.
> (라) 지하수를 개발하여 이용한다.
> (마) 변기 물통에 벽돌을 넣어 둔다.
> (바) 절수 기능이 있는 샤워기를 사용한다.
> (사) 음식물 쓰레기를 분리 배출한다.
> (아) 해수를 담수화하여 사용한다.

17 (가)~(아) 중 ㉠ 수자원을 아끼는 방법과 ㉡ 수자원의 오염을 막는 방법을 옳게 짝 지은 것은?

	㉠	㉡
①	(가), (라), (아)	(나), (사)
②	(나), (마), (아)	(가), (다), (라)
③	(다), (마), (바)	(나), (사)
④	(라), (아)	(가), (나), (마)
⑤	(마), (바)	(나), (라), (아)

【주관식】

18 (가)~(아) 중 수자원의 양을 늘리는 방법을 모두 골라 기호를 쓰시오.

고난도 문제

19 그림은 수권의 분포를 나타낸 것이다.

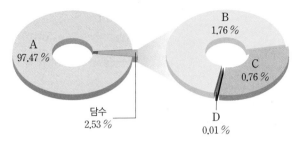

이에 대한 설명으로 옳은 것을 〈보기〉에서 모두 고른 것은?

┌─ 보기 ─────────────────────────────┐
ㄱ. 수자원으로 가장 많이 이용되는 물은 A이다.
ㄴ. B는 짠맛을 제거하면 식수로 사용할 수 있다.
ㄷ. C는 도로 청소, 농작물 재배, 관광지 등으로 활용
   된다.
ㄹ. 지구의 평균 기온이 높아지면 A의 양은 증가하
   고, B의 양은 감소한다.
└────────────────────────────────┘

① ㄱ, ㄴ   ② ㄴ, ㄷ   ③ ㄷ, ㄹ
④ ㄱ, ㄴ, ㄷ   ⑤ ㄴ, ㄷ, ㄹ

자료 분석 | 정답과 해설 73쪽

20 그림은 전 세계 용도별 수자원 사용량의 변화를 나타낸 것이다.

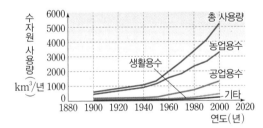

이에 대한 설명으로 옳지 않은 것은?

① 공업용수의 사용량 증가는 산업화의 진행과 관련
  이 있다.
② 수자원 사용량이 점차 증가하게 된 원인은 지구 온
  난화, 환경 오염 등이다.
③ 생활용수의 사용량 증가는 인구 증가, 생활 수준
  향상, 도시화 등과 관련이 있다.
④ 인구가 증가함에 따라 식량 생산량이 증가하면서
  농업용수의 사용량이 증가하였다.
⑤ 이와 같은 추세가 계속된다면 물 부족 문제가 심각
  해질 것이다.

자료 분석 | 정답과 해설 73쪽

서술형 문제

21 다음은 수권에 대한 설명이다.

┌────────────────────────────────┐
수권을 구성하는 물은 해수와 담수로 구분할 수 있다.
지구상의 물은 대부분 담수로 이루어져 있으며, 담수
에서 가장 많은 양을 차지하는 물은 지하수이다. 담수
는 짠맛이 나지 않으므로 우리가 쉽게 이용할 수 있다.
└────────────────────────────────┘

위 글 중 옳지 않은 내용을 모두 찾아 옳게 고쳐 서술하
시오.

_____

_____

22 다음은 수권을 구성하는 물의 종류를 나열한 것이다.

┌────────────────────────────────┐
빙하, 호수와 하천수, 해수, 지하수
└────────────────────────────────┘

물의 양이 많은 것부터 순서대로 나열하시오.

_____

_____

23 다음은 수자원의 활용 사례를 설명한 것이다.

┌────────────────────────────────┐
(가) 용광로에서 달궈진 쇠를 식히기 위해 물을 사용
    한다.
(나) 밭에 물을 줄 때 사용한다.
(다) 하수처리장의 방류수를 하천으로 흘려보낸다.
└────────────────────────────────┘

(1) (가)~(다)에 해당하는 수자원의 용도를 각각 쓰시오.

_____

(2) (가)~(다)를 우리나라에서 많이 이용하는 것부터
   순서대로 나열하시오.

_____

_____

24 지하수가 수자원으로서 중요한 가치를 지니는 까닭을 2가
지 서술하시오.

_____

_____

1 해수의 표층 수온

① 해수의 표층 수온 분포에 영향을 주는 요인:
❶(　　　　　　)

② 위도에 따른 표층 수온 분포: 저위도에서 고위도로 갈수록 표층 수온이 낮아진다. ➡ 고위도로 갈수록 해수면에 도달하는 태양 복사 에너지양이 감소하기 때문이다.

③ 계절에 따른 표층 수온 분포: 여름철이 겨울철보다 표층 수온이 높다.

2 해수의 연직 수온 분포

① 해수의 연직 수온 분포에 영향을 주는 요인: 태양 복사 에너지, 바람

② 해수의 층상 구조: 깊이에 따른 ❷(　　) 분포에 따라 혼합층, 수온 약층, 심해층으로 구분한다.

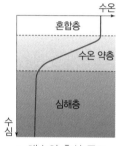
▲ 해수의 층상 구조

혼합층	• 수온이 높고 깊이에 따라 수온이 일정한 층 ➡ 태양 복사 에너지에 의해 가열되고, 바람에 의해 혼합된다. • 바람이 ❸(　　)할수록 두꺼워진다.
수온 약층	• 깊이에 따라 수온이 급격하게 감소하는 층 • 대류가 일어나지 않아 매우 ❹(　　)한 층이다. ➡ 혼합층과 심해층 사이의 물질과 에너지 교환을 차단한다.
심해층	• 연중 수온이 낮고 깊이에 따라 수온이 일정한 층 • 위도와 계절에 따른 수온 변화가 거의 없다.

③ 위도에 따른 해수의 층상 구조

저위도 해역	표층 수온이 높고, ❺(　　　　)이 뚜렷하게 발달한다.
중위도 해역	바람이 강해 혼합층이 두껍게 발달한다.
고위도 해역	표층 수온이 낮고, 층상 구조가 거의 나타나지 않는다.

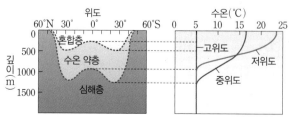
▲ 위도에 따른 해수의 층상 구조

3 염류　　문제 공략 66쪽

① 염류: 해수에 녹아 있는 여러 가지 물질

② 염류의 종류: 짠맛이 나는 ❻(　　　　)이 가장 많은 양을 차지하고, 쓴맛이 나는 염화 마그네슘이 두 번째로 많은 양을 차지한다.

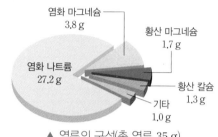
▲ 염류의 구성(총 염류 35 g)

4 염분　　문제 공략 66쪽

① 염분: 해수 1 kg 속에 녹아 있는 염류의 양을 g 수로 나타낸 것 ➡ 단위: psu(실용염분단위), ‰(퍼밀)

$$염분(psu) = \frac{염류의\ 양(g)}{해수의\ 양(g)} \times 1000$$

② 염분의 변화에 영향을 주는 요인: 증발량, 강수량, 결빙, 해빙, 강물의 유입량 등

③ 염분의 변화

염분이 ❼(　　)은 곳	• 증발량이 강수량보다 많은 바다 • 해수가 어는 바다(결빙) • 강물의 유입량이 적은 대양 중앙
염분이 ❽(　　)은 곳	• 강수량이 증발량보다 많은 바다 • 빙하가 녹는 바다(해빙) • 강물의 유입량이 많은 대륙 연안

④ 위도별 염분 분포

적도 부근	강수량＞증발량 ➡ 염분이 낮다.
위도 30° 부근	증발량＞강수량 ➡ 염분이 높다.
극 부근	해빙 ➡ 염분이 낮다.

⑤ 우리나라 주변 바다의 염분 분포

지역별	황해＜동해 ➡ 황해는 동해보다 강물의 유입량이 많기 때문이다.
계절별	여름철＜겨울철 ➡ 여름철은 겨울철보다 ❾(　　)이 많기 때문이다.

5 염분비 일정 법칙　　문제 공략 67쪽

염분은 계절이나 지역에 따라 달라지지만, 해수에 녹아 있는 전체 염류에서 각 염류들이 차지하는 구성 비율은 어느 바다에서나 항상 ❿(　　)하다.

답안지

1 해수의 표층 수온은 (㉠   )의 영향을 받으므로 저위도에서 고위도로 갈수록 표층 수온이 ㉡ (낮아진다 , 높아진다).

1 _____

2 해수는 깊이에 따른 수온 변화를 기준으로 (   )개의 층으로 구분한다.

2 _____

3 그림은 중위도 해역에서 깊이에 따른 수온 분포를 나타낸 것이다. A층의 명칭을 쓰시오.

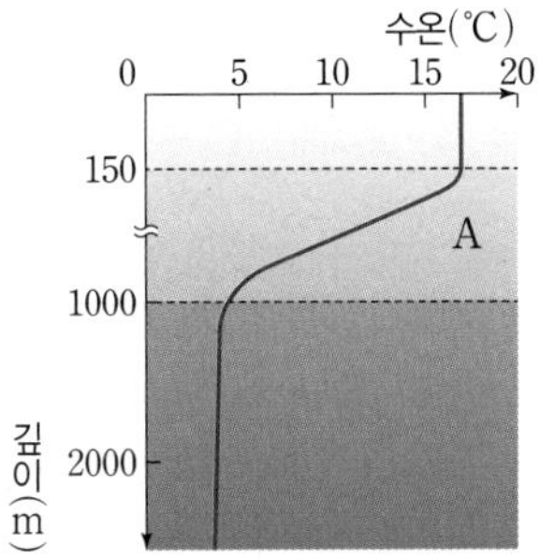

3 _____

4 ㉠ (저위도 , 중위도) 해역은 바람이 강하게 불기 때문에 (㉡   )이/가 두껍게 발달한다.

4 _____

5 염류 중 가장 많은 양을 차지하는 것은 (㉠   )(이)고, 두 번째로 많은 양을 차지하는 것은 (㉡   )(이)다.

5 _____

6 염분이 40 psu인 바닷물 100 g을 만들려고 할 때 필요한 천일염의 양은 (㉠   ) g이고, 물의 양은 (㉡   ) g이다.

6 _____

7 염분을 증가시키는 요인을 〈보기〉에서 모두 고르시오.

┌─ 보기 ┐
ㄱ. 증발량   ㄴ. 강수량   ㄷ. 결빙
ㄹ. 해빙   ㅁ. 강물의 유입량

7 _____

8 적도 부근 해역은 강수량이 증발량보다 ㉠ (적어 , 많아) 염분이 ㉡ (낮다 , 높다).

8 _____

9 우리나라 주변 바다의 염분과 염류에 대한 설명이다. 빈칸에 알맞은 등호나 부등호를 쓰시오.

(1) 평균 염분: 황해 (   ) 동해

(2) 전체 염류 중 염화 나트륨이 차지하는 비율: 황해 (   ) 동해

9 _____

(계)(산) 문제 공략   염류와 염분 구하기

염분을 알 때 염류의 양 구하기

염분이 x인 해수 1 kg 속에는 염류가 x g 녹아 있으므로, 염분을 알면 비례식을 세워 해수에 녹아 있는 염류의 양(y)을 구할 수 있다.

> 1000 g : 염분(x)＝해수의 질량(g) : 염류의 양(y)

1 염분이 35 psu인 해수 5 kg을 증발시켜 얻을 수 있는 염류의 양(g)을 구하시오.

2 염분이 20 psu인 해수 2 kg에 녹아 있는 염류의 양(g)을 구하시오.

3 염분이 40 psu인 해수 50 g에 녹아 있는 염류의 양(g)을 구하시오.

4 사해의 염분은 200 psu이다. 사해 바닷물 10 kg에 녹아 있는 염류의 양(g)을 구하시오.

해수의 양과 염류의 양을 알 때 염분 구하기

염분은 해수 1 kg(＝1000 g)에 녹아 있는 염류의 총량을 g 수로 나타낸 것이므로, 해수의 질량과 해수에 녹아 있는 염류의 총량을 알면 비례식을 세워 염분(x)을 구할 수 있다.

> 해수의 질량(g) : 염류의 총량(g)＝1000 g : 염분(x)

5 어떤 해수 500 g을 증발시켜 20 g의 염류를 얻었을 때, 이 해수의 염분을 구하시오.

6 동해 어느 해역에서 채취한 해수 100 g을 증발 접시에 넣고 가열하여 물을 모두 증발시켰더니 3.1 g의 찌꺼기가 남았다. 이 해수의 염분을 구하시오.

7 염류가 15 g 녹아 있는 해수 400 g의 염분을 구하시오.

8 염류가 50 g 녹아 있는 해수 1.6 kg의 염분을 구하시오.

계산 문제 공략 — 염분비 일정 법칙을 이용해 염류와 염분 구하기

단일 해수일 경우

해수에서 각 염류가 차지하는 비율은 항상 일정하다.

염류	염화 나트륨	염화 마그네슘	황산 마그네슘
성분비(%)	77.7	10.9	4.8

· 한 가지 염류(A)의 양을 알고 있으면 염류(A)가 차지하는 비율을 이용해 염분을 구할 수 있다.
· 염분을 알고 있을 때 염류(A)가 차지하는 비율을 이용해 염류(A)의 양을 구할 수 있다.

> 염류 A의 양(g) : 염류 A의 성분비(%)＝염류의 총량(g) : 100 %

1 어떤 해수 1 kg에 염화 나트륨이 23.3 g 녹아 있을 때, 이 해수의 염분을 구하시오. (단, 소수 둘째 자리에서 반올림하시오.)

2 어떤 해수 1 kg에 황산 마그네슘이 1.5 g 녹아 있을 때, 이 해수의 염분을 구하시오.

3 염분이 33 psu인 어떤 해수 500 g에 녹아 있는 염화 마그네슘의 양을 구하시오. (단, 소수 둘째 자리에서 반올림하시오.)

4 염분이 40 psu인 해수 3 kg에 녹아 있는 염화 나트륨의 양을 구하시오.

서로 다른 해수일 경우

모든 해수에서 각 염류가 차지하는 비율은 같으므로, 비례식을 이용하여 염류의 양이나 염분을 구할 수 있다.

> 해수 (가)에서 염류 A의 양(g) : 해수 (나)에서 염류 A의 양(g)
> ＝해수 (가)의 염분 : 해수 (나)의 염분

> 해수 (가)에서 염류 A의 양(g) : 해수 (가)에서 염류 B의 양(g)
> ＝해수 (나)에서 염류 A의 양(g) : 해수 (나)에서 염류 B의 양(g)

5 염분이 30 psu인 해수 1 kg에 녹아 있는 염화 나트륨의 양이 27 g이었다. 염분이 40 psu인 해수 1 kg에 녹아 있는 염화 나트륨의 양을 구하시오.

6 염분이 33 psu인 동해 해수 500 g에 염화 마그네슘이 1.8 g 녹아 있다. 염분이 31 psu인 황해 해수 500 g에 녹아 있는 염화 마그네슘의 양을 구하시오. (단, 소수 둘째 자리에서 반올림하시오.)

7 표는 서로 다른 해역에서 채취한 해수 1 kg에 녹아 있는 염류의 양을 나타낸 것이다.

해역	염화 나트륨(g)	염화 마그네슘(g)	기타(g)
(가)	31.1	4.3	4.6
(나)	24.1	( )	3.5

(나) 해역에서 채취한 해수 1 kg에 녹아 있는 염화 마그네슘의 양을 구하시오. (단, 소수 둘째 자리에서 반올림하시오.)

01 그림은 인공위성에서 측정한 전 세계 해수 표면의 평균 수온을 나타낸 것이다.

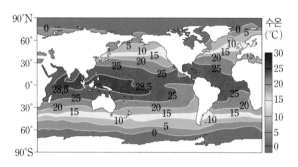

이에 대한 설명으로 옳은 것을 〈보기〉에서 모두 고른 것은?

┌─ 보기 ─────────────────────────────
ㄱ. 저위도에서 고위도로 갈수록 표층 수온이 낮아진다.
ㄴ. 표층 수온의 등온선은 대체로 위도와 나란하게 분포한다.
ㄷ. 저위도에서 고위도로 갈수록 태양 복사 에너지가 많이 도달한다.
└────────────────────────────────

① ㄱ   ② ㄷ   ③ ㄱ, ㄴ
④ ㄱ, ㄷ   ⑤ ㄴ, ㄷ

출제율 99%

02 그림은 깊이에 따른 해수의 층상 구조를 나타낸 것이다.

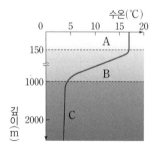

A∼C층에 대한 설명으로 옳은 것은?

① A층은 계절에 관계없이 수온이 항상 일정하다.
② 바람이 강하게 불수록 A층의 수온이 높아진다.
③ 해수의 혼합은 B층에서 가장 활발하게 일어난다.
④ 태양 복사 에너지는 C층에 가장 많이 도달한다.
⑤ 고위도 해역과 저위도 해역에서 C층의 수온은 거의 같다.

[03∼04] 다음은 깊이에 따른 해수의 층상 구조를 알아보기 위한 실험을 나타낸 것이다.

[실험 과정]
(가) 수조에 물을 채우고, 온도계 5개를 수면에서 일정한 간격으로 깊이를 다르게 하여 장치한 후 각 온도계의 처음 온도를 측정한다.
(나) 전등을 켜고 10분 동안 가열한 후 각 온도계의 온도를 측정한다.
(다) 전등을 켠 상태에서 선풍기로 바람을 일으킨 후 각 온도계의 온도를 측정한다.

[실험 결과]

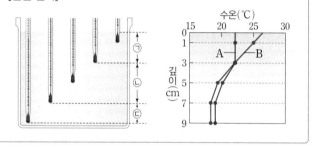

출제율 99%

03 (나), (다) 과정에서 형성되는 층을 실제 해수의 층상 구조와 비교할 때 옳게 짝 지은 것은?

	(나)	(다)
①	혼합층	수온 약층
②	혼합층	심해층
③	수온 약층	혼합층
④	수온 약층	심해층
⑤	심해층	수온 약층

04 이 실험에 대한 설명으로 옳은 것을 〈보기〉에서 모두 고른 것은?

┌─ 보기 ─────────────────────────────
ㄱ. ㉠∼㉢ 중 바람의 영향을 받는 구간은 ㉠이다.
ㄴ. A는 과정 (나), B는 과정 (다)의 결과를 나타낸 것이다.
ㄷ. 전등의 복사 에너지는 깊이에 관계없이 일정하게 도달한다.
└────────────────────────────────

① ㄱ   ② ㄷ   ③ ㄱ, ㄴ
④ ㄱ, ㄷ   ⑤ ㄴ, ㄷ

05 그림은 위도가 다른 세 해역에서 측정한 수온의 연직 분포를 나타낸 것이다.

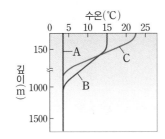

이에 대한 설명으로 옳은 것을 〈보기〉에서 모두 고른 것은?

┌─ 보기 ─
ㄱ. B는 C보다 고위도 해역이다.
ㄴ. 바람이 가장 강하게 부는 해역은 A이다.
ㄷ. 수온 약층에서 수온 변화가 가장 큰 해역은 C이다.
ㄹ. 태양 복사 에너지가 가장 많이 도달하는 해역은 A이다.
└─

① ㄱ, ㄴ   ② ㄱ, ㄷ   ③ ㄷ, ㄹ
④ ㄱ, ㄴ, ㄷ   ⑤ ㄴ, ㄷ, ㄹ

【주관식】
06 다음에서 설명하는 염류의 종류를 쓰시오.

• 염류 중 가장 많은 양을 차지한다.
• 짠맛이 난다.

07 그림은 염류와 염분에 대해 학생들이 나눈 대화이다.

제시한 의견이 옳은 학생끼리 옳게 짝 지은 것은?

① 희원, 민호   ② 희원, 윤슬
③ 승아, 민호   ④ 승아, 윤슬
⑤ 민호, 윤슬

출제율 99%
08 표는 어느 바다에서 채취한 해수 500 g에 녹아 있는 염류의 양을 나타낸 것이다.

염류	염화나트륨	염화마그네슘	황산마그네슘	기타
질량(g)	15.5	2.2	1.0	1.3

이 해수의 염분은 얼마인가?

① 17.7 psu   ② 18.7 psu   ③ 20 psu
④ 35.4 psu   ⑤ 40 psu

09 염분이 36.5 psu인 해수를 증발시켜 182.5 g의 염류를 얻으려고 할 때 필요한 해수의 양은 얼마인가?

① 100 g   ② 500 g   ③ 2 kg
④ 5 kg   ⑤ 15 kg

10 다음은 (가)~(다) 세 해역에서 채취한 해수의 양과 해수에 녹아 있는 염류의 양을 나타낸 것이다.

(가) 해수 250 g에 염류가 8.2 g 녹아 있다.
(나) 해수 1500 g에 염류가 45 g 녹아 있다.
(다) 해수 7 kg에 염류가 234.5 g 녹아 있다.

(가)~(다) 해역의 염분을 옳게 비교한 것은?

① (가)>(나)>(다)   ② (가)>(다)>(나)
③ (나)>(가)>(다)   ④ (다)>(가)>(나)
⑤ (다)>(나)>(가)

출제율 99%

11 해수의 염분을 변화시키는 요인이 <u>아닌</u> 것은?

① 결빙　　　　② 증발량　　　　③ 강수량

④ 염류의 종류　　⑤ 강물의 유입량

12 그림은 전 세계 바다의 평균 염분 분포를 나타낸 것이다.

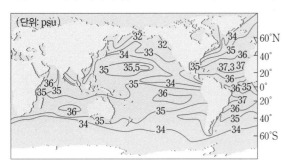

이에 대한 설명으로 옳은 것을 〈보기〉에서 모두 고른 것은?

> 보기
> ㄱ. 염분은 적도 해역에서 가장 높다.
> ㄴ. 고위도 해역은 중위도 해역보다 염분이 낮다.
> ㄷ. 대양 주변부는 대양 중앙부보다 염분이 높다.

① ㄱ　　　　　② ㄴ　　　　　③ ㄱ, ㄴ

④ ㄱ, ㄷ　　　　⑤ ㄴ, ㄷ

13 그림은 위도에 따른 (증발량－강수량) 값과 염분 분포를 나타낸 것이다.

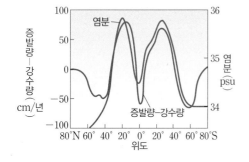

이에 대한 설명으로 옳지 <u>않은</u> 것은?

① 적도 해역에서는 증발량보다 강수량이 많다.

② 위도 30° 부근은 증발량이 강수량보다 많다.

③ 염분이 가장 높은 곳은 중위도 해역이다.

④ (증발량－강수량) 값이 클수록 염분은 대체로 높다.

⑤ 위도 60° 이상의 고위도 해역은 강수량이 증발량보다 많기 때문에 염분이 낮다.

출제율 99%

14 그림은 우리나라 주변 바다의 염분 분포를 나타낸 것이다.

이에 대한 설명으로 옳은 것은?

① 동해가 황해보다 염분이 낮다.

② 여름철이 겨울철보다 염분이 낮다.

③ 해안에서 멀어질수록 염분이 낮다.

④ 계절에 관계없이 남해의 염분이 가장 낮다.

⑤ 우리나라 부근 해역의 염분은 전 세계 해양의 평균 염분보다 높다.

【주관식】

15 표는 동해와 황해의 해수 1 kg에 녹아 있는 염화 나트륨과 염화 마그네슘의 양을 나타낸 것이다.

구분	동해	황해
염화 나트륨(g)	25.64	A
염화 마그네슘(g)	3.60	3.38

황해의 해수 1 kg에 녹아 있는 염화 나트륨의 양(A)을 구하시오. (단, 소수 세째 자리에서 반올림하시오.)

16 표는 여러 바다의 염분을 나타낸 것이다.

구분	황해	사해	북극해	홍해
염분(psu)	31	200	30	40

황해, 사해, 북극해, 홍해에서 서로 같은 값을 갖는 것은?

① 위도

② 해수의 표층 수온

③ 해수 1 kg에 녹아 있는 염류의 총량(g)

④ 해수 1 kg에 녹아 있는 염화 나트륨의 양(g)

⑤ 해수 10 kg에 녹아 있는 염류 중 염화 나트륨이 차지하는 비율

고난도 문제

17 그림은 북반구 중위도 어느 해역의 계절별 연직 수온 분포를 나타낸 것이다.

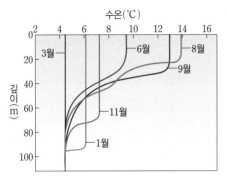

이에 대한 설명으로 옳은 것을 〈보기〉에서 모두 고른 것은?

┌─ 보기 ─
ㄱ. 겨울철보다 여름철에 수온 약층이 잘 발달한다.
ㄴ. 수심이 깊어질수록 계절에 따른 수온 차이가 커진다.
ㄷ. 바람에 의한 혼합 작용은 8월이 1월보다 활발하게 일어난다.
ㄹ. 수심 약 100 m보다 깊은 곳에서는 연중 수온 변화가 거의 없다.
└─

① ㄱ, ㄷ　　　② ㄱ, ㄹ　　　③ ㄴ, ㄷ
④ ㄱ, ㄴ, ㄹ　　　⑤ ㄴ, ㄷ, ㄹ

자료 분석 | 정답과 해설 76쪽

18 다음은 (가)~(다) 세 해역에서 채취한 해수의 염류와 염분을 나타낸 것이다.

┌─
(가) 염류가 34.8 g 녹아 있는 해수 800 g
(나) 염분이 33.2 psu인 해수 2 kg
(다) 염분이 34 psu인 해수 200 g
└─

(가)~(다) 세 해수를 모두 섞었을 때 해수의 염분은 얼마인가?

① 33 psu　　② 34 psu　　③ 35 psu
④ 36 psu　　⑤ 37 psu

서술형 문제

19 그림은 우리나라 주변 바다의 여름철 표층 수온 분포를 나타낸 것이다.

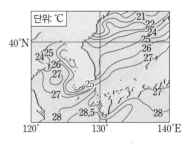

표층 수온이 남쪽에서 북쪽으로 갈수록 낮아지는 까닭을 서술하시오.

_____
_____

출제율 99%

20 저위도 해역과 중위도 해역에서 혼합층의 두께를 비교하고, 그렇게 생각한 까닭을 서술하시오.

_____
_____

21 그림은 북반구에서 위도에 따른 증발량과 강수량의 분포를 나타낸 것이다.

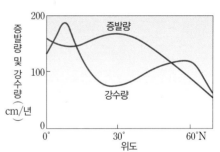

해수의 염분이 가장 높을 것으로 예상되는 위도를 쓰고, 그 까닭을 서술하시오.

_____
_____

22 염분이 30 psu인 어느 바다의 해수 1 kg 속에 염류 A가 3.3 g 녹아 있었다. 염분이 37 psu인 해수 10 kg 속에 녹아 있는 염류 A의 양을 구하고, 풀이 과정을 함께 서술하시오.

_____
_____

1 해류

① 해류: 바다에서 일정한 방향으로 나타나는 지속적인 해수의 흐름

② 해류의 발생 원인: 지속적으로 부는 ❶(　　　)

③ 난류와 한류

난류	• 저위도에서 고위도로 흐르는 해류 • 수온이 비교적 높다.
한류	• 고위도에서 저위도로 흐르는 해류 • 수온이 비교적 낮다.

④ 해류의 영향: 주변 지역의 기후에 영향을 준다. ➡ 난류가 흐르는 해역은 같은 위도의 내륙 지역보다 기온이 높다.

2 우리나라 주변의 해류

① 난류

❷(　　　) 해류	• 북태평양의 서쪽 해역을 따라 북쪽으로 흐르는 해류 • 우리나라 주변 난류의 근원
동한 난류	• 쿠로시오 해류의 일부가 동해안을 따라 북상하는 해류
황해 난류	• 쿠로시오 해류의 일부가 황해 중앙부로 북상하는 해류

② 한류

연해주 한류	• 오호츠크해에서 아시아 대륙의 동쪽 연안을 따라 남하하는 해류 • 북한 한류의 근원
북한 한류	연해주 한류의 일부가 동해안을 따라 남하하는 해류

▲ 우리나라 주변의 해류

③ 조경 수역: 난류와 한류가 만나는 곳으로, 영양 염류와 플랑크톤이 풍부하여 좋은 어장이 형성된다.

• 우리나라에서는 ❸(　　　) 난류와 ❹(　　　) 한류가 만나는 곳에 조경 수역이 형성된다.

• 계절에 따른 조경 수역의 위치 변화: 난류의 세력이 강해지는 여름철에는 북상하고, 한류의 세력이 강해지는 겨울철에는 남하한다.

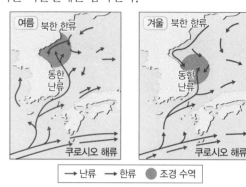

▲ 계절에 따른 조경 수역의 위치

3 조석

① 조석 현상: 밀물과 썰물에 의해 해수면의 높이가 주기적으로 높아졌다 낮아졌다 하는 현상 ➡ 만조와 간조는 하루에 각각 약 ❺(　　　)번씩 나타난다.

만조	밀물로 해수면의 높이가 가장 높아졌을 때
간조	썰물로 해수면의 높이가 가장 낮아졌을 때

② 조석 주기: 만조에서 다음 ❻(　　　) 또는 간조에서 다음 ❼(　　　)가 될 때까지 걸리는 시간 ➡ 약 12시간 25분

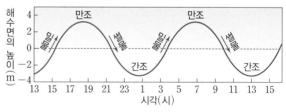

▲ 하루 동안 해수면의 높이 변화

③ 조차: 만조와 간조 때 해수면의 높이 차

사리	한 달 중 조차가 가장 ❽(　　　) 때
조금	한 달 중 조차가 가장 ❾(　　　) 때

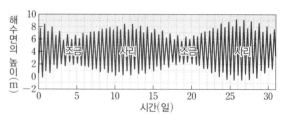

▲ 한 달 동안 해수면의 높이 변화

④ 조류: 밀물과 썰물에 의해 생기는 바닷물의 주기적인 흐름

⑤ 조석 현상의 이용: 죽방렴, 조개잡이, 갯벌 체험, 조력 발전, 조류 발전, 관광지(바다 갈라짐 현상) 등

1   지속적인 (㉠   )에 의해 해수가 일정한 방향으로 흐르는 것을 (㉡   )(이)라고 한다.

1 _____

_____ 03. 해수의 순환 ___

2   고위도에서 저위도에서 흐르는 찬 해류는 (㉠   )(이)고, 저위도에서 고위도로 흐르는 따뜻한 해류는 (㉡   )(이)다.

2 _____

_____

3   우리나라 부근에서 흐르는 난류를 〈보기〉에서 모두 고르시오.

> 보기
> ㄱ. 황해 난류   ㄴ. 북한 한류   ㄷ. 동한 난류
> ㄹ. 쿠로시오 해류   ㅁ. 연해주 한류

3 _____

_____

4   우리나라 부근을 흐르는 난류의 근원은 (㉠   ) 해류이고, 한류의 근원은 (㉡   ) 한류이다.

4 _____

_____

5   우리나라 주변에서 조경 수역은 ㉠(동해 , 황해 , 남해)에 형성되며, 조경 수역을 형성하는 두 해류는 (㉡   )와/과 (㉢   )(이)다.

5 _____

_____

6   그림은 약 하루 동안 해수면의 높이 변화를 나타낸 것이다.

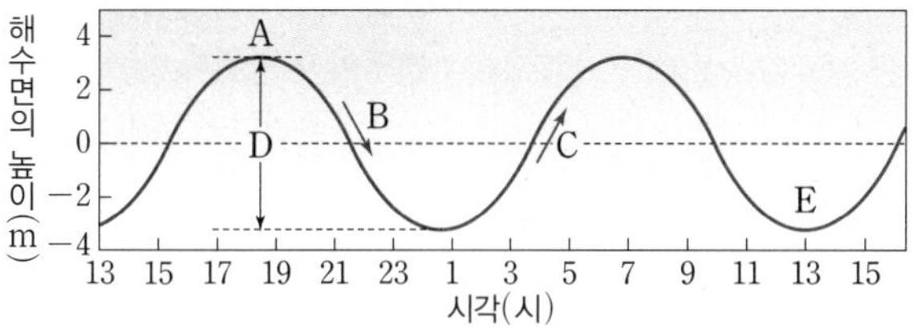

A~E에 해당하는 조석 용어를 각각 쓰시오.

6 _____

_____

7   우리나라에서 만조와 간조는 각각 하루에 약 (㉠   )회씩 일어나며, 조석 주기는 약 (㉡   )시간 (㉢   )분이다.

7 _____

_____

8   한 달 중 만조와 간조 때 해수면의 높이 차가 가장 클 때를 (㉠   ), 해수면의 높이 차가 가장 작을 때를 (㉡   )(이)라고 한다.

8 _____

_____

01 지속적으로 부는 바람에 의해 발생하는 해수의 운동을 무엇이라고 하는가?

① 파도   ② 조류   ③ 해류
④ 밀물   ⑤ 썰물

출제율 99%

02 해류에 대한 설명으로 옳은 것을 모두 고르면? (2개)

① 일정한 주기로 방향이 달라진다.
② 한류는 저위도에서 고위도로 흐른다.
③ 일정한 방향으로 흐르는 해수의 흐름이다.
④ 주로 지속적으로 부는 바람에 의해 발생한다.
⑤ 해류는 해안 지방의 기후에 영향을 미치지 않는다.

03 난류에 대한 설명으로 옳은 것을 〈보기〉에서 모두 고른 것은?

┌─ 보기 ─────────────────
ㄱ. 비교적 따뜻한 해류이다.
ㄴ. 저위도에서 고위도로 흐른다.
ㄷ. 우리나라 주변에 흐르는 해류는 모두 난류이다.
└──────────────────────

① ㄱ   ② ㄷ   ③ ㄱ, ㄴ
④ ㄱ, ㄷ   ⑤ ㄴ, ㄷ

[04~06] 그림은 우리나라 주변을 흐르는 해류를 나타낸 것이다.

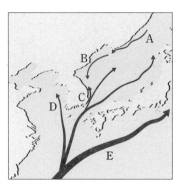

【주관식】

04 다음 설명과 관계있는 해류의 기호와 이름을 쓰시오.

┌──────────────────────
겨울철에 우리나라의 동해안은 같은 위도의 내륙 지역보다 기온이 높다.
└──────────────────────

출제율 99%

05 A~E 해류에 대한 설명으로 옳은 것을 〈보기〉에서 모두 고른 것은?

┌─ 보기 ─────────────────
ㄱ. A는 연해주 한류이다.
ㄴ. B는 C보다 수온이 낮다.
ㄷ. C와 D가 갈라지는 제주도 남쪽 해역에는 조경 수역이 형성된다.
ㄹ. E는 우리나라 주변을 흐르는 모든 해류의 근원이다.
└──────────────────────

① ㄱ, ㄴ   ② ㄴ, ㄷ   ③ ㄷ, ㄹ
④ ㄱ, ㄴ, ㄷ   ⑤ ㄴ, ㄷ, ㄹ

06 A~E 중 한류를 모두 고른 것은?

① A, B   ② A, D   ③ A, B, C
④ B, C   ⑤ C, D, E

07 다음은 어느 해 신문 기사의 일부이다.

> 강원도 강릉 인근 해변에서는 중국에서 판매하는 음료수의 페트병이 발견되기도 했다. 이들 쓰레기는 올해 8월 두만강 인근에서 일어난 홍수로 유출된 쓰레기가 강물을 따라 바다에 유입된 후 ㉠해류를 타고 남하한 것으로 확인됐다.

㉠에 해당하는 해류는 무엇인가?

① 북한 한류　　② 동한 난류　　③ 황해 난류

④ 쓰시마 난류　　⑤ 쿠로시오 해류

[주관식]

08 그림은 우리나라 주변을 흐르는 해류를 나타낸 것이다.

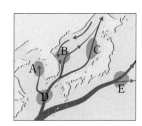

A~E 중 다음과 같은 특징이 나타나는 해역을 고르고, 이곳을 무엇이라고 하는지 쓰시오.

> 영양 염류와 플랑크톤이 풍부하며, 다양한 어류가 모여들어 좋은 어장이 형성된다.

출제율 99%

09 그림 (가)와 (나)는 여름철과 겨울철에 우리나라 동해안을 흐르는 해류의 분포를 순서 없이 나타낸 것이다.

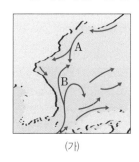 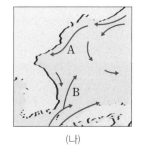

(가)　　　　　　　　(나)

이에 대한 설명으로 옳지 <u>않은</u> 것은?

① A는 북한 한류, B는 동한 난류이다.

② (가)는 여름철, (나)는 겨울철의 해류 분포이다.

③ 조경 수역은 (가)일 때 북상하고, (나)일 때 남하한다.

④ 동해안의 평균 수온은 (가)일 때가 (나)일 때보다 높다.

⑤ A와 B는 모두 쿠로시오 해류에서 갈라져 나온 해류이다.

10 다음은 밀물과 썰물에 의한 해수의 흐름을 설명한 것이다.

> 밀물과 썰물에 의해 해수면이 주기적으로 높아졌다 낮아졌다 하는 현상을 (㉠)(이)라고 하며, 이와 같은 현상에 의해 나타나는 해수의 흐름을 (㉡)(이)라고 한다.

빈칸에 알맞은 말을 옳게 짝 지은 것은?

	㉠	㉡
①	조류	해류
②	조류	조석
③	조석	조류
④	조석	해류
⑤	만조	간조

출제율 99%

11 조석 현상에 대한 설명으로 옳지 <u>않은</u> 것은?

① 만조와 간조 때의 해수면의 높이 차를 조차라고 한다.

② 우리나라 주변에서 조차는 서해안이 동해안보다 크다.

③ 밀물에 의해 해수면이 가장 높아진 때를 만조라고 한다.

④ 우리나라에서 간조와 만조는 각각 하루에 약 1번씩 일어난다.

⑤ 바닷물이 바다에서 육지 쪽으로 밀려 들어오는 것을 밀물이라고 한다.

12 우리나라에서 만조에서 다음 만조가 될 때까지 걸리는 시간은 얼마인가?

① 약 6시간　　　　　　② 약 6시간 30분

③ 약 12시간　　　　　④ 약 12시간 25분

⑤ 약 24시간 50분

13 그림은 만조와 간조 때 해수면을 나타낸 것이다.

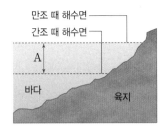

이에 대한 설명으로 옳은 것을 〈보기〉에서 모두 고른 것은?

> 보기
> ㄱ. A는 밀물이다.
> ㄴ. 한 달 중 A가 최대로 나타나는 시기를 사리라고 한다.
> ㄷ. 조력 발전은 A를 이용하여 전기를 생산하는 발전 방식이다.

① ㄱ   ② ㄷ   ③ ㄱ, ㄴ
④ ㄱ, ㄷ   ⑤ ㄴ, ㄷ

[14~15] 그림은 어느 날 인천 앞바다에서 하루 동안 해수면의 높이 변화를 나타낸 것이다.

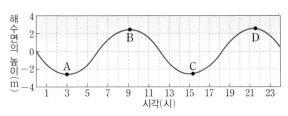

출제율 99%

14 이에 대한 설명으로 옳지 <u>않은</u> 것은?

① B는 만조이다.
② 조차는 약 5 m이다.
③ 조개를 캐려면 13~17시경이 가장 적합하다.
④ A에서 C까지 걸린 시간을 조석 주기라고 한다.
⑤ 다음 날 3시는 해수면의 높이가 가장 낮은 간조이다.

15 A~D 사이의 기간 중 인천 앞바다에서 썰물이 일어나는 구간을 모두 고른 것은?

① A~B   ② B~C
③ C~D   ④ A~B, C~D
⑤ B~C, C~D

16 경기도 안산시 시화호에서 오전 6시에 간조가 일어났다면, 이 시각 이후 첫 번째 만조 시각은 언제인가?

① 오전 9시경   ② 오후 12시 13분경
③ 오후 3시경   ④ 오후 6시 25분경
⑤ 오후 9시 25분경

출제율 99%

17 그림은 한 달 동안 어느 지역에서 해수면의 높이 변화를 관측하여 나타낸 것이다.

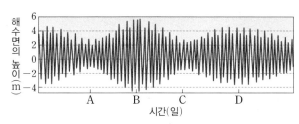

이에 대한 설명으로 옳은 것을 〈보기〉에서 모두 고른 것은?

> 보기
> ㄱ. A와 C 시기를 조금이라고 한다.
> ㄴ. 한 달 중 B와 D 시기에 조차가 가장 작다.
> ㄷ. B 시기에 바다 갈라짐 현상이 나타날 수 있다.

① ㄱ   ② ㄴ   ③ ㄷ
④ ㄱ, ㄷ   ⑤ ㄴ, ㄷ

18 일상생활에서 조석 현상을 활용하는 것과 관련이 가장 적은 것은?

① 갯벌 체험
② 조력 발전
③ 파력 발전
④ 바다 갈라짐 현상 관광
⑤ 고기잡이배의 출항 시기

출제율 99%

19 그림 (가)는 우리나라 주변의 해류 분포를, (나)는 A, B, C 해역에서 측정한 해수의 수온과 염분을 순서 없이 나타낸 것이다.

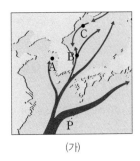 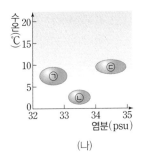

(가)   (나)

이에 대한 설명으로 옳은 것을 〈보기〉에서 모두 고른 것은?

┌─ 보기 ┐
ㄱ. ㉠은 A 해역에서 측정한 자료이다.
ㄴ. P는 우리나라 주변을 흐르는 난류의 근원이다.
ㄷ. C 해역은 A, B, C 중 수온과 염분이 가장 낮다.
└─────────┘

① ㄱ   ② ㄷ   ③ ㄱ, ㄴ
④ ㄱ, ㄷ   ⑤ ㄴ, ㄷ

자료 분석 | 정답과 해설 78쪽

20 그림은 우리나라의 동해, 황해, 남해에서 하루 동안 해수면의 높이 변화를 나타낸 것이다.

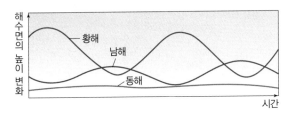

이에 대한 설명으로 옳은 것을 〈보기〉에서 모두 고른 것은?

┌─ 보기 ┐
ㄱ. 조차는 황해에서 가장 크다.
ㄴ. 만조와 간조는 하루에 약 4번씩 나타난다.
ㄷ. 동해에서는 조석 현상이 일어나지 않는다.
└─────────┘

① ㄱ   ② ㄷ   ③ ㄱ, ㄴ
④ ㄱ, ㄷ   ⑤ ㄴ, ㄷ

자료 분석 | 정답과 해설 79쪽

21 그림과 같이 거제도와 대마도 사이에서 유조선이 침몰하여 기름이 유출되고 있다. A와 B 중 기름이 퍼져 나가는 것을 막아주는 오일펜스를 설치하기에 적절한 곳을 고르고, 그 까닭을 서술하시오.

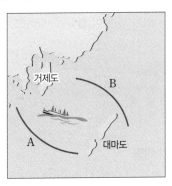

_____

_____

22 그림은 어느 해안 지방에서 하루 중 해수면이 가장 낮을 때와 가장 높을 때의 모습을 나타낸 것이다.

(가)   (나)

(1) (가), (나)일 때를 각각 무엇이라고 하는지 쓰시오.

_____

(2) 해수면의 높이가 (가)에서 (나)로 되는 동안 바닷물의 흐름을 다음 용어 중 3가지를 골라 서술하시오.

┌─────────────────────────┐
│ 밀물, 썰물, 육지, 바다 │
└─────────────────────────┘

_____

_____

23 갯벌이 가장 넓게 나타나는 시기를 다음 용어 중 2가지를 골라 서술하시오.

┌─────────────────────────┐
│ 만조, 간조, 조금, 사리 │
└─────────────────────────┘

_____

_____

정답과 해설 **80**쪽

1 온도와 입자 운동

① 온도: 물체의 차갑고 뜨거운 정도를 수치로 나타낸 것 [단위: ℃(섭씨도), K(켈빈)]

② 온도와 입자 운동: 물체의 온도가 낮을수록 물체를 이루는 입자 운동이 ❶( )하고, 온도가 높을수록 입자 운동이 ❷( )하다.

온도가 낮다.
➡ 입자 운동이 둔하다.

온도가 높다.
➡ 입자 운동이 활발하다.

2 열의 이동

① 열: ❸( )가 다른 물체가 접촉할 때 온도가 높은 물체에서 낮은 물체로 이동하는 에너지

② 열의 이동 방법

전도	물질을 이루는 입자의 운동이 이웃한 입자에 차례로 전달되어 열이 이동하는 방법 ➡ 주로 ❹( )에서 일어나는 열의 이동 방법 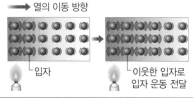 열의 이동 방향 / 입자 / 이웃한 입자로 입자 운동 전달
대류	물질을 이루고 있는 입자들이 직접 이동하면서 열을 전달하는 방법 ➡ ❺( )와 기체에서 일어나는 열의 이동 방법  가열된 물 입자 / 위쪽의 물 입자
복사	열이 물질의 도움 없이 직접 이동하는 방법 ➡ 주로 공기 중이나 진공 상태에서 일어나는 열의 이동 방법 

3 냉난방 기구의 효율적인 사용

① 냉난방 기구의 설치: ❻( )가 잘 일어나도록 냉방기는 위쪽에, 난방기는 아래쪽에 설치한다.

따뜻한 공기가 위로 올라간다. / 냉방기 / 차가워진 공기가 아래로 내려온다.
▲ 냉방을 할 때

따뜻해진 공기가 위로 올라간다. / 난방기 / 차가운 공기가 아래로 내려온다.
▲ 난방을 할 때

② 단열: 물체와 물체 사이에서 ❼( )의 이동을 막는 것을 단열이라 하고, 단열에 사용하는 재료를 단열재라고 한다.

· 전도, 대류, 복사에 의한 열의 이동을 모두 막아야 단열이 잘 된다.

· 단열을 하면 열의 이동을 막아 오랫동안 ❽( )를 일정하게 유지할 수 있다.

· 단열의 이용: 보온병, 주택의 이중창, 주택 벽 사이의 스타이로폼, 아이스박스 등

[보온병에서의 단열]

이중 마개: 전도에 의한 열의 이동을 막는다.
은도금: 복사에 의한 열의 이동을 막는다.
이중벽의 진공 공간: 전도와 대류에 의한 열의 이동을 막는다.

4 열평형

① 열의 이동: 열은 항상 온도가 ❾( ) 물체에서 온도가 ❿( ) 물체로 이동한다.

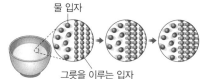
물 입자 / 그릇을 이루는 입자
물 입자들과 그릇을 이루는 입자들이 충돌하면서 물에서 그릇으로 열이 이동한다.

② 열평형: 온도가 다른 두 물체가 접촉했을 때 온도가 높은 물체에서 온도가 낮은 물체로 열이 이동하여 두 물체의 ⓫( )가 같아진 상태

구분	온도가 높은 물체	온도가 낮은 물체
열	열을 ⓬( ).	열을 ⓭( ).
온도	낮아진다.	높아진다.
입자 운동	둔해진다.	활발해진다.

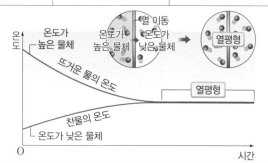
온도 / 온도가 높은 물체 / 온도가 높은 물체 / 열 이동 / 온도가 낮은 물체 / 열평형 / 뜨거운 물의 온도 / 열평형 / 찬물의 온도 / 온도가 낮은 물체 / O / 시간

③ 열평형 상태의 이용

· 온도계로 온도를 측정한다.

· 냉장고에 음식을 넣어 보관한다.

· 차가운 물속에 과일을 담가 둔다.

· 생선을 얼음 위에 올려놓고 신선한 상태를 유지한다.

정답과 해설 **80**쪽

1 　물체의 차갑고 뜨거운 정도를 (㉠ 　　　　)라 하고, 이것을 변하게 하는 원인을 (㉡ 　　　　) 이라고 한다.

1 ＿＿＿＿＿＿＿＿＿
　＿＿＿＿＿＿＿＿＿

2 　물체의 온도가 (㉠ 　　　　)수록 입자 운동이 활발하고, 온도가 (㉡ 　　　　)수록 입자 운동이 둔하다.

2 ＿＿＿＿＿＿＿＿＿
　＿＿＿＿＿＿＿＿＿

3 　열은 고체 내부에서는 (㉠ 　　　　)의 방법으로, 액체나 기체에서는 (㉡ 　　　　)의 방법으로, 진공에서는 (㉢ 　　　　)의 방법으로 이동한다.

3 ＿＿＿＿＿＿＿＿＿
　＿＿＿＿＿＿＿＿＿

4 　그림은 열이 전달되는 모습을 나타낸 것이다. ㉠~㉢에 알맞은 열의 이동 방법을 쓰시오.

4 ＿＿＿＿＿＿＿＿＿
　＿＿＿＿＿＿＿＿＿

5 　차가운 공기는 ㉠ (위로 올라가고 , 아래로 내려오고), 따뜻한 공기는 ㉡ (위로 올라가므로 , 아래로 내려오므로) 냉방기는 방의 ㉢ (위쪽 , 아래쪽)에 설치하고, 난방기는 방의 ㉣ (위쪽 , 아래쪽)에 설치해야 더 효율적이다.

5 ＿＿＿＿＿＿＿＿＿
　＿＿＿＿＿＿＿＿＿

6 　다음은 집 안에서 온도를 일정하게 유지하는 방법에 대한 설명이다.

> 집 안의 온도를 일정하게 유지하려면 여름에는 집 밖의 열이 안으로 들어오지 않게 하고 겨울에는 집 안의 열이 바깥으로 빠져나가지 않도록 ㉠열의 이동을 막아야 한다.

(1) ㉠을 무엇이라고 하는지 쓰시오.
(2) ㉠을 위해 사용하는 재료를 무엇이라고 하는지 쓰시오.

6 ＿＿＿＿＿＿＿＿＿
　＿＿＿＿＿＿＿＿＿

7 　접촉시킨 두 물체의 온도 차에 의해 두 물체 사이에서 이동하는 에너지를 (㉠ 　　　　)이라고 하며, 이때 이동한 에너지의 양을 (㉡ 　　　　)이라고 한다.

7 ＿＿＿＿＿＿＿＿＿
　＿＿＿＿＿＿＿＿＿

8 　고온의 물체에서 저온의 물체로 열이 이동하여 두 물체의 온도가 같아진 상태를 (　　　　)이 라고 한다.

8 ＿＿＿＿＿＿＿＿＿
　＿＿＿＿＿＿＿＿＿

9 　그림은 두 물체 A, B를 접촉시켰을 때 두 물체의 시간에 따른 온도를 나타낸 것이다.

(1) 열을 얻은 물체는 ㉠ (A , B)이고 열을 잃은 물체는 ㉡ (A , B)이다.
(2) 두 물체가 열평형에 도달한 시간은 (㉠ 　　　　)이고, 열 평형 온도는 (㉡ 　　　　)이다.

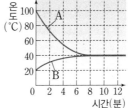

9 ＿＿＿＿＿＿＿＿＿
　＿＿＿＿＿＿＿＿＿

01 온도에 대한 설명으로 옳은 것을 〈보기〉에서 모두 고른 것은?

> 보기
> ㄱ. 입자 운동이 활발할수록 물체의 온도가 높다.
> ㄴ. 열을 흡수하거나 방출하면 물체의 온도가 변한다.
> ㄷ. 물체의 온도가 높아지면 물체의 질량도 함께 증가한다.
> ㄹ. 20 ℃의 물 두 컵을 합치면 전체 온도가 40 ℃가 된다.

① ㄱ, ㄴ   ② ㄱ, ㄹ   ③ ㄴ, ㄷ
④ ㄴ, ㄹ   ⑤ ㄷ, ㄹ

02 입자의 운동 상태를 그림과 같이 변화시키는 방법으로 가장 적절한 것은?

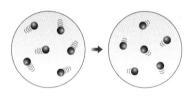

① 열을 가한다.
② 열을 빼앗는다.
③ 입자 수를 늘린다.
④ 입자 수를 줄인다.
⑤ 주위의 온도를 높인다.

출제율 99%

03 열의 이동 방법 중 하나인 전도에 대한 설명으로 옳지 않은 것은?

① 고체에서 주로 나타나는 열의 이동 방법이다.
② 전도가 잘 되는 물질일수록 열을 잘 잃지 않는다.
③ 이웃한 입자들 사이의 충돌에 의해 열이 전달된다.
④ 물질을 이루는 입자가 직접 이동하지 않고 열을 전달하는 방법이다.
⑤ 겨울에 공원에 있는 금속 의자가 나무 의자보다 더 차갑게 느껴지는 것은 전도 때문이다.

04 그림과 같이 프라이팬의 몸체는 쇠로 만들지만 손잡이는 플라스틱으로 만든다. 그 까닭으로 옳은 것은?

① 플라스틱이 쇠보다 단단하기 때문이다.
② 플라스틱은 대류에 의해 열이 전달되기 때문이다.
③ 플라스틱은 복사에 의해 열이 전달되기 때문이다.
④ 플라스틱이 쇠보다 열이 전도되는 빠르기가 느리기 때문이다.
⑤ 플라스틱을 이루는 입자의 운동이 쇠를 이루는 입자의 운동보다 활발하기 때문이다.

05 다음에서 설명하는 열의 이동 방법과 같은 방법으로 열이 이동하는 현상을 모두 고르면? (2개)

> 어떤 물체는 온도가 높아지면 열을 방출하는데, 이때 열에너지는 중간 물질의 도움 없이 직접 이동한다.

① 모닥불 쪽을 향한 몸이 따뜻해진다.
② 전기장판에 있으면 몸이 따뜻해진다.
③ 태양열이 우주 공간을 지나 지구로 전달된다.
④ 방 한쪽에 전기난로를 놓으면 방 전체가 따뜻해진다.
⑤ 냄비 바닥만 가열해도 냄비 속 물 전체가 데워진다.

06 그림은 열을 전달하는 방법을 책을 교실 뒤로 전달하는 방법에 비유한 것이다.

(가) 책을 던진다.

(다) 책을 직접 들고 간다.   (나) 책을 뒤로 전달한다.

(가)~(다)에 해당하는 열의 이동 방법을 옳게 짝 지은 것은?

	(가)	(나)	(다)
①	전도	대류	복사
②	전도	복사	대류
③	대류	전도	복사
④	대류	복사	전도
⑤	복사	전도	대류

출제율 99%

07 방 안에 에어컨을 설치할 때 가장 효과적인 위치와 그 까닭을 옳게 짝 지은 것은?

① 위쪽 - 열의 전도 현상을 최대화시키기 위해서
② 위쪽 - 열의 대류 현상을 최대화시키기 위해서
③ 위쪽 - 열의 복사 현상을 최대화시키기 위해서
④ 아래쪽 - 열의 전도 현상을 최대화시키기 위해서
⑤ 아래쪽 - 열의 대류 현상을 최대화시키기 위해서

08 단열에 대한 설명으로 옳지 <u>않은</u> 것은?

① 소방관이 방열복을 입으면 옷 속의 열이 밖으로 잘 빠져나간다.
② 겨울에는 두꺼운 옷 하나를 입는 것보다 얇은 옷 여러 개를 입는 것이 더 따뜻하다.
③ 아이스박스 안에 차가운 음식을 넣어 두면 오랫동안 차가운 상태를 유지할 수 있다.
④ 지붕이나 벽에 단열재를 붙이면 집 안의 열이 밖으로 빠져나가는 것을 막을 수 있다.
⑤ 창을 이중창으로 설치하면 유리와 유리 사이의 공기가 단열재 역할을 하여 열의 이동을 막는다.

출제율 99% 【주관식】

09 그림은 보온병의 내부 구조를 나타낸 것으로, 보온병은 단열을 통해 따뜻한 물의 온도를 오랫동안 유지할 수 있다. 보온병의 각 부분이 막는 열의 이동 방법을 모두 쓰시오.

- 이중 마개
- 이중벽
- 진공층
- 은도금

(1) 이중 마개
(2) 은도금 벽면
(3) 진공 상태의 이중벽

[10~11] 다음은 물질에 따른 단열 정도를 알아보기 위한 실험이다.

[실험 과정]
(1) 비커에 둥근 바닥 플라스크를 넣고 주변을 각각 모래, 톱밥, 스타이로폼 구로 채운다.
(2) 둥근 바닥 플라스크에 뜨거운 물을 각각 넣고 온도계를 꽂은 고무마개로 막은 후 5분마다 물의 온도를 측정한다.

모래   톱밥 스타이로폼 구

[실험 결과]

시간(분)	물의 온도(℃)		
	모래	톱밥	스타이로폼 구
0	50	50	50
5	45	48	47
10	42	46.5	45

10 위 실험에 대한 설명으로 옳은 것은?

① 단열 효과가 가장 좋은 물질은 모래이다.
② 열을 가장 잘 차단하는 물질은 톱밥이다.
③ 열을 가장 잘 이동시킨 물질은 스타이로폼 구이다.
④ 단열 효과가 좋은 물질일수록 온도 변화가 크다.
⑤ 물질 내부의 공기가 적을수록 열의 이동을 잘 막는다.

출제율 99%

11 위 실험에서 세 물질의 단열 효과를 옳게 비교한 것은?

① 모래 > 톱밥 > 스타이로폼 구
② 모래 > 스타이로폼 구 > 톱밥
③ 톱밥 > 스타이로폼 구 > 모래
④ 톱밥 > 모래 > 스타이로폼 구
⑤ 스타이로폼 구 > 모래 > 톱밥

[주관식]

12 그림은 물체 A~D를 각각 2개씩 접촉시켰을 때 열의 이동 방향을 나타낸 것이다. A~D를 처음 온도가 높은 것부터 순서대로 쓰시오.

| A → D | B → C | C → A |

13 표는 온도가 5 ℃로 맞춰진 냉장고에 하루 동안 넣어 둔 여러 가지 물체의 종류와 질량을 나타낸 것이다.

물체	물통	쇠구슬	유리 그릇	나무 도막
질량	100 g	150 g	200 g	50 g

가장 온도가 낮은 물체는?

① 물통　　　　② 쇠구슬　　　　③ 유리 그릇

④ 나무 도막　　⑤ 모두 같다.

14 열평형 상태에 있는 두 물체에 대한 설명으로 옳은 것을 모두 고르면? (단, 외부와의 열 출입은 없다.) (2개)

① 두 물체의 온도는 같다.

② 두 물체가 동시에 상태 변화를 시작한다.

③ 시간이 지나면 두 물체의 온도가 조금씩 달라진다.

④ 열이 이동하지 않아 두 물체의 온도가 변하지 않는다.

⑤ 질량이 큰 물체에서 질량이 작은 물체로 열이 계속 이동한다.

15 그림은 서로 다른 두 물체 A, B를 접촉시켰을 때 두 물체의 온도를 시간에 따라 나타낸 것이다. 이에 대한 설명으로 옳지 <u>않은</u> 것은? (단, 외부와의 열 출입은 없다.)

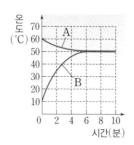

① 열은 A에서 B로 이동한다.

② 두 물체의 열평형 온도는 50 ℃이다.

③ A가 잃은 열량과 B가 얻은 열량은 같다.

④ 두 물체가 열평형에 도달한 시간은 8분이다.

⑤ 시간이 지날수록 이동하는 열의 양은 점점 줄어든다.

【주관식】

16 그림은 온도가 다른 두 물체 A, B를 접촉시킨 모습을 나타낸 것이다.

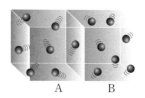

두 물체가 열평형 상태에 도달하였을 때 A와 B가 서로 같은 값을 가지는 물리량을 〈보기〉에서 모두 고르시오. (단, 외부와의 열 출입은 없고, A와 B는 같은 물질로 이루어져 있다.)

보기
ㄱ. 온도
ㄴ. 얻거나 잃은 열량
ㄷ. 입자 운동의 정도

17 그림은 가열 장치 위에 물이 든 비커를 올려놓은 모습을 나타낸 것이다. 비커 속의 물이 끓고 있을 때 열평형을 이루는 물체를 옳게 짝 지은 것은?

① 비커와 물

② 물과 온도계

③ 비커와 온도계

④ 가열 장치와 물

⑤ 가열 장치와 비커

18 그림과 같이 얼음 위에 생선을 올려놓으면 생선의 온도가 낮아진다. 이와 관계가 있는 현상이 <u>아닌</u> 것은?

① 온도계로 온도를 측정한다.

② 삶은 달걀을 찬물에 넣어 식힌다.

③ 콜라를 얼음 컵에 넣으면 차가워진다.

④ 차가운 물속에 담가 둔 과일이 차가워진다.

⑤ 차가운 물보다 뜨거운 물에서 잉크 방울이 더 빨리 퍼진다.

고난도 문제

【주관식】

19 그림은 철, 구리, 알루미늄 막대에 촛농을 이용하여 일정한 간격으로 성냥개비를 붙이고, 한쪽 끝을 알코올램프로 동시에 가열하는 모습을 나타낸 것이다. 표는 이 실험에서 성냥개비가 모두 떨어지는 데 걸린 시간을 나타낸 것이다.

금속 막대	걸린 시간
철	6초
구리	3초
알루미늄	4초

이에 대한 설명으로 옳은 것을 〈보기〉에서 모두 고르시오.

┌ 보기 ┐
ㄱ. 철이 알루미늄보다 열을 잘 전도한다.
ㄴ. 구리 막대에서 열이 가장 빨리 이동한다.
ㄷ. 금속의 종류에 따라 열이 전도되는 빠르기가 다르다.
ㄹ. 금속을 이루는 입자가 직접 이동하여 열을 전달한다.

자료 분석 | 정답과 해설 81쪽

20 그림 (가)와 같이 금속구를 물속에 넣고 물의 온도를 측정하였더니 (나)와 같은 결과가 나왔다.

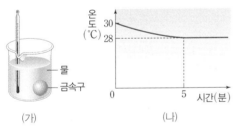

물속에 넣은 금속구의 온도 변화로 옳은 것은? (단, 외부와의 열 출입은 없다.)

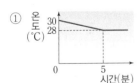 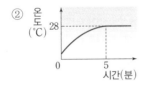

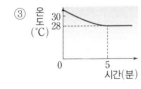 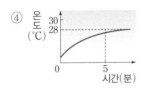

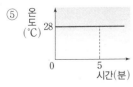

자료 분석 | 정답과 해설 81쪽

서술형 문제

21 그림과 같이 난로가 있는 교실에서 영희는 난로 가까이 있고, 철수는 난로에서 멀리 떨어져 있다.

(1) 난로를 켰을 때 따뜻함을 더 먼저 느끼는 사람을 쓰고, 그 까닭을 열의 전달 방법과 관련지어 서술하시오.

_____

(2) 난로를 켰을 때 따뜻함을 나중에 느끼는 사람을 쓰고, 그 까닭을 열의 전달 방법과 관련지어 서술하시오.

_____

22 그림과 같이 사각형 유리관을 스탠드에 고정한 후 물을 채우고 알코올램프로 가열하면서 유리관의 윗부분에서 빨간색 잉크를 떨어뜨렸다. 이때 물속의 잉크가 이동하는 방향을 A, B 중에서 고르고, 그 까닭을 다음 단어를 모두 포함하여 서술하시오.

┌──────────────────────┐
│   열, 온도, 시계 방향   │
└──────────────────────┘

_____

_____

23 그림과 같이 실온에서 같은 모양의 나무판과 금속판 위에 같은 모양의 얼음 조각을 놓았다.

이때 나무판과 금속판 중 얼음 조각이 더 빨리 녹는 것을 쓰고, 그렇게 생각한 까닭을 서술하시오.

_____

_____

1 열량

① 열량: 온도가 다른 두 물체 사이에서 이동한 열의 양
- 단위: cal(칼로리), kcal(킬로칼로리)
- 1 kcal는 물 1 kg의 온도를 1 ℃ 높이는 데 필요한 열량이다.

② 열량 및 질량과 온도 변화의 관계

열량과 온도 변화	질량과 온도 변화
물의 양이 같을 때 물의 온도 변화는 물이 얻은 열량이 ❶( )수록 크다. ➡ 온도 변화∝열량	물이 얻은 열량이 같을 때 물의 온도 변화는 물의 양이 ❷( )수록 크다. ➡ 온도 변화∝$\dfrac{1}{질량}$

2 비열 어떤 물질 ❸(   ) kg의 온도를 1 ℃ 높이는 데 필요한 열량 [단위: kcal/(kg·℃)]

① 비열의 특징
- 물질의 종류에 따라 고유한 값을 가지므로 물질을 구별하는 데 사용할 수 있다.
- 비열이 ❹(   )수록 온도를 높이는 데 더 많은 열량이 필요하므로 온도가 잘 변하지 않는다. ➡ 물은 비열이 다른 물질보다 크므로 온도 변화가 작다.

② 열량과 비열, 온도 변화의 관계 `문제 공략` 86, 87쪽

$$비열=\dfrac{열량}{질량×온도\ 변화}$$
$$➡ 열량=비열×질량×온도\ 변화$$

비열과 온도 변화	질량과 온도 변화
질량이 같은 두 물질에 같은 열량을 가할 때 비열이 작은 물질의 온도 변화가 더 크다.	같은 물질에 같은 열량을 가할 때 질량이 작은 것의 온도 변화가 더 크다.
온도 / 비열 0.5 콩기름 100 g / 비열 1 물 100 g / O 가열 시간	온도 / 물 50 g / 물 100 g / O 가열 시간

③ 비열에 의한 현상: 물은 다른 물질에 비해 비열이 매우 커서 다양한 현상이 나타난다.
- 사람은 외부의 온도가 급격히 변하더라도 체온을 일정하게 유지한다.
- 바닷가에서 낮에는 ❺(   ), 밤에는 ❻(   )이 분다.
- 사막(내륙)의 일교차가 해안 지역보다 크다.

④ 비열을 이용하는 예
- 기계 장치의 열을 식히는 냉각수로 물을 이용한다.
- 찜질팩이나 보일러 배관에 ❼(   )을 넣어 오랫동안 일정한 온도가 유지되도록 한다.
- 비열이 큰 뚝배기는 음식물이 천천히 식어야 할 때 사용하고, 비열이 작은 양은 냄비는 음식을 빠르게 조리해야 할 때 사용한다.

3 열팽창 물체의 온도가 높아질 때 물체의 길이나 부피가 늘어나는 현상

① 열팽창의 원인: 열에 의해 입자 운동이 활발해져 입자 사이의 거리가 멀어지기 때문이다.

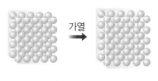

② 물체의 온도가 많이 변할수록 열팽창을 하는 정도도 크다.

③ 물질의 종류와 상태에 따른 열팽창 정도가 다르며, 일반적으로 ❽(   )>액체>❾(   ) 순이다.

4 고체의 열팽창

① 바이메탈: 열팽창 정도가 다른 두 금속을 붙여 놓은 장치

바이메탈의 원리
• 가열할 때: 열팽창 정도가 큰 금속이 더 많이 팽창한다. ➡ 열팽창 정도가 ❿(   ) 금속 쪽으로 휘어진다.
• 냉각할 때: 열팽창 정도가 큰 금속이 더 많이 수축한다. ➡ 열팽창 정도가 ⓫(   ) 금속 쪽으로 휘어진다.

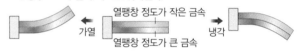

바이메탈의 이용

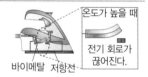

- 전기다리미: 온도가 많이 올라가면 한쪽으로 구부러져 전기 회로가 끊어지므로 더 이상 전류가 흐르지 않아 다리미의 과열을 막을 수 있다.

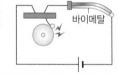

- 화재경보기: 불이 나서 온도가 높아지면 바이메탈이 휘어져 회로가 연결되므로 경보가 울리게 된다.

② 고체의 열팽창을 대비한 예: 도로의 틈, 다리 연결 부분의 틈, 기차선로 사이의 틈, 구부려 놓은 가스관 등

5 액체의 열팽창 액체의 온도가 높아지면 액체의 부피가 늘어난다.

① 알코올 온도계: 온도가 높아지면 알코올의 부피가 팽창하여 눈금이 올라가고, 온도가 낮아지면 알코올의 부피가 수축하여 눈금이 내려간다.

② 음료수 병: 열팽창에 의한 부피의 ⓬(   )를 고려하여 병의 윗부분을 비워 둔다.

③ 자동차의 주유: 주유량은 부피로 계산하므로 기온이 낮을 때 주유하는 것이 유리하다.

답안지

1 온도가 다른 두 물체 사이에 이동하는 열의 양을 (   )이라고 한다.

1 _____

2 물 1 kg의 온도를 1 ℃ 높이는 데 필요한 열량은 (㉠   )이므로 물의 비열은
(㉡   )이다.

2 _____

3 비열이 0.5 kcal/(kg·℃)인 물질 1 kg의 온도를 10 ℃ 높이는 데 필요한 열량은 몇 kcal인
지 구하시오.

3 _____

4 질량이 같은 두 물질에 같은 열량을 가했을 때 비열이 큰 물질일수록 온도 변화가 ㉠ (크다 ,
작다). 또한, 같은 물질에 같은 열량을 가한다면 질량이 클수록 온도 변화가 ㉡ (크다 , 작다).

4 _____

5 바닷가에서는 바다의 비열이 육지의 비열보다 크므로 낮에는 ㉠ ((가) , (나))와 같이 해풍이
불고, 밤에는 ㉡ ((가) , (나))와 같이 육풍이 분다.

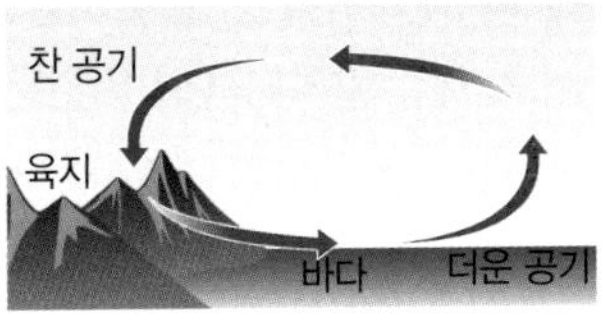

5 _____

(가) 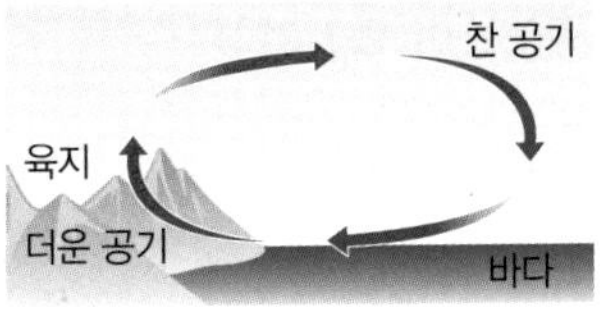   (나)

6 물체에 열을 가할 때 물체의 길이 또는 부피가 증가하는 현상을 무엇이라고 하는지 쓰시오.

6 _____

7 열팽창이 일어나는 까닭은 열에 의해 물체의 온도가 높아질 때 입자 운동이 (㉠   )해지
면서 입자 사이의 거리가 (㉡   )지기 때문이다. 이러한 현상은 고체, 액체, 기체에서 모
두 나타나는데, (㉢   )에서 가장 크게 나타난다.

7 _____

8 바이메탈은 열팽창 정도가 다른 두 금속을 붙여서 만든 것으로, 열을 가하면 열팽창 정도가
(㉠   ) 금속 쪽으로 휘어지고, 냉각하면 열팽창 정도가 (㉡   ) 금속 쪽으로 휘어
진다.

8 _____

9 그림과 같이 기차선로 사이에는 틈이 있다. 기온이 높아질 때 기차선로
사이의 틈이 어떻게 달라질지 쓰시오.

9 _____

10 알코올 온도계가 열을 받으면 알코올 기둥의 높이가 (㉠   )지고, 열을 잃으면 알코올 기
둥의 높이가 (㉡   )진다.

10 _____

- 열량: 온도가 다른 두 물체 사이에서 이동한 열의 양으로, 단위로는 cal(칼로리), kcal(킬로칼로리) 등을 사용한다.
- 비열: 어떤 물질 1 kg의 온도를 1 °C 높이는 데 필요한 열량으로, 단위로는 kcal/(kg·°C)를 사용한다.
- 열량과 비열, 온도 변화의 관계식

$$비열 = \frac{열량}{질량 \times 온도\ 변화} \Rightarrow 열량 = 비열 \times 질량 \times 온도\ 변화$$

비열을 구하는 문제

1 질량이 0.1 kg인 어떤 물질의 온도를 10 °C만큼 높이는 데 0.5 kcal의 열량이 필요하였다. 이 물질의 비열이 몇 kcal/(kg·°C)인지 구하시오.

2 질량이 2 kg인 어떤 물질의 온도를 20 °C에서 70 °C로 높이는 데 20 kcal의 열량이 필요하였다. 이 물질의 비열이 몇 kcal/(kg·°C)인지 구하시오.

3 온도가 15 °C인 어떤 물질 200 g에 0.08 kcal의 열량을 가했더니 온도가 20 °C가 되었다. 이 물질의 비열이 몇 kcal/(kg·°C)인지 구하시오.

열량을 구하는 문제

4 질량이 5 kg인 물의 온도를 30 °C만큼 높이는 데 필요한 열량이 몇 kcal인지 구하시오. (단, 물의 비열은 1 kcal/(kg·°C)이다.)

5 비열이 0.56 kcal/(kg·°C)인 콩기름 100 g의 온도를 20 °C 높이는 데 필요한 열량이 몇 kcal인지 구하시오.

6 온도가 10 °C이고 비열이 0.11 kcal/(kg·°C)인 철 0.5 kg의 온도를 20 °C까지 높이는 데 필요한 열량이 몇 kcal인지 구하시오.

질량을 구하는 문제

7 알루미늄의 온도를 20 °C에서 70 °C로 높이는 데 2.1 kcal의 열량이 필요하다면, 알루미늄의 질량이 몇 kg인지 구하시오. (단, 알루미늄의 비열은 0.21 kcal/(kg·°C)이다.)

8 온도가 17 °C이고 비열이 1 kcal/(kg·°C)인 물에 2 kcal의 열량을 가했더니 물의 온도가 22 °C가 되었다. 물의 질량이 몇 kg인지 구하시오.

온도 변화를 구하는 문제

9 비열이 0.2 kcal/(kg·°C)인 물질 100 g에 0.8 kcal의 열량을 가하면 물질의 온도는 몇 °C 높아지는지 구하시오.

10 처음 온도가 20 °C이고 질량이 200 g인 물에 6000 cal의 열량을 공급해 주었다. 이때 물의 나중 온도는 몇 °C인지 구하시오. (단, 물의 비열은 1 kcal/(kg·°C)이다.)

계산 문제 공략   온도-시간 그래프 해석하기

정답과 해설 82쪽

• 질량이 같은 두 물질에 같은 열량을 가한 경우 비열이 작은 물질의 온도 변화가 더 크다. ➡ 비열 $\propto \dfrac{1}{\text{온도 변화}}$

예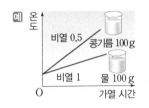

비열이 작은 콩기름의 온도 변화가 더 크다.

• 같은 물질에 같은 열량을 가한 경우 질량이 작은 것의 온도 변화가 더 크다. ➡ 질량 $\propto \dfrac{1}{\text{온도 변화}}$

예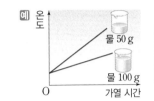

질량이 작은 것의 온도 변화가 더 크다.

온도-시간 그래프를 이용해 비열의 비를 구하는 문제

1 그림은 질량이 같은 두 물질 A, B를 같은 세기의 전열기로 5분 동안 가열했을 때 시간에 따른 온도를 나타낸 것이다.

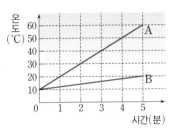

(1) 온도 변화의 비(A : B)를 쓰시오.

(2) 비열의 비(A : B)를 쓰시오.

온도-시간 그래프를 이용해 질량의 비를 구하는 문제

3 그림은 물 A, B를 같은 세기의 전열기로 5분 동안 가열했을 때 시간에 따른 온도를 나타낸 것이다.

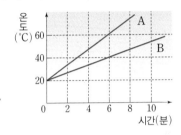

(1) 온도 변화의 비(A : B)를 쓰시오.

(2) 질량의 비(A : B)를 쓰시오.

2 그림은 질량이 같은 두 물질 A, B를 같은 세기의 불꽃으로 가열했을 때 시간에 따른 온도를 나타낸 것이다.

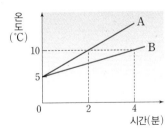

(1) 온도 변화의 비(A : B)를 쓰시오.

(2) 비열의 비(A : B)를 쓰시오.

4 그림은 같은 물질로 된 두 물체 A, B를 접촉하였을 때 시간에 따른 온도를 나타낸 것이다. (단, 외부와의 열 출입은 없다.)

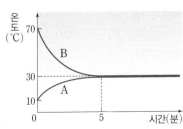

(1) 0분부터 5분까지 온도 변화의 비(A : B)를 쓰시오.

(2) 질량의 비(A : B)를 쓰시오.

01 비열에 대한 설명으로 옳은 것을 〈보기〉에서 모두 고른 것은?

보기
ㄱ. 단위로는 kcal/(kg·℃)를 사용한다.
ㄴ. 물질의 질량이 클수록 비열이 크다.
ㄷ. 물질의 종류에 따라 다른 값을 가진다.
ㄹ. 물질의 질량과 흡수한 열량이 같을 때 비열이 큰 물질일수록 온도 변화가 크다.

① ㄱ, ㄴ   ② ㄱ, ㄷ   ③ ㄴ, ㄷ
④ ㄴ, ㄹ   ⑤ ㄷ, ㄹ

[02~04] 그림과 같이 물 100 g과 어떤 액체 100 g이 각각 들어 있는 그릇을 같은 세기의 불꽃으로 같은 시간 동안 가열하였더니 2분 후 물의 온도는 20 ℃, 액체의 온도는 50 ℃ 올라갔다.

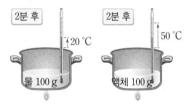

【주관식】

02 위 실험에서 2분 동안 물이 얻은 열량은 몇 kcal인지 구하시오. (단, 물의 비열은 1 kcal/(kg·℃)이다.)

03 위 실험에 사용한 액체의 비열은?

① 0.1 kcal/(kg·℃)   ② 0.2 kcal/(kg·℃)
③ 0.3 kcal/(kg·℃)   ④ 0.4 kcal/(kg·℃)
⑤ 0.6 kcal/(kg·℃)

【주관식】

04 위 실험에서 액체의 질량을 2배로 하고 4분 동안 가열했을 때 액체의 온도 변화는 몇 ℃인지 쓰시오.

05 그림 (가), (나)와 같이 물 50 g을 넣은 비커와 물 100 g을 넣은 비커를 같은 세기의 불꽃으로 동시에 가열하면서 물의 온도를 측정하였다.

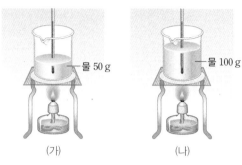

(가)   (나)

이 실험을 통해 알 수 있는 사실로 옳은 것은?

① 온도 변화는 비열에 비례한다.
② 온도 변화는 비열에 반비례한다.
③ 질량이 클수록 온도 변화가 작다.
④ 질량이 클수록 온도 변화가 크다.
⑤ 질량이 클수록 같은 온도만큼 변화시키는 데 필요한 열량이 적다.

06 그림은 질량이 같은 두 물질 A, B를 같은 세기의 불꽃으로 가열했을 때 시간에 따른 온도를 나타낸 것이다.

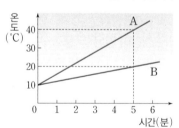

이에 대한 설명으로 옳은 것을 모두 고르면? (2개)

① 비열은 A가 B보다 크다.
② 5분 동안 받은 열량은 A와 B가 같다.
③ A와 B의 온도 변화의 비는 2 : 1이다.
④ 그래프의 기울기가 클수록 비열이 큰 물질이다.
⑤ A와 B를 같은 온도만큼 높이기 위해 필요한 열량은 B가 A보다 많다.

[주관식]

07 그림은 액체 A, B, C를 같은 세기의 불꽃으로 가열하는 모습을 나타낸 것이다. 질량의 비(A : B : C)는 2 : 1 : 2 이고, 같은 시간 동안 가열했을 때 온도 변화는 A가 2 ℃, B가 1 ℃, C가 4 ℃였다.

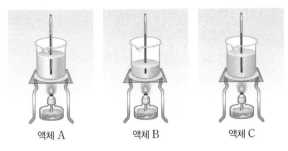

액체 A   액체 B   액체 C

A, B, C의 비열의 비(A : B : C)를 구하시오.

08 비열이 0.6 kcal/(kg·℃)인 콩기름 200 g에 3.6 kcal의 열량을 공급하였더니 콩기름의 온도가 80 ℃가 되었다. 콩기름의 처음 온도는?

① 20 ℃   ② 30 ℃   ③ 40 ℃

④ 50 ℃   ⑤ 60 ℃

09 해안 지방은 내륙 지방에 비해 낮과 밤의 일교차가 작다. 그 까닭으로 가장 적절한 것은?

① 바다가 비열이 큰 물로 이루어져 있기 때문이다.

② 해안 지방이 내륙 지방보다 열을 잘 복사하기 때문이다.

③ 해안 지방이 비열이 작은 모래로 이루어져 있기 때문이다.

④ 해안 지방이 내륙 지방에 비해 햇빛을 많이 받기 때문이다.

⑤ 해안 지방이 내륙 지방에 비해 바람이 많이 불기 때문이다.

10 그림은 길이와 부피가 같은 금속 막대 A, B, C를 동시에 가열할 때 금속 막대와 연결된 바늘이 움직인 모습을 나타낸 것이다.

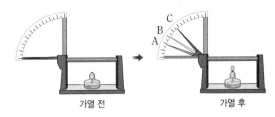

가열 전   가열 후

이에 대한 설명으로 옳지 <u>않은</u> 것을 모두 고르면? (2개)

① C의 열팽창 정도가 가장 작다.

② 세 금속의 열팽창 정도가 같다.

③ 가열 후 세 금속 모두 열팽창하였다.

④ 가열 후 세 금속 모두 온도가 올라갔다.

⑤ 가열 후 세 금속 모두 입자 운동이 활발해졌다.

[11~12] 그림은 철과 구리로 만든 금속판을 붙여 놓은 바이메탈이 가열될 때 작동하는 모습을 나타낸 것이다.

철   구리   가열   철   구리
전지   전지

11 이 바이메탈에 대한 설명으로 옳은 것을 〈보기〉에서 모두 고른 것은?

┌─ 보기 ┐
ㄱ. 온도가 올라가면 전원이 차단된다.
ㄴ. 열팽창 정도는 철이 구리보다 크다.
ㄷ. 온도가 내려가면 철과 구리로 만든 금속판이 수축한다.
└─────┘

① ㄱ   ② ㄴ   ③ ㄱ, ㄷ

④ ㄴ, ㄷ   ⑤ ㄱ, ㄴ, ㄷ

12 위와 같은 바이메탈이 사용되지 <u>않는</u> 것은?

① 전기밥솥   ② 전기난로   ③ 전기주전자

④ 전기다리미   ⑤ 전자레인지

13 고체의 열팽창으로 인한 피해를 줄이는 방법이 <u>아닌</u> 것은?

① 기차선로에는 약간의 틈을 둔다.
② 건물을 지을 때는 철근 콘크리트를 사용한다.
③ 전깃줄은 겨울에 팽팽하지 않도록 느슨하게 설치한다.
④ 유리병의 금속 뚜껑이 안 열리면 유리병을 뜨거운 물에 담가 둔다.
⑤ 치아를 치료할 때 사용하는 충전재는 치아와 열팽창 정도가 비슷한 것을 사용한다.

14 그림과 같이 포개진 그릇이 빠지지 않을 때 두 그릇을 분리할 수 있는 방법으로 옳은 것은?

① 두 그릇을 찬물 속에 넣는다.
② 두 그릇을 뜨거운 물 속에 넣는다.
③ 아래쪽 그릇은 찬물에 담그고, 위쪽 그릇에는 뜨거운 물을 넣는다.
④ 아래쪽 그릇은 뜨거운 물에 담그고, 위쪽 그릇에는 찬물을 넣는다.
⑤ 두 그릇을 막대로 두드려 그릇을 이루는 입자 운동이 활발해지게 한다.

15 그림과 같이 동그란 구멍이 뚫린 금속판에 열을 가했을 때 금속판의 나중 모습으로 적절한 것은? (단, 점선은 금속판의 처음 크기이다.)

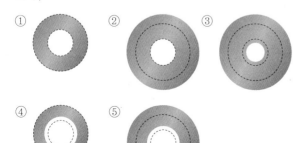

16 그림과 같이 비커에 액체를 넣고 가열할 때 나타나는 현상과 거리가 <u>먼</u> 것은? (단, 액체의 상태 변화는 무시한다.)

① 대류 현상이 일어난다.
② 액체의 온도가 높아진다.
③ 액체의 부피가 팽창한다.
④ 액체 입자의 운동이 활발해진다.
⑤ 액체 입자 사이의 거리가 가까워진다.

[주관식]

17 표는 처음 부피가 모두 1 L인 20 °C의 액체 A~C의 온도를 1 °C 높였을 때 증가하는 부피를 나타낸 것이다.

액체	A	B	C
늘어난 부피(mL)	1.4	0.21	1.1

이에 대한 설명으로 옳은 것을 〈보기〉에서 모두 고르시오.

┌─ 보기 ─────────────────────
ㄱ. 액체의 종류에 따라 열팽창 정도가 다르다.
ㄴ. 온도가 내려가면 C의 부피가 가장 많이 감소한다.
ㄷ. 같은 온도만큼 변화시킬 때 A의 부피 변화가 가장 크다.
ㄹ. B의 온도를 10 °C만큼 높일 때 늘어나는 부피는 2.1 mL이다.
└──────────────────────────

18 열팽창에 대한 설명으로 옳은 것은?

① 같은 열을 받을 때 액체가 기체보다 많이 팽창한다.
② 기체의 경우 물질에 따라 열팽창하는 정도가 다르다.
③ 고체와 액체는 물질에 관계없이 열팽창하는 정도가 같다.
④ 같은 열을 받을 때 고체가 액체나 기체보다 열팽창 정도가 크다.
⑤ 같은 물질일 경우 물질의 온도가 많이 높아질수록 열팽창한 부피가 크다.

고난도 문제

19 그림은 질량과 처음 온도가 같은 두 물체 A, B를 같은 세기의 전열기로 동시에 가열하다가 냉각기에 넣었을 때 시간에 따른 온도를 나타낸 것이다.

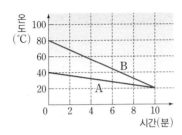

두 물체의 비열의 비(A : B)는?

① 1 : 1   ② 1 : 2   ③ 1 : 3

④ 2 : 1   ⑤ 3 : 1

자료 분석 | 정답과 해설 84쪽

20 그림 (가)는 철, 구리, 알루미늄 막대를 장치에 연결하고 세 막대를 동시에 가열하였을 때 수평 상태이던 3개의 바늘이 돌아간 모습을 나타낸 것이다.

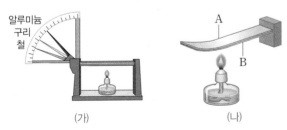

(가)   (나)

세 금속을 이용하여 그림 (나)와 같이 만들어 가열할 때 A 쪽으로 휘어지는 바이메탈이 되는 경우를 모두 고르면?

(2개)

	A	B
①	철	구리
②	구리	철
③	구리	알루미늄
④	알루미늄	철
⑤	알루미늄	구리

자료 분석 | 정답과 해설 84쪽

서술형 문제

21 그림은 질량이 같은 두 물질 A와 B를 서로 접촉하였을 때 A와 B의 시간에 따른 온도를 나타낸 것이다.

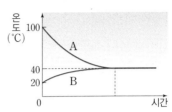

A와 B의 비열의 비(A : B)를 풀이 과정과 함께 구하시오. (단, 외부와의 열 출입은 없다.)

_____

_____

_____

22 다음은 물의 이용에 대한 설명이다.

> • 찜질팩이나 온수 매트 속에 물을 넣어 이용한다.
> • 자동차 엔진이나 기계 장치의 열을 식히는 냉각수로 물을 이용한다.

이와 같은 곳에 물을 이용하는 까닭을 다음 단어를 모두 포함하여 서술하시오.

> 비열, 온도 변화

_____

23 시험관에 글리세린, 물, 에탄올을 가득 넣고 유리관을 끼운 고무마개로 입구를 막은 후 뜨거운 물이 들어 있는 수조 속에 넣었더니 각 액체가 유리관을 따라 그림과 같은 높이만큼 올라왔다.

글리세린   물   에탄올

(1) 이 실험을 통해 알 수 있는 사실 2가지를 서술하시오.

_____

(2) 글리세린, 물, 에탄올을 찬물에 넣어 냉각시켰을 때 가장 많이 수축하는 물질을 쓰고, 그 까닭을 서술하시오.

_____

1 재해·재난

생명과 생활을 위협하는 ❶( )으로 인간의 생명과 재산에 발생한 피해이다.

❷( ) 재해·재난	❸( ) 재해·재난
자연 현상으로 발생한다.	인간의 활동에 의해 발생한다.
예 지진, 화산 활동, 태풍, 폭설, 황사 및 미세먼지, 가뭄, 폭염, 홍수, 집중 호우, 낙뢰 등	예 감염성 질병 확산, 화학 물질 유출, 화재, 폭발, 붕괴, 운송 수단 사고, 환경 오염 사고 등
비교적 넓은 지역에 걸쳐 발생하며, 예측이 어렵다.	상대적으로 좁은 범위에서 발생하며, 예방할 수 있다.

2 재해·재난의 원인과 피해

① 자연 재해·재난의 피해

❹( )	• 산이 무너지거나 땅이 갈라지기도 한다. • 도로나 건물이 무너지고 화재가 발생하기도 한다. • 해저에서 지진이 발생하면 ❺( )이 발생할 수도 있다.
❻( )	• 강한 바람으로 농작물이나 시설물에 피해를 준다. • 집중 호우와 강풍을 동반한다. • 도로를 무너뜨리거나 산사태를 일으키기도 하며, 해일이 발생할 수도 있다.
화산 활동	• 화산이 폭발하면 화산재나 용암으로 직접적인 피해가 발생한다. • 화산 기체가 대기 중으로 퍼져 항공기 운행이 중단될 수도 있다. • 화산재에 의한 농경지, 건물, 교통, 통신 시설의 피해가 발생한다.

② 사회 재해·재난의 원인과 피해

감염성 질병 확산	❼( ): 세균이나 바이러스 등과 같은 병원체가 동물이나 인간에게 침입하여 발생하는 질병 예 코로나바이러스감염증-19(COVID-19), 메르스(중동호흡기증후군, MERS), 조류 독감, 유행성 눈병 등	
	원인	• 악수나 기침 등 사람이 직접 접촉할 때 쉽게 전파된다. • 공기나 물, 환자가 만졌던 물건, 모기 등의 동물, 음식물 등을 통해 간접적으로 전파된다.
	피해	• 지구적인 규모로 확산하여 많은 사람과 동물에 피해를 준다. • 새로운 감염성 질병이 나타나기도 한다.
❽( ) 유출	원인	화학 산업 시설을 교체할 때 작업자의 부주의, 시설물의 노후화, 관리 소홀, 운송 차량의 사고 등으로 발생한다.
	피해	• 폭발, 화재, 각종 질병 유발, 환경 오염 등 • 사람이나 자연환경에 피해를 준다.
운송 수단 사고	열차, 항공기, 선박 등에서 발생하는 사고로, 안전 관리 소홀, 안전 규정 무시, 자체 결함 등으로 인해 발생한다.	

3 재해·재난의 대처 방안

① 자연 재해·재난 대처 방안

지진	• 지진이 발생하면 튼튼한 책상이나 식탁 아래로 우선 몸을 대피한다. • 강한 진동이 멈추면 가스 밸브를 잠그고, 출구를 확보한다. • 건물 밖으로 나갈 때는 계단을 이용한다. • 건물 밖으로 나왔을 때는 ❾( )를 보호하고 넓은 공간으로 대피한다. • 야외에 있을 때는 건물이나 담장과 떨어진 곳으로 이동한다. • 지진 해일이 발생하면 신속하게 높은 곳으로 대피한다. • 땅이 안정한 지역에 건물을 짓고, 건물을 지을 때 ❿( ) 설계를 한다.
태풍	• 태풍의 이동 경로를 예측하고, 경보를 내린다. • 가스는 사전에 차단하고, 감전의 위험이 있으므로 전기 시설을 만지지 않는다. • 강풍에 대비해 유리창에 테이프와 안전 필름을 붙인다. • 외출을 자제하고 창문에서 멀리 떨어진다. • 선박은 항구에 결박하고, 운행 중에는 태풍의 이동 경로에서 최대한 멀리 대피한다. • 해안가에 바람막이숲을 조성하거나 제방을 쌓는다.
화산 활동	• 외출을 자제하고, 화산재에 노출되지 않도록 주의한다. • 문이나 창문을 닫고, 젖은 수건으로 문의 빈틈이나 환기구를 막는다. • 화산 폭발 가능성이 있는 지역에서는 방진 마스크, 손전등, 예비 의약품 등을 미리 준비한다.

② 사회 재해·재난 대처 방안

⓫( )	• 손을 자주 씻고, 건강한 식습관으로 면역력을 기른다. • 기침을 할 때는 휴지나 옷소매 등으로 입과 코를 가리며, 기침이 계속되면 마스크를 착용한다. • 식수는 끓인 물이나 생수를 사용하고, 음식은 충분히 익혀 먹으며, 식재료는 흐르는 깨끗한 물에 씻는다. • 평소에 미리 예방 접종을 하고, 호흡기 이상, 발열, 설사 등의 증상이 있을 때는 의사의 진료를 받는다. • 해외여행 후 호흡기 이상, 발열, 구토 등의 증상이 있으면 검역관에 신고한다. • 병원체가 증식할 수 없는 환경을 만든다.
⓬( )	• 화학 물질이 유출된 장소에서 최대한 먼 곳으로 대피한다. • 유독가스가 공기보다 밀도가 클 경우 화학 물질이 유출된 장소에서 높은 곳으로 대피하고, 공기보다 밀도가 작을 경우 낮은 곳으로 대피한다. • 화학 물질이 피부에 직접 닿거나 유독가스를 흡입하지 않도록 주의한다. • 사고가 발생한 지역으로 바람이 불 때는 바람이 불어오는 방향으로 대피한다. • 사고 발생 지역에서 바람이 불어올 때는 바람의 ⓭( )인 방향으로 대피한다.
운송 수단 사고	운송 수단을 이용할 때에는 안내 방송을 잘 듣고, 운송 수단의 종류에 따른 대피 방법을 미리 알아 두는 것이 좋다.

답안지

1 지진, 가뭄, 감염성 질병 확산, 화학 물질 유출 등으로 국민과 국가에 피해를 주거나 줄 수 있는 것을 (㉠   )(이)라 하고, 이것으로 발생한 피해를 (㉡   )(이)라고 한다.

2 자연 재해·재난과 사회 재해·재난에 해당하는 것을 옳게 연결하시오.

(1) 자연 재해·재난 •
• ㉠ 황사
• ㉡ 화재
• ㉢ 운송 수단 사고
(2) 사회 재해·재난 •
• ㉣ 폭설
• ㉤ 감염성 질병의 확산

2 _____
_____

3 태풍, 홍수, 가뭄, 폭설 등으로 발생하는 재해를 (   )(이)라고 한다.

3 _____
_____

4 (㉠   ) 질병은 (㉡   )이/가 동물이나 인간에게 침입하여 발생하는 질병으로 다양한 경로를 통해 퍼져 나간다.

4 _____
_____

5 해저에서 지진이 발생하면 바닷물이 해안을 덮치는 (   )이/가 발생할 수도 있다.

5 _____
_____

6 다음 빈칸에 〈보기〉의 용어를 넣어 문장을 완성해 보시오.

보기
• 왼쪽   • 오른쪽   • 감염성 질병   • 규모   • 용암   • 내진 설계

(1) 태풍 진행 방향의 (㉠   ) 지역은 (㉡   ) 지역보다 풍속이 강하고 강수량이 많다.
(2) 지진으로 발생하는 피해는 대체로 (   )이/가 큰 지진일수록 크다.
(3) 화산이 폭발하면 (   )이/가 흐르면서 주변 마을과 농작물에 직접적인 피해를 줄 수 있다.
(4) 면역 체계가 약화되면 (   )이/가 발생할 수 있다.
(5) 지진이 많이 발생하는 지역은 건물을 지을 때 (   )을/를 한다.

6 _____
_____

7 지진이 발생했을 때 (계단 , 승강기)을/를 이용하여 침착하게 대피해야 한다.

7 _____
_____

8 감염성 질병 확산의 피해를 줄이기 위한 방법으로 옳은 것은 ○, 옳지 않은 것은 ✕로 표시하시오.

(1) 손 자주 씻기   (   )   (2) 면역력 키우기   (   )
(3) 문이나 창문을 열지 않기 (   )   (4) 예방 접종하기   (   )
(5) 기침을 할 때는 휴지나 옷소매 등으로 입과 코를 가리기   (   )

8 _____

9 화학 물질이 유출되었을 때 유출된 유독가스가 공기보다 밀도가 클 경우에는 유출된 장소에서 ㉠(높은 , 낮은) 곳으로 대피하고, 사고 발생 지역에서 바람이 불어올 때는 바람의 ㉡(수직 , 반대) 방향으로 대피한다.

9 _____
_____

출제율 99%

01 재해·재난에 대한 설명으로 옳지 <u>않은</u> 것은?

① 재난으로 발생한 피해를 재해라고 한다.
② 사회 재해·재난은 인간의 부주의로 인해 발생한다.
③ 지진과 화산 활동은 자연 재해·재난에 해당한다.
④ 자연 재해·재난은 예측이 어려워 예방하기 쉽지 않다.
⑤ 자연 재해·재난은 사회 재해·재난에 비하여 상대적으로 좁은 범위에서 발생한다.

02 기상 현상이 원인이 되어 발생하는 재해·재난이 <u>아닌</u> 것은?

① 지진   ② 태풍   ③ 폭설
④ 황사   ⑤ 집중 호우

03 그림 (가)는 홍수, (나)는 화산 폭발에 의한 피해 모습을 나타낸 것이다.

(가)

(나)

이에 대한 설명으로 옳은 것을 〈보기〉에서 모두 고른 것은?

보기
ㄱ. (가)는 인간 활동, (나)는 자연 현상으로 발생하는 재해·재난이다.
ㄴ. (가)의 발생으로 저지대의 가옥이 침수되거나 농작물 등이 피해를 입기도 한다.
ㄷ. (나)에 의해 항공기 운행이 중단될 수도 있다.

① ㄱ   ② ㄷ   ③ ㄱ, ㄴ
④ ㄴ, ㄷ   ⑤ ㄱ, ㄴ, ㄷ

04 다음은 지진과 태풍의 피해 사례에 대한 설명을 순서 없이 나타낸 것이다.

(가) 강한 바람이 불어 농작물이 피해를 입었다.
(나) 해안 지역을 덮치는 지진 해일이 발생하였다.
(다) 많은 강수로 인해 도로가 무너지고 산사태가 일어났다.
(라) 땅이 흔들리거나 갈라졌다.

지진과 태풍의 피해 사례를 옳게 짝 지은 것은?

	지진	태풍
①	(가), (나)	(다), (라)
②	(가), (다)	(나), (라)
③	(나), (다)	(가), (라)
④	(나), (라)	(가), (다)
⑤	(다), (라)	(가), (나)

【주관식】

05 그림은 2016년 태풍 차바의 이동 경로를 나타낸 것이다.

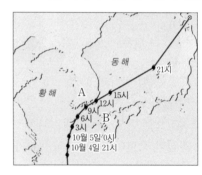

당시 태풍이 발생했을 때, A와 B 중 피해가 더 컸을 곳의 기호를 쓰시오.

06 다음 설명에 해당하는 재해·재난으로 옳은 것은?

• 화학 산업 시설을 교체할 때 작업자의 부주의, 시설물의 노후화, 관리 소홀, 운송 차량의 사고 등으로 발생한다.
• 사람이나 자연환경에 피해를 주며, 공기를 통해 짧은 시간 동안에 매우 넓은 지역까지 퍼질 수 있다.

① 화산 활동   ② 집중 호우
③ 황사 및 미세먼지   ④ 화학 물질 유출
⑤ 감염성 질병 확산

07 다음 설명에 해당하는 감염성 질병은 무엇인가?

> 코로나 바이러스로 인한 급성 호흡기 질환으로, 환자가 기침이나 재채기를 하거나 말할 때 나오는 침에 바이러스가 묻어 나와 공기 중으로 전파되는 것으로 알려져 있다. 보통 환자와 접촉한 후 2일~14일 정도의 잠복기를 거치는데, 잠복 기간에는 큰 증상도 없고 전염도 거의 이루어지지 않는다. 증상으로는 38 ℃ 이상의 고열, 기침, 호흡 곤란 등이 있다.

① 독감 　　　　　　　 ② 콜레라
③ 조류 독감 　　　　　 ④ 유행성 눈병
⑤ 중동호흡기증후군

[주관식]

08 그림 (가), (나), (다)는 어떤 재해·재난을 해결하기 위한 대처 방법인지 〈보기〉에서 각각 골라 쓰시오.

(가) 백신 　　　 (나) 빗물저류조 　　　 (다) 진동감쇠장치

> **보기**
> • 지진 　　　　 • 태풍 　　　　 • 화산 활동
> • 집중 호우 　　 • 화학 물질 유출
> • 운송 수단 사고 　 • 감염성 질병 확산

09 태풍에 대비하기 위해 미리 준비할 것으로 옳지 <u>않은</u> 것은?

① 비상용품을 준비한다.
② 바람에 날릴 수 있는 물건은 없는지 확인한다.
③ 강풍에 대비해 유리창에 테이프와 안전 필름을 붙인다.
④ 선박은 태풍의 이동 경로에서 최대한 멀리 대피한다.
⑤ 높은 곳에 있는 물건이 떨어질 것을 대비하여 낮은 곳으로 옮겨 놓는다.

10 다음은 우리나라에서 발생한 두 지진에 대한 설명이다.

> (가) 2016년 9월, 경주에서 규모 5.8의 지진이 발생하여 문화재 지반의 일부가 침하되고 건물 외벽에 균열이 생기는 등 피해를 입었다.
> (나) 2017년 11월, 포항에서 규모 5.4의 지진이 발생하여 사람들이 많이 다쳤고 공공 사유 시설이 피해를 입었다.

지진이 발생할 경우 안전한 행동 요령으로 옳은 것을 〈보기〉에서 모두 고른 것은?

> **보기**
> ㄱ. 건물 안에서 지진이 발생하면 튼튼한 식탁이나 책상 아래로 몸을 피한다.
> ㄴ. 강한 진동이 잠시 주춤하면 가방 등으로 머리를 보호하며 건물 밖으로 나가 좁은 곳으로 대피한다.
> ㄷ. 대피 후에는 안내 방송에 따라 행동한다.

① ㄱ 　　　　　 ② ㄴ 　　　　　 ③ ㄱ, ㄷ
④ ㄴ, ㄷ 　　　 ⑤ ㄱ, ㄴ, ㄷ

출제율 99%

11 재해·재난 발생 시 대처 방안들 중 감염성 질병 확산에 대한 대처 방안으로 옳은 것을 〈보기〉에서 모두 고른 것은?

> **보기**
> ㄱ. 병원체의 확산 경로를 차단한다.
> ㄴ. 감전의 위험이 있으므로 전기 시설을 만지지 않는다.
> ㄷ. 설사, 발열 등 이상 증상이 나타나면 즉시 의료기관을 방문한다.
> ㄹ. 해외 여행객은 귀국 시 이상 증상이 나타나면 검역관에게 신고한다.

① ㄱ, ㄷ 　　　 ② ㄴ, ㄹ 　　　 ③ ㄱ, ㄴ, ㄷ
④ ㄱ, ㄷ, ㄹ 　 ⑤ ㄴ, ㄷ, ㄹ

고난도 문제

【주관식】

12 그림은 시간에 따른 해수면의 높이 변화를 나타낸 것이다.

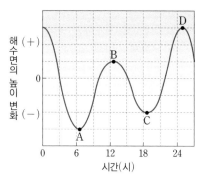

A~D 중 태풍이 오는 시기와 겹쳤을 때 가장 피해가 큰 시기를 고르시오.

자료 분석 | 정답과 해설 86쪽

13 다음은 화학 물질로 유출된 재해·재난 사건을 조사하여 정리한 것이다.

> ⓔ 플루오린화 수소 유출 사고
> - 일시: 20○○년 ○월 ○일, ○○시
> - 사건 내용: 공장에서 플루오린화 수소 기체가 유출되어 사상자가 발생하고, 인근 동식물이 죽거나 가스 중독 현상을 보임.
> - 플루오린화 수소: 공기보다 가볍고, 수분과 만나면 부식성이 강한 물질로 만들어 피부나 점막을 손상하므로 매우 위험함.

이와 같은 재해·재난의 피해와 대처 방법에 대한 설명으로 옳지 <u>않은</u> 것을 모두 고르면? (2개)

① 가스가 퍼지는 지역이 제한되어 있다.

② 화학 물질이 유출된 장소에서 최대한 멀리 벗어나야 한다.

③ 사고 발생 장소 쪽으로 바람이 불면 바람의 직각 방향으로 대피한다.

④ 대피할 때에는 비옷이나 큰 비닐 등으로 몸을 감싼다.

⑤ 대피 후에는 옷을 갈아입고, 비눗물로 몸을 씻는다.

자료 분석 | 정답과 해설 86쪽

서술형 문제

14 지진이 발생했을 때 실내에 있다면 어떻게 대처해야 할지 2가지만 서술하시오. (단, 건물이 무너질 가능성은 없다고 가정한다.)

15 다음은 화학 물질이 유출되었을 때 대처 방안을 설명한 것이다.

(1) 다음 빈칸에 알맞은 말을 쓰시오.

> 유독가스는 대부분 공기보다 밀도가 크기. 때문에 화학 물질이 유출된 장소에서 최대한 멀고 (   ) 곳으로 대피해야 한다.

(2) 화학 물질이 유출되면 비옷이나 큰 비닐 등으로 몸을 감싸고 대피해야 하는데, 그 까닭을 서술하시오.

16 다음은 학생들이 재해·재난에 대해 토론한 내용이다. 타당하지 <u>않은</u> 부분을 찾아 옳게 고쳐 서술하시오.

(1) 민경: 화학 물질 유출 사고가 발생한 쪽으로 바람이 불면 바람이 불어가는 방향으로 대피해야 해.

(2) 영수: 해안 지방에서 지진 해일이 발생하면 해안선에 가까운 저지대로 대피해야 해.

17 그림은 화학 물질 유출 시 사람들의 대피 모습을 나타낸 것이다.

(가)   (나)

(가), (나)에서 부는 바람의 방향을 각각 서술하시오. (단, 사고 장소를 기준으로 (가)와 (나)의 바람의 방향은 서로 반대이다.)

필독

중학 국어로 수능 잡기

✦ **필독** 중학 국어로 수능 잡기 시리즈

| 문학 | 비문학 독해 | 문법 | 교과서 시 | 교과서 소설 |

중|학|도|역|시 **EBS**

원리 학습을 기반으로 하는 중학 과학의 새로운 패러다임

비욘드

정답과 해설

개념 · 탐구 · 적용 · 실전

체계적인 과학 실험 분석
모든 유형에 대한 적응

중학 과학
2·2

정답과 해설

V 동물과 에너지 　　》》

01 소화

개념 잡기 　　개념 학습 교재 11, 13, 15쪽

1 ㉠ 기관계, ㉡ 조직계 　**2** (가) 조직, (나) 세포, (다) 기관계, (라) 기관, (마) 개체 　**3** (1) 세포 (2) 조직 (3) 개체 (4) 기관 (5) 기관계 　**4** (1) 지 (2) 단 (3) 탄 (4) 지 (5) 지 (6) 단 (7) 탄 　**5** (1) 물 (2) 바 (3) 무 (4) 물 (5) 무 (6) 바 (7) 바 　**6** ㉠ 아이오딘, ㉡ 황적색, ㉢ 보라색, ㉣ 지방 　**7** (1) A: 입, B: 식도, C: 위, D: 소장, E: 대장, F: 항문, G: 간, H: 쓸개, I: 이자 (2) A, B, C, D, E, F (3) ㉠ B, ㉡ D 　**8** ㉠ 이, ㉡ 침, ㉢ 아밀레이스, ㉣ 엿당 　**9** ㉠ 펩신, ㉡ 염산 　**10** (1) × (2) ○ (3) ○ (4) × (5) × 　**11** ㉠ 위, ㉡ 이자액, ㉢ 펩신, ㉣ 단백질, ㉤ 라이페이스 　**12** (1) A: 융털, B: 모세 혈관, C: 암죽관 (2) B (3) C

1 동물의 구성 단계에는 기관계가 있고, 식물의 구성 단계에는 조직계가 있다.

2 동물의 구성 단계는 세포(나) → 조직(가) → 기관(라) → 기관계(다) → 개체(마) 순이다.

3 동물의 몸을 구성하는 기본 단위는 세포이며, 모양과 기능이 비슷한 세포들이 모여 조직을 이룬다. 조직이 모여 일정한 형태를 가지고 특정 기능을 수행하는 기관을 이룬다. 연관된 기능을 수행하는 기관들이 모여 유기적 기능을 수행하는 기관계를 이루고, 기관계가 모여 개체를 이룬다.

4 (1), (4), (5) 지방은 피부 아래에 저장되어 체온 유지 기능을 하며, 과다 섭취 시 비만의 원인이 된다. 지방은 버터, 식용유, 땅콩, 깨 등에 많이 들어 있다.

(2), (6) 단백질은 주로 몸의 구성 성분으로 이용된다. 세포, 근육 등을 구성하는 주성분이며, 효소, 호르몬의 주성분이다.

(3), (7) 탄수화물은 몸의 구성 성분으로 이용되지만 주로 에너지원으로 이용되므로 섭취량에 비해 몸을 구성하는 비율이 낮다. 탄수화물의 종류에는 포도당, 엿당, 설탕, 녹말 등이 있다.

5 (1), (4) 물은 몸의 구성 성분 중 가장 많고, 우리 몸의 60~70 %를 차지한다. 물은 영양소와 노폐물을 운반하고, 체온을 조절한다.

(2), (6), (7) 바이타민은 적은 양으로 몸의 기능을 조절하며, 몸의 구성 성분은 아니다. 음식물로 섭취해야 하며, 섭취량이 부족하면 결핍증이 나타난다.

(3), (5) 무기염류는 뼈, 혈액 등을 구성하고, 몸의 기능을 조절한다. 무기염류에는 철, 칼슘, 인, 나트륨, 마그네슘이 해당한다.

6 음식물에 들어 있는 영양소 검출 반응 중 아이오딘 반응은 녹말 검출 반응, 베네딕트 반응은 포도당 검출 반응, 뷰렛 반응은 단백질 검출 반응, 수단 Ⅲ 반응은 지방 검출 반응이다.

7 (2) 소화관은 음식물이 직접 지나가는 통로로, 입, 식도, 위, 소장, 대장, 항문의 순서로 연결된다.

8 입안에는 이가 있어 음식물을 잘게 부수고, 침샘에서 침이 분비되어 잘게 부서진 음식물과 섞인다. 입안에서 침 속에 들어 있는 소화 효소인 아밀레이스가 녹말을 엿당으로 분해하는 소화 작용이 일어난다.

9 위의 안쪽 벽에는 위샘이 분포하며, 위샘에서 위액이 분비된다. 위액에는 펩신과 염산이 들어 있으므로 위에서는 단백질의 분해가 일어난다.

10 (1) 쓸개즙에는 소화 효소가 없지만 지방 덩어리를 작은 알갱이로 만들어 지방의 소화를 돕는다.

(4) 이자액에는 녹말을 엿당으로 분해하는 효소인 아밀레이스가 들어 있다.

(5) 소장에서는 탄수화물 소화 효소와 단백질 소화 효소가 모두 분비된다.

11 입에서는 아밀레이스에 의해 녹말이 엿당으로 분해되고, 위에서는 펩신에 의해 단백질이 분해된다. 소장에서는 쓸개즙, 이자액, 소장의 소화 효소에 의해 탄수화물, 단백질, 지방이 각각 최종 산물로 분해된다.

12 소장의 안쪽 벽에 주름이 있고 주름 표면에 융털(A)이 빽빽하게 분포한다. 융털(A) 내부에는 모세 혈관(B)과 암죽관(C)이 있다. 융털의 모세 혈관(B)으로는 수용성 영양소가, 암죽관(C)으로는 지용성 영양소가 흡수된다.

탐구하기 　　개념 학습 교재 16~17쪽

Ⓐ ㉠ 녹말, ㉡ 포도당, ㉢ 단백질, ㉣ 지방

1 (1) × (2) ○ (3) × (4) ○ (5) × 　**2** 지방 　**3** ③, ④

Ⓑ ㉠ 녹말, ㉡ D, ㉢ 녹말, ㉣ 당분(엿당)

1 (1) ○ (2) × (3) × (4) ○ (5) ○ 　**2** B, C, D

Ⓐ

1 (1) 아이오딘 – 아이오딘화 칼륨 용액은 녹말 검출 시 사용한다.

(3) 지방이 들어 있는 음식물에 수단 Ⅲ 용액을 떨어뜨리면 선홍색으로 색깔 변화가 나타난다.

(5) 어떤 음식물에 포도당과 단백질이 들어 있는 경우 베네딕트 반응과 뷰렛 반응에서 모두 색깔 변화가 나타난다.

2 지방이 들어 있는 음식물에 수단 Ⅲ 반응을 하면 선홍색으로 색깔 변화가 나타난다.

3 단백질 검출 시 사용하는 뷰렛 용액은 5 % 수산화 나트륨 수용액과 1 % 황산 구리(Ⅱ) 수용액을 이용하여 만든다. 단백질이 들어 있는 음식물에 뷰렛 용액을 떨어뜨리면 보라색으로 색깔 변화가 나타난다.

Ⓑ

1 ⑵ 시험관 C에는 소화 효소가 없어 녹말이 분해되지 않고, D에는 소화 효소가 있어 녹말이 분해된다.
⑶ 실험 결과를 통해 침 속에 들어 있는 소화 효소가 녹말을 당분(엿당)으로 분해한다는 것을 알 수 있다.

2 증류수에는 소화 효소가 들어 있지 않아 녹말의 소화가 일어나지 않으며, 묽은 달걀흰자 용액에는 단백질이 들어 있으므로 침에 의한 소화가 일어나지 않는다.

Beyond 특강 개념 학습 교재 18쪽

1 A, B, D, F, G **2** (가) F, 소장, (나) E, 이자 **3** ④

1 섭취한 음식물은 입(A) → 식도(B) → 위(D) → 소장(F) → 대장(G) → 항문을 거치게 된다.

2 3대 영양소의 소화가 일어나는 기관은 소장(F)이며, 3대 영양소를 분해하는 소화 효소가 생성되는 기관은 이자(E)이다.

3 융털의 모세 혈관으로는 포도당, 아미노산, 무기염류 등 수용성 영양소가 흡수된다. 융털의 암죽관으로는 지방산, 모노글리세리드 등 지용성 영양소가 흡수된다.

실력을 키워! 내신 잡기 개념 학습 교재 19~22쪽

01 ④ **02** (나), 기관 **03** ④ **04** ⑤ **05** ③ **06** ④ **07** ④
08 ③ **09** ② **10** ①, ③ **11** 바이타민 **12** ② **13** ③ **14** C, E
15 ⑤ **16** ㄱ, ㄴ **17** ③, ④ **18** ④ **19** ②, ⑤ **20** ⑤ **21** (가) 녹말, (나) 단백질, (다) 지방 **22** ④ **23** ㉠ ㄴ, ㄹ, ㅁ, ㉡ ㄷ, ㅂ **24** ⑤

01 ④ 다양한 세포들이 모여 생물의 몸이 유기적으로 구성된다. 생물의 구성 단계는 세포 → 조직 → 기관 → 개체이다.
오답 피하기 ① 생물의 몸을 구성하는 기본 단위는 세포이다.
② 방광, 소장, 꽃, 열매는 기관의 예이며, 혈액은 조직의 예이다.
③ 모양과 기능이 비슷한 세포들의 모임은 조직이다.
⑤ 동물의 구성 단계에는 기관계가 있고, 식물의 구성 단계에는 조직계가 있다.

02 (가)는 세포, (나)는 기관, (다)는 기관계, (라)는 조직, (마)는 개체이다. 조직들이 모여 일정한 형태를 이루고 특정 기능을 수행

하는 단계는 기관으로, 위, 대장, 심장, 폐 등이 해당한다.

03 ① 세포(가)는 동물의 몸을 구성하는 기본 단위이다.
② 기관(나)은 조직들이 모여 일정한 형태를 이루고 특정 기능을 수행하는 단계로, 결합 조직, 근육 조직, 상피 조직, 신경 조직 등이 모여 형성된 단계이다.
③ 기관계(다)는 연관된 기능을 수행하는 기관들이 모여 유기적 기능을 수행하는 단계로, 동물의 구성 단계에만 있는 단계이다.
⑤ 구성 단계는 세포(가) → 조직(라) → 기관(나) → 기관계(다) → 개체(마)이다.
오답 피하기 ④ (라)는 조직으로, 모양과 기능이 비슷한 세포들의 모임이다. 연관된 기능을 수행하는 기관들이 모여 유기적 기능을 수행하는 단계는 기관계이다.

04 ⑤ ㉡은 기관계로, 기관계의 종류에는 소화계, 순환계, 호흡계, 배설계 등이 있다.
오답 피하기 ① (가)는 식물의 구성 단계로, ㉠은 조직계이다.
② (나)는 동물의 구성 단계로, ㉡은 기관계이다.
③ 조직계(㉠)는 여러 조직이 모여 통합적으로 기능을 수행하는 단계이다.
④ 기관계(㉡)는 연관된 기능을 수행하는 기관들이 모여 유기적 기능을 수행하는 단계이다.

05 ㄱ, ㄴ. 영양소는 우리 몸을 구성하고 에너지원으로 쓰이거나 몸의 기능을 조절하는 물질이다.
오답 피하기 ㄷ. 사람을 포함한 동물은 광합성을 할 수 없어 스스로 영양소를 만들 수 없다. 그러므로 음식물을 섭취하여 영양소를 얻어야 한다.

06 (가)는 탄수화물, 단백질, 지방이 속하는 3대 영양소이며, (나)는 무기염류, 바이타민, 물이 속하는 부영양소이다. (가)와 (나)로 구분한 기준은 에너지원으로 사용되는지의 여부이다.

07 ①, ② 탄수화물은 1 g당 4 kcal의 에너지를 내는 에너지원이며, 몸의 구성 성분으로 이용된다.
③ 탄수화물의 종류에는 포도당, 엿당, 설탕, 녹말 등이 있다.
⑤ 사용하고 남은 탄수화물은 지방으로 바뀌어 저장된다.
오답 피하기 ④ 세포, 효소, 호르몬 등의 주요 구성 성분은 단백질이다.

08 과다 섭취 시 비만의 원인이 되는 영양소는 지방이고, 성장기에 특히 많이 섭취해야 하는 영양소는 단백질이며, 밥, 빵, 고구마, 옥수수 등에 많이 들어 있는 영양소는 탄수화물이다.

09 A와 C는 에너지원으로 이용되지 않으므로 부영양소에 속하는 영양소이며, A와 C 중 A는 몸의 구성 성분이 아니므로 바이타민, C는 몸의 구성 성분이므로 무기염류이다. 에너지원으로 이용되고, 몸의 구성 성분이며, 몸의 기능을 조절하는 영양소인 B는 단백질이다.
② 바이타민(A)은 음식물로 섭취해야 하며, 섭취량이 부족하면 결

핍증이 나타난다.

오답 피하기 ① A는 바이타민, B는 단백질, C는 무기염류이다.

③ 세포, 근육, 호르몬 등을 구성하는 주성분은 단백질(B)이다.

④ 바이타민(A)과 무기염류(C)는 부영양소에 속하고, 단백질(B)은 3대 영양소에 속한다.

⑤ 사용하고 남은 탄수화물은 지방으로 바뀌어 저장된다.

10 ①, ③ A는 우리 몸의 구성 성분 중 가장 많은 양을 차지하는 물이다. 물(A)은 체온을 조절하며, 영양소와 노폐물을 운반한다.

오답 피하기 ② 에너지원으로 이용되는 영양소는 탄수화물, 단백질, 지방이다.

④ 철, 칼슘, 인, 나트륨은 무기염류에 속한다.

⑤ 바이타민 C 부족 시 밤에 물체가 잘 보이지 않는다.

11 바이타민은 에너지원으로 이용되지 않는 부영양소 중 하나이며, 적은 양으로 몸의 기능을 조절하고, 몸의 구성 성분은 아니다. 바이타민은 음식물로 섭취해야 하며, 섭취량이 부족하면 결핍증이 나타난다.

12 이 음식물은 아이오딘 – 아이오딘화 칼륨 용액에 청람색으로 색깔 변화가 나타났으므로 녹말, 뷰렛 용액에 보라색으로 색깔 변화가 나타났으므로 단백질, 수단 Ⅲ 용액에 선홍색으로 색깔 변화가 나타났으므로 지방이 들어 있다.

13 소화 과정에서 이용되는 소화 효소는 영양소를 세포에서 흡수할 수 있을 만큼 작은 크기로 분해하는 물질로, 체온 범위에서 가장 활발하게 작용한다.

오답 피하기 ③ 소화는 크기가 큰 영양소를 세포막을 통과할 수 있는 정도의 크기가 작은 영양소로 분해하는 과정이다.

14 간(C)과 이자(E)는 음식물이 직접 지나가는 통로에 해당하지 않는다.

15 ① 입(A)은 녹말의 분해가 시작되는 곳이다.

② 소화관은 음식물이 직접 지나가는 통로이다. 간(C)은 소화관에 속하지 않는다.

③ 위(D)는 단백질의 분해가 시작되는 곳이다.

④ 이자(E)는 소화액인 이자액을 소화관에 분비한다.

오답 피하기 ⑤ 대장(G)은 소화액이 분비되지 않아 음식물의 소화가 일어나지 않는다.

16 ㄱ, ㄴ. 입에서는 음식물을 이로 잘게 부수는 작용과 음식물을 침과 골고루 섞는 작용이 일어난다.

오답 피하기 ㄷ. 입에서는 침 속에 들어 있는 소화 효소인 아밀레이스에 의해 녹말이 엿당으로 분해되는 과정이 일어난다.

17 ③ 베네딕트 반응은 반응 속도가 느리므로 가열을 해서 반응 속도를 빠르게 해야 색깔 변화를 관찰할 수 있다.

④ 묽은 침을 넣은 시험관 C에서 녹말이 분해되므로 침 속에는 소화 효소가 들어 있다는 것을 알 수 있다.

오답 피하기 ①, ② 시험관 C에서 침에 의해 녹말의 소화가 일어나 당분(엿당)이 생성되며, A, B, D에서는 녹말의 소화가 일어나지 않는다.

⑤ 실험을 통해 침 속의 소화 효소는 온도의 영향을 받는다는 것을 알 수 있다.

18 ①, ⑤ 위액에는 펩신과 염산이 들어 있어 단백질의 소화가 일어난다. 염산은 음식물에 섞여 있는 세균을 제거하는 작용을 한다.

②, ③ 위의 안쪽 벽은 주름이 많고, 위샘이 있어 위액이 분비된다.

오답 피하기 ④ 위에서는 위액에 들어 있는 소화 효소인 펩신이 염산의 도움을 받아 단백질을 분해한다.

19 A는 간, B는 쓸개, C는 소장(십이지장), D는 위, E는 이자이다.

① 간(A)은 쓸개즙이 생성되는 기관이다.

③ 쓸개(B)에 저장되었던 쓸개즙은 소장(십이지장)으로 분비된다.

④ 위(D)에서는 펩신이 분비되어 단백질의 소화가 시작된다.

오답 피하기 ② 쓸개(B)는 간(A)에서 만들어진 쓸개즙이 저장되는 장소이다.

⑤ 3대 영양소의 소화는 소장에서 일어난다.

20 이자(E)에서는 3대 영양소인 녹말, 단백질, 지방을 분해하는 이자액이 생성되고, 이자액에는 아밀레이스, 트립신, 라이페이스가 들어 있다.

21 녹말(가)은 입과 소장에서, 단백질(나)은 위와 소장에서, 지방(다)은 소장에서 소화가 일어난다.

22 ① A는 위에서 작용하여 단백질을 분해하는 펩신이며, B는 소장에서 작용하여 지방을 분해하는 라이페이스이다.

② ㉠은 녹말이 분해되어 생성되는 최종 산물인 포도당이다.

③ ㉡은 지방이 분해되어 생성되는 최종 산물인 지방산과 모노글리세리드이다.

⑤ 위에서는 펩신에 의해, 소장에서는 트립신과 단백질 분해 효소에 의해 단백질이 분해된다.

오답 피하기 ④ 입과 소장에서는 녹말의 분해가 일어나지만, 위에서는 녹말의 분해가 일어나지 않는다.

23 수용성 영양소는 융털의 모세 혈관(A)으로, 지용성 영양소는 융털의 암죽관(B)으로 흡수된다. 엿당은 최종 분해 산물이 아니므로 소장 융털에서 흡수되지 않는다.

24 ① 대장은 소화액이 분비되지 않고, 여분의 물을 흡수한다.

② 소장 융털의 암죽관으로 지방산, 모노글리세리드와 같은 지용성 영양소가 흡수된다.

③ 소장 융털의 모세 혈관으로 포도당, 아미노산, 무기염류와 같은 수용성 영양소가 흡수된다.

④ 심장으로 이동한 영양소는 온몸의 조직 세포로 전달된다.

오답 피하기 ⑤ 소장 융털로 흡수된 지용성 영양소와 수용성 영양소는 모두 심장으로 이동한 다음 온몸의 조직 세포로 전달된다.

1 탄수화물은 주로 에너지원으로 이용되기 때문에 섭취량에 비해 몸을 구성하는 비율이 매우 낮다.

모범 답안 탄수화물, 주로 에너지원으로 이용되기 때문이다.

채점 기준	배점
탄수화물을 쓰고, 까닭을 옳게 서술한 경우	100 %
탄수화물만 쓴 경우	30 %

2 밥에는 녹말이 들어 있으며 입에서 아밀레이스에 의해 엿당으로 분해된다. 그러므로 밥을 오래 씹으면 단맛이 난다.

모범 답안 밥에 들어 있는 녹말이 입에서 아밀레이스에 의해 엿당으로 분해되기 때문이다.

채점 기준	배점
제시된 내용을 모두 포함하여 옳게 서술한 경우	100 %
제시된 내용 중 2가지만 포함하여 서술한 경우	50 %

3 A는 간, B는 쓸개, C는 소장(십이지장), D는 위, E는 이자이다.

모범 답안 쓸개즙은 간(A)에서 생성되어, 쓸개(B)에 저장되고, 소장(십이지장)(C)으로 분비된다.

채점 기준	배점
생성, 저장, 분비되는 과정을 각 기관의 기호와 이름을 포함하여 모두 옳게 서술한 경우	100 %
생성, 저장, 분비되는 과정 중 한 과정만 각 기관의 기호와 이름을 포함하여 옳게 서술한 경우	30 %

4 실험을 통해 소장의 주름과 융털은 영양소와 닿는 표면적을 넓혀 영양소를 효율적으로 흡수할 수 있게 한다는 것을 알 수 있다.

모범 답안 (1) B, B의 거름종이의 표면적이 넓기 때문이다.
(2) 주름과 융털은 소장 내벽의 표면적을 넓혀 소화된 영양소를 효율적으로 흡수할 수 있게 한다.

	채점 기준	배점
(1)	B를 쓰고, 까닭을 옳게 서술한 경우	50 %
	B만 쓴 경우	20 %
(2)	'표면적을 넓힌다.'는 내용과 '영양소의 효율적 흡수'를 모두 포함하여 옳게 서술한 경우	50 %
	'표면적을 넓힌다.'는 내용과 '영양소의 효율적 흡수' 중 1가지만 포함하여 옳게 서술한 경우	25 %

4-1 포도당, 아미노산, 무기염류와 같은 수용성 영양소는 융털의 모세 혈관으로 흡수된다.

모범 답안 ㉠ 모세 혈관, ㉡ 포도당, 아미노산, 무기염류 중 2가지

02 순환

1 (1) ○ (2) × (3) × (4) ○　**2** (1) A: 우심방, B: 좌심방, C: 우심실, D: 좌심실 (2) ㉠ 대정맥, ㉡ 대동맥, ㉢ 폐동맥, ㉣ 폐정맥 (3) 판막
3 (1) 정 (2) 동 (3) 정 (4) 모 (5) 모 (6) 동　**4** (1) A: 동맥, B: 모세 혈관, C: 정맥 (2) A → B → C　**5** (1) ㉠ (2) A, B, C (3) A, 적혈구 (4) D, 혈장　**6** (1) 적 (2) 백 (3) 적 (4) 백 (5) 혈 (6) 혈　**7** (1) A: 우심방, B: 우심실, C: 좌심실, D: 좌심방 (2) ㉠ 대정맥, ㉡ 폐동맥, ㉢ 대동맥, ㉣ 폐정맥 (3) C → ㉢ → 온몸의 모세 혈관 → ㉠ → A (4) B → ㉡ → 폐의 모세 혈관 → ㉣ → D

1 (2) 심방과 심실 사이, 심실과 동맥 사이에 판막이 있다.
(3) 심방은 혈액이 들어오는 곳이고, 심실은 혈액을 내보내는 곳이다.

2 심장은 2개의 심방과 2개의 심실로 나누어져 있다. 우심방(A)은 대정맥(㉠), 좌심방(B)은 폐정맥(㉣), 우심실(C)은 폐동맥(㉢), 좌심실(D)은 대동맥(㉡)과 연결되어 있다. 판막(E)은 심장 내에서 혈액이 거꾸로 흐르는 것을 막는다.

3 (1), (3) 정맥은 심장으로 들어가는 혈액이 흐르는 혈관으로, 혈압이 가장 낮다.
(2), (6) 동맥은 심장에서 나가는 혈액이 흐르며, 혈관 벽이 두껍고 탄력성이 크다.
(4), (5) 모세 혈관은 혈관 벽이 한 층의 세포로 이루어져 있고, 총단면적이 넓으며, 혈액이 흐르는 속도가 느리다.

4 동맥(A)은 혈관 벽이 가장 두껍고, 모세 혈관(B)은 한 층의 세포로 이루어져 있다. 정맥(C)은 혈압이 낮아 혈액이 거꾸로 흐를 수 있으므로 이를 막기 위한 판막이 있다. 혈액은 동맥(A) → 모세 혈관(B) → 정맥(C) 순으로 흐른다.

5 혈액을 원심 분리하면 혈액의 액체 성분인 혈장(㉠)과 세포 성분인 혈구(㉡)로 분리된다. 혈액의 세포 성분에는 적혈구(A), 백혈구(B), 혈소판(C)이 있다.

6 (1), (3) 적혈구는 핵이 없고, 가운데가 오목한 원반 모양이며, 산소 운반 작용을 한다.
(2), (4) 백혈구는 크기가 가장 크며, 모양이 일정하지 않고, 핵이 있으며, 식균 작용을 한다.
(5), (6) 혈소판은 크기가 가장 작으며, 모양이 일정하지 않고, 핵이 없으며, 혈액 응고 작용을 한다.

7 심장에서 나간 혈액이 온몸의 조직 세포에 산소와 영양소를 공급하고 이산화 탄소와 노폐물을 받아 심장으로 돌아오는 순환은 온몸 순환이고, 심장에서 나간 혈액이 폐로 가서 이산화 탄소를 내보내고 산소를 받아 심장으로 돌아오는 순환은 폐순환이다.

A ㉠ 적혈구, ㉡ 백혈구

1 (1) × (2) ○ (3) × (4) ○ (5) × **2** ⑤

A

1 (1) 혈액을 얇게 펼 때 혈액이 있는 반대 방향으로 밀어야 혈구가 깨지지 않는다.

(3) 김사액은 혈구 중 백혈구의 핵을 보라색으로 염색한다.

(5) 백혈구는 핵이 있고, 모양이 일정하지 않으며, 적혈구보다 크기가 크다.

2 A는 백혈구, B는 적혈구, C는 혈장, D는 혈소판이다.

① 백혈구(A)의 핵은 김사액에 의해 보라색으로 염색된다.

② 적혈구(B)는 혈액의 성분 중 수가 가장 많은 혈구이다.

③ 혈장(C)은 혈액의 액체 성분으로, 이산화 탄소, 영양소, 노폐물 등을 운반한다.

④ 혈소판(D)은 상처가 났을 때 혈액을 응고시켜 과다한 출혈을 막는다.

오답 피하기│ ⑤ 적혈구(B)와 혈소판(D)은 핵이 없고, 백혈구(A)는 핵이 있다.

1 ④ **2** 모세 혈관 **3** ③

1 심장의 심실에서 나온 혈액은 동맥 → 모세 혈관 → 정맥을 거쳐 다시 심장의 심방으로 들어온다.

2 조직 세포와 모세 혈관 사이에서 혈액 속의 산소와 영양소가 조직 세포로 전달되고, 조직 세포에서 생성된 이산화 탄소와 노폐물이 혈액으로 이동한다.

3 (가)는 폐순환, (나)는 온몸 순환, A는 폐동맥, B는 폐정맥, C는 대동맥, D는 대정맥이다.

① (가)는 심장에서 나간 혈액이 폐에서 기체 교환을 하고 다시 심장으로 돌아오는 폐순환이다. (나)는 심장에서 나간 혈액이 온몸의 조직 세포에서 기체 교환과 물질 교환을 하고 심장으로 돌아오는 온몸 순환이다.

② A는 폐동맥이고, C는 대동맥이다.

④ 폐정맥(B)과 대동맥(C)에는 산소를 많이 포함한 동맥혈이 흐른다.

⑤ B는 폐정맥이고, D는 대정맥이다.

오답 피하기│ ③ 폐동맥(A)과 대정맥(D)에는 산소를 적게 포함한 혈액이 흐른다.

01 ⑤ **02** ⑤ **03** ③ **04** ②, ⑤ **05** ③ **06** ④ **07** ① **08** ②, ⑤ **09** ⑤ **10** ② **11** ④ **12** (가) A, 백혈구, (나) B, 적혈구, (다) D, 혈소판 **13** ⑤ **14** ⑤ **15** ㉢ **16** ⑤ **17** ② **18** ①, ⑤

01 ① 심장은 주먹만 한 크기이며, 근육질로 이루어져 있다.

② 심장은 2개의 심방(좌심방, 우심방)과 2개의 심실(좌심실, 우심실)로 나누어져 있다.

③ 심장은 수축과 이완을 반복하여 혈액을 순환시킨다.

④ 혈액을 내보내는 심실 벽은 혈액이 들어오는 심방 벽보다 근육이 잘 발달해 있다.

오답 피하기│ ⑤ 심장은 혈액을 만들어 몸속 혈액의 양을 조절하는 기관이 아니며, 수축과 이완을 반복하면서 혈액을 순환시키는 기관이다.

02 심방은 혈액을 받아들이는 곳이고, 심실은 혈액을 내보내는 곳이다. 우심실은 폐로 혈액을 내보내는 곳, 좌심실은 온몸으로 혈액을 내보내는 곳, 우심방은 온몸을 지나온 혈액이 들어오는 곳, 좌심방은 폐에서 산소를 얻은 혈액이 들어오는 곳이다.

03 ㉠은 대정맥, ㉡은 대동맥, ㉢은 폐동맥, ㉣은 폐정맥, A는 우심방, B는 좌심방, C는 우심실, D는 좌심실이다.

혈액은 정맥에서 심방으로, 심방에서 심실로, 심실에서 동맥으로 흐른다.

04 ② 우심방(A)과 좌심방(B)보다 우심실(C)과 좌심실(D)의 벽이 더 두껍다.

⑤ 판막(E)은 혈액이 거꾸로 흐르는 것을 막는다.

오답 피하기│ ① ㉠과 ㉣은 정맥이며, ㉡과 ㉢은 동맥이다.

③ A와 C, B와 D 사이에 각각 판막이 있다.

④ 혈액을 심장 밖으로 내보내는 곳은 심실인 C와 D이다.

05 ㄱ, ㄴ. 심장 박동은 심방과 심실 이완(혈액이 심방과 심실로 들어옴)(다) → 심방 수축(혈액이 모두 심실로 이동)(가) → 심실 수축(혈액이 심실에서 동맥으로 나감)(나) 순으로 반복된다.

오답 피하기│ ㄷ. (다)에서 심방과 심실이 모두 이완하여 혈액이 심방과 심실로 들어온다.

06 ① 정맥에는 혈액이 거꾸로 흐르는 것을 막는 판막이 있다.

②, ⑤ 혈관은 혈액이 흐르는 관으로, 심장의 심실에서 나온 혈액은 동맥 → 모세 혈관 → 정맥 방향으로 흐른다.

③ 동맥은 심장에서 나가는 혈액이 흐르는 혈관이고, 정맥은 심장으로 들어가는 혈액이 흐르는 혈관이다.

오답 피하기│ ④ 모세 혈관의 혈관 벽은 한 층의 세포로 이루어져 있다.

07 ① 동맥(A)은 혈관 벽이 두꺼워 높은 혈압을 견딜 수 있다.

오답 피하기│ ②, ③ 동맥(A)은 심장의 심실과 연결되어 있고, 정맥(C)은 심장의 심방과 연결되어 있다.

④ A는 동맥이고, C는 정맥이다.

⑤ 동맥(A)이 정맥(C)보다 혈관 벽이 두껍고 탄력성이 크다.

08 ②, ⑤ 모세 혈관(B)은 온몸에 퍼져 있으며, 혈관 벽이 한 층의 세포로 이루어져 있고, 혈액이 흐르는 속도가 느리며, 조직 세포와의 사이에서 물질 교환이 일어난다.
오답 피하기| ① 정맥(C)의 혈압이 가장 낮다.
③ 모세 혈관(B)은 혈액이 흐르는 속도가 가장 느리다.
④ 동맥(A)은 혈관 벽이 가장 두껍고 탄력성이 크다.

09 혈액이 정상적으로 흐를 때는 판막이 열리고, 거꾸로 흐를 때는 판막이 닫혀 혈액이 거꾸로 흐르는 것을 막아준다.

10 ② 혈장(A)은 약 90 %가 물로 이루어져 있다.
오답 피하기| ①, ③ A는 액체 성분인 혈장이며, B는 세포 성분인 혈구이다.
④ 혈구(B)의 대부분을 차지하는 것은 적혈구이다.
⑤ 혈장(A)이 이산화 탄소, 영양소, 노폐물을 운반한다.

11 A는 백혈구, B는 적혈구, C는 혈장, D는 혈소판이다.
ㄴ. 적혈구(B)에는 붉은색 색소 단백질인 헤모글로빈이 있어 붉은색을 띤다.
ㄷ. 혈장(C)은 혈액의 액체 성분으로, 영양소를 녹여 조직 세포로 운반하고, 조직 세포에서 나온 이산화 탄소와 노폐물을 운반한다.
오답 피하기| ㄱ. 백혈구(A)는 핵이 있고, 적혈구(B)와 혈소판(D)은 핵이 없다.

12 혈구 중 백혈구(A)는 크기가 가장 크고, 식균 작용을 한다. 적혈구(B)는 수가 가장 많고, 산소 운반 작용을 한다. 혈소판(D)은 크기가 가장 작고, 혈액 응고 작용을 한다.

13 환자 (가)는 건강한 사람에 비해 혈소판의 수가 적다. 그러므로 상처가 났을 때 혈액 응고가 잘 일어나지 않는다.

14 온몸 순환의 경로는 좌심실(D) → 대동맥(ㄹ) → 온몸의 모세 혈관 → 대정맥(ㄴ) → 우심방(A)이다.

15 폐를 거쳐온 혈액은 산소를 가장 많이 포함하므로 폐정맥(ㄷ)에는 산소를 가장 많이 포함한 혈액이 흐른다.

16 동맥혈은 산소를 많이 포함한 혈액으로, 폐정맥(ㄷ), 좌심방(C), 좌심실(D), 대동맥(ㄹ)에는 동맥혈이 흐른다. 폐동맥(ㄱ), 우심방(A), 우심실(B), 대정맥(ㄴ)에는 산소를 적게 포함한 정맥혈이 흐른다.

17 ① 대정맥(ㄴ)과 폐정맥(ㄷ)에는 판막이 있다.
③ 대동맥(ㄹ)은 폐정맥(ㄷ)보다 혈압이 높다.
④ 혈액은 우심방(A)에서 우심실(B)로 이동한다.
⑤ 온몸의 모세 혈관과 조직 세포 사이에서 기체 교환과 물질 교환이 일어난다.
오답 피하기| ② 폐정맥(ㄷ)과 대동맥(ㄹ)에는 산소를 많이 포함한 혈액이 흐른다.

18 ① 폐순환의 경로는 우심실 → 폐동맥(A) → 폐의 모세 혈관 → 폐정맥(B) → 좌심방이다.
⑤ 폐순환은 심장에서 나간 혈액이 폐로 가서 이산화 탄소를 내보내고 산소를 받아 심장으로 돌아오는 순환이다.
오답 피하기| ② 폐동맥(A)에는 산소를 적게 포함한 정맥혈이 흐른다.
③ 폐정맥(B)에는 산소를 많이 포함한 동맥혈이 흐른다.
④ 폐동맥(A)에는 암적색의 혈액이, 폐정맥(B)에는 선홍색의 혈액이 흐른다.

실력의 완성! 서술형 문제 개념 학습 교재 33쪽

1 좌심실은 온몸으로 혈액을 내보내야 하기 때문에 강하게 수축해야 한다. 따라서 폐로 혈액을 내보내는 우심실보다 더 두꺼운 근육층을 가져야 한다.
모범 답안 D, 좌심실, 온몸으로 혈액을 내보내기 위해 강하게 수축해야 하기 때문이다.

채점 기준	배점
기호와 이름을 쓰고, 까닭을 옳게 서술한 경우	100 %
기호와 이름만 쓴 경우	30 %

2 C에 판막이 있으므로 C는 정맥, 혈관 벽이 두꺼운 A는 동맥, B는 모세 혈관이다.
모범 답안 (1) A, 동맥
(2) B, 모세 혈관
(3) 혈관 벽이 한 층의 세포로 이루어져 있고, 혈액이 흐르는 속도가 느리기 때문이다.

	채점 기준	배점
(1)	기호와 이름을 쓴 경우	20 %
(2)	기호와 이름을 쓴 경우	20 %
(3)	혈관 벽과 혈액이 흐르는 속도를 모두 포함하여 옳게 서술한 경우	60 %
	혈관 벽과 혈액이 흐르는 속도 중 1가지만 포함하여 옳게 서술한 경우	30 %

2-1 모범 답안 혈액이 거꾸로 흐르는 것을 막아 준다.

3 고산 지대는 평지에 비해 산소가 부족하다. 적혈구는 산소 운반 작용을 하므로 고산 지대에 사는 사람은 평지에 사는 사람들에 비해 적혈구의 수가 특히 많다.
모범 답안 고산 지대는 평지에 비해 산소가 부족하므로 산소를 효율적으로 운반하기 위해서이다.

채점 기준	배점
'산소 부족'과 '산소의 효율적 운반'을 모두 포함하여 옳게 서술한 경우	100 %
'산소 부족'과 '산소의 효율적 운반' 중 1가지만 포함하여 옳게 서술한 경우	50 %

4 폐순환은 심장에서 나간 혈액이 폐로 가서 이산화 탄소를 내보내고 산소를 받아 심장으로 돌아오는 순환이다.

모범 답안 B → ⓛ → 폐의 모세 혈관 → ⓔ → D, 폐순환 결과 이산화 탄소를 내보내고 산소를 받은 혈액을 얻는다.

채점 기준	배점
폐순환의 경로를 쓰고, 폐순환 결과를 옳게 서술한 경우	100 %
폐순환의 경로만 옳게 쓴 경우	40 %

03 호흡

개념 학습 교재 35, 37쪽

기초를 튼튼히! **개념 잡기**

1 (1) ○ (2) × (3) ○ (4) × **2** ㉠ 들이쉬는, ㉡ 내쉬는, ㉢ 산소, ㉣ 이산화 탄소 **3** A: 코, B: 기관, C: 기관지, D: 폐, E: 횡격막, F: 폐포 (2) ㉠ B, 기관, ㉡ C, 기관지 **4** (1) 기관 (2) 코 (3) 기관지 (4) 폐 (5) 폐포 **5** ㉠ 폐, ㉡ 횡격막, ㉢ 압력 **6** (1) A: 갈비뼈, B: 횡격막 (2) (가) 날숨, (나) 들숨 **7** ㉠ 커지고, ㉡ 낮아진다, ㉢ 커지고, ㉣ 낮아진다, ㉤ 작아지고, ㉥ 높아진다, ㉦ 작아지고, ㉧ 높아진다 **8** (1) ㉠ 모세 혈관, ㉡ 모세 혈관 (2) ㉠ 산소, ㉡ 이산화 탄소

1 (2) 호흡계는 코, 기관, 기관지, 폐 등의 호흡 기관으로 이루어져 있다. 입은 소화 기관에 속한다.
(4) 호흡은 공기 중의 산소를 받아들이고 이산화 탄소를 내보내는 작용이다.

2 산소는 날숨보다 들숨에 많이 들어 있고, 이산화 탄소는 들숨보다 날숨에 많이 들어 있다.

3 (2) 외부에서 들어온 공기가 호흡 기관을 통해 이동하는 경로는 코 → 기관 → 기관지 → 폐(폐포)이다.

4 사람의 호흡계는 호흡 기관인 코, 기관, 기관지, 폐로 이루어져 있다. 폐포는 폐를 구성하는 작은 공기주머니로, 공기와 접촉하는 표면적을 넓힌다.

5 폐는 근육이 없어 스스로 커지거나 작아지지 못하므로 사람의 호흡 운동은 갈비뼈와 횡격막의 움직임에 의해 일어난다.

6 (가)는 갈비뼈(A)가 내려가고 횡격막(B)이 올라가며 공가가 폐에서 외부로 나가는 날숨이다. (나)는 갈비뼈(A)가 올라가고 횡격막(B)이 내려가며 공기가 외부에서 폐로 들어가는 들숨이다.

7 들숨은 들이쉬는 숨으로, 외부에서 폐 안으로 공기가 이동한다. 날숨은 내쉬는 숨으로, 폐에서 외부로 공기가 이동한다.

8 (가)는 폐포와 모세 혈관 사이에서 일어나는 기체 교환으로, 정맥혈이 동맥혈로 된다. (나)는 조직 세포와 모세 혈관 사이에서 일어나는 기체 교환으로, 동맥혈이 정맥혈로 된다.

과학적 사고로! **탐구하기**

개념 학습 교재 38쪽

🅐 ㉠ 폐, ㉡ 횡격막, ㉢ 흉강, ㉣ 들숨, ㉤ 날숨
1 (1) ○ (2) × (3) × (4) ○ **2** ⑤

🅐

1 (2) 고무 막을 아래로 잡아당기면 플라스틱 컵 속 고무풍선이 부풀어 오른다.
(3) 고무 막을 위로 밀어 올리면 플라스틱 컵 속 고무풍선이 오므라든다.

2 고무 막을 놓았을 때는 우리 몸에서 횡격막이 올라가서 날숨이 일어날 때와 같다. 날숨이 일어날 때 갈비뼈가 내려가고 횡격막이 올라가서 흉강의 부피가 작아지고 압력이 높아지며 폐의 부피가 작아지고 압력이 높아져 폐 속 공기가 외부로 나간다.

Beyond 특강　　　　　　개념 학습 교재 39쪽

1 (1) ㄱ, ㄹ, ㅂ, ㅅ, ㅊ (2) ㄴ, ㄷ, ㅁ, ㅇ, ㅈ　**2** ④

1 (1) 들숨이 일어날 때 갈비뼈가 올라가고 횡격막이 내려가며, 흉강의 부피가 커지고 흉강 내 압력이 낮아지며, 폐의 부피가 커지고 폐의 압력이 낮아져 외부의 공기가 폐로 들어온다.
(2) 날숨이 일어날 때 갈비뼈가 내려가고 횡격막이 올라가며, 흉강의 부피가 작아지고 흉강 내 압력이 높아지며, 폐의 부피가 작아지고 폐의 압력이 높아져 폐의 공기가 외부로 나간다.

2 ① (가)는 외부에서 고무풍선 안으로 공기가 들어와 고무풍선이 부풀어 올랐으므로 들숨, (나)는 고무풍선에서 외부로 공기가 나가 고무풍선이 오므라들었으므로 날숨을 나타낸 것이다.
②, ③ 들숨(가)보다 날숨(나)에서 유리병 내부의 부피가 작아지고, 압력이 높아진다.
⑤ 고무 막을 잡아당기면 외부의 공기가 고무풍선 안으로 들어오고, 고무 막을 밀어 올리면 고무풍선에서 외부로 공기가 나간다.
오답 피하기ㅣ ④ 들숨(가)에서는 유리병 내부의 압력이 외부의 기압보다 낮다.

실력을 키워! **내신 잡기**　　개념 학습 교재 40~42쪽

01 ④　**02** (가) 날숨, (나) 들숨　**03** ③　**04** B　**05** ④　**06** ④
07 ①　**08** ③　**09** ④　**10** ②, ④　**11** ㉠ B, 횡격막, ㉡ A, 갈비뼈
12 ④　**13** ④　**14** ①, ⑤　**15** ⑤　**16** ⑤　**17** A: 산소, B: 이산화 탄소, C: 산소, D: 이산화 탄소　**18** ①

01 호흡은 넓은 의미에서 숨을 쉬는 것뿐만 아니라 산소와 이산화 탄소의 교환, 생명 활동에 필요한 에너지를 얻는 과정까지 모두 포함한다.

02 (가)는 (나)보다 이산화 탄소의 농도가 높고, 산소의 농도가 낮다. 그러므로 (가)는 날숨의 기체 성분을, (나)는 들숨의 기체 성분을 나타낸 것이다.

03 ③ 들숨은 들이쉬는 숨으로, 흡기라고도 한다. 날숨은 내쉬는 숨으로, 호기라고도 한다.
오답 피하기ㅣ ①, ② A와 C는 이산화 탄소, B와 D는 산소이다.
④, ⑤ 날숨에는 들숨보다 이산화 탄소가 많이 들어 있고, 들숨에는 날숨보다 산소가 많이 들어 있다.

04 들숨보다 날숨에 이산화 탄소가 더 많이 들어 있으므로 삼각 플라스크 B의 초록색 BTB 용액의 색깔이 더 빨리 노란색으로 변한다.

05 ① BTB 용액은 산성일 때 노란색을 띠며, 이산화 탄소가 많아지면 산성을 띤다. 그러므로 초록색 BTB 용액은 이산화 탄소가 많아지면 노란색을 띤다.
② A에 공기 펌프로 넣어준 공기는 외부의 공기와 같으므로 들숨이다.
③ B에서 불어넣은 입김은 사람의 호흡 기관을 거쳐 나온 것이므로 날숨이다.
⑤ 이 실험을 통해 날숨에는 들숨보다 이산화 탄소가 더 많이 들어 있다는 것을 알 수 있다.
오답 피하기ㅣ ④ 들숨에는 날숨보다 산소가 더 많이 들어 있지만 이 실험을 통해서는 알 수 없다.

06 ① 콧속은 가는 털과 끈끈한 액체로 덮여 있어 먼지나 세균을 걸러 낸다.
② 폐는 갈비뼈와 횡격막에 둘러싸인 흉강에 들어 있다. 갈비뼈는 폐를 보호하며, 횡격막은 근육으로 된 막이다.
③ 기관은 공기가 드나드는 통로로, 안쪽에 가는 섬모가 있어 먼지나 세균 등을 거른다.
⑤ 기관지는 기관에서 갈라져 좌우 폐로 들어가며, 폐 속에서 더 많은 가지로 갈라져 폐포와 연결된다.
오답 피하기ㅣ ④ 주먹만 한 크기로, 근육으로 되어 있어 스스로 작아지거나 커질 수 있는 기관은 심장이다.

07 공기의 이동 경로는 코(A) → 기관(B) → 기관지(C) → 폐(D)이다.

08 ③ 폐(D)는 근육이 없어 스스로 커지거나 작아지지 못하고 갈비뼈(E)와 횡격막(F)의 움직임에 의해 크기가 변한다.
오답 피하기ㅣ ① 코(A)의 안쪽 벽에는 가는 털과 끈끈한 액체로 덮여 있어 먼지나 세균을 걸러 낸다. 섬모는 기관(B)에 있다.
② 폐(D)는 수많은 폐포로 이루어져 있다.
④, ⑤ ㉠은 폐정맥으로, 동맥혈이 흐르며, ㉡은 폐동맥으로, 정맥혈이 흐른다.

09 ㄱ. 폐포(G)는 폐(D)를 구성하는 작은 공기주머니이다.
ㄷ. 폐포(G)는 모세 혈관에 둘러싸여 있어, 폐포(G)와 모세 혈관 사이에서 산소와 이산화 탄소가 교환된다.
오답 피하기ㅣ ㄴ. 폐포(G)는 한 층의 얇은 세포층으로 이루어져 있다.

10 ②, ④ 사람의 호흡 운동은 흉강의 부피와 압력이 변하여 일어난다. 흉강의 부피가 작아지면 폐의 부피가 작아진다.
오답 피하기ㅣ ① 폐는 근육이 없어 스스로 커지거나 작아지지 않는다.
③ 흉강의 부피가 작아지고 흉강의 압력이 높아지면 날숨이 일어난다.

⑤ 폐의 부피가 커지면 폐 내부의 압력이 낮아진다.

11 갈비뼈(A)는 폐를 보호하며, 호흡 운동에 따라 위아래로 움직인다. 횡격막(B)은 근육으로 된 막으로, 흉강의 압력을 조절한다. 갈비뼈(A)와 횡격막(B)의 움직임에 의해 호흡 운동이 일어난다.

12 ① (가)는 폐의 공기가 외부로 나가는 날숨이며, (나)는 외부의 공기가 폐로 들어오는 들숨이다.

②, ③ 갈비뼈(A)가 올라가고 횡격막(B)이 내려가면 흉강의 부피가 커지고 압력이 낮아지며, 폐의 부피가 커지고 압력이 낮아져 외부의 공기가 폐로 들어온다.

⑤ 갈비뼈(A)가 내려가고 횡격막(B)이 올라가면 흉강의 부피가 작아지고 압력이 높아지며, 폐의 부피가 작아지고 압력이 높아져 폐의 공기가 외부로 나간다.

오답 피하기| ④ 갈비뼈(A)가 내려가고 횡격막(B)이 올라가면 폐 내부의 압력이 높아진다.

13 Y자관은 기관과 기관지, 고무풍선은 폐, 유리병은 흉강, 고무 막은 횡격막에 해당한다.

14 고무 막을 아래로 잡아당기면 유리병의 부피가 커져 유리병 속 압력이 낮아지고, Y자관을 통해 외부의 공기가 고무풍선으로 들어와 고무풍선이 부풀어 오른다.

15 ⑤ 이산화 탄소(A)와 산소(B)는 농도 차이에 따른 확산에 의해 이동한다.

오답 피하기| ① ㉠은 적혈구이다.

② A는 조직 세포에서 모세 혈관으로 이동하는 이산화 탄소, B는 모세 혈관에서 조직 세포로 이동하는 산소이다.

③, ④ 조직 세포보다 모세 혈관에 산소(B)의 양이 많고, 모세 혈관보다 조직 세포에 이산화 탄소(A)의 양이 많다.

16 ㄴ. 적혈구는 산소(㉡)를 운반한다.

ㄷ. ㉠은 모세 혈관에서 폐포로 이동하는 이산화 탄소이며, ㉡은 폐포에서 모세 혈관으로 이동하는 산소이다.

오답 피하기| ㄱ. 혈액 A는 B보다 이산화 탄소의 양이 많고, 산소의 양이 적다.

17 A와 C는 폐포에서 모세 혈관으로, 모세 혈관에서 조직 세포로 이동하는 산소이며, B와 D는 조직 세포에서 모세 혈관으로, 모세 혈관에서 폐포로 이동하는 이산화 탄소이다.

18 ② B는 이산화 탄소로, 초록색 BTB 용액을 노란색이 되도록 한다.

③ (가)는 폐포와 모세 혈관 사이에서 일어나는 기체 교환 과정이다. 이 과정에서 정맥혈이 동맥혈로 된다.

④ (나)는 모세 혈관과 조직 세포 사이에서 일어나는 기체 교환 과정이다. 이 과정에서 동맥혈이 정맥혈로 된다.

⑤ (가)와 (나)에서 일어나는 기체 교환은 기체의 농도 차이에 따른 확산에 의해 일어난다.

오답 피하기| ① A는 산소로, 산소는 폐포에서 가장 많고, 조직 세포에서 가장 적다.

실력의 완성! **서술형 문제**   개념 학습 교재 **43쪽**

1 A는 코, B는 기관, C는 기관지, D는 폐, E는 갈비뼈, F는 횡격막, G는 폐포이다. 공기의 이동 경로는 코(A) → 기관(B) → 기관지(C) → 폐(D)이다. 폐포(G)는 폐(D)를 이루는 작은 공기주머니이다.

모범 답안 (1) E, F

(2) 폐포, 공기가 접촉하는 표면적을 넓혀 기체 교환이 효율적으로 일어나도록 한다.

	채점 기준	배점
(1)	구조의 기호를 모두 옳게 쓴 경우	30 %
(2)	폐포를 쓰고, 장점을 옳게 서술한 경우	70 %
	폐포만 쓴 경우	20 %

2 (가)와 사람의 호흡 기관을 비교하면 A는 갈비뼈이며, B는 횡격막에 해당한다. (나)와 사람의 호흡 기관을 비교하면 Y자관은 기관과 기관지, 고무풍선은 폐, 유리병은 흉강, 고무 막은 횡격막에 해당한다.

모범 답안 A: 갈비뼈, B: 횡격막, A는 올라가고, B는 내려간다.

채점 기준	배점
A와 B를 모두 옳게 쓰고, A와 B의 움직임을 옳게 서술한 경우	100 %
A와 B만 모두 옳게 쓴 경우	30 %

2-1 **모범 답안** 부풀어 오른다.

3 A는 공기 중에서 폐로 이동하는 산소이고, B는 폐에서 공기 중으로 나가는 이산화 탄소이다.

모범 답안 (1) A: 산소, B: 이산화 탄소

(2) A의 농도는 폐포 > 모세 혈관 > 조직 세포이므로, A는 폐포 → 모세 혈관 → 조직 세포로 이동한다.

	채점 기준	배점
(1)	A와 B를 모두 옳게 쓴 경우	30 %
(2)	A의 농도 비교와 A의 이동 경로를 모두 포함하여 옳게 서술한 경우	70 %
	A의 농도 비교와 A의 이동 경로 중 1가지만 옳게 서술한 경우	30 %

04 배설

개념 학습 교재 45, 47쪽

개념 잡기 (기초를 튼튼히!)

1 (1) A: 이산화 탄소, B: 물, C: 암모니아, D: 요소 (2) ㉠ 폐, ㉡ 콩팥 (3) A, B **2** (1) B, 오줌관 (2) C, 방광 (3) A, 콩팥 (4) D, 요도 **3** (1) 콩팥 (2) A: 보먼주머니, B: 사구체, C: 모세 혈관, D: 세뇨관 (3) A, B, D **4** (1) × (2) ○ (3) × (4) ○ **5** (1) A: 사구체, B: 보먼주머니, C: 모세 혈관, D: 세뇨관 (2) ㉠ 여과, ㉡ 재흡수, ㉢ 분비 **6** ㉠ 산소, ㉡ 이산화 탄소 **7** ㉠ 소화계, ㉡ 호흡계, ㉢ 배설계

1 탄수화물, 지방의 분해 결과 생성되는 노폐물은 물, 이산화 탄소이고, 단백질의 분해 결과 생성되는 노폐물은 물, 이산화 탄소, 암모니아이다.

2 사람의 배설계는 체내에서 발생한 노폐물을 걸러 몸 밖으로 내보내는 기관계로, 콩팥(A), 오줌관(B), 방광(C), 요도(D) 등으로 이루어져 있다.

3 (가)는 콩팥의 구조이고, (나)는 콩팥 겉질과 콩팥 속질에 분포하는 네프론이다. 네프론은 오줌을 만드는 기본 단위로, 사구체(B), 보먼주머니(A), 세뇨관(D)으로 구성된다.

4 (1) 혈구는 사구체에서 보먼주머니로 여과되지 않으므로 재흡수도 일어나지 않는다.
(3) 여과된 포도당과 아미노산은 모두 재흡수되며, 여과된 물과 무기염류는 대부분 재흡수된다.

5 오줌은 콩팥의 각 구조에서 일어나는 여과(㉠), 재흡수(㉡), 분비(㉢) 과정을 통해 생성된다. 사구체(A)와 보먼주머니(B) 사이에서는 여과(㉠), 모세 혈관(C)과 세뇨관(D) 사이에서는 재흡수(㉡)와 분비(㉢)가 일어난다.

6 세포 호흡은 세포에서 영양소가 산소와 반응하여 이산화 탄소와 물로 분해되고 에너지가 발생하는 과정이다.

7 세포 호흡으로 에너지를 얻어 생명 활동을 유지하기 위해서는 소화계, 순환계, 호흡계, 배설계가 유기적으로 작용해야 한다. (가)는 소화계, (나)는 호흡계, (다)는 배설계이다.

내신 잡기 (실력을 키워!)

개념 학습 교재 48~50쪽

01 ② **02** ③ **03** ③ **04** ㉠ 암모니아, ㉡ 간, ㉢ 요소 **05** ④ **06** ①, ④ **07** ③ **08** ② **09** ㉠ I, 세뇨관, ㉡ G, 사구체, ㉢ F, 보먼주머니 **10** ④ **11** ④ **12** ④ **13** ㉠ 보먼주머니, ㉡ 오줌관, ㉢ 요도 **14** 포도당, 물, 요소 **15** ③ **16** 물, 요소, 무기염류 **17** ③ **18** (가) 소화계, (나) 배설계, (다) 호흡계, (라) 순환계 **19** ②

01 ② 노폐물을 몸 밖으로 내보내는 과정은 배설이다.
오답 피하기 ① 산소와 이산화 탄소를 교환하는 것은 호흡이다.

③ 소화되지 않은 물질을 대변으로 내보내는 것은 배출이다.
④ 산소, 이산화 탄소, 영양소, 노폐물을 운반하는 것은 순환이다.
⑤ 분자의 크기가 큰 영양소가 체내로 흡수될 수 있을 정도로 작게 분해되는 과정은 소화이다.

02 탄수화물과 지방이 분해될 때 노폐물로 물과 이산화 탄소가 생성되고, 단백질이 분해될 때 노폐물로 물, 이산화 탄소, 암모니아가 생성된다.

03 지방이 분해될 때 생성되는 노폐물은 이산화 탄소와 물이므로 A는 물이며, ㉠이 분해될 때 생성되는 노폐물이 이산화 탄소와 물(A)이므로 ㉠은 탄수화물이다. ㉡이 분해될 때 노폐물로 이산화 탄소, 물(A), B가 생성된다. 간에서 요소로 전환되는 B는 암모니아이고, ㉡은 단백질이다.

04 단백질은 탄소, 수소, 산소 외에 질소가 포함되어 있어 단백질이 분해될 때 노폐물로 물과 이산화 탄소 외에 암모니아가 생성된다. 독성이 강한 암모니아는 간에서 독성이 약한 요소로 전환된다.

05 ㄴ, ㄷ. 배설계는 체내에서 발생한 노폐물을 걸러 몸 밖으로 내보내는 기관계로, 콩팥, 오줌관, 방광, 요도 등으로 이루어져 있다.
오답 피하기 ㄱ. 산소와 이산화 탄소의 교환을 담당하는 기관계는 호흡계이다.

06 ②, ⑤ 사람의 콩팥에는 모세 혈관이 많이 분포해 있어 붉은색을 띠며, 주먹만 한 크기로, 허리의 등 쪽 좌우에 1개씩 있다.
③ 콩팥에는 심장에서 나와 콩팥으로 들어오는 혈액이 흐르는 콩팥 동맥과 콩팥에서 나가 심장으로 들어가는 혈액이 흐르는 콩팥 정맥이 연결되어 있다.
오답 피하기 ① 네프론은 오줌을 만드는 기본 단위이다.
④ 콩팥은 겉질, 속질, 콩팥 깔때기의 세 부분으로 구분된다.

07 ① 콩팥(A)은 혈액 속의 노폐물을 걸러 오줌을 만드는 곳이다.
② 오줌관(B)은 콩팥(A)과 방광(C)을 연결하는 관이다.
④ 요도(D)는 방광(C)에 모인 오줌이 몸 밖으로 나가는 통로이다.
⑤ 오줌은 콩팥(A)에서 생성되어 오줌관(B) → 방광(C) → 요도(D)로 이동하여 몸 밖으로 나간다.
오답 피하기 ③ 방광(C)은 콩팥(A)에서 만들어진 오줌을 모아 두는 곳이다.

08 ① A는 콩팥 겉질이고, B는 콩팥 속질이다.
③ 콩팥 깔때기(C)는 콩팥의 가장 안쪽의 빈 공간이다.
④ 콩팥 동맥(D)에는 심장에서 나와 콩팥으로 들어오는 혈액이 흐른다.
⑤ 콩팥 정맥(E)에는 콩팥에서 나와 심장으로 들어가는 혈액이 흐른다.
오답 피하기 ② 네프론은 콩팥 겉질(A)과 콩팥 속질(B)에 분포한다.

09 F는 보먼주머니, G는 사구체, H는 모세 혈관, I는 세뇨관이다. 보먼주머니(F)와 연결된 가늘고 긴 관은 세뇨관(I)이며, 모세 혈관이 실뭉치처럼 뭉쳐 있는 부분은 사구체(G)이다. 사구체(G)를 감싸고 있는 주머니 모양의 구조는 보먼주머니(F)이다.

10 A에서 B로 일어나는 물질 이동은 여과, C에서 D로 일어나는 물질 이동은 재흡수, D에서 C로 일어나는 물질 이동은 분비이다.

11 크기가 작은 물질은 사구체(A)에서 보먼주머니(B)로 여과되며, 단백질과 같이 크기가 큰 물질은 여과되지 않는다.

12 C는 세뇨관, D는 모세 혈관이다.
④ 세뇨관(C)에 있던 물과 무기염류는 모세 혈관(D)으로 대부분 재흡수된다.
오답 피하기 ①, ③ 세뇨관(C)에서 모세 혈관(D)으로 포도당과 아미노산이 재흡수되며, 모세 혈관(D)에서 세뇨관(C)으로 미처 여과되지 못한 노폐물이 분비된다.
② 크기가 큰 혈구는 사구체(A)에서 보먼주머니(B)로 여과되지 않으므로 세뇨관(C)에는 존재하지 않는다.
⑤ 세뇨관(C)에 있던 포도당과 아미노산은 모세 혈관(D)으로 이동한다.

13 콩팥 동맥을 흐르는 혈액은 사구체에서 보먼주머니로 여과되어 세뇨관을 지나 콩팥의 가장 안쪽인 콩팥 깔때기를 거쳐 오줌관을 지나 방광에 모였다가 요도를 통해 몸 밖으로 나간다.

14 콩팥 동맥을 흐르는 혈액과 여과액에 모두 있는 물질은 크기가 작아 여과되는 물질이다. 포도당, 물, 요소가 사구체에서 보먼주머니로 여과된 물질이다.

15 ③ 포도당은 우리 몸에 필요한 물질이므로 세뇨관에서 모세 혈관으로 모두 재흡수된다.
오답 피하기 ① 단백질은 크기가 커서 여과되지 않는 물질이다.
② 물은 세뇨관에서 모세 혈관으로 모두 재흡수되지 않고 대부분 재흡수된다.
④ 콩팥 정맥에는 요소가 걸러진 혈액이 흐르므로 오줌보다 콩팥 정맥을 흐르는 혈액에 요소의 양이 적을 것이다.
⑤ 요소는 여과 과정을 거친다.

16 혈구와 단백질은 크기가 커서 여과되지 않으며, 포도당과 아미노산은 우리 몸에 필요한 물질이므로 여과된 다음 모두 재흡수된다.

17 ㄱ, ㄴ. 세포 호흡은 세포에서 산소를 이용하여 영양소를 분해하는 과정으로, 세포 호흡 결과 이산화 탄소와 물이 생성되고 에너지가 발생한다.
오답 피하기 ㄷ. 세포 호흡 결과 발생한 에너지는 두뇌 활동, 소리 내기, 운동, 체온 유지, 생장 등에 이용된다.

18 세포 호흡으로 에너지를 얻어 생명 활동을 유지하기 위해서는 소화계, 순환계, 호흡계, 배설계가 유기적으로 작용해야 한다.

19 ① (가)는 영양소의 소화와 흡수가 일어나고, 소화되지 않은 찌꺼기를 배출하는 소화계이다.
③ (나)는 호흡계로, (나)를 구성하는 기관에는 코, 기관, 기관지, 폐 등이 있다.
④ (다)는 배설계로, 체내에서 생성된 노폐물을 몸 밖으로 내보낸다.
⑤ 영양소와 산소는 순환계를 통해 조직 세포로 이동하며, 조직 세포에서 생성된 노폐물과 이산화 탄소는 순환계를 통해 배설계(다)와 호흡계(나)로 이동한다.
오답 피하기 ② 소화계(가)에서 소화되지 않은 찌꺼기의 배출에는 소화계(가)가 관여한다.

실력의 완성! **서술형 문제** 개념 학습 교재 51쪽

1 콩팥 동맥(A)은 심장에서 나와 콩팥으로 들어가는 혈액이 흐르므로 요소의 농도가 높다. 콩팥 정맥(B)은 콩팥에서 나와 심장으로 들어가는 혈액이 흐르므로 요소의 농도가 낮다.
모범 답안 B, 콩팥 정맥, 혈액이 콩팥을 거치는 동안 혈액 속의 요소가 걸러지기 때문이다.

채점 기준	배점
혈관의 기호와 이름을 옳게 쓰고, 까닭을 옳게 서술한 경우	100 %
혈관의 기호와 이름만 옳게 쓴 경우	30 %

2 콩팥에서는 콩팥 동맥을 통해 들어간 혈액이 여과, 재흡수, 분비 과정을 거쳐 노폐물이 제거되고, 콩팥 정맥을 통해 심장으로 들어간다.
모범 답안 (1) A: 여과, B: 분비, C: 재흡수
(2) 단백질, 크기가 크기 때문이다.

	채점 기준	배점
(1)	A~C를 모두 옳게 쓴 경우	30 %
(2)	단백질을 쓰고, 까닭을 옳게 쓴 경우	70 %
	단백질만 쓴 경우	30 %

2-1 **모범 답안** 포도당, 아미노산

3 오줌의 생성 과정에서는 여과액이 세뇨관을 지나는 과정에서 몸에 필요한 물질은 모두 재흡수되고, 물과 무기염류 등은 대부분 재흡수된다.
모범 답안 대부분의 물이 재흡수되어 요소가 농축되기 때문이다.

채점 기준	배점
까닭을 옳게 서술한 경우	100 %
요소가 농축되기 때문이라고만 서술한 경우	50 %

4 사람 몸에서는 소화계, 호흡계, 순환계, 배설계 등의 유기적 작용에 의해 생명 활동이 유지된다.

모범 답안 순환계(가)는 영양소와 산소를 온몸의 세포로 운반하고, 세포 호흡 결과 생긴 이산화 탄소는 호흡계로, 노폐물은 배설계로 운반한다.

채점 기준	배점
제시된 단어를 모두 포함하여 옳게 서술한 경우	100 %
제시된 단어 중 절반만 포함하여 옳게 서술한 경우	50 %

핵심만 모아모아! **단원 정리하기** 개념 학습 교재 52쪽

1 ① 탄수화물 ② 지방 ③ 무기염류 ④ 물 ⑤ 베네딕트 ⑥ 지방
2 ① 단백질 ② 이자액 ③ 라이페이스 ④ 모세 혈관 ⑤ 암죽관
3 ① 판막 ② 동맥 ③ 정맥
4 ① 혈장 ② 적혈구 ③ 백혈구 ④ 혈소판 ⑤ 온몸 순환 ⑥ 폐순환
5 ① 폐 ② 근육 ③ 폐포
6 ① 들숨 ② 날숨 ③ 산소 ④ 이산화 탄소
7 ① 지방 ② 요소 ③ 콩팥 ④ 콩팥 ⑤ 사구체
8 ① 여과 ② 재흡수 ③ 분비 ④ 기관계

실전에 도전! **단원 평가하기** 개념 학습 교재 53~57쪽

01 ③ **02** ⑤ **03** ①, ⑤ **04** ⑤ **05** ⑤ **06** ③ **07** ① **08** ④ **09** ② **10** ① **11** ② **12** ④ **13** (가) ㉡, 폐동맥, (나) ㉠, 폐정맥 **14** ⑤ **15** ⑤ **16** ㄱ, ㄴ **17** ③ **18** (가) B, 오줌관, (나) C, 방광, (다) A, 콩팥 **19** ⑤ **20** ④ **21** 포도당, 아미노산, 물, 요소, 무기염류 **22** ③ **23** 해설 참조 **24** 해설 참조 **25** 해설 참조 **26** 해설 참조 **27** 해설 참조 **28** 해설 참조

01 (가)는 세포, (나)는 기관, (다)는 기관계, (라)는 조직, (마)는 개체이다.
③ 기관계(다)는 연관된 기능을 수행하는 기관들이 모여 유기적 기능을 수행하는 단계이다.
오답 피하기 | ① 혈액은 조직(라)에 속하는 예이다.
② 모양과 기능이 비슷한 세포들의 모임은 조직(라)이다.
④ 생물의 몸을 구성하는 기본 단위는 세포(가)이다.
⑤ 구성 단계는 세포(가) → 조직(라) → 기관(나) → 기관계(다) → 개체(마) 순이다.

02 자료 분석

혼합 용액	아이오딘 반응	뷰렛 반응	수단 Ⅲ 반응
A+B	−	+	+
B+C	+	+	−

C에는 녹말이 들어 있다.　A에는 지방이 들어 있다.
(+: 반응 있음, −: 반응 없음)
모두 B가 들어 있는데, 뷰렛 반응이 일어났다. ➡ B에는 단백질이 들어 있다.

① A+B 용액과 B+C 용액에 공통적으로 B가 들어 있고, 두 용액에서 모두 뷰렛 반응이 일어나므로 B에는 뷰렛 반응이 일어나는 단백질이 들어 있다. 그러므로 A에는 지방, B에는 단백질, C에는 녹말이 들어 있다.
② A에 들어 있는 영양소인 지방은 1 g당 9 kcal의 에너지를 낸다.
③, ④ B에 들어 있는 영양소인 단백질은 세포, 근육을 구성하는 주성분으로, 성장기에 특히 많이 섭취해야 한다.
오답 피하기 | ⑤ C는 아이오딘 반응 결과 청람색으로 색깔 변화가 나타났다.

03 ② 간(C)에서 지방의 소화를 돕는 쓸개즙이 생성된다.

③ 위(D)의 안쪽 벽에는 위액을 분비하는 위샘이 있다. 위액에는 펩신과 염산이 들어 있다.

④ 소장(F)에서 탄수화물은 포도당, 단백질은 아미노산, 지방은 지방산과 모노글리세리드로 분해된다.

오답 피하기 ① 입(A)에서 녹말의 소화가 시작되며, 위(D)에서 단백질의 소화가 시작된다.

⑤ 음식물의 이동 경로는 입(A) → 식도(B) → 위(D) → 소장(F) → G(대장)이다.

04 ⑤ 이자액에는 아밀레이스(C), 트립신(D), 라이페이스(E)가 모두 들어 있다.

오답 피하기 ① (가)는 녹말, (나)는 단백질, (다)는 지방이다.

② A는 아밀레이스로, 녹말을 엿당으로 분해한다.

③ B는 위액에 들어 있는 펩신, D는 이자액에 들어 있는 트립신이다.

④ E는 지방을 분해하는 소화 효소인 라이페이스이다.

05 ① 우심방(A)은 대정맥과 연결되며, 온몸을 지나온 혈액이 들어온다.

② 좌심방(B)은 폐정맥과 연결되며, 폐에서 산소를 얻은 혈액이 들어온다.

③ 우심실(C)과 좌심실(D)은 심장에서 혈액을 내보내는 곳이다.

④ 혈액은 우심방(A)에서 우심실(C)로, 좌심방(B)에서 좌심실(D)로 흐른다.

오답 피하기 ⑤ 판막(E)은 심방과 심실 사이, 심실과 동맥 사이, 정맥에 있으며, 혈액이 거꾸로 흐르는 것을 막는다.

06 C는 판막이 있으므로 정맥, A는 동맥, B는 모세 혈관이다.

ㄱ. 동맥(A)은 심장에서 나가는 혈액이 흐르는 혈관이므로 정맥(C)보다 혈관 벽이 두껍고 탄력성이 크다.

ㄴ. 모세 혈관(B)의 혈관 벽은 한 층의 세포로 이루어져 있고, 혈액이 흐르는 속도가 느리므로 조직 세포와의 사이에서 물질 교환이 일어난다.

오답 피하기 ㄷ. 정맥(C)은 심장으로 들어가는 혈액이 흐르는 혈관이다.

07 혈액은 동맥(A) → 모세 혈관(B) → 정맥(C) 방향으로 흐르며, 혈관에서의 혈압의 세기는 동맥(A) > 모세 혈관(B) > 정맥(C) 순이다.

08 A는 백혈구, B는 적혈구, C는 혈장, D는 혈소판이다.

④ 혈장(C)은 영양소를 녹여 조직 세포로 운반하고, 조직 세포에서 나온 이산화 탄소와 노폐물을 운반한다.

오답 피하기 ① A, B, D는 세포 성분이고, C는 액체 성분이다.

② 백혈구(A)는 혈구 중 크기가 가장 크고, 핵이 있다.

③ 적혈구(B)는 수가 가장 많고, 산소 운반 작용을 한다.

⑤ 혈소판(D)은 핵이 없으며, 혈액 응고 작용을 한다.

09 [자료 분석]

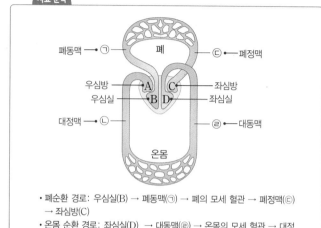

- 폐순환 경로: 우심실(B) → 폐동맥(㉠) → 폐의 모세 혈관 → 폐정맥(㉢) → 좌심방(C)
- 온몸 순환 경로: 좌심실(D) → 대동맥(㉣) → 온몸의 모세 혈관 → 대정맥(㉡) → 우심방(A)

폐순환의 경로는 우심실(B) → 폐동맥(㉠) → 폐의 모세 혈관 → 폐정맥(㉢) → 좌심방(C)이다.

10 정맥혈은 산소를 적게 포함한 혈액으로, 폐동맥(㉠), 우심방(A), 우심실(B), 대정맥(㉡)에는 정맥혈이 흐른다.

11 [자료 분석]

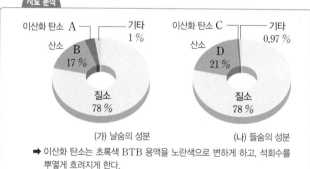

➡ 이산화 탄소는 초록색 BTB 용액을 노란색으로 변하게 하고, 석회수를 뿌옇게 흐려지게 한다.

ㄴ. 이산화 탄소(A와 C)를 초록색 BTB 용액에 넣으면 BTB 용액이 노란색으로 변한다.

오답 피하기 ㄱ. (가)는 날숨의 성분이고, (나)는 들숨의 성분이다.

ㄷ. 이산화 탄소(A와 C)를 석회수에 넣으면 석회수가 뿌옇게 흐려진다.

12 ① 코(A)의 내부는 가는 털과 끈끈한 액체로 덮여 있어 먼지나 세균을 걸러 낸다.

②, ③ 기관(B)은 공기가 드나드는 통로로, 기관지(C)는 기관(B)에서 갈라져 폐(D)로 들어가 폐포와 연결된다.

⑤ 흉강은 갈비뼈(E)와 횡격막(F)으로 둘러싸여 있다.

오답 피하기 ④ D는 폐로, 근육이 없어 스스로 커지거나 작아지지 못한다.

13 폐정맥(㉠)에는 산소를 많이 포함한 혈액이 흐르고, 폐동맥 (㉡)에는 산소를 적게 포함한 혈액이 흐른다.

14 ① 갈비뼈(A)와 횡격막(B)은 흉강을 둘러싸고 있다.
② 갈비뼈(A)와 횡격막(B)의 움직임은 흉강과 폐의 부피 변화에 영향을 준다.
③ 들숨(가)이 일어날 때 흉강의 부피가 커지고, 흉강의 압력이 낮아진다.
④ 날숨(나)이 일어날 때 폐의 부피가 작아지고, 폐의 압력이 높아진다.
오답 피하기 ⑤ (가)에서 외부의 공기가 폐로 들어오며, (나)에서 폐의 공기가 외부로 나간다.

15 ① A는 외부에서 폐로 이동하는 산소이다.
② 산소(A)는 외부에서 폐로 들어오므로 폐포 주변의 모세 혈관보다 폐포에 많다.
③ 산소(A)의 농도는 폐포 > 모세 혈관 > 조직 세포이므로 산소(A)는 폐포 → 모세 혈관 → 조직 세포로 이동한다.
④ B는 폐에서 외부로 나가므로 이산화 탄소이다.
오답 피하기 ⑤ 이산화 탄소는 조직 세포 주변의 모세 혈관보다 조직 세포에 많다.

16 ㄱ, ㄴ. 폐포 주변의 모세 혈관과 폐포 사이에서 기체 교환이 일어나면 모세 혈관에 산소(A)를 많이 포함한 선홍색의 동맥혈이 흐른다.
오답 피하기 ㄷ. 폐포 주변의 모세 혈관과 폐포 사이에서 기체 교환이 일어나면 혈액에서 이산화 탄소(B)의 양은 적어진다.

17 ① 노폐물 중 이산화 탄소는 폐에서 날숨을 통해 몸 밖으로 나간다.
② 3대 영양소가 분해될 때 생성되는 노폐물에는 공통적으로 물과 이산화 탄소가 있다.
④ 노폐물 중 물은 폐에서 날숨을 통해, 콩팥에서 오줌을 통해 몸 밖으로 나간다.
⑤ 단백질에는 질소가 포함되어 있어 노폐물로 물과 이산화 탄소 외에 암모니아가 추가로 생성된다.
오답 피하기 ③ 독성이 강한 암모니아는 세포에 손상을 줄 수 있기 때문에 간에서 독성이 약한 요소로 전환된다.

18 콩팥과 방광을 연결하는 긴 관은 오줌관(B)이며, 콩팥에서 만들어진 오줌을 모아 두는 곳은 방광(C)이고, 혈액 속의 노폐물을 걸러 오줌을 만드는 곳은 콩팥(A)이다.

19 ⑤ 콩팥(A)에서 생성된 오줌은 오줌관(B) → 방광(C) → 요도 (D) 순으로 이동하여 몸 밖으로 나간다.
오답 피하기 ① B는 오줌관이며, 네프론을 구성하지 않는다.

② D는 요도이며, 사구체와 보먼주머니는 콩팥에 위치한다.
③ E는 콩팥 겉질이며, 콩팥의 가장 안쪽에 있는 빈 공간은 콩팥 깔때기(G)이다.
④ 콩팥 겉질(E)과 콩팥 속질(F)에는 네프론이 분포한다.

20

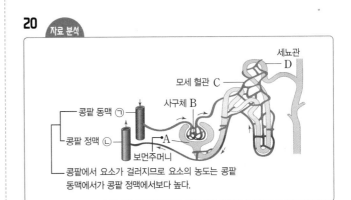

자료 분석

콩팥에서 요소가 걸러지므로 요소의 농도는 콩팥 동맥에서가 콩팥 정맥에서보다 높다.

① A는 보먼주머니, B는 사구체, C는 모세 혈관, D는 세뇨관이다.
② 크기가 작은 물질은 사구체(B)에서 보먼주머니(A)로 여과된다.
③ 모세 혈관(C)에서 세뇨관(D)으로 미처 여과되지 못한 노폐물이 이동하며, 이 과정을 분비라고 한다.
⑤ 요소의 농도는 콩팥 동맥(㉠)을 흐르는 혈액이 콩팥 정맥(㉡)을 흐르는 혈액보다 높다.
오답 피하기 ④ 세뇨관(D)에서 모세 혈관(C)으로 물질이 이동하는 과정을 재흡수라고 한다.

21 크기가 작은 물질은 사구체(B)에서 보먼주머니(A)로 여과되며, 혈구나 단백질과 같이 크기가 큰 물질은 사구체(B)에서 보먼주머니(A)로 여과되지 않는다.

22 (가)는 소화계, (나)는 호흡계, (다)는 배설계이다.
ㄱ. (가)는 영양소의 소화와 흡수가 일어나고, 소화되지 않은 찌꺼기를 배출하는 소화계이다.
ㄴ. 호흡계(나)에서 날숨을 통해 물과 이산화 탄소가 몸 밖으로 나가고, 배설계(다)에서 오줌을 통해 물과 요소가 몸 밖으로 나간다.
오답 피하기 ㄷ. 영양소와 산소는 순환계를 통해 조직 세포로 이동하여 세포 호흡에 이용된다.

23 A는 우리 몸의 구성 성분에서 가장 많은 양을 차지하는 물이다.
모범 답안 물, 영양소와 노폐물을 운반한다. 체온을 조절한다.

채점 기준	배점
물을 쓰고, 기능 2가지를 모두 옳게 서술한 경우	100 %
물만 쓴 경우	30 %

24 증류수는 녹말을 분해하지 못하고, 침 속에 들어 있는 소화 효소는 녹말을 엿당으로 분해한다. 달걀흰자는 단백질이 들어 있으므로 침 속에 들어 있는 소화 효소는 달걀흰자를 분해하지 못한다.

모범 답안 B, 녹말이 침에 들어 있는 소화 효소인 아밀레이스에 의해 당분(엿당)으로 변했기 때문이다.

채점 기준	배점
B를 쓰고, 까닭을 제시된 내용을 모두 포함하여 옳게 서술한 경우	100 %
B만 쓴 경우	30 %

25 환자 (가)는 건강한 사람보다 혈소판 수가 적고, (나)는 건강한 사람보다 적혈구 수가 적다.

모범 답안 (가)는 혈소판 수가 적어 상처가 났을 때 혈액 응고가 잘 일어나지 않으며, (나)는 적혈구 수가 적어 빈혈 증상이 나타날 수 있다.

채점 기준	배점
환자 (가)와 (나)의 증상을 원인과 함께 모두 옳게 서술한 경우	100 %
환자 (가)와 (나) 중 한 사람의 증상만 원인과 함께 옳게 서술한 경우	50 %

26 A는 폐를 구성하는 작은 공기주머니로, 공기와 접촉하는 표면적을 넓힌다.

모범 답안 공기와 접촉하는 표면적을 넓혀 기체 교환이 효율적으로 일어나게 한다.

채점 기준	배점
유리한 점을 옳게 서술한 경우	100 %
기체 교환이 효율적으로 일어나게 한다라고만 쓴 경우	50 %

27 호흡 운동 모형에서 고무 막을 아래로 잡아당기는 것은 사람의 몸에서 들숨이 일어나는 것과 같다.

모범 답안 갈비뼈가 올라가고 횡격막이 내려가 흉강의 부피가 커지고 흉강의 압력이 낮아지며, 폐의 부피가 커지고 폐의 압력이 낮아져 외부의 공기가 폐로 들어온다.

채점 기준	배점
제시된 단어와 내용을 모두 포함하여 몸속에서 일어나는 변화를 옳게 서술한 경우	100 %
제시된 단어와 내용 중 절반만 포함하여 몸속에서 일어나는 변화를 옳게 서술한 경우	50 %

28 A는 사구체, B는 보먼주머니, C는 세뇨관, D는 모세 혈관이다. A에서 B로 여과가 일어나며, C에서 D로 재흡수가 일어나고, D에서 C로 분비가 일어난다.

모범 답안 (1) ㉠ C → D, ㉡ D → C
(2) 포도당과 아미노산은 몸에 필요한 물질이므로 C에서 D로 모두 재흡수되기 때문이다.

	채점 기준	배점
(1)	㉠과 ㉡을 모두 옳게 쓴 경우	30 %
(2)	해당하는 부분의 기호를 모두 포함하여 까닭을 옳게 서술한 경우	70 %
	해당하는 부분의 기호를 포함하지 않고 까닭을 옳게 서술한 경우	40 %

01 물질의 특성 (1)

개념 잡기

기초를 튼튼히! | **개념 잡기** | 개념 학습 교재 61, 63쪽

1 (1) ◯ (2) ✕ (3) ✕ (4) ◯ (5) ✕ **2** (1) 산소, 에탄올, 이산화 탄소 (2) 공기, 식초, 우유 **3** ㉠ 높은, ㉡ 계속 높아진다 **4** (1) 낮은 (2) 낮은 (3) 높은 **5** ㄱ, ㄹ, ㅂ **6** (1) ◯ (2) ✕ (3) ✕ (4) ◯ **7** (1) > (2) > **8** ㉠ 높, ㉡ 높 **9** (1) ✕ (2) ◯ (3) ◯ (4) ✕ **10** ㉠ 액체, ㉡ 기체, ㉢ 고체

1 **오답 피하기** | (2) 순물질은 한 종류의 원소로만 이루어진 순물질과 두 종류 이상의 원소로 이루어진 순물질로 구분할 수 있다. 혼합물은 두 가지 이상의 순물질이 섞여 있는 물질이다.
(3) 혼합물은 성분 물질의 성질을 그대로 가진다.
(5) 설탕물은 성분 물질이 고르게 섞인 균일 혼합물이고, 흙탕물은 성분 물질이 고르지 않게 섞인 불균일 혼합물이다.

2 순물질은 한 가지 물질로만 이루어진 물질로, 산소, 에탄올, 이산화 탄소 등이 있고, 혼합물은 두 가지 이상의 순물질이 섞여 있는 물질로, 공기, 식초, 우유 등이 있다.

3 순물질인 물은 끓는 동안 온도가 일정하게 유지된다. 반면, 혼합물인 소금물은 순물질인 물보다 높은 온도에서 끓기 시작하고, 끓는 동안 온도가 계속 높아진다.

4 (1) 눈이 내린 도로에 염화 칼슘을 뿌리면 물의 어는 온도가 낮아져 영하의 날씨에도 도로가 얼지 않는다. 이는 혼합물은 순물질보다 낮은 온도에서 어는 성질과 관계있다.
(2) 퓨즈는 납과 주석 등의 혼합물로, 순수한 납보다 낮은 온도에서 녹으므로 과도한 전류가 흐르면 녹아서 끊어져 전류를 차단한다. 이는 혼합물은 각 성분 물질보다 낮은 온도에서 녹는 성질과 관계있다.
(3) 달걀을 삶을 때 물에 소금을 넣으면 끓는점이 100 ℃보다 높아지므로 달걀이 잘 익는다. 이는 혼합물은 순물질보다 높은 온도에서 끓는 성질과 관계있다.

5 물질의 특성은 같은 물질인 경우 물질의 양에 관계없이 일정하다. 색깔은 겉보기 성질로 물질의 고유한 성질이고, 밀도, 끓는점은 물질의 양에 관계없이 고유한 값을 가지므로 물질의 특성이다.
오답 피하기 | 부피, 질량, 농도는 물질의 양에 따라 값이 달라지므로 물질의 특성이 될 수 없다.

6 **오답 피하기** | (2) 같은 물질이면 물질의 양에 관계없이 끓는점은 일정하다.
(3) 불꽃의 세기가 강하면 끓는점에 도달하는 시간이 짧아질 뿐 끓는점은 일정하다.

7 수평한 구간의 온도가 끓는점이므로 끓는점은 에탄올이 메탄올보다 높다. 물질을 이루는 입자 사이의 인력이 강할수록 끓는점이 높으므로 입자 사이의 인력도 에탄올이 메탄올보다 강하다.

8 압력솥 안에서는 물이 끓어 생성된 수증기가 빠져나가지 못해 내부 압력이 높아진다. 따라서 물이 100 ℃보다 높은 온도에서 끓게 되므로 밥이 빨리 된다.

9 **오답 피하기** | (1) 녹는점은 고체 물질이 녹아 액체가 되는 동안 일정하게 유지되는 온도이고, 어는점은 액체 물질이 얼어 고체가 되는 동안 일정하게 유지되는 온도이다.
(4) 순수한 물질의 경우 한 물질의 녹는점과 어는점은 같다.

10 A는 녹는점이 25 ℃보다 낮고 끓는점이 25 ℃보다 높으므로 25 ℃에서 액체 상태이다. B는 녹는점과 끓는점이 모두 25 ℃보다 낮으므로 25 ℃에서 기체 상태이다. C는 녹는점과 끓는점이 모두 25 ℃보다 높으므로 25 ℃에서 고체 상태이다.

내신 잡기

실력을 키워! | **내신 잡기** | 개념 학습 교재 64~66쪽

01 ⑤ **02** ① **03** ⑤ **04** ⑤ **05** ④ **06** ④ **07** ③ **08** ③ **09** ④ **10** ② **11** ④ **12** ① **13** ①, ⑤ **14** ② **15** ③ **16** ③ **17** ② **18** B, E

01 ④ 성분 물질이 고르게 섞여 있는 혼합물을 균일 혼합물이라고 하고, 성분 물질이 고르지 않게 섞여 있는 혼합물을 불균일 혼합물이라고 한다.
오답 피하기 | ⑤ 혼합물은 성분 물질이 단순히 섞여만 있는 상태로 각각의 성질을 나타낸다.

02 14K 금, 간장, 바닷물은 두 가지 이상의 순물질이 섞여 있는 혼합물이고, 다이아몬드, 수은, 이산화 탄소는 한 가지 물질로만 이루어진 순물질이다.

03 (가)는 순물질, (나)는 균일 혼합물, (다)는 불균일 혼합물이다. 산소, 물, 염화 나트륨, 철, 에탄올은 순물질이고, 소금물, 탄산음료, 합금, 식초, 공기는 균일 혼합물, 우유, 주스, 흙탕물은 불균일 혼합물이다.

04 (가)는 두 종류의 물질이 섞여 있으므로 혼합물이고, (나)와 (다)는 한 종류의 물질로만 이루어져 있으므로 순물질이다.

05 끓는점이 일정한 B와 어는점이 일정한 C는 순물질인 물이고, A와 D는 혼합물인 소금물이다.
④ 소금물(D)은 순수한 물(C)보다 낮은 온도에서 언다.
오답 피하기 | ③ 소금물(A)이 끓는 동안 온도가 계속 높아지는 까닭은 물이 기화하여 소금물의 농도가 진해지기 때문이다.
⑤ 소금물(A)은 순수한 물(B)보다 높은 온도에서 끓고, 소금물(D)은 순수한 물(C)보다 낮은 온도에서 언다.

06 ①, ⑤는 고체 혼합물의 녹는점이 각 성분 물질의 녹는점보다 낮은 성질을 이용한 예이고, ②, ⑥은 혼합물의 어는점이 순수한 성분 액체의 어는점보다 낮은 성질을 이용한 예이다.

오답 피하기 ④는 밀도를 크게 하여 이용한 예이다.

07 ①, ② 나프탈렌과 파라－다이클로로벤젠은 순물질이며, 순물질은 녹는 동안 온도가 일정하게 유지되므로 녹는점이 일정하다.
④ 나프탈렌과 파라－다이클로로벤젠의 혼합물은 녹는 동안 온도가 계속 높아진다.
⑤ 수평한 구간의 온도로 보아, 나프탈렌의 녹는점은 파라－다이클로로벤젠의 녹는점보다 높다.

오답 피하기 ③ 두 고체의 혼합물은 각 성분 물질보다 낮은 온도에서 녹기 시작한다.

08 **오답 피하기** ③ 물질의 특성은 그 물질만이 나타내는 고유한 성질로, 물질의 종류에 따라 다른 값을 나타내지만, 같은 물질의 경우 물질의 양에 관계없이 일정한 값을 나타낸다.

09 주어진 설명은 물질의 특성에 대한 설명이다. 촉감, 굳기 등의 겉보기 성질과 밀도, 끓는점, 용해도, 어는점은 물질의 특성이다.

오답 피하기 두께, 부피, 질량, 길이, 넓이 등은 물질의 고유한 성질이 아니고 물질의 양에 따라 변하므로 물질의 특성이 아니다. 온도는 물질의 종류에 따라 달라지는 성질이 아니므로 물질의 특성이 아니다.

10 ㄱ, ㄷ. 끓는점은 물질의 종류에 따라 다르며, 같은 물질의 경우 물질의 양에 관계없이 일정하므로 끓는점은 물질의 특성이 된다.

오답 피하기 ㄴ. 끓는점은 불꽃의 세기와 관계없이 일정하며, 불꽃의 세기가 강할수록 끓는점에 도달하는 시간이 짧아진다.
ㄹ. 물질을 이루는 입자 사이의 인력이 강할수록 끓는점이 높다.

11 ④ A가 B보다 끓는점에 먼저 도달하므로 A의 질량은 B의 질량보다 작다.

오답 피하기 ①, ②, ③ 수평한 구간의 온도가 액체의 끓는점이므로 A와 B의 끓는점은 78 ℃로 같다. 따라서 A와 B는 같은 물질이다.
⑤ 더 센 불꽃으로 가열해도 끓는점은 78 ℃로 일정하다.

12 ② 끓는점이 같은 B와 D는 같은 물질이다.
③ 수평한 구간의 온도가 끓는점이므로 끓는점은 B＝D＜C＜A이다.
④ 끓는점에 도달하는 데 시간이 더 걸린 B가 D보다 질량이 크다.
⑤ 수평한 구간이 있는 B, C, D는 끓는점이 일정한 순물질이고, 수평한 구간이 없는 A는 혼합물이다.

오답 피하기 ① A~D 중 A가 가장 높은 온도에서 끓는다.

13 ① 압력솥 안에서는 수증기가 빠져나가지 못해 압력이 높아지므로 물의 끓는점이 높아져 밥이 빨리 된다.
⑤ 감압 용기에 80 ℃ 물을 넣고 용기 속의 공기를 빼내면 용기 속 압력이 낮아지므로 물의 끓는점이 낮아져 80 ℃ 물이 끓게 된다.

오답 피하기 ②는 혼합물의 어는점이 순수한 성분 액체의 어는점보다 낮아지는 현상과 관계있다.
③은 압력이 작아지면 기체의 부피가 증가하는 보일 법칙과 관계있다.
④는 온도가 높아지면 기체의 부피가 증가하는 샤를 법칙과 관계있다.

14 ② 녹는점에서는 고체가 액체로 변하므로 고체와 액체 상태가 함께 존재한다.

오답 피하기 ① 녹는점은 고체가 액체로, 어는점은 액체가 고체로 되는 동안 일정하게 유지되는 온도이다.
③, ④ 녹는점과 어는점은 물질의 종류에 따라 다르며, 같은 물질의 경우 물질의 양에 관계없이 일정하다.
⑤ 순물질의 경우 한 물질의 녹는점과 어는점은 같다.

15 같은 물질의 녹는점은 물질의 양에 관계없이 일정하므로 얼음 50 g과 100 g의 녹는점은 0 ℃로 같고, 100 g의 경우 50 g보다 녹는점, 즉 수평한 구간에 늦게 도달한다.

16 ㄴ. 타이타늄은 녹는점이 높아 높은 온도에서도 녹지 않아야 하는 비행기 엔진에 이용된다.
ㄷ. 텅스텐은 녹는점이 매우 높아 쉽게 녹지 않으므로 꼬마전구의 필라멘트에 이용된다.

오답 피하기 ㄱ. 질소는 끓는점이 매우 낮으므로 액체 질소의 온도는 매우 낮다. 따라서 액체 질소는 세포나 조직의 냉동 보관에 이용된다.
ㄹ. 뷰테인보다 끓는점이 낮은 아이소뷰테인은 겨울철 야외용 연료로 이용된다.

17 ② (마) 구간의 온도가 어는점이므로 A의 어는점은 53 ℃이다.

오답 피하기 ① (나) 구간의 온도가 녹는점이므로 A의 녹는점은 53 ℃이다.
③, ④ (가), (바)는 고체로 존재하는 구간, (나), (마)는 고체와 액체가 함께 존재하는 구간, (다), (라)는 액체로 존재하는 구간이다.
⑤ A의 양이 많아져도 수평한 구간의 온도, 즉 녹는점과 어는점은 53 ℃로 일정하다.

18 녹는점, 끓는점이 모두 20 ℃보다 높은 A는 고체, 녹는점은 20 ℃보다 낮고 끓는점은 20 ℃보다 높은 B와 E는 액체, 녹는점, 끓는점이 모두 20 ℃보다 낮은 C와 D는 기체이다.

실력의 완성! **서술형 문제** 　개념 학습 교재 **67쪽**

1 **모범 답안** (가) 혼합물－두 가지 이상의 순물질이 섞여 있는 물질

(나) 순물질－한 가지 물질로만 이루어진 물질

채점 기준	배점
(가)와 (나)로 분류한 기준을 정의를 이용하여 옳게 서술한 경우	100 %
(가)와 (나)를 순물질과 혼합물로 분류했으나 정의는 쓰지 못한 경우	50 %

1-1 **모범 답안** • 성분 물질이 고르게 섞여 있는 물질: 탄산음료, 공기, 14K 반지

• 성분 물질이 고르지 않게 섞여 있는 물질: 흙탕물

2 **모범 답안** B, 순물질인 A(물)보다 낮은 온도에서 얼기 시작하고, 어는 동안 온도가 계속 낮아지기 때문이다.

채점 기준	배점
소금물의 기호를 옳게 쓰고, 그 까닭을 옳게 서술한 경우	100 %
소금물의 기호만 옳게 쓴 경우	50 %

3 수평한 구간의 온도가 끓는점이며, 끓는점은 물질의 종류에 따라 고유한 값을 가지므로 물질의 특성이다.

모범 답안 (1) C와 D, 끓는점(수평한 구간의 온도)이 같기 때문이다.

(2) A, 끓는점이 일정하지 않고 끓는 동안 온도가 높아지기 때문이다.

	채점 기준	배점
(1)	같은 물질로 예상되는 것을 옳게 고르고, 그 까닭을 옳게 서술한 경우	50 %
	같은 물질로 예상되는 것만 옳게 고른 경우	20 %
(2)	혼합물로 예상되는 것을 옳게 고르고, 그 까닭을 옳게 서술한 경우	50 %
	혼합물로 예상되는 것만 옳게 고른 경우	20 %

3-1 **모범 답안** C<D

4 80 ℃ 물을 비커에 담아 감압 용기 안에 넣고 용기 속 공기를 빼내면 용기 속 공기의 양이 줄어 용기 내부의 압력이 낮아지므로 비커 속 물의 끓는점이 낮아져 물이 끓게 된다.

모범 답안 (1) 비커 속의 물이 끓는다.

(2) ㉠ 압력, ㉡ 낮아, ㉢ 끓는점, ㉣ 낮아

	채점 기준	배점
(1)	비커에서 일어나는 변화를 옳게 서술한 경우	50 %
(2)	㉠~㉣에 들어갈 말을 모두 옳게 쓴 경우	50 %

02 물질의 특성 (2)

기초를 튼튼히! 개념 잡기 개념 학습 교재 69, 71쪽

1 (1) × (2) ○ (3) × (4) ○ **2** (1) A: 1 g/cm³, B: 1 g/cm³, C: 0.25 g/cm³ (2) A와 B **3** (가) 쇠구슬, (나) 나무토막 **4** (1) ○ (2) ○ (3) × (4) × **5** (1) 작아 (2) 큰 (3) ㉠ 작은, ㉡ 위로 떠오른다 **6** (1) 용질 (2) 용매 (3) 용액 (4) 용해 **7** (1) × (2) ○ (3) ○ (4) × **8** (1) 질산 칼륨, 염화 나트륨 (2) 질산 나트륨 (3) 47 g **9** ㉠ 낮, ㉡ 감소 **10** B

1 **오답 피하기** (1) 밀도는 단위 부피당 물질의 질량이다.

(3) 밀도는 물질의 양에 관계없이 일정하다. 즉, 에탄올 10 mL와 에탄올 20 mL의 밀도는 같다.

2 (1) 밀도는 단위 부피당 질량이므로 질량을 부피로 나누어 구한다.

A: $\dfrac{20\ g}{20\ cm^3}=1\ g/cm^3$,

B: $\dfrac{40\ g}{40\ cm^3}=1\ g/cm^3$,

C: $\dfrac{10\ g}{40\ cm^3}=0.25\ g/cm^3$

(2) 밀도가 같으면 같은 물질이므로 A와 B는 같은 물질이다.

3 밀도가 큰 물질은 아래로 가라앉고, 밀도가 작은 물질은 위로 뜬다. 따라서 3가지 물질의 밀도는 나무토막<물<쇠구슬이다.

4 (1) 기체는 고체나 액체에 비해 분자 사이의 거리가 매우 멀어 같은 부피 속에 들어 있는 분자의 수가 작다. 따라서 기체의 밀도는 고체와 액체에 비해 매우 작다.

오답 피하기 (3) 기체는 온도가 높아지면 부피가 크게 증가하므로 밀도가 감소한다.

(4) 고체와 액체의 밀도는 압력의 영향을 거의 받지 않지만, 기체의 밀도는 압력이 높아지면 증가한다.

5 (1) 구명조끼를 입으면 밀도가 작아져 몸이 물에 쉽게 뜬다.

(2) 잠수부는 물속에 가라앉기 위해 밀도가 큰 납 조각을 허리에 차고 잠수한다.

(3) 헬륨은 공기보다 밀도가 작으므로 헬륨을 채운 풍선은 위로 떠오른다.

7 **오답 피하기** (1) 같은 물질이라도 용해도는 온도와 용매의 종류에 따라 달라진다.

(4) 기체의 용해도는 압력이 높을수록 증가한다.

8 (1) 곡선의 기울기가 클수록 온도에 따른 용해도 변화가 크므로 온도에 따른 용해도 변화가 가장 큰 물질은 질산 칼륨이고, 가장 작은 물질은 염화 나트륨이다.

(2) 40 ℃에서 물 100 g에 최대로 녹을 수 있는 질량은 40 ℃에서의 용해도를 의미한다. 용해도 곡선의 물질 중 40 ℃에서 용해도가 가장 큰 물질은 질산 나트륨이다.

(3) 40 ℃에서 물 100 g에 최대로 녹을 수 있는 질산 칼륨의 질량은 63 g이다. 따라서 처음에 60 ℃ 물 100 g에 녹아 있던 질산 칼륨 110 g 중 63 g은 그대로 녹아 있고, 110 g−63 g=47 g은 석출된다.

9 탄산음료의 병뚜껑을 열면 압력이 낮아지므로 탄산음료 속에 녹아 있던 이산화 탄소의 용해도가 감소하여 빠져나오므로 거품이 발생한다.

10 온도가 높을수록 기체의 용해도가 감소하여 이산화 탄소가 많이 빠져나와 기포가 많이 발생한다. 따라서 온도가 높은 시험관 B에서 이산화 탄소 기체의 용해도가 더 작으므로 기포가 더 많이 발생한다.

과학적 사고로! 탐구하기 개념 학습 교재 72~73쪽

Ⓐ ㉠ 다르며, ㉡ 일정하다, ㉢ 밀도
1 (1) ○ (2) ○ (3) × (4) × (5) × **2** ④

Ⓑ ㉠ 감소, ㉡ 석출, ㉢ 증가
1 (1) ○ (2) × (3) ○ (4) × (5) ○ **2** ②

Ⓐ
1 **오답 피하기** | (3) 알루미늄과 철은 다른 물질이므로 알루미늄과 철의 질량이 같아도 알루미늄과 철의 밀도는 다르다.
(4) 밀도는 물질의 종류가 같으면 물질의 양에 관계없이 같으므로 철 조각의 크기가 작아도 철의 밀도는 일정하다.
(5) 부피, 질량은 물질의 양에 따라 달라지므로 물질의 특성이 아니고, 질량을 부피로 나눈 값인 밀도는 물질의 양에 관계없이 일정하므로 물질의 특성이다.

2 금속 물질의 밀도는 $\dfrac{질량}{부피}=\dfrac{63.2\ \text{g}}{8.0\ \text{cm}^3}=7.9\ \text{g/cm}^3$이다. 밀도가 같으면 같은 물질이므로 이 금속 물질은 철이라고 생각할 수 있다.

Ⓑ
1 **오답 피하기** | (2) 녹아 있는 질산 칼륨의 질량이 클수록 결정이 생기기 시작하는 온도가 높아진다.
(4) 물 10 g에 질산 칼륨 6 g이 녹아 있는 용액에서 결정이 생기기 시작하는 온도가 36.5 ℃이다. 따라서 36.5 ℃에서 물 10 g에 최대로 녹을 수 있는 질산 칼륨의 질량은 6 g이고, 물 100 g에 최대로 녹을 수 있는 질량은 60 g이다.

2 결정이 석출되기 시작하는 온도에서 용액은 포화 상태이므로 이때 녹아 있는 용질의 질량이 그 온도에서 녹을 수 있는 최대 질량이 된다. 용해도가 130이라는 것은 물 100 g에 최대로 녹을 수 있는 용질의 질량이 130 g임을 의미하고, 이는 물 5 g에 최대로 녹을 수 있는 용질의 질량이 6.5 g임을 의미한다. 따라서 이때의 온도는 65.0 ℃이다.

Beyond 특강 개념 학습 교재 74쪽

1 (1) A: 0.5 g/cm³, B: 1.5 g/cm³, C: 0.75 g/cm³, D: 0.5 g/cm³, E: 0.25 g/cm³ (2) A, D (3) E (4) B (5) B **2** (1) A: 2.5 g/mL, B: 1.7 g/mL, C: 0.5 g/mL (2) C (3) A (4) A−B−C (5) (나)

---

1 (1) 밀도는 질량을 부피로 나누어 계산한다.
A: $\dfrac{10\ \text{g}}{20\ \text{cm}^3}=0.5\ \text{g/cm}^3$, B: $\dfrac{30\ \text{g}}{20\ \text{cm}^3}=1.5\ \text{g/cm}^3$,
C: $\dfrac{30\ \text{g}}{40\ \text{cm}^3}=0.75\ \text{g/cm}^3$, D: $\dfrac{40\ \text{g}}{80\ \text{cm}^3}=0.5\ \text{g/cm}^3$,
E: $\dfrac{20\ \text{g}}{80\ \text{cm}^3}=0.25\ \text{g/cm}^3$

(2) 밀도가 같으면 같은 물질이다. A와 D는 밀도가 같으므로 같은 물질이다.
(3) 질량이 같을 때 밀도가 작을수록 부피가 크다. 따라서 A~E 중 질량이 같을 때 부피가 가장 큰 물질은 밀도가 가장 작은 E이다.
(4) 부피가 같을 때 밀도가 클수록 질량이 크다. 따라서 A~E 중 부피가 같을 때 질량이 가장 큰 물질은 밀도가 가장 큰 B이다.
(5) 고체를 물에 넣었을 때 물보다 밀도가 큰 물질은 물 아래로 가라앉고, 물보다 밀도가 작은 물질은 물 위에 뜬다. 따라서 밀도가 1 g/cm³보다 큰 B가 물에 가라앉는다.

2 (1) 밀도는 질량을 부피로 나누어 계산한다.
A: $\dfrac{35\ \text{g}}{14\ \text{mL}}=2.5\ \text{g/mL}$, B: $\dfrac{17\ \text{g}}{10\ \text{mL}}=1.7\ \text{g/mL}$,
C: $\dfrac{10\ \text{g}}{20\ \text{mL}}=0.5\ \text{g/mL}$

(2) 질량이 같을 때 밀도가 작을수록 부피가 크다. 따라서 A~C 중 질량이 같을 때 부피가 가장 큰 물질은 밀도가 가장 작은 C이다.
(3) 부피가 같을 때 밀도가 클수록 질량이 크다. 따라서 A~C 중 부피가 같을 때 질량이 가장 큰 물질은 밀도가 가장 큰 A이다.
(4) 밀도가 큰 물질은 아래로 가라앉고, 밀도가 작은 물질은 위로 뜬다. 따라서 맨 아래층에는 밀도가 가장 큰 A, 맨 위층에는 밀도가 가장 작은 C가 위치한다.
(5) 고체 D의 밀도는 2 g/cm³이므로 액체 A에는 뜨고 액체 B에는 가라앉는다. 따라서 고체 D는 A와 B의 경계면인 (나)에 위치한다.

Beyond 특강 개념 학습 교재 75쪽

1 (1) B, C (2) D (3) 온도를 30 ℃로 낮춘다. 용질을 45 g 더 넣어 준다. (4) 42.5 g (5) 45 g **2** (1) ㉠ 질산 칼륨, ㉡ 염화 나트륨 (2) ㉠ 질산 나트륨, ㉡ 황산 구리(Ⅱ) (3) 126 g (4) 22 g

1 (1) 포화 용액은 용매에 용질이 최대로 녹아 있는 용액으로, 용해도 곡선 상의 용액은 모두 포화 용액이다.

(2) 불포화 용액은 포화 용액보다 용질이 적게 녹아 있는 용액으로, 용해도 곡선 아래쪽의 용액은 불포화 용액이다.

(3) D점 용액의 온도를 30 ℃로 낮추면 용해도 곡선 상의 C점과 만나 포화 용액이 된다. 또한 D점의 용액에 용질 45 g을 더 녹이면 용해도 곡선 상의 B점과 만나 포화 용액이 된다.

(4) 60 ℃에서 이 물질의 용해도는 85이므로 60 ℃ 물 100 g에는 용질 85 g이 최대로 녹을 수 있다. 따라서 60 ℃ 물 50 g에는 용질 42.5 g이 최대로 녹을 수 있다.

(5) B점의 용액 185 g은 물 100 g에 용질 85 g이 녹아 있는 용액이다. 30 ℃에서 용해도는 40이므로 30 ℃ 물 100 g에는 용질 40 g이 최대로 녹을 수 있다. 따라서 용질 85 g−40 g =45 g이 결정으로 석출된다.

2 (1) 용해도 곡선의 기울기가 클수록 온도에 따른 용해도 변화가 크다.

(2) 40 ℃에서 용해도를 비교하면 질산 나트륨>질산 칼륨>염화 나트륨>황산 구리(Ⅱ)이다.

(3) 40 ℃에서 질산 칼륨의 용해도는 63이므로 40 ℃ 물 100 g에는 질산 칼륨 63 g이 최대로 녹을 수 있다. 따라서 40 ℃ 물 200 g에는 질산 칼륨 126 g이 최대로 녹을 수 있다.

(4) 80 ℃에서 질산 나트륨의 용해도는 148이므로 80 ℃ 물 100 g에 질산 나트륨 148 g이 녹은 포화 용액의 질량은 248 g이다. 따라서 80 ℃ 질산 나트륨 포화 용액 124 g은 물 50 g에 질산 나트륨 74 g이 녹아 있는 용액이다. 40 ℃에서 질산 나트륨의 용해도는 104이므로 40 ℃ 물 100 g에는 질산 나트륨 104 g이 최대로 녹을 수 있다. 따라서 40 ℃ 물 50 g에는 질산 나트륨 52 g이 최대로 녹을 수 있으므로 74 g−52 g=22 g이 결정으로 석출된다.

01 **오답 피하기** ① 밀도는 단위 부피당 물질의 질량이다.

② 고체의 밀도는 온도에 따라서는 변하지만, 압력의 영향은 거의 받지 않는다. 온도와 압력에 따라 밀도가 크게 변하는 물질의 상태는 기체이다.

④ 같은 물질이라도 물질의 상태에 따라 밀도가 다르다.

⑤ 혼합물의 밀도는 성분 물질의 혼합 비율에 따라 다르다.

02 돌의 부피는 (돌을 넣은 후의 물의 부피−처음 물의 부피)이므로 돌의 부피는 (18.0−12.0) mL=6.0 mL=6.0 cm³이며, 돌의 질량은 20.4 g이다. 따라서 돌의 밀도는 $\frac{20.4\ g}{6.0\ cm^3}$=3.4 g/cm³이다.

03 ①, ② 물질의 양이 많아지면 부피와 질량은 증가하므로 부피와 질량은 물질의 특성이 아니다.

③ 밀도는 물질의 종류에 따라 다르므로 물질의 특성이다.

오답 피하기 ④ 물질의 양이 많아지면 부피와 질량은 증가하지만 밀도는 일정하다.

⑤ 물질의 양이 같아도 물질의 종류가 다르면 밀도는 다르다.

04 A의 밀도는 4 g/cm³, B의 밀도는 1 g/cm³, C의 밀도는 1.5 g/cm³, D의 밀도는 0.5 g/cm³, E의 밀도는 1 g/cm³이다.

오답 피하기 ㄴ. A의 밀도는 E의 밀도의 4배이다.

ㄷ. 부피가 같을 때 A의 질량은 B의 질량의 4배이다.

05 밀도가 같으면 같은 물질이다. B와 E는 밀도가 같으므로 같은 물질로 예상할 수 있다.

06 A의 밀도는 2 g/cm³, B의 밀도는 2 g/cm³, C의 밀도는 1.5 g/cm³, D의 밀도는 0.5 g/cm³, E의 밀도는 0.9 g/cm³이다. 밀도가 물보다 큰 물질은 물에 가라앉고, 밀도가 물보다 작은 물질은 물에 뜬다. 따라서 물에 뜨는 물질은 D와 E이다.

07 밀도가 같으면 같은 물질이다. 순수한 금속의 밀도는 $\frac{224\ g}{25\ cm^3}$ =8.96 g/cm³이므로 이 금속으로 예상되는 것은 구리이다.

08 ㄱ, ㄴ. 밀도가 큰 물질은 아래로 가라앉고, 밀도가 작은 물질은 위로 뜬다. 따라서 밀도는 나무토막<물<쇠구슬이다.

ㄷ. 질량이 같을 때 밀도가 작은 나무토막의 부피가 밀도가 큰 쇠구슬의 부피보다 크다.

오답 피하기 ㄹ. 부피가 같을 때 밀도가 큰 쇠구슬의 질량이 밀도가 작은 나무토막의 질량보다 크다.

09 처음에는 달걀이 물에 가라앉았으므로 달걀은 물보다 밀도가 크다. 소금을 넣을수록 소금물의 농도는 진해지며, 농도가 진할수록 달걀이 떠오르므로 소금물의 농도가 진할수록 소금물의 밀도는 증가함을 알 수 있다.

오답 피하기 ④ 소금물의 농도에 따라 소금물의 밀도가 달라져 달걀이 떠오르는 것일 뿐 달걀의 밀도는 변하지 않는다.

10 ① 헬륨은 공기보다 밀도가 작으므로 헬륨을 채운 풍선은 위로 떠오른다.

② 구명조끼를 입으면 밀도가 작아져 몸이 물에 뜬다.

④ 잠수할 때 허리에 밀도가 큰 납 덩어리를 차고 들어가면 물속 깊이 들어갈 수 있다.

⑤ 파도타기를 할 때 서프보드를 이용하면 밀도가 작아져 물 위에 쉽게 뜬다.

오답 피하기 ③ 자동차의 냉각수에 부동액을 넣으면 잘 얼지 않는 것은 혼합물은 순수한 성분 액체보다 어는점이 낮아지는 것과 관련된 현상이다.

11 오답 피하기 ①, ②, ③ 다른 물질을 녹이는 물질을 용매, 다른 물질에 녹아 들어가는 물질을 용질, 용질이 용매에 녹아 고르게 섞이는 현상을 용해라고 한다.
⑤ 포화 용액보다 용질이 더 적게 녹아 있는 용액을 불포화 용액이라고 한다.

12 오답 피하기 ② 같은 물질이라도 용매의 종류에 따라 용해도가 달라진다.
③ 고체의 용해도는 압력의 영향을 거의 받지 않는다.
④ 기체의 용해도는 온도가 낮을수록 증가한다.
⑤ 기체의 용해도를 나타낼 때 온도와 압력을 반드시 표시해야 한다.

13 (가)에서 고체 A가 15 g 걸러졌으므로 물 100 g에 최대로 녹을 수 있는 고체 A의 질량은 40 g−15 g=25 g이다. (나)에서 고체 B가 5 g 걸러졌으므로 물 50 g에 최대로 녹을 수 있는 고체 B의 질량은 20 g−5 g=15 g이고, 물 100 g에 최대로 녹을 수 있는 고체 B의 질량은 30 g이다. 따라서 30 ℃에서 고체 A의 용해도는 25, 고체 B의 용해도는 30이다.

14 ① 용해도 곡선 상의 점인 A, B는 포화 용액이고, C, D는 불포화 용액이다.
② B는 포화 용액이며, 이 용액을 냉각하면 용해도가 감소하므로 고체가 결정으로 석출된다.
③ C를 20 ℃로 냉각하면 용해도 곡선 상의 B점과 겹치므로 포화 용액이 된다.
⑤ D는 불포화 용액이므로 고체 물질을 더 녹일 수 있다.
오답 피하기 ④ C는 30 ℃ 물 100 g에 고체 25 g이 녹아 있는 용액이며 30 ℃에서 이 물질의 용해도는 50이므로 C에 용질 25 g을 더 녹이면 포화 용액이 된다.

15 물 10 g에 질산 나트륨의 질량을 달리하여 각각 녹인 후 서서히 냉각할 때 결정이 생기기 시작하는 온도가 포화 용액이 되는 온도이다. 따라서 각 온도에서 물 10 g과 물 100 g에 최대로 녹을 수 있는 질산 나트륨의 질량은 다음과 같다.

온도(℃)	26	57	82
물 10 g에 최대로 녹을 수 있는 질산 나트륨의 질량(g)	9	12	15
물 100 g에 최대로 녹을 수 있는 질산 나트륨의 질량(g)	90	120	150
용해도(g/물 100 g)	90	120	150

따라서 온도가 높을수록 질산 나트륨의 용해도는 증가함을 알 수 있다.
오답 피하기 ④ 물 10 g에 질산 나트륨 12 g을 모두 녹이려면 57 ℃까지 가열해야 한다.

16 용해도 곡선의 기울기가 클수록 높은 온도에서 용질이 많이 녹아 있다가 용액을 냉각하면 용해도가 작아져 결정으로 석출되는

양이 많다. 따라서 질산 칼륨의 경우 가장 많은 양이 결정으로 석출된다.

17 20 ℃에서 질산 칼륨의 용해도는 31.9이므로 20 ℃ 물 100 g에 최대로 녹을 수 있는 질산 칼륨의 질량은 31.9 g이다. 따라서 원래 녹아 있던 100 g 중 31.9 g은 녹아 있고 100 g−31.9 g=68.1 g은 결정으로 석출된다.

18 60 ℃에서 용해도는 110.0이므로 60 ℃ 물 100 g에 질산 칼륨 110 g이 녹아 있는 용액이 포화 용액이다. 따라서 60 ℃ 포화 용액 105 g은 물 50 g에 질산 칼륨 55 g이 녹아 있는 용액이다. 40 ℃에서 용해도는 63.0이므로 물 100 g에 질산 칼륨 63 g이 최대로 녹을 수 있고, 물 50 g에는 31.5 g이 최대로 녹을 수 있다. 따라서 40 ℃로 냉각하면 55 g−31.5 g=23.5 g이 결정으로 석출된다.

19 ④ 같은 온도에서 마개를 막지 않은 시험관과 마개를 막은 시험관인 C와 D를 비교하면 기체의 용해도와 압력의 관계를 알 수 있다.
오답 피하기 ①, ② 기체의 용해도가 가장 작은 것은 온도가 가장 높고 마개를 막지 않은 C이다. 따라서 C에서 발생한 기포의 양이 가장 많다.
③ 모두 마개를 막지 않고 온도가 다른 A, B, C를 비교하면 기체의 용해도와 온도의 관계를 알 수 있다.
⑤ 기체의 용해도는 온도가 낮을수록, 압력이 높을수록 증가한다.

20 ④ 여름철에는 온도가 높아 산소의 용해도가 감소하므로 물속에 산소가 부족하여 물고기가 수면 위로 올라와 입을 뻐끔거린다. 수돗물을 끓이면 기체의 용해도가 감소하여 녹아 있던 염소 기체가 빠져나오므로 염소 기체를 제거할 수 있다. 이 두 현상은 기체의 용해도와 온도의 관계로 설명할 수 있다.
오답 피하기 ①은 외부 압력과 끓는점의 관계로 설명할 수 있다.
②와 ⑤는 기체의 용해도와 압력의 관계로 설명할 수 있다.
③은 밀도로 설명할 수 있다.

실력의 완성! **서술형 문제** 개념 학습 교재 79쪽

1 A의 밀도는 0.5 g/cm³, B의 밀도는 1.5 g/cm³, C의 밀도는 0.5 g/cm³, D의 밀도는 0.2 g/cm³이다.
모범 답안 B, B는 밀도가 1.5 g/cm³로 물보다 밀도가 크기 때문이다.

채점 기준	배점
물에 가라앉는 물질을 고르고, 그 까닭을 옳게 서술한 경우	100 %
물에 가라앉는 물질만 고른 경우	50 %

1-1 모범 답안 A와 C

2 【모범답안】 (1) LNG의 경우는 위쪽에, LPG의 경우는 아래쪽에 설치한다.
(2) LNG는 공기보다 밀도가 작아서 누출되면 위로 올라가고, LPG는 공기보다 밀도가 커서 누출되면 아래로 가라앉기 때문이다.

	채점 기준	배점
(1)	LNG와 LPG의 가스 누출 경보기 위치를 옳게 서술한 경우	50 %
(2)	(1)과 같이 답한 까닭을 옳게 서술한 경우	50 %

3 【모범답안】 (1) 포화 용액: B, C, 불포화 용액: D
(2) 용액의 온도를 60 ℃로 낮춘다. 물질 60 g을 더 녹여 준다.

	채점 기준	배점
(1)	포화 용액과 불포화 용액을 모두 옳게 고른 경우	50 %
(2)	불포화 용액을 포화 용액으로 만들 수 있는 2가지 방법을 정확한 수치로 옳게 서술한 경우	50 %
	불포화 용액을 포화 용액으로 만들 수 있는 2가지 방법을 서술했으나 수치를 쓰지 않은 경우	25 %

4 【모범답안】 압력이 낮아져 기체의 용해도가 감소하기 때문이다.

채점 기준	배점
제시된 단어를 모두 사용하여 옳게 서술한 경우	100 %
그 외의 경우	0 %

03 혼합물의 분리 (1)

기초를 튼튼히! **개념 잡기**   개념 학습 교재 81, 83쪽

1 (1) ◯ (2) ✕ (3) ✕ (4) ✕   **2** (1) (나) (2) (라)   **3** ㉠ 기화, ㉡ 액화, ㉢ 끓는점   **4** (1) ◯ (2) ✕ (3) ◯ (4) ✕   **5** (가) ㄷ, (나) ㄴ   **6** 오래된 달걀＜소금물＜신선한 달걀   **7** (1) ◯ (2) ◯ (3) ✕ (4) ✕   **8** A: 식용유, B: 물   **9** (1) 밀도 (2) 끓는점 (3) 끓는점 (4) 밀도

1 오답 피하기 | (2) 액체 혼합물을 가열하면 끓는점이 낮은 물질이 먼저 끓어 나오고, 끓는점이 높은 물질이 나중에 끓어 나온다.
(3) 증류는 액체와 액체의 혼합물뿐 아니라 고체와 액체의 혼합물 분리에도 이용된다.
(4) 성분 물질의 끓는점 차가 클수록 분리가 잘 된다.

2 (나)에서는 끓는점이 낮은 에탄올이 먼저 끓어 나오고, (라)에서는 끓는점이 높은 물이 끓어 나온다.

3 바닷물이 햇빛에 의해 가열되면 물이 기화하여 수증기가 되고, 이 수증기가 냉각되어 액화하면 순수한 물을 얻을 수 있다. 이는 끓는점 차를 이용하여 혼합물을 분리한 것이다.

4 오답 피하기 | (2) 끓는점이 낮은 물질일수록 증류탑의 위쪽에서 분리되어 나오므로 끓는점은 석유 가스＜휘발유＜등유＜경유＜중유이다.
(4) 증류탑에서 분리된 물질들은 각각 끓는점이 비슷한 물질들의 혼합물이다.

5 밀도가 다른 두 고체의 혼합물은 밀도 차를 이용하여 분리할 수 있다. 이때 두 고체를 모두 녹이지 않고 밀도가 두 고체의 중간 정도인 액체에 고체 혼합물을 넣어 분리한다.

6 소금물보다 밀도가 작은 오래된 달걀은 위로 뜨고, 소금물보다 밀도가 큰 신선한 달걀은 가라앉는다. 따라서 밀도는 오래된 달걀＜소금물＜신선한 달걀이다.

7 오답 피하기 | (3) 분별 깔때기는 서로 섞이지 않는 액체의 혼합물을 분리할 때 사용한다.
(4) 서로 섞이지 않고 밀도가 다른 액체의 혼합물을 분별 깔때기에 넣으면 밀도가 작은 액체(A)는 위층에 위치하고, 밀도가 큰 액체(B)는 아래층에 위치한다.

8 물과 식용유의 혼합물을 분별 깔때기에 넣으면 밀도가 작은 식용유가 위층에 위치하고, 밀도가 큰 물이 아래층에 위치한다.

9 (1) 사금이 섞인 모래를 물속에서 흔들면, 밀도가 작은 모래는 씻겨 나가고 밀도가 큰 사금은 가라앉는다. 이는 밀도 차를 이용한 분리이다.
(2) 유전에서 얻은 원유를 높은 온도로 가열하여 증류탑으로 보내면, 끓는점이 낮은 물질일수록 증류탑의 위쪽에서 분리된다. 이는 끓는점 차를 이용한 분리이다.

(3) 바닷물이 햇빛에 의해 가열되면 물이 기화하고, 기화하여 나온 수증기를 액화하면 순수한 물을 얻을 수 있다. 이는 끓는점 차를 이용한 분리이다.

(4) 바다에 유출된 기름은 물보다 밀도가 작아 물 위에 뜨므로 흡착포로 제거한다. 이는 밀도 차를 이용한 분리이다.

과학적 사고로! 탐구하기   개념 학습 교재 84~85쪽

Ⓐ ㉠ 끓는점, ㉡ 낮은, ㉢ 높은

1 (1) ○ (2) × (3) × (4) × (5) ×   **2** ③

Ⓑ ㉠ 밀도, ㉡ 분별 깔때기, ㉢ 아래, ㉣ 위

1 (1) × (2) ○ (3) ○ (4) × (5) ×   **2** ④

Ⓐ

1 **오답 피하기** | (2) 에탄올은 물보다 끓는점이 낮으므로 먼저 끓어 나온다.

(3) 결과 그래프에서 주로 에탄올이 끓어 나오는 구간은 (나)이다.

(5) 물과 에탄올의 혼합물, 식초는 모두 잘 섞이는 액체의 혼합물이므로 밀도 차를 이용하여 분리할 수 없고, 끓는점 차를 이용하여 분리한다.

2 물과 에탄올의 혼합물을 가열하면 끓는점이 낮은 에탄올이 먼저 끓어 나오고, 끓는점이 높은 물이 나중에 끓어 나온다.

Ⓑ

1 **오답 피하기** | (1) 식용유와 물은 잘 섞이지 않는다.

(4) 분별 깔때기에서 혼합물을 분리할 때 꼭지를 돌려 밀도가 큰 아래층 액체를 먼저 받아 낸다.

(5) 분별 깔때기에서 아래층 액체를 분리할 때는 위쪽 입구의 마개를 열고 꼭지를 돌려야 한다.

2 그림의 실험 기구는 분별 깔때기이다. 분별 깔때기는 서로 섞이지 않는 액체의 혼합물을 밀도 차를 이용하여 분리할 때 이용한다.

④ 식용유와 간장은 서로 섞이지 않으므로 분별 깔때기를 이용하여 분리할 수 있다.

오답 피하기 | ①, ②, ③은 모두 서로 잘 섞이는 액체의 혼합물을 분리하는 경우이므로 밀도 차를 이용할 수 없다.

⑤는 밀도 차를 이용하여 분리하지만, 고체 혼합물이므로 분별 깔때기를 이용할 수 없다.

실력을 키워! 내신 잡기   개념 학습 교재 86~88쪽

01 ③   **02** ㉠ 끓는점; ㉡ 증류   **03** ①   **04** ②   **05** ②   **06** ⑤

07 ③   **08** ②   **09** ⑤   **10** ④   **11** ②, ④   **12** ⑤   **13** ③   **14** ④

15 ③   **16** ②   **17** ⑤   **18** ㄴ, ㄷ

---

01 ③ 액체 혼합물을 가열하면 끓는점이 낮은 물질이 먼저 끓어 나오고, 끓는점이 높은 물질이 나중에 끓어 나온다.

오답 피하기 | ①, ② 액체 혼합물을 가열하면 (가)에서는 기화가, (나)에서는 액화가 일어난다.

④ 증류 장치는 서로 잘 섞이는 액체 상태의 혼합물 분리에 적절하다.

⑤ 성분 물질의 끓는점 차가 클수록 분리가 잘 된다.

03 바닷물이 햇빛에 의해 가열되어 물이 수증기가 되고, 이 수증기를 냉각하면 순수한 물을 얻을 수 있다. 소줏고리에 탁한 술을 넣고 가열하면, 끓는점이 낮은 에탄올이 먼저 끓어 나오고 이 기체가 찬물에 의해 냉각되어 맑은 소주가 된다. 이는 모두 끓는점 차를 이용한 것이다.

04 **오답 피하기** | ㄴ. 액체가 갑자기 끓어오르는 것을 막기 위해 끓임쪽을 넣는다.

ㄹ. 기화되어 나오는 물질의 온도를 측정하기 위해 온도계 끝이 가지 달린 시험관의 가지 부근에 오도록 한다.

05 **오답 피하기** | ② 끓는점이 낮은 에탄올이 (나) 구간에서 먼저 끓어 나와 액화하여 시험관 A에 모인다. 이후 끓는점이 높은 물이 (라) 구간에서 끓어 나온다.

06 **오답 피하기** | ⑤ 혈액을 원심 분리기에 넣고 회전시키면 혈구와 혈장이 분리되는데, 이는 밀도 차를 이용한 것이다.

07 소금물을 끓이면 물이 기화하여 수증기가 되고, 수증기가 다시 액화하여 비닐에 물방울이 맺히며, 비닐 가운데 맺힌 물방울이 유리컵에 떨어진다. 이는 끓는점 차를 이용한 증류 방법이다.

오답 피하기 | ③ 소금물을 가열하면 물이 끓어 수증기(A)가 되었다가 이 수증기가 차가운 비닐에 닿으면 액화하여 물방울(B)이 되어 떨어지므로 비커에 순수한 물(C)이 모인다.

08 ② 증류탑 안에서는 여러 번의 증류가 일어난다.

오답 피하기 | ① 원유의 증류탑에서는 끓는점 차를 이용한 분리가 일어난다.

③ 증류탑에서 분리되어 나온 물질 A~F는 모두 끓는점이 비슷한 물질들의 혼합물이다.

④, ⑤ 끓는점이 낮은 물질일수록 증류탑의 위쪽에서 먼저 분리된다. 따라서 A는 기체 상태인 석유 가스이고, F는 고체 상태인 아스팔트이다.

09 증류탑의 위로 갈수록 온도가 낮아지므로 끓는점이 낮은 물질일수록 위쪽에서 분리된다. 따라서 끓는점은 A<B<C<D<E이다.

10 불순물을 제거한 공기를 높은 압력에서 냉각해 액화시킨 후 증류탑에 보내면, 끓는점이 낮은 물질일수록 먼저 끓어 증류탑 위쪽에서 분리된다.

11 주어진 그림은 밀도 차를 이용하여 고체 혼합물을 분리하는 방법이다. 이때 사용하는 액체는 두 고체를 모두 녹이지 않고, 밀도가 두 고체의 중간 정도여야 한다.

12 ① 쭉정이와 속이 찬 좋은 볍씨는 소금물에 넣어 밀도 차를 이용하여 분리할 수 있다.

②, ③ 볍씨를 소금물에 넣으면 속이 빈 쭉정이는 위로 뜨고 속이 찬 좋은 볍씨는 아래로 가라앉는다. 즉, 밀도는 쭉정이<소금물<좋은 볍씨이다.

④ 쭉정이가 위로 뜨지 않고 가라앉아 있는 것은 소금물의 밀도가 쭉정이의 밀도보다 작기 때문이다. 따라서 소금을 더 넣어 소금물의 밀도를 크게 하면 쭉정이가 떠오를 수 있다.

오답 피하기 | ⑤ 주어진 방법으로 혼합물을 분리하려면 두 고체가 모두 액체에 녹지 않아야 한다. 소금과 모래의 혼합물에서 소금은 물에 녹으므로 주어진 방법으로 분리할 수 없다.

13 오래된 달걀은 신선한 달걀보다 밀도가 작다. 그런데 달걀이 모두 가라앉은 것은 두 달걀의 밀도가 소금물의 밀도보다 크기 때문이다. 이때 소금물에 소금을 조금씩 넣어 주면 소금물의 밀도가 커지므로 오래된 달걀이 위로 떠올라 분리할 수 있다.

14 ④ 아래층 액체인 액체 B를 분리할 때는 위쪽 마개를 연 후 꼭지를 돌려야 액체가 잘 빠져나온다.

오답 피하기 | ①, ⑤ 주어진 장치는 분별 깔때기로, 서로 섞이지 않는 액체의 혼합물을 밀도 차를 이용하여 분리하는 장치이다.

② 밀도는 아래층에 위치한 액체 B가 위층에 위치한 액체 A보다 크다.

③ 꼭지를 열어 액체 B를 먼저 받아 내고, 액체 A는 위쪽 입구로 따라 낸다.

15 ㄴ, ㄹ. 분별 깔때기는 물과 에테르, 물과 사염화 탄소와 같이 서로 섞이지 않는 액체의 혼합물을 분리하는 데 이용되는 장치이다.

오답 피하기 | ㄱ, ㄷ. 물과 에탄올, 에탄올과 메탄올은 각각 서로 잘 섞이므로 분별 깔때기로 분리할 수 없다.

16 밀도가 두 플라스틱 밀도의 중간 정도의 값을 갖는 액체에 넣으면, 한 종류는 액체 위에 뜨고 한 종류는 액체 아래로 가라앉으므로 분리할 수 있다. 따라서 밀도가 $0.9 \, \text{g/cm}^3$와 $2.14 \, \text{g/cm}^3$의 사이 값인 B와 C가 적당하다.

17 바다에 유출된 기름을 분리할 때 이용되는 물질의 특성은 밀도이다. ①~④의 경우 이용된 물질의 특성은 모두 밀도이다.

① 사금이 섞인 모래를 물속에서 흔들면, 밀도가 작은 모래는 씻겨 나가고 밀도가 큰 사금은 가라앉아 분리된다.

② 물과 식용유의 혼합물을 분별 깔때기에 넣으면, 밀도가 작은 식용유는 위층, 밀도가 큰 물은 아래층으로 분리된다.

③ 볍씨를 소금물에 넣으면, 속이 빈 쭉정이는 밀도가 작아 위로 뜨고 좋은 볍씨는 밀도가 커 아래로 가라앉아 분리된다.

④ 재질이 다른 플라스틱 혼합물을 물에 넣으면, 물보다 밀도가 작은 플라스틱은 위로 떠오르고 물보다 밀도가 큰 플라스틱은 가라앉아 분리된다.

오답 피하기 | ⑤ 소줏고리에 탁한 술을 넣고 가열하면, 끓는점이 낮은 에탄올이 먼저 끓어 나오고, 이 증기가 액화하여 맑은 소주가

된다. 이때 이용된 물질의 특성은 끓는점이다.

18 분별 깔때기로는 서로 섞이지 않고 밀도 차가 있는 액체의 혼합물을 분리할 수 있다. 따라서 물과 B의 혼합물, 물과 C의 혼합물은 분별 깔때기로 분리할 수 있다.

1 곡물을 발효하여 만든 술에서 끓는점이 낮은 에탄올이 먼저 기화하여 나오고, 이 기화한 에탄올이 찬물이 담긴 그릇에 닿으면 액화하여 맑은 소주로 그릇에 모인다.

모범 답안 탁한 술을 가열하면 끓는점이 낮은 에탄올이 먼저 기화하여 나오다가 찬물이 담긴 그릇에 닿아 액화하여 맑은 소주가 된다.

채점 기준	배점
제시된 단어를 모두 사용하여 옳게 서술한 경우	100 %
그 외의 경우	0 %

2 물과 에탄올의 혼합물을 가열하면 끓는점이 낮은 에탄올이 먼저 끓어 나와 찬물에 담긴 시험관에 액체 상태로 모인다.

모범 답안 에탄올, 끓는점이 물보다 낮기 때문이다.

채점 기준	배점
먼저 분리되어 나오는 물질을 쓰고, 그 까닭을 옳게 서술한 경우	100 %
먼저 분리되어 나오는 물질만 옳게 쓴 경우	50 %

2-1 **모범 답안** 액체가 갑자기 끓어오르는 것을 막기 위해서

3 **모범 답안** (1) 분별 깔때기

(2) 서로 섞이지 않고 밀도가 다른 액체의 혼합물이어야 한다.

	채점 기준	배점
(1)	실험 장치의 이름을 옳게 쓴 경우	50 %
(2)	액체의 조건을 옳게 서술한 경우	50 %

4 **모범 답안** (1) 서로 잘 섞이고 끓는점이 다르므로 끓는점 차를 이용한 증류로 분리한다.

(2) 서로 섞이지 않고 밀도가 다르므로 분별 깔때기에 넣어 밀도 차를 이용하여 분리한다.

	채점 기준	배점
(1)	물과 액체 A의 혼합물 분리 방법을 물질의 특성과 관련지어 옳게 서술한 경우	50 %
	물과 액체 A의 혼합물 분리 방법을 물질의 특성과 관련짓지 않고 서술한 경우	25 %
(2)	물과 액체 B의 혼합물 분리 방법을 물질의 특성과 관련지어 옳게 서술한 경우	50 %
	물과 액체 B의 혼합물 분리 방법을 물질의 특성과 관련짓지 않고 서술한 경우	25 %

04 혼합물의 분리 (2)

기초를 튼튼히! **개념 잡기** 개념 학습 교재 91쪽

1 (1) ○ (2) × (3) × (4) ○ **2** ㉠ 황산 구리(Ⅱ), ㉡ 질산 칼륨, ㉢ 31.9, ㉣ 8.1 **3** (1) × (2) ○ (3) ○ (4) × (5) ○ **4** (1) 크로마토그래피 (2) ⑤

1 **오답 피하기** | (2) 특정한 성분 물질만을 녹이는 용매를 사용하여 그 성분 물질을 분리하는 방법은 추출이다.
(3) 재결정에서 혼합물을 높은 온도의 용매에 모두 녹인 용액을 냉각하면 온도에 따른 용해도 차가 큰 물질이 결정으로 석출된다.

2 혼합물을 80 ℃ 물 100 g에 녹인 용액을 20 ℃로 냉각하면, 20 ℃에서 황산 구리(Ⅱ)의 용해도는 20이므로 황산 구리(Ⅱ) 3 g은 모두 녹아 있다. 반면, 20 ℃에서 질산 칼륨의 용해도는 31.9이므로 질산 칼륨 31.9 g은 녹아 있고, 40 g−31.9 g=8.1 g은 결정으로 석출된다.

3 **오답 피하기** | (1) 크로마토그래피는 혼합물을 이루는 성분 물질이 용매를 따라 이동하는 속도 차를 이용한 분리 방법이다.
(4) 크로마토그래피는 성질이 비슷하거나 여러 성분이 섞인 복잡한 혼합물도 한 번에 분리할 수 있다.

4 (1) 주어진 실험 장치는 혼합물을 이루는 성분 물질이 용매를 따라 이동하는 속도 차를 이용하여 분리하는 크로마토그래피이다.
(2) **오답 피하기** | ⑤ 탁한 술로부터 맑은 소주를 분리할 때는 성분 물질의 끓는점 차를 이용하여 혼합물을 분리하는 증류를 이용한다.

과학적 사고로! **탐구하기** 개념 학습 교재 92~93쪽

Ⓐ ㉠ 재결정, ㉡ 용해도, ㉢ 큰
1 (1) ○ (2) × (3) ○ (4) × **2** 질산 나트륨, 17 g

Ⓑ ㉠ 속도, ㉡ 크로마토그래피
1 (1) × (2) × (3) ○ (4) × (5) × (6) ○ **2** ④

Ⓐ

1 **오답 피하기** | (2) 용액을 냉각하면 온도에 따른 용해도 차가 큰 물질이 결정으로 석출되므로 질산 칼륨이 결정으로 석출된다.
(4) 온도에 따른 용해도 차를 이용하여 분리하는 방법을 재결정이라고 한다.

2 0 ℃ 물 100 g에 염화 나트륨은 35.6 g, 질산 나트륨은 73.0 g이 최대로 녹을 수 있다. 따라서 용액을 0 ℃로 냉각하면 염화 나트륨 20 g은 모두 녹아 있으며, 질산 나트륨 73 g은 녹아 있고 90 g−73 g=17 g은 결정으로 석출된다.

Ⓑ

1 **오답 피하기** | (1) 잉크의 점을 찍을 때는 작게, 여러 번, 진하게 찍는다.

(2) 용매가 증발하지 않도록 비커의 입구를 유리판으로 덮어야 한다.
(4) 용매의 종류가 달라지면 실험 결과도 달라진다.
(5) 사인펜의 종류에 따라 분리되는 색소의 종류도 다르다.

2 ③ 실험 결과 A~C의 3가지 물질로 분리되었으므로 실험에 사용된 사인펜 잉크는 최소 3종류 이상의 성분 물질로 이루어져 있음을 알 수 있다.
오답 피하기 | ④ A~C 중 용매를 따라 이동하는 속도는 가장 높이 올라간 A가 가장 빠르고, C가 가장 느리다.

Beyond **특강** 개념 학습 교재 94쪽

1 (1) 🄱, 밀도 (2) 🄰, 끓는점 **2** ⑤

1 (1) A와 B의 혼합물은 서로 섞이지 않는 액체의 혼합물이며 밀도가 다르므로 밀도 차를 이용하여 분별 깔때기로 분리할 수 있다.
(2) A와 C의 혼합물은 서로 잘 섞이는 액체의 혼합물이며 끓는점이 다르므로 끓는점 차를 이용하여 증류 장치로 분리할 수 있다.

2 철 가루는 물 아래로 가라앉고 소금은 물에 녹으며 스타이로폼은 물에 뜨는 성질이 있다. (가)에서 스타이로폼을 분리하는 것은 밀도 차를 이용한 것이다. (나)에서 철 가루를 분리하는 것은 소금과 철 가루의 물에 대한 용해도 차를 이용한 것이다. (다)에서 물과 소금을 분리하는 것은 물과 소금의 끓는점 차를 이용한 것이다.

실력을 키워! **내신 잡기** 개념 학습 교재 95~96쪽

01 ⑤ **02** ③ **03** ④ **04** ④ **05** ④ **06** 추출 **07** ④ **08** ②
09 ① **10** ④, ⑤ **11** ③ **12** ④

01 **오답 피하기** | ⑤ 혈액을 원심 분리기로 분리하는 것은 밀도 차를 이용한 분리 방법이다.

02 **오답 피하기** | ①, ⑤ 주어진 방법은 온도에 따른 용해도 차를 이용한 분리 방법으로 재결정이라고 한다.
②, ④ (가)에서 용액을 냉각하면 붕산이 결정으로 석출되며, (나)에서 거름을 이용하면 A의 거름종이에 붕산 결정이 남아 순수한 붕산을 얻을 수 있다.

03 ④ 불순물이 섞인 천일염을 물에 녹인 후 거름 장치로 걸러 불순물을 제거하고 거른 용액을 증발시켜 깨끗한 소금을 얻을 수 있다. 이는 재결정을 이용한 분리의 예이다.
오답 피하기 | ①은 밀도 차를 이용한 분리, ②는 끓는점 차를 이용한 증류, ③은 밀도 차를 이용한 분리, ⑤는 크로마토그래피를 이용한 분리의 예이다.

04 **오답 피하기** ④ 20 ℃에서 염화 나트륨의 용해도는 36이고, 붕산의 용해도는 5이므로 20 ℃ 물 100 g에 염화 나트륨 25 g은 모두 녹지만, 붕산은 5 g만 녹고 20 g은 녹지 않는다.

05 80 ℃에서 질산 나트륨의 용해도는 148.0, 질산 칼륨의 용해도는 169.0이므로 물 50 g에 최대로 녹을 수 있는 질량은 질산 나트륨이 74 g, 질산 칼륨이 84.5 g이다. 따라서 80 ℃ 물 50 g에는 질산 나트륨 30 g과 질산 칼륨 50 g이 모두 녹는다. 또 40 ℃에서 질산 나트륨의 용해도는 104.0, 질산 칼륨의 용해도는 63.0이므로 물 50 g에 최대로 녹을 수 있는 질산 나트륨의 질량은 52 g, 질산 칼륨의 질량은 31.5 g이다. 따라서 80 ℃의 용액을 40 ℃로 냉각하면 질산 나트륨은 30 g이 모두 녹아 있으며, 질산 칼륨은 50 g 중 31.5 g은 녹아 있고, 50 g−31.5 g=18.5 g은 결정으로 석출되어 거름종이에 걸러진다.

06 혼합물에서 특정 성분 물질만을 녹이는 용매를 사용하여 그 성분 물질을 분리하는 방법으로, 추출이라고 한다.

07 ④ 사인펜 잉크의 점이 물에 잠기면 성분 물질이 용매에 녹아 버려 거름종이로 번져 올라가지 않는다.
오답 피하기 ① 주어진 그림 장치는 크로마토그래피로, 성분 물질이 용매를 따라 이동하는 속도 차를 이용한 것이다.
②, ③ 용매가 증발하지 않도록 고무마개를 막아야 하며, 사인펜 잉크의 점은 작게, 여러 번, 진하게 찍어야 한다.
⑤ 용매의 종류에 따라 결과는 달라진다.

08 ㄱ. 여러 가지 성분으로 분리된 A와 D는 혼합물로 예상할 수 있고, 한 가지 성분만 나타난 B, C, E는 순물질로 예상할 수 있다.
ㄹ. B, C, E 중 용매를 따라 이동한 속도가 가장 빠른 물질은 가장 높이 올라간 C이다.
오답 피하기 ㄴ. A는 3가지 색으로 분리되었으므로 최소 3가지 성분으로 이루어져 있다고 할 수 있다.
ㄷ. E와 일치하는 색깔과 위치의 성분이 D에 없으므로 E는 D의 성분이라고 할 수 없다.

09 ① 단백질의 성분을 검출할 때에는 크로마토그래피를 이용한다.
오답 피하기 ②는 밀도 차, ③은 용해도 차, ④, ⑤는 끓는점 차를 이용하여 분리한다.

10 **오답 피하기** ① 물과 에탄올 분리─끓는점 차 이용
② 바다에 유출된 기름 분리─밀도 차 이용
③ 신선한 달걀 고르기─밀도 차 이용

11 ③은 증류 장치로 끓는점 차를 이용한다.
오답 피하기 ①은 분별 깔때기 장치로 밀도 차를 이용하고, ②는 거름 장치로 용해도 차를 이용한다. ④는 크로마토그래피 장치로 용매를 따라 이동하는 속도 차를 이용하고, ⑤는 증발 장치로 끓는점 차를 이용한다.

12 (가)에서는 식용유와 물이 섞이지 않고 식용유의 밀도가 물의

밀도보다 작은 것을 이용해 식용유를 분리한다. (나)에서 물, 소금, 모래의 혼합물을 거름 장치로 거르면 소금은 물에 녹으므로 거름종이를 통과하고, 모래는 거름종이에 남는다. 거름종이를 통과한 용액에서 물을 증발시키면 소금(A)이 남는다.

실력의 완성! **서술형 문제** 개념 학습 교재 97쪽

1 혼합물을 높은 온도의 물에 녹인 용액을 냉각하면 온도에 따른 용해도 차가 작은 염화 나트륨은 그대로 녹아 있고, 온도에 따른 용해도 차가 큰 붕산의 일부는 결정으로 석출된다.
모범 답안 높은 온도의 물에 혼합물을 용해시킨 후 서서히 냉각하면 온도에 따른 용해도 차가 큰 붕산이 결정으로 석출되어 분리된다.

채점 기준	배점
제시된 단어를 모두 사용하여 옳게 서술한 경우	100 %
그 외의 경우	0 %

2 **모범 답안** 20 ℃ 물 100 g에 염화 나트륨은 최대 36 g, 질산 칼륨은 최대 31.9 g 녹을 수 있다. 따라서 혼합 용액을 20 ℃로 냉각하면 염화 나트륨은 모두 녹아 있고, 질산 칼륨은 60 g−31.9 g=28.1 g이 결정으로 석출된다.

채점 기준	배점
석출되는 물질과 그 질량을 풀이 과정과 함께 옳게 서술한 경우	100 %
석출되는 물질과 그 질량은 옳게 구했으나 풀이 과정을 서술하지 않은 경우	50 %

3 **모범 답안** (1) 혼합물을 이루는 각 성분 물질이 용매를 따라 이동하는 속도 차를 이용하여 분리한다.
(2) A, E, 2개 이상의 성분으로 분리되었기 때문이다.

	채점 기준	배점
(1)	크로마토그래피의 원리를 옳게 서술한 경우	50 %
(2)	혼합물로 예상되는 것을 고르고, 그 근거를 옳게 서술한 경우	50 %
	혼합물로 예상되는 것만 옳게 고른 경우	25 %

3-1 D

4 **모범 답안** (가) 밀도 차를 이용하여 분별 깔때기로 분리한다.
(나) 온도에 따른 용해도 차를 이용하여 재결정으로 분리한다.
(다) 끓는점 차를 이용한 증류로 분리한다.

채점 기준	배점
(가)~(다) 과정의 분리 방법을 제시된 내용을 포함하여 모두 옳게 서술한 경우	100 %
(가)~(다) 과정의 분리 방법을 옳게 서술했으나 장치 이름이나 물질의 특성 중 하나는 빠진 경우	50 %

1 ❶ 균일 ❷ 불균일 ❸ 순물질 ❹ 혼합물 ❺ 물질의 특성
2 ❶ 끓는점 ❷ 녹는점 ❸ 어는점
3 ❶ 질량 ❷ 부피 ❸ 큰 ❹ 작은 ❺ 감소 ❻ 증가
4 ❶ 용매 ❷ 처음 ❸ 냉각한 ❹ 낮을 ❺ 높을
5 ❶ 증류 ❷ 낮은 ❸ 에탄올 ❹ 물 ❺ 낮은
6 ❶ 중간 ❷ 쭉정이 ❸ 좋은 볍씨 ❹ 분별 깔때기 ❺ 식용유 ❻ 물
7 ❶ 재결정 ❷ 용해도 ❸ 큰
8 ❶ 속도 ❷ 같은

01 ③ **02** ② **03** ② **04** ③ **05** ④ **06** ④ **07** ⑤ **08** ①
09 ③ **10** 1.5 g/mL **11** ④ **12** ③ **13** ① **14** ④ **15** (가) D 구간, (나) B 구간 **16** ① **17** 쭉정이<소금물<좋은 볍씨 **18** ④
19 ④ **20** ③ **21** ④ **22** ② **23** ⑤ **24** 해설 참조 **25** 해설 참조 **26** 해설 참조 **27** 해설 참조 **28** 해설 참조 **29** 해설 참조 **30** 해설 참조

01 주어진 설명은 혼합물에 대한 것이다. 수소, 산소, 물, 에탄올, 질소, 이산화 탄소, 금, 염화 나트륨은 순물질이고, 공기, 식초, 합금, 소금물, 암석, 모래, 흙탕물은 혼합물이다.

02 ② 물질은 크게 순물질과 혼합물로 구분되므로 A는 순물질이다. 순물질에는 산소, 철, 금 등과 같이 한 가지 원소로 이루어진 순물질과, 이산화 탄소 등과 같이 두 가지 이상의 원소로 이루어진 순물질이 있다.
오답 피하기 | ① A는 순물질로, 한 가지 원소로만 이루어진 순물질도 있고 두 가지 이상의 원소로 이루어진 순물질도 있다.
③, ④ B는 성분 물질이 고르게 섞여 있는 균일 혼합물이고, C는 성분 물질이 고르지 않게 섞여 있는 불균일 혼합물이다.
⑤ 소금물, 합금은 균일 혼합물인 B의 예이다.

03 겨울에 자동차 냉각수에 부동액을 넣어 주면 냉각수가 얼지 않는다. 또한 눈이 내린 도로에 염화 칼슘을 뿌려 주면 도로가 잘 얼지 않는다. 이들은 혼합물은 순수한 성분 액체보다 어는점이 낮은 성질을 이용한 것이다.

04 ③ 혼합물인 A(소금물)는 순물질인 B(물)보다 높은 온도에서 끓기 시작한다.
오답 피하기 | ①, ② A는 혼합물인 소금물이고, B는 순물질인 물이다.
④, ⑤ 순물질인 B(물)는 끓는 동안 온도가 일정하게 유지되지만, 혼합물인 A(소금물)는 끓는 동안 온도가 계속 높아진다.

05 그 물질만이 갖는 고유한 성질로 다른 물질과 구별되는 성질을 물질의 특성이라고 한다. 색깔, 결정 모양, 녹는점, 용해도, 밀도는 물질의 특성이지만, 질량은 물질의 특성이 아니다.

06

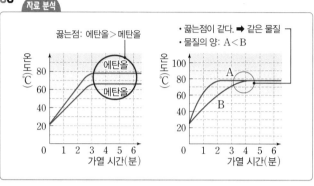

자료 분석

①, ③ 수평한 구간의 온도는 끓는점이므로 에탄올은 메탄올보다 끓는점이 높으며, (나)는 에탄올의 가열 곡선임을 알 수 있다.
② 물질을 이루는 입자 사이의 인력이 강할수록 끓는점이 높으므로 에탄올은 메탄올보다 물질을 이루는 입자 사이의 인력이 강하다.
⑤ 끓는점은 물질을 구별할 수 있는 물질의 특성이므로 에탄올과 메탄올은 끓는점으로 구별할 수 있다.
오답 피하기 | ④ A가 B보다 수평한 구간, 즉 끓는점에 빨리 도달하므로 물질의 양은 A가 B보다 적다.

07

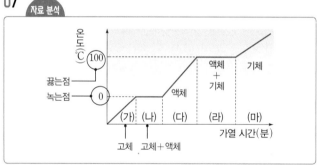

자료 분석

⑤ 외부 압력이 커지면 끓는점, 즉 (라) 구간의 온도는 높아진다.
오답 피하기 | ① 녹는점이 0 ℃, 끓는점이 100 ℃이므로 이 고체는 얼음으로 예상할 수 있다.
②, ③ (다) 구간은 액체의 온도가 높아지는 구간이고, 상태 변화가 일어나는 구간은 (나), (라) 구간이다.
④ 질량이 커져도 (나)와 (라) 구간의 온도는 변하지 않고, (나), (라) 구간에 도달하는 시간이 달라진다.

08 ① 감압 용기 속의 공기를 빼내면 용기 속의 압력이 낮아지므로 물의 끓는점이 낮아져 80 ℃의 물이 끓게 된다. 높은 산은 기압이 낮아 100 ℃보다 낮은 온도에서 물이 끓으므로 쌀이 설익는다. 이 두 현상은 압력이 낮아져 끓는점이 낮아진 예이다.
오답 피하기 | ②는 압력이 높아져 끓는점이 높아진 예, ③은 밀도를 작게 한 예, ④는 압력이 낮아져 기체의 용해도가 감소한 예, ⑤는 온도가 높아져 기체의 용해도가 감소한 예이다.

09 50 ℃에서 액체 상태로 존재하는 물질은 녹는점이 50 ℃보다 낮고 끓는점이 50 ℃보다 높은 물질인 B와 C이다.

오답 피하기 | A와 D는 50 ℃에서 고체 상태이고, E는 50 ℃에서 기체 상태이다.

10 액체의 질량＝액체가 담긴 비커의 질량－빈 비커의 질량 ＝115.0 g－55.0 g＝60.0 g이고, 액체의 부피는 40.0 mL이다.

따라서 밀도＝$\dfrac{60.0 \text{ g}}{40.0 \text{ mL}}$＝1.5 g/mL이다.

11 각 물질의 밀도는 A: 2 g/cm³, B: 2 g/cm³, C: 0.5 g/cm³, D: 약 0.67 g/cm³이다.

④ 물보다 밀도가 큰 A와 B는 물에 가라앉고, 물보다 밀도가 작은 C와 D는 물 위에 뜬다.

오답 피하기 | ①, ② 밀도는 A＝B＞D＞C이며, B의 밀도는 C의 4배이다.

③ 밀도가 같은 A와 B가 같은 종류의 물질이다.

⑤ 질량이 같을 때 부피가 가장 큰 물질은 밀도가 가장 작은 C이다.

12 ① 5가지 물질 모두 온도가 높을수록 용해도가 증가한다.

② 40 ℃에서 용해도가 가장 큰 물질은 질산 나트륨이다.

④ 온도에 따른 용해도 변화가 가장 작은 물질은 곡선의 기울기가 가장 작은 염화 나트륨이다.

⑤ 80 ℃ 물 100 g에 각 고체를 녹인 포화 용액을 20 ℃로 냉각하면 80 ℃와 20 ℃의 용해도 차이만큼 결정으로 석출된다. 따라서 석출량이 가장 많은 것은 질산 칼륨이다.

오답 피하기 | ③ 60 ℃에서 질산 칼륨의 용해도는 80보다 크므로 60 ℃ 물 100 g에 질산 칼륨 80 g을 녹인 용액은 불포화 용액이다.

13

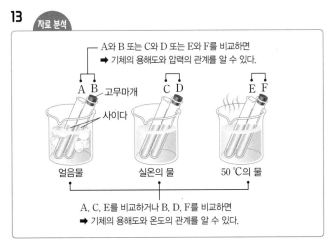

① 기체의 용해도가 가장 큰 것은 온도가 가장 낮고 고무마개로 입구를 막아 압력을 높인 B이다.

오답 피하기 | ②, ③ 기체의 용해도가 작을수록 기포가 많이 발생한다. 즉, 기포가 가장 많이 발생하는 것은 기체의 용해도가 가장 작은 것이므로 E이다.

④, ⑤ A, B를 비교하면 기체의 용해도와 압력의 관계를 알 수 있고, B, D, F를 비교하면 기체의 용해도와 온도의 관계를 알 수 있다.

14 ①, ② 소줏고리는 끓는점 차에 의한 증류 방법을 이용한 것이다.

③ 탁주에서 알코올 성분만 먼저 끓어 나오다가 액화하여 모인 것이 전통 소주이므로 알코올의 비율은 전통 소주가 탁주보다 높다.

⑤ 이 방법은 바닷물에서 식수를 분리하는 것과 원리가 같다.

오답 피하기 | ④ 곡물을 발효시켜 만든 술을 가열하면 끓는점이 낮은 알코올이 먼저 기화되어 나오다가 액화하여 전통 소주가 만들어진다.

15 첫 번째로 거의 수평한 B 구간에서 끓는점이 낮은 에탄올이 먼저 끓어 나오고, 두 번째로 수평한 D 구간에서 끓는점이 높은 물이 끓어 나온다.

16 ㄱ. 원유를 높은 온도로 가열하여 증류탑으로 보내면 원유의 성분 물질이 끓는점에 따라 각 층에서 분리된다. 따라서 이는 성분 물질의 끓는점 차를 이용한 것이다.

오답 피하기 | ㄴ. 끓는점이 낮은 물질일수록 증류탑의 위쪽에서 분리된다.

ㄷ. 각 구간에서 분리되어 나온 물질들은 끓는점이 비슷한 물질들의 혼합물이다.

17 볍씨를 소금물에 넣으면 속이 빈 쭉정이는 밀도가 작아 위로 뜨고, 속이 찬 좋은 볍씨는 밀도가 커 아래로 가라앉는다.

18 두 고체의 혼합물을 분리하려면 두 고체 물질을 모두 녹이지 않고, 두 고체의 중간 정도의 밀도를 갖는 액체에 넣어 분리한다. 따라서 A와 B를 모두 녹이지 않고 밀도가 3.0 g/cm³인 액체를 사용할 수 있다.

19 10 ℃에서 염화 나트륨의 용해도는 25보다 크므로 용액을 10 ℃로 냉각할 때 염화 나트륨 25 g은 모두 녹아 있다. 반면, 10 ℃에서 질산 칼륨의 용해도는 20이므로 용액을 10 ℃로 냉각하면 질산 칼륨 120 g 중 20 g은 녹아 있고, 120 g－20 g＝100 g은 결정으로 석출된다.

20 불순물이 녹아 있는 고체 물질을 용매에 녹인 다음 용액의 온도를 낮추거나 용매를 증발시켜 순수한 고체 물질을 얻는 방법을 재결정이라고 하며, 이때 이용되는 물질의 특성은 용해도이다.

21 **오답 피하기** | ㄱ. 모래 속의 사금 채취 － 밀도 차를 이용

ㄹ. 염화 나트륨과 붕산의 분리 － 재결정

22 ㄱ. 혼합물 (가)는 A, B, C의 3가지로 분리되었으므로 최소 3가지 성분 물질이 섞여 있음을 알 수 있다.

ㄹ. 용매의 종류가 달라지면 결과도 달라진다.

오답 피하기 | ㄴ, ㄷ. 이와 같이 성분 물질로 분리되는 것은 성분 물질이 용매를 따라 이동하는 속도가 다르기 때문이며, 성분 물질의 이동 속도는 C<B<A이다.

23 혼합물을 거름종이로 거르면 물에 녹지 않은 모래(A)가 걸러지고, 거른 용액을 증류하면 끓는점이 낮은 에탄올(B)이 먼저 분리되어 나온다. 남은 용액을 증발시키면 물이 증발하고 소금(C)이 남는다.

24 **모범 답안** 높은 산은 압력(기압)이 낮아 물이 100 °C보다 낮은 온도에서 끓기 때문이다.

채점 기준	배점
압력(기압)이 낮아 물의 끓는점이 낮아지기 때문임을 서술한 경우	100 %
그 외의 경우	0 %

25 **모범 답안** 5.4 g/cm³, 금속 조각의 질량은 43.2 g이고, 부피는 $(18.0-10.0)$ mL=8.0 mL=8.0 cm³이다. 따라서 금속 조각의 밀도는 $\dfrac{43.2\ \text{g}}{8.0\ \text{cm}^3}$=5.4 g/cm³이다.

채점 기준	배점
밀도를 구하고, 풀이 과정을 옳게 서술한 경우	100 %
밀도는 옳게 구했으나 풀이 과정을 서술하지 않은 경우	50 %

26 기체의 용해도는 온도가 낮을수록, 압력이 높을수록 커진다. 더운 여름에는 온도가 높아져 기체의 용해도가 작아지므로 물속에 녹아 있는 산소가 부족하다. 따라서 물고기가 호흡을 하기 위해 수면 위로 올라와 입을 뻐끔거리게 된다.

모범 답안 수온이 높아지면 기체의 용해도가 작아져 물속에 녹아 있는 산소가 부족하기 때문이다.

채점 기준	배점
현상의 원리를 물질의 특성을 이용하여 옳게 서술한 경우	100 %
그 외의 경우	0 %

27 **모범 답안** 질산 칼륨, 온도에 따른 용해도 차가 가장 크기 때문이다.

채점 기준	배점
물질을 고르고, 그 까닭을 옳게 서술한 경우	100 %
물질만 옳게 고른 경우	50 %

28 쪽정이와 좋은 볍씨처럼 밀도가 다른 두 고체의 혼합물은 두 고체를 녹이지 않고 두 고체의 중간 정도의 밀도를 가진 액체를 이용하여 분리한다.

모범 답안 밀도의 크기가 쪽정이<소금물<좋은 볍씨이므로 밀도 차를 이용하여 분리할 수 있다.

채점 기준	배점
원리를 물질의 특성을 이용하여 옳게 서술한 경우	100 %
그 외의 경우	0 %

29 (1) (가)에서 혼합물을 가열하면 끓는점이 낮은 에탄올이 먼저 끓어 나오다가 액화하여 찬물에 담긴 시험관에 모인다.

(2) 남은 혼합물을 찬물에 넣어 냉각하면 온도에 따른 용해도 차가 큰 붕산이 결정으로 석출된다.

모범 답안 (1) 끓는점이 낮은 에탄올이 먼저 끓어 나와 분리된다.

(2) 용액을 냉각할 때, 온도에 따른 용해도 차가 큰 붕산이 결정으로 석출되어 거름종이에 걸러진다.

채점 기준	배점
(1)	이용된 원리를 옳게 서술한 경우	50 %
(2)	이용된 원리를 옳게 서술한 경우	50 %

30 **모범 답안** (1) 크로마토그래피

(2) 성분 물질이 용매를 따라 이동하는 속도 차를 이용하여 분리한다.

채점 기준	배점
(1)	사용하는 분리 방법을 옳게 쓴 경우	50 %
(2)	성분 물질이 분리되는 원리를 옳게 서술한 경우	50 %

01 수권의 분포와 활용

기초를 튼튼히! **개념 잡기** 개념 학습 교재 107쪽

1 (1) ○ (2) × (3) ○ (4) ○ (5) × **2** A: 해수, B: 빙하 **3** (1)—ⓒ
(2)—ⓒ (3)—⊙ (4)—ⓔ **4** (1) ○ (2) × (3) × (4) ○

1 오답 피하기 (2) 육지의 물 중 가장 많은 양을 차지하는 것은 빙하이다.
(5) 지표 부근을 흐르며 접근하기 쉬워 수자원으로 주로 이용되는 물은 호수와 하천수이다.

2 지구상의 물 중 가장 많은 양을 차지하는 것은 해수이고, 담수 중 가장 많은 양을 차지하는 것은 빙하이다.

3 농업용수는 농업 및 축산 등에 사용되는 물이고, 공업용수는 공업 및 산업 활동에 사용되는 물이며, 생활용수는 일상생활에서 사용되는 물이고, 유지용수는 하천의 정상적인 기능을 유지하기 위해 사용되는 물이다.

4 지하수는 빗물이 지층의 빈틈으로 스며들어 채워지므로 지속적으로 활용할 수 있고 강수량의 영향을 크게 받는다. 또한 호수나 하천수에 비해 양이 많지만 쉽게 접근할 수 없어 수자원으로는 호수나 하천수가 주로 이용된다.

실력을 키워! **내신 잡기** 개념 학습 교재 108~110쪽

01 ① **02** 빙하 **03** ② **04** ① **05** ⑤ **06** ④ **07** ④ **08** ①
09 ④ **10** ⑤ **11** **12** ③ **13** ② **14** ⑤ **15** 유지용수 **16** ②
17 ② **18** ②

01 ② 지구에 분포하는 모든 물을 수권이라고 한다.
③ 수자원으로 바로 활용 가능한 물은 주로 호수와 하천수로, 수권 중 약 0.01 %를 차지한다.
④, ⑤ 수권의 물은 짠맛이 나는 해수와 짠맛이 나지 않는 담수로 나눌 수 있다. 육지에 분포하는 물은 대부분 짠맛이 나지 않는 담수이다.
오답 피하기 ① 수권 중 해수, 지하수, 호수, 하천수 등은 액체 상태로 존재하지만, 빙하는 고체 상태로 존재한다.

02 육지의 물 중 가장 많은 양을 차지하고, 짠맛이 나지 않으며, 극지방이나 고산 지대에 분포하는 물은 빙하이다.

03 지구상에 존재하는 물 중 가장 많은 양을 차지하는 것은 해수이고, 나머지는 육지의 물이며, 육지의 물 중 가장 많은 양을 차지하는 것은 빙하이고, 두 번째로 많은 양을 차지하는 것은 지하수이다.

04 A는 수권 중 가장 많은 양을 차지하는 해수이고, C는 육지의 물 중 가장 많은 양을 차지하는 빙하이며, D는 육지의 물 중 두 번째로 많은 양을 차지하는 지하수이다.

05 A는 해수, B는 육지의 물(담수), C는 빙하, D는 지하수, E는 호수와 하천수이다.
① 해수(A)에는 여러 가지 염류가 녹아 있는데, 그중 짠맛이 나는 염화 나트륨이 가장 많이 녹아 있어 짠맛이 난다.
② 육지의 물(B)은 대부분 짠맛이 나지 않는 담수이다.
③ 빙하(C)는 주로 고산 지대나 극지방에 눈이나 얼음 덩어리로 분포한다.
④ 지하수(D)는 토양이나 암석의 틈 사이를 채우고 있거나 흐르는 물이다.
오답 피하기 ⑤ 호수와 하천수(E)는 지표에 고여 있거나 지표에서 흐르는 물로, 짠맛이 나지 않고 쉽게 접근할 수 있어 수자원으로 주로 이용된다.

06 담수는 육지에 분포하는 대부분의 물로, 빙하가 가장 많은 양을 차지하고, 지하수가 두 번째로 많은 양을 차지한다.

07 ㄴ. B는 땅속 지층이나 암석 사이의 빈틈을 채우고 있거나 매우 느리게 흐르는 지하수이다.
ㄷ. C는 지표면을 흐르는 하천수와 지표면에 고여 있는 호수이다.
오답 피하기 ㄱ. A는 육지의 물 중 가장 많은 양을 차지하는 빙하이며, 지구 표면의 약 70 %를 덮고 있는 것은 해수이다.

08 ㄱ. 담수는 짠맛이 나지 않는 물이다.
ㄹ. 담수 중 가장 많은 양을 차지하는 것은 빙하이다.
오답 피하기 ㄴ. 육지의 물은 대부분 담수지만 모든 물이 담수는 아니다. 대표적인 예로 미국의 그레이트솔트호, 볼리비아의 우유니호, 카자흐스탄과 우즈베키스탄에 걸쳐 있는 아랄해 등은 짠맛이 나는 호수이다.
ㄷ. 담수 중 빙하는 얼어 있어 수자원으로 바로 활용할 수 없다.

09 수권 중 해수는 짠맛이 나고, 빙하는 얼어 있어 바로 활용하기는 어렵지만, 해수는 담수화하는 과정을 거치고, 빙하는 녹여서 활용할 수 있다.

10 ㄷ, ㅁ. 수자원으로 주로 이용되는 물은 쉽게 얻을 수 있는 호수와 하천수이다.
ㄹ. 호수와 하천수가 부족한 경우 지하수를 개발하여 수자원으로 이용한다.
오답 피하기 ㄱ. 해수는 짠맛이 나므로 수자원으로 바로 활용할 수 없고, 담수화하여 이용할 수 있다.
ㄴ. 빙하는 얼어 있으므로 수자원으로 바로 활용할 수 없다.

11 ② 물은 생활용수, 농업용수, 공업용수, 유지용수로 주로 이용되며, 이외에도 어업과 운송 수단, 에너지원, 여가 활동 등 다양하게 이용된다.
오답 피하기 ① 인구 증가와 산업 발달, 생활 수준 향상 등으로 물

사용량이 크게 증가하면서 수자원은 점차 부족해지고 있다.

③ 우리나라는 여름철에 비가 많이 내리지만 유실되는 양이 많고, 강수량이 여름철에만 집중되어 다른 계절에는 물 부족 현상이 나타날 수 있다.

④ 해수는 짠맛이 나며 많은 염류가 포함되어 있어 담수화 과정을 거쳐야 음료로 활용될 수 있다.

⑤ 지구 표면의 70 % 이상은 물로 덮여 있지만 대부분이 바다이므로 우리가 활용할 수 있는 수자원의 양은 매우 제한적이다.

12 ① 물은 모든 생물의 생명 현상에 꼭 필요하며, 다양한 생물의 서식지가 된다.

② 물은 공장에서 제품을 생산하거나 세척을 할 때 공업용수로 활용되기도 한다.

④ 물은 순환하면서 저위도 지방의 남는 열을 고위도 지방으로 운반하여 지구의 온도를 일정하게 유지한다.

⑤ 인구 증가와 산업화로 물의 사용량은 점점 증가하고 있다.

오답 피하기 ③ 무분별하게 지하수를 개발하면 땅이 가라앉거나 지하수가 고갈될 수 있고, 사용하는 지하수의 양이 토양으로 스며드는 물의 양보다 많아 지하수의 수위가 낮아지면 지하수가 오염되어 사용할 수 없게 되므로 지하수를 무분별하게 개발하지 말아야 하며, 지하수 시설을 잘 관리해야 한다.

13 우리나라에서 수자원은 농업용수로 가장 많이 활용되고, 인구 증가와 산업 발달로 인한 생활 수준 향상으로 생활용수의 이용량이 빠르게 증가하고 있다.

14 ㄴ. 우리나라에서 수자원은 농업용수로 가장 많이 이용한다.
ㄷ. 1965년 이후 인구는 꾸준히 증가하였고, 이에 따라 생활용수, 공업용수, 농업용수의 이용량은 모두 대체로 증가하고 있다.

오답 피하기 ㄱ. 생활용수로 이용된 수자원의 양은 1990년에는 42억 m³이고, 2014년에는 76 m³로 증가하였다.

15 하천은 항상 일정한 양 이상의 물이 흘러야 하천으로서의 기능을 할 수 있는데, 이때 필요한 물을 유지용수라고 한다.

16 우리나라에서 수자원은 현재 농업용수로 가장 많이 활용하고 있으며, 유지용수와 생활용수로도 많이 활용하고 있다. A는 농업용수, B는 생활용수, C는 유지용수, D는 공업용수이다.
ㄱ. 농업용수(A)는 농작물 재배 등에 사용되는 물로, 식량 생산에 필요한 물이다.
ㄷ. 유지용수(C)는 하천이 정상적인 기능과 상태를 유지할 수 있도록 하는 데 필요한 물이다.

오답 피하기 ㄴ. 생활용수(B)는 일상생활에서 사용하는 물이다.
ㄹ. 공업용수(D)는 공장이나 산업 현장에서 공업 제품의 생산 과정이나 냉각, 제품 처리 등에 사용하는 물이다.

17 ② 지하수는 생활용수, 농업용수, 공업용수 등으로 활용되며, 온천과 같은 관광 자원으로도 활용된다.

오답 피하기 ① 지하수는 담수 중 두 번째로 많은 양을 차지한다. 담수 중 가장 많은 양을 차지하는 것은 빙하이다.

③, ④ 빗물이 지층의 빈틈으로 스며들어 채워지므로 강수량의 영향을 크게 받고, 지속적으로 활용할 수 있어 수자원으로서 가치가 높다.

⑤ 지하수는 지층과 암석의 틈에 분포하지만, 호수나 하천수에 비해 양이 풍부하고 간단한 정수 과정을 거치면 바로 사용할 수 있어 개발하여 수자원으로 잘 활용한다.

18 수자원은 제한적이며, 인구 증가와 산업화에 따라 수자원 부족 현상이 발생하고 있으므로, 수자원을 효과적으로 관리하기 위해 물이 오염되지 않도록 노력하고, 물을 아껴 써야 한다. 또한 물 부족에 대비하여 빗물 저장 시설을 늘리고, 사용한 물을 재사용할 수 있는 시설을 늘려나가야 한다.

오답 피하기 ② 인구 증가를 억제하기보다는 인구 증가에 따른 물 부족 현상을 해결할 수 있는 방안을 찾아야 한다.

실력의 완성! 서술형 문제　　개념 학습 교재 111쪽

1 **모범 답안** (1) 해수
(2) 빙하, 지하수, 호수와 하천수
(3) 극지방이나 고산 지대에 고체 상태로 분포한다.

	채점 기준	배점
(1)	A의 물을 옳게 쓴 경우	30 %
(2)	B의 물 3종류를 모두 옳게 쓴 경우	30 %
	B의 물을 1종류만 쓴 경우	10 %
(3)	제시된 내용 2개를 모두 포함하여 옳게 서술한 경우	40 %
	제시된 내용 중 1개만 포함하여 서술한 경우	20 %

2 **모범 답안** 짠맛이 나지 않는 담수이다. 육지에 분포하는 물이다.

채점 기준	배점
공통점 2가지를 모두 옳게 서술한 경우	100 %
공통점 1가지만 서술한 경우	50 %

3 해수를 담수화하여 사용하거나 빙하를 녹여 활용하는 방법도 있다.

모범 답안 댐을 건설한다. 지하수를 개발하여 사용한다.

채점 기준	배점
수자원 확보 방법 2가지를 옳게 서술한 경우	100 %
수자원 확보 방법 1가지를 옳게 서술한 경우	50 %
모범 답안 외에 수자원 확보 방법에 해당하는 경우에도 1가지당 배점	50 %

3-1 하천수와 호수는 지표를 흐르거나 지표에 고여 있어 쉽게 접근할 수 있으며, 짠맛이 나지 않는 담수이므로 수자원으로 가장 많이 이용된다.

모범 답안 호수와 하천수

02 해수의 특성

1 (1) ○ (2) ○ (3) ×   **2** (1)─ⓒ (2)─ⓒ (3)─⊙   **3** (1) A: 혼합층, B: 수온 약층, C: 심해층 (2) B (3) C   **4** (1) 많아 (2) 중위도 (3) 저위도   **5** (1) × (2) × (3) ○ (4) ○   **6** ③   **7** 34 psu   **8** (1) 저 (2) 저 (3) 고 (4) 저   **9** 염분비 일정 법칙

1 해수의 표층 수온은 태양 복사 에너지의 영향을 크게 받으므로 저위도에서 고위도로 갈수록 표층 수온이 낮아지고, 여름철보다 겨울철이 표층 수온이 낮다.

2 해수는 깊이에 따른 수온 분포에 따라 혼합층, 수온 약층, 심해층으로 구분한다. 혼합층은 바람에 의해 혼합되어 수온이 일정한 층이고, 수온 약층은 수온이 급격히 낮아지는 층이며, 심해층은 수온이 낮고 일정한 층이다.

3 해수 표층에서 태양 복사 에너지에 의해 가열되고 바람에 의해 혼합되어 수온이 일정한 층은 혼합층이고, 혼합층 아래에서 수온이 급격하게 낮아지는 층은 수온 약층이며, 수온 약층 아래에 태양 복사 에너지가 거의 도달하지 않아 수온이 낮고 일정한 층은 심해층이다. 혼합층은 바람이 강할수록 두껍게 발달하고, 수온 약층은 표층 수온이 높을수록 뚜렷하게 발달한다.

4 (1) 저위도 해역은 해수면에 도달하는 태양 복사 에너지양이 많아 표층 수온이 높다.
(2) 중위도 해역은 저위도 해역보다 바람이 강해 혼합층이 두껍다.
(3) 수온 약층은 표층 수온이 높은 해역일수록 뚜렷하게 발달하므로 저위도 해역에서 가장 뚜렷하다.

5 **오답 피하기** (1) 해수에 녹아 있는 여러 가지 물질을 염류라고 하며, 해수 1 kg에 녹아 있는 염류의 총량을 g 수로 나타낸 것을 염분이라고 한다.
(2) 염분의 단위로는 psu(실용염분단위), ‰(퍼밀)을 사용한다.

6 염류 중 가장 많은 양을 차지하는 것은 염화 나트륨이고, 두 번째로 많은 양을 차지하는 것은 염화 마그네슘이다.

7 염분은 해수 1 kg 속에 녹아 있는 염류의 총량을 g 수로 나타낸 것이다.

8 강수량이 증발량보다 많은 바다, 강물이 유입되는 바다, 빙하가 녹는 바다는 염분이 낮고, 증발량이 강수량보다 많은 바다, 해수가 어는 바다는 염분이 높다.

9 바다마다 염분은 달라도 녹아 있는 염류 사이의 비율은 항상 일정하다는 법칙을 염분비 일정 법칙이라고 한다.

Ⓐ ⊙ 태양 복사 에너지, ⓒ 바람, ⓒ 수온 약층, ⓔ 혼합층
1 (1) × (2) × (3) ○ (4) ×   **2** (1) 전등: 태양 복사 에너지, 선풍기: 바람 (2) ⊙ B, ⓒ A

1 **오답 피하기** (1) 적외선 가열 장치는 태양 복사 에너지를 의미한다.
(2) 선풍기로 바람을 일으키는 것은 혼합층의 형성 과정을 알아보기 위한 것이다.
(4) 바람을 더 일으키면 표층의 수온은 더 잘 혼합되어 수온이 일정한 층이 두꺼워진다.

2 (1) 전등에서 방출하는 복사 에너지에 의해 수면이 가열되므로 전등은 태양 복사 에너지를 의미하고, 선풍기 바람에 의해 물이 혼합되므로 선풍기는 자연에서의 바람을 의미한다.
(2) 전등을 켜서 수면을 가열하면 표층의 수온이 높아지고, 선풍기로 바람을 일으키면 표층 부근의 수온이 일정해진다.

1 31 psu   **2** 약 77.7 %   **3** 약 35 psu   **4** 약 3.8 g   **5** 약 1.8 g

1 염분은 해수 1 kg에 녹아 있는 염류의 총량이다. (가) 해수 1 kg 속에는 $24.1+3.4+1.4+1.1+1.0=31.0(g)$의 염류가 녹아 있으므로 염분은 31 psu이다.

2 전체 염류의 양이 31 g이므로, 전체 염류 중 염화 나트륨이 차지하는 비율은 $\dfrac{24.1}{31}\times100≒77.7(\%)$이다.

3 (가)와 (나)의 염분은 달라도 전체 염류에서 각 염류가 차지하는 비율은 거의 같으므로, (나) 해수에 녹아 있는 염류의 총량을 x라고 하면 $24.1:31=27.2:x$에서 $x=\dfrac{31\times27.2}{24.1}≒35(g)$이다. 따라서 (나)의 염분은 약 35 psu이다.

4 염분비 일정 법칙에 따라 (가)에서 전체 염류 중 염화 마그네슘이 차지하는 비율과 (나)에서 전체 염류 중 염화 마그네슘이 차지하는 비율은 같으므로, (나)의 염화 마그네슘의 양을 x라고 하면, $3.4:31=x:35$에서 $x≒3.8(g)$이다.

5 염분비 일정 법칙에 따라 (가)에서 전체 염류 중 황산 마그네슘이 차지하는 비율과 이 해수에서 전체 염류 중 황산 마그네슘이 차지하는 비율은 같으므로, 황산 마그네슘의 양을 x라고 하면, $1.4:31=x:39$에서 $x≒1.8(g)$이다.

01 ③ **02** ② **03** ①, ⑤ **04** ① **05** ④ **06** ① **07** ⑤ **08** ③
09 ② **10** A: 염화 나트륨, B: 염화 마그네슘 **11** ③ **12** ③
13 ② **14** (다)-(나)-(가) **15** ④ **16** ⑤ **17** ② **18** ⑤

01 해수면에 도달하는 태양 복사 에너지양이 많을수록 표층 수온이 높으므로, 저위도에서 고위도로 갈수록 표층 수온이 낮아지며, 적도를 기준으로 남반구와 북반구의 수온 분포는 거의 대칭을 이룬다. 등수온선은 위도에 거의 나란하지만, 대륙 주변부에서는 대륙이나 해류의 영향을 받아 위도와 나란하지 않은 경우도 있다.
오답 피하기 ③ 표층 수온 분포에 가장 큰 영향을 주는 요인은 태양 복사 에너지이다.

02 해수는 깊이에 따른 수온 분포에 따라 해수면으로부터 혼합층, 수온 약층, 심해층으로 구분한다.

03 혼합층은 태양 복사 에너지에 의해 가열되고 바람에 의해 혼합되어 수온이 높고 일정한 층이다. 따라서 바람이 강한 해역일수록 두껍게 발달한다.

04 ㄱ. 전등에서 방출된 복사 에너지에 의해 수면이 가열되므로 전등은 태양 복사 에너지를 의미하고, 선풍기 바람에 의해 물이 혼합되므로 선풍기는 자연에서의 바람을 의미한다.
오답 피하기 ㄴ. (나) 과정에서 수온 약층이 형성되고, (다) 과정에서 혼합층이 형성된다.
ㄷ. 선풍기의 바람을 더 강하게 일으키면 혼합층의 두께가 두꺼워진다. 표층과 심층의 수온 차이가 더욱 커지려면 전등으로 수면을 가열하는 시간을 늘려야 한다.

05 (다) 과정에서는 바람에 의해 물이 혼합되어 표층 부근에 수온이 일정한 층이 형성되며, 깊이 들어갈수록 수온이 낮아진다.

06 ① 수온 약층은 수심이 깊어질수록 수온이 급격하게 낮아지는 층으로, 위쪽보다 아래쪽의 밀도가 크므로 매우 안정한 층이다.
오답 피하기 ② 수온 약층은 표층 수온이 높고 혼합층이 얇은 해역에서 가장 두껍고 뚜렷하게 나타난다. 고위도 해역은 해수의 층상 구조가 거의 나타나지 않는다.
③ 수온 약층은 수온 변화가 가장 크게 나타나는 층이다.
④ 태양 복사 에너지를 가장 많이 흡수하는 층은 혼합층이다.
⑤ 바람이 강할수록 혼합층이 두껍게 발달한다.

07 A 해역은 B 해역보다 표층 수온이 높으므로 저위도에 위치하여 해수면에 도달하는 태양 복사 에너지양이 많고, 혼합층의 두께가 얇으므로 바람이 약하다.

08 ㄱ. 위도 30° 부근에서 혼합층이 가장 두껍게 발달해 있는 것으로 보아 이 해역에서 바람이 가장 강하게 분다.
ㄴ. 수심 1000 m 이상에서는 위도에 관계없이 심해층이 발달해 있으므로 수온이 거의 일정하다.

오답 피하기 ㄷ. 위도 60° 이상의 고위도 해역에는 태양 복사 에너지가 적게 도달하여 표층 수온이 낮고, 표층과 심층의 수온 차이가 거의 없어 층상 구조가 나타나지 않는다.

09 ② 염류에는 짠맛이 나는 염화 나트륨과 쓴맛이 나는 염화 마그네슘 외에 황산 칼슘, 황산 마그네슘, 황산 칼륨 등이 있다.
오답 피하기 ① psu는 염분의 단위이다.
③ 염화 마그네슘은 쓴맛이 나는 염류이다.
④ 염류의 종류와 구성 비율은 지역이나 계절에 상관없이 거의 일정하다.
⑤ 해수 1 kg 속에 녹아 있는 물질의 총량(g)을 염분이라고 한다.

10 염류 중 가장 많은 양을 차지하는 A는 염화 나트륨이고, 두 번째로 많은 양을 차지하는 B는 염화 마그네슘이다. 그밖에 황산 마그네슘(4.8 %), 황산 칼슘(3.6 %) 등이 있다.

11 ③ 건조한 지역은 증발량이 강수량보다 많아 염분이 높다.
오답 피하기 ①, ②, ④ 염분은 강수량과 증발량, 결빙, 해빙, 강물의 유입량 등의 영향을 크게 받으며, 지역, 계절, 기후 등에 따라 달라진다.
⑤ 해수에 녹아 있는 염류의 종류와 구성 비율은 어느 바다에서나 거의 일정하다.

12 이 지역 해수 1 kg에는 33 g의 염류가 녹아 있으므로 염분은 33 psu이다.

13 염분이 38 psu인 해수 1 kg에는 염류가 총 38 g 녹아 있으므로, 해수 200 g에는 염류가 7.6 g이 녹아 있다.

14 (나) 해역은 해수 1 kg에 32.5 g 녹아 있으므로 염분이 32.5 psu이고, (다) 해역은 해수 1 kg에 염류가 34 g 녹아 있으므로 염분이 34 psu이다. 따라서 염분이 가장 높은 해역은 (다)이고, 염분이 가장 낮은 해역은 (가)이다.

15 위도 30° 부근의 중위도 해역은 증발량이 강수량보다 많아 염분이 높고, 적도 해역과 위도 60° 부근의 해역은 강수량이 증발량보다 많아 염분이 낮다.

16 증발량이 많고 강수량이 적은 해역은 염분이 높고, 강수량이 많고 증발량이 적은 해역은 염분이 낮다.

17 ① A는 염류 중 가장 많은 양을 차지하는 염화 나트륨이다.
③, ④ 동해의 염분은 약 33 psu, 북극해의 염분은 30 psu, 지중해의 염분은 36 psu로 지중해의 염분이 가장 높다.
⑤ 전체 염류 중 각 염류가 차지하는 비율은 어느 바다에서나 일정하므로, 세 해역에서 전체 염류 중 황산 마그네슘이 차지하는 질량비는 거의 같다.

오답 피하기 ② 동해는 북극해보다 염분이 높으므로 동해의 해수 1 kg에 녹아 있는 염화 마그네슘의 양은 북극해의 해수 1 kg에 녹아 있는 염화 마그네슘의 양보다 많다. 따라서 B는 3.3 g보다 많다.

18 염분은 계절이나 지역에 따라 여러 요인에 의해 달라지지만, 해수에 녹아 있는 각 염류의 구성비는 항상 일정하기 때문에 해수에 녹아 있는 염류 중 한 가지 성분의 양만 알면 성분비를 이용해 염분을 구할 수 있다.

실력의 완성! **서술형 문제** 개념 학습 교재 121쪽

1 **모범 답안** 저위도 해역은 고위도 해역보다 바람이 약해 혼합층의 두께가 얇지만, 태양 복사 에너지를 많이 흡수하므로 표층과 심층의 수온 차이가 커서 수온 약층이 뚜렷하게 발달한다.

채점 기준	배점
제시된 용어 4개를 모두 포함하여 옳게 서술한 경우	100 %
제시된 용어 중 3개만 포함하여 서술한 경우	75 %
제시된 용어 중 2개만 포함하여 서술한 경우	50 %
제시된 용어 중 1개만 포함하여 서술한 경우	25 %

2 전체 염류 중 염화 나트륨이 차지하는 비율은 어느 바다에서나 같으므로 $2.71 : 3.5 = x : 40$이 성립한다. 따라서 $x ≒ 30.97$이므로 약 31.0 g이다.
모범 답안 (1) 35 psu
(2) 약 31.0 g
(3) 염분비 일정 법칙, 지역이나 계절에 따라 염분은 다르지만 어느 바다에서나 각 염류가 차지하는 성분비는 일정하다.

	채점 기준	배점
(1)	염분을 옳게 구한 경우	30 %
(2)	염화 나트륨의 양을 옳게 구한 경우	30 %
(3)	제시된 용어 2개를 모두 포함하여 옳게 서술한 경우	40 %
	제시된 용어 중 1개만 포함하여 서술한 경우	20 %

3 **모범 답안** (1) 황해
(2) 황해가 동해보다 강물의 유입량이 많기 때문이다.

	채점 기준	배점
(1)	염분이 더 낮은 해역을 옳게 쓴 경우	40 %
(2)	강물의 유입량 차이로 옳게 서술한 경우	60 %
	그 외의 경우	0 %

3-1 **모범 답안** 여름철, 여름철이 겨울철보다 강수량이 많기 때문이다.

03 해수의 순환

개념 잡기 개념 학습 교재 123쪽

1 (1) 난류 (2) 한류 (3) 한류 (4) 난류 **2** (1) × (2) ○ (3) ○ (4) × **3** 조경 수역 **4** 조차 **5** (1) 조류 (2) 만조 (3) 썰물 (4) 사리 (5) 두

1 저위도에서 고위도로 흐르는 수온이 높고 염분이 높은 해류는 난류이고, 고위도에서 저위도로 흐르는 수온이 낮고 영양 염류와 용존 산소량이 많은 해류는 한류이다.

2 **오답 피하기** (1) 남해에는 고위도에서 저위도로 흐르는 한류는 없고, 쿠로시오 해류에서 갈라져 나온 난류가 동해 쪽으로 흐른다.
(4) 우리나라에서 조경 수역은 동한 난류와 북한 한류가 만나는 동해에 형성된다.

3 한류와 난류가 만나는 해역에는 영양 염류와 플랑크톤이 많아 좋은 어장이 형성되는데, 이와 같은 해역을 조경 수역이라고 한다.

4 만조와 간조 때 해수면의 높이 차를 조차라고 한다.

5 (1) 밀물과 썰물에 의해 나타나는 바닷물의 주기적인 흐름을 조류라고 한다.
(2) 하루 중 해수면의 높이가 가장 높아졌을 때를 만조, 가장 낮아졌을 때를 간조라고 한다.
(3) 해안에서 먼 바다 쪽으로 바닷물이 빠져나가면서 해수면의 높이가 점점 낮아지는 해수의 흐름을 썰물, 바다에서 육지 쪽으로 바닷물이 밀려 들어오면서 해수면의 높이가 점점 높아지는 해수의 흐름을 밀물이라고 한다.
(4) 한 달 중 조차가 가장 큰 시기를 사리, 조차가 가장 작은 시기를 조금이라고 한다.
(5) 우리나라에서 조석 주기는 약 12시간 25분이며, 만조와 간조는 각각 하루에 약 두 번씩 일어난다.

내신 잡기 개념 학습 교재 124~125쪽

01 ③ **02** ⑤ **03** ② **04** ② **05** ② **06** C, D **07** ⑤ **08** ⑤
09 ③ **10** 해설 참조 **11** ④ **12** ⑤ **13** ③

01 해수 표면에서 지속적으로 부는 바람에 의해 바다에서 일정한 방향으로 나타나는 지속적인 해수의 흐름인 해류가 발생한다.

02 ⑤ 해류는 주변 지역의 기온에 영향을 주며, 난류가 흐르는 해역은 같은 위도에 있는 내륙 지역보다 따뜻하다.
오답 피하기 ① 난류와 한류는 북반구와 남반구에서 모두 흐른다.
② 한류는 고위도에서 저위도로 흐르는 찬 해류이고, 난류는 저위도에서 고위도로 흐르는 따뜻한 해류이다.

③ 저위도에서 고위도로 흐르는 해류를 난류라고 한다.

④ 일정한 주기를 가지고 수평 방향으로 흐르는 해수의 흐름은 조류이다. 해류는 일정한 방향으로 흐르는 수평 방향의 해수의 흐름이다.

03 우리나라에서 조경 수역을 이루는 해류는 동한 난류와 북한 한류이며, 그중 저위도에서 고위도로 흐르는 해류는 난류인 동한 난류이다. 따라서 A는 황해 난류, B는 북한 한류, C는 동한 난류이다.

04 A는 쿠로시오 해류, B는 황해 난류, C는 동한 난류, D는 북한 한류, E는 연해주 한류이다.

05 ① A는 쿠로시오 해류로, 우리나라 주변을 흐르는 난류의 근원이다.
③ C는 동한 난류로, 해류가 흐르는 주변의 해안 지역은 난류의 영향으로 같은 위도의 내륙 지역보다 비교적 기온이 높다.
④ D는 북한 한류로, 겨울철에 세력이 더 강해진다.
⑤ E는 연해주 한류로, 북한 한류의 근원 해류이다.
오답 피하기 ② B는 황해 난류, D는 북한 한류로, 용존 산소량은 수온이 낮은 D가 B보다 많다.

06 우리나라에서는 동한 난류(C)와 북한 한류(D)가 만나는 동해에 조경 수역이 형성된다.

07 ㄴ. 조경 수역은 난류의 세력이 강해지는 여름철에는 북상하고, 한류의 세력이 강해지는 겨울철에는 남하한다.
ㄷ. 난류와 한류가 만나는 조경 수역은 영양 염류와 플랑크톤이 풍부해 좋은 어장이 된다.
오답 피하기 ㄱ. 우리나라에서 조경 수역은 동한 난류와 북한 한류가 만나는 동해에 형성되며, 황해에는 난류와 한류가 만나지 않으므로 조경 수역이 형성되지 않는다.

08 ⑤ 밀물과 썰물에 의해 나타나는 바닷물의 주기적인 흐름을 조류라고 하며, 밀물과 썰물에 의해 해수면의 높이가 주기적으로 오르내리는 현상을 조석이라고 한다.
오답 피하기 ① 한 달 중 조차가 가장 크게 나타나는 시기를 사리라고 한다.
② 하루 중 해수면의 높이가 가장 높아졌을 때를 만조라고 한다.
③ 하루 동안 밀물과 썰물, 만조와 간조는 각각 약 두 번씩 일어난다.
④ 만조에서 만조 또는 간조에서 간조까지의 시간을 조석 주기라고 한다.

09 ③ 조석 주기는 만조에서 다음 만조 또는 간조에서 다음 간조 때까지의 시간이므로 A에서 C 또는 B에서 D까지의 시간이다.
오답 피하기 ① ㉠은 만조에서 간조 사이에 바닷물이 먼 바다로 빠져나가면서 해수면의 높이가 낮아지는 썰물이다.
② 조차는 만조와 간조 때 해수면의 높이 차이다. 이날 만조 때 해수면의 높이는 약 3.5 m이고, 간조 때 해수면의 높이는 약 -3.5 m이므로 조차는 약 7 m이다.

④ ㉡은 간조에서 만조 사이에 해수가 육지 쪽으로 밀려 들어오는 밀물이다. 따라서 ㉡ 동안 해수면의 높이는 점점 높아진다.
⑤ 이날 간조는 B와 D 시각에 일어났으므로, 첫 번째 간조는 오전 10시 30분경에 일어났다.

10 모범 **답안**
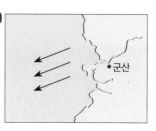
20시경에는 만조에서 간조가 되는 동안 바닷물이 육지에서 바다 쪽으로 빠져나가는 썰물이 일어난다.

11 조석 주기는 약 12시간 25분이므로, 오전 10시경에 간조가 되었다면 약 12시간 25분 후인 오후 10시 25분경에 만조가 일어난다.

12 전남 진도 고군면 회동리와 의신면 모도 사이에서는 해마다 바다 밑이 물 위로 드러나 바닷길이 열리는 바다 갈라짐 현상이 나타난다. 이 현상은 한 달 중 조차가 가장 크게 나타나는 사리 때 간조가 될 때 일어난다. A는 조차가 작은 조금, B는 조차가 큰 사리 때이므로 (나)와 같은 바다 갈라짐 현상은 B 시기일 때 나타날 수 있다.

13 조력 발전은 밀물과 썰물에 의한 해수면의 높이 차를 이용하여 전기 에너지를 얻는 발전 방식으로, 조차가 큰 지역이 유리하다. 우리나라의 서해안은 조차가 매우 크기 때문에 조력 발전소를 세우기에 적합하다.
오답 피하기 ① 조류의 세기를 이용한 발전은 조류 발전이다.

실력의 완성! **서술형 문제** 개념 학습 교재 **126쪽**

1 모범 **답안** 동해안을 따라 남쪽에서 북쪽으로 흐르는 동한 난류를 이용하는 것이 좋다.

채점 기준	배점
제시된 용어를 포함하여 이용하는 해류를 옳게 서술한 경우	100 %
이용하는 해류만 쓴 경우	50 %

2 조경 수역은 난류와 한류가 만나는 곳에 형성된다.
모범 **답안** (1) (가) 여름철, (나) 겨울철
(2) 조경 수역은 동한 난류의 세력이 강해지는 (가)일 때 북상하고, 북한 한류의 세력이 강해지는 (나)일 때 남하한다.

	채점 기준	배점
(1)	(가)와 (나)의 계절을 모두 옳게 쓴 경우	40 %
	(가), (나) 중 1가지만 옳게 쓴 경우	20 %
(2)	(가)와 (나)의 조경 수역의 위치를 옳게 비교하고, 까닭을 옳게 서술한 경우	60 %
	(가)와 (나)의 조경 수역의 위치는 옳게 비교하였으나 까닭을 서술하지 못한 경우	30 %
	(가)와 (나)의 조경 수역의 위치를 비교하지 않고, 난류와 한류의 세력에 따라 달라진다고만 서술한 경우	20 %

2-1 **모범 답안** 영양 염류와 플랑크톤이 풍부하기 때문이다.

3 **모범 답안** 해류는 바닷물이 일정한 방향으로 흐르고, 조류는 바닷물이 흐르는 방향이 주기적으로 바뀐다.

채점 기준	배점
해류와 조류의 차이점을 모범 답안과 같이 옳게 서술한 경우	100 %
조류는 방향이 바뀐다고만 서술한 경우	50 %

4 갯벌 체험을 하기에는 갯벌이 넓게 드러나는 간조 때가 가장 좋다.

모범 답안 11∼12시, 해수면의 높이가 가장 낮은 간조 때 갯벌이 넓게 드러나므로 간조 중 해가 떠 있는 11시 27분 전후가 갯벌 체험을 하기에 가장 적절하다.

채점 기준	배점
갯벌 체험 시간과 까닭을 모두 옳게 서술한 경우	100 %
갯벌 체험 시간은 옳게 썼으나 까닭을 서술하지 못한 경우	50 %

1 ❶ 해수 ❷ 빙하

2 ❶ 호수 ❷ 하천수 ❸ 생활용수 ❹ 농업용수 ❺ 공업용수 ❻ 유지용수 ❼ 지하수

3 ❶ 태양 복사 에너지 ❷ 혼합층 ❸ 수온 약층 ❹ 심해층 ❺ 저위도 ❻ 중위도

4 ❶ 염류 ❷ 염분 ❸ 높은 ❹ 낮은 ❺ 염분비 일정 법칙

5 ❶ 난류 ❷ 한류 ❸ 쿠로시오 ❹ 연해주 ❺ 동한 ❻ 황해 ❼ 북한

6 ❶ 조석 ❷ 조류 ❸ 만조 ❹ 조차 ❺ 조석 주기 ❻ 사리 ❼ 조금

01 ④ **02** ⑤ **03** ① **04** (가) 농업용수, (나) 생활용수 **05** ③
06 ④ **07** ② **08** C, 심해층 **09** ② **10** ③ **11** ②, ③ **12** ④
13 35 psu **14** ④ **15** ④ **16** ③ **17** ⑤ **18** ③ **19** ③ **20** ②
21 ② **22** 해설 참조 **23** 해설 참조 **24** 해설 참조

01 ④ 육지에 분포하는 빙하, 지하수, 호수, 하천수 등은 대부분 짠맛이 나지 않는 담수이다.

오답 피하기| ① 지구상의 물 중 빙하는 고체 상태이다.
② 해수는 지구 표면의 70 % 이상을 덮고 있으며 약 97.47 %의 부피를 차지한다.
③ 지하수는 땅속을 흐르거나 지층이나 암석의 틈 사이에 분포하므로 접근이 쉽지 않다.
⑤ 해수는 짠맛을 가지고 있어 수자원으로 바로 이용하기 어렵다.

02 **자료 분석**

지표에 분포하며, 수자원으로 주로 이용되는 물은 하천수와 호수로, 육지의 물 중 매우 적은 양을 차지한다.

03 ㄱ. 인구가 증가하고 생활 수준이 향상됨에 따라 생활용수의 이용량이 크게 증가하고 있다.

오답 피하기| ㄴ. 지하수는 지층과 암석 사이에 분포하여 쉽게 마르지 않으므로 가뭄이 들어 수자원이 부족할 때 유용하게 사용할 수 있다.

ㄷ. 우리나라는 삼면이 바다로 둘러싸여 있어 해수가 풍부하지만, 해수는 짠맛이 있어 수자원으로 주로 활용되지 않는다.

04 (가)는 농작물 재배에 활용되는 농업용수이고, (나)는 손을 씻을 때 사용되는 생활용수이다.

05 지하수는 암석이나 지층의 틈 사이에 고여 있거나 땅속을 흐르는 물로, 담수이고 액체 상태로 존재한다. 또한 육지의 물 중 두 번째로 많은 양을 차지하며, 빗물에 의해 채워지므로 지속적으로 활용할 수 있어 호수와 하천수 다음으로 수자원으로 잘 활용된다.

오답 피하기 ③ 지하수는 지표면에 드러나 있지 않아 호수와 하천수보다 수자원으로 이용하기 쉽지 않다.

06

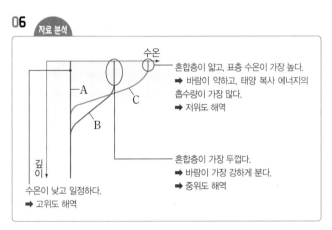

(가) 바람이 강하게 부는 해역일수록 혼합층이 두껍게 발달하므로 B 해역에서 바람이 가장 강하게 분다.

(나) 위도가 낮은 해역일수록 해수면에 도달하는 태양 복사 에너지 양이 많으므로 표층 수온이 높다. 따라서 A는 고위도, B는 중위도, C는 저위도 해역이다.

07 A는 혼합층, B는 수온 약층, C는 심해층이다.

ㄴ. 수온 약층(B)에서는 수심이 깊어질수록 수온이 급격하게 낮아지며, 혼합층(A)과 심해층(C)에서는 깊이에 상관없이 수온이 일정하다.

오답 피하기 ㄱ. 혼합층(A)은 바람과 태양 복사 에너지의 영향을 받는다.

ㄷ. 수온 약층은 매우 안정하여 혼합층(A)과 심해층(C) 사이의 열과 물질 교환을 차단한다.

08 심해층(C)은 태양 복사 에너지의 영향을 거의 받지 않으므로 수온이 낮고 일정하며, 위도나 계절의 영향을 거의 받지 않는다.

09 ㄱ. 염류는 해수에 녹아 있는 물질로, 해수를 증발시키고 나면 찌꺼기로 남는다.

ㄷ. 해수에 녹아 있는 염류 중에는 염화 나트륨이 가장 많고, 염화 마그네슘이 두 번째로 많다.

오답 피하기 ㄴ. 염화 마그네슘은 쓴맛이 나는 염류이다.

ㄹ. 바닷물 1 kg에 녹아 있는 여러 가지 물질의 총량을 g 수로 나타낸 것을 염분이라고 한다.

10 물과 천일염을 섞은 바닷물의 총량이 500 g이고 그 속에 염류가 20 g 녹아 있으므로, 바닷물 1 kg 속에는 염류가 40 g 녹아 있다. 따라서 염분은 40 psu이다.

11 증발량이 많을수록, 결빙이 일어나는 해역일수록 염분이 높아진다.

오답 피하기 강수량이 많을수록, 빙하의 해빙이 활발할수록, 강물의 유입량이 많을수록 염분이 낮아진다.

12

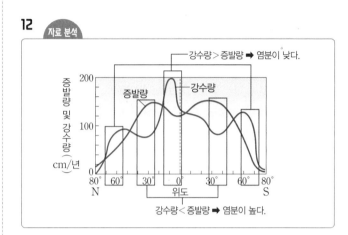

위도 30° 부근은 증발량이 강수량보다 많기 때문에 염분이 높다.

오답 피하기 적도 부근과 위도 60° 부근은 강수량이 증발량보다 많기 때문에 염분이 낮다.

13 해수 10 kg 속에 녹아 있는 염류의 총량이 350 g이므로, 해수 1 kg 속에는 35 g의 염류가 녹아 있다. 따라서 염분은 35 psu이다.

14 전체 염류 중 염화 나트륨이 차지하는 비율은 어느 바다에서나 일정하므로 $272 : 350 = 66 : x$, $x ≒ 85(g)$이다. (나) 해역 해수 2 kg에는 염류가 총 약 85 g 녹아 있으므로 염분은 약 42.5 psu이다.

15 실험 결과 헤어드라이어의 바람에 의해 종잇조각이 바람이 부는 방향을 따라 움직이는 것을 볼 수 있다. 이것은 해수 표층에서 지속적으로 부는 바람에 의해 해류가 발생하는 원인을 알아보기 위한 실험이다.

16 ① 해류는 지속적인 바람에 의해 바닷물이 일정한 방향으로 흐르는 것이다.

② 저위도에서 고위도로 흐르는 따뜻한 해류를 난류, 고위도에서 저위도로 흐르는 차가운 해류를 한류라고 한다.

④ 난류가 흐르는 연안 지방은 따뜻한 해수로부터 열을 공급받아 겨울철에 같은 위도의 내륙 지방보다 비교적 기온이 높다.

⑤ 난류와 한류가 만나는 곳은 조경 수역이 형성되어 영양 염류와 플랑크톤이 풍부한 좋은 어장이 된다.

오답 피하기 ③ 해수 표면에서 해류는 주로 일정한 방향으로 지속적으로 부는 바람에 의해 발생한다.

17 동한 난류는 황해 난류보다 강하게 흐르고 해안 가까이 흐르며, 황해는 동해에 비해 수심이 얕다. 따라서 같은 위도에 위치하더라도 난류의 영향을 더 크게 받는 동해안 지방이 서해안 지방보다 겨울철 기온이 높다.

18 A는 쿠로시오 해류, B는 황해 난류, C는 동한 난류, D는 북한 한류, E는 연해주 한류이다. 난류는 저위도에서 고위도로 흐르고, 한류는 고위도에서 저위도로 흐른다. 따라서 A, B, C는 난류이고, D, E는 한류이다.

19 해수면의 높이가 주기적으로 높아졌다 낮아졌다 하는 현상은 조석 현상이고, 이때 바닷물의 흐름은 조류이다.

20 자료 분석

① A와 C는 하루 중 해수면의 높이가 가장 낮은 때로 간조이다.
③, ④ 간조에서 만조 사이에는 밀물이 일어나고, 만조에서 간조 사이에는 썰물이 일어난다. 따라서 A−B 사이에는 밀물이 일어나 해수면의 높이가 높아지고, B−C 사이에는 썰물이 일어나 해수면의 높이가 낮아진다.
⑤ 갯벌에서 조개를 잡기에 가장 좋을 때는 해수면의 높이가 가장 낮아져 갯벌이 넓게 드러나는 간조 때이므로 15시경이 가장 좋다.
오답 피하기 ② 조차는 만조와 간조 때 해수면의 높이 차이며, 만조 때 해수면의 높이가 약 3 m이고, 간조 때 해수면의 높이가 약 −3 m이므로 이날 조차는 약 6 m이다.

21 사리 때는 한 달 중 조차가 가장 큰 날로, 만조 때 해수면의 높이가 가장 높고 간조 때 해수면의 높이가 가장 낮다. 조금일 때는 한 달 중 조차가 가장 작은 날이므로 만조 때 해수면의 높이는 사리 때보다 낮아지고, 간조 때 해수면의 높이는 높아져 조차가 작아진다.

22 수자원 총량 중 하천수, 댐, 지하수로 이용되는 양의 합인 28 %가 실제 이용되는 양이고, 바다로 유실되는 양은 이용 가능한 양이다. 이용 가능한 수자원을 늘리는 방법으로는 깨끗한 물을 아껴쓰기, 지하수가 오염되지 않도록 주의하고 지하수의 이용량을 늘리기, 빗물 활용하기, 해수를 담수화하여 사용하기 등이 있다.
모범 답안 28 %, 바다로 유실되는 양을 줄인다.

채점 기준	배점
수자원의 이용량을 옳게 구하고, 이용률을 높이는 방법을 옳게 서술한 경우	100 %
수자원의 이용량만 옳게 구한 경우	50 %
수자원의 이용률을 높이는 방법만 옳게 서술한 경우	50 %

23 전 세계 해수에는 염분비 일정 법칙이 성립된다.
모범 답안 A=B=C, 염분비 일정 법칙에 따라 해수에 녹아 있는 염화 나트륨의 성분 비율은 어느 바다에서나 일정하기 때문이다.

채점 기준	배점
염화 나트륨의 질량비를 옳게 비교하고, 까닭을 모범 답안과 같이 옳게 서술한 경우	100 %
염화 나트륨의 질량비를 옳게 비교하고, 까닭을 염분비 일정 법칙이 성립한다고만 서술한 경우	90 %
염화 나트륨의 질량비는 옳게 비교하였으나, 까닭을 서술하지 못한 경우	50 %

24 우리나라에서는 동해에 조경 수역이 형성된다.
모범 답안 C, 북한 한류와 동한 난류가 만나 조경 수역이 형성되어 영양 염류와 플랑크톤이 풍부하기 때문이다.

채점 기준	배점
좋은 어장이 형성되는 곳을 옳게 고르고, 까닭을 모범 답안과 같이 옳게 서술한 경우	100 %
좋은 어장이 형성되는 곳을 옳게 고르고, 까닭을 조경 수역이 형성되기 때문이라고만 서술한 경우	90 %
좋은 어장이 형성되는 곳은 옳게 골랐으나, 까닭을 서술하지 못한 경우	50 %

VIII 열과 우리 생활 〉〉〉

01 열

기초를 튼튼히! **개념 잡기**　개념 학습 교재 135, 137쪽

1 (1) ○ (2) ○ (3) × **2** (1) (나) (2) (나) **3** (1) A → B (2) A → B
4 (1) ㄷ (2) ㄴ (3) ㄱ **5** (1) 복사 (2) 복사 (3) 대류 (4) 전도 **6** (1) ㉠ 위
쪽, ㉡ 아래쪽 (2) ㉠ 아래쪽, ㉡ 위쪽 **7** (1) ○ (2) ○ (3) × (4) ×
8 (1) 높다 (2) ㉠ A, ㉡ B (3) ㉠ 내려, ㉡ 올라 (4) ㉠ 둔해, ㉡ 활발해
(5) 열평형 **9** (1) A → B (2) 6분 (3) 30 ℃ (4) 30 ℃

1 **오답 피하기 |** (3) 물체가 열을 받을 때 부피가 변하거나 상태가 변
하므로 물체의 부피 변화 및 상태 변화를 일으키는 원인은 열이다.

2 온도는 물체를 구성하는 입자의 운동이 얼마나 활발한가를 나
타내며, 물의 온도가 높을수록 물 입자의 운동이 활발하다. 따라서
입자가 더 활발하게 움직이는 (나)의 온도가 더 높다.

3 열은 온도가 다른 두 물체가 접촉할 때 온도가 높은 물체에서
낮은 물체로 이동하는 에너지로, 물체의 질량과는 관계가 없다. 따
라서 두 경우 모두 열이 A에서 B로 이동한다.

4 (1) 열이 물질의 도움 없이 직접 이동하는 방법은 복사로, 주로
공기나 진공 상태에서 일어난다.
(2) 물질을 이루는 입자들이 직접 이동하면서 열을 전달하는 방법
은 대류로, 액체나 기체에서 일어난다.
(3) 물질을 이루는 입자의 운동이 이웃한 입자에 차례로 전달되어
열이 이동하는 방법은 전도로, 주로 고체에서 일어난다.

5 (1), (2) 난로 앞에 있을 때 따뜻함을 느끼는 것은 난로로부터
열이 직접 이동하는 열의 복사 때문이고, 적외선 카메라로 물체의
열을 감지할 수 있는 것은 물체가 적외선의 형태로 복사 에너지를
내보내기 때문이다.
(3) 물의 아래쪽을 가열하면 입자 운동이 활발해진 물 입자가 직접
이동하는 대류에 의해 전체가 데워지게 된다.
(4) 뜨거운 물에 숟가락을 넣어 두면 물 입자와 숟가락 입자 사이의
충돌에 의해 열이 이동하기 때문에 숟가락이 뜨거워진다. 따라서
열의 전도에 의한 현상이다.

6 (1) 난방기에서 나온 따뜻해진 공기는 가벼워서 위쪽으로 이동
하므로 난방기를 아래쪽에 설치해야 고르게 난방을 할 수 있다. 만
일 난방기를 위쪽에 설치하면 따뜻해진 공기가 아래쪽으로 이동하
지 않고 위쪽에 머물러 있으므로 대류가 일어나지 않아 위쪽만 따
뜻하고 아래쪽은 추워서 비효율적이다.
(2) 냉방기에서 나온 차가워진 공기는 무거워서 아래쪽으로 이동하
므로 냉방기를 위쪽에 설치해야 고르게 냉방을 할 수 있다. 만일
냉방기를 아래쪽에 설치하면 차가워진 공기가 아래쪽에 머물러 있

으므로 대류가 일어나지 않아 위쪽은 덥고 아래쪽만 시원해서 비
효율적이다.

7 (3) 전도, 대류, 복사에 의한 열의 이동을 모두 막아야 단열이
잘 된다.
(4) 단열이 잘 되어 실내 온도가 유지되려면 집 안의 열이 밖으로
빠져나가지 않아야 한다.

8 (1) 처음 온도는 입자의 운동이 활발한 A가 B보다 높다.
(2) 열은 항상 온도가 높은 물체(A)에서 낮은 물체(B)로 이동한다.
(3), (4) 온도가 다른 두 물체를 접촉시키면 온도가 높은 물체(A)는
열을 잃어 입자 운동이 둔해지고(온도가 내려가고), 온도가 낮은
물체(B)는 열을 얻어 입자 운동이 활발해진다(온도가 올라간다).
(5) 시간이 지나 열평형에 도달하면 두 물체 A, B의 온도는 같아지
며, 온도는 더 이상 변하지 않는다.

9 (1) 뜨거운 물 A를 차가운 물 B 속에 넣으면, 열은 뜨거운 물
A에서 차가운 물 B로 이동한다.
(2), (3) A와 B의 온도가 더 이상 변하지 않으면 열평형에 도달
한 것이다. 따라서 6분일 때 열평형에 도달하고, 그 때의 온도인
30 ℃가 열평형 온도이다.
(4) 열평형에 도달하면 A, B의 온도는 더 이상 변하지 않는다.

과학적 사고로! **탐구하기**　개념 학습 교재 138쪽

Ⓐ ㉠ 높은, ㉡ 낮은, ㉢ 낮아, ㉣ 높아, ㉤ 열평형
1 (1) ○ (2) × (3) ○ (4) ○ (5) × **2** (1) A, B, C (2) D (3) D

Ⓐ

1 **오답 피하기 |** (2) 열평형 상태가 될 때까지 열이 뜨거운 물에서
찬물로 이동하므로 뜨거운 물의 온도는 낮아지고 찬물의 온도는
높아진다.
(5) 열평형 온도는 접촉 전 뜨거운 물과 찬물의 온도의 사잇값이다.
외부와의 열 출입이 없고, 뜨거운 물과 찬물의 질량이 같은 경우에
만 열평형 온도가 두 물의 온도의 중간값이 된다.

2 서로 접촉한 두 물의 온도가 변하는 A, B, C 구간은 열이 이
동하는 구간이고, 두 물의 온도가 변하지 않는 D 구간은 열평형
상태인 구간이다.

Beyond **특강**　개념 학습 교재 139쪽

1 A-B-C **2** ④ **3** ③ **4** ②

1 고체의 경우 열을 가한 곳에서 먼 곳으로 전도에 의해 열이
전달되므로, 열은 A에서 C 쪽으로 전달된다. 이때 먼저 데워지

는 부분의 촛농이 먼저 녹아 성냥개비가 떨어지므로, 성냥개비는 A−B−C 순으로 떨어지게 된다.

2 ㄱ. 전도에 의해 막대의 한쪽 끝만 가열해도 다른 쪽 끝이 뜨거워지기 때문에 성냥개비가 떨어지는 것이다.
ㄷ. 구리 막대와 알루미늄 막대는 열이 전도되는 정도가 다르다. 따라서 각 성냥개비가 떨어지는 빠르기도 달라진다.
오답 피하기| ㄴ. 구리 막대와 같은 고체에서는 입자의 운동이 이웃한 입자에 차례로 전달되어 열이 이동한다.

3 단열이 잘 될수록 외부로 빠져나가는 열이 적으므로 온도 변화가 작다. 따라서 가장 효율적인 단열재는 온도 변화가 가장 작은 톱밥이며, 톱밥은 내부에 공기를 많이 포함하고 있어 열을 효율적으로 차단할 수 있는 것이다.

4 단열이 잘 될수록 외부로부터 시험관 안으로 열이 잘 전달되지 않으므로 얼음이 천천히 녹고, 단열이 잘 안될수록 열이 빠르게 전달되어 얼음이 빨리 녹는다. 따라서 가장 단열 효과가 작은 모래를 넣은 비커의 얼음이 가장 빨리 녹는다.

실력을 키워! 내신 잡기 개념 학습 교재 140~142쪽

01 ③ **02** ③ **03** ④ **04** A → B **05** ④ **06** ③ **07** ⑤
08 ⑤ **09** ④ **10** ③ **11** ⊙ 따뜻한, ⓒ 차가운 **12** ② **13** ②
14 ⑤ **15** ⑤ **16** ㄱ **17** Q **18** ③, ⑤

---

01 ①, ② 온도는 물체의 차갑고 뜨거운 정도를 수치로 나타낸 것으로, 온도계를 사용하여 측정한다.
④ 섭씨온도는 1기압에서 물이 어는 온도를 0 ℃, 물 끓는 온도를 100 ℃로 하여, 그 사이를 100등분한 온도이다.
⑤ 물체의 온도가 낮을수록 입자 운동이 둔하고, 온도가 높을수록 입자 운동이 활발하다. 따라서 온도는 물체를 구성하는 입자들의 운동이 얼마나 활발한가를 나타낸다.
오답 피하기| ③ 사람의 감각은 상대적이기 때문에 감각만으로는 온도를 정확하게 측정할 수 없다.

02 ㄱ, ㄴ. 입자 운동이 활발하게 변했으므로 물체의 온도가 올라간 것이다.
오답 피하기| ㄷ, ㄹ. 물체의 온도가 변할 때 물체를 구성하는 입자의 개수와 입자의 크기는 변하지 않는다.

03 물질은 고체, 액체, 기체의 상태에 따라 입자 운동이 다르지만, 온도가 높을수록 입자 운동은 활발하다.

04 고체에서는 열을 가한 곳과 가까운 곳에서 먼 곳으로 입자들의 운동이 전달되어 열이 이동한다.

05 ㄱ, ㄴ, ㄷ. 입자의 운동이 이웃한 입자에 차례로 전달되어 열

이 이동하는 방법을 전도라고 하며, 고체에서는 주로 전도에 의해 열이 전달된다.
오답 피하기| ㄹ. 난로에 가까이 있을 때 따뜻함을 느끼는 것은 난로로부터 적외선이나 빛 등의 형태로 열이 직접 전달되는 복사 때문이다.

06 ③ 주전자 속의 물이 끓는 것은 대류에 의한 현상으로, 입자가 직접 이동하면서 열이 전달된 것이다.
오답 피하기| ①, ② 가열되어 뜨거워진 물은 위로 올라가고, 가열되지 않은 물은 아래로 내려와 가열된다.
④, ⑤ 대류는 주로 액체와 기체에서 일어나는 열의 이동 방법이고, 전도는 주로 고체에서 일어나는 열의 이동 방법이다.

07 ①, ② 대류는 액체와 기체와 같이 열을 직접 전달하는 물질이 있어야 일어난다.
③ 가열한 액체나 기체는 입자 운동이 활발해져 부피가 커지므로 위로 올라간다. 따라서 위쪽보다는 아래쪽을 가열해야 대류가 잘 일어난다.
④ 냉각한 액체나 기체는 입자 운동이 둔해져 부피가 작아지므로 아래로 내려간다. 따라서 아래쪽보다 위쪽을 냉각해야 대류가 잘 일어난다.
오답 피하기| ⑤ 대류는 액체나 기체 상태의 입자들이 직접 다른 곳으로 이동하면서 열을 전달하는 열의 이동 방법이다.

08 차가운 물은 무거워서 아래로 내려오고 뜨거운 물은 가벼워서 위로 올라가는 대류에 의해 차가운 물과 뜨거운 물이 섞이게 된다.

09 ④ 난로에 손을 가까이 할 때 따뜻하게 느껴지는 것은 복사에 의해 전기난로의 열이 직접 이동하기 때문이다. 햇빛이 잘 비치는 곳의 눈이 먼저 녹는 것은 복사에 의해 태양열이 직접 전달된 곳이 더 따뜻하기 때문이다.
오답 피하기| ①, ③, ⑤ 전도에 의해 열이 이동하는 경우이다.
② 대류에 의해 열이 이동하는 경우이다.

10 물을 끓이는 것은 대류, 프라이팬에서 고기를 굽는 것은 전도, 토스터의 열로 빵을 굽는 것은 복사이다.

11 따뜻한 공기는 가벼워서 위로 올라가고, 차가운 공기는 무거워서 아래로 내려오는 대류 현상이 일어난다.

12 ① 열의 이동을 막는 것을 단열이라고 하므로 단열재는 열의 이동을 막는 재료이다.
③, ④ 물질에 따라 단열 효과가 다르며, 같은 물질이라면 두꺼울수록 열의 이동을 효과적으로 막을 수 있으므로 단열이 잘 된다.
⑤ 단열재 내부에 공기를 포함하고 있으면 전도에 의한 열의 이동을 잘 차단하므로 단열 효과가 좋다.
오답 피하기| ② 좋은 단열재는 전도에 의한 열의 이동을 막아야 한다.

13 열은 항상 온도가 높은 물질에서 낮은 물질로 이동한다. 따라서 (가)에서는 손에서 얼음으로, (나)에서는 주스에서 얼음으로, (다)에서는 냄비에서 언 고기로 열이 이동한다.

14 공원에 있는 미끄럼틀, 나무 의자, 금속 운동 기구, 바닥의 보도블록은 모두 공기와 열평형 상태이므로 공기의 온도와 같다.

15 오답 피하기| ⑤ 모닥불에서 피어오르는 연기가 위로 올라가는 것은 대류에 의한 현상이다.

16 ㄱ. 처음에 A에서 B로 열이 이동하였으므로 A의 온도가 B의 온도보다 높다.

오답 피하기| ㄴ. A에서 B로 열이 이동하므로 A는 온도가 낮아지고, B는 온도가 높아진다.

ㄷ. 온도가 높은 A는 열을 잃어 입자 운동이 둔해지고, 온도가 낮은 B는 열을 얻어 입자 운동이 활발해진다.

ㄹ. 열평형에 도달하면 A와 B의 온도가 같아진다. 따라서 시간이 지나더라도 B의 온도가 A의 온도보다 높아지지는 않는다.

17 외부와의 열 출입이 없으므로 온도가 높은 물체가 잃은 열의 양과 온도가 낮은 물체가 얻은 열의 양은 같다.

18 ①, ② 열은 온도가 높은 A에서 온도가 낮은 B로 이동하므로 A는 열을 잃고, B는 열을 얻는다.

④ 열평형에 도달하면 A, B의 온도가 같아 열이 이동하지 않으므로 A와 B의 온도는 변하지 않는다. 즉, A, B는 4분 후에 열평형에 도달하므로 4분 이후 A와 B의 온도는 변하지 않는다.

오답 피하기| ③ 열평형에 도달하는 시간은 A, B의 온도가 같아지는 4분이다.

⑤ A의 처음 온도가 100 ℃이고, B의 처음 온도가 20 ℃이며, 열평형 온도가 40 ℃이므로 열평형에 도달하는 동안 A의 온도 변화는 60 ℃, B의 온도 변화는 20 ℃이다.

실력의 완성! **서술형 문제**　　　개념 학습 교재 143쪽

1 모범 답안 물의 온도가 높을수록 물의 입자 운동이 활발하기 때문에 잉크가 물속에서 더 빨리 퍼지게 된다.

채점 기준	배점
잉크 방울이 빨리 퍼지는 현상이 나타나는 까닭을 제시된 단어를 모두 포함하여 옳게 서술한 경우	100 %
그 외의 경우	0 %

2 모범 답안 열을 얻어 온도가 높아진 A 부분은 입자 운동이 활발해지고, 이 운동이 이웃한 다른 입자들에게 차례로 전달되어 B 부분까지 열이 전달되는 것이다.

채점 기준	배점
열이 전달되는 과정을 입자들의 움직임과 관련지어 옳게 서술한 경우	100 %
전도에 의해 열이 전달된다고만 쓴 경우	30 %

3 모범 답안 이중 유리 사이의 공기층은 전도에 의한 열의 이동을 잘 막아 주어 단열 효과가 크기 때문이다.

채점 기준	배점
이중 유리를 사용하는 까닭을 열의 이동과 관련지어 옳게 서술한 경우	100 %
단열이 잘 되기 때문이라고만 쓴 경우	30 %

3-1 모범 답안 전도와 대류에 의한 열의 이동을 막는다.

4 모범 답안 (1) 온도가 높은 뜨거운 물에서 온도가 낮은 차가운 물로 열이 이동한다.

(2) 접촉한 두 물의 온도 차가 클수록 이동하는 열의 양이 많아 온도 변화가 큰데, 시간이 지날수록 두 물의 온도 차가 작아 온도 변화가 작기 때문이다.

	채점 기준	배점
(1)	열의 이동 방향을 온도와 관련지어 옳게 서술한 경우	50 %
(2)	그래프의 기울기가 작아지는 까닭을 옳게 서술한 경우	50 %

02 비열과 열팽창

개념 학습 교재 145, 147쪽

개념 잡기 기초를 튼튼히!

1 (1) ○ (2) ○ (3) × (4) × (5) ○ **2** (1) 비열 (2) 큰 (3) 물 **3** (1) A
(2) A (3) C **4** 10 kcal **5** ㉠ 작은, ㉡ 해풍 **6** (1) × (2) × (3) ○
(4) ○ **7** ㄱ, ㄹ **8** (1) 작다 (2) 작다 (3) ㉠ 작은, ㉡ 큰 **9** ㄱ, ㄴ, ㄷ

1 **오답 피하기** | (3) 1 kcal는 물 1 kg의 온도를 1 ℃ 높이는 데 필요한 열량이다.
(4) 물이 얻은 열량이 같을 때 물의 온도 변화는 물의 양이 적을수록 크다. 즉, 질량이 작을수록 온도 변화가 크다.

2 (1) 비열은 물질의 종류에 따라 고유한 값을 가지므로 물질을 구분하는 데 사용할 수 있다.
(2), (3) 비열이 클수록 온도를 변화시키는 데 더 많은 열량이 필요하다. 따라서 질량이 같은 두 물질에 같은 열량을 가할 때 비열이 큰 물질의 온도 변화가 더 작다. 즉, 온도 변화가 작은 물의 비열이 콩기름의 비열보다 크다.

3 (1), (2) 그래프의 기울기가 클수록 온도 변화가 크고, 같은 온도만큼 높이는 데 걸린 시간도 짧다.
(3) 물질의 질량과 가한 열량이 같은 때 비열이 작은 물질의 온도 변화가 더 크다. 따라서 A의 비열이 가장 작고, C의 비열이 가장 크다.

4 열량=비열×질량×온도 변화=1 kcal/(kg·℃)×0.5 kg
×(35−15) ℃=10 kcal

5 모래와 물의 비열 차에 의해 낮에 바다에서 육지 쪽으로 부는 바람을 해풍이라 하고, 밤에 육지에서 바다 쪽으로 부는 바람을 육풍이라고 한다.

6 고체에 열을 가하면 고체를 이루는 입자들의 운동이 활발해지면서 입자 사이의 거리가 멀어지므로 부피가 커진다. 이때 입자의 크기, 입자의 모양, 입자의 수에는 변화가 없다.

7 금속 공이 금속 고리를 통과하지 못하게 하려면 금속 공의 부피가 팽창하거나, 금속 고리의 부피가 수축해야 한다. 따라서 금속 공만 가열하거나 금속 고리만 냉각하면 금속 공이 금속 고리를 통과하지 못한다.

8 (1) 가열했을 때 A 쪽으로 휘어졌으므로 열팽창 정도는 B가 A보다 크다. 즉, 가열할 때 늘어나는 정도는 B가 A보다 크다.
(2) 열팽창 정도는 B가 A보다 크므로 냉각할 때에도 열팽창 정도가 큰 B가 A보다 더 많이 수축한다.
(3) 바이메탈은 열팽창 정도가 다른 두 금속을 붙여 만든 장치로 가열하면 열팽창 정도가 작은 금속 쪽으로 휘어지고, 냉각하면 열팽창 정도가 큰 금속 쪽으로 휘어진다.

9 **오답 피하기** | ㄹ. 고체의 열팽창과 관련 있는 예이다.

탐구하기 과학적 사고로!

개념 학습 교재 148~149쪽

Ⓐ ㉠ 크다, ㉡ 작다
1 (1) ○ (2) ○ (3) × (4) ○ **2** $\frac{3}{2}$배

Ⓑ ㉠ 활발해, ㉡ 멀어, ㉢ 열팽창, ㉣ 에탄올, ㉤ 물
1 (1) ○ (2) ○ (3) × (4) ○ **2** (1) B (2) 해설 참조

Ⓐ

1 (1) 같은 가열 장치로 같은 시간 동안 가열하므로 물과 식용유가 얻은 열량은 같다.
(2) 10분 후 온도 변화는 식용유가 47 ℃이고 물이 26 ℃이므로, 같은 시간 동안 온도 변화는 식용유가 물보다 크다.
(4) 물과 식용유의 질량을 100 g으로 하면 같은 열량을 가할 때 질량이 작아진 것이므로 온도 변화는 더 커진다.
오답 피하기 | (3) 가열 장치의 세기를 더 세게 하면 물과 식용유에 가한 열량이 많아지므로 10분 후 물과 식용유의 온도 변화가 더 커진다.

2 비열$=\dfrac{열량}{질량×온도 변화}$이므로 액체의 질량과 가해 준 열량이 같을 때 비열은 온도 변화에 반비례한다. 그래프에서 A의 온도 변화가 B의 $\frac{2}{3}$배이므로 A의 비열은 B의 $\frac{3}{2}$배이다.

Ⓑ

1 **오답 피하기** | (3) 고체에 열을 가하면 고체는 팽창하여 부피가 늘어나고, 팽창한 고체를 식히면 고체는 수축하여 부피가 줄어들어 원래의 상태로 돌아온다.

2 (2) **모범 답안** 열팽창 정도가 클수록 열을 가해 같은 온도만큼 높였을 때 늘어나는 길이가 길기 때문이다.

Beyond 특강

개념 학습 교재 150쪽

1 0.75 kcal/(kg·℃) **2** 0.1 kcal/(kg·℃) **3** 12.5 kcal
4 6.3 kcal **5** 2 : 3 **6** 2 : 3 **7** 5 ℃

1 비열$=\dfrac{열량}{질량×온도 변화}=\dfrac{3\ kcal}{2\ kg×2\ ℃}=0.75$ kcal/(kg·℃)

2 비열$=\dfrac{열량}{질량×온도 변화}=\dfrac{1.2\ kcal}{1\ kg×12\ ℃}=0.1$ kcal/(kg·℃)

3 열량=비열×질량×온도 변화
=1 kcal/(kg·℃)×0.5 kg×(40−15) ℃=12.5 kcal

4 열량=비열×질량×온도 변화
=0.21 kcal/(kg·℃)×3 kg×10 ℃=6.3 kcal

5 질량과 가한 열량이 같다면 온도 변화는 비열에 반비례한다. 같은 시간 동안 온도 변화의 비(A : B)가 3 : 2이므로 A와 B의 비열의 비(A : B)는 $\frac{1}{3} : \frac{1}{2}$=2 : 3이다.

6 같은 물질이고 가한 열량이 같다면 온도 변화는 질량에 반비례한다. 같은 시간 동안 온도 변화의 비(A : B)가 3 : 2이므로 A와 B의 질량의 비(A : B)는 $\frac{1}{3}$: $\frac{1}{2}$=2 : 3이다.

7 물질의 종류와 물질에 가한 열량이 같다면 온도 변화는 질량에 반비례한다. 따라서 물 300 g의 온도 변화는 15 ℃×$\frac{1}{3}$=5 ℃이다.

실력을 키워! **내신 잡기** 개념 학습 교재 151~153쪽

01 ③, ④ **02** ① **03** ④ **04** ⑤ **05** ① **06** ④ **07** ⑤
08 C>A>B **09** ⑤ **10** ④ **11** ④ **12** ⑤ **13** ③ **14** ㄷ
15 ④ **16** ① **17** ㄴ, ㄹ **18** ② **19** ③, ④

01 ③ 비열은 물질의 종류에 따라 고유한 값을 가지므로 물질을 구별하는 데 사용할 수 있다.
④ 비열이 클수록 온도를 높이는 데 많은 열량이 필요하므로 온도가 잘 변하지 않는다.
오답 피하기 ①, ② 비열은 물질에 따라 다르며, 일반적으로 액체의 비열이 고체의 비열보다 크다.
⑤ 물은 비열이 1 kcal/(kg·℃)로 주변의 다른 물질보다 큰 편이다.

02 물질에 가한 열량과 질량이 모두 같으면 온도 변화는 물질의 비열에 반비례한다. 따라서 비열이 작은 물질일수록 가열하면 온도가 빨리 올라가고, 식히면 온도가 빨리 내려간다. 즉, 비열이 작을수록 온도 변화가 크다.

03 비열=$\frac{열량}{질량 \times 온도 변화}$이다.

04 비열이 같을 때 열량은 물체의 질량과 온도 변화에 각각 비례하므로, 질량이 처음의 2배, 온도 변화가 처음의 2배이면 철에 가해야 하는 열량은 4배가 된다. 즉, 5.5 kcal×4=22 kcal의 열량이 필요하다.

05 질량이 같은 물질 A, B, C를 같은 세기의 불꽃으로 가열하면 비열이 작을수록 온도 변화가 크다. 즉, 같은 시간 동안 온도 변화는 A가 가장 크고, C가 가장 작으므로 비열은 A가 가장 작고, C가 가장 크다.

06 전열기가 2분 동안 공급한 열량은 40 kcal×2=80 kcal이고 액체의 온도 변화는 50 ℃−10 ℃=40 ℃이므로 비열은 다음과 같이 구할 수 있다.
액체의 비열=$\frac{열량}{질량 \times 온도 변화}$
$$=\frac{80\ kcal}{5\ kg \times 40\ ℃}=0.4\ kcal/(kg·℃)$$

07 ①, ②, ④ 2분 동안 가열했을 때 온도 변화의 비(A : B)는 30 ℃ : 20 ℃=3 : 2이며, 물질에 가한 열량과 질량이 같을 때 비열은 온도 변화에 반비례하므로 비열의 비(A : B)는 $\frac{1}{3}$: $\frac{1}{2}$=2 : 3이다.
③ 같은 세기의 불꽃으로 가열하므로 같은 시간 동안 A와 B에 공급된 열량은 같다.
오답 피하기 ⑤ 비열이 클수록 온도를 변화시키기 어려우므로 같은 온도만큼 높이는 데 필요한 열량은 비열이 큰 B가 A보다 많다.

08 온도 변화=$\frac{열량}{비열 \times 질량}$에서 세 물체에 가한 열량이 같으므로 온도 변화는 (비열×질량)에 반비례한다. 따라서 (비열×질량)이 가장 큰 B의 온도 변화가 가장 작고, 가장 작은 C의 온도 변화가 가장 크다.

09 물과 콩기름에 가한 열량과 질량이 같으므로 온도 변화는 물과 콩기름의 비열에 반비례한다. 콩기름의 온도가 10 ℃ 변하는 동안 물의 온도는 5.5 ℃ 변하였으므로 물의 비열 : 콩기름의 비열=$\frac{1}{5.5}$: $\frac{1}{10}$=1 : 0.55이다. 즉, 콩기름의 비열은 물의 비열의 0.55배인 0.55 kcal/(kg·℃)이다.

10 ①, ②, ③ (가)는 비열이 작은 육지가 먼저 데워지면서 육지 위의 공기가 상승하고 그 빈자리로 바다에서 바람이 부는 해풍을, (나)는 비열이 작은 육지가 먼저 식으면서 상대적으로 따뜻한 바다 위의 공기가 상승하고 그 빈자리로 육지에서 바람이 부는 육풍을 나타낸 것이다.
⑤ 사막(내륙)의 일교차가 해안 지역의 일교차보다 큰 것도 모래의 비열이 물의 비열보다 작기 때문에 나타나는 현상이다.
오답 피하기 ④ 해풍과 육풍은 육지의 비열이 바닷물의 비열보다 작기 때문에 나타나는 현상이다.

11 ㄱ. 물질의 종류에 따라 열팽창 정도가 다르며, 일반적으로 기체>액체>고체 순이다.
ㄴ, ㄷ. 열을 받아 물체의 온도가 높아질 때 물체의 길이나 부피가 변하는 현상을 열팽창이라고 하며, 열에 의해 입자 운동이 활발해져 입자 사이의 거리가 멀어지기 때문에 일어난다.
오답 피하기 ㄹ. 열을 받은 물체가 더 이상 열을 받지 않으면 시간이 지나면서 온도가 내려가므로 점점 물체의 부피가 줄어들어 열을 받기 전 상태로 돌아간다.

12 ㄱ, ㄷ. 금속의 열팽창을 알아보는 실험으로, 금속 막대를 가열하면 막대의 길이가 길어져 바늘이 돌아간다.
ㄴ. 세 금속 막대의 바늘이 돌아간 정도가 다르므로 금속의 종류에 따라 열팽창 정도가 다름을 알 수 있다.

13 금속 막대를 가열하면 열팽창 정도가 클수록 바늘이 많이 움직인다. 알루미늄, 구리, 철 순으로 바늘이 많이 움직였으므로 열팽창 정도는 알루미늄>구리>철 순이다.

14 ㄷ. 바이메탈은 열팽창 정도가 다른 두 금속을 접합시켜 놓은 것으로 A와 B는 열을 받을 때 팽창하는 정도가 다르다.

오답 피하기 | ㄱ, ㄴ. 열을 가할 때 열팽창 정도가 작은 금속 쪽으로 휘어지므로, A가 B보다 열에 의해 많이 팽창한다.

ㄹ. 이 바이메탈을 냉각시키는 경우 열팽창 정도가 큰 금속 쪽으로 휘어지므로 (나)와 반대 방향으로 휘어진다.

15 바이메탈은 온도 변화에 따른 두 금속의 열팽창 정도의 차를 이용한 장치로, 두 금속의 열팽창 정도의 차가 클수록 많이 휘어진다. 따라서 열에 의해 가장 많이 늘어나는 B와 가장 적게 늘어나는 D를 이용하여 바이메탈을 만들면 가장 많이 휘어진다.

16 금속이 유리보다 열팽창 정도가 크다. 따라서 뜨거운 물을 흘려주면 금속 뚜껑이 유리병보다 더 팽창하여 약간 헐거워지므로 뚜껑을 쉽게 열 수 있다.

17 ㄴ. 수조에 넣기 전 각 액체의 높이가 같은데 수조에 넣은 후 액체의 높이가 모두 다르므로, 액체의 종류에 따라 열팽창 정도가 다르다는 것을 알 수 있다.

ㄹ. 플라스크를 얼음 물에 넣어 액체를 냉각시키면 온도가 내려가면서 입자 운동이 둔해져 액체의 높이가 내려간다.

오답 피하기 | ㄱ. 열팽창 정도는 액체의 높이가 높이 올라갈수록 크므로 D>C>B>A 순이다.

ㄷ. 열은 온도가 높은 수조의 물에서 온도가 낮은 플라스크 속의 액체로 이동하였다.

18 ① 같은 온도만큼 높였을 때 증가한 부피가 모두 다르므로 A~D는 모두 다른 종류의 액체이다.

③, ⑤ 같은 온도만큼 변화시켰을 때 A의 부피 변화가 가장 크며, A의 부피 변화가 D의 부피 변화의 2배이다.

④ 온도를 1 ℃ 높였을 때 1.1 mL만큼 부피가 증가하므로 10 ℃ 높이면 부피는 1.1 mL×10=11 mL만큼 증가한다.

오답 피하기 | ② 열팽창 정도가 큰 액체일수록 온도가 높아지면 부피가 많이 증가하고, 온도가 내려가면 부피가 많이 감소한다. 따라서 같은 온도만큼 내려가면 A가 가장 많이 수축한다.

19 음료수 병을 가득 채우지 않는 것은 온도가 상승할 때 음료수가 팽창하여 음료수 병이 깨지는 것을 방지하기 위한 것으로 액체의 열팽창과 관련된 내용이다.

오답 피하기 | ①, ②, ⑤ 고체의 열팽창에 대한 내용이다.

(2) 콩기름, 같은 열량과 같은 질량이면 온도 변화가 큰 콩기름의 비열이 작으며, 비열이 작을수록 온도 변화가 크므로 식힐 때도 더 빠르게 온도가 내려간다.

	채점 기준	배점
(1)	콩기름과 물의 질량이라고 쓰고, 그 까닭을 옳게 서술한 경우	50 %
	콩기름과 물의 질량이라고만 쓴 경우	20 %
(2)	콩기름이라고 쓰고, 그 까닭을 비열을 비교하여 옳게 서술한 경우	50 %
	콩기름이라고만 쓴 경우	20 %

2 **모범 답안** 물은 다른 물질에 비해 비열이 커서 온도 변화가 작기 때문이다.

채점 기준	배점
물을 이용하는 까닭을 비열과 관련지어 옳게 서술한 경우	100 %
온도 변화가 작기 때문이라고만 쓴 경우	30 %

3 가열할 때 아래쪽으로 휘었으므로 열팽창 정도는 A>C이고, 냉각할 때 위쪽으로 휘었으므로 열팽창 정도는 C>B이다.

모범 답안 A>C>B, 온도가 높아지면 열팽창 정도가 작은 금속 쪽으로 휘어지고, 온도가 낮아지면 열팽창 정도가 큰 금속 쪽으로 휘어진다.

채점 기준	배점
열팽창 정도를 옳게 비교하고, 바이메탈의 작동 원리를 옳게 서술한 경우	100 %
열팽창 정도만 옳게 비교한 경우	40 %

3-1 **모범 답안** 열팽창 정도의 차가 큰 A와 B를 이용해 바이메탈을 만든다.

4 **모범 답안** 알코올은 온도 변화에 따른 열팽창 정도가 크고 일정하기 때문이다.

채점 기준	배점
알코올을 사용할 수 있는 까닭을 제시된 단어를 모두 포함하여 옳게 서술한 경우	100 %
알코올을 사용할 수 있는 까닭을 제시된 단어 중 1가지만 포함하여 서술한 경우	30 %

실력의 완성! **서술형 문제** 개념 학습, 교재 154쪽

1 **모범 답안** (1) 콩기름과 물의 질량, 가해 준 열량과 질량이 같을 때 온도 변화를 측정하면 비열을 비교할 수 있기 때문이다.

1 ❶ 낮은 ❷ 높은
2 ❶ 전도 ❷ 대류 ❸ 복사
3 ❶ 위 ❷ 아래 ❸ 대류
4 ❶ 높은 ❷ 낮은 ❸ 열 ❹ 둔 ❺ 활발
5 ❶ 1 ❷ 열량 ❸ 질량
6 ❶ 1 ❷ 클 ❸ 작은 ❹ 크
7 ❶ 활발 ❷ 작은 ❸ 큰 ❹ 열팽창

01 (나)-(가)-(다) **02** ④ **03** ㉠ 열, ㉡ 올라, ㉢ 내려 **04** ①
05 ④ **06** ② **07** (가)와 (다), (나)와 (라) **08** ④ **09** ③ **10** ㉠ 열,
㉡ 열평형 **11** ① **12** ② **13** ① **14** 0.5 kcal/(kg·℃) **15** ②, ③
16 ③ **17** ⑤ **18** ③ **19** ① **20** ② **21** ④ **22** 해설 참조
23 해설 참조

01 물질을 구성하는 입자들의 운동은 물체의 질량에 관계없이 온도가 높을수록 활발하다. 따라서 온도가 가장 높은 (나)의 입자 운동이 가장 활발하고, 온도가 가장 낮은 (다)의 입자 운동이 가장 둔하다.

02 **자료 분석**

입자 운동은 B가 A보다 활발하고, C가 B보다 활발하다.
➡ 활발한 정도: C>B>A ➡ 온도: C>B>A

A   B   C

ㄱ, ㄴ, ㄷ. 온도가 높을수록 입자 운동이 활발하므로, 입자 운동이 가장 활발한 C의 온도가 가장 높고, 입자 운동이 가장 둔한 A의 온도가 가장 낮다. 즉, 온도는 C>B>A 순이다.
오답 피하기 | ㄹ. 열을 얻으면 온도가 높아지고 입자 운동이 활발해지므로 B가 열을 얻으면 C와 같이 된다.

03 온도가 다른 물체가 접촉할 때 열은 온도가 높은 물체에서 낮은 물체로 이동한다. 따라서 뜨거운 물에서 차가운 찻잔으로 열이 이동하여 차가운 찻잔의 온도는 올라가고, 뜨거운 물의 온도는 내려간다.

04 열 변색 붙임딱지는 가열한 곳에서 가까운 것부터 색이 먼저 변하고, 멀리 있는 것은 나중에 색이 변한다. 따라서 열은 오른쪽에서 왼쪽으로 전달됨을 알 수 있다.

05 열 변색 붙임딱지의 색이 더 빨리 변한 구리 막대에서 열이 더 빨리 전달된 것이다. 이로부터 물질마다 열이 전도되는 빠르기가 다르다는 것을 알 수 있다.

06 뜨거운 물은 가벼워서 위로 올라가고, 차가운 물은 무거워서 아래로 내려오면서 열의 이동이 일어난다. 이러한 열의 이동 방법을 대류라고 한다.

07 (가)와 (다)는 전도에 의한 현상이고, (나)와 (라)는 복사에 의한 현상이다.

08 난방기를 아래쪽에 설치하면 따뜻한 공기가 위로 올라가고, 찬 공기가 아래로 내려와 방 전체가 따뜻해진다. 즉, 대류에 의해 방 전체를 따뜻하게 위해 난로를 아래쪽에 설치한다.

09 진공에서는 입자가 존재하지 않으므로 이웃한 입자와의 충돌을 통해 열을 전달할 수 없고, 입자가 직접 이동할 수 없다. 즉, 진공은 전도와 대류에 의한 열의 이동을 막는다.

10 체온계를 몸에 접촉하고 있으면 몸과 체온계가 열평형 상태가 되어 체온을 측정할 수 있다.

11 **자료 분석**

차가운 물과 뜨거운 물의 온도 차는 0~1분 사이일 때 가장 크다. ➡ 이동하는 열의 양이 가장 많다.

시간(분)	0	1	2	3	4	5	6	7
차가운 물의 온도(℃)	20	21.8	23.2	24.5	25.6	26.2	26.5	26.5
뜨거운 물의 온도(℃)	60	50.5	43.3	36.7	31.7	28.5	26.5	26.5

열평형

차가운 물과 뜨거운 물의 온도 차는 시간이 지날수록 점점 작아진다. ➡ 이동하는 열의 양이 점점 작아진다. ➡ 온도가 같아져 이동하는 열의 양이 없으면 물의 온도는 더 이상 변하지 않는다.

두 물의 온도 차가 클수록 이동하는 열의 양이 많으므로 0~1분 사이에 열이 가장 많이 이동하고, 두 물의 온도가 6분 이후에는 같으므로 열평형 상태인 구간은 6~7분이다.

12 열평형 상태가 되면 물의 온도는 더 이상 변하지 않는다. 따라서 3분일 때 열평형 상태가 되며, 열평형 온도는 22 ℃이다. 그리고 열평형 상태에서 물과 금속 추의 온도는 같으므로 금속 추의 온도 22 ℃이다.

13 **자료 분석**

콩기름   물

[비열 측정 실험]
콩기름과 물의 질량을 같게 하고 같은 열량을 가해 가열해야 한다.
➡ 콩기름과 물의 온도 변화를 측정한다.
➡ 비열이 작은 콩기름이 물보다 온도 변화가 크다.

ㄱ, ㄴ. 콩기름과 물의 비열의 비교하기 위해서는 콩기름과 물의 질량을 같게 하고 같은 열량을 가해 온도 변화를 측정해야 한다. 이 실험에서 같은 가열 장치로 가열하므로 가열 시간을 같게 하면 같은 열량을 가한 것이다.

오답 피하기| ㄷ, ㄹ. 비열을 비교하려면 콩기름과 물의 온도 변화를 비교하면 되므로 나중 온도가 같을 필요는 없다.

14 질량과 가한 열량이 같을 때 온도 변화는 비열에 반비례하므로 콩기름의 비열은 물의 $\frac{1}{2}$배이다.

15 **오답 피하기**| ① 음료수 병에 음료를 가득 담지 않는 것은 액체의 열팽창 때문이다.
④ 삶은 달걀을 찬물에 넣어 식히는 것은 열평형을 이용한 것이다.
⑤ 여름에 전깃줄이 늘어지고 겨울에 팽팽해지는 것은 고체의 열팽창 때문이다.

16 다리를 설치할 때 다리의 이음새 부분에 틈을 만드는 것은 고체의 열팽창으로 인해 다리가 휘어지는 것을 방지하기 위해서이다.

17 ㄱ, ㄴ, ㄷ. 금속 막대가 열을 받으면 온도가 올라가므로 금속 막대를 이루는 입자의 운동이 활발해진다. 이와 같이 입자 운동이 활발해지면 입자 사이의 거리가 멀어지므로 부피가 커진다. 즉, 금속 막대의 길이가 길어진다.

18 자료 분석

열을 받으면 바이메탈은 열팽창 정도가 작은 금속 쪽으로 휘어진다.
열팽창 정도: B>A   B>C   A>C

B는 A와 C보다 열팽창 정도가 크고, A는 C보다 열팽창 정도가 크다. 따라서 열팽창 정도는 B>A>C 순이다.

19 콘크리트와 열팽창 정도가 비슷한 물질을 사용하여 건물의 기본 골격을 만드는 것이 가장 안정적이다.

20 자료 분석

[액체의 열팽창 실험]
액체에 열을 가하면 액체가 열팽창한다.
➡ 유리관을 따라 액체가 올라오는 것을 보고 액체가 열팽창함을 알 수 있다.
➡ 에탄올의 높이가 더 많이 올라갔으므로 에탄올의 열팽창 정도가 더 크다.

물   에탄올
가열 장치   가열 전   가열 후

액체를 가열하면서 액체가 유리관을 따라 올라가는 정도를 관찰하는 것이므로 액체의 열팽창을 알아보는 실험이다.

21 ㄱ. 액체를 가열할 때 액체가 유리관을 따라 올라가는 것으로 보아 열을 받으면 액체의 부피가 팽창하는 것을 알 수 있다.
ㄴ. 물과 에탄올이 팽창하는 정도가 다르므로 액체의 종류에 따라 열팽창 정도가 다르다는 것을 알 수 있다.

ㄷ. 수은 온도계는 액체의 열팽창을 이용하여 온도를 측정하는 기구이다.
오답 피하기| ㄹ. 열을 가했을 때 유리관 속 액체의 높이는 에탄올이 더 높으므로 물보다 에탄올이 더 많이 팽창한 것이다. 즉, 열팽창 정도는 에탄올이 물보다 크다.

22 **모범 답안** (1) (가)
(2) 시험관의 중간 부분을 가열하면 데워진 물이 대류에 의해 위로 올라가며 열을 전달하기 때문에 얼음이 아래 있을 때보다 위에 있을 때 더 빨리 녹는다.

	채점 기준	배점
(1)	(가)를 고른 경우	40 %
(2)	(가)의 얼음 조각이 더 빨리 녹는 까닭을 열의 대류 과정을 이용하여 옳게 서술한 경우	60 %

23 **모범 답안** (1) 화재경보기는 가열되었을 때 바이메탈이 아래로 휘어져 전극과 연결되어야 하므로 A가 B보다 열팽창 정도가 큰 금속이어야 한다.
(2) 전기다리미는 과열되었을 때 바이메탈이 위로 휘어져 회로가 끊어져야 하므로 D가 C보다 열팽창 정도가 큰 금속이어야 한다.

	채점 기준	배점
(1)	화재경보기의 바이메탈이 정상적으로 작동되기 위한 방법을 열팽창 정도를 비교하여 옳게 서술한 경우	50 %
(2)	전기다리미의 바이메탈이 정상적으로 작동되기 위한 방법을 열팽창 정도를 비교하여 옳게 서술한 경우	50 %

01 재해·재난과 안전

1 (1) ○ (2) × (3) ○ (4) × **2** (1) ㄱ, ㄴ, ㅂ (2) ㄷ, ㄹ, ㅁ **3** (1) ㉡ (2) ㉢ (3) ㉠ (4) ㉣ **4** (1) ○ (2) ○ (3) × (4) × **5** (가) ㄴ, ㄷ (나) ㄱ, ㄹ **6** (1) ○ (2) × (3) × (4) ○ (5) ○ **7** (가) 지진 (나) 감염성 질병의 확산 **8** 수직 **9** ㉠ 내진, ㉡ 태풍 **10** (1) ○ (2) ○ (3) × (4) ○

1 오답 피하기 | (2) 지진, 화산 활동, 황사는 자연 재해·재난에 해당한다.
(4) 자연 재해·재난은 예측이 어려워 예방하기 쉽지 않다.

2 황사, 화산 활동, 지진은 자연 현상으로 발생하는 재해·재난이므로 자연 재해·재난에 속하고, 운송 수단 사고, 화학 물질 유출, 감염성 질병의 확산은 인간의 부주의나 기술상의 문제로 발생하는 재해·재난이므로 사회 재해·재난에 속한다.

3 황사, 태풍, 지진, 집중 호우는 자연 재해·재난에 속하며, 황사, 태풍, 집중 호우는 기상 재해이다.

4 오답 피하기 | (3) 감염성 질병은 공기나 물, 환자가 만졌던 물건, 모기 등의 동물, 음식물 등을 통해 간접적으로 전파되기도 한다.
(4) 감염성 질병의 피해는 어느 한 지역에 그치지 않고, 지구적인 규모로 확산하여 많은 사람과 동물에 피해를 줄 수 있다.

5 화학 물질 유출의 원인으로는 작업자의 부주의, 관리 소홀, 운송 차량의 사고, 시설물의 노후화 등이 있다. 감염성 질병 확산의 원인으로는 병원체의 진화, 모기나 진드기와 같은 매개체(병원체를 지니고 다른 생물로 전파하는 생물)의 증가, 인구 이동, 교통수단의 발달, 무역 증가 등이 있다.

6 오답 피하기 | (2) 지진 발생 시 야외에 있을 때에는 건물이나 담장과 떨어진 곳으로 이동한다.
(3) 건물 안에 있을 때 지진이 발생하면 승강기를 이용하지 말고, 계단을 이용하여 건물 밖으로 대피한다.

7 (가) 지진에 대비하기 위해 땅이 안정한 지역에 건물을 짓고, 건물을 지을 때 내진 설계를 한다.
(나) 감염성 질병의 확산을 막기 위해서는 감염성 질병을 일으키는 병원체가 증식할 수 없는 환경을 만들어야 한다.

8 사고 발생 지역에서 바람이 불어올 때는 바람의 수직인 방향으로 대피한다.

9 내진 설계는 지진의 대처 방안이고, 바람막이숲은 해안가에서 강한 바람의 피해를 막기 위해 만든 숲이다.

10 오답 피하기 | (3) 태풍이 접근하면 강풍으로 창문이나 유리문이 파손되어 위험할 수 있다. 따라서 실내에서는 창문이나 유리문에서 되도록 멀리 떨어져 있어야 한다.

01 ⑤ **02** ④ **03** ⑤ **04** ① **05** ⑤ **06** ③ **07** ①, ② **08** ④ **09** ② **10** ⑤ **11** (1) 화학 물질의 유출 (2) B **12** ④

01 재해·재난은 발생하는 원인에 따라 자연 재해·재난과 사회 재해·재난으로 구분할 수 있다. 자연 재해·재난은 자연 현상으로 발생하는 재해·재난이고, 인간의 부주의나 기술상의 문제 등 인간 활동으로 발생하는 재해·재난은 사회 재해·재난이다.
오답 피하기 | ⑤ 사회 재해·재난은 인간의 활동에 의해 발생하므로 안전 법규와 규정을 철저히 지키면 예방할 수 있는 것들이 많다.

02 화재, 환경 오염 사고, 감염성 질병 확산인 조류 독감은 사회 재해·재난에 속하고, 가뭄, 폭설, 황사는 자연 재해·재난에 속한다.

03 ④ 과학자들은 최근에 화산이나 지진 관측소에 경보 체계를 운영하고 있다.
오답 피하기 | ⑤ 지진은 자연 현상으로 발생하는 자연 재해·재난으로 예측이 어려워 예방하기 쉽지 않다.

04 태풍은 저위도 지역에서 발생하는 열대성 저기압으로 집중 호우와 강풍, 해일을 동반하므로 이로 인한 피해가 많이 발생한다.

05 화산이 폭발하면 화산재나 용암으로 직접적인 피해가 발생하기도 하고, 화산 기체가 대기 중으로 퍼져 항공기 운항에 피해를 주기도 한다. 또한 화산 폭발 시 충격에 의한 영향으로 지진과 산사태가 발생하기도 한다.

06 감염성 질병은 감염자와 직접 접촉할 때 전파되지만, 공기나 물, 환자가 만졌던 물건, 모기 등의 동물, 음식물 등을 통해 간접적으로 전파되기도 한다.

07 ①, ② 지진 발생 시 지진으로 흔들릴 때 실내에서는 튼튼한 탁자 아래로 들어가 몸을 보호한다. 흔들림이 멈추면 가스와 전기를 차단하고, 문을 열어 출구를 확보한다. 건물 밖에서는 가방 등으로 머리를 보호하고, 건물과 거리를 두고 주위를 살피며 대피한다. 건물을 지을 때는 건물에 내진 설계를 하여 지진으로 건물이 무너지는 것을 막는다.
오답 피하기 | ③ 지진 발생 시 전기가 끊겨 승강기의 작동이 갑자기 멈출 위험이 있으므로 건물 밖으로 나갈 때에는 승강기 대신 계단을 이용한다.
④ 지진 발생 시 야외에 있을 때는 건물이나 담장과 떨어진 곳으로 이동하고, 운동장이나 공원 등 넓은 장소로 대피한다.
⑤ 해안 지역에서 지진 해일이 발생하면 최대한 높은 곳으로 대피해야 한다.

08 바람막이숲은 해안가에서 강한 바람의 피해를 막기 위해 만든 숲이다. 태풍의 피해를 줄이기 위해 바람막이숲을 조성하거나 제방을 쌓는다.

ㄴ. 태풍 발생 시 실내에서는 문과 창문을 닫고, 외출을 자제하며 기상 상황을 지속적으로 주의 깊게 듣는다.

ㄷ. 태풍 발생 시 선박은 항구에 결박하고, 운행 중에는 태풍의 이동 경로에서 최대한 멀리 대피한다.

오답 피하기 | ㄱ. 태풍은 자연 재해·재난이다.

09 ④ 면역 체계가 약화되면 감염성 질병이 발생할 수 있으므로 건강한 식습관으로 우리 몸이 병원체와 싸워 이길 수 있는 면역력을 키운다.

오답 피하기 | ② 음식물을 충분히 익혀 먹고 물을 끓여 먹는 것은 감염성 질병 확산을 막을 수 있다.

10 **오답 피하기** | ⑤ 화학 물질이 유출되었을 때에는 수건, 마스크, 방독면 등을 이용해 호흡기를 보호한다.

11 화학 물질 유출 시 바람이 사고 발생 지역으로 불면 바람이 불어오는 방향으로 대피하고, 바람이 사고 발생 지역에서 불어오면 바람의 수직인 방향으로 대피해야 피해를 줄일 수 있다.

12 운송 수단 사고는 안전 관리 소홀, 안정 규정 무시, 자체 결함 등으로 인해 발생하며, 열차, 항공기, 선박 등의 운송 수단에서 사고가 발생하면 대부분 피해 규모가 크다.

실력의 완성! **서술형 문제** 개념 학습 교재 168쪽

1 (2) 산업 기술의 발달로 수많은 화학 물질이 만들어졌고, 이러한 화학 물질로 만든 여러 가지 제품은 우리의 생활에 편리하게 이용된다. 하지만 화학 물질을 안전하게 관리하지 못하면 폭발, 화재, 각종 질병 유발, 환경 오염 등의 큰 피해를 일으킬 수 있다. 화학 물질 유출은 화학 산업의 시설을 교체할 때 작업자의 부주의나 시설물의 노후화, 관리 소홀, 운송 차량의 사고 등으로 발생한다.

모범 답안 (1) 자연 재해·재난: (가), (라), 사회 재해·재난: (나), (다)

(2) 작업자의 부주의, 안전 규정 무시, 시설의 노후나 결함 등에 의해 발생할 수 있다.

	채점 기준	배점
(1)	자연 재해·재난과 사회 재해·재난을 옳게 구분한 경우	50 %
(2)	화학 물질 유출이 일어나는 원인 1가지를 옳게 서술한 경우	50 %

1-1 **모범 답안** 코로나 19, 메르스, 조류 독감, 유행성 눈병 등

2 병원체의 진화, 매개체의 증가, 교통수단 발달로 인구 이동 및 무역의 증가에 의해 나타날 수 있는 재해·재난은 감염성 질병의 확산이다. 이에 대처하기 위해 물은 끓여 먹고, 음식물은 충분히

익혀 먹으며, 기침을 할 때에는 입을 가리고 하거나 마스크를 착용하는 등 여러 대처 방안이 있다.

모범 답안 (1) 감염성 질병 확산

(2) 손을 자주 씻는다. 음식을 충분히 익혀 먹는다. 물을 끓여 먹는다. 기침을 할 때 입을 가리거나 마스크를 착용한다. 등

	채점 기준	배점
(1)	재해·재난의 명칭을 옳게 쓴 경우	40 %
(2)	지켜야 할 행동 요령을 2가지 서술한 경우	60 %
	지켜야 할 행동 요령을 1가지만 서술한 경우	30 %

3 **모범 답안** A, 사고 발생 지역으로 바람이 불 때는 바람이 불어오는 방향으로 대피한다.

채점 기준	배점
방향을 옳게 고르고, 그 까닭을 바람이 부는 방향과 관련지어 옳게 서술한 경우	100 %
방향만 옳게 고른 경우	30 %

3-1 **모범 답안** B

실전에 도전! **단원** **평가하기** 개념 학습 교재 169~171쪽

01 ② **02** ① **03** ② **04** ① **05** ④ **06** ② **07** ① **08** ①
09 ⑤ **10** ③ **11** ⑤ **12** ③ **13** 해설 참조 **14** 해설 참조

01 재해·재난은 생명과 생활을 위협하는 재난으로 인간의 생명과 재산에 발생한 피해로, 발생 원인에 따라 자연 재해·재난과 사회 재해·재난으로 구분한다. 자연 재해·재난은 자연 현상으로 발생하는 재해·재난이고, 사회 재해·재난은 인간의 부주의나 기술상의 문제 등으로 발생하는 재해·재난이다.

02 **오답 피하기** | ㄴ. 인간의 고의나 과실에 의해 발생하는 재난은 사회 재해·재난에 포함된다. 태풍의 발생은 자연 재해·재난으로 사람의 힘으로 막을 수 없다.

ㄷ. 감염성 질병을 일으키는 병원체의 진화, 감염의 매개체가 되는 모기나 진드기 같은 생물의 증가도 감염성 질병 확산에 영향을 미친다.

03 화학 물질 중 일부는 유출되면 사람이나 자연환경에 피해를 준다. 특히, 사고나 폭발로 화학 물질이 유출되면 짧은 시간 동안에 큰 피해가 발생할 수 있다.

오답 피하기 | ② 인구 증가는 감염성 질병 확산의 원인이다.

04 **오답 피하기** | ㄷ. 태풍은 비교적 넓은 지역에 걸쳐 발생하는 자연 재해·재난이다.

ㄹ. 태풍이 진행하는 방향의 오른쪽 지역은 왼쪽 지역보다 바람이 강하고 강수량이 많아 피해가 크다.

05 오답 피하기| ㄹ. 해일은 지진이나 태풍에 의해 발생할 수 있다.

06 오답 피하기| ② 지진 규모가 클수록 강한 지진으로, 대체로 지진에 의한 피해가 커진다.

07 화학 물질의 유출은 안전 규정 무시, 작업자의 부주의, 시설물의 노후화와 결합 등에 의해 발생한다.
오답 피하기| ① 모기 등의 동물을 통해 전파되는 것은 감염성 질병의 확산 원인에 해당한다.

08 지진으로 흔들릴 때는 탁자 아래로 들어가 몸을 보호하고, 흔들림이 멈췄을 때 가스와 전기를 차단하고 문을 열어 출구를 확보한다. 실외에서는 건물과 담장으로부터 최대한 멀리 떨어지는 것이 좋으며, 가방 등으로 머리를 보호하면서 운동장이나 공원 등 넓은 공간으로 대피해야 한다.

09 자료 분석

낙뢰로 생긴 전류를 땅으로 안전하게 흘려보냄 → 건물 내부로 전류가 흐르지 않게 해 줌

▲ 피뢰침 설치
도시의 높은 건물에 설치

▲ 내진 구조물
건물 벽에 지지대 설치 → 지진에 대비

도시 높은 건물에는 피뢰침을 설치하는데, 피뢰침은 낙뢰로 생긴 전류를 땅으로 안전하게 흘려보내서 건물 내부로 전류가 흐르지 않도록 해 준다. 그리고 내진 설계가 되어 있지 않은 건물에 내진 구조물을 추가로 설치하여 건물이 지진에 견디는 힘을 늘릴 수도 있다.

10 오답 피하기| ㄴ. 지진 해일 특보가 발령되면 재빨리 긴급 대피 장소나 높은 곳으로 대피하고, 지진 해일 특보가 해제될 때까지 낮은 곳으로 가지 않도록 한다.

11 오답 피하기| 학생 A: 기상 위성 자료 등을 바탕으로 태풍의 이동 경로를 예측하고, 태풍의 예상 진로에 있는 지역에 경보를 내릴 수 있다.

12 자료 분석

역학 조사: 감염성 질병의 원인을 찾고 확산을 막기 위한 활동 ➡ 감염자가 사는 장소, 활동 범위를 자세히 파악하여 감염자가 접촉했던 사람을 추적하는 것

(가) 1854년 런던에서 콜레라가 발생하여 600여 명이 사망하였다. 스노는 독성 기체가 원인이라는 주장에 의문을 품었다.
(나) 스노는 콜레라가 전염되는 원인을 알아내기 위하여 사망자가 발생한 곳을 지도에 표시하였다.
(다) 사망자가 발생한 지역에서도 다른 급수 펌프를 이용한 사람들은 콜레라에 걸리지 않았음을 발견한 스노는 지하수가 오염되었다고 결론을 내렸다.
(라) 오염된 지하수 사용을 금지하자 콜레라 확산이 멈추었다.

심한 설사를 일으켜 탈수 증상이 나타나고, 심할 경우 사망한다.
감염성 질병
근처에서 세어 나온 하수로 오염된 지하수를 통해 콜레라가 전염되었던 것이다.

ㄱ, ㄷ. 콜레라는 오염된 음식이나 물을 먹어 발생하는 질병이다. 콜레라와 같은 감염성 질병이 발생하면 감염자를 격리하여 질병이 확산되는 것을 막아야 한다. 이를 위해 스노가 했던 것처럼 환자들이 사는 장소, 일하는 곳, 활동 범위를 자세히 파악하여 환자가 접촉했던 사람을 재빠르게 추적하는 것이 중요하다. 이러한 활동을 역학 조사라고 하는데, 스노는 역학 조사를 바탕으로 콜레라의 전염 원인을 알아냈다.
오답 피하기| ㄴ. 공기 중으로 독성 기체가 퍼져 나가 콜레라가 전염되었다면 콜레라에 걸린 사람들과는 다른 급수 펌프를 이용한 사람들도 콜레라에 걸려 사망했을 텐데 다른 급수 펌프를 이용한 사람들은 콜레라에 걸리지 않았기 때문이다.

13 (1) 지진 발생으로 승강기가 고장이 날 경우 승강기 안에 갇히는 경우가 생기므로 지진 발생 시에는 계단을 이용해 대피한다.
모범 답안 (1) 건물 밖으로 대피할 때는 계단을 이용하여 재빨리 대피한다.
(2) 초기 진동이 멈춘 후 최대한 건물에서 멀리 떨어진 운동장으로 대피한다.

	채점 기준	배점
(1)	잘못된 부분을 옳게 고쳐 서술한 경우	50 %
(2)	잘못된 부분을 옳게 고쳐 서술한 경우	50 %

14 모범 답안 (1) 감염성 질병 확산
(2) 사회 재해·재난
(3) 모기나 진드기와 같은 매개체의 증가, 무역 증가
(4) 사람과 사람이 직접 접촉할 때 전파되거나 공기, 물, 환자가 만졌던 물건, 모기 등의 동물, 음식물 등을 통해 간접적으로 전파되기도 한다.

	채점 기준	배점
(1)	감염성 질병 확산이라고 옳게 쓴 경우	20 %
(2)	사회 재해·재난이라고 옳게 쓴 경우	20 %
(3)	잘못된 부분 2가지를 모두 옳게 고쳐 쓴 경우	20 %
	잘못된 부분 중 1가지만 옳게 고쳐 쓴 경우	10 %
(4)	감염성 질병이 전파되는 방법을 옳게 서술한 경우	40 %

V 동물과 에너지 »

01 소화

01 ④ 동물의 구성 단계에서 체계적인 구조와 기능을 가진 독립
적인 생물체는 개체이다.

오답 피하기| ① 폐, 소장은 기관의 예이며, 뼈, 혈액, 피부는 조직의
예이다.
② 동물의 몸을 구성하는 기본 단위는 세포이다.
③ 모양과 기능이 비슷한 세포들의 모임은 조직이다.
⑤ 식물에는 여러 조직이 모여 통합적으로 기능을 수행하는 조직
계가 있다.

02 ㄴ. 위는 소화계를 구성하는 기관으로, B에 해당한다.
ㄷ. 연관된 기능을 수행하는 기관들이 모여 유기적 기능을 수행하
는 단계는 기관계이다. 소화계는 기관계에 속하며, 음식물의 소화
와 영양소의 흡수를 담당한다.
오답 피하기| ㄱ. 근육 세포가 모여 근육 조직을 이루고, 신경 세포
가 모여 신경 조직을 이룬다. 그러므로 신경 조직은 A에 해당하지
않는다.

03 (가)는 세포, (나)는 기관, (다)는 개체, (라)는 기관계, (마)는
조직이다. 생물의 몸을 구성하는 기본 단위는 세포이며, 세포의 예
에는 혈구, 근육 세포, 상피 세포, 신경 세포 등이 있다.

04 ② 식물에서 기관(나)과 같은 단계의 예는 뿌리, 줄기, 잎, 꽃,
열매가 있다.
③ 기관계(라)는 식물에 없는 구성 단계이다. 식물에는 동물에 없
는 단계인 조직계가 있다.
④ 조직(마)은 모양과 기능이 비슷한 세포들의 모임이다.
⑤ 구성 단계는 세포(가) → 조직(마) → 기관(나) → 기관계(라) →
개체(다) 순이다.
오답 피하기| ① 기관(나)은 여러 종류의 조직이 모여 일정한 형태를
이루고 특정 기능을 수행하는 단계이다.

05 ③ 순환계는 산소와 이산화 탄소, 영양소와 노폐물을 운반한
다.
⑤ 순환계는 동물의 구성 단계 중 기관계에 속한다. 기관계는 연관
된 기능을 수행하는 기관들이 모여 유기적 기능을 수행하는 단계
이다.
오답 피하기| ① 그림은 순환계를 나타낸 것이다. 생물의 몸을 구성
하는 기본 단위는 세포이다.
② 모양과 기능이 비슷한 세포들의 모임은 조직이다.
④ 체내에서 발생한 노폐물을 걸러 몸 밖으로 내보내는 기관계는
배설계이다.

06 지방, 단백질, 탄수화물은 에너지원으로 이용되는 3대 영양소
에 속하며, 물, 바이타민, 무기염류는 에너지원으로 이용되지 않는
부영양소에 속한다.

07 녹말, 엿당, 설탕, 포도당은 탄수화물에 속하며, 나트륨은 무
기염류에 속한다.

08 ③ 단백질은 주로 몸의 구성 성분으로 이용되며, 세포, 근육 등을 구성하는 주성분이다.

⑤ 단백질이 많이 들어 있는 음식물은 살코기, 생선, 달걀, 콩, 두부 등이다.

오답 피하기 ① 단백질은 1 g당 4 kcal의 에너지를 낸다.

② 과다 섭취 시 비만의 원인이 되는 영양소는 지방이다.

④ 사용하고 남은 것이 지방으로 바뀌어 저장되는 영양소는 탄수화물이다.

09 ② 물, 지방, 단백질, 무기염류, 탄수화물은 모두 몸을 구성하는 성분으로 이용된다.

오답 피하기 ① 지방, 단백질, 탄수화물은 에너지원으로 이용된다.

③ 물은 영양소와 노폐물을 운반한다.

④, ⑤ 지방은 과다 섭취 시 비만의 원인이 되며, 지방이 많이 들어 있는 음식물은 버터, 식용유, 땅콩, 깨 등이다.

10 바이타민은 에너지원으로 이용되지 않는 부영양소에 속하며, 과일, 채소 등에 많이 들어 있고, 적은 양으로 몸의 기능을 조절한다. 음식물로 섭취해야 하며, 섭취량이 부족하면 결핍증이 나타난다.

11 철, 칼슘, 인, 나트륨, 마그네슘 등은 부영양소 중 무기염류에 속한다.

12 물(A)은 우리 몸의 구성 성분 중 가장 많은 양을 차지한다.

13 탄수화물(B)은 가장 많이 섭취하는 영양소지만 주로 에너지원으로 이용되기 때문에 몸을 구성하는 비율이 낮다.

14 에너지원으로 이용되는 3대 영양소는 단백질, 지방, 탄수화물이다. 탄수화물과 단백질은 1 g당 4 kcal, 지방은 1 g당 9 kcal의 에너지를 낸다. 그러므로 이 식품을 먹으면 $(5 \text{ g} \times 4 \text{ kcal/g}) + (15 \text{ g} \times 9 \text{ kcal/g}) + (4 \text{ g} \times 55 \text{ kcal/g}) = 375 \text{ kcal}$의 에너지를 얻을 수 있다.

15 이 음식물은 뷰렛 반응에 보라색, 수단 Ⅲ 반응에 선홍색으로 색깔 변화가 나타나므로 단백질과 지방이 들어 있다.

16 ① 실험 결과를 통해 이 음식물에는 녹말, 포도당, 단백질이 들어 있다는 것을 알 수 있다.

③ 아이오딘-아이오딘화 칼륨 용액은 녹말 검출 용액이며, 베네딕트 용액은 포도당 검출 용액이다. 그러므로 A와 B를 통해 검출되는 영양소는 모두 탄수화물에 속한다.

④ 5 % 수산화 나트륨 수용액+1 % 황산 구리(Ⅱ) 수용액을 뷰렛 용액이라고 한다.

⑤ D를 통해 검출되는 영양소는 단백질이며, 단백질은 1 g당 4 kcal의 에너지를 낸다.

오답 피하기 ② 아이오딘-아이오딘화 칼륨 용액은 녹말을 검출할 때 사용한다. 포도당을 검출할 때에는 베네딕트 용액을 사용한다.

17 입으로 섭취한 음식물은 식도 → 위 → 소장 → 대장을 거치며, 음식물 찌꺼기는 항문을 통해 몸 밖으로 나간다.

18 입안의 침샘에서 침이 분비되는데, 침 속에는 녹말을 엿당으로 분해하는 소화 효소인 아밀레이스가 들어 있다. 그러므로 밥을 오래 씹으면 단맛이 난다.

19 녹말 용액에 증류수를 넣으면 녹말이 분해되지 않고, 묽은 침을 넣으면 아밀레이스에 의해 녹말이 엿당으로 분해된다. 엿당은 베네딕트 반응 결과 황적색으로 색깔 변화가 나타난다.

20 이 실험을 통해 침 속에는 녹말을 엿당으로 분해하는 소화 효소인 아밀레이스가 들어 있음을 알 수 있다.

21 A는 입, B는 식도, C는 간, D는 위, E는 이자, F는 소장, G는 대장이다.

① 입(A)에서 녹말의 소화가 시작된다.

③ 위(D)에서 생성되는 위액에는 펩신과 염산이 들어 있으며, 염산은 펩신의 단백질 소화를 돕는다.

④ 이자(E)에서 이자액이 생성된다.

⑤ 소화관은 음식물이 직접 지나가는 통로로, 소화관에 속하는 기관은 입(A), 식도(B), 위(D), 소장(F), 대장(G)이다.

오답 피하기 ② 쓸개즙은 간(C)에서 생성되고 쓸개에 저장된다.

22 3대 영양소를 분해하는 소화 효소가 모두 들어 있는 소화액은 이자액으로, 이자에서 생성된다. 3대 영양소의 소화가 모두 일어나는 기관은 소장이다.

23 녹말을 엿당으로 분해하는 A는 아밀레이스, 단백질을 분해하는 B는 펩신, 지방 덩어리를 작은 알갱이로 만드는 C는 쓸개즙, 지방을 지방산과 모노글리세리드로 분해하는 D는 라이페이스이다.

24 ① 엿당이 포도당(㉠)으로 분해될 때 소장 상피 세포에서 생성되는 탄수화물 소화 효소가 작용한다.

③ 펩신(B)은 위에서 분비되는 소화 효소이다.

④ 라이페이스(D)는 지방을 분해하는 소화 효소이다.

⑤ ㉡은 단백질의 최종 분해 산물인 아미노산이다.

오답 피하기 ② A는 입과 이자에서 생성되는 소화 효소인 아밀레이스이다. 소장 상피 세포에서는 탄수화물 소화 효소와 단백질 소화 효소가 분비된다.

25 ⑤ 쓸개즙은 소화 효소는 없지만 지방 덩어리를 작은 알갱이로 만들어 지방의 소화를 돕는다.

오답 피하기 ①, ③ 쓸개즙(C)은 간에서 생성되고 쓸개에 저장되었다가 소장(십이지장)으로 분비되는 물질이다.

② 염산은 펩신(B)의 작용을 돕는 물질이다.

④ 쓸개즙은 소화 효소가 들어 있지 않다.

26 소장 안쪽 벽의 융털(A)은 영양소와 닿는 표면적을 넓혀 소장에서 영양소를 효율적으로 흡수할 수 있게 한다.

27 ⑤ 지용성 영양소인 지방산과 모노글리세리드는 암죽관(C)으

로 흡수된다.

오답 피하기 | ①, ④ B는 모세 혈관이며, C는 암죽관이다.

② 엿당은 소화 과정을 거쳐 포도당이 된 다음 모세 혈관(B)으로 흡수된다.

③ B와 C로 흡수된 영양소는 모두 심장으로 거쳐 조직 세포로 이동한다.

28

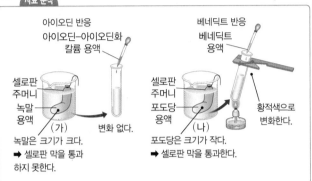

ㄴ. 녹말은 크기가 커서 셀로판 막을 통과하지 못하고, 포도당은 크기가 작아 셀로판 막을 통과한다.

ㄷ. 이 실험을 통해 소화가 일어나야 하는 까닭을 알 수 있다.

오답 피하기 | ㄱ. 크기가 큰 녹말은 셀로판 막을 통과하지 못해 비커 (가)의 용액에 없고, 크기가 작은 포도당은 셀로판 막을 통과하여 비커 (나)의 용액에 있다.

29

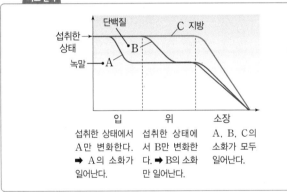

① A는 섭취한 후 가장 먼저 소화되기 시작하므로 입에서 소화가 시작되는 녹말이다.

② 녹말은 입과 소장에서 아밀레이스에 의해 소화되어 엿당이 된다.

③ 단백질(B)이 소화되기 시작하는 기관은 위이다.

오답 피하기 | ④ 단백질(B)은 위와 소장에서 소화가 일어난다.

⑤ 지방(C)은 이자액에 들어 있는 라이페이스에 의해 소화된다.

30 동물에는 연관된 기능을 수행하는 기관들이 모여 유기적 기능을 수행하는 단계인 기관계가 있다. 식물에는 여러 조직이 모여 통합적으로 기능을 수행하는 조직계가 있다.

모범 답안 동물의 구성 단계에는 기관계가 있으며, 식물의 구성 단계에는 조직계가 있다.

채점 기준	배점
기관계와 조직계를 모두 포함하여 옳게 서술한 경우	100 %
기관계와 조직계 중 1가지만 포함하여 서술한 경우	50 %

31 베네딕트 반응은 포도당 검출 반응으로, 음식물 용액에 베네딕트 용액을 넣고 가열해야 빠르게 결과를 확인할 수 있다.

모범 답안 베네딕트 반응은 반응 속도가 느리기 때문에 시험관 A를 가열하여 반응 속도를 빠르게 해야 한다.

채점 기준	배점
추가해야 할 실험 과정과 까닭을 모두 포함하여 옳게 서술한 경우	100 %
추가해야 할 실험 과정만 옳게 서술한 경우	50 %

32 위의 위샘에서는 위액이 생성되고, 위액에는 펩신과 염산이 들어 있다. 펩신은 단백질을 분해하는 소화 효소이며, 염산은 펩신의 단백질 분해를 돕는다.

모범 답안 펩신의 단백질 분해를 돕는다. 음식물에 섞여 있는 세균을 제거한다.(살균 작용)

채점 기준	배점
염산의 작용을 2가지 모두 옳게 서술한 경우	100 %
염산의 작용을 1가지만 옳게 서술한 경우	50 %

33 A는 간, B는 쓸개, C는 대장, D는 위, E는 이자, F는 소장이다. 3대 영양소를 분해하는 소화 효소가 모두 생성되는 기관은 이자(E)이며, 3대 영양소가 모두 분해되는 장소는 소장(F)이다.

모범 답안 (1) F, 소장

(2) 소화액이 분비되지 않아 소화 효소가 없고, 음식물 찌꺼기 속 여분의 물을 흡수한다.

	채점 기준	배점
(1)	기호와 이름을 옳게 쓴 경우	30 %
(2)	제시된 단어를 모두 포함하여 옳게 서술한 경우	70 %
	제시된 단어를 절반만 포함하여 옳게 서술한 경우	30 %

02 순환

중·단·원 핵심 정리
시험 대비 교재 10쪽

❶ 순환계 ❷ 판막 ❸ 좌심방 ❹ 좌심실 ❺ 수축 ❻ 동맥 ❼ 혈압 ❽ 느리다 ❾ 정맥 ❿ 혈장 ⓫ 적혈구 ⓬ 백혈구 ⓭ 혈소판 ⓮ 온몸 순환 ⓯ 폐순환

중단원 퀴즈
시험 대비 교재 11쪽

1 ㉠ 심방, ㉡ 심실, ㉢ 심방, ㉣ 심실 **2** ㉠ 우심방, ㉡ 좌심방 **3** ㉠ 우심실, ㉡ 좌심실 **4** 동맥 **5** 모세 혈관 **6** ㉠ 판막, ㉡ 정맥 **7** ㉠ 적혈구, ㉡ 백혈구, ㉢ 혈소판 **8** 혈장 **9** ㉠ 대동맥, ㉡ 대정맥, ㉢ 폐동맥, ㉣ 폐정맥

암기 문제 공략
시험 대비 교재 12쪽

순환계의 구조
❶ 대정맥 ❷ 우심방 ❸ 판막 ❹ 우심실 ❺ 대동맥 ❻ 폐동맥 ❼ 폐정맥 ❽ 좌심방 ❾ 좌심실

순환계의 기능
❶ 우심방 ❷ 좌심방 ❸ 우심실 ❹ 좌심실

혈액 순환 과정
❶ 폐동맥 ❷ 우심실 ❸ 우심방 ❹ 대정맥 ❺ 폐정맥 ❻ 좌심방 ❼ 좌심실 ❽ 대동맥 ❾ 폐순환 ❿ 폐동맥 ⓫ 폐정맥 ⓬ 온몸 순환 ⓭ 대정맥 ⓮ 대동맥

온몸 순환 과정
❶ 온몸 순환 ❷ 좌심실, 우심방 ❸ 정맥혈

폐순환 과정
❶ 폐순환 ❷ 우심실, 좌심방 ❸ 동맥혈

중단원 기출 문제
시험 대비 교재 13~17쪽

01 ④ **02** D, 좌심실 **03** ③, ④ **04** ③ **05** ⑤ **06** ⑤ **07** ② **08** ② **09** ③ **10** ② **11** ㄴ, ㄹ, ㅁ **12** ③, ④ **13** ③ **14** ②, ④ **15** ㉠ 백혈구, ㉡ 적혈구 **16** ② **17** (가) B, (나) C, (다) A, (라) D **18** ② **19** ② **20** ② **21** ②, ③ **22** ① **23** ⑤ **24** (가) ㉠, ㉡, A, B, (나) ㉢, ㉣, C, D **25** ① **26** ④ **27** 해설 참조 **28** 해설 참조 **29** 해설 참조

01 폐로 혈액을 내보내는 곳은 우심실(C)이며, 온몸으로 혈액을 내보내는 곳은 좌심실(D)이다. 온몸을 지나온 혈액이 들어오는 곳은 우심방(A)이며, 폐에서 산소를 얻은 혈액이 들어오는 곳은 좌심방(B)이다.

02 심실 벽은 심방 벽보다 두껍고 근육이 잘 발달해 있으며, 특히 혈액을 온몸으로 내보내는 좌심실(D)의 벽이 가장 두꺼운 근육층으로 이루어져 있다.

03 ③, ④ 심장은 2개의 심방과 2개의 심실로 나누어져 있으며, 혈액이 잘 돌 수 있도록 하는 펌프 역할을 한다.
오답 피하기 ① 심실 벽은 심방 벽보다 두껍고 근육이 발달되어 있다.
② 혈액은 A에서 C로, B에서 D로 흐른다.
⑤ 심장은 주먹만 한 크기이며, 근육질로 이루어진 기관으로 스스로 커지거나 작아진다.

04 ㉠은 대정맥, ㉡은 대동맥, ㉢은 폐동맥, ㉣은 폐정맥이다.
ㄱ. 대정맥(㉠)은 우심방(A)과 연결되고, 폐정맥(㉣)은 좌심방(B)과 연결되며, 정맥에는 심장으로 들어오는 혈액이 흐른다.
ㄴ. 대동맥(㉡)은 좌심실(C)과 연결되고, 폐동맥(㉢)은 우심실(D)과 연결되며, 동맥에는 심장에서 나가는 혈액이 흐른다.
오답 피하기 ㄷ. 대정맥(㉠)과 대동맥(㉡)은 온몸의 혈관과 연결되고, 폐동맥(㉢)과 폐정맥(㉣)은 폐의 혈관과 연결된다.

05 E는 판막으로, 심방과 심실 사이, 심실과 동맥 사이, 정맥에서 혈액이 거꾸로 흐르는 것을 막는 역할을 한다.

06 ⑤ 심장 박동 과정은 심방과 심실 이완(다) → 심방 수축(가) → 심실 수축(나)이 반복되어 일어난다.
오답 피하기 ① (가)에서 심방이 수축하여 혈액이 심실로 들어와 심실이 이완한다.
② (나)에서 심실의 혈액이 동맥을 통해 나간다.
③ (다)에서 정맥을 통해 심방으로 혈액이 들어온다.
④ 심장 박동은 심장의 수축과 이완 운동이다.

07 심실에서 나온 혈액은 동맥 → 모세 혈관 → 정맥 방향으로 이동한다.

08 ② 동맥(A)은 정맥(C)보다 혈압이 높다.
오답 피하기 ① 동맥(A)은 심장에서 나가는 혈액이 흐르는 혈관이다.
③ 동맥(A)은 정맥(C)보다 혈관 벽이 두껍고 탄력성이 강하다.
④ C는 판막이 있으므로 정맥이고, A는 동맥이다.
⑤ 정맥(C)은 심장으로 들어가는 혈액이 흐르는 혈관이다.

09 ㄱ, ㄷ. 모세 혈관의 혈관 벽은 한 층의 세포로 이루어져 있고, 혈관의 지름이 가장 짧다.
오답 피하기 ㄴ. 모세 혈관은 온몸에 퍼져 있으며 총단면적이 가장 넓다.

10 혈관 벽의 두께와 혈액이 흐르는 속도는 모두 동맥(A) > 정맥(C) > 모세 혈관(B) 순이다.

11 심장과 혈관에서 판막은 혈액이 거꾸로 흐르는 것을 막는다. 판막은 정맥, 심방과 심실 사이, 심실과 동맥 사이에 있다.

12 판막이 있는 혈관은 정맥이다.
①, ⑤ 정맥은 혈압이 매우 낮은 혈관으로, 판막(A)이 있어 혈액이 거꾸로 흐르는 것을 막는다.
② 정맥은 심장으로 들어가는 혈액이 흐르는 혈관이다.

오답 피하기 ③ 조직 세포와 물질 교환이 일어나는 혈관은 모세 혈관이다.

④ 혈관 벽이 가장 두껍고 탄력성이 큰 혈관은 동맥이다.

13 ㄱ, ㄷ. A는 액체 성분인 혈장이며, B는 세포 성분인 혈구이다. 혈구(B)의 종류에는 적혈구, 백혈구, 혈소판이 있다.

오답 피하기 ㄴ. 혈장(A)은 혈액의 약 55 %를 차지하며, 혈구(B)는 혈액의 약 45 %를 차지한다. 혈장(A)은 약 90 %가 물로 이루어져 있다.

14 ② 에탄올은 세포의 모양이 변형되지 않고 혈구를 살아 있을 때의 상태로 보존한다.

④ 김사액은 세포의 핵을 보라색으로 염색하는 용액으로, 혈액 관찰 실험에서 백혈구의 핵을 보라색으로 염색한다.

오답 피하기 ① (나)에서 혈액을 얇게 펼 때 혈구가 깨지지 않도록 혈액이 있는 반대 방향으로 민다.

③ 현미경으로 관찰할 때 적혈구가 가장 많이 관찰된다.

⑤ 채혈된 혈액이 공기 중에서 마르기 전에 혈액을 얇게 펴야 한다.

15 백혈구는 핵이 있어 김사액에 의해 핵이 보라색으로 염색되며, 가장 많이 관찰되는 혈구는 적혈구이다.

16 백혈구(A)는 식균 작용을 하며, 적혈구(B)는 산소 운반 작용을 하고, 혈소판(D)은 혈액 응고 작용을 한다.

17 (가) 적혈구(B)는 핵이 없고, 가운데가 오목한 원반 모양으로, 헤모글로빈이 있다.

(나) 혈장(C)은 혈액의 액체 성분으로, 영양소, 이산화 탄소, 노폐물 등을 운반한다.

(다) 백혈구(A)는 크기가 가장 크며, 모양이 일정하지 않고, 핵이 있다.

(라) 혈소판(D)은 크기가 가장 작으며, 모양이 일정하지 않고, 핵이 없다.

18 자료 분석

혈액 성분	건강한 사람	환자 (가)
적혈구(개/mm³)	450만~500만	320만
백혈구(개/mm³)	6000~8000	7500
혈소판(개/mm³)	20만~30만	25만

— 적혈구 수가 건강한 사람보다 적으므로 산소 운반 작용이 원활하지 못하다.
➡ 빈혈 증상이 나타난다.

— 식균 작용을 한다.　— 혈액 응고 작용을 한다.

환자 (가)는 건강한 사람에 비해 적혈구의 수가 적다. 그러므로 빈혈 증상이 나타날 수 있다.

19 ㄷ. 헤모글로빈은 적혈구 속에 들어 있는 붉은색 색소 단백질이다. 헤모글로빈은 산소가 많은 곳에서는 산소와 결합하고, 산소가 적은 곳에서는 산소와 분리되는 성질이 있다. 이러한 헤모글로빈의 작용으로 적혈구는 산소를 운반한다.

오답 피하기 ㄱ, ㄴ. 산소가 적은 조직 세포에서 (나)가 일어나며, 산소가 많은 폐에서 (가)가 일어난다.

20 혈구의 수는 적혈구가 가장 많고, 혈구의 크기는 백혈구가 가장 크다.

21 ②, ③ 좌심실에서 대동맥(㉠)을 통해 나간 혈액이 온몸의 조직 세포에 산소와 영양소를 공급하고, 조직 세포에서 이산화 탄소와 노폐물을 받아 대정맥을 통해 우심방으로 돌아온다.

오답 피하기 ①, ④ (가) 과정은 온몸 순환 과정으로, 대동맥(㉠)은 혈압이 가장 높은 혈관이다.

⑤ 대정맥에는 산소를 적게 포함한 혈액이 흐른다.

22 (나) 과정은 폐순환 과정이며, ㉢은 폐동맥, ㉣은 폐정맥이다. 폐동맥(㉢)과 폐정맥(㉣)을 흐르는 혈액에서 가장 크게 차이 나는 것은 산소의 양이다.

23 ① 우심방(A)과 우심실(B) 사이, 좌심방(C)과 좌심실(D) 사이에는 각각 판막이 있다.

② 우심방(A)과 우심실(B)에는 암적색의 정맥혈이, 좌심방(C)과 좌심실(D)에는 선홍색의 동맥혈이 흐른다.

③ 우심실(B)과 폐동맥(㉠) 사이, 좌심실(D)과 대동맥(㉣) 사이에는 각각 판막이 있다.

④ 우심실(B) → 폐동맥(㉠) → 폐의 모세 혈관 → 폐정맥(㉢) → 좌심방(C)을 거치는 폐순환 과정을 통해 이산화 탄소를 내보내고 산소를 받아 온다.

오답 피하기 ⑤ 온몸의 조직 세포에서 이산화 탄소와 노폐물을 받은 혈액은 대정맥(㉢)을 통해 심장으로 돌아온다.

24 폐동맥(㉠), 우심방(A), 우심실(B), 대정맥(㉢)에는 산소를 적게 포함한 정맥혈이 흐른다. 폐정맥(㉢), 좌심방(C), 좌심실(D), 대동맥(㉣)에는 산소를 많이 포함한 동맥혈이 흐른다.

25 자료 분석

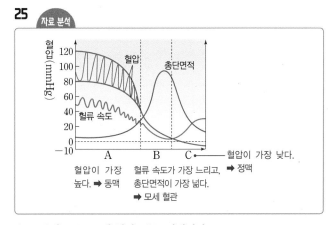

A는 동맥, B는 모세 혈관, C는 정맥이다.

ㄱ, ㄹ. 혈압이 가장 높은 A는 심장에서 혈액을 내보내는 동맥이다. 정맥(C)보다 동맥(A)의 혈관 벽이 더 두껍고 탄력성이 크다.

오답 피하기 ㄴ. 정맥(C)에는 혈액이 거꾸로 흐르는 것을 막는 판막이 있다.

ㄷ. 조직 세포와 모세 혈관(B) 사이에서는 물질 교환이 일어난다.

26 자료 분석

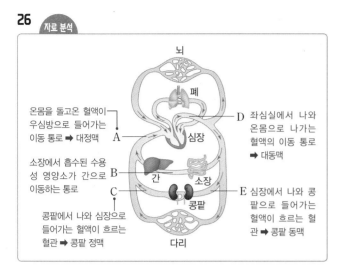

④ E는 심장에서 나와 콩팥으로 들어가는 혈액이 흐르는 혈관인 콩팥 동맥이다. C는 콩팥에서 나와 심장으로 들어가는 혈액이 흐르는 혈관인 콩팥 정맥이다.

오답 피하기 | ① A는 산소를 적게 포함한 혈액이 흐르는 대정맥이다.

② 소장에서 흡수된 수용성 영양소는 B를 통해 이동한다.

③ D는 선홍색의 동맥혈이 흐르는 혈관이다.

⑤ 뇌의 조직 세포와 모세 혈관 사이에서 물질 교환이 일어난다.

27 동맥(A)은 정맥(C)보다 혈관 벽이 두껍고 탄력성이 강하다. 모세 혈관(B)은 혈관 벽이 한 층의 세포로 이루어져 있다.

모범 답안 (1) A: 동맥, B: 모세 혈관, C: 정맥

(2) C, 혈압이 낮아 혈액이 거꾸로 흐르는 것을 막기 위해서이다.

	채점 기준	배점
(1)	A~C의 이름을 모두 옳게 쓴 경우	30 %
(2)	C를 쓰고, 까닭을 옳게 서술한 경우	70 %
	C만 쓴 경우	20 %

28 자료 분석

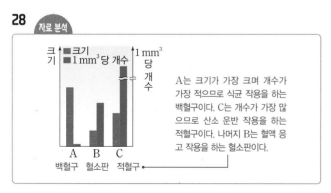

A는 크기가 가장 큰 혈구인 백혈구이며, C는 1 mm³당 개수가 가장 많은 혈구인 적혈구이다. 나머지 B는 혈소판이다.

모범 답안 (1) A, 백혈구, 체내에 침입한 세균을 잡아먹는다.(또는 식균 작용을 한다.)

(2) C, 적혈구, 산소 운반 작용을 한다.

	채점 기준	배점
(1)	기호와 이름을 옳게 쓰고, 기능을 옳게 서술한 경우	50 %
	기호와 이름만 옳게 쓴 경우	20 %
(2)	기호와 이름을 옳게 쓰고, 기능을 옳게 서술한 경우	50 %
	기호와 이름만 옳게 쓴 경우	20 %

29 심장과 폐 사이에 일어나는 혈액 순환은 폐순환이며, 심장과 온몸의 조직 세포 사이에 일어나는 혈액 순환은 온몸 순환이다.

모범 답안 (1) A: 폐동맥, B: 폐정맥, C: 대동맥, D: 대정맥

(2) B, 심장에서 나간 혈액이 폐로 가서 이산화 탄소를 내보내고 산소를 받아 심장으로 돌아오기 때문이다.

	채점 기준	배점
(1)	A~D의 이름을 모두 옳게 쓴 경우	30 %
(2)	B를 쓰고, 까닭을 옳게 서술한 경우	70 %
	B만 쓴 경우	20 %

03 호흡

중단원 핵심 정리

❶ 이산화 탄소 ❷ 산소 ❸ 이산화 탄소 ❹ 기관 ❺ 폐포 ❻ 폐포 ❼ 횡격막 ❽ 폐 ❾ 올라감 ❿ 내려감 ⓫ 내려감 ⓬ 올라감 ⓭ 산소 ⓮ 이산화 탄소 ⓯ 산소 ⓰ 이산화 탄소 ⓱ 산소 ⓲ 이산화 탄소

중단원 퀴즈

❶ 호흡 ❷ ㉠ 산소, ㉡ 이산화 탄소 ❸ A: 코, B: 기관, C: 기관지, D: 폐 ❹ A → B → C → D ❺ B, 기관 ❻ ㉠ 폐포, ㉡ 표면적, ㉢ 기체 ❼ ㉠ 없어, ㉡ 횡격막, ㉢ 부피 ❽ 들숨 ❾ 날숨 ❿ ㉠ 산소, ㉡ 산소 ⓫ ㉠ 이산화 탄소, ㉡ 이산화 탄소

중단원 기출 문제

01 ① 02 ⑤ 03 ③, ⑤ 04 ㉠ 노란색, ㉡ 이산화 탄소 05 ③ 06 ③ 07 ⑤ 08 ③ 09 ⑤ 10 ④ 11 ② 12 ③ 13 ③ 14 ② 15 ㉠ 작아지고, ㉡ 높아진다, ㉢ 오므라든다 16 ②, ⑤ 17 ㉠ A, B, ㉡ C, D 18 ③ 19 ④ 20 ① 21 해설 참조 22 해설 참조 23 해설 참조

01 ㄱ. 호흡계는 산소와 이산화 탄소의 교환을 담당하는 기관계이다.

오답 피하기 ㄴ. 호흡계는 산소를 흡수하고, 이산화 탄소를 몸 밖으로 내보낸다.

ㄷ. 호흡계는 코, 기관, 기관지, 폐 등의 호흡 기관으로 이루어져 있다.

02 ①, ② 들숨은 들이쉬는 숨이며, 날숨은 내쉬는 숨이다.

③, ④ 산소의 양은 들숨이 날숨보다 많고, 이산화 탄소의 양은 날숨이 들숨보다 많다.

오답 피하기 ⑤ 들숨과 날숨의 성분에는 산소, 이산화 탄소, 질소 등이 있으며, 특히 질소가 많은 양을 차지한다.

03 ③ 이산화 탄소가 들숨과 날숨 중 어떤 것에 더 많이 들어 있는지 알아보는 실험이다.

⑤ 이산화 탄소는 석회수를 뿌옇게 흐려지게 한다. 그러므로 초록색 BTB 용액 대신 석회수를 이용할 수도 있다.

오답 피하기 ①, ② 공기 펌프로 들숨을 넣는 것이고, 입김을 불어 넣는 것은 날숨을 넣는 것이다.

④ 초록색 BTB 용액은 산성일 때 노란색이 된다.

04 들숨보다 날숨을 불어넣은 삼각플라스크에서 초록색 BTB 용액의 색깔 변화가 먼저 나타났으므로 들숨보다 날숨에 이산화

탄소가 많이 들어 있다는 것을 알 수 있다.

05 A는 코, B는 기관, C는 기관지, D는 폐, E는 갈비뼈, F는 횡격막이다.

① 코(A)의 안쪽은 가는 털과 끈끈한 액체로 덮여 있어 콧속으로 들어온 먼지나 세균을 거른다.

② 기관지(C)는 기관(B)에서 갈라진 것이다.

④ 기관지(C)는 폐(D) 속에서 더 많은 가지로 갈라져 폐포와 연결된다.

⑤ 공기의 이동 경로는 코(A) → 기관(B) → 기관지(C) → 폐(D)이다.

오답 피하기 ③ 외부의 공기는 코(A)를 통해 몸속으로 들어온다.

06 ㄱ, ㄴ. 폐(D)는 가슴 속에 좌우 1개씩 있으며, 갈비뼈(E)와 횡격막(F)으로 둘러싸인 흉강에 들어 있다.

오답 피하기 ㄷ. 폐(D)는 근육이 없고, 수많은 폐포로 이루어져 있다.

07 ⑤ 모세 혈관(D)은 한 층의 세포로 이루어진 혈관으로, 폐포와 모세 혈관(D) 사이에 기체 교환이 일어난다.

오답 피하기 ①, ② 폐정맥(A)은 산소를 많이 포함한 혈액이 흐르며, 폐동맥(B)은 산소를 적게 포함한 혈액이 흐른다.

③ 폐포(C)는 한 층의 얇은 세포층으로 이루어진 작은 공기주머니로, 근육으로 이루어져 있지 않다.

④ 폐포(C)와 모세 혈관(D) 사이에서 산소와 이산화 탄소가 교환된다.

08 폐는 수많은 폐포(C)로 이루어져 있어 공기가 접촉하는 표면적이 매우 넓어 기체 교환이 효율적으로 일어난다.

09 ㄱ. 갈비뼈와 횡격막의 움직임이 변하고, 흉강의 부피와 압력이 변하여 호흡 운동이 일어난다.

ㄴ, ㄷ. 폐는 근육이 없어 스스로 커지거나 작아지지 못하고, 갈비뼈와 횡격막의 움직임에 의해 호흡 운동이 일어난다.

10 들숨이 일어날 때 갈비뼈가 올라가고 횡격막이 내려가 흉강의 부피가 커지고 압력이 낮아진다. 들숨 시 외부의 공기가 폐로 들어온다. 날숨이 일어날 때 갈비뼈가 내려가고 횡격막이 올라가 흉강의 부피가 작아지고 압력이 높아진다. 날숨 시 폐의 공기가 외부로 나간다.

11 ② 폐(A)는 갈비뼈와 횡격막(B)의 움직임에 의해 크기가 변한다.

오답 피하기 ① 폐(A)는 근육이 없어 스스로 수축과 이완을 하지 못한다.

③, ⑤ 갈비뼈와 횡격막(B)의 움직임에 의해 흉강의 부피와 압력이 조절된다.

④ 횡격막(B)이 올라가면 폐의 부피가 작아져 압력이 높아진다.

12 ③ 들숨 시 폐의 부피는 커지고 압력이 낮아져 외부의 공기가 폐로 들어온다.

오답 피하기 ①, ② 그림은 들숨 상태이다. 들숨이 일어날 때 갈비

뼈(A)는 올라가고 횡격막(B)은 내려간다.

④, ⑤ 들숨이 일어날 때 흉강의 부피는 커지고 흉강 속 압력은 낮아진다.

13 빨대는 기관과 기관지, 고무풍선은 폐, 고무 막은 횡격막에 해당한다. 플라스틱 컵 내부는 흉강에 해당한다.

14 (가)는 들숨을 나타낸 것으로, 고무 막을 잡아당기면 플라스틱 컵 속의 부피가 커지고 압력이 낮아진다. 그 결과 빨대를 통해 외부의 공기가 고무풍선으로 들어와 고무풍선이 부풀어 오른다.
오답 피하기 | ② 고무 막을 잡아당기면 고무풍선 속 부피가 커지고 압력이 낮아진다.

15 (나)는 날숨을 나타낸 것으로, 고무 막을 밀어 올리면 플라스틱 컵 속 부피가 작아지고 압력이 높아진다. 그 결과 플라스틱 컵 속 공기가 빨대를 통해 외부로 나가 고무풍선이 오므라든다.

16 자료 분석

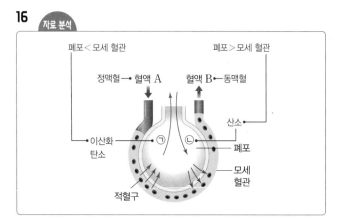

② 혈액 B는 산소를 많이 포함한 동맥혈이다.
⑤ 이산화 탄소(㉠)는 들숨보다 날숨에 많고, 산소(㉡)는 날숨보다 들숨에 많다.
오답 피하기 | ① 혈액 A는 산소를 적게 포함한 정맥혈이다.
③ ㉠은 모세 혈관에서 폐포로 이동하므로 폐포보다 모세 혈관에서 많은 이산화 탄소이다.
④ ㉡은 폐포에서 모세 혈관으로 이동하므로 모세 혈관보다 폐포에서 많은 산소이다.

17 폐는 조직 세포보다 산소의 농도가 높으므로 산소는 폐에서 조직 세포 쪽으로 이동한다. 조직 세포는 폐보다 이산화 탄소의 농도가 높으므로 이산화 탄소는 조직 세포에서 폐 쪽으로 이동한다.

18 ㄱ. 폐포와 모세 혈관 사이에서 일어나는 기체 교환(가)에서 모세 혈관에 흐르는 혈액은 정맥혈이 동맥혈로 바뀐다. 조직 세포와 모세 혈관 사이에서 일어나는 기체 교환(나)에서 모세 혈관에 흐르는 혈액은 동맥혈이 정맥혈로 바뀐다.
ㄷ. 폐포, 모세 혈관, 조직 세포에서 기체의 농도 차이에 따른 확산에 의해 기체 교환이 일어난다.
오답 피하기 | ㄴ. 산소의 농도가 가장 높은 곳은 폐포이며, 이산화 탄소의 농도가 가장 높은 곳은 조직 세포이다.

19 자료 분석

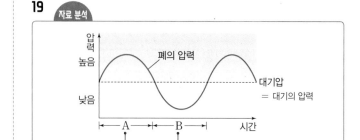

ㄱ. 구간 A는 폐의 압력이 대기압보다 높으므로 폐의 공기가 외부로 나가는 날숨이 일어난다. 구간 B는 폐의 압력이 대기압보다 낮으므로 외부의 공기가 폐로 들어오는 들숨이 일어난다.
ㄷ. 구간 A에서는 폐의 부피가 작아지고 폐의 압력이 높아지며, 구간 B에서는 폐의 부피가 커지고 폐의 압력이 낮아진다. 그러므로 흉강의 부피는 구간 A에서보다 B에서 더 크다.
오답 피하기 | ㄴ. 구간 B에서 갈비뼈가 올라가고 횡격막이 내려간다.

20 자료 분석

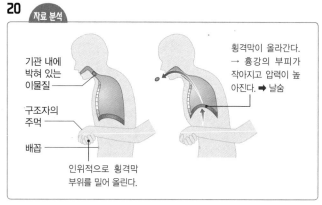

ㄱ. 인위적으로 횡격막 부위를 밀어 올려 횡격막이 위로 올라간다.
오답 피하기 | ㄴ, ㄷ. 횡격막이 위로 올라가므로 흉강의 부피가 작아지고 흉강의 압력이 높아지며, 폐의 부피가 작아지고 폐의 압력이 높아진다. 폐의 공기가 외부로 나가므로 기관에 박혀 있던 이물질도 함께 배출된다.

21 들숨에는 날숨보다 산소가 많고, 날숨에는 들숨보다 이산화 탄소가 많다.

모범 답안 A는 날숨이고, B는 들숨이다. 들숨에는 날숨보다 산소가 많이 들어 있고, 이산화 탄소가 적게 들어 있기 때문이다.

채점 기준	배점
들숨과 날숨을 옳게 구분하고, 까닭을 옳게 서술한 경우	100 %
들숨과 날숨만 옳게 구분한 경우	30 %

22 (가)는 갈비뼈가 내려가고 횡격막이 올라가므로 폐의 공기가 외부로 나가는 날숨이 일어나는 것이다. (나)는 갈비뼈가 올라가고 횡격막이 내려가므로 외부의 공기가 폐로 들어오는 들숨이 일어나는 것이다.

모범 답안 (1) (가) 날숨, (나) 들숨

(2) (가)가 일어날 때 흉강의 부피가 작아지고 압력이 높아지며, (나)가 일어날 때 흉강의 부피가 커지고 압력이 낮아진다.

	채점 기준	배점
(1)	들숨과 날숨을 옳게 구분한 경우	30 %
(2)	(가)와 (나)가 일어나는 과정에서 흉강의 부피와 압력 변화를 모두 옳게 서술한 경우	70 %
	(가)와 (나)가 일어나는 과정에서의 변화 중 1가지만 옳게 서술한 경우	30 %

23 모세 혈관에서 조직 세포로 산소가 이동하고, 조직 세포에서 모세 혈관으로 이산화 탄소가 이동한다.

모범 답안 이산화 탄소는 모세 혈관보다 조직 세포에서 농도가 높으므로 조직 세포에서 모세 혈관으로 이동하며, 산소는 조직 세포보다 모세 혈관에서 농도가 높으므로 모세 혈관에서 조직 세포로 이동한다.

채점 기준	배점
이산화 탄소와 산소의 농도에 따른 이동 방향을 옳게 서술한 경우	100 %
이산화 탄소와 산소 중 1가지의 농도에 따른 이동 방향만 옳게 서술한 경우	50 %

04 배설

❶ 배설 ❷ 배설 ❸ 이산화 탄소 ❹ 요소 ❺ 콩팥 ❻ 오줌관 ❼ 사구체 ❽ 세뇨관 ❾ 여과 ❿ 재흡수 ⓫ 모세 혈관 ⓬ 보먼주머니 ⓭ 콩팥 깔때기 ⓮ 방광 ⓯ 산소 ⓰ 이산화 탄소 ⓱ 산소 ⓲ 이산화 탄소 ⓳ 순환계

중단원 퀴즈   시험 대비 교재 25쪽

❶ 에너지 ❷ ㉠ 물, ㉡ 암모니아, ㉢ 요소 ❸ A: 콩팥, B: 오줌관, C: 방광, D: 요도 ❹ A, 콩팥 ❺ ㉠ 네프론, ㉡ 세뇨관 ❻ A: 여과, B: 재흡수, C: 분비 ❼ 물, 요소, 포도당, 아미노산, 무기염류 ❽ ㉠ 모두, ㉡ 대부분 ❾ ㉠ 소화계, ㉡ 호흡계, ㉢ 순환계, ㉣ 호흡계, ㉤ 배설계

중단원 기출 문제   시험 대비 교재 26~29쪽

01 ③ **02** A, 이산화 탄소, B, 물 **03** ⑤ **04** ③ **05** ④ **06** ② **07** 위, 간, 소장, 기관지 **08** ③ **09** ③ **10** ① **11** ④ **12** ② **13** A: 콩팥 동맥, B: 보먼주머니, C: 세뇨관, D: 콩팥 정맥 **14** A: 단백질, B: 포도당, C: 요소 **15** ④ **16** ④ **17** ③ **18** ④ **19** ⑤ **20** ⑤ **21** ② **22** 해설 참조 **23** 해설 참조 **24** 해설 참조

01 ㄱ. 영양소로부터 생명 활동에 필요한 에너지를 얻는 세포 호흡 과정에서 영양소가 분해될 때 노폐물이 생성된다.

ㄴ. 배설은 생명 활동 결과 생성된 노폐물을 몸 밖으로 내보내는 과정이다.

오답 피하기 ㄷ. 노폐물의 생성과 배설 과정은 소화계, 호흡계, 순환계, 배설계가 모두 관여하며, 배설 기능은 배설계가 담당한다.

02 탄수화물, 지방, 단백질의 분해 결과 공통적으로 생성되는 노폐물은 이산화 탄소(A)와 물(B)이다.

03 ① A는 이산화 탄소이며, 폐에서 날숨으로 나간다.
② B는 물이며, 폐에서 날숨으로 나가거나 콩팥에서 오줌으로 나간다.
③ 암모니아가 전환된 요소(C)는 콩팥에서 오줌으로 나간다.
④ 암모니아는 질소가 포함된 단백질이 분해될 때만 생성되는 노폐물이다.

오답 피하기 ⑤ 탄수화물, 지방은 탄소, 수소, 산소로 이루어져 있지만 단백질은 탄소, 수소, 산소 외에 질소가 포함되어 있다.

04 ③ 간(㉠)에서 암모니아가 요소(C)로 전환된다.

오답 피하기 ① 요소(C)는 독성이 약한 물질이다.
② 암모니아는 독성이 강한 물질이다.
④ 암모니아는 독성이 강하므로 세포에 손상을 줄 수 있다. 그러므로

독성이 강한 암모니아는 간(㉠)에서 독성이 약한 요소(C)로 전환된다.
⑤ 단백질은 질소가 포함되어 있어 분해될 때 암모니아가 생성된다.

05 콩팥과 방광을 연결하는 긴 관은 오줌관이며, 방광에 모인 오줌이 몸 밖으로 나가는 통로는 요도이고, 혈액 속의 노폐물을 걸러 오줌을 만드는 곳은 콩팥이다.

06 ② 콩팥(A)은 주먹만 한 크기로, 허리의 등 쪽 좌우에 1개씩 있고, 혈액의 노폐물을 걸러 오줌을 만드는 곳이다.
오답 피하기 | ① 콩팥(A)은 콩팥 겉질, 콩팥 속질, 콩팥 깔때기의 세 부분으로 구분된다.
③ 오줌관(B)은 콩팥(A)과 방광(C)을 연결하는 긴 관이다. 콩팥(A)은 콩팥 동맥, 콩팥 정맥과 각각 연결되어 있다.
④ 방광(C)은 콩팥(A)에서 만들어진 오줌을 모아 두는 곳이다.
⑤ 건강한 사람의 요도(D)로는 물과 함께 오줌에 포함된 크기가 작은 물질만 이동한다.

07 위, 간, 소장은 소화계에 속하는 기관이고, 기관지는 호흡계에 속하는 기관이다.

08 A는 콩팥 겉질, B는 콩팥 속질, C는 콩팥 깔때기, D는 콩팥 동맥, E는 콩팥 정맥이다.
① 콩팥 겉질(A)은 콩팥의 바깥 부분이다.
② 콩팥 겉질(A)과 콩팥 속질(B)에는 네프론이 분포한다.
④ 콩팥 동맥(D)에는 심장에서 나와 콩팥으로 들어가는 혈액이 흐른다.
⑤ 콩팥 정맥(E)에는 콩팥에서 노폐물이 걸러져 심장으로 들어가는 혈액이 흐른다.
오답 피하기 | ③ 콩팥 깔때기(C)는 콩팥의 가장 안쪽의 빈 공간이며, 오줌관은 콩팥과 방광을 연결하는 긴 관이다.

09 네프론은 사구체(B)＋보먼주머니(A)＋세뇨관(D)으로 구성된다.

10 ① 보먼주머니(A)는 사구체(B)를 감싸고 있는 주머니 모양의 구조이다.
오답 피하기 | ② 사구체(B)에서 보먼주머니(A)로 크기가 작은 물질이 이동한다.
③ 사구체(B)는 모세 혈관이 실뭉치처럼 뭉쳐 있는 부분이다.
④ C는 모세 혈관이다. 보먼주머니(A)와 연결된 가늘고 긴 관은 세뇨관(D)이다.
⑤ 콩팥 동맥(E)으로 들어온 혈액은 노폐물이 걸러진 다음 콩팥 정맥(F)으로 나간다.

11 크기가 작은 물질은 A에서 B로 여과된다. 여과된 물질 중 몸에 필요한 물질은 C에서 D로 재흡수된다.

12
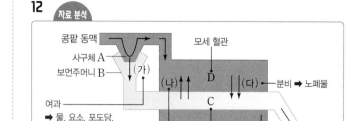
자료 분석

ㄷ. 분비(다) 과정을 통해 사구체(A)에서 보먼주머니(B)로 미처 여과되지 못한 노폐물의 일부가 이동한다.
오답 피하기 | ㄱ. 여과(가) 과정을 통해 크기가 큰 물질인 혈구나 단백질은 이동하지 않는다.
ㄴ. 무기염류는 재흡수(나) 과정을 통해 대부분 재흡수된다.

13 A는 콩팥으로 들어가는 혈액이 흐르는 혈관인 콩팥 동맥이며, D는 콩팥에서 나가는 혈액이 흐르는 혈관인 콩팥 정맥이다. 사구체와 B 사이에 물질이 이동하므로 B는 보먼주머니이고, 모세 혈관과 C 사이에 물질이 이동하므로 C는 세뇨관이다.

14 물질 A는 여과액에 없는 단백질이며, B는 여과액에 있지만 오줌에는 없는 포도당이다. C는 여과된 후 오줌에서 농도가 더 높은 요소이다.

15 물질 A는 크기가 커서 사구체에서 보먼주머니로 여과되지 않아 여과액에 없는 단백질이다.

16 물질 B는 여과되지만 몸에 필요한 물질이므로 모두 재흡수되어 오줌에 없는 포도당이다. 포도당은 세뇨관에서 모세 혈관으로 모두 재흡수된다.

17 ①, ② ㉠은 세포 호흡에 필요한 산소이며, ㉡은 세포 호흡 결과 생성되는 노폐물인 이산화 탄소이다.
④ 세포에서 영양소가 산소와 반응하여 이산화 탄소와 물로 분해되고 에너지가 발생하는 세포 호흡 과정이다.
⑤ 세포 호흡 결과 발생하는 에너지는 두뇌 활동, 소리내기, 운동, 체온 유지, 생장 등에 이용된다.
오답 피하기 | ③ 세포 호흡 과정에서 호흡계, 순환계 외에도 소화계, 배설계 등이 유기적으로 작용한다.

18 (가)는 음식물이 소화되고 영양소가 흡수되며 대변을 배출하는 소화계, (나)는 산소를 흡수하고 이산화 탄소를 방출하는 호흡계, (다)는 영양소와 산소, 노폐물과 이산화 탄소를 운반하는 순환계, (라)는 노폐물을 걸러 오줌으로 내보내는 배설계이다.

19 ① 3대 영양소는 소화계(가)에서 소화되고 소화계(가) 중 소장으로 흡수된다.
② 호흡계(나)를 통해 산소를 흡수하고 이산화 탄소를 방출한다.
③ 소장에서 흡수된 영양소는 순환계(다)를 통해 이동하여 조직 세포로 공급된다.

④ 순환계(다)는 온몸에서 만들어진 노폐물을 배설계(라)로 운반한다.

오답 피하기| ⑤ 소화되지 않은 찌꺼기인 대변은 소화계(가)를 통해 몸 밖으로 나간다.

20 자료 분석

검출 반응 \ 채취 장소	사구체	보먼 주머니	콩팥 깔때기
녹말 검출 반응 아이오딘 반응	×	×	×
포도당 검출 반응 베네딕트 반응	○	○	○
단백질 검출 반응 뷰렛 반응	○	×	×
지방 검출 반응 수단 Ⅲ 반응	○	×	×

(○: 색깔 변화 있음, ×: 색깔 변화 없음)

모세 혈관을 흐르는 혈액에 들어 있다. / 사구체에서 보먼주머니로 여과되었다. / 모두 재흡수되지 않고 오줌에도 들어 있다.

⑤ 콩팥 깔때기의 성분에서 베네딕트 반응이 나타난다. 그러므로 이 사람은 포도당이 모두 재흡수되지 않고 오줌에 섞여 나오는 것이다.

오답 피하기| ① 아이오딘 반응은 세 곳 모두 반응이 일어나지 않았으므로 녹말은 사구체의 혈액에도 없다.

②, ③ 보먼주머니의 성분에서 뷰렛 반응과 수단 Ⅲ 반응이 일어나지 않았으므로 단백질과 지방은 여과되지 않는 물질이다.

④ 단백질은 여과되지 않아 콩팥 깔때기에도 없으므로 이 사람의 오줌에 단백질이 섞여 나오지 않는다.

21 자료 분석

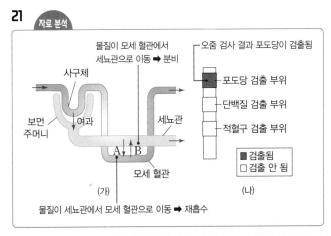

물질이 모세 혈관에서 세뇨관으로 이동 ➡ 분비
오줌 검사 결과 포도당이 검출됨
사구체
포도당 검출 부위
보먼 주머니
여과
세뇨관
단백질 검출 부위
적혈구 검출 부위
A B
모세 혈관
■ 검출됨
□ 검출 안 됨
(가)
(나)
물질이 세뇨관에서 모세 혈관으로 이동 ➡ 재흡수

ㄷ. 오줌 검사 결과 단백질이 검출되지 않았으므로 혈액 속에 들어 있는 단백질은 크기가 커서 여과되지 않는다.

오답 피하기| ㄱ. 오줌 검사지에 포도당이 검출된 것으로 보아 과정 A를 통해 포도당이 모두 재흡수되지 않은 것을 알 수 있다.

ㄴ. 오줌 검사 결과 적혈구가 검출되지 않았으므로 과정 B를 통해 적혈구가 이동하지 않는다.

22 콩팥 동맥(A)은 심장에서 나와 콩팥으로 들어가는 혈액이 흐르는 혈관이며, 콩팥 정맥(B)은 콩팥에서 나와 심장으로 들어가는 혈액이 흐르는 혈관이다.

모범 답안 A는 콩팥 동맥으로, 요소의 농도가 높은 혈액이 흐른다. B는 콩팥 정맥으로, 요소의 농도가 낮은 혈액이 흐른다.

채점 기준	배점
A와 B의 이름을 쓰고, 각 혈관을 흐르는 혈액의 특징을 요소의 농도를 포함하여 옳게 서술한 경우	100 %
A와 B의 이름을 쓰고, A와 B 혈관 중 하나를 흐르는 혈액의 특징만 요소의 농도를 포함하여 옳게 서술한 경우	60 %
A와 B의 이름만 쓴 경우	30 %

23 세포 호흡 과정에서 단백질(아미노산)이 이용되면 노폐물로 물과 이산화 탄소 외에 추가로 암모니아가 생성된다.

모범 답안 (1) 단백질(아미노산)

(2) 암모니아는 간에서 요소로 전환되어 콩팥을 통해 오줌으로 배설된다.

	채점 기준	배점
(1)	단백질(아미노산)을 쓴 경우	30 %
(2)	암모니아의 배설 방법을 제시된 내용을 모두 포함하여 옳게 서술한 경우	70 %
	암모니아의 배설 방법을 제시된 내용 중 일부만 포함하여 옳게 서술한 경우	30 %

24 A는 사구체, B는 보먼주머니, C는 모세 혈관, D는 세뇨관이다. A에서 B 방향으로 여과, C에서 D 방향으로 분비, D에서 C 방향으로 재흡수가 일어난다.

모범 답안 (1) 물, 요소, 포도당, 무기염류, 크기가 작기 때문이다.

(2) 포도당, 몸에 필요한 물질이기 때문이다.

	채점 기준	배점
(1)	A에서 B로 이동하는 물질을 모두 옳게 쓰고, 까닭을 옳게 서술한 경우	50 %
	A에서 B로 이동하는 물질만 모두 옳게 쓴 경우	20 %
(2)	포도당을 쓰고, 까닭을 옳게 서술한 경우	50 %
	포도당만 쓴 경우	20 %

01 물질의 특성 (1)

중단원 핵심 정리
시험 대비 교재 30쪽

❶ 원소 ❷ 균일 ❸ 불균일 ❹ 높은 ❺ 낮은 ❻ 낮은 ❼ 종류 ❽ 높아 ❾ 낮아 ❿ 녹는점 ⓫ 어는점 ⓬ 고체 ⓭ 액체 ⓮ 기체

중단원 퀴즈
시험 대비 교재 31쪽

1 ㉠ 순물질, ㉡ 혼합물 **2** (1) 철, 물, 산소, 에탄올 (2) 식초, 공기 (3) 우유, 암석 **3** A, E, G **4** 부피, 질량, 농도 **5** ㉠ 다르고, ㉡ 같다 **6** (1) 53.5 ℃ (2) (나), (마) **7** 고체

중단원 기출 문제
시험 대비 교재 32~35쪽

01 ⑤ **02** ② **03** ② **04** ⑤ **05** ④ **06** ④ **07** ④ **08** ② **09** ② **10** ① **11** ⑤ **12** ③ **13** ③ **14** ③ **15** ③ **16** ① **17** ③ **18** ③ **19** ③ **20** ③ **21** 해설 참조 **22** 해설 참조 **23** 해설 참조

01 **오답 피하기** ① 순물질의 종류에 따라 끓는점이 다르다.
② 물은 수소와 산소 두 종류의 원소로 이루어진 순물질이다.
③ 두 종류 이상의 순물질이 섞여도 각 순물질의 성질은 그대로 나타난다.
④ 혼합물인 소금물은 끓는 동안 온도가 높아진다.

02 (가)는 순물질, (나)는 균일 혼합물, (다)는 불균일 혼합물에 대한 설명이다. 수소, 에탄올, 물, 염화 나트륨, 이산화 탄소, 산소는 순물질, 설탕물, 식초, 공기, 사이다, 합금은 균일 혼합물, 흙탕물, 암석, 우유는 불균일 혼합물이다.

03 순물질은 한 가지 물질로만 이루어진 물질이다. 따라서 ㄹ, ㅁ, ㅂ은 순물질에 해당한다.
오답 피하기 ㄱ, ㄴ, ㄷ은 두 종류 이상의 물질이 섞여 있는 혼합물의 입자 모형이다.

04 ⑤ 혼합물인 (나)는 녹는점, 끓는점이 일정하지 않다.
오답 피하기 ①, ② (가)는 한 종류의 물질로만 이루어진 순물질이다. 순물질에는 다이아몬드, 산소와 같이 한 가지 원소로만 이루어진 물질도 있고, 물과 같이 두 가지 이상의 원소로 이루어진 물질도 있다.
③, ④ (나)는 두 가지 이상의 순물질이 섞여 있는 혼합물이다. 혼합물에는 바닷물, 14K 금과 같이 성분 물질이 고르게 섞여 있는 물질도 있고, 우유와 같이 성분 물질이 고르지 않게 섞여 있는 물질도 있다.

05 A는 혼합물인 소금물이고, B는 순물질인 물이다. 순물질인 물은 끓는점이 일정하지만, 혼합물인 소금물은 물보다 높은 온도에서 끓기 시작하고, 끓는 동안 온도가 계속 높아진다.
오답 피하기 ④ A와 B를 냉각하면 혼합물 A(소금물)가 순물질인 B(물)보다 더 낮은 온도에서 얼 것이다.

06 ④ 혼합물의 어는점은 순수한 액체보다 낮아진다. 겨울철에 장독에 든 간장이 잘 얼지 않는 것은 간장이 물에 많은 물질이 녹아 있는 혼합물로, 어는점이 낮아지기 때문이다.
오답 피하기 ①은 압력이 높아져 끓는점이 높아진 것을 이용한 예, ②는 밀도가 작은 것을 이용한 예, ③은 기화열 흡수를 이용한 예, ⑤는 혼합물의 녹는점이 성분 물질의 녹는점보다 낮아진 것을 이용한 예이다.

07 ①, ② 나프탈렌의 녹는점은 80.2 ℃, 파라―다이클로로벤젠의 녹는점은 53.1 ℃로 일정하다.
③ 나프탈렌과 파라―다이클로로벤젠의 혼합물은 혼합 비율에 따라 녹는점이 달라진다.
⑤ 나프탈렌과 파라―다이클로로벤젠의 혼합물은 녹는 동안 온도가 계속 높아진다.
오답 피하기 ④ 나프탈렌과 파라―다이클로로벤젠의 혼합물은 각 성분 물질보다 낮은 온도에서 녹기 시작한다.

08 **오답 피하기** ② 물질의 특성은 같은 물질인 경우 양에 관계없이 일정하다.

09 물질의 여러 가지 성질 중 그 물질만이 나타내는 고유한 성질이며, 그 물질을 구별할 수 있는 성질을 물질의 특성이라고 한다. 무게는 물질의 특성이 아니다.

10 녹는점, 밀도, 끓는점, 용해도는 물질의 특성이다.
③ 질량, 부피는 물질의 특성이 아니지만, 단위 부피당 물질의 질량인 밀도는 물질의 특성이다.
오답 피하기 ① 질량은 물질의 특성이 아니다.

11 ⑤ 수평한 구간의 온도인 t는 끓는점으로, 액체의 종류에 따라 다른 값을 갖는다.
오답 피하기 ①, ②, ③ 끓는점 t는 물질의 양, 불꽃의 세기, 가열 시간에 관계없이 일정하다.
④ 외부 압력이 높아지면 끓는점 t는 높아진다.

12 ③ 끓는점은 A=B>C이다.
오답 피하기 ①, ② 끓는점이 같은 물질 A와 B는 같은 종류의 물질이고, 물질의 양은 B가 A보다 많다.
④ 수평한 구간까지 도달하는 데 걸린 시간이 가장 긴 B가 끓는점에 가장 늦게 도달한다.
⑤ 끓는점이 가장 낮은 C는 물질을 이루는 입자 사이의 인력이 가장 약하다.

13 ① 수평한 구간의 온도, 즉 녹는점이 가장 낮은 물질은 A이다.
② 녹는점이 일정한 A, C, D는 순물질이고, 녹는점이 일정하지 않은 B는 혼합물이다.
④ 녹는점이 같은 C와 D는 같은 물질이며, 녹는점에 늦게 도달한 C가 D보다 양이 많다.
⑤ C와 D는 같은 물질이므로 어는점도 같을 것이다.
오답 피하기 | ③ A와 D는 녹기 시작하는 시간이 같지만 녹는점이 다르므로 같은 물질이 아니다.

14 ③ 순수한 물질의 경우 한 물질의 녹는점과 어는점은 같다.
오답 피하기 | ①, ② A와 B 모두 수평한 구간이 나타나므로 A와 B는 모두 순물질이고, A와 B의 수평한 구간의 온도가 다르므로 A와 B는 서로 다른 물질이다.
④ (나) 구간에서는 융해, (라) 구간에서는 응고가 일어난다.
⑤ B의 양이 많아진다고 수평한 구간의 온도가 높아지지는 않는다.

15 **오답 피하기** | ③ 끓는점이 매우 낮은 질소의 액체 상태인 액체 질소는 온도가 매우 낮아 세포나 조직의 냉동 보관에 이용된다.

16 감압 용기 속의 공기를 빼내면 용기 속의 압력이 낮아져 물의 끓는점이 낮아지므로 비커의 물이 끓는 것이다. 이 실험을 통해 끓는점과 압력의 관계를 알 수 있다.

17 녹는점과 끓는점이 모두 20 ℃보다 높은 A와 B는 고체, 녹는점은 20 ℃보다 낮고 끓는점은 20 ℃보다 높은 C와 D는 액체, 녹는점과 끓는점이 모두 20 ℃보다 낮은 E는 기체 상태이다.

18 A가 액체 상태로 존재할 수 있는 온도는 16 ℃~118 ℃이고, B가 액체 상태로 존재할 수 있는 온도는 60 ℃~180 ℃이다. 따라서 A와 B가 모두 액체 상태로 존재할 수 있는 온도는 60 ℃~118 ℃이다.
오답 피하기 | ① 0 ℃에서는 A와 B가 모두 고체 상태이다.
② 25 ℃에서는 A는 액체, B는 고체 상태이다.
④ 135 ℃에서는 A는 기체, B는 액체 상태이다.
⑤ 210 ℃에서는 A와 B가 모두 기체 상태이다.

19 자료 분석

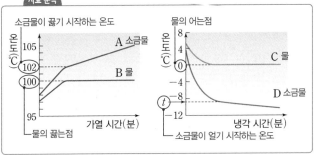

③ D는 소금물의 냉각 곡선으로, 소금물의 농도에 따라 소금물이 얼기 시작하는 온도인 *t*는 달라진다.
오답 피하기 | ① A와 D는 혼합물인 소금물의 온도 변화, B와 C는 순물질인 물의 온도 변화이다.
② 소금물이 끓기 시작하는 온도는 소금물의 농도에 따라 달라

진다.
④ 추운 겨울에도 바닷물이 얼지 않는 현상은 혼합물의 냉각 곡선인 D로 설명할 수 있다.
⑤ C의 수평한 구간에서는 물이 얼음으로 상태 변화 한다.

20 녹는점보다 낮은 온도에서는 고체 상태, 녹는점과 끓는점 사이의 온도에서는 액체 상태, 끓는점보다 높은 온도에서는 기체 상태이다.
③ C의 녹는점은 0 ℃보다 낮으므로 고체 상태의 C는 0 ℃에서 녹고, E의 녹는점은 0 ℃보다 높으므로 고체 상태의 E는 0 ℃에서 녹지 않는다.
오답 피하기 | ① 30 ℃에서 고체 상태인 물질은 녹는점이 30 ℃보다 높은 A뿐이다.
② 100 ℃에서 기체 상태인 물질은 끓는점이 100 ℃보다 낮은 B와 D이다.
④ B의 끓는점은 −183 ℃이며, −183 ℃에서 D는 기체 상태이다.
⑤ 실온(약 20 ℃)에서 D는 기체 상태이므로 압력이 높을수록 밀도가 커진다.

21 **모범 답안** 순수한 물은 100 ℃에서 끓고 끓는 동안 온도가 일정하게 유지되지만, 소금물은 100 ℃보다 높은 온도에서 끓기 시작하고 끓는 동안 온도가 계속 높아진다.

채점 기준	배점
순수한 물과 소금물이 끓는 온도 또는 끓기 시작하는 온도 및 끓는 동안의 온도 변화를 모두 옳게 서술한 경우	100 %
순수한 물과 소금물 중 1가지만 끓는 온도 또는 끓기 시작하는 온도 및 끓는 동안의 온도 변화를 옳게 서술한 경우	50 %
순수한 물과 소금물이 끓는 온도 또는 끓기 시작하는 온도는 옳게 서술했으나, 끓는 동안의 온도 변화를 서술하지 못한 경우	50 %

22 **모범 답안** 끓는점은 물질의 종류에 따라 다르다. 같은 물질의 끓는점은 물질의 양에 관계없이 일정하다.

채점 기준	배점
끓는점의 특징 2가지를 모두 옳게 서술한 경우	100 %
끓는점의 특징을 1가지만 옳게 서술한 경우	50 %

23 **모범 답안** (1) 녹는점: 5.1 ℃, 끓는점: 80 ℃
(2) 녹는점, 끓는점은 물질의 양에 관계없이 일정하므로 물질의 양을 증가시켜도 녹는점, 끓는점은 변하지 않는다.

	채점 기준	배점
(1)	녹는점과 끓는점을 모두 옳게 쓴 경우	50 %
(2)	녹는점과 끓는점의 변화를 까닭과 함께 옳게 서술한 경우	50 %
	녹는점과 끓는점의 변화만 옳게 쓴 경우	25 %

02 물질의 특성 (2)

핵심 정리   시험 대비 교재 36쪽

중·단·원 핵심 정리

❶ 질량 ❷ 부피 ❸ 큰 ❹ 작은 ❺ 감소 ❻ 감소 ❼ 증가
❽ 포화 ❾ 100 ❿ 크다 ⓫ 낮을 ⓬ < ⓭ 높을 ⓮ >

중단원 퀴즈 시험 대비 교재 37쪽

1 ㉠ 밀도, ㉡ 질량, ㉢ 부피   **2** 나무토막<물<쇠구슬
3 2.5 g/cm³   **4** (1) A (2) C, D   **5** LNG<공기<LPG   **6** 30
7 (1) B, C (2) 50 g   **8** ㉠ 온도, ㉡ 높, ㉢ 감소

계산 문제 공략 시험 대비 교재 38쪽

1 11.3 g/cm³   **2** 7.8 g/cm³   **3** 5.5 g/cm³   **4** 1.8 g/mL
5 (1) C (2) A, B (3) D, E

1 금속 조각의 부피는 4 cm×3 cm×2 cm=24 cm³이고 질량은 271.2 g이다. 따라서 밀도=$\frac{질량}{부피}=\frac{271.2\ g}{24\ cm^3}$=11.3 g/cm³이다.

2 철 조각의 부피는 (55.8−50.0) mL=5.8 mL=5.8 cm³이고 질량은 45.24 g이다. 따라서 밀도=$\frac{질량}{부피}=\frac{45.24\ g}{5.8\ cm^3}$=7.8 g/cm³이다.

3 돌멩이의 부피는 (26.0−10.0) mL=16.0 mL=16.0 cm³이고 질량은 88 g이다. 따라서 밀도=$\frac{질량}{부피}=\frac{88\ g}{16.0\ cm^3}$=5.5 g/cm³이다.

4 액체의 질량은 (72.5−50) g=22.5 g이고 부피는 12.5 mL이다. 따라서 밀도=$\frac{질량}{부피}=\frac{22.5\ g}{12.5\ mL}$=1.8 g/mL이다.

5 (1) A: 2.0 g/cm³, B: 2.0 g/cm³, C: 2.5 g/cm³, D: 0.5 g/cm³, E: 0.9 g/cm³
따라서 밀도가 가장 큰 물질은 C이다.
(2) 밀도는 물질의 특성이므로 물질마다 고유한 값을 갖는다. 따라서 밀도가 같은 A와 B는 같은 물질이다.
(3) A~E를 물에 넣으면 물보다 밀도가 큰 A, B, C는 아래로 가라앉고, 물보다 밀도가 작은 D, E는 물 위에 뜬다.

계산 문제 공략 시험 대비 교재 39쪽

1 11 g   **2** 30 g   **3** 40 g   **4** 13.5 g   **5** 22 g   **6** 8 g

1 60 ℃에서 용해도가 40이므로 60 ℃ 물 100 g에 황산 구리(Ⅱ) 40 g이 녹아 있는 용액이 포화 용액이다. 40 ℃에서 용해도가 29이므로 물 100 g에 최대로 녹을 수 있는 황산 구리(Ⅱ)의 질량은 29 g이다. 따라서 40 g 중 녹지 못한 40 g−29 g=11 g이 결정으로 석출된다.

2 20 ℃에서 용해도가 20이므로 20 ℃ 물 100 g에 최대로 녹을 수 있는 황산 구리(Ⅱ)의 질량은 20 g이다. 따라서 원래 녹아 있던 50 g 중 20 g은 녹아 있고 50 g−20 g=30 g은 결정으로 석출된다.

3 60 ℃에서 용해도가 40이므로 물 200 g에 황산 구리(Ⅱ) 80 g이 녹아 있는 용액이 포화 용액이다. 20 ℃에서 용해도가 20이므로 물 200 g에 최대로 녹을 수 있는 황산 구리(Ⅱ)의 질량은 40 g이다. 따라서 80 g−40 g=40 g이 결정으로 석출된다.

4 80 ℃에서 용해도가 56이므로 물 50 g에 황산 구리(Ⅱ) 28 g이 녹아 있는 용액이 포화 용액이다. 40 ℃에서 용해도가 29이므로 물 50 g에 최대로 녹을 수 있는 황산 구리(Ⅱ)의 질량은 14.5 g이다. 따라서 28 g−14.5 g=13.5 g이 결정으로 석출된다.

5 60 ℃에서 용해도가 40이므로 물 100 g에 황산 구리(Ⅱ) 40 g을 녹이면 포화 용액 140 g이 된다. 따라서 포화 용액 280 g은 물 200 g에 황산 구리(Ⅱ) 80 g이 녹아 있는 용액이다. 40 ℃에서 용해도가 29이므로 물 200 g에 최대로 녹을 수 있는 황산 구리(Ⅱ)의 질량은 58 g이다. 따라서 80 g−58 g=22 g이 결정으로 석출된다.

6 80 ℃에서 용해도가 56이므로 물 100 g에 황산 구리(Ⅱ) 56 g을 녹이면 포화 용액 156 g이 된다. 따라서 포화 용액 78 g은 물 50 g에 황산 구리(Ⅱ) 28 g이 녹아 있는 용액이다. 60 ℃에서 용해도가 40이므로 물 50 g에 최대로 녹을 수 있는 황산 구리(Ⅱ)의 질량은 20 g이다. 따라서 28 g−20 g=8 g이 결정으로 석출된다.

중단원 기출 문제 시험 대비 교재 40~43쪽

01 ③   **02** ①   **03** ①   **04** D   **05** ①   **06** ④   **07** ②   **08** ④
09 ⑤   **10** ③, ④   **11** ㄴ, ㄹ   **12** ①   **13** ①   **14** ③   **15** ⑤   **16** ②
17 ⑤   **18** ④   **19** ②   **20** ④   **21** 해설 참조   **22** 해설 참조   **23** 해설 참조

01 ③ 밀도=$\frac{질량}{부피}$이므로 부피가 같을 때 질량이 클수록 밀도가 크다.

오답 피하기 ① 밀도는 질량을 부피로 나눈 값이다.
② 밀도가 작을수록 위로 뜬다.
④, ⑤ 밀도는 물질의 종류에 따라 다르고 물질의 양에 관계없이

일정하므로 물질의 특성이다. 밀도는 물질의 상태가 변하면 달라지며, 기체의 밀도는 온도와 압력에 따라 달라진다.

02 ㄱ. 대부분의 물질은 고체의 밀도가 액체의 밀도보다 크지만, 물은 예외로 고체인 얼음의 밀도보다 액체인 물의 밀도가 더 크다.
ㄷ. 한 물질의 기체 상태보다 액체 상태의 밀도가 더 크다.
오답 피하기| ㄴ, ㄹ. 같은 물질의 밀도는 물질의 양에 관계없이 일정하며, 고체를 반으로 잘라도 밀도는 일정하다.

03 돌멩이의 부피는 $(38-20)$ mL $=18$ mL $=18$ cm^{3}이고 질량은 45 g이다. 따라서 밀도$=\dfrac{45\text{ g}}{18\text{ cm}^3}=2.5$ g/cm^{3}이다.

04 A의 밀도$=\dfrac{7.9\text{ g}}{5.0\text{ mL}}=1.58$ g/mL,

B의 밀도$=\dfrac{15.8\text{ g}}{2.5\text{ mL}}=6.32$ g/mL,

C의 밀도$=\dfrac{22.0\text{ g}}{15.0\text{ mL}}≒1.47$ g/mL,

D의 밀도$=\dfrac{23.7\text{ g}}{30.0\text{ mL}}=0.79$ g/mL,

E의 밀도$=\dfrac{32.0\text{ g}}{16.0\text{ mL}}=2$ g/mL

밀도가 같으면 같은 물질이므로 에탄올로 예측되는 물질은 밀도가 에탄올과 같은 D이다.

05 A의 밀도$=2$ g/cm^3, B의 밀도$=1$ g/cm^3,
C의 밀도$=2$ g/cm^3, D의 밀도$=0.5$ g/cm^3,
E의 밀도$=0.5$ g/cm^3
밀도가 사염화 탄소의 밀도인 1.59 g/cm^{3}보다 큰 A와 C는 사염화 탄소에 넣었을 때 아래로 가라앉는다.

06 A의 밀도$=2$ g/cm^3, B의 밀도$=2$ g/cm^3,
C의 밀도$=1.5$ g/cm^3, D의 밀도$=0.5$ g/cm^3,
E의 밀도$=0.9$ g/cm^3
④ B의 밀도는 D의 밀도의 4배이다.
오답 피하기| ① 밀도가 가장 큰 물질은 A와 B이다.
② 밀도가 같은 A와 B는 같은 종류의 물질이다.
③ 물에 뜨는 물질은 물보다 밀도가 작은 D와 E이다.
⑤ 밀도$=\dfrac{질량}{부피}$이므로 질량이 같을 때 부피가 가장 큰 물질은 밀도가 가장 작은 D이다.

07 밀도를 나타낼 때 온도와 압력을 반드시 함께 나타내야 하는 물질은 기체 물질이다. 따라서 헬륨, 이산화 탄소가 해당된다.

08 ①, ②, ③ 밀도가 클수록 아래쪽에 위치하므로 밀도는 코르크<식용유<물<플라스틱<글리세린<동전<수은이다.
⑤ 질량이 같을 때 밀도가 작을수록 부피가 크다. 따라서 같은 질량의 글리세린과 수은 중 밀도가 작은 글리세린의 부피가 더 크다.
오답 피하기| ④ 부피가 같을 때 밀도가 클수록 질량이 크다. 따라서 같은 부피의 동전과 플라스틱 중 밀도가 큰 동전의 질량이 더 크다.

09 **오답 피하기**| ①은 밀도가 작은 것을 이용, ②는 온도가 높아져 기체의 용해도가 작아진 것을 이용, ③은 밀도가 작은 것을 이용, ④는 압력이 증가하여 끓는점이 높아진 것을 이용한 예이다.

10 **오답 피하기**| ③ 용해는 한 물질이 다른 물질에 녹아 들어가는 현상으로, 고체가 액체에 녹는 현상만 말하는 것은 아니다.
④ 불포화 용액에 용질을 더 녹이면 포화 용액이 될 수 있다.

11 불포화 용액은 용매에 용질이 더 녹아 들어갈 수 있는 용액이므로 용질인 황산 구리(Ⅱ)를 더 넣으면 포화 용액이 될 수 있다. 또 온도를 낮추면 물에 최대한 녹을 수 있는 황산 구리(Ⅱ)의 양이 감소하므로 포화 용액이 될 수 있다.

12 용해도는 어떤 온도에서 용매 100 g에 최대로 녹을 수 있는 용질의 g수이므로 물의 양을 100 g으로 했을 때 최대로 녹을 수 있는 물질의 질량(g)이 용해도이다. 따라서 각 물질의 용해도는 A가 50, B가 30, C가 20, D가 40, E가 40으로, A의 용해도가 가장 크다.

13 60 ℃ 물 100 g에 염화 칼륨 46 g이 최대로 녹을 수 있으므로 물 50 g에는 23 g이 최대로 녹을 수 있다. 따라서 23 g$-$15 g$=$8 g이 더 녹을 수 있다.

14 ① A~C 모두 온도가 높을수록 용해도가 커진다.
② 20 ℃에서 A의 용해도는 약 90이므로 A 60 g을 녹인 용액은 불포화 용액이다.
④ 용해도 곡선의 기울기가 가장 작은 C가 온도에 따른 용해도 변화가 가장 작다.
⑤ 70 ℃ 물 100 g에 각 물질을 녹인 포화 용액을 20 ℃로 냉각할 때 결정으로 석출되는 양은 온도에 따른 용해도 차가 가장 큰 B가 가장 많다.
오답 피하기| ③ 40 ℃에서 물에 대한 용해도는 A가 가장 크므로 40 ℃ 물 50 g에는 A가 가장 많이 녹는다.

15 ⑤ 60 ℃ 질산 칼륨 포화 용액 105 g은 물 50 g에 질산 칼륨 55 g이 녹아 있는 용액이다. 40 ℃ 물 50 g에 최대로 녹을 수 있는 질산 칼륨의 질량은 31.5 g이므로 이 용액을 40 ℃로 냉각하면 55 g$-$31.5 g$=$23.5 g이 결정으로 석출된다.
오답 피하기| ① 온도에 따른 용해도 변화는 질산 칼륨이 염화 나트륨보다 크다.
② 물 대신 다른 용매를 사용하면 용해도는 달라진다.
③ 20 ℃ 물 50 g에 염화 나트륨 16 g을 녹인 용액은 불포화 용액이고, 질산 칼륨 16 g을 녹인 용액은 불포화 용액이 아니다.
④ 0 ℃~20 ℃에서는 염화 나트륨의 용해도가 더 크지만, 40 ℃~100 ℃에서는 질산 칼륨의 용해도가 더 크다.

16 20 ℃에서 A의 용해도는 87이므로 물 50 g에는 A가 최대 43.5 g 녹을 수 있다. 따라서 20 ℃로 냉각하면 A 43.5 g은 녹아 있고, 70 g$-$43.5 g$=$26.5 g이 결정으로 석출된다.

17 기체의 용해도는 온도가 낮을수록, 압력이 높을수록 크다. 따라서 온도가 가장 낮고 압력이 높은 ⑤의 경우에 산소 기체를 가장 많이 녹일 수 있다.

18 기체의 용해도가 작을수록 기포가 많이 발생한다. 온도가 낮을수록 기체의 용해도가 크므로 기체의 용해도는 A>B>C이고, 발생하는 기포의 양은 C>B>A이다. 또 압력이 높을수록 기체의 용해도가 크므로 기체의 용해도는 D>C이고, 발생하는 기포의 양은 C>D이다.

19 자료 분석

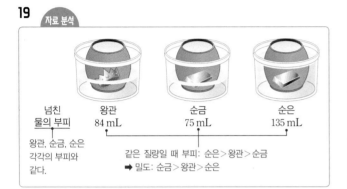

넘친
물의 부피

왕관
84 mL

순금
75 mL

순은
135 mL

왕관, 순금, 순은
각각의 부피와
같다.

같은 질량일 때 부피: 순은>왕관>순금
➡ 밀도: 순금>왕관>순은

ㄱ, ㄹ. 넘친 물의 부피는 왕관, 순금, 순은 각각의 부피와 같으므로 부피는 순은>왕관>순금이다. 질량이 같을 때 부피가 작을수록 밀도가 크므로 밀도는 순금>왕관>순은이며, 왕관에는 순금보다 밀도가 작은 은이 섞여 있음을 알 수 있다.

오답 피하기 | ㄴ. 밀도가 가장 큰 것은 넘친 물의 부피가 가장 작은 순금이다.

ㄷ. 왕관, 순금, 순은의 밀도는 넘친 물의 부피에 반비례한다.

20 ④ 60 °C 물 200 g에 최대로 녹을 수 있는 질산 칼륨의 질량은 220 g이다. 40 °C에서 용해도는 63.0이므로 물 200 g에 최대로 녹을 수 있는 질량은 126 g이다. 따라서 이 용액을 40 °C로 냉각하면 220 g−126 g=94 g이 석출된다.

오답 피하기 | ① 20 °C 물 50 g에 질산 칼륨 30 g을 녹이면 15.95 g만 녹는다.

② 40 °C 물 150 g에 질산 칼륨 94.5 g을 녹인 용액이 포화 용액이다.

③ 40 °C 질산 칼륨 포화 용액 81.5 g은 물 50 g에 질산 칼륨 31.5 g이 녹아 있는 용액이다.

⑤ 80 °C 물 100 g에 질산 칼륨 120 g을 녹인 용액은 불포화 용액이며, 이를 40 °C로 냉각하면 질산 칼륨 120 g−63 g=57 g이 결정으로 석출된다.

21 밀도는 물질의 특성이므로 밀도가 같으면 같은 종류의 물질이다.

모범 답안 C와 D, 밀도가 2 g/cm³로 같기 때문이다.

채점 기준	배점
같은 물질을 고르고, 그 까닭을 옳게 서술한 경우	100 %
같은 물질만 옳게 고른 경우	50 %

22 **모범 답안** (1) 기체의 용해도가 감소하여 탄산음료 속에 녹아 있던 이산화 탄소 기체가 빠져나오기 때문이다.

(2) E, 기체의 용해도는 온도가 높을수록, 압력이 낮을수록 감소하기 때문이다.

	채점 기준	배점
(1)	기포가 발생하는 까닭을 옳게 서술한 경우	50 %
(2)	기포가 가장 많이 발생하는 시험관을 고르고, 그 까닭을 옳게 서술한 경우	50 %
	기포가 가장 많이 발생하는 시험관만 옳게 고른 경우	25 %

23 **모범 답안** 너무 빨리 수면으로 올라오면 압력(수압)이 급격히 낮아져 기체의 용해도가 감소하기 때문이다.

채점 기준	배점
(가) 현상이 일어나는 까닭을 물질의 특성과 관련지어 옳게 서술한 경우	100 %
그 외의 경우	0 %

03 혼합물의 분리 (1)

시험 대비 교재 44쪽

핵심 정리

❶ 증류 ❷ 낮은 ❸ 에탄올 ❹ 물 ❺ 낮은 ❻ 에탄올 ❼ 작은 ❽ 큰 ❾ 분별 깔때기 ❿ 작은 ⓫ 큰 ⓬ 물<사염화 탄소 ⓭ 모래<사금 ⓮ 혈장<혈구

중단원 퀴즈 시험 대비 교재 45쪽

1 ㉠ 끓는점, ㉡ 낮은 **2** (1) (라) (2) (나) **3** 석유 가스<휘발유<등유<경유<중유 **4** 끓는점 **5** (1) A: 쭉정이, B: 좋은 볍씨 (2) 쭉정이<소금물<좋은 볍씨 **6** (1) A: 참기름, B: 간장 (2) A: 물, B: 사염화 탄소

그림 문제 공략 시험 대비 교재 46쪽

1 ① 2 ①, ③ 3 A: 질소, B: 아르곤, C: 산소 4 ㉠ 높은, ㉡ 뷰테인

1 ① 주어진 장치는 증류 장치로, 액체 상태의 혼합물을 가열할 때 끓어 나오는 기체를 냉각하여 순수한 액체를 얻는 방법이다.
오답 피하기 ② 끓는점 차를 이용한 분리 방법이다.
③ A에서는 기화, B에서는 액화가 일어난다.
④ 끓는점이 낮은 액체가 먼저 B에 모인다.
⑤ 이 방법은 서로 잘 섞이고 끓는점이 다른 액체 상태의 혼합물 분리에 유용하다.

2 **오답 피하기** ② 증류탑에서 분리된 A~E는 각각 끓는점이 비슷한 물질의 혼합물이다.
④ 증류탑 내부는 위쪽으로 갈수록 온도가 낮아진다.
⑤ 성분 물질의 끓는점 차가 클수록 잘 분리된다.

3 증류탑의 위쪽에서 끓는점이 낮은 물질이, 증류탑의 아래쪽에서 끓는점이 높은 물질이 분리되므로 위에서부터 질소 – 아르곤 – 산소 순으로 분리된다.

4 뷰테인과 프로페인의 혼합 기체가 들어 있는 용기를 얼음과 소금이 들어 있는 수조 속에 넣으면, 온도가 약 $-17\,^{\circ}\text{C}$까지 내려가면서 뷰테인은 액체 상태로 되고 프로페인은 그대로 기체 상태로 존재하므로 서로 분리된다.

그림 문제 공략 시험 대비 교재 47쪽

1 ①, ⑤ 2 ③ 3 ③ 4 ③, ④ 5 ②, ④ 6 ㄱ, ㄴ

1 **오답 피하기** ② 밀도의 크기는 쭉정이<소금물<좋은 볍씨이다.
③ 고체 혼합물을 그림과 같은 방법으로 분리하기 위해 사용해야 하는 액체는 두 고체를 모두 녹이지 않고, 두 고체 밀도의 중간 정도의 밀도를 갖는 액체여야 한다.
④ 천일염에서 정제 소금을 얻는 것은 용해도 차에 의한 재결정을 이용한다.

2 **오답 피하기** ③ 소금물의 농도가 너무 진하면 소금물의 밀도가 너무 커서 오래된 달걀뿐 아니라 신선한 달걀도 가라앉지 않고 뜨게 되어 분리할 수 없다. 따라서 소금물의 농도가 진할수록 잘 분리되는 것은 아니다.

3 양초 조각과 쌀의 혼합물을 물에 넣으면 물보다 밀도가 작은 양초 조각은 물에 뜨고, 물보다 밀도가 큰 쌀은 가라앉으므로 분리할 수 있다. 즉, 이 방법은 밀도 차를 이용한 것이다.

4 **오답 피하기** ① 분별 깔때기는 밀도 차를 이용하여 분리하는 장치이다.
② 밀도가 작은 물질이 위층에, 밀도가 큰 물질이 아래층에 위치하므로 밀도의 크기는 A<B이다.
⑤ 경계면의 액체 위쪽에 밀도가 작은 액체가 있으므로 경계면 액체를 분리할 때는 아래쪽으로 받아 낸다.

5 분별 깔때기는 서로 섞이지 않는 액체의 혼합물을 분리할 때 이용하므로 물과 식용유의 혼합물, 간장과 참기름의 혼합물 분리에 이용된다.
오답 피하기 ①은 끓는점 차, ③, ⑤는 용해도 차를 이용하여 분리한다.

6 **오답 피하기** ㄷ. 혼합물의 양이 많을 때는 (가)의 분별 깔때기를 사용하고, 양이 적을 때는 (나)의 시험관과 스포이트를 사용한다.
ㄹ. (가)에서는 위의 마개를 열고 꼭지를 열어 아래층 액체를 먼저 분리하고, (나)에서는 스포이트를 이용하여 위층 액체를 먼저 분리한다.

중단원 기출 문제 시험 대비 교재 48~51쪽

01 ② 02 ① 03 ⑤ 04 ④ 05 ③ 06 ② 07 ① 08 ②
09 ② 10 ① 11 ⑤ 12 ⑤ 13 (다) 14 ⑤ 15 ⑤ 16 ④
17 ② 18 ①, ⑤ 19 ③ 20 ② 21 해설 참조 22 해설 참조
23 해설 참조

01 ② 액체 상태의 혼합물을 가열하면 끓는점이 낮은 물질이 먼저 끓어 나오다가(기화) 다시 냉각되어(액화) 액체 상태로 모인다.
오답 피하기 ①, ③ 증류는 끓는점 차를 이용하여 분리하는 방법으로, 끓는점 차가 클수록 분리가 잘 된다.
④ 혼합물을 가열하면 한 성분이 기화하였다가 다시 액화한다.
⑤ 증류는 서로 잘 섞이는 액체 상태의 혼합물을 분리할 때 유용하다.

02 **오답 피하기** | ① 끓는점이 낮은 물이 먼저 끓어 나오다가 얼음이 든 비커 속의 시험관에서 액화하므로 순수한 물을 얻을 수 있다.

03 **오답 피하기** | ⑤ (가)의 성분 중 에탄올이 먼저 기화하여 나오다가 A에서 액화하여 (나)에 모이므로 에탄올의 농도는 (나)에서가 (가)에서보다 크다.

04 증류는 액체 상태의 혼합물을 가열할 때 끓어 나오는 기체를 냉각하여 순수한 액체를 얻는 방법으로, 물과 메탄올의 혼합물을 분리하는 경우에 이용된다.
오답 피하기 | ①은 크로마토그래피가 이용된다.
②, ③, ⑤는 모두 밀도 차가 이용된다.

05 ③ (라) 구간에서는 물이 끓어 나오므로 이때 끓어 나오는 기체를 냉각하면 물을 얻을 수 있다.
오답 피하기 | ① (가) 구간에서는 물과 에탄올의 온도가 높아진다.
② (나) 구간에서는 주로 에탄올이 끓어 나오며, 이 구간의 온도는 에탄올의 끓는점보다 약간 높다.
④ (나)와 (라) 구간의 온도 차가 클수록 잘 분리된다.
⑤ 물과 에탄올은 서로 잘 섞이고 끓는점 차가 있다.

06 물과 에탄올의 혼합물은 끓는점 차를 이용한 증류로 분리할 수 있다. 이에 적절한 실험 장치는 ②이다.
오답 피하기 | ①은 밀도 차를 이용한 분별 깔때기, ③은 용해도 차를 이용한 거름, ④는 끓는점 차를 이용한 증발, ⑤는 크로마토그래피 장치이다.

07 원유의 분리와 소금물에서의 식수 분리는 모두 끓는점 차를 이용하여 분리하는 예이다.

08 ② A에서 분리되는 물질은 휘발유이다. 휘발유는 자동차 연료나 화학 약품의 원료로 이용된다.
오답 피하기 | ①, ③ 증류탑 내부의 온도는 위로 갈수록 낮아지므로 끓어 나오는 물질 A~D의 끓는점은 A<B<C<D이다.
④ 끓는점이 가장 낮은 석유 가스가 가장 먼저 끓어 나와 증류탑 위쪽에서 분리된다.
⑤ 원유는 끓는점이 다른 여러 가지 물질들의 혼합물이고, 분리된 A~D는 각각 끓는점이 비슷한 물질들의 혼합물이다.

09 끓는점이 낮은 물질이 먼저 끓어 위쪽에서 분리되어 나오므로 끓는점은 질소<아르곤<산소이다.

10 바닷물이 햇빛에 의해 가열되면 물이 기화하고, 기화하여 나온 수증기가 액화하여 순수한 물을 얻을 수 있다. 이러한 방법을 증류라고 하며, 이때 이용되는 물질의 특성은 끓는점이다.

11 ㄴ, ㄷ. 두 고체 혼합물을 밀도 차를 이용하여 분리하는 방법으로, 액체는 두 고체 물질을 녹이지 않고 두 고체 밀도의 중간 정도의 밀도를 갖는 액체를 사용해야 한다.

ㄹ. 모래와 스타이로폼 모두 물에 녹지 않고 밀도가 다르므로 그림과 같은 방법으로 물에 넣어 분리할 수 있다.
오답 피하기 | ㄱ. 밀도의 크기는 고체 A<액체<고체 B이다.

12 소금물보다 밀도가 큰 신선한 달걀은 가라앉고, 소금물보다 밀도가 작은 오래된 달걀은 위에 뜬다. 따라서 밀도의 크기는 오래된 달걀<소금물<신선한 달걀이다.

13 두 고체 A와 B의 혼합물을 밀도 차를 이용하여 분리하려면 고체 A와 B를 모두 녹이지 않고, 밀도가 두 고체의 중간 정도인 액체를 사용해야 한다. 따라서 A와 B를 분리할 때 사용할 수 있는 액체는 (다)이다.

14 분별 깔때기에 액체 혼합물을 넣으면 밀도가 작은 물질은 위층에, 밀도가 큰 물질은 아래층에 위치한다. 이때 꼭지를 돌려 아래층의 액체(B)를 먼저 받아 낸 후, 위쪽 입구로 위층의 액체(A)를 따라 낸다.
오답 피하기 | ⑤ 분별 깔때기로 분리할 때는 꼭지를 돌려 아래층 액체를 먼저 분리하고, 시험관과 스포이트를 이용할 때는 위층의 액체를 스포이트로 먼저 분리한다.

15 기름은 바닷물보다 밀도가 작아 위로 뜬다. 따라서 바다에 유출된 기름을 분리하는 것은 밀도 차를 이용한 것으로, 좋은 볍씨 고르기, 간장과 참기름 분리, 스타이로폼과 모래 분리, 재질이 다른 플라스틱 분리는 모두 밀도 차를 이용한다.
오답 피하기 | ⑤ 천일염에서 정제 소금을 얻는 것은 용해도 차를 이용한다.

16 분별 깔때기에서 층이 나누어지면 위쪽 마개를 열고 꼭지를 돌려 아래층 액체를 먼저 분리한 후, 경계면 액체를 따로 받아 내고, 위쪽 입구로 위층 액체를 따라 낸다.

17 분별 깔때기로 분리하려면 서로 섞이지 않으면서 밀도가 달라야 한다. 물과 B는 서로 섞이지 않고 밀도가 다르므로 물과 B의 혼합물은 분별 깔때기로 분리할 수 있다.
오답 피하기 | 물과 A, 물과 C, A와 C는 잘 섞이는 혼합물이므로 분별 깔때기로 분리할 수 없고, A와 B는 밀도가 같으므로 분별 깔때기로 분리할 수 없다.

18 ①은 용해도 차, ②~④는 모두 밀도 차를 이용한 분리의 예이고, ⑤는 크로마토그래피를 이용한 분리의 예이다.

19 ③ 끓는점이 다른 두 기체의 혼합물을 냉각하면 끓는점이 높은 물질이 먼저 액화한다. 얼음과 소금으로 기체 혼합물을 냉각했더니 뷰테인이 먼저 액화하였으므로 끓는점은 뷰테인이 프로페인보다 높다.
오답 피하기 | ① 증류는 액체 상태의 혼합물을 가열할 때 끓어 나오는 기체를 냉각하여 순수한 액체를 얻는 방법으로, 주어진 그림 장치는 증류 장치가 아니다.
② 주어진 방법은 성분 물질의 끓는점 차를 이용하여 혼합물을 분

리한다.

④, ⑤ 끓는점이 높은 뷰테인은 액체 상태로, 끓는점이 낮은 프로페인은 기체 상태로 분리된다. 따라서 수조 속 얼음과 소금의 온도는 뷰테인의 끓는점보다는 낮고, 프로페인의 끓는점보다는 높게 유지되어야 분리가 잘 된다.

20

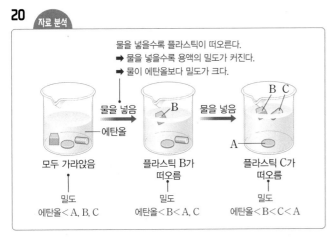

② 에탄올에 물을 넣을수록 플라스틱이 떠오르므로 용액의 밀도가 증가한다.

오답 피하기 | ① 에탄올에 물을 넣을수록 플라스틱이 떠오른 것은 용액의 밀도가 증가했기 때문이다. 따라서 물이 에탄올보다 밀도가 크다.

③, ④ 플라스틱 A~C 모두 에탄올에 가라앉으므로 모두 에탄올보다 밀도가 크며, 물을 넣을수록 B, C가 순서대로 떠오르므로 밀도는 B<C<A이다.

⑤ 주어진 방법은 밀도 차를 이용한 것이고, 증류탑에서 원유를 성분 물질로 분리하는 것은 끓는점 차를 이용한 것이다.

21 **모범 답안** (1) 증류

(2) 서로 잘 섞이고 끓는점이 다른 액체 상태의 혼합물

	채점 기준	배점
(1)	주어진 실험 방법의 이름을 옳게 쓴 경우	50 %
(2)	주어진 실험 방법으로 분리할 수 있는 혼합물의 특성을 옳게 서술한 경우	50 %

22 원유를 높은 온도로 가열하여 증류탑으로 보내면 끓는점이 비슷한 물질끼리 같은 위치에서 분리된다. 이때 끓는점이 낮은 물질일수록 증류탑의 위쪽에서 분리된다.

모범 답안 (1) A<B<C<D<E

(2) 증류탑의 온도는 위쪽으로 갈수록 낮아지기 때문이다.

	채점 기준	배점
(1)	A~E의 끓는점을 옳게 비교한 경우	50 %
(2)	(1)과 같이 답한 까닭을 증류탑의 온도와 관련지어 옳게 서술한 경우	50 %

23 (가) 키질을 하면 밀도가 작은 쭉정이는 바람에 날려 제거되

고, 밀도가 큰 속이 찬 볍씨는 키 안쪽에 남아 분리된다.

(나) 소줏고리에 곡물을 발효하여 만든 탁한 술을 넣고 가열하면 끓는점이 낮은 에탄올이 먼저 끓어 나와 냉각되어 맑은 소주가 된다.

모범 답안 (가) 밀도 차를 이용하여 분리한다.

(나) 끓는점 차를 이용하여 분리한다.

채점 기준	배점
(가)와 (나)를 이용한 분리 방법을 물질의 특성을 이용하여 모두 옳게 서술한 경우	100 %
(가)와 (나)를 이용한 분리 방법 중 1가지만 물질의 특성을 이용하여 옳게 서술한 경우	50 %

04 혼합물의 분리 (2)

중·단·원 핵심 정리
시험 대비 교재 52쪽

❶ 재결정 ❷ 큰 ❸ 18.1 ❹ 녹지 않는 ❺ 녹는 ❻ 속도 ❼ 2
❽ 순물질 ❾ 혼합물 ❿ 빠름

중단원 퀴즈
시험 대비 교재 53쪽

❶ ㉠ 용해도, ㉡ 큰 ❷ 붕산, 10 g ❸ 용해도 ❹ 크로마토그래피
❺ (1) 3종류 (2) A−B−C ❻ (1) A, C, E (2) C, E

신·유·형 문제 공략
시험 대비 교재 54쪽

1 ④ 2 ② 3 ⑤ 4 A: 에탄올, B: 아이오딘, C: 아이오딘화 칼륨

1 특정한 성분만 잘 녹이는 용매를 사용하여 그 물질을 분리하는 방법을 추출이라고 한다.
오답 피하기 ④ 소줏고리에 곡물을 발효시켜 만든 술을 넣고 가열하면 끓는점이 낮은 에탄올이 먼저 끓어 나와 액화한다. 즉, 소줏고리는 끓는점 차를 이용한 예이다.

2 ② 암모니아가 섞인 공기를 장치에 통과시키면 물에 잘 녹는 암모니아는 물에 녹아 B를 통해 암모니아수로 빠져 나가고, 물에 녹지 않는 공기 성분은 A로 빠져 나간다.
오답 피하기 ① 이는 기체 혼합물 중 한 성분만 잘 녹이는 용매에 혼합 기체를 통과시켜 분리하는 방법으로, 물에 대한 기체의 용해도 차를 이용한 것이다.
③, ④ 암모니아는 물에 녹아 B로, 암모니아가 제거된 공기 성분은 A로 빠져 나간다.
⑤ 따뜻한 물을 사용하면 기체의 용해도가 감소하므로 암모니아가 더 잘 녹지 않는다.

3 (가) 과정에서 사탕수수 즙을 가열하면 끓는점이 낮은 물만 기체로 되어 제거되며, 이때 이용된 물질의 특성은 끓는점이다. 이때 남은 액체를 (나) 과정에서 냉각하면 누르스름한 결정이 생기는데, 이때 이용된 물질의 특성은 용해도이다. (다) 과정에서는 누르스름한 결정이 밀도가 커서 가라앉아 분리되며, 이때 이용된 물질의 특성은 밀도이다. 이 결정을 물에 녹였다가 냉각하는 (라) 과정의 분리 방법은 재결정이며, 이때 이용된 물질의 특성은 용해도이다.

4 (가)에서 혼합물을 증류하면 끓는점이 가장 낮은 에탄올(A)이 먼저 분리된다. (나)에서 남은 용액에 사염화 탄소를 넣으면 아이오딘만 사염화 탄소에 녹고, 사염화 탄소와 물은 서로 섞이지 않으

므로 층을 이루게 된다. (다)에서 사염화 탄소 층 용액을 가열하여 사염화 탄소를 증발시키면 아이오딘(B)이 남는다. (라)에서 물 층 용액을 증류시키면 물과 아이오딘화 칼륨(C)으로 분리된다.

중단원 기출 문제
시험 대비 교재 55~57쪽

01 ④ 02 ④ 03 ① 04 ① 05 ⑤ 06 ④, ⑤ 07 ① 08 ①
09 ⑤ 10 (가)−ㄹ, (나)−ㄴ, (다)−ㄱ, (라)−ㅁ 11 ② 12 ② 13 ③
14 해설 참조 15 해설 참조

01 재결정은 물질의 온도에 따른 용해도 차를 이용하여 순수한 고체 물질을 분리하는 방법으로, 불순물이 섞여 있는 고체 물질을 용매에 녹인 다음 용액을 냉각하여 순수한 고체 물질을 얻는다.

02 오답 피하기 선미: 재결정에서는 온도에 따른 용해도 차가 큰 물질이 결정으로 석출된다.

03 80 ℃ 물 200 g에는 질산 칼륨 100 g과 염화 나트륨 20 g이 모두 녹는다. 이 용액을 20 ℃로 냉각하면, 염화 나트륨은 72 g($=2×36$ g)까지 녹을 수 있으므로 20 g이 모두 녹아 있고, 질산 칼륨은 63.8 g($=2×31.9$ g)까지 녹을 수 있으므로 100 g -63.8 g$=36.2$ g은 결정으로 석출된다.

04 ① 20 ℃에서 질산 칼륨은 31.9 g까지 녹을 수 있고, 황산 구리(Ⅱ)는 10 g이 모두 녹을 수 있다. 따라서 질산 칼륨 60 g$-$31.9 g$=28.1$ g이 결정으로 석출되어 거름종이 위에 남는다.
오답 피하기 ②, ③ 석출된 물질인 질산 칼륨이 거름종이 위에 남으며, 거른 용액에는 질산 칼륨 31.9 g과 황산 구리(Ⅱ) 10 g이 녹아 있다.
④ 이 분리 과정에서 밀도 차를 이용하여 분리하는 분별 깔때기는 필요하지 않다.
⑤ 바닷물에서 식수를 얻는 것은 증류를 이용한 것으로 이와는 원리가 다르다.

05 (가)와 (나)에서는 밀도 차, (다)에서는 용매를 따라 이동하는 속도 차, (라)에서는 끓는점 차, (마)에서는 용해도 차를 이용하여 분리한다.

06 오답 피하기 ①, ②, ③ 크로마토그래피는 시료의 양이 적어도 분리가 가능하며, 성질이 비슷한 혼합물도 분리할 수 있다. 또한 실험 방법이 간단하고, 시간이 짧게 걸린다.

07 ㄱ. 수성 사인펜 잉크를 녹일 수 있는 용매를 사용해야 하므로 에테르를 물로 바꿔야 한다.
ㄷ. 사인펜 잉크를 찍은 점이 용매에 잠기면 거름종이에 번져 나가기 전에 용매에 녹아 분리되지 않으므로 잉크를 찍은 점이 용매에 잠기지 않아야 한다.
오답 피하기 ㄴ. 용매가 증발하지 않도록 고무마개를 막아야 한다.
ㄹ. 사인펜 잉크의 점은 작고, 진하게, 여러 번 찍어야 한다.

08 ㄱ, ㄴ. 잎의 색소를 분리할 때와 단백질 성분을 검출할 때 크로마토그래피를 이용한다.

오답 피하기 ㄷ, ㄹ. 혈액에서 혈장과 혈구를 분리할 때는 밀도 차를, 합성 의약품인 아스피린을 정제할 때는 용해도 차를 이용한 재결정을 이용한다.

09 ① (나)는 1가지 성분만 나타났으므로 (나)는 순물질로 예상할 수 있다.

② (가)와 (라)는 모두 이동 거리가 같은 두 성분으로 분리되었으므로 (가)와 (라)는 같은 물질로 예상할 수 있다.

③ (다)에는 B와 C 성분이 나타났으므로 (다)에는 B와 C가 포함되어 있다.

④ (마)는 3가지 성분으로 분리되었으므로 (마)는 최소 3가지 성분 물질로 이루어져 있다고 예상할 수 있다.

오답 피하기 ⑤ 성분 물질이 용매를 따라 이동하는 속도가 빠를수록 높이 올라가므로 A∼C가 용매를 따라 이동하는 속도는 A<B<C이다.

10 (가)는 끓는점 차를 이용한 증류 장치(ㄹ), (나)는 밀도 차를 이용한 분별 깔때기 장치(ㄴ), (다)는 크로마토그래피 장치(ㄱ), (라)는 용해도 차를 이용한 거름 장치(ㅁ)가 이용된다.

11 소금은 물에 녹고 에탄올은 물과 섞이지만, 모래는 물에 녹지 않는다. 따라서 4가지 물질의 혼합물을 거름(가) 장치로 거르면 물에 녹지 않은 모래만 거름종이 위에 남아 분리된다. 거른 용액을 증류(나) 장치에서 가열하면 끓는점이 낮은 에탄올이 먼저 끓어 나와 분리되고, 남은 용액에서 물을 증발(다)시키면 소금이 남는다.

12 과정 (나)에서 20 ℃로 용액을 냉각하면, 염화 나트륨 30 g은 모두 녹아 있고, 붕산 30 g−5 g=25 g은 결정으로 석출된다. 거른 용액에서 물 50 g을 증발시킨 용액은 물 50 g에 염화 나트륨 30 g과 붕산 5 g이 녹아 있는 용액이다. 60 ℃에서 물 50 g에 최대로 녹을 수 있는 염화 나트륨은 18.5 g, 붕산은 7.4 g이므로 붕산 5 g은 모두 녹아 있고, 염화 나트륨 30 g−18.5 g=11.5 g은 결정으로 석출된다.

13

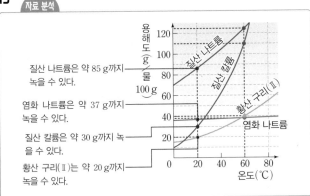

- 질산 나트륨은 약 85 g까지 녹을 수 있다.
- 염화 나트륨은 약 37 g까지 녹을 수 있다.
- 질산 칼륨은 약 30 g까지 녹을 수 있다.
- 황산 구리(Ⅱ)는 약 20 g까지 녹을 수 있다.

③ 질산 칼륨 100 g과 염화 나트륨 30 g의 혼합물의 수용액을 20 ℃로 냉각하면 염화 나트륨은 모두 녹아 있고 질산 칼륨만 약

70 g 결정으로 석출된다.

오답 피하기 ①, ④의 경우는 결정으로 석출되는 물질이 없고, ②, ⑤의 경우는 두 물질 모두 결정으로 석출된다.

14 불순물이 섞인 고체 물질을 용매에 녹인 다음 용액의 온도를 낮추거나 용매를 증발시켜 순수한 고체 물질을 얻는 방법을 재결정이라고 하며, 이는 용해도 차를 이용한 분리 방법이다.

모범 답안 (1) (라)−(가)−(나)−(다)

(2) 용해도, 재결정

	채점 기준	배점
(1)	분리 순서에 맞게 과정을 나열한 경우	50 %
(2)	물질의 특성과 분리 방법을 모두 옳게 쓴 경우	50 %
	물질의 특성과 분리 방법 중 1가지만 옳게 쓴 경우	25 %

15 **모범 답안** (1) 4가지

(2) 실험 방법이 간단하다. 시간이 짧게 걸린다. 매우 적은 양의 혼합물도 분리할 수 있다. 복잡한 혼합물도 한 번에 분리할 수 있다. 성질이 비슷한 혼합물도 분리할 수 있다. 등

	채점 기준	배점
(1)	성분 물질의 가짓수를 옳게 쓴 경우	50 %
(2)	크로마토그래피의 장점 2가지를 옳게 서술한 경우	50 %
	크로마토그래피의 장점 1가지만 서술한 경우	25 %

01 수권의 분포와 활용

중단원 핵심 정리　　　　　　시험 대비 교재 58쪽

❶ 해수　❷ 담수　❸ 지하수　❹ 호수　❺ 하천수　❻ 생활용수
❼ 농업용수　❽ 댐

중단원 퀴즈　　　　　　시험 대비 교재 59쪽

1 수권　**2** ㉠ 바다, ㉡ 해수　**3** 담수　**4** ㉠ 빙하, ㉡ 지하수　**5** 수자원　**6** ㉠ 호수, ㉡ 하천수　**7** ㉠ 공업, ㉡ 생활　**8** 농업용수
9 지하수

중단원 기출 문제　　　　　　시험 대비 교재 60~63쪽

01 ⑤　**02** ③　**03** ④　**04** 지하수　**05** ④　**06** ③　**07** ③　**08** ③
09 ③　**10** ③　**11** 10 mL　**12** ④　**13** ②　**14** (가) 농업용수, (나) 공업용수　**15** ④　**16** ④　**17** ③　**18** (가), (라), (아)　**19** ③　**20** ②
21 해설참조　**22** 해설참조　**23** (1) 해설 참조 (2) 해설 참조　**24** 해설 참조

01 ① 수권 중 빙하는 고체 상태로 분포한다.
② 수권은 지구상에 분포하는 모든 물을 말한다.
③, ④ 지구 표면의 70 % 이상은 바다로 덮여 있고, 지구상의 물 중 약 97.47 %는 해수로 이루어져 있다.
오답 피하기| ⑤ 사막과 같은 건조한 곳에도 오아시스나 지하수와 같은 물이 존재한다.

02 ㄱ. 물은 생명 유지에 반드시 필요한 물질이며, 생명체의 서식처로도 제공된다.
ㄴ. 수권의 물은 풍화, 침식, 운반 작용을 통해 지권의 지형을 계속 변화시킨다.
오답 피하기| ㄷ. 수권의 물은 에너지를 저장하거나 순환을 통해 에너지를 전 지구로 고르게 전달하면서 지구의 온도를 유지한다.

03 ㄴ. 지구상에서 전체 물의 약 97.47 %는 바다에 분포하고, 나머지 약 2.53 %는 육지에 분포한다. 육지의 물은 빙하, 지하수, 호수, 하천수 등으로 분포하며, 이 중 지하수는 땅속에 분포한다.
ㄹ. 육지에 분포하는 물 중 가장 많은 양을 차지하는 것은 빙하로, 육지의 물 중 약 69.6 %를 차지한다.

오답 피하기| ㄱ, ㄷ. 지구에 분포하는 물의 약 97.47 %는 바닷물이고, 약 1.76 %는 빙하, 약 0.76 %는 지하수이다. 따라서 지구상의 물 중 두 번째로 많은 양을 차지하는 것은 빙하이다.

04 지하수는 땅속 지층이나 암석의 틈에 고여 있거나 그 사이를 흐르는 담수로, 육지의 물 중 두 번째로 많은 양을 차지한다.

05 A는 해수, B는 육지의 물, C는 빙하, D는 지하수, E는 호수와 하천수이다.
④ 지하수(D)는 빗물이 지층의 빈틈으로 스며들어 채워지므로 강수량의 영향을 크게 받는다.
오답 피하기| ① A는 해수로 바다에 분포한다.
② B는 육지의 물로, 대부분 짠맛이 나지 않는 담수이다.
③ C는 육지의 물 중 가장 많은 양을 차지하지만 얼어 있어 수자원으로 이용하기 쉽지 않다.
⑤ E는 호수와 하천수로, 접근이 쉬워 수자원으로 가장 많이 이용된다.

06 ① 육지의 물은 대부분 짠맛이 나지 않는 담수이다.
② 육지에 분포하는 물 중 빙하는 고체 상태이다.
④ 육지의 물 중 빙하는 약 69.6 %, 지하수는 약 30.0 %, 호수와 하천수는 약 0.4 %를 차지하므로, 빙하의 양은 지하수, 호수, 하천수를 모두 합한 양보다 많다.
⑤ 최근 지구 온난화가 진행됨에 따라 빙하의 면적이 급격히 줄어들고 있다.
오답 피하기| ③ 육지의 물은 고산 지대나 고위도 지역에 빙하의 형태로 가장 많이 분포하므로 저위도 지역보다 고위도 지역에 더 많이 분포한다.

07 담수 중 가장 많은 양을 차지하는 C는 빙하이고, 두 번째로 많은 양을 차지하는 A는 지하수이며, 가장 적은 양을 차지하는 B는 호수와 하천수이다.

08 (가)는 해수, (나)는 호수와 하천수, (다)는 지하수, (라)는 빙하이다. 지구상에서 물의 양은 해수＞빙하＞지하수＞호수와 하천수 순이다.

09 사람이 살아가는 데 필요한 물을 수자원이라고 한다. 수자원으로는 주로 호수와 하천수를 이용하며, 호수와 하천수가 부족할 때는 주로 지하수를 개발하여 활용한다.
오답 피하기| ㄱ. 담수 중 빙하는 얼어 있어 바로 활용할 수 없다.
ㄷ. 해수는 짠맛이 나므로 바로 활용할 수 없다.

10 수자원은 담수 중 액체 상태로 존재하는 호수와 하천수, 지하수를 주로 이용하며, 그중 접근이 쉬운 호수와 하천수를 가장 많이 이용한다.

11 사람들이 가장 쉽게 이용할 수 있는 물은 주로 호수와 하천수이다. 전체 물이 100 L일 때 호수와 하천수는 0.01 %에 해당하므로 0.01 L＝10 mL이다.

12 수자원으로는 주로 호수나 하천수를 이용하는데, 가뭄이 들어 수자원이 부족하거나 섬과 같이 호수나 하천수가 거의 분포하지 않는 지역에서는 지하수를 개발하여 수자원으로 활용한다.

13 우리나라에서는 농업용수로 가장 많이 이용하고, 유지용수, 생활용수, 공업용수 순으로 이용량이 적다.

14 농사를 지을 때 사용하는 물은 농업용수이고, 공장이나 산업 활동에 사용하는 물은 공업용수이다.

15 ㄱ. 우리나라에서 수자원은 농업용수, 유지용수, 공업용수, 생활용수 등으로 이용되며, 그중 농업용수로 가장 많이 사용하고 있다.

ㄷ. 1965년 이후 수자원 총량은 약 12.7 % 증가하였으나, 수자원 이용량은 약 580 %가 증가하였다. 즉, 수자원 총량에 비해 수자원 이용량이 급격하게 증가하였음을 알 수 있다.

오답 피하기 ㄴ. 인구 증가와 생활 수준 향상으로 생활용수의 이용량은 점점 증가하고 있다.

16 ㄱ. 농업용수는 농작물을 재배하거나 가축을 기를 때 사용하는 물로, 식량 생산에 반드시 필요한 물이다.

ㄷ. 생활용수는 일상생활에 쓰이는 물로, 식수, 세안, 목욕, 청소 등에 사용된다. 따라서 인구 증가와 생활 수준 향상으로 생활용수의 이용량은 점점 증가하고 있다.

오답 피하기 ㄴ. 유지용수는 하천의 기능을 유지하는 데 사용하는 물이다.

17 실천 가능한 수자원 확보 방안은 크게 수자원을 아끼는 방법, 수자원의 양을 늘리는 방법, 수자원의 오염을 막는 방법으로 구분할 수 있다. 그중 수자원을 아끼는 방법은 일상생활에서 사용 중에 버려질 수 있는 수자원을 줄이는 방법으로 (다), (마), (바) 등이 있고, 수자원의 오염을 막는 방법으로는 (나), (사) 등이 있다.

18 수자원의 양을 늘리는 방법으로는 (가)와 같이 유실되는 양을 줄이거나 (라), (아)와 같이 수자원으로 이용하기 어려운 물을 개발하여 사용하는 방법이 있다.

19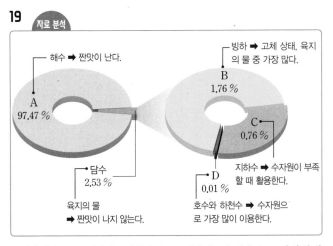
자료 분석

ㄷ. 지하수는 농업용수, 생활용수, 공업용수, 유지용수로 다양하게 활용되며, 온천 등을 개발하여 관광지로도 활용한다.

ㄹ. 지구의 평균 기온이 높아지면 빙하는 녹고, 해수는 열팽창하므로, 해수(A)의 양은 증가하고, 빙하(B)의 양은 감소한다.

오답 피하기 ㄱ. 수자원으로 가장 많이 이용되는 물은 호수와 하천수인 D이다.

ㄴ. 빙하(B)는 짠맛이 나지 않는 담수지만 얼어 있기 때문에 식수로 활용하려면 녹여서 사용하여야 한다.

20
자료 분석

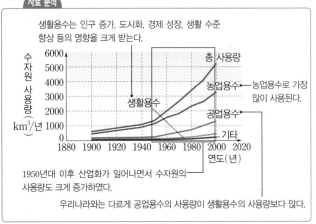

인구 증가, 산업화, 경제 성장으로 인한 생활 수준의 향상 등으로 생활용수, 공업용수, 농업용수 등 수자원의 사용량이 크게 증가하였다. 사용 가능한 수자원의 양은 제한적인데 수자원 사용량은 점차 증가하고 있으므로 이와 같은 추세가 계속되면 물 부족 문제가 심각해질 것이다. 따라서 물을 절약하고 효율적으로 사용하며, 수자원을 잘 관리해야 한다.

오답 피하기 ② 지구 온난화, 환경 오염 등은 수자원 부족 현상의 원인이다.

21 **모범 답안** 대부분 담수 → 대부분 해수, 지하수 → 빙하, 쉽게 이용할 수 있다. → 빙하는 얼어 있어 쉽게 이용할 수 없다.

채점 기준	배점
옳지 않은 내용 3가지를 모두 찾아 옳게 고쳐 서술한 경우	100 %
옳지 않은 내용은 3가지 모두 찾았으나 옳게 고쳐 서술하지 못한 경우	50 %
옳지 않은 내용 중 1가지만 찾아 옳게 고쳐 서술한 경우	35 %

22 **모범 답안** 해수 > 빙하 > 지하수 > 호수와 하천수 순으로 양이 많다.

채점 기준	배점
물의 양이 많은 것부터 순서대로 옳게 나열한 경우	100 %
가장 많은 것부터 순서대로 2개만 옳게 나열한 경우	50 %
가장 많은 것만 옳은 경우	25 %

23 우리나라에서는 농업용수 > 유지용수 > 생활용수 > 공업용수 순으로 이용량이 많다.

모범 답안 (1) (가) 공업용수, (나) 농업용수, (다) 유지용수
(2) (나) > (다) > (가) 순으로 많이 이용한다.

	채점 기준	배점
(1)	(가), (나), (다)의 용도를 모두 옳게 쓴 경우	60 %
	(가), (나), (다)의 용도 중 1가지만 옳게 쓴 경우	20 %
(2)	이용량이 많은 것부터 순서대로 옳게 나열한 경우	40 %
	그 외의 경우	0 %

24 **모범답안** 호수와 하천수보다 양이 풍부하다. 빗물에 의해 채워지므로 지속적인 활용이 가능하다.

채점 기준	배점
지하수의 가치 2가지를 모두 옳게 서술한 경우	100 %
지하수의 가치를 1가지만 옳게 서술한 경우	50 %

02 해수의 특성

중·단·원 핵심 정리
시험 대비 교재 64쪽

❶ 태양 복사 에너지 ❷ 수온 ❸ 강 ❹ 안정 ❺ 수온 약층
❻ 염화 나트륨 ❼ 높 ❽ 낮 ❾ 강수량 ❿ 일정

중단원 퀴즈
시험 대비 교재 65쪽

1 ㉠ 태양 복사 에너지, ㉡ 낮아진다 **2** 3 **3** 수온 약층 **4** ㉠ 중위도, ㉡ 혼합층 **5** ㉠ 염화 나트륨, ㉡ 염화 마그네슘 **6** ㉠ 4, ㉡ 96 **7** ㄱ, ㄷ **8** ㉠ 많아, ㉡ 낮다 **9** (1) < (2) =

계·산 문제 공략
시험 대비 교재 66쪽

1 175 g **2** 40 g **3** 2 g **4** 2000 g **5** 40 psu **6** 31 psu
7 37.5 psu **8** 31.25 psu

1 $1000 \text{ g} : 35 \text{ g} = 5000 \text{ g} : x$, $x = \dfrac{35 \text{ g} \times 5000 \text{ g}}{1000 \text{ g}} = 175 \text{ g}$이므로, 염분이 35 psu인 해수 5 kg을 증발시키면 염류 175 g을 얻을 수 있다.

2 $1000 \text{ g} : 20 \text{ g} = 2000 \text{ g} : x$, $x = \dfrac{20 \text{ g} \times 2000 \text{ g}}{1000 \text{ g}} = 40 \text{ g}$이므로, 염분이 20 psu인 해수 2 kg에는 염류가 40 g 녹아 있다.

3 $1000 \text{ g} : 40 \text{ g} = 50 \text{ g} : x$, $x = \dfrac{40 \text{ g} \times 50 \text{ g}}{1000 \text{ g}} = 2 \text{ g}$이므로, 염분이 40 psu인 해수 50 g에는 염류가 2 g 녹아 있다.

4 $1000 \text{ g} : 200 \text{ g} = 10000 \text{ g} : x$, $x = \dfrac{200 \text{ g} \times 10000 \text{ g}}{1000 \text{ g}} = 2000 \text{ g}$이므로, 염분이 200 psu인 해수 10 kg에는 염류가 2000 g 녹아 있다.

5 $500 \text{ g} : 20 \text{ g} = 1000 \text{ g} : x$, $x = \dfrac{20 \text{ g}}{500 \text{ g}} \times 1000 \text{ g} = 40 \text{ g}$, 해수 1000 g에 염류가 40 g 녹아 있으므로 염분은 40 psu이다.

6 $100 \text{ g} : 3.1 \text{ g} = 1000 \text{ g} : x$, $x = \dfrac{3.1 \text{ g}}{100 \text{ g}} \times 1000 \text{ g} = 31 \text{ g}$, 해수 1000 g에 염류가 31 g 녹아 있으므로 염분은 31 psu이다.

7 $400 \text{ g} : 15 \text{ g} = 1000 \text{ g} : x$, $x = \dfrac{15 \text{ g}}{400 \text{ g}} \times 1000 \text{ g} = 37.5 \text{ g}$, 해수 1000 g에 염류가 37.5 g 녹아 있으므로 염분은 37.5 psu이다.

8 $1600 \text{ g} : 50 \text{ g} = 1000 \text{ g} : x$, $x = \dfrac{50 \text{ g}}{1600 \text{ g}} \times 1000 \text{ g} = 31.25 \text{ g}$, 해수 1000 g에 염류가 31.25 g 녹아 있으므로 염분은 31.25 psu이다.

1 약 30.0 psu   **2** 31.25 psu   **3** 약 1.8 g   **4** 93.24 g   **5** 36 g
6 약 1.7 g   **7** 약 3.3 g

1 23.3 g : 77.7 % = x : 100 %, x≒30.0 g, 해수 1 kg에 염류가 총 약 30.0 g 녹아 있으므로 염분은 약 30.0 psu이다.

2 1.5 g : 4.8 % = x : 100 %, x≒31.25 g, 해수 1 kg에 염류가 총 31.25 g 녹아 있으므로 염분은 약 31.25 psu이다.

3 x : 10.9 % = 33 g : 100 %, $x = \dfrac{10.9\%}{100\%} \times 33\,g = 3.597\,g$, 해수 1 kg에 염화 마그네슘이 3.597 g 녹아 있으므로, 해수 500 g에는 염화 마그네슘이 약 1.8 g 녹아 있다.

4 x : 77.7 % = 40 g : 100 %, $x = \dfrac{77.7\%}{100\%} \times 40\,g = 31.08\,g$, 해수 1 kg에 염화 마그네슘이 31.08 g 녹아 있으므로, 해수 3 kg에는 염화 나트륨이 93.24 g 녹아 있다.

5 염분이 30 psu인 해수에서 염화 나트륨이 차지하는 비율은 염분이 40 psu인 해수에서 염화 나트륨이 차지하는 비율과 같다. 따라서 27 g : $x(g)$ = 30 psu : 40 psu, x = 36 g이다.

6 염분이 33 psu인 동해 해수에서 염화 마그네슘이 차지하는 비율은 염분이 31 psu인 황해 해수에서 염화 마그네슘이 차지하는 비율과 같다. 따라서 1.8 g : $x(g)$ = 33 psu : 31 psu, x≒1.7 g이다.

7 (가)와 (나) 해역에서 각각 염화 나트륨과 염화 마그네슘이 차지하는 비율은 같으므로, 31.1 g : 4.3 g = 24.1 g : $x(g)$, x≒3.3 g이다.

01 ③   **02** ⑤   **03** ③   **04** ①   **05** ②   **06** 염화 나트륨   **07** ⑤
08 ⑤   **09** ④   **10** ④   **11** ④   **12** ②   **13** ⑤   **14** ②   **15** 약
24.07 g   **16** ⑤   **17** ②   **18** ④   **19** 해설 참조   **20** 해설 참조
21 해설 참조   **22** 해설 참조

01 ㄱ, ㄴ. 표층 수온은 태양 복사 에너지의 영향을 가장 크게 받으며, 저위도에서 고위도로 갈수록 해수면에 도달하는 태양 복사 에너지양이 적어지므로 표층 수온은 낮아진다. 따라서 표층 수온의 등온선은 대체로 위도와 나란하다.
오답 피하기 ㄷ. 저위도에서 고위도로 갈수록 태양 복사 에너지는 적게 도달한다.

02 A층은 혼합층, B층은 수온 약층, C층은 심해층이다.
⑤ C층은 태양 복사 에너지가 거의 도달하지 않아 수온이 낮고 일정한 심해층으로, 계절이나 위도에 관계없이 수온이 항상 일정하다. 따라서 고위도 해역과 저위도 해역에서 C층의 수온은 거의 같다.
오답 피하기 ①, ② A층은 태양 복사 에너지에 의해 가열되어 수온이 높고 바람에 의해 혼합되어 수온이 일정한 층으로, 해수면에 도달하는 태양 복사 에너지양이 많을수록 수온이 높고, 바람이 강하게 불수록 두께가 두꺼워진다.
③ B층은 깊이 들어갈수록 수온이 급격히 낮아지므로 해수의 혼합이 거의 일어나지 않는 안정한 층이다. 해수의 혼합은 A층에서 가장 활발하게 일어난다.
④ 태양 복사 에너지는 C층에는 거의 도달하지 않으며, 해수 표층인 혼합층(A)에 가장 많이 도달한다.

03 (나) 과정에서는 전등에 의해 표면의 물은 가열되어 수온이 높고 깊이가 깊어질수록 수온이 낮아지므로 수온 약층이 형성되며, (다) 과정에서는 선풍기 바람에 의해 표면 부근의 물이 혼합되어 수온이 일정한 구간이 나타나므로 혼합층이 형성된다.

04 ㄱ. 바람에 의해 물이 섞여 수온이 일정한 층이 형성되므로 바람의 영향을 받는 구간은 혼합층이 형성된 깊이 0~3 cm 구간인 ㉠이다.
오답 피하기 ㄴ. A에서 표층 부근에 수온이 일정한 층이 형성되었고, B에서 표층 부근의 수온이 가장 많이 가열되었으므로, A는 과정 (다), B는 과정 (나)의 결과를 나타낸 것이다.
ㄷ. 전등의 복사 에너지는 깊이가 깊어질수록 적게 도달한다.

05 ㄱ. 고위도로 갈수록 해수면에 도달하는 태양 복사 에너지양이 감소하므로 표층 수온이 낮아진다. 따라서 표층 수온이 낮은 B가 C보다 고위도 해역이다.
ㄷ. 수온 약층은 혼합층 아래 수온이 급격하게 낮아지는 층으로, 표층 수온이 높을수록 수온 변화가 크다. 따라서 수온 약층에서 수온 변화는 C 해역에서 가장 크다.
오답 피하기 ㄴ. 바람이 가장 강하게 부는 해역은 혼합층이 가장 두껍게 발달한 B 해역이다.
ㄹ. 태양 복사 에너지가 가장 많이 도달하는 해역은 표층 수온이 가장 높은 C 해역이다.

06 염류 중 가장 많은 양을 차지하며 짠맛이 나는 것은 염화 나트륨이다.

07 ·민호: 전 세계 바다의 평균 염분은 약 35 psu이므로, 바닷물 1 kg에는 평균 35 g의 염류가 녹아 있다.
·윤슬: 염분은 지역이나 계절에 따라 다르지만, 바닷물에 녹아 있는 염류의 종류나 염류가 차지하는 비율은 거의 일정하다.
오답 피하기 ·희원: 염분의 단위로는 psu, ‰ 등을 사용한다.
·승아: 바닷물에 녹아 있는 여러 가지 물질을 염류라고 하며, 염분은 바닷물 1 kg 속에 녹아 있는 염류의 양을 g 수로 나타낸 것이다.

08 이 해수 500 g에는 총 20 g의 염류가 녹아 있으므로, 1 kg에는 40 g의 염류가 녹아 있다. 따라서 염분은 40 psu이다.

09 염분이 36.5 psu인 해수 1 kg에는 염류가 총 36.5 g 녹아 있으므로 182.5 g의 염류를 얻기 위해서는 해수 5 kg을 증발시켜야 한다.

10 (가) 해역: 해수 250 g에 염류가 8.2 g 녹아 있으므로, 1 kg에는 염류가 32.8 g 녹아 있다. 따라서 염분은 32.8 psu이다.
(나) 해역: 해수 1500 g에 염류가 45 g 녹아 있으므로, 해수 1 kg에는 염류가 30 g 녹아 있다. 따라서 염분은 30 psu이다.
(다) 해역: 해수 7 kg에 염류가 234.5 g 녹아 있으므로, 해수 1 kg에는 염류가 33.5 g 녹아 있다. 따라서 염분은 33.5 psu이다.

11 결빙과 증발량은 해수의 염분을 증가시키는 요인이고, 강수량과 강물의 유입량은 해수의 염분을 감소시키는 요인이다.

12 ㄴ. 고위도 해역은 빙하가 녹은 물이 유입되어 염분이 낮고, 중위도 해역은 증발량이 강수량보다 많아 염분이 높다.
오답 피하기 ㄱ. 표층 염분은 위도 30° 부근의 중위도 해역에서 가장 높다.
ㄷ. 대양 주변부는 육지에서 흘러드는 강물의 영향으로 대양 중앙부보다 염분이 낮다.

13 ① 적도 해역은 (증발량−강수량) 값이 0보다 작으므로 증발량보다 강수량이 많다.
② 위도 30° 부근은 (증발량−강수량) 값이 0보다 크므로 증발량이 강수량보다 많다.
③ 염분이 가장 높은 곳은 (증발량−강수량) 값이 가장 큰 중위도 해역이다.
④ (증발량−강수량) 값이 클수록 염분은 대체로 높다. 고위도 해역에서 (증발량−강수량) 값의 변화와 염분의 변화가 비례하지 않는 것은 빙하의 영향을 받기 때문이다.
오답 피하기 ⑤ 고위도 해역은 빙하가 녹아 흘러들기 때문에 염분이 낮다.

14 ② 우리나라는 여름철에 강수량이 많으므로 여름철이 겨울철보다 염분이 낮다.
오답 피하기 ① 황해는 동해보다 강물의 유입량이 많으므로 염분은 황해가 동해보다 낮다.
③ 해안에서 멀어질수록 바다로 유입되는 강물의 영향을 적게 받으므로 염분이 높다.
④ 계절에 관계없이 염분은 황해가 가장 낮다.
⑤ 우리나라 부근 해역의 염분은 겨울철에는 약 31.0~34.6 psu, 여름철에는 약 30.0~33.8 psu로, 전 세계 해양의 평균 염분인 35 psu보다 낮다.

15 동해와 황해에 녹아 있는 염화 나트륨과 염화 마그네슘의 구성 비율은 같으므로, 25.64 g : 3.60 g=A g : 3.38 g, A≒24.07(g)이다.

16 ⑤ 지역이나 계절에 따라 염분은 다르지만 해수에 녹아 있는 염류들의 각 성분 비율은 세계 어느 바다에서나 일정하다. 따라서 해수 10 kg에 녹아 있는 염류 중 염화 나트륨이 차지하는 비율은 황해, 사해, 북극해, 홍해에서 모두 같다.
오답 피하기 ①, ② 주어진 자료로는 네 바다의 위도를 알 수 없다.
③ 해수 1 kg에 녹아 있는 염류의 총량은 염분이 높을수록 많다.
④ 해수 1 kg에 녹아 있는 염화 나트륨의 양은 염분이 높을수록 많다.

17

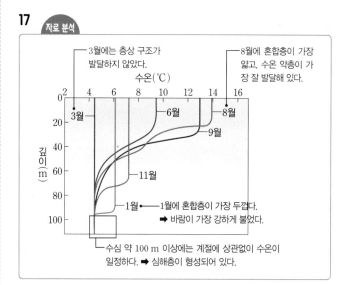

ㄱ. 수온 약층은 표층 수온이 높을수록 뚜렷하게 발달하므로 겨울철보다 여름철에 잘 발달한다.
ㄹ. 수심 약 100 m보다 깊은 곳은 계절에 상관없이 연중 수온이 약 4.5 ℃로 일정한 심해층이 형성되어 있다.
오답 피하기 ㄴ. 계절에 따른 수온 차이는 표층에서 가장 크고, 수심이 깊어질수록 작아진다.
ㄷ. 바람에 의한 혼합 작용이 활발할수록 혼합층이 두껍게 발달한다. 따라서 1월이 8월보다 바람에 의한 혼합 작용이 활발하게 일어난다.

18 염분(psu)=$\dfrac{\text{염류의 양(g)}}{\text{해수의 양(g)}} \times 1000$이므로, 세 해수를 섞었을 때의 염분은 (가), (나), (다) 해수의 총량에 대한 염류의 총량의 비를 천분율로 계산하면 된다. (가) 해수에는 해수 800 g에 염류가 34.8 g, (나) 해수에는 해수 2 kg에 염류가 66.4 g, (다) 해수에는 해수 200 g에 염류가 6.8 g 녹아 있으므로 총 해수의 양은 3 kg이고, 염류의 총량은 108 g이다. 따라서 $\dfrac{108 \text{ g}}{3000 \text{ g}} \times 1000$=36 psu이다.

19 **모범 답안** 저위도에서 고위도로 갈수록 해수면에 도달하는 태양 복사 에너지양이 감소하기 때문이다.

채점 기준	배점
위도에 따른 태양 복사 에너지양 차이로 옳게 서술한 경우	100 %
그 외의 경우	0 %

20 【모범 답안】 저위도 해역보다 중위도 해역에서 바람이 강하게 불기 때문에 혼합층은 중위도 해역에서 더 두껍다.

채점 기준	배점
저위도와 중위도 해역에서 부는 바람의 세기 차이로 옳게 서술한 경우	100 %
그 외의 경우	0 %

21 【모범 답안】 위도 30°N 부근, (증발량−강수량) 값이 가장 크기 때문이다.

채점 기준	배점
염분이 가장 높을 것으로 예상하는 위도와 까닭을 모두 옳게 서술한 경우	100 %
염분이 가장 높을 것으로 예상하는 위도만 옳게 쓴 경우	50 %

22 【모범 답안】 염분비 일정 법칙에 따라 전체 염류에서 염류 A가 차지하는 비율은 어느 바다에서나 같으므로, $30 : 3.3 = 37 : x$, $x = 4.07(g)$이다. 따라서 해수 10 kg에는 염류 A가 40.7 g 녹아 있다.

채점 기준	배점
염류 A의 양과 풀이 과정을 모두 옳게 서술한 경우	100 %
염류 A의 양만 옳게 구한 경우	50 %

03 해수의 순환

중·단·원 **핵심 정리**   시험 대비 교재 72쪽

❶ 바람 ❷ 쿠로시오 ❸ 동한 ❹ 북한 ❺ 2 ❻ 만조 ❼ 간조
❽ 클 ❾ 작을

중단원 **퀴즈**   시험 대비 교재 73쪽

1 ㉠ 바람, ㉡ 해류 **2** ㉠ 한류, ㉡ 난류 **3** ㄱ, ㄷ, ㄹ **4** ㉠ 쿠로시오, ㉡ 연해주 **5** ㉠ 동해, ㉡ 동한 난류, ㉢ 북한 한류 **6** A: 만조, B: 썰물, C: 밀물, D: 조차, E: 간조 **7** ㉠ 2, ㉡ 12, ㉢ 25 **8** ㉠ 사리, ㉡ 조금

중단원 **기출 문제**   시험 대비 교재 74~77쪽

01 ③ 02 ③, ④ 03 ③ 04 C, 동한 난류 05 ① 06 ①
07 ① 8 B, 조경 수역 09 ⑤ 10 ③ 11 ④ 12 ④ 13 ⑤
14 ⑤ 15 ② 16 ② 17 ④ 18 ③ 19 ③ 20 ① 21 해설 참조
22 해설 참조 23 해설 참조

01 지속적으로 부는 바람에 의해 발생하는 해수의 흐름을 해류라고 한다.

02 ③, ④ 해류는 지속적으로 부는 바람에 의해 발생하여 일정한 방향으로 흐르는 해수의 흐름이다.
오답 피하기 | ① 해류는 한 방향으로만 흐른다.
② 한류는 고위도에서 저위도로 흐르는 차가운 해류이다.
⑤ 해류는 주변 해안 지방의 기후에 영향을 미친다.

03 ㄱ, ㄴ. 난류는 저위도에서 고위도로 흐르는 따뜻한 해류이다.
오답 피하기 | ㄷ. 우리나라 주변에 흐르는 해류에는 북한 한류, 동한 난류, 황해 난류가 있으며, 난류의 근원 해류는 쿠로시오 해류이고 한류의 근원 해류는 연해주 한류이다.

04 난류는 저위도에서 고위도로 흐르면서 저위도의 남는 열을 고위도로 이동해 주는 역할을 하는 따뜻한 해류이므로 난류가 흐르는 해안 지역은 대체로 같은 위도의 다른 지역에 비해 기온이 높다. 우리나라에서 동한 난류가 흐르는 동해안은 같은 위도의 내륙 지역보다 겨울철 기온이 더 높다.

05 ㄱ. A는 연해주 한류, B는 북한 한류, C는 동한 난류, D는 황해 난류, E는 쿠로시오 해류이다.
ㄴ. B는 한류, C는 난류이므로, B는 C보다 수온이 낮다.
오답 피하기 | ㄷ. 우리나라 주변에서 조경 수역은 북한 한류(B)와 동한 난류(C)가 만나는 동해에 형성된다.
ㄹ. 쿠로시오 해류(E)는 황해 난류(D)와 동한 난류(C)의 근원이다. 북한 한류(B)의 근원은 연해주 한류(A)이다.

06 한류는 고위도에서 저위도로 흐르는 차가운 해류이고, 난류는 저위도에서 고위도로 흐르는 따뜻한 해류이다. 따라서 A와 B는 한류이고, C, D, E는 난류이다.

07 두만강 인근에서 유출된 쓰레기는 북한 한류를 타고 동해안을 따라 남하하였다.

08 한류와 난류가 만나는 조경 수역은 영양 염류와 플랑크톤이 풍부하여 좋은 어장이 형성되는 곳으로, 우리나라에서는 동한 난류와 북한 한류가 만나는 동해에 조경 수역이 형성된다.

09 ①, ②, ③ A는 북한 한류, B는 동한 난류이며, 여름철에는 동한 난류의 세력이 강해져 조경 수역의 위치가 북상하고, 겨울철에는 북한 한류의 세력이 강해져 조경 수역의 위치가 남하한다. 따라서 (가)는 동한 난류의 세력이 강한 여름철, (나)는 북한 한류의 세력이 강한 겨울철의 해류 분포를 나타낸 것이다.
④ 동해안의 평균 수온은 여름철이 겨울철보다 높으므로 (가)일 때가 (나)일 때보다 높다.
오답 피하기 ⑤ A는 연해주 한류에서 갈라져 나온 북한 한류이고, B는 쿠로시오 해류에서 갈라져 나온 동한 난류이다.

10 밀물에 의해 해수면의 높이가 높아지고, 썰물에 의해 해수면의 높이가 낮아지는 현상이 주기적으로 나타나는 것을 조석이라고 하며, 밀물과 썰물에 의해 주기적으로 나타나는 해수의 흐름을 조류라고 한다.

11 ① 만조와 간조 때 해수면의 높이 차를 조차라 하고, 만조에서 다음 만조 때까지 또는 간조에서 다음 간조 때까지 걸린 시간을 조석 주기라고 한다.
② 우리나라에서는 서해안에서 조차가 가장 크다.
③ 밀물에 의해 해수면의 높이가 가장 높아진 때를 만조, 썰물에 의해 해수면의 높이가 가장 낮아진 때를 간조라고 한다.
⑤ 바닷물이 바다에서 육지 쪽으로 밀려 들어오는 것을 밀물, 육지에서 바다 쪽으로 빠져나가는 것을 썰물이라고 한다.
오답 피하기 ④ 우리나라에서 간조와 만조는 각각 하루에 약 2번씩 일어난다.

12 만조에서 다음 만조, 간조에서 다음 간조가 될 때까지 걸리는 시간을 조석 주기라고 하며, 우리나라에서는 만조와 간조가 각각 하루에 약 2번씩 생기고, 조석 주기는 약 12시간 25분이다.

13 ㄴ. 한 달 중 조차가 최대로 나타나는 시기를 사리라고 한다.
ㄷ. 조차를 이용하여 전기를 생산하는 발전 방식을 조력 발전이라고 한다.
오답 피하기 ㄱ. A는 만조와 간조 때 해수면의 높이 차로 조차라고 한다.

14 ① B와 D는 하루 중 해수면의 높이가 가장 높은 만조이다.
② 만조 때 해수면의 높이는 약 2.5 m이고, 간조 때 해수면의 높이는 약 −2.5 m이다. 따라서 이날 조차는 약 5 m이다.

③ 조개를 캐기에 가장 좋은 시기는 갯벌이 넓게 드러나는 간조 때이므로, 15시 전후가 가장 좋다.
④ 조석 주기는 만조에서 다음 만조 또는 간조에서 다음 간조 때까지 걸린 시간이다. A와 C는 간조이므로 A에서 C까지 걸린 시간은 조석 주기이다.
오답 피하기 ⑤ 이날 해수면의 높이가 가장 낮은 간조는 A와 C 시각에 일어났으므로 다음 날 간조 시각은 C 시각보다 약 12시간 25분이 지난 3시 50분경이다.

15 만조에서 간조가 되는 시기에는 썰물이 일어나고, 간조에서 만조가 되는 시기에는 밀물이 일어난다. 따라서 A~B, C~D 시간에 밀물이 일어나고, B~C 시간에는 썰물이 일어난다.

16 간조에서 다음 간조 때까지는 약 12시간 25분이 걸리므로, 간조에서 다음 만조 때까지는 약 6시간 13분이 걸린다. 따라서 오전 6시에서 약 6시간 13분이 지난 오후 12시 13분경에 만조가 일어난다.

17 ㄱ. A와 C는 한 달 중 조차가 가장 작은 조금이다.
ㄷ. 바다 갈라짐 현상은 조차가 큰 사리 때 간조가 일어나는 시기에 나타날 수 있다. 따라서 B나 D 시기에 바다 갈라짐 현상이 나타날 수 있다.
오답 피하기 ㄴ. B와 D는 한 달 중 조차가 가장 큰 사리이다.

18 ① 갯벌 체험은 주로 간조 때 갯벌이 넓게 드러나는 시기에 한다.
② 조력 발전은 조차를 이용해 전기를 생산하는 발전 방식이다.
④ 바다 갈라짐 현상은 사리 때 간조가 일어나 해수면의 높이가 가장 낮아지는 시기에 나타날 수 있으며, 우리나라에서는 대표적으로 전남 진도의 모도에 신비의 바닷길이 있다.
⑤ 밀물과 썰물 시기를 고려하여 고기잡이배의 출항 시기를 결정한다.
오답 피하기 ③ 파력 발전은 파도의 운동 에너지를 이용해 전기를 생산하는 발전 방식이다.

19 자료 분석

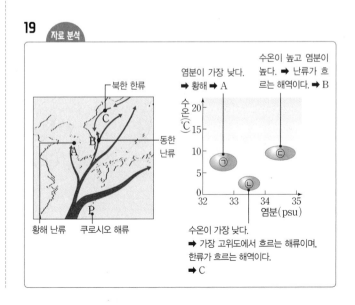

ㄱ. ㉠은 염분이 가장 낮으므로 황해인 A 해역에서 측정한 것이다.
ㄴ. P는 쿠로시오 해류로, 우리나라 주변을 흐르는 동한 난류와 황해 난류의 근원이다.
오답 피하기| ㄷ. 가장 고위도에 위치하며 한류가 흐르는 C 해역의 수온이 가장 낮으므로 ㉡은 C 해역에서 측정한 것이다. 따라서 C 해역은 수온은 가장 낮지만 염분은 A 해역보다 높다.

20 자료 분석

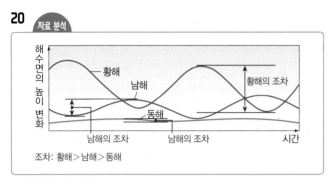

조차: 황해>남해>동해

ㄱ. 하루 동안 해수면의 높이 변화가 클수록 조차가 큰 해역이다. 따라서 조차는 황해에서 가장 크다.
오답 피하기| ㄴ. 만조와 간조는 각각 하루에 약 2번씩 나타난다.
ㄷ. 동해에서도 하루 동안 밀물과 썰물이 나타나면서 해수면의 높이 변화가 일어나므로, 조석 현상이 일어난다.

21 동한 난류는 쿠로시오 해류에서 갈라져서 남해안을 지나 동해로 북상한다. 따라서 거제도와 대마도 사이에서 해류는 B 방향으로 흐른다.
모범 답안 B, 동한 난류를 따라 기름이 B 방향으로 퍼져 나가기 때문이다.

채점 기준	배점
오일펜스를 설치하는 곳과 까닭을 모두 옳게 서술한 경우	100 %
오일펜스를 설치하는 곳만 옳게 쓴 경우	50 %

22 바다에서 육지 쪽으로 해수가 밀려 들어오는 것을 밀물이라 하고, 밀물에 의해 해수면의 높이가 가장 높아진 때를 만조라고 한다. 육지에서 바다 쪽으로 해수가 빠져나가는 것을 썰물이라 하고, 썰물에 의해 해수면의 높이가 가장 낮아진 때를 간조라고 한다.
모범 답안 (1) (가) 간조, (나) 만조
(2) 바다에서 육지 쪽으로 바닷물이 밀려 들어오는 밀물이 일어난다.

	채점 기준	배점
(1)	(가), (나)일 때의 조석을 모두 옳게 쓴 경우	40 %
	(가), (나) 중 1개만 옳게 쓴 경우	20 %
(2)	제시된 용어 중 3가지를 골라 옳게 서술한 경우	60 %
	제시된 용어 중 2가지만 사용하여 서술한 경우	40 %
	제시된 용어 중 1가지만 사용하여 서술한 경우	20 %

23 **모범 답안** 사리 때 간조 시기에 해수면이 가장 낮아지므로 갯벌이 가장 넓게 나타난다.

채점 기준	배점
제시된 용어 중 2가지를 골라 옳게 서술한 경우	100 %
제시된 용어 중 1가지만 사용하여 서술한 경우	50 %

01 열

중 단 원 핵심 정리 시험 대비 교재 78쪽

❶ 둔 ❷ 활발 ❸ 온도 ❹ 고체 ❺ 액체 ❻ 대류 ❼ 열 ❽ 온도 ❾ 높은 ❿ 낮은 ⓫ 온도 ⓬ 잃는다 ⓭ 얻는다

중단원 퀴즈 시험 대비 교재 79쪽

1 ㉠ 온도, ㉡ 열 **2** ㉠ 높을, ㉡ 낮을 **3** ㉠ 전도, ㉡ 대류, ㉢ 복사 **4** ㉠ 전도, ㉡ 대류, ㉢ 복사 **5** ㉠ 아래로 내려오고, ㉡ 위로 올라가므로, ㉢ 위쪽, ㉣ 아래쪽 **6** (1) 단열 (2) 단열재 **7** ㉠ 열, ㉡ 열량 **8** 열평형 **9** (1) ㉠ B, ㉡ A (2) ㉠ 8분, ㉡ 40 ℃

중단원 기출 문제 시험 대비 교재 80~83쪽

01 ① **02** ② **03** ② **04** ④ **05** ①, ③ **06** ⑤ **07** ② **08** ① **09** (1) 전도 (2) 복사 (3) 전도, 대류 **10** ② **11** ③ **12** B−C−A−D **13** ⑤ **14** ①, ④ **15** ④ **16** ㄱ, ㄴ, ㄷ **17** ② **18** ⑤ **19** ㄴ, ㄷ **20** ② **21** 해설 참조 **22** 해설 참조 **23** 해설 참조

01 ㄱ. 온도는 물체를 구성하는 입자들의 운동이 얼마나 활발한가를 나타내며, 물체의 온도가 높을수록 입자 운동이 활발하다.
ㄴ. 열은 물체의 온도를 변하게 하는 에너지이므로 열을 흡수하거나 방출하면 물체의 온도가 변한다.
오답 피하기 ㄷ, ㄹ. 물체의 온도가 높아져도 물체의 질량은 변하지 않으며, 온도가 같은 물을 합치면 전체 온도는 변하지 않는다.

02 물체가 열을 받아 온도가 올라가면 입자 운동이 활발해지고, 열을 잃어 온도가 낮아지면 입자 운동이 둔해진다. 그림에서 물체는 입자 운동이 둔해졌으므로 열을 빼앗긴 것이다.

03 ①, ③, ④ 전도는 물질을 이루는 입자의 운동이 이웃한 입자에 충돌에 의해 차례로 전달되어 열이 이동하는 방법으로, 주로 고체에서 일어난다. 즉, 물질의 이루는 입자는 직접 이동하지 않고 열을 전달하는 방법이다.
⑤ 겨울에 공원에 있는 의자의 온도는 같은데 금속 의자가 나무 의자보다 더 차갑게 느껴지는 것은 금속이 나무보다 열이 더 잘 전도되어 몸의 온도가 더 빨리 내려가기 때문이다.
오답 피하기 ② 전도가 잘 되는 물질일수록 열을 쉽게 잃는다.

04 손잡이를 플라스틱으로 만드는 까닭은 플라스틱이 쇠보다 열이 전도되는 빠르기가 느려서 더 느리게 뜨거워지기 때문이다.

05 물질의 도움 없이 열이 직접 이동하는 방식은 복사이다. 모닥불 쪽을 향한 몸이 따뜻해지는 것과 태양열이 우주 공간을 지나 지구로 전달되는 것은 복사에 의한 현상이다.
오답 피하기 ② 전도에 의한 현상이다.
④, ⑤ 대류에 의한 현상이다.

06 (가)는 열이 직접 이동하는 복사에 비유할 수 있고, (나)는 열이 차례로 전달되는 전도에 비유할 수 있으며, (다)는 입자가 직접 이동하여 열을 전달하는 대류에 비유할 수 있다.

07 열의 대류 현상에 의해 찬 공기는 아래로 내려오고 따뜻한 공기는 위로 올라간다. 따라서 찬 공기와 따뜻한 공기의 순환이 잘 일어나 방 안이 시원해지려면 에어컨을 위쪽에 설치해야 한다.

08 **오답 피하기** ① 소방관이 입는 방열복은 외부의 열이 잘 전달되지 않는 소재로 만들어진 것으로, 외부의 열로부터 인체를 보호하는 역할을 한다. 따라서 단열이 잘 되므로 옷 속의 열이 밖으로 잘 빠져나가지 않으며, 외부의 열이 인체로 잘 전달되지도 않는다.

09 (1) 보온병의 이중 마개는 전도에 의한 열의 이동을 막는다.
(2) 병 내부의 은도금 벽면은 복사에 의한 열의 이동을 막는다.
(3) 이중벽 사이가 진공 상태이므로 전도와 대류가 일어나지 않는다.

10 ② 온도 변화는 톱밥을 넣은 경우가 가장 작으므로 톱밥이 열을 가장 잘 차단한다.
오답 피하기 ①, ③ 온도 변화가 가장 큰 모래의 단열 효과가 가장 작고, 열을 가장 잘 이동시킨다.
④ 단열 효과가 좋은 물질일수록 열의 이동을 잘 막으므로 온도 변화가 작다.
⑤ 물질 내부에 공기가 많을수록 단열이 잘 된다. 즉, 열의 이동을 잘 막는다.

11 온도 변화가 작을수록 열의 출입을 잘 차단한 것이다. 따라서 단열 효과는 톱밥>스타이로폼 구>모래 순으로 크다.

12 온도가 다른 두 물체를 접촉시키면 열은 고온의 물체에서 저온의 물체로 이동한다. A → D, B → C, C → A로 열이 이동하였으므로 처음 온도가 높은 것부터 순서대로 나열하면 B−C−A−D이다.

13 여러 가지 물체들이 냉장고 속 공기와 오랫동안 접촉해 있으면 열평형 상태가 된다. 따라서 모두 5 ℃로 온도가 같다.

14 ①, ④ 열평형 상태는 두 물체의 온도가 같아진 상태로, 열평형 상태에 도달하면 열이 이동하지 않아 두 물체의 온도가 변하지 않는다.
오답 피하기 ③ 외부와의 열 출입이 없으므로 시간이 지나도 물체의 온도가 변하지 않는다.

15 ① 온도가 서로 다른 두 물체를 접촉시키면 온도가 높은 물체에서 온도가 낮은 물체로 열이 이동하므로, 열은 A에서 B로 이동한다.

② 열평형 온도는 두 물체의 온도가 같아진 50 ℃이다.

③ 열평형 상태가 될 때까지 고온의 물체(A)가 잃은 열량은 저온의 물체(B)가 얻은 열량과 같다.

⑤ 열평형 온도에 가까워질수록 A와 B의 온도 차가 작아지므로, 시간이 지날수록 이동하는 열의 양도 점점 줄어든다.

오답 피하기 ④ 두 물체가 열평형에 도달한 시간은 두 물체의 온도가 같아진 6분이다.

16 ㄱ, ㄷ. 열평형 상태에 도달하면 두 물체의 온도와 입자 운동의 정도는 같다.

ㄴ. 외부와의 열 출입이 없으면 두 물체 사이에 이동하는 열의 양은 보존되므로 A가 잃은 열량은 B가 얻은 열량과 같다.

17 열이 가열 장치에서 비커로, 비커에서 물로 계속 이동하여 물이 끓게 되는 것이다. 따라서 가열 장치와 비커, 물은 열평형 상태가 아니다. 그러나 끓고 있는 물과 온도계의 온도는 같으므로 물과 온도계는 열평형 상태이다.

18 얼음 위에 올려놓은 생선의 온도가 낮아지는 것은 열평형 때문이다.

①, ②, ③, ④ 열평형에 의한 현상이다.

오답 피하기 ⑤ 차가운 물보다 뜨거운 물에서 잉크 방울이 더 빨리 퍼지는 것은 온도가 높을수록 입자 운동이 활발하기 때문이다.

19 자료 분석

열을 가한 곳과 가까운 성냥개비부터 차례로 떨어지며, 모든 성냥개비가 가장 빨리 떨어진 금속에서 열이 가장 빨리 이동한 것이다.
➡ 열이 전도되는 빠르기는 구리>알루미늄>철 순이다.
➡ 금속의 종류에 따라 열이 전도되는 빠르기가 다르다.

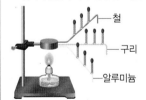

금속 막대	걸린 시간
철	6초
구리	3초
알루미늄	4초

성냥개비가 모두 떨어지는 데 걸린 시간이 짧을수록 열을 잘 전도하는 금속이다.
➡ 구리가 열을 가장 잘 전도하는 금속이다.

ㄴ. 열을 잘 전달하는 금속일수록 성냥개비가 빨리 떨어진다. 따라서 구리 막대에서 열이 가장 빨리 이동한다.

ㄷ. 성냥개비가 모두 떨어지는 데 걸린 시간이 다르므로 금속의 종류에 따라 열이 전도되는 빠르기가 다르다는 것을 알 수 있다.

오답 피하기 ㄱ. 성냥개비가 모두 떨어지는 데 걸린 시간이 짧은 알루미늄이 철보다 열을 잘 전도한다.

ㄹ. 고체에서는 주로 전도의 방법으로 열이 이동한다. 따라서 열을 가하는 곳과 가까운 곳의 열이 입자의 운동에 의해 먼 곳까지 차례로 전달된다.

20 자료 분석

두 물체가 접촉해 있을 때 시간이 지나면 열의 이동에 의해 열평형에 도달한다. 이때 한 물체의 온도가 낮아지면 다른 물체의 온도는 높아지며, 한 물체의 온도가 일정하면 다른 물체의 온도도 일정하다.
➡ 물의 온도가 낮아졌으므로 금속구의 온도는 높아지며, 두 물체의 열평형 온도는 같다.

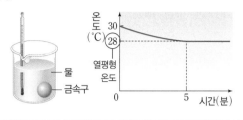

물의 온도가 5분 동안 내려간 것은 열이 물에서 금속구로 이동했기 때문이다. 따라서 열을 얻은 금속구의 온도는 높아지며, 5분 후 28 ℃가 된다.

21 **모범 답안** (1) 영희, 난로에 가까이 있어 복사에 의해 열이 직접 전달되어 즉시 따뜻함을 느끼기 때문이다.

(2) 철수, 난로에서 멀리 떨어져 있어 대류에 의해 교실 전체의 공기가 데워질 때 따뜻함을 느끼게 되기 때문이다.

	채점 기준	배점
(1)	영희를 쓰고, 그 까닭을 복사와 관련지어 옳게 서술한 경우	50 %
	영희만 쓴 경우	20 %
(2)	철수를 쓰고, 그 까닭을 대류와 관련지어 옳게 서술한 경우	50 %
	철수만 쓴 경우	20 %

22 **모범 답안** B, 열을 받은 쪽의 물은 온도가 높아져 위로 올라가고, 열을 받지 않은 물은 상대적으로 온도가 낮아 아래로 내려와 시계 방향으로 물이 이동하기 때문이다.

채점 기준	배점
B를 쓰고, 그 까닭을 제시된 단어를 모두 포함하여 옳게 서술한 경우	100 %
B만 쓴 경우	40 %

23 **모범 답안** 금속판, 같은 온도에서 금속이 나무보다 열을 잘 전도하기 때문에 금속판에 올려놓은 얼음 조각이 더 빨리 녹는다.

채점 기준	배점
금속판을 고르고, 그 까닭을 옳게 서술한 경우	100 %
금속판만 쓴 경우	40 %

❶ 클 ❷ 적을 ❸ 1 ❹ 클 ❺ 해풍 ❻ 육풍 ❼ 물 ❽ 기체
❾ 고체 ❿ 작은 ⓫ 큰 ⓬ 증가

중단원 **퀴즈** 시험 대비 교재 85쪽

❶ 열량 ❷ ㉠ 1 kcal, ㉡ 1 kcal/(kg·℃) ❸ 5 kcal ❹ ㉠ 작다, ㉡ 작다 ❺ ㉠ (나), ㉡ (가) ❻ 열팽창 ❼ ㉠ 활발, ㉡ 멀어, ㉢ 기체 ❽ ㉠ 작은, ㉡ 큰 ❾ 좁아진다. ❿ ㉠ 높아, ㉡ 낮아

계 산 **문제 공략** 시험 대비 교재 86쪽

1 0.5 kcal/(kg·℃) **2** 0.2 kcal/(kg·℃) **3** 0.08 kcal/(kg·℃)
4 150 kcal **5** 1.12 kcal **6** 0.55 kcal **7** 0.2 kg **8** 0.4 kg
9 40 ℃ **10** 50 ℃

1 비열 $= \dfrac{\text{열량}}{\text{질량} \times \text{온도 변화}} = \dfrac{0.5 \text{ kcal}}{0.1 \text{ kg} \times 10 \text{ ℃}} = 0.5 \text{ kcal/(kg·℃)}$

2 비열 $= \dfrac{\text{열량}}{\text{질량} \times \text{온도 변화}} = \dfrac{20 \text{ kcal}}{2 \text{ kg} \times 50 \text{ ℃}} = 0.2 \text{ kcal/(kg·℃)}$

3 비열 $= \dfrac{\text{열량}}{\text{질량} \times \text{온도 변화}} = \dfrac{0.08 \text{ kcal}}{0.2 \text{ kg} \times 5 \text{ ℃}} = 0.08 \text{ kcal/(kg·℃)}$

4 열량 = 비열 × 질량 × 온도 변화
$= 1 \text{ kcal/(kg·℃)} \times 5 \text{ kg} \times 30 \text{ ℃} = 150 \text{ kcal}$

5 열량 = 비열 × 질량 × 온도 변화
$= 0.56 \text{ kcal/(kg·℃)} \times 0.1 \text{ kg} \times 20 \text{ ℃} = 1.12 \text{ kcal}$

6 열량 = 비열 × 질량 × 온도 변화
$= 0.11 \text{ kcal/(kg·℃)} \times 0.5 \text{ kg} \times 10 \text{ ℃} = 0.55 \text{ kcal}$

7 질량 $= \dfrac{\text{열량}}{\text{비열} \times \text{온도 변화}}$
$= \dfrac{2.1 \text{ kcal}}{0.21 \text{ kcal/(kg·℃)} \times (70-20) \text{ ℃}} = 0.2 \text{ kg}$

8 질량 $= \dfrac{\text{열량}}{\text{비열} \times \text{온도 변화}}$
$= \dfrac{2 \text{ kcal}}{1 \text{ kcal/(kg·℃)} \times (22-17) \text{ ℃}} = 0.4 \text{ kg}$

9 온도 변화 $= \dfrac{\text{열량}}{\text{비열} \times \text{질량}} = \dfrac{0.8 \text{ kcal}}{0.2 \text{ kcal/(kg·℃)} \times 0.1 \text{ kg}} = 40 \text{ ℃}$

10 질량 200 g = 0.2 kg이고, 열량 6000 cal = 6 kcal이므로
온도 변화 $= \dfrac{\text{열량}}{\text{비열} \times \text{질량}} = \dfrac{6 \text{ kcal}}{1 \text{ kcal/(kg·℃)} \times 0.2 \text{ kg}} = 30 \text{ ℃}$이

다. 따라서 나중 온도 = 처음 온도 + 온도 변화 = 20 ℃ + 30 ℃ = 50 ℃이다.

계 산 **문제 공략** 시험 대비 교재 87쪽

1 (1) 5 : 1 (2) 1 : 5 **2** (1) 2 : 1 (2) 1 : 2 **3** (1) 2 : 1 (2) 1 : 2
4 (1) 1 : 2 (2) 2 : 1

1 (1) A : B = (60-10) ℃ : (20-10) ℃ = 5 : 1

(2) 질량과 가한 열량이 같은 경우 비열 $\propto \dfrac{1}{\text{온도 변화}}$이므로

A : B $= \dfrac{1}{(60-10) \text{ ℃}} : \dfrac{1}{(20-10) \text{ ℃}} = \dfrac{1}{5} : \dfrac{1}{1} = 1 : 5$이다.

2 (1) A : B = (10-5) ℃ : (7.5-5) ℃ = 2 : 1

(2) 질량과 가한 열량이 같은 경우 비열 $\propto \dfrac{1}{\text{온도 변화}}$이므로

A : B $= \dfrac{1}{(10-5) \text{ ℃}} : \dfrac{1}{(7.5-5) \text{ ℃}} = \dfrac{1}{2} : \dfrac{1}{1} = 1 : 2$이다.

3 (1) A : B = (60-20) ℃ : (40-20) ℃ = 2 : 1

(2) 비열과 가한 열량이 같은 경우 질량 $\propto \dfrac{1}{\text{온도 변화}}$이므로

A : B $= \dfrac{1}{(60-20) \text{ ℃}} : \dfrac{1}{(40-20) \text{ ℃}} = \dfrac{1}{2} : \dfrac{1}{1} = 1 : 2$이다.

4 (1) A : B = (30-10) ℃ : (70-30) ℃ = 1 : 2

(2) A와 B의 비열이 같고, B가 잃은 열량은 A가 얻은 열량과 같으므로 질량 $\propto \dfrac{1}{\text{온도 변화}}$이다. 따라서 질량의 비는

A : B $= \dfrac{1}{(30-10) \text{ ℃}} : \dfrac{1}{(70-30) \text{ ℃}} = \dfrac{1}{1} : \dfrac{1}{2} = 2 : 1$이다.

중단원 기출 문제 시험 대비 교재 88~91쪽

01 ② **02** 2 kcal **03** ④ **04** 50 ℃ **05** ③ **06** ②, ⑤
07 2 : 8 : 1 **08** ④ **09** ① **10** ①, ② **11** ③ **12** ⑤ **13** ④
14 ④ **15** ⑤ **16** ⑤ **17** ㄱ, ㄷ, ㄹ **18** ⑤ **19** ⑤ **20** ①, ③
21 해설 참조 **22** 해설 참조 **23** 해설 참조

01 ㄱ, ㄷ. 비열은 물질의 특성으로 물질의 종류에 따라 다른 값을 가지며, 단위로는 kcal/(kg·℃)를 사용한다.
오답 피하기 ㄴ. 비열은 물질의 질량과는 관계가 없다.
ㄹ. 질량과 열량이 같을 때 비열은 온도 변화에 반비례하므로 비열이 큰 물질일수록 온도 변화가 작다.

02 물이 얻은 열량 = 물의 비열 × 질량 × 온도 변화
$= 1 \text{ kcal/(kg·℃)} \times 0.1 \text{ kg} \times 20 \text{ ℃} = 2 \text{ kcal}$

03 같은 세기의 불꽃으로 같은 시간 동안 가열하므로 액체가 얻

은 열량은 물이 얻은 열량과 같다. 따라서 액체의 비열

$$=\frac{\text{열량}}{\text{질량}\times\text{온도 변화}}=\frac{2\ \text{kcal}}{0.1\ \text{kg}\times 50\ ℃}=0.4\ \text{kcal/(kg·℃)}$$이다.

04 가열 시간이 2배가 되었으므로 액체에 가한 열량은 4 kcal이고 액체의 질량은 200 g=0.2 kg이다.

$$\text{온도 변화}=\frac{\text{열량}}{\text{비열}\times\text{질량}}=\frac{4\ \text{kcal}}{0.4\ \text{kcal/(kg·℃)}\times 0.2\ \text{kg}}=50\ ℃$$

05 물질의 종류가 같으면 비열이 같고, 같은 세기의 불꽃으로 동시에 가열하면 가한 열량이 같다. 물질의 질량과 가한 열량이 같을 때 온도 변화는 질량에 반비례하므로, 이 실험을 통해 질량이 클수록 온도 변화가 작다는 것을 알 수 있다.

06 ② 같은 세기의 불꽃으로 가열하므로 A와 B가 같은 시간(5분) 동안 받은 열량은 같다.
⑤ 비열이 클수록 온도를 변화시키기 어려우므로 더 많은 열량이 필요하다. B의 비열이 A의 비열보다 크므로 같은 온도만큼 높이는 데 필요한 열량도 B가 A보다 많다.
오답 피하기 ①, ④ 질량과 열량이 같을 때 비열은 온도 변화에 반비례하므로 온도 변화가 큰 A의 비열이 B의 비열보다 작으며, 그래프의 기울기가 클수록 비열이 작다는 것을 알 수 있다.
③ 온도 변화의 비(A : B)는 (40−10) ℃ : (20−10) ℃=3 : 1이다.

07 비열$=\dfrac{\text{열량}}{\text{질량}\times\text{온도 변화}}$인데, 액체에 가한 열량이 같으므로

비열은 $\dfrac{1}{\text{질량}\times\text{온도 변화}}$에 비례한다. 따라서 비열의 비(A : B :

C)는 $\dfrac{1}{2\times 2}:\dfrac{1}{1\times 1}:\dfrac{1}{2\times 4}=2 : 8 : 1$이다.

08 $\text{온도 변화}=\dfrac{\text{열량}}{\text{비열}\times\text{질량}}=\dfrac{3.6\ \text{kcal}}{0.6\ \text{kcal/(kg·℃)}\times 0.2\ \text{kg}}=30\ ℃$
이므로 처음 온도=나중 온도−온도 변화=80 ℃−30 ℃=50 ℃이다.

09 바다는 비열이 큰 물로 이루어져 있어 낮에는 육지보다 온도가 천천히 올라가고, 밤에는 육지보다 온도가 천천히 내려간다. 따라서 해안 지방이 내륙 지방에 비해 낮과 밤의 일교차가 작은 것이다.

10 ③, ④, ⑤ 금속 막대를 가열하면 금속 막대의 온도가 올라가기 때문에 입자 운동이 활발해져 입자 사이의 거리가 멀어진다. 즉, 금속 막대는 열팽창한다.
오답 피하기 ①, ② 가열했을 때 금속 막대가 팽창하는 것을 눈으로 확인하기 어렵기 때문에 열팽창 비교 실험 장치를 이용하며, 바늘이 회전한 정도가 클수록 열팽창 정도가 큰 것이다. 따라서 C의 열팽창 정도가 가장 크고, 세 금속의 열팽창 정도는 서로 다르다.

11 ㄱ, ㄷ. 온도가 올라가면 그림과 같이 금속판이 팽창하여 바이메탈이 휘어져 전원이 차단되고, 온도가 내려가면 금속판은 다시

수축하므로 전원이 연결된다.
오답 피하기 ㄴ. 구리가 철보다 열팽창 정도가 크므로 온도가 올라갔을 때 열팽창 정도가 작은 철 쪽으로 휘어진 것이다.

12 전기밥솥, 전기난로, 전기주전자, 전기다리미의 온도 조절 장치에는 바이메탈이 있어 일정 온도보다 상승하면 전원이 차단된다.
오답 피하기 ⑤ 전자레인지가 정해진 시간 동안 작동하고 꺼지는 것은 타이머에 의한 것이다. 즉, 바이메탈이 사용되지 않는다.

13 ①, ③ 기차선로의 틈은 여름에 기차선로가 팽창하여 부서지거나 휘는 것을 막기 위한 것이고, 전깃줄을 느슨하게 설치하는 것은 겨울에 전깃줄이 너무 팽팽해져 끊어지는 것을 방지하기 위해서이다.
②, ⑤ 건물을 지을 때 철근 콘크리트를 사용하는 것과 치아 충전재는 모두 열팽창 정도가 비슷한 물질을 사용하여 고체의 열팽창으로 인한 피해를 줄이는 방법이다.
오답 피하기 ④ 유리병의 금속 뚜껑이 열리지 않을 때 뜨거운 물에 담가 두는 것은 유리와 금속의 열팽창 정도의 차를 이용한 것이다.

14 아래쪽 그릇을 뜨거운 물에 담그면 아래쪽 그릇의 부피가 늘어나고, 위쪽 그릇에 찬물을 넣으면 위쪽 그릇의 부피가 줄어들므로 두 그릇을 분리할 수 있다.

15 동그란 구멍이 뚫린 금속판을 가열하면 열팽창에 의해 금속판과 구멍이 모두 커진다.

16 액체가 열을 받으면 대류 현상에 의해 액체 전체의 온도가 높아지며, 입자 운동이 활발해진다. 따라서 입자 사이의 거리가 멀어지기 때문에 부피가 팽창하게 된다.
오답 피하기 ⑤ 액체의 부피가 팽창하면 입자 사이의 거리가 멀어진다.

17 ㄱ. 액체마다 늘어난 부피가 다르므로 액체의 종류에 따라 열팽창 정도가 다름을 알 수 있다.
ㄷ. 열팽창 정도는 A가 가장 크므로 같은 온도만큼 변화시킬 때 A의 부피 변화가 가장 크다.
ㄹ. 온도를 10 ℃ 높일 때 부피 변화는 1 ℃ 높일 때 부피 변화의 10배이므로, B의 온도를 10 ℃만큼 높이면 부피가
0.21×10=2.1(mL)만큼 늘어난다.
오답 피하기 ㄴ. 열팽창 정도가 큰 액체일수록 온도가 높아지면 부피가 많이 증가하고, 온도가 내려가면 부피가 많이 감소한다. 따라서 온도가 내려가면 A의 부피가 가장 많이 감소한다.

18 ⑤ 온도가 많이 높아질수록 입자 운동이 더 활발해지므로 열팽창한 부피가 커진다.
오답 피하기 ① 같은 열을 받을 때 기체가 액체보다 더 많이 팽창한다.
② 기체의 경우 물질의 종류에 관계없이 열팽창 정도가 모두 같다.
③ 고체와 액체의 경우 물질의 종류에 따라 열팽창 정도가 다르다.

④ 고체, 액체, 기체 중 열팽창 정도는 기체가 가장 크므로 같은 열을 받을 때 기체가 가장 많이 팽창한다.

19 자료 분석

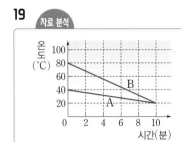

질량이 같을 때 물질에 열을 가한 경우나 냉각기에서 냉각될 경우 모두 온도 변화는 비열에 반비례한다. ➡ 비열이 클수록 온도 변화가 작다.

냉각기에 넣어 냉각시킬 때에도 비열이 클수록 온도 변화가 작다. 즉, 비열은 온도 변화에 반비례하므로

$$A : B = \frac{1}{(40-20)\,℃} : \frac{1}{(80-20)\,℃} = \frac{1}{1} : \frac{1}{3} = 3 : 1$$이다.

20 자료 분석

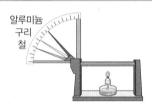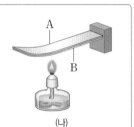

(가)	(나)
금속 막대를 가열하면 열팽창 정도가 클수록 바늘이 많이 움직인다. ➡ 알루미늄, 구리, 철 순으로 바늘이 많이 움직였으므로 열팽창 정도는 알루미늄>구리>철 순이다.	A 쪽으로 휘어지려면 A 쪽에 열팽창 정도가 작은 금속을, B 쪽에 열팽창 정도가 큰 금속을 붙여야 한다.

열을 가했을 때 바이메탈이 A 쪽으로 휘어지는 경우는 A 쪽에 열팽창 정도가 작은 금속을, B 쪽에 열팽창 정도가 큰 금속을 붙인 경우이다. (가)에서 열팽창 정도가 알루미늄>구리>철 순이므로 ①, ③의 경우가 A 쪽으로 휘어진다.

21 A와 B를 접촉하면 온도가 높은 A에 B로 열이 이동하며, 이때 A가 잃은 열량은 B가 얻은 열량과 같다.

모범 답안 A와 B의 온도 변화의 비가 A : B = (100-40) ℃ : (40-20) ℃ = 3 : 1이고, 질량과 열량이 같을 때 비열은 온도 변화에 반비례하므로 비열의 비는 A : B = $\frac{1}{3}$: $\frac{1}{1}$ = 1 : 3이다.

채점 기준	배점
풀이 과정을 써서 비열의 비를 옳게 구한 경우	100 %
비열의 비만 쓴 경우	40 %

22 모범 답안 물이 다른 물질보다 비열이 커서 온도 변화가 작기 때문이다.

채점 기준	배점
물을 이용하는 까닭을 제시된 단어를 모두 포함하여 옳게 서술한 경우	100 %
물의 비열이 크기 때문이라고만 서술한 경우	40 %

23 유리관 속 액체의 높이가 처음보다 높아졌으므로 액체가 열을 얻어 온도가 높아지면 열팽창한다는 것을 알 수 있다. 또한, 유리관 속 액체의 높이 변화가 액체마다 다르므로 열팽창 정도가 액체의 종류에 따라 다르다는 것을 알 수 있다.

모범 답안 (1) 온도가 높아지면 액체의 부피가 증가한다. 열팽창 정도는 액체의 종류에 따라 다르다.

(2) 에탄올, 열팽창 정도가 가장 큰 에탄올이 냉각시켰을 때에도 가장 많이 수축한다.

	채점 기준	배점
(1)	실험을 통해 알 수 있는 사실 2가지를 모두 옳게 서술한 경우	50 %
	실험을 통해 알 수 있는 사실 1가지만 옳게 서술한 경우	30 %
(2)	에탄올을 쓰고, 그 까닭을 옳게 서술한 경우	50 %
	에탄올만 쓴 경우	20 %

IX 재해·재난과 안전 〉〉〉

01 재해·재난과 안전

중·단·원 핵심 정리 　　　시험 대비 교재 92쪽

❶ 재난 ❷ 자연 ❸ 사회 ❹ 지진 ❺ 지진 해일 ❻ 태풍 ❼ 감염성 질병 ❽ 화학 물질 ❾ 머리 ❿ 내진 ⓫ 감염성 질병 확산 ⓬ 화학 물질 유출 ⓭ 수직

중단원 퀴즈 　　　시험 대비 교재 93쪽

1 ㉠ 재난, ㉡ 재해 **2** (1) ㉠, ㉣ (2) ㉡, ㉢, ㉤ **3** 기상 재해 **4** ㉠ 감염성, ㉡ 병원체 **5** 지진 해일 **6** (1) ㉠ 오른쪽, ㉡ 왼쪽 (2) 규모 (3) 용암 (4) 감염성 질병 (5) 내진 설계 **7** 계단 **8** (1) ○ (2) ○ (3) × (4) ○ (5) ○ **9** ㉠ 높은, ㉡ 수직

중단원 기출 문제 　　　시험 대비 교재 94~96쪽

01 ⑤ **02** ① **03** ④ **04** ④ **05** B **06** ④ **07** ⑤ **08** (가) 감염성 질병 확산 (나) 집중 호우 (다) 지진 **09** ⑤ **10** ③ **11** ④ **12** D **13** ①, ③ **14** 해설 참조 **15** 해설 참조 **16** 해설 참조 **17** 해설 참조

01 재난은 가뭄, 지진, 감염성 질병 확산, 화학 물질 유출 등으로 국민과 국가에 피해를 주거나 줄 수 있는 것을 말하며, 재난으로 발생한 피해를 재해라고 한다. 재해·재난은 발생하는 원인에 따라 자연 재해·재난과 사회 재해·재난으로 구분할 수 있는데, 자연 재해·재난은 예측이 어려워 예방하기 쉽지 않지만 사회 재해·재난은 인간의 활동에 의해 발생하므로 예방할 수 있다.

오답 피하기 | ⑤ 자연 재해·재난은 비교적 넓은 지역에 걸쳐 발생하고, 사회 재해·재난은 상대적으로 좁은 범위에서 발생한다.

02 기상 재해는 태풍, 홍수, 가뭄, 폭설 등과 같은 기상 현상이 원인이 되어 발생하는 재해·재난으로, 매년 일정한 시기에 발생한다.

03 **오답 피하기** | ㄱ. 홍수와 화산 폭발은 모두 자연 현상으로 발생하는 재해·재난이다. 인간 활동으로 발생하는 재해·재난은 사회 재해·재난이라고 한다.

04 지진으로 땅이 흔들리거나 갈라지기도 하며, 해저에서 지진이 일어나면 지진 해일이 발생할 수도 있다. 태풍은 집중 호우와 강풍을 동반하여 도로를 무너뜨리거나 산사태를 일으키기도 하며, 강한 바람으로 농작물이나 시설물에 피해를 준다.

05 태풍이 진행하는 방향의 오른쪽 지역은 왼쪽 지역보다 바람이 강하고 강수량도 많아 피해가 크다.

06 화학 물질은 일상생활이나 산업 활동에 반드시 필요하지만, 이 중에는 관리를 소홀히 할 경우 재해·재난을 일으킬 수 있는 위험한 물질도 있다. 화학 물질의 유출로 인한 사고의 특징은 공기를 통해 매우 넓은 지역까지 퍼질 수 있다는 점이다.

07 중동호흡기증후군(메르스)에 대한 설명으로, 코로나 바이러스 감염으로 인한 중증 급성 호흡기 질환이다.

> **코로나 바이러스**
>
> 코로나 바이러스는 사람이나 동물에서 호흡기 질환을 일으키는 바이러스로 감기를 일으키는 원인 바이러스 중 하나이다. 이 바이러스는 현미경으로 관찰했을 때 코로나(원 둘레에 방사형으로 빛이 퍼지는 형태) 모양이라서 붙여진 이름이다. 2003년 '사스'와 2015년 '메르스'가 코로나 바이러스로 인한 것이었다. 최근 발생한 신종 바이러스인 '코로나 19(COVID-19)'는 2019년 말 처음 인체 감염이 확인됐다는 의미에서 코로나 19로 명명되었다. 지금까지 코로나 바이러스는 단 여섯 종만이 사람에게 감염되는 것으로 알려져 있었으나 이번 중국 우한에서 발생한 바이러스는 알려진 코로나 바이러스와는 성질이 달라 신종 코로나 바이러스로 분류되었다.

08 백신은 항원에 저항할 수 있는 항체를 인공적으로 형성하여 감염성 질병을 예방한다. 빗물저류조는 집중 호우로 우수관의 빗물이 넘칠 경우 임시로 넘친 빗물을 저장하여 침수를 예방한다. 진동감쇠장치로 지진에 의한 진동을 상쇄시켜서 피해를 예방한다.

09 **오답 피하기** | ⑤ 높은 곳에 있는 물건이 떨어질 것을 대비하여 낮은 곳으로 옮겨 놓는 것은 지진에 대비하기 위한 대처 방안이다.

10 ㄱ, ㄷ. 지진 발생 시 실내에서는 탁자나 책상 아래로 들어가 몸을 보호한다. 밖으로 이동할 때에는 가방 등으로 머리를 보호하며 계단을 이용해 빠르게 대피해야 한다. 건물 밖에서는 건물이 쓰러지거나 건물에 부착되어 있는 간판, 유리창 등이 떨어질 수 있으므로 건물과 거리를 두고 대피해야 하며, 해안가에서는 해일이 발생할 수 있으므로 높은 곳으로 대피해야 한다.

오답 피하기 | ㄴ. 강한 진동이 잠시 주춤하면 가방 등으로 머리를 보호하며 건물 밖으로 나가 넓은 곳으로 대피한다.

11 ㄱ. 감염성 질병의 확산을 막기 위해 증상, 감염 경로 등 해당 질병에 대한 정보를 정확하게 알고 대처해야 하며, 병원체가 쉽게 증식할 수 없는 환경을 만들고, 확산 경로를 차단해야 한다. 비누를 사용하여 손을 자주 씻고, 식재료를 깨끗이 씻으며, 식수는 끓인 물이나 생수를 사용하고, 음식물을 충분히 익혀 먹는다. 기침을 할 경우 코와 입을 가리고, 기침이 계속되면 마스크를 착용한다.
ㄷ, ㄹ. 설사, 발열 및 호흡기 이상 증상이 나타나면 즉시 의료기관을 방문하고, 해외 여행객은 귀국 시 이상 증상이 나타나면 검역관에게 신고해야 한다.

오답 피하기 | ㄴ. 태풍에 대한 대처 방안이다.

12

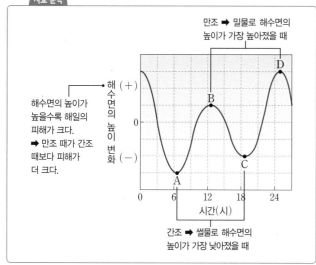

만조 ➡ 밀물로 해수면의 높이가 가장 높아졌을 때

해수면의 높이가 높을수록 해일의 피해가 크다.
➡ 만조 때가 간조 때보다 피해가 더 크다.

간조 ➡ 썰물로 해수면의 높이가 가장 낮아졌을 때

태풍이 해안에 접근할 때 해수면의 높이가 높을수록 해일이 크게 일어 피해가 크게 발생한다. A~D 중 만조는 B와 D인데, 이 중 D에서 해수면의 높이가 더 높으므로 D일 때 피해가 가장 클 것이다.

13

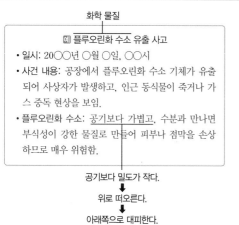

화학 물질

예 플루오린화 수소 유출 사고

• 일시: 20○○년 ○월 ○일, ○○시
• 사건 내용: 공장에서 플루오린화 수소 기체가 유출되어 사상자가 발생하고, 인근 동식물이 죽거나 가스 중독 현상을 보임.
• 플루오린화 수소: 공기보다 가볍고, 수분과 만나면 부식성이 강한 물질로 만들어 피부나 점막을 손상하므로 매우 위험함.

공기보다 밀도가 작다.
↓
위로 떠오른다.
↓
아래쪽으로 대피한다.

② 화학 물질이 유출되면 먼저 유출된 장소에서 최대한 멀리 벗어나야 한다.

④ 일부 화학 물질은 피부에 접촉했을 때 수포가 생기거나 호흡하면 폐에 손상을 줄 수 있으므로, 대피할 때는 화학 물질이 피부에 직접 닿지 않기 위해 비옷이나 큰 비닐 등으로 몸을 감싸고, 수건, 마스크, 방독면 등으로 코와 입을 가리는 것이 좋다.

⑤ 옷에 소량의 화학 물질이 있을 수 있으므로, 대피 후에는 옷을 갈아입고 몸을 씻는다.

오답 피하기ㅣ ① 화학 물질의 유출로 인한 사고의 특징은 공기를 통해 매우 넓은 지역까지 퍼질 수 있다는 점이다.

③ 화학 물질 유출 시 바람이 사고 장소 쪽에서 불어오면 바람의 직각 방향으로 대피하고, 바람이 사고 장소 쪽으로 불면 바람이 불어오는 방향으로 대피한다.

14 모범 **답안** 튼튼한 탁자 아래로 들어가 몸을 보호한다. 가스와 전기를 차단한다. 문을 열어 출구를 확보한다. 등

채점 기준	배점
지진 대처 방법 2가지를 옳게 서술한 경우	100 %
지진 대처 방법 1가지만 서술한 경우	50 %

15 모범 **답안** (1) 높은

(2) 일부 화학 물질은 피부에 접촉하면 수포가 생기거나 호흡하면 폐에 손상을 줄 수 있기 때문이다.

	채점 기준	배점
(1)	빈칸에 알맞은 말을 옳게 쓴 경우	30 %
(2)	비옷이나 큰 비닐 등으로 감싸는 까닭을 옳게 서술한 경우	70 %

16 모범 **답안** (1) 화학 물질 유출 사고가 발생한 쪽으로 바람이 불면 바람이 불어오는 방향(불어가는 반대 방향)으로 대피해야 한다.

(2) 지진 해일이 발생하면 최대한 해안선에서 먼 고지대로 대피해야 한다.

	채점 기준	배점
(1)	틀린 부분을 옳게 고쳐 서술한 경우	50 %
(2)	틀린 부분을 옳게 고쳐 서술한 경우	50 %

17 화학 물질 유출 시 사고 장소로 바람이 불면 바람이 불어오는 방향으로 대피하고, 사고 장소에서 바람이 불어오면 바람의 수직인 방향으로 대피한다.

모범 **답안** (가) 화학 물질 유출 장소 쪽으로 바람이 분다. (나) 화학 물질 유출 장소 쪽에서 바람이 분다.

채점 기준	배점
(가)와 (나)의 바람의 방향을 모두 옳게 서술한 경우	100 %
(가)와 (나) 중 1가지만 옳게 서술한 경우	50 %

⊙ 개념 학습 교재

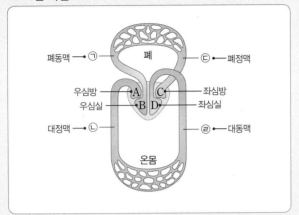

Ⅴ. 동물과 에너지−혈액의 순환

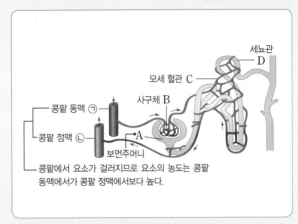

Ⅴ. 동물과 에너지−배설계의 구조와 기능

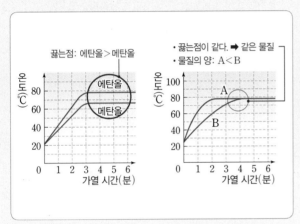

Ⅵ. 물질의 특성−액체의 끓는점

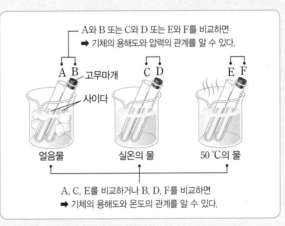

Ⅵ. 물질의 특성−온도와 압력에 따른 기체의 용해도 실험

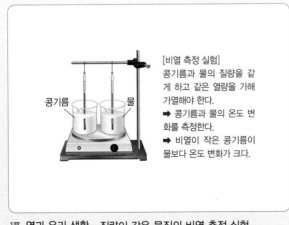

Ⅷ. 열과 우리 생활−질량이 같은 물질의 비열 측정 실험

Ⅷ. 열과 우리 생활−액체의 열팽창 실험

⊙ 시험 대비 교재

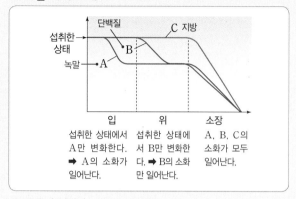

섭취한 상태에서 A만 변화한다. ➡ A의 소화가 일어난다.

섭취한 상태에서 B만 변화한다. ➡ B의 소화만 일어난다.

소장 A, B, C의 소화가 모두 일어난다.

Ⅴ. 동물과 에너지 — 영양소의 소화

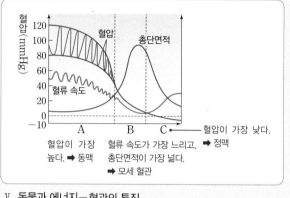

혈압이 가장 높다. ➡ 동맥

혈류 속도가 가장 느리고, 총단면적이 가장 넓다. ➡ 모세 혈관

혈압이 가장 낮다. ➡ 정맥

Ⅴ. 동물과 에너지 — 혈관의 특징

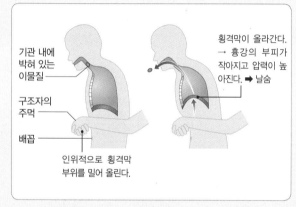

기관 내에 박혀 있는 이물질

구조자의 주먹

배꼽

인위적으로 횡격막 부위를 밀어 올린다.

횡격막이 올라간다. → 흉강의 부피가 작아지고 압력이 높아진다. ➡ 날숨

Ⅴ. 동물과 에너지 — 날숨 시 몸의 변화

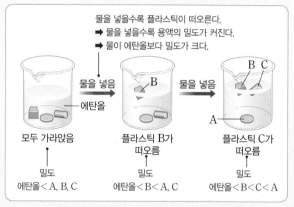

물을 넣을수록 플라스틱이 떠오른다. ➡ 물을 넣을수록 용액의 밀도가 커진다. ➡ 물이 에탄올보다 밀도가 크다.

모두 가라앉음
밀도
에탄올 < A, B, C

플라스틱 B가 떠오름
밀도
에탄올 < B < A, C

플라스틱 C가 떠오름
밀도
에탄올 < B < C < A

Ⅵ. 물질의 특성 — 밀도 차를 이용한 혼합물의 분리

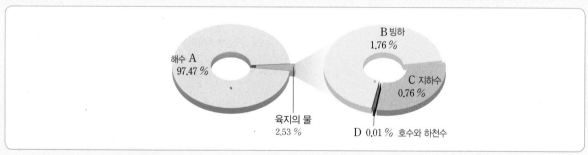

해수 A 97.47 %

육지의 물 2.53 %

B 빙하 1.76 %

C 지하수 0.76 %

D 0.01 % 호수와 하천수

Ⅶ. 수권과 해수의 순환 — 수권의 분포